Gesundheitspsychologie Band 1

Psychologie des Gesundheitsverhaltens

REIHE GESUNDHEITSPSYCHOLOGIE

Herausgegeben von

Prof. Dr. Heinz W. Krohne
Prof. Dr. Dr. Petra Netter
Prof. Dr. Lothar Schmidt
Prof. Dr. Ralf Schwarzer

BAND 1

Psychologie des Gesundheitsverhaltens

von
Prof. Dr. Ralf Schwarzer
Berlin

Hogrefe · Verlag für Psychologie
Göttingen · Bern · Toronto · Seattle

Psychologie des Gesundheitsverhaltens

von

Prof. Dr. Ralf Schwarzer

2., überarbeitete und erweiterte Auflage

Hogrefe · Verlag für Psychologie

Göttingen · Bern · Toronto · Seattle

Prof. Dr. Ralf Schwarzer, geb. 1943, studierte Psychologie und Pädagogik an der Universität Kiel, wo er 1973 promovierte.
1974 wurde er Professor für Schulpädagogik an der PH Schwäbisch Gmünd. Nach einer Tätigkeit an der TH Aachen wechselte er 1982 auf einen Lehrstuhl für Psychologie an der Freien Universität Berlin. Seine Arbeitsschwerpunkte liegen im Bereich von Angst, Streß und Gesundheit. Er hat zahlreiche Bücher und Artikel veröffentlicht und ist Herausgeber der Zeitschrift *Anxiety, Stress and Coping: An International Journal.*

Die Deutsche Bibliothek - CIP-Einheitsaufnahme

Schwarzer, Ralf:
Psychologie des Gesundheitsverhaltens / von Ralf Schwarzer. - 2., überarb. und erw. Aufl. - Göttingen; Bern; Toronto; Seattle: Hogrefe, 1996
(Reihe Gesundheitspsychologie ; Bd. 1)
ISBN 3-8017-0924-8
NE: GT

Druck- und Bindearbeiten: Dieterichsche Universitätsbuchdruckerei
W. Fr. Kaestner GmbH & Co. KG, D-37124 Göttingen-Rosdorf
Printed in Germany
Auf säurefreiem Papier gedruckt

3-8017-0924-8

Reihen-Vorwort

Die auch im deutschen Sprachraum zunehmend wichtiger werdende Disziplin der Gesundheitspsychologie befaßt sich mit der Rolle psychologischer Faktoren bei der Aufrechterhaltung von Gesundheit, der Prävention von Krankheit, der Auseinandersetzung mit bestehenden Erkrankungen (einschließlich des Prozesses der Genesung) und der Überwindung chronischer Krankheiten. Entsprechend diesen Aufgabenstellungen spielen Themen wie „Gesundheitsförderung", „Bedingungen für die Änderung des Gesundheitsverhaltens", „Soziale Unterstützung", „Familie und Gesundheit" oder „Streßbewältigung" eine zentrale Rolle in dieser psychologischen Disziplin.

Die Gesundheitspsychologie hebt sich dabei von anderen Gebieten, die ebenfalls gesundheits- bzw. krankheitsbezogene Fragestellungen behandeln (Klinische Psychologie, Medizinische Psychologie, Psychosomatik, Verhaltensmedizin), insofern ab, als sie von einem *positiven Gesundheitsbegriff* ausgeht (Gesundheit also nicht als die bloße Abwesenheit von Krankheit auffaßt) und dem *präventiven Aspekt* Vorrang vor dem kurativen und rehabilitativen einräumt.

Bislang fehlen systematische deutschsprachige Darstellungen der verschiedenen Aufgabenfelder und Themen der Gesundheitspsychologie. Die mit dem vorliegenden Band beginnende Buchreihe soll diese Lücke schließen helfen und damit Theorieentwicklung und Anwendung psychologischer Ansätze im Bereich der Gesundheitswissenschaft fördern. Zu diesem Zweck werden in die Buchreihe experimentell-empirische Analysen, anwendungsorientierte Monographien, umfassende und kritische Literaturübersichten zu speziellen Fragestellungen sowie methodenorientierte Beiträge aufgenommen.

Entsprechend der Weite und Vielfalt gesundheitspsychologischer Themen sollen unterschiedliche Arten von Monographien in der Reihe vertreten sein: Einführende lehrbuchhafte Texte, Überblicksdarstellungen über den gegenwärtigen Erkenntnisstand in einem spezifischen Feld sowie Forschungsberichte, in denen besonders auf die (breitere) theoretische und praktische Verankerung des Themas wie auch auf methodische Entwicklungen eingegangen wird.

Die Buchreihe wendet sich in erster Linie an Studierende, wissenschaftlich interessierte Praktiker sowie Forscher und Lehrende der Psychologie, Medizin, Soziologie und Pädagogik.

Die Reihen-Herausgeber

Inhalt

Vorwort
zur ersten Auflage

Der vorliegende Band läutet eine neue Buchreihe zur Gesundheitspsychologie ein, die geplant wurde, um einerseits der wachsenden Nachfrage auf diesem Gebiet entgegenzukommen und um andererseits mehr Interesse zu wecken und weitere Forschung zu stimulieren. Die Gesundheitspsychologie stellt eine junge Teildisziplin der Psychologie dar, die sich zunehmend auch in Deutschland etabliert, nachdem sie schon in den 70er Jahren in den USA entstanden ist und dort zu einem wichtigen Bestandteil der Ausbildung geworden ist. Bei der Erforschung von Gesundheit und Krankheit ist das biomedizinische Paradigma von einem biopsychosozialen Modell abgelöst worden, welches die Bedeutung menschlichen Verhaltens für die Krankheitsverhütung und Gesundheitsförderung unterstreicht.

Solche präventiven Maßnahmen erfordern eine genaue Kenntnis der psychosozialen Prozesse, die für die Ausführung von riskantem Verhalten und für die Aufnahme einer gesunden Lebensweise verantwortlich sind. Die Bedingungen gesundheitlich bedeutsamen Verhaltens stellen einen der zentralen Gegenstände der Gesundheitspsychologie dar. Dazu gehören z. B. die Bildung einer Verhaltensintention, bestimmte Erwartungen, die Wahrnehmung von Bedrohung und interpersonellen Anforderungen sowie von sozialem Rückhalt.

Das erste Kapitel ist der Untersuchung dieser sozialkognitiven Bedingungen gewidmet. Theorien und Modelle des Gesundheitsverhaltens werden erörtert und im Hinblick auf ihre empirische Bewährung beurteilt. Am Beginn steht die Theory of Reasoned Action, die für viele gesundheitspsychologische Forschungen wegweisend gewesen ist. Ich habe mich entschlossen, mit gerade dieser Theorie zu beginnen, um den Studenten einen Anknüpfungspunkt an das zu liefern, was sie bereits im Fach Sozialpsychologie gelernt haben - meist ohne die Relevanz für die Gesundheitspsychologie erkannt zu haben. (Viele Gesundheitspsychologen sind übrigens aus der Sozialpsychologie zugewandert, was die Gestaltung des neuen Faches erheblich beeinflußt hat.) Im Anschluß an die Darstellung dieser Theorie werden modernere Ansätze und Modelle diskutiert. Das erste Kapitel soll den Leser über den neuesten Stand der Kontroversen und der Theoriebildung zum Thema „Gesundheitsverhalten und Gesundheitskognitionen“ informieren.

Das zweite Kapitel ändert die Betrachtungsweise: hier werden die beiden führenden Todesursachen, Krebs und koronare Herzkrankheiten, zum Ausgangspunkt gewählt, um deren Verhaltensbedingungen zu untersuchen. Darüber hinaus wird dem möglichen Einfluß der Persönlichkeit auf die Erkrankung nachgegangen. Das dritte Kapitel behandelt die gesundheitliche Bedeutung von streßreichen Lebensereignissen sowie von Streßbewältigung und sozialer Unterstützung.

Das vierte Kapitel geht auf einige spezielle Risiko- und Gesundheitsverhaltensweisen ein, nämlich auf Ernährung, körperliche Aktivität, Rauchen, Sonnenbaden und Sexualverhalten. Dabei handelt es sich lediglich um Beispiele, denn die Liste gesundheitsrelevanter Verhaltensweisen ließe sich beliebig fortsetzen. Diese Abschnitte sind so aufgebaut, daß zunächst einige knappe Ausführungen zu den gesundheitlichen Auswirkungen eines bestimmten Verhaltens gemacht werden und anschließend die Motivation zur Aufnahme oder Änderung des Verhaltens erörtert wird. Der Akzent liegt hier nicht auf epidemiologischen oder verhaltensmedizinischen, sondern auf psychologischen Überlegungen.

Das Buch ist derart angelegt, daß man ein beliebiges Kapitel mit Gewinn lesen kann, ohne die anderen bereits zu kennen. Zu diesem Zweck habe ich geringfügige Wiederholungen eingefügt. Das beste Verständnis wird jedoch erzielt, wenn man das Buch von vorn bis hinten durcharbeitet.

Das vorliegende Buch kann keine umfassende Einführung in die Gesundheitspsychologie liefern und auch keine erschöpfende Darstellung aller Probleme des Gesundheitsverhaltens. Dazu dienen die Folgebände innerhalb der neuen Buchreihe. In diesem Sinne erwarte ich von dem Buch eine Signalwirkung auf weitere Forschungsbemühungen.

Ich habe diesen Text während eines Forschungsaufenthaltes in den USA geschrieben und hatte dabei leider nur wenig europäische Literatur zur Verfügung. Ich bitte diejenigen deutschen Kollegen um Nachsicht, die sich aus diesem Grund hier nicht zitiert finden. Ich danke der University of California, Los Angeles, für den Zugang zu reichhaltigen Literaturquellen, und ich bin der Stiftung Volkswagenwerk für die Gewährung eines Akademiestipendiums sehr verbunden, ohne das dieser Text nicht hätte verfaßt werden können.

Ich danke auch meinen Berliner Mitarbeitern und Kollegen Claudia Herrmann, Reinhard Fuchs und Waldemar Mittag für ihre Anregungen, insbesondere aber Frau Bärbel Günther, die die Redaktion des Buches übernommen und mit größter Sorgfalt und Kompetenz die Druckvorlage erstellt hat.

Los Angeles, im September 1991 *Ralf Schwarzer*

Vorwort
zur zweiten Auflage

Vier Jahre nach Erscheinen dieses Studienbuches wurde eine Neuauflage erforderlich. Dies dürfte vor allem damit zusammenhängen, daß das Fach Gesundheitspsychologie sich nun auch in Deutschland etabliert hat und das Interesse an Forschung und Lehre auf diesem Gebiet schnell angewachsen ist. Das Buch ist als ein allgemeinverständliches Einführungswerk konzipiert und verfolgt in erster Linie die Absicht, neuere theoretische Überlegungen vorzustellen, mit deren Hilfe Veränderungen im Gesundheitsverhalten erklärt und vorhergesagt werden können. Dennoch ist der Band thematisch breit genug angelegt, um als Einführung in die gesamte Gesundheitspsychologie dienen zu können und die Lektüre der nachfolgenden Bände in dieser Buchreihe zu erleichtern.

Für die zweite Auflage waren daher keine konzeptuellen Änderungen erforderlich. Ich habe mich vielmehr darauf beschränkt, die Literatur auf den heutigen Stand zu bringen, einige Passagen mit neuen empirischen Befunden einzufügen und einige Abbildungen zu ergänzen oder durch neue zu ersetzen.

Dabei haben mir die Mitglieder meiner Abteilung für Gesundheitspsychologie und Pädagogische Psychologie geholfen: Elke Appel, Aristi Born, Dorette Eichler, André Hahn, Anna Hemmingson, Kathrin Joerger, Dow Jundef, Reinhard Fuchs und Kerstin Schröder. Ihnen sei an dieser Stelle gedankt. Ganz besonderer Dank gilt Frau Bärbel Günther, die das Projekt in vorzüglicher Weise technisch betreut hat.

Berlin, im Oktober 1995 *Ralf Schwarzer*

Theoretische Konzepte zum Gesundheitsverhalten

Die Theorie der Handlungsveranlassung (Theory of Reasoned Action)

Wenn jemand das Rauchen aufgeben will, dann stellt dies eine Absicht dar, die ihrerseits auf verschiedene Beweggründe zurückgeführt werden kann; man hat eine Einstellung zum Rauchen, und man nimmt die Erwartungen seiner sozialen Umwelt wahr; man ist von manchen Argumenten gegen das Rauchen überzeugt, von anderen aber nicht, und man möchte es vielleicht den Freunden recht tun, nicht aber dem Vorgesetzten. Offenbar gibt es ein reichhaltiges Beziehungsgeflecht, welches eine Handlungsintention und schließlich das Verhalten selbst bestimmt.

Die „Theory of Reasoned Action“ (Ajzen & Fishbein, 1980; Fishbein & Ajzen, 1975) ist ursprünglich angetreten, um den Zusammenhang zwischen Einstellung und Verhalten aufzuklären. Es ist schwierig, den Namen dieser Theorie zu übersetzen: Theorie des begründeten, aufgeklärten, durchdachten, verständigen oder logisch abgeleiteten Handelns? Wir haben uns für Handlungsveranlassung entschieden, weil es primär darum geht, welche psychologischen Faktoren in welcher Kombination menschliches Handeln hervorrufen und vorhersagen. Das Modell ist in Abbildung 1 veranschaulicht und wird im folgenden schrittweise von rechts nach links erläutert.

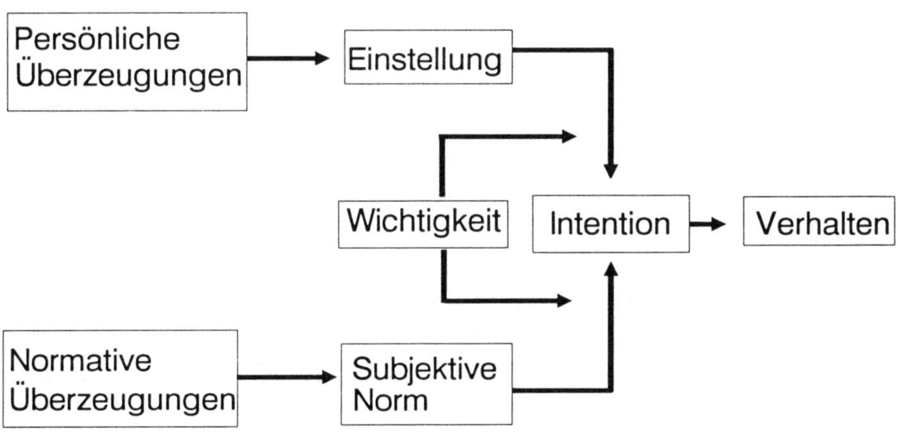

Abbildung 1. *Theorie der Handlungsveranlassung (nach Ajzen & Fishbein, 1980).*

Intention und Verhalten

Um *Verhalten* vorhersagen zu können, muß es in möglichst konkreten Verhaltensbegriffen formuliert, also operationalisiert sein. Verwenden wir Ausdrücke wie „Nichtraucher werden, körperlich aktiv werden, Gewicht abnehmen", so ist dies nicht hinreichend genau, weil damit ganze Verhaltensklassen bezeichnet werden. Noch weniger geeignet sind Formulierungen wie „Nichtraucher sein, körperlich fit sein", weil damit schon die Ergebnisse von Verhaltensweisen angesprochen sind, nicht aber das Verhalten selbst. Die Verhaltensklasse „körperlich aktiv werden" ließe sich z. B. in folgende Verhaltensweisen unterteilen: täglich 15 Minuten laufen, einem Sportverein angehören und lange Phasen der Passivität (z. B. Fernsehen) vermeiden. Die Klasse „Diätverhalten" ließe sich z. B. in folgende Verhaltenselemente unterteilen: kalorienreduzierte Lebensmittel verzehren, Kaffee ohne Zucker trinken, nur zwei Mahlzeiten täglich zu sich nehmen, keinen Nachtisch essen, keinen Alkohol trinken, nicht zwischendurch naschen. Es hat sich als vorteilhaft erwiesen, solche einzelnen Verhaltensweisen zu untersuchen und gegebenenfalls auch als multiple Indikatoren für eine Verhaltensklasse zu verwenden.

Vier Verhaltenselemente werden unterschieden: die Handlung selbst, das Ziel oder der Gegenstand dieser Handlung, der Kontext und der Zeitpunkt. „Fettarm essen" als Handlung kann sich demnach auf Gegenstände richten wie Halbfettmargarine, Hüttenkäse, Obst oder Vollkornbrot, kann sich entweder nur auf den Kontext des geselligen Speisens im Restaurant oder den Snack am Schreibtisch beziehen und mag auf das Frühstück oder Abendessen oder andere Zeitpunkte beschränkt sein.

Diese Unterscheidungen sind wichtig wegen der geforderten Entsprechung von *Intention* und Verhalten. Die beste Verhaltensvorhersage erhält man, wenn beide Modellkomponenten möglichst spezifisch formuliert sind. Nehmen wir die Intention „Ich habe die Absicht, Gewicht abzunehmen", so ist dies sehr allgemein und erlaubt vielleicht eine schwache Vorhersage eines späteren Ergebnisses (Gewichtsabnahme) und von zwei Verhaltensklassen (Diätverhalten und körperliche Aktivität). Nehmen wir dagegen die Intention „Ich habe die Absicht, kalorien- und fettarm zu essen", so wird die Vorhersage des entsprechenden Verhaltens etwas höher ausfallen. Formuliert man „Ich habe die Absicht, werktags zum Frühstück kein Ei mehr und statt dessen Müsli zu essen", dann erhält man vermutlich eine gute Vorhersage genau dieses Verhaltens.

Die Theorie der Handlungsveranlassung unterstellt, daß Menschen im Einvernehmen mit ihren Absichten handeln. Eine Handlung wird am stärksten durch eine Intention bestimmt und somit auch prognostiziert, wobei spezifische Intentionen spezifische Handlungen und globale Intentionen globale Handlungen vorhersagen, letztere jedoch schwächer als erstere. Je spezifischer die Formulierung ist, desto besser gelingt die Vorhersage. Beide Elemente sollten sich entsprechen, wobei Handlung, Gegenstand, Kontext und Zeit zu beachten sind.

Woran liegt es nun, wenn jemand sich anders verhält als beabsichtigt? Da gibt es interne und externe *Barrieren* und Unwägbarkeiten, die den erwarteten Zusammenhang mindern können. Hat jemand z. B. die Absicht, jeden Abend durch den Park zu joggen, dann wird daraus vielleicht nichts, wenn die Freundin zu Besuch kommt, die Laufschuhe defekt sind oder die Willenskraft nicht ausreicht. Die Stabilität einer Intention wird geringer, wenn der Zeitabstand zum Verhalten groß ist und alle möglichen Geschehnisse unerwartet dazwischen kommen können. Daher sollte sich die Intention möglichst auf eine unmittelbar bevorstehende Handlung beziehen. Erwartungswidrige Ereignisse lassen sich manchmal schon bei der Formulierung der Intention berücksichtigen, z. B. „Ich habe die Absicht, täglich zu laufen, sofern es nicht regnet". Die Verwendung bedingter Intentionen kann also dazu beitragen, die Vorhersage des Verhaltens zu verbessern. Daneben spielen frühere persönliche Erfahrungen mit bestimmten Verhaltensweisen eine Rolle. Stellen wir uns vor, zwei junge Frauen hegen die Absicht, in Zukunft an jedem Sommerwochenende zu surfen. Die eine weiß, wovon sie redet, denn sie hat schon einmal einen Anfängerkurs absolviert; die andere hat noch nie auf einem Surfboard gestanden und ist schrecklich frustriert, als es ihr auch nach zwei Stunden noch nicht gelingt, die Balance zu halten, so daß sie beschließt, in Zukunft doch lieber gleich schwimmen zu gehen. Mangel an Erfahrung kann demnach die Ursache für einen fehlenden Zusammenhang zwischen Intention und Verhalten sein.

Schließlich bleibt anzumerken, daß Intentionen von vornherein nicht als unerschütterliche Determinanten von Verhalten gedacht sind, sondern vielmehr Wahrscheinlichkeitsaussagen darstellen, die unterschiedlich hoch ausfallen. Bei ihrer Messung wird daher etwa nach folgendem Muster verfahren:

„Ich will ab morgen schrittweise immer eine Zigarette weniger rauchen"

unwahrscheinlich	–3	–2	–1	+1	+2	+3	sehr wahrscheinlich

Einstellung und subjektive Norm

Die *Einstellung* wird als eine eher diffuse affektiv-evaluative Modellkomponente aufgefaßt, die weder über explizite Prozesse der Informationsverarbeitung noch über Handlungstendenzen verfügt. „An attitude toward any concept is simply a person's general feeling of favorableness or unfavorableness for that concept“ (Ajzen & Fishbein, 1980, S. 54). Es handelt sich um eine gefühlsmäßige Einschätzung, die streng zu trennen ist von Überzeugungen, Intentionen und Handlungen. Dies ist ein wichtiger Unterschied gegenüber Auffassungen anderer Autoren, nach denen Kognitionen, Emotionen und Handlungstendenzen gemeinsam eine Einstellung etablieren. Die Kognitionen gelten hier vielmehr als Vorläufer von Einstellungen, und die Handlungen werden als Resultate von Einstellungen angesehen. Diese konzeptuelle Differenzierung erlaubt einen besseren theoretischen und diagnostischen Zugriff auf die einzelnen Komponenten. Die Messung einer Einstellung geschieht auf ganz einfache Weise, wie folgende Beispiele zeigen.

„Selbst körperlich aktiv zu sein, bewerte ich

negativ –3 –2 –1 +1 +2 +3 positiv

„Daß ich vielleicht eine Diät durchführen werde, empfinde ich als

unangenehm –3 –2 –1 +1 +2 +3 angenehm

Die Verankerung eines Einstellungsitems erfolgt durch allgemeine affektiv-evaluative Begriffe wie „gut-schlecht“ oder „positiv-negativ“. Man kann auch im Sinne eines semantischen Differentials eine ganze Reihe solcher Adjektive untereinander vorgeben. Wichtig ist, im Hinblick worauf man eine Einstellung äußert. Den meisten von uns ist eine Einstellungsforschung vertraut, die sich auf Personen oder Objekte bezieht wie z. B. die Einstellung gegenüber Ausländern, Kernkraftwerken, Geschwindigkeitsbegrenzungen oder Konservierungsmitteln. Die Autoren haben zeigen können, daß solche Einstellungen so gut wie gar nicht handlungsrelevant sind. Die geringe Konsistenz von Einstellung und Verhalten ist bekannt, und es wird argumentiert, daß es unter anderem an dem herkömmlichen Bezug auf Personen oder Objekte liegt, der für diese geringe Konsistenz verantwortlich ist.

Es kommt demnach nicht darauf an, ob man eine Sache gut findet, sondern wie man ein Verhalten bewertet. Wir sollten z. B. nicht nach der Einstellung gegenüber Zigaretten oder gegenüber Rauchern fragen, sondern nach der Einstellung zum Rauchen. Darüber hinaus geht es weniger um ein universelles Verhalten in irgendeiner Population, sondern um das eigene Verhalten der zu untersuchenden Person. Wie man dazu steht, daß man selbst raucht oder nicht, erscheint bedeutsam für die Bildung einer Absicht und die Ausübung eines Verhaltens. Wer gefühlsmäßig mit selbst praktiziertem Verhalten übereinstimmt, wird keine Veranlassung sehen, dieses zu ändern. Ein weiteres Beispiel mag dies verdeutlichen:

„Daß ich rauche, finde ich

schlecht –3 –2 –1 +1 +2 +3 gut

Um ein spezifisches Verhalten vorherzusagen, sollte also nicht die Einstellung einer Person gegenüber dem Gegenstand des Verhaltens erfaßt werden, sondern ihre Einstellung dem Verhalten gegenüber, unter der Annahme, sie würde dieses Verhalten selbst ausführen.

Die Einstellung allein reicht aber nicht aus, um Intention und Handlung auf befriedigende Weise erklären und vorhersagen zu können. Menschen tun nicht nur das, was sie für richtig halten, sondern auch das, was andere von ihnen erwarten. Man hat die Ansprüche seiner sozialen Umgebung verinnerlicht, und man ahnt, was man eigentlich tun sollte. Dies wird als die *subjektive Norm* bezeichnet. Sie umfaßt die Vorstellung von Erwartungen all derjenigen Personen, die zu der eigenen normativen Bezugsgruppe gehören wie z. B. Eltern, Freunde, Lehrer und Bekannte. Die subjektive Norm repräsentiert den „generalisierten signifikanten Anderen“. Ein Beispiel soll dies verdeutlichen:

„Die meisten Leute, die mir wichtig sind, finden,

ich sollte **nicht** –3 –2 –1 +1 +2 +3 ich sollte

Alkohol trinken.“

Im Hinblick auf Handlung, Gegenstand, Kontext und Zeit sollten die Einstellungen und die subjektive Norm der Intention soweit wie möglich entsprechen. Ein derart spezifisches Beispiel für die subjektive Norm wäre:

„Die meisten Leute, die mir wichtig sind, finden,							
ich sollte **nicht**	−3	−2	−1	+1	+2	+3	ich sollte
vormittags im Büro Alkohol trinken."							

Einstellung und subjektive Norm müssen keineswegs gleich stark auf die Intention einwirken. Es mag Fälle geben, in denen nur eine der beiden Modellkomponenten zum Zuge kommt, etwa wenn jemand sich rigoros über die Erwartungen seiner Umwelt hinwegsetzt, um der eigenen Einstellung gemäß zu handeln, oder wenn jemand sich ängstlich an die subjektive Norm hält und darüber die eigene Einstellung vernachlässigt. Beide Aspekte gehen also meist mit unterschiedlichem Gewicht in die Vorhersage ein, und zu diesem Zweck ist in der Theorie der Handlungsveranlassung die Komponente Wichtigkeit vorgesehen.

Hierzu sei eine kritische Anmerkung erlaubt. Die Wichtigkeit wird bestimmt, indem die standardisierten Regressionskoeffizienten (β-Gewichte) für Einstellung und subjektive Norm berechnet werden (Ajzen & Fishbein, 1980, S. 59). Dies ist jedoch ohnehin unvermeidbar, wenn man ein Kriterium aus mehreren Prädiktoren vorhersagen will. Ein Strukturmodell wie dieses verlangt zu seiner Überprüfung die Methode der Regressions- oder Pfadanalyse, und die genannten Koeffizienten sind zwangsläufig Bestandteil der Ergebnisse. Der Faktor Wichtigkeit ist demnach trivial. Ihn ausdrücklich als Komponente in das Modell einzutragen, erscheint überflüssig, denn dies führt zu keinem zusätzlichen Erkenntnisgewinn.

Überzeugungen

Einstellungen und subjektive Normen beruhen auf mehr spezifischen Prozessen der Informationsverarbeitung und entwickeln sich vor deren Hintergrund. Für jede Einstellung oder subjektive Norm gibt es eine Mehrzahl von Überzeugungen. Zunächst soll auf die Verhaltensüberzeugungen (behavioral beliefs) eingegangen werden, die hier als *persönliche Überzeugungen* frei übersetzt werden, um den Unterschied zu den normativen Überzeugungen stärker zu akzentuieren.

Bleiben wir bei dem Beispiel, jemand habe eine negative Einstellung zu seinem Rauchverhalten. Welche Überzeugungen könnten dem zugrunde liegen? Das Rauchen wird vielleicht als negativ beurteilt, weil es Geld kostet, weil es die sportliche Leistung beeinträchtigt, weil es zu Lungenkrebs führen kann, aber vielleicht wird es auch positiv beurteilt, weil es hilft, das Körpergewicht zu regulieren. Jede dieser Ergebnisbewertungen (outcome evaluations) läßt sich auf einer Skala einschätzen:

„Wenn ich rauche, dann vermindert dies meine körperliche Fitneß.
Das finde ich
schlecht –3 –2 –1 +1 +2 +3 gut

Daneben läßt sich die *Überzeugungsstärke* (belief strength) skalieren wie z. B.:

„Dessen bin ich mir
sehr unsicher 0 +1 +2 +3 sehr sicher

Diese beiden Skalen werden miteinander multipliziert, um die endgültigen persönlichen Überzeugungen zu gewinnen (Tabelle 1).

Tabelle 1
Persönliche Überzeugungen zum eigenen Rauchen

Überzeugung	Ergebnisbewertung	Überzeugungsstärke	Produkt
Rauchen kostet Geld	–3	+3	–9
Rauchen mindert Fitneß	–1	+2	–2
Rauchen führt zu Krebs	–1	0	0
Rauchen macht schlank	+2	+1	+2
			–9

Wir haben hier den Fall, daß jemand über eine Menge von Überzeugungen verfügt, deren Resultat negativ ist (−9), so daß diese Person auch eine negative Einstellung zum eigenen Rauchen haben müßte. Der Grund für die negative Überzeugung liegt in erster Linie darin, daß der Kostenfaktor stark zu Buche schlägt. Die Kosten werden für unerwünscht gehalten (−3), und die Person ist sich dessen sehr sicher (+3). Die Überzeugung, daß Rauchen schlank macht (+2), schlägt weniger zu Buche, insbesondere weil die entsprechende Gewißheit gering ausfällt (+1), so daß dieses positive Resultat (+2) nicht die anderen negativen Resultate kompensieren kann. Es wird vermutet, daß Menschen in diesem Sinne bilanzieren (wenn auch nicht immer bewußt) und dadurch zu ihren Einstellungen gelangen.

In ähnlicher Weise werden subjektive Normen gebildet. *Normative Überzeugungen* sind nichts anderes als subjektive Normen, außer daß sie sich auf ganz bestimmte Personen oder Gruppen beziehen. Während die subjektive Norm eher verschwommen den Erwartungsdruck seitens „generalisierter Anderer" zum Ausdruck bringt, lassen sich normative Überzeugungen präzise an bestimmten Bezugspersonen festmachen. Da wird etwa gefragt, ob Vater, Mutter, Freund oder Lehrer der Meinung sind, man solle ein bestimmtes Verhalten zeigen:

„Mein Freund findet,

ich sollte nicht −3 −2 −1 +1 +2 +3 ich sollte

rauchen."

Anschließend wird gefragt, in welchem Maße man geneigt sei, dieser Erwartung nachzukommen:

„Ich möchte das tun, was mein Freund von mir erwartet."

gar nicht 0 +1 +2 +3 auf jeden Fall

Nur wenn eine solche *Einwilligungsbereitschaft* (motivation to comply) besteht, kommt die normative Überzeugung auch zur Geltung. Dem wird in dem Modell dadurch Rechnung getragen, daß beide Komponenten miteinander multipliziert werden (Tabelle 2).

Tabelle 2
Normative Überzeugungen zum eigenen Rauchen

Bezugsperson	Überzeugung	Einwilligungsbereitschaft	Produkt
Vater	–3	0	0
Mutter	–2	+1	–2
Freund	+3	3	+9
Partner	+1	+2	+2
			+9

Hier findet sich eine positive Bilanz. Auch wenn Vater und Mutter die explizite Erwartung herantragen, nicht zu rauchen, so sind die gegenteiligen Erwartungen von Freund und Partner gewichtiger, denn ihnen gegenüber ist die Beispielperson eher bereit zu folgen.

Der Bilanz der normativen Überzeugungen für das Rauchen von +9 steht nun eine Bilanz der persönlichen Überzeugungen gegen das Rauchen von –9 entgegen, so daß Einstellung und subjektive Norm, die sich daraus ergeben, miteinander konfligieren dürften und eine Verhaltensänderung daher sehr unwahrscheinlich ist.

Die Überzeugungen stehen in dem Modell ganz links (vgl. Abbildung 1), d. h. sie liefern den Ausgangspunkt für die Erklärung und Vorhersage von Intention und Handlung. Verhaltensänderungen beruhen somit letzten Endes auf Veränderungen von Kognitionen. Dies heißt aber nicht, daß man solche Überzeugungen dazu verwenden sollte, um mit ihnen direkt, also unter Umgehung von Einstellung und subjektiver Norm, die Intention oder die Handlung vorhersagen zu wollen (vgl. Ajzen & Fishbein, 1980, S. 81). Vielmehr gelten die vermittelnden Einflußgrößen als unantastbare Elemente der Theorie der Handlungsveranlassung und haben sich nach Meinung der Autoren auch empirisch bewährt. Dem widersprechen eine andere Aussage sowie neuere empirische Befunde: es erscheint nicht immer unbedingt notwendig, alle Bestimmungsstücke tatsächlich zu messen, denn oft genügt es, über einige Beziehungen Auskunft zu erhalten, um die nicht erfaßten Teile lediglich erschließen zu können (Ajzen & Fishbein, 1980, S. 98). Ajzen und Madden (1986) haben zwar alle Einflußgrößen gemessen, dabei aber festgestellt, daß sich an den Ergebnissen nichts ändern würde, wenn man Einstellung durch persönliche Überzeugungen (gewichtet mit Überzeugungsstärke) und subjektive Norm durch normative Überzeugungen (gewichtet mit Einwilligungsbereitschaft) ersetzen würde. Genau dies wurde von DeVries, Dijkstra und Kuhlman (1988) gefunden. DeVries und Kok (1986) haben sogar das Modell verdreht, indem sie Einstellungen und subjektive Norm als Determinanten der ihnen eigentlich zugrundeliegenden Überzeugungen aufgefaßt haben, was zu einer besseren Vorhersage der Intention führte! Solche Befunde lassen die Theorie revisionsbedürftig erscheinen.

Das ausführliche Modell

Ist Handeln nicht auch durch andere Faktoren bestimmt, die in diesem Modell gar nicht auftreten? Haben nicht z. B. Alter, Geschlecht, Intelligenz und Extraversion etwas damit zu tun, wie wir uns verhalten? Persönlichkeitsmerkmale, Einstellungen gegenüber Objekten sowie demographische Merkmale gelten in dieser Theorie nur als externe Variablen, deren Stellenwert als eher gering zu veranschlagen ist. Sie sollen nur in sofern von Bedeutung sein, als sie die persönlichen und die normativen Überzeugungen direkt beeinflussen können, die dann ihrerseits indirekt auf das Handeln einwirken. Abbildung 2 erweitert das Modell um solche externen Variablen.

Die Theorie ist auf die Erforschung einer Reihe von Themen erfolgreich angewandt worden wie z. B. Gewichtskontrolle, Familienplanung, Wählerverhalten und Konsumentenverhalten. In der Gesundheitspsychologie gibt es Versuche, sie mit anderen Theorien zu verbinden (s. unten). Ajzen und Timko (1986) haben einen Teilaspekt geprüft, nämlich die Entsprechung von gesundheitsbezogenen Einstellungen und dem Gesundheitsverhalten, und haben unter anderem bestätigt, daß spezifische Gesundheitsverhaltensweisen nicht mit allgemeinen Gesundheitseinstellungen zusammenhängen. In demselben Artikel untersuchen sie auch die wahrgenommene Verhaltenskontrolle oder besser: die wahrgenommene Schwierigkeit, eine Handlung auszuführen. Dies entspricht etwa der Kompetenzerwartung, die in dieser Theorie bisher keinen Platz gefunden hatte, sich aber in anderen Untersuchungen als hochbedeutsam für das Gesundheitsverhalten erwiesen hatte. In der Tat ist es eine Schwäche dieser Theorie, daß sie sich nur auf solche Situationen bezieht, in denen Menschen das Geschehen unter willentlicher Kontrolle haben. Glauben sie dagegen, daß sie eine erstrebenswerte Handlung nicht ausführen können, so bilden sie keine Intention. Offenbar ist die Intentionsbildung nicht nur von Einstellung und subjektiver Norm abhängig, sondern auch von dem Ausmaß

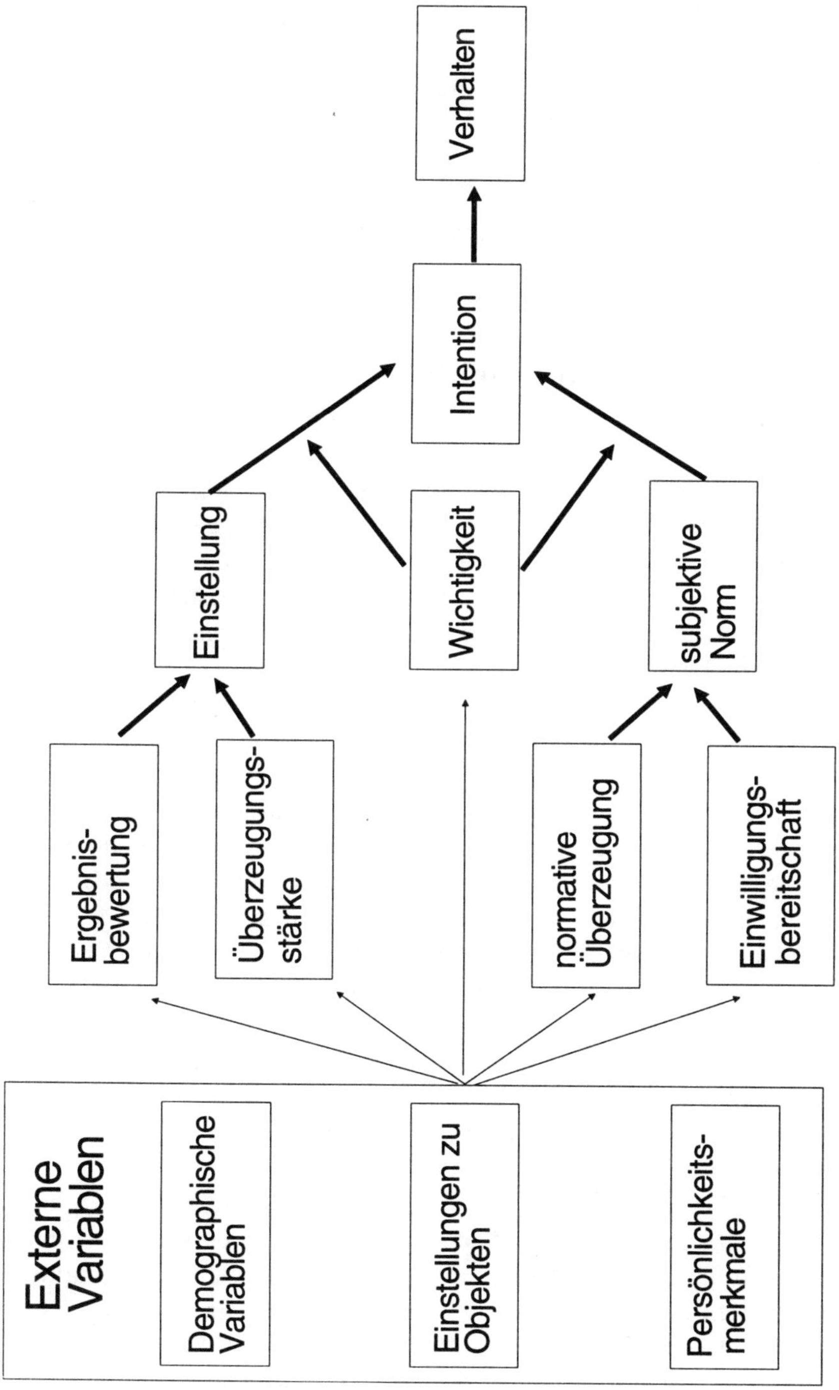

Abbildung 2. *Ausführliches Modell von Ajzen und Fishbein (1980, S. 80).*

erlebter Kontrollierbarkeit und Kompetenz. Für eine derart wichtige Determinante sollte aber in einer sonst so anspruchsvollen Theorie ein Platz reserviert sein. Inzwischen liegt ein erweiterter Ansatz vor, die *Theorie des geplanten Verhaltens* (Ajzen, 1985, 1988; Ajzen & Madden, 1986), der auf diese Kritik reagiert.

Der nächste Abschnitt wird sich ausführlich mit der Kompetenzerwartung auseinandersetzen, und in einem späteren Abschnitt sollen die verschiedenen Ansätze theoretisch integriert werden.

Die sozial-kognitive Theorie: Handlungswirksamkeit und Selbstwirksamkeit

Die bisherigen Ausführungen haben die Bedeutung von Kognitionen (Überzeugungen, Intentionen) für die Motivation zum gesundheitlichen Handeln unterstrichen. Die nachfolgende Darstellung setzt diese Perspektive fort, indem Theorien vorgestellt werden, nach denen ganz bestimmte Kognitionen, nämlich verschiedene Typen von Erwartungen, als handlungssteuernd aufgefaßt werden. Diese Ansätze, die aus Handlungstheorien und aus der Motivationsforschung stammen, sind in neuerer Zeit in die Gesundheitspsychologie übernommen worden. Eine der führenden Gesundheitspsychologinnen, Shelley Taylor (1990), faßt die aus ihrer Sicht wichtigsten Bestimmungsgrößen für Gesundheitsverhalten wie folgt zusammen: Menschen verhalten sich dann gesundheitsbewußt, wenn (a) eine Gesundheitsbedrohung schwerwiegend erscheint, wenn (b) die subjektive Verletzbarkeit oder die Auftretenswahrscheinlichkeit für eine Krankheit hoch ist, (c) wenn jemand glaubt, persönlich eine protektive Handlung zur Verfügung zu haben und (d) wenn diese Handlung als eine wirksame Maßnahme zur Abwehr der Gefahr eingeschätzt wird. Die ersten beiden Kognitionen hat sie dem Health Belief-Modell entnommen, auf das später eingegangen wird; die dritte Kognition wird auch als Kompetenzerwartung und die vierte als Konsequenzerwartung bezeichnet. Diese beiden letztgenannten sind es, denen wir in den folgenden Abschnitten unsere Aufmerksamkeit widmen wollen.

Menschliches Handeln und Erleben wird von Merkmalen der Person und ihrer Umgebung bestimmt. Auf der Seite der Person sind es vor allem ihre Prozesse der Informationsverarbeitung, die Verhalten und Gefühle beeinflussen. Die wichtigsten kognitiven Prozesse sind offenbar die Erwartungen (vgl. Bandura, 1977, 1995a; Heckhausen, 1980; Krampen, 1987; Schwarzer, 1993b). Unser Umgang mit der Welt und uns selbst wird nämlich teilweise von Erwartungen gesteuert, und zwar hegen wir bestimmte Erwartungen bezüglich von Situationen, Handlungen, Ergebnissen und Folgen (vgl. Abbildung 3).

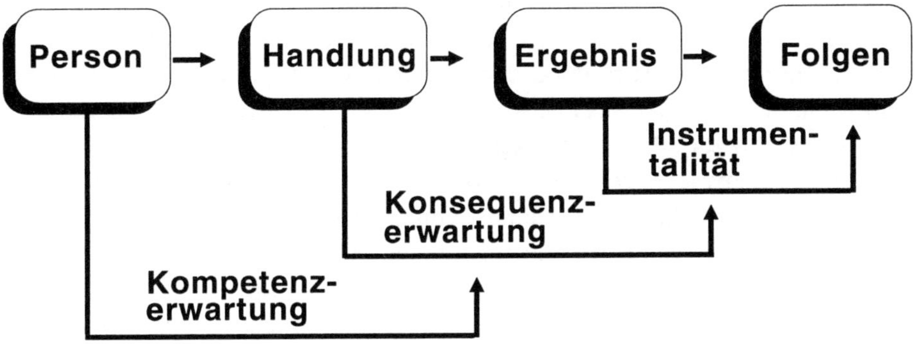

Abbildung 3. *Hierarchie von Erwartungen.*

Nehmen wir an, jemand möchte langfristig eine gute Figur anstreben und die körperliche Leistungsfähigkeit steigern. Um die Wahrscheinlichkeit einer solchen Folge zu erhöhen, müssen Ergebnisse erzielt werden wie zum Beispiel eine Verringerung des Körpergewichts, eine Funktionsverbesserung des Herz-Kreislauf-Systems und eine Kräftigung der Muskulatur. Diese Ergebnisse sind offensichtlich instrumentell für die Folgen, also Mittel zum Zweck. Daher werden die entsprechenden Kognitionen *Instrumentalitätserwartungen* genannt. Um nun diese Zwischenergebnisse zu erzielen, müssen wirksame Handlungen ausgeführt werden wie zum Beispiel regelmäßig körperlich aktiv sein, indem bestimmte Sportarten betrieben werden. Nachdem eine Instrumentalitätserwartung vorliegt, prüft man, ob das Ergebnis handlungsabhängig ist. Es könnte ja auch sein, daß es situativ festgelegt ist und es gar keinen Handlungsspielraum gibt, innerhalb dessen es sich willentlich beeinflussen läßt. Im Falle bestimmter körperlicher Behinderungen ist vielleicht eine Trainierbarkeit gar nicht gegeben. Bei der *Konsequenzerwartung* geht es um die Bestimmung einer Wahrscheinlichkeit, durch Handeln bzw. systematische Anstrengung ein erwünschtes Ergebnis hervorzurufen, und zwar steht hier der prinzipielle Zusammenhang im Vordergrund, was man auch als eine universelle Kontingenzprüfung bezeichnen könnte. Die konkrete Frage lautet demnach: „In welchem Maße führt ein gewisses Quantum an körperlicher Aktivität zu Gewichtsverringerung, Kreislauffunktionsverbesserung und Muskelwachstum?" Erst anschließend stellt sich die Frage, ob jemand auch sich selbst dazu in der Lage sieht, diese Kontingenz auf eigenes Handeln anzuwenden: traut sich die Person auch wirklich zu, die fragliche Handlung selbst auszuführen? Kann sie sich dazu überwinden, regelmäßig und ausdauernd körperlich aktiv zu sein, und glaubt sie, die nötigen Voraussetzungen dafür zu besitzen? Hier ist offenbar eine subjektive Ursachenzuschreibung (Kausalattribution) erforderlich. Die internale Attribution der Handlung entspricht der Annahme einer Kompetenz, etwas selbst beeinflussen zu können. Erwartet eine Person, durch Einsatz der ihr zur Verfügung stehenden Mittel mit einer gewissen Wahrscheinlichkeit etwas bewirken zu können, dann hegt sie eine *Kompetenzerwartung*. Das Vorhandensein einer Kompetenzerwartung setzt voraus, daß bereits gewisse Konsequenz- und Instrumentalitätserwartungen gegeben sind. Abbildung 3 sollte man daher von rechts nach links lesen. Glaubt man, daß bestimmte Ergebnisse für bestimmte Folgen instrumentell sind, und glaubt man, daß bestimmte Handlungen zu bestimmten Ergebnissen führen, dann läßt sich prüfen, ob diese Handlungen subjektiv verfügbar sind. Für jede mögliche Situation hegt die Person eine geordnete Menge von Erwartungen, und es gibt so viele „Selbstmodelle", wie es Situationen gibt.

Diese handlungstheoretischen Vorstellungen gelten auch bei scheinbar „leeren" Handlungen, also der Handlungsunterdrückung, wenn die Person sich aktiv dazu überwinden muß, etwas nicht zu tun. Jemand will zum Beispiel gesund bleiben (Folge) und strebt an, Nichtraucher zu werden (Ergebnis), weil er die Instrumentalitätserwartung hegt, daß Rauchen gesundheitsschädlich sei. Um Nichtraucher zu werden, muß auf die Ausführung des gewohnten Risikoverhaltens verzichtet werden (Handlung). Hier ist die Konsequenzerwartung trivialerweise, daß der Abbau des Risikoverhaltens zum Nichtraucherstatus führt. Entscheidend für den tatsächlichen Handlungsverzicht ist aber die Kompetenzerwartung, nämlich die subjektive Überzeugung, selbst in der Lage zu sein, in allen möglichen Situationen auf ein kritisches Verhalten wirklich verzichten zu können.

Die beschriebene hierarchische und genetische Ordnung stellt lediglich eine Heuristik dar. In anderen Arbeiten (Heckhausen, 1977; Krampen, 1987; Schwarzer, 1993b, 1994a) wird daneben auch eine Situations-Ergebnis-Erwartung thematisiert.

Handlungswirksamkeit und Kontrollüberzeugung

Es hat sich als zweckmäßig erwiesen, den Allgemeinheitsgrad dieser Kognitionen genau zu bestimmen. Es gibt Meinungsverschiedenheiten darüber, ob eher spezifische oder eher globale Formulierungen von Erwartungen theoretisch sinnvoll und prädiktiv nützlich sind. Das breitere Konstrukt der Kontrollüberzeugung (locus of control), das Rotter (1954) in die Psychologie eingeführt hat, läßt sich als eine Verallgemeinerung einer Vielzahl von spezifischen Handlungs-Ergebnis-Erwartungen auffassen, denn Rotter versteht sein Konzept als „generalized expectancies". Diesen Gedanken hat Krampen (1987) systematisch für mehrere Kognitionstypen fortgeführt. Den spezifischen Handlungs-Ergebnis-Erwartungen entspricht auf der Ebene von Persönlichkeitsmerkmalen die Kontrollüberzeugung, den spezifischen Situations-Handlungs-Erwartungen das Selbstkonzept der Fähigkeit, und den spezifischen Situations-Ergebnis-Erwartungen entspricht das Vertrauen. In vielen Arbeiten hat sich gezeigt, daß offenbar spezifische Erwartungen dann bei der Verhaltensvorhersage überlegen sind, wenn es um ebenso spezifische Kriterien geht, nicht aber wenn es um allgemeine Kriterien geht. Es gibt in diesem Zusammenhang unzählige Auffassungen, die an dieser Stelle nicht ausgeführt werden können. Weiter unten wird auf die Position von Scheier und Carver (1987, 1992) eingegangen, die das Konstrukt „generalisierte Handlungswirksamkeit" nicht als Kontrollüberzeugung verstehen, sondern als „Optimismus". Dies dürfte zu einiger Konfusion Anlaß geben, denn Optimismus in der alltagssprachlichen Bedeutung zielt eher auf Situations-Ergebnis-Erwartungen und scheint dem, was Krampen „Vertrauen" nennt, näher zu liegen.

Bereichsspezifische Konsequenzerwartungen sind schon früher vorgeschlagen worden, so z. B. eine gesundheitsbezogene Kontrollüberzeugung („health locus of control") von Wallston, Wallston, Kaplan und Maides (1976; Wallston & Wallston, 1978). Zur Erfassung dieses Konstrukts liegen psychometrische Skalen vor, in Deutschland z. B. die von Ferring und Filipp (1989) und die von Lohaus und Schmitt (1989).

Die Analyse der subjektiv wahrgenommenen Handlungswirksamkeit bestimmter Präventionsmaßnahmen kann wertvolle Hinweise liefern, wenn es um die Setzung von Prioritäten und um den gezielten Einsatz pädagogischer Strategien geht. In einer Umfrage hat Bausell (1986) unterschiedliche Vorstellungen über Handlungswirksamkeit bei Laien und Experten herausgefunden. Er hat eine Liste von 17 Gesundheitsverhaltensweisen aufgestellt wie z. B. regelmäßige körperliche Aktivität, Vermeidung des Konsums von Fett, Zucker oder Salz und die Blutdruckkontrolle. Diese Liste wurde von 103 Experten, die im Gesundheitswesen beschäftigt waren, in eine Rangordnung gebracht. Eine Zufallsstichprobe von 1.254 Amerikanern wurde in einem Telefoninterview ebenfalls gebeten, dieselben präventiven Verhaltensweisen nach ihrer Wichtigkeit zu ordnen. Beide Gruppen stuften zwar alle 17 Gesundheitsverhaltensweisen als bedeutsam ein, aber die relativen Rangunterschiede stimmen nachdenklich. So war z. B. „Nicht rauchen" auf Platz 1 bei den Experten, jedoch nur auf Platz 8 bei den Laien; „Sicherheitsgurte anlegen" stand auf Platz 2 bei den Experten, aber auf Platz 13 bei den Laien; und „Mäßigkeit beim Alkoholkonsum" belegte Platz 7 bei den Experten und nur Platz 17 bei den Laien. Setzen wir einmal voraus, daß es wissenschaftlich gut begründete Handlungsweisen zur Reduktion der Wahrscheinlichkeit zu erkranken oder vorzeitig zu sterben gibt und daß weite Kreise der Bevölkerung deren Wirksamkeit fehleinschätzen, so folgt daraus die Notwendigkeit, gesundheitspädagogische Maßnahmen zur Vermittlung von Handlungs-Ergebnis-Erwartungen auf solche Risikopopulationen zuzuschneiden. Eine weiterführende Fragestellung zielt dann auf die diagnostische Erfassung von anderen gesundheitsbezogenen Kognitionen, um diese im Verbund psychologisch beeinflussen zu können. Wie Taylor (1990) mit Bezug auf Bandura (1986) ausführte, ist neben der subjektiven Handlungswirksamkeit auch die Kompetenzerwartung erforderlich, um Verhalten wirklich zu ändern. Empirische Bestätigungen dafür findet man in vielen Arbeiten, z. B. in der von Kaplan, Atkins und Reinsch (1984), in der nur für Patienten mit gesundheitlicher Kontrollüberzeugung (internal health locus of control) der Zusammenhang zwischen Kompetenzerwartung und körperlicher Aktivitätsverbesserung signifikant ausfiel, nicht dagegen für Patienten ohne diese Überzeugung.

Optimismus

Als eine wichtige Persönlichkeitsvariable hat sich der Optimismus erwiesen. Im Unterschied zum Alltagssprachgebrauch handelt es sich hier um ein erst kürzlich eingeführtes psychologisches Konstrukt (Scheier & Carver, 1987, 1992), das erläuterungsbedürftig ist und hier etwas näher betrachtet werden soll. Unter Optimismus werden verallgemeinerte Ergebniserwartungen verstanden, also wahrgenommene Zusammenhänge zwischen dem Handeln und dem Handlungsergebnis (outcome expectancies). Wenn Menschen, die sich aktiv um die Lösung eines Problems bemühen, auf ein Hindernis stoßen, dann geraten sie - bewußt oder unbewußt - in eine Selbstbewertungssituation, in der sie eine Reihe von Situations-, Handlungs- und Ergebniseinschätzungen vornehmen. Nach Ansicht von Scheier und Carver kommt dabei den Ergebniserwartungen die wichtigste Bedeutung zu, indem sich nämlich die Betroffenen vor Augen führen, was wohl geschehen mag, wenn sie ihre gegenwärtigen Bemühungen fortsetzen. Hier lassen sich spezifische von allgemeinen Ergebniserwartungen unterscheiden (z. B. „Wenn ich jetzt dem Drang zu trinken nicht nachgebe, werde ich nicht rückfällig“ gegenüber „Ich glaube, daß ich meine Entwöhnung erfolgreich abschließen werde“). Die Autoren sind der Auffassung, daß zwar spezifische Ergebniserwartungen die beste Vorhersage für spezifische Gesundheitskriterien liefern mögen, halten aber einen globalen Ansatz für nützlicher, weil damit eine breitere Klasse von abhängigen Merkmalen vorhergesagt werden kann. In diesem Sinne haben sie das Konstrukt der verallgemeinerten Ergebniserwartungen in die Psychologie eingeführt und es einfach „Optimismus“ genannt.

Gemessen wird dieses Persönlichkeitsmerkmal mit Hilfe einer psychometrischen Skala (Life Orientation Test) von acht Items (Scheier & Carver, 1985). Itembeispiele für die deutsche Version von Wieland-Eckelmann und Carver (1990) sind „Ich blicke stets optimistisch in die Zukunft“ und „Ich sehe stets die guten Seiten der Dinge“. Neben vier positiv gepolten gibt es vier negativ gepolte Items wie „Ich beachte selten das Gute, das mir geschieht“ und „Wenn etwas schlecht für mich ausgehen kann, so geschieht das auch“. Schon bei der Vorstellung des Instruments (Scheier & Carver, 1985) wußten die Autoren, daß es nicht ein- sondern zweidimensional ist und man eigentlich von vornherein eine Optimismus- und eine Pessimismus-Skala hätte bilden können. Anhand der Items läßt sich auch nicht erkennen, ob es sich hier um einen defensiven oder um einen funktionalen Optimismus handelt (Schwarzer, 1993a, 1994b). Vielmehr erlauben erst die damit gewonnenen Forschungsbefunde den Rückschluß, wie die Befragten die Aussagen verstanden haben. Da die Skala meist positiv mit dem Gesundheitsverhalten und der Gesundheit korreliert, haben die Befragten sie offenbar im Sinne eines funktionalen Optimismus interpretiert.

Die Befundlage ist bei unterschiedlichen Problemen uneinheitlich, aber hier soll nur kurz auf gesundheitspsychologische Forschungen eingegangen werden. In zwei beachtlichen Studien ist es den Autoren gelungen, einen Einfluß des Optimismus auf den Krankheitsverlauf zu ermitteln. Die erste beschäftigte sich mit der Genesung von herzkranken Männern, die sich einer Bypass-Operation unterzogen haben (Scheier et al., 1989). Viermal wurden die Patienten untersucht, nämlich kurz vor der Operation, eine Woche danach, ein halbes Jahr danach und fünf Jahre später. Optimismus war kurz vor der Operation gemessen worden. Schon während der Operation zeigten sich günstige physiologische Meßwerte bei den Optimisten im Vergleich zu den Pessimisten. Eine Woche nach der Operation wurden Verhaltensunterschiede beobachtet; die Optimisten erholten sich schneller, verließen das Bett und liefen umher; sie waren zufriedener mit ihrer Situation. Sechs Monate nach der Operation hatte sich das Leben der Optimisten stärker normalisiert als das der Pessimisten; sie arbeiteten wieder ganztags und hatten ihre sportlichen und sonstigen Aktivitäten wieder aufgenommen. Nach fünf Jahren berichteten die Optimisten über eine höhere Lebensqualität; bei ihnen gab es mehr Ganztagsbeschäftigungsverhältnisse, während es bei den Pessimisten mehr Teilzeitbeschäftigungen gab; sie verhielten sich gesünder; sie schliefen besser und hatten weniger Schmerzen. Wie läßt sich nun dieser Zusammenhang zwischen Optimismus als Persönlichkeitsmerkmal und den genannten Gesundheitsdaten erklären? Die Autoren meinen, daß die Wahl von Bewältigungsstrategien durch den Optimismus mitbestimmt wird und sich auf diesem Wege die berichteten Verhaltensunterschiede ergeben. So zeigte sich zum Beispiel, daß die Optimisten schon vor der Operation Pläne schmiedeten und sich konkrete Ziele für den Genesungsverlauf setzten, während die Pessimisten stärker auf ihre augenblicklichen Gefühle achteten. Nach der Operation bemühten letztere sich, die Gedanken an ihre Symptome zu unterdrücken oder zu ignorieren, während die Optimisten danach strebten, von den Ärzten Informationen und Empfehlungen für ihr künftiges Leben zu erhalten. Die zweite Studie erfolgte mit Patientinnen, die wegen Brustkrebs operiert wurden. Auch hier verlief die Genesung bei den Optimisten besser als bei den Pessimisten (Scheier et al., 1989; vgl. auch Scheier & Carver, 1992). Bei der zweiten spektakulären Arbeit wurden Brustkrebspatientinnen im Längsschnitt auf ähnliche Weise untersucht (Carver et al., 1993; vgl. auch Carver & Scheier, 1993). Auch hier zeigte sich ein besserer Krankheitsverlauf bei den Optimistinnen als bei den Pessimistinnen. In einer anderen Forschungsarbeit (Litt, Tennen, Affleck & Klock, 1992) wurde gefunden, daß optimistische Frauen, deren künstliche Befruchtung ohne Erfolg verlief, diese Krise besser bewältigten als pessimistische Frauen.

Diese Resultate sind zwar sehr beeindruckend, doch hat es auch heftige *Kritik* an der Optimismus-Skala gegeben. Smith, Pope, Rhodewalt und Poulton (1989) haben in zwei Studien die konvergente und diskriminante Validität überprüft und gefunden, daß sich zwei Skalen zur dispositionellen Ängstlichkeit (interpretiert als „Neurotizismus") besser zur Vorhersage von Gesundheitsbeschwerden und Coping eigneten als der gleichzeitig gemessene Optimismus, der wiederum sehr hoch negativ mit Ängstlichkeit korrelierte. Die Partialkorrelationen zeigten, daß die Vorhersageleistung der Optimismus-Skala offenbar auf ihrer gemeinsamen Varianz mit der Ängstlichkeit beruhte (vgl. auch D. G. Williams, 1992). Eine weitere Kritik wurde von Marshall, Wortman, Kusulas, Hervig und Vickes (1992) vorgetragen. Auch sie haben bestätigt, daß das Instrument nicht unidimensional und bipolar ist, sondern aus zwei Dimensionen besteht, einem Optimismus-Faktor und einem Pessimismus-Faktor, die auf jeweils vier Items beruhen und nur mäßig miteinander korreliert sind (um r = .39). Das haben wir übrigens auch in einer Berliner Studie gefunden, wobei die Subskalen zu r = –.30 zusammenhingen ($n = 235$). Darüber hinaus fanden Marshall et al. (1992), daß die beiden Unterskalen ihrerseits mit verschiedenen Außenkriterien unterschiedlich eng assoziiert waren. Die Optimismus-Subskala hing vor allem mit Extraversion und positivem Affekt, die Pessimismus-Subskala dagegen mit Neurotizismus und negativem Affekt zusammen. Es kann demnach sein, daß manche Menschen „stets optimistisch in die Zukunft blicken", gleichzeitig aber nicht erwarten, daß „die Dinge in ihrem Sinne verlaufen". Beide Kognitionen sind daneben von unterschiedlichen Persönlichkeitsmerkmalen beeinflußt. Marshall et al. (1992) schlagen vor, das Optimismuskonzept völlig zu revidieren.

Man sollte sich von den gelegentlich spektakulären Befunden nicht täuschen lassen. Der dispositionale Optimismus stellt ein diffuses Konzept dar, und das Instrument mißt mit seinen impliziten Unterskalen teilweise die Abwesenheit von Depression und Ängstlichkeit, Variablen also, deren Zusammenhang mit seelischer und körperlicher Gesundheit auf der Hand liegt. Mit dieser Kritik ist nicht gesagt, daß das Verfahren keine guten Prognosen stellt. Man kann durchaus die beiden Subskalen getrennt als Mittel zu globalen Vorhersagen verwenden, aber man wird mit dem Konzept in der Forschung nicht weiterkommen, weil es theoretisch hinter den heutigen Stand der Konstruktdifferenzierung zurückfällt. Optimismus sollte nicht als Konglomerat von Situations- und Konsequenzerwartungen aufgefaßt werden, weil sich dann die defensive nicht von der funktionalen Komponente trennen läßt. Beide treffen unterschiedliche Vorhersagen auf präventives Handeln bzw. Coping. Die Tatsache, daß dispositionaler Optimismus in vielen Untersuchungen mit Coping und Gesundheit korreliert, läßt erkennen, daß die Befragten ihr eigenes zukünftiges Handeln implizit ins Kalkül ziehen, auch wenn das Meßinstrument nicht danach fragt. Da die Skala um .50 bis .65 mit der generalisierten Kompetenzerwartung korreliert, ist anzunehmen, daß letztere den Zusammenhang mit der Gesundheit erzeugt. Wenn dies so ist, sind wir besser beraten, uns von vornherein der Kompetenzerwartung anstelle des dispositionalen Optimismus zu bedienen (vgl. Schwarzer, 1993a, 1994a).

Die Selbstwirksamkeitstheorie von Bandura

Einige der hier kurz dargestellten Überlegungen, die inzwischen weit verbreitet sind, gehen vor allem auf Bandura (1977, 1992a, 1992b, 1995a, 1995b) zurück, der eine sehr einflußreiche Selbstwirksamkeitstheorie entwickelt hat (self-efficacy theory), die einen zentralen Bestandteil seiner sozial-kognitiven Theorie ausmacht. Er hat die Bedeutung der Selbstwirksamkeitserwartung für menschliches Verhalten und Erleben systematisch erforscht, wobei klinische und experimentelle Arbeiten im Vordergrund standen. (Die Begriffe Selbstwirksamkeitserwartung und Kompetenzerwartung sind synonym und werden daher nur aus stilistischen Gründen abwechselnd gebraucht). Ausgangspunkt für die Selbstwirksamkeitstheorie waren Beobachtungen in der Verhaltenstherapie. Deren Prinzip besteht darin, Kontingenzen zwischen situativen Reizen und eigenen Reaktionen herzustellen. So hat man zum Beispiel lange Zeit geglaubt, Menschen lernen vor allem durch Bekräftigung, etwa wenn sie systematisch für eine erfolgreiche Handlungsausführung belohnt werden (operantes Konditionieren). Dies ist zwar nicht falsch, aber erst später hat sich die präzisere Auffassung verbreitet, daß es nicht so sehr die Bekräftigung oder die Kontingenzen sind, die das Verhalten ändern, sondern vielmehr die Erwartungen über solche Kontingenzen (also Kognitionen). Bekräftigung ist daher weniger ein Mittel zur Erzeugung von Reaktionen als vielmehr ein Mittel zur Erzeugung einer entsprechenden Kognition, die zur Verhaltensänderung motiviert.

Weitere kognitive Elemente dieses Änderungsmotivationsprozesses sind die Zielsetzungen und die Selbstbewertungen. Der Erwerb von Kompetenzerwartungen und der Aufbau von Verhalten sind ganz wesentlich davon abhängig, wie realistisch die Zwischenziele (Ergebnisse) gesetzt werden und wie deren Erreichen subjektiv verarbeitet wird, nämlich als entweder selbstverursacht oder fremdverursacht.

Wenn jemand nicht schwimmen kann und Angst davor hat, ins Wasser zu gehen, so kann dies an mangelhafter Kompetenzerwartung[1] liegen. Die Person weiß, daß gezielte Bewegungen im Wasser (Handlung) dazu führen, daß man nicht untergeht (Ergebnis) und daß man sich an dem nassen Element erfreuen kann (Folge), aber sie traut sich nicht zu, diese Schwimmbewegungen selbst vorzunehmen oder zu erlernen. Die kognitive Verhaltensmodifikation zielt unter anderem darauf, diese mangelhafte Kompetenzerwartung zu ändern, zum

[1] Die Begriffe Kompetenzerwartung, optimistische Selbstüberzeugung und Selbstwirksamkeitserwartung werden in diesem Buch synonym gebraucht.

Beispiel indem die Person zunächst leichtere Teilhandlungen ausführt und ihre Erfolge in selbstwertdienlicher Weise beurteilt. Es soll nun etwas näher auf den Erwerb von Kompetenzerwartung eingegangen werden.

Nach Bandura (1977) kann man solche Erwartungen für eine Reihe von Situationen bzw. Aufgaben auf unterschiedliche Weise erwerben, nämlich durch Informationen aus vier Quellen: direkte Erfahrung, indirekte Erfahrung, symbolische Erfahrung und Erregungsfeedback.

1. *Direkte Erfahrungen* macht man, indem man Anforderungssituationen erfolgreich meistert und dadurch den Zusammenhang zwischen persönlichem Anstrengungsaufwand und den Konsequenzen aus der Umwelt wahrnimmt und interpretiert. Man tut etwas und erfährt unmittelbar, ob sich dadurch etwas verändert hat. Bei der Verhaltensmodifikation ist das sogenannte „teilnehmende Modell-Lernen" eine bewährte Methode, die sowohl indirekte als auch direkte Erfahrungen zuläßt. Dabei geht es um die aktive Ausführung von Handlungselementen, deren Schwierigkeitsgrad optimal dosiert ist, um Erfolgserlebnisse wahrscheinlich zu machen.

2. *Indirekte Erfahrung* ist eine stellvertretende Erfahrung, indem man eine Modellperson beobachtet, die ein Problem erfolgreich meistert. Personen, die einem selbst ähnlich sind, werden in kritischen Situationen beobachtet, in denen sie versuchen, eine Anforderung zu bewältigen. Aus solchen sozialen Vergleichsprozessen werden Schlußfolgerungen auf die eigene Kompetenz gezogen. Selbstwirksamkeitserwartungen, die in diesem Sinne auf stellvertretender Erfahrung beruhen, sind schwächer und verwundbarer als solche, die auf eigenen Erfahrungen beruhen.

3. *Symbolische Erfahrung* resultiert zum Beispiel daraus, daß man sich durch Mitteilungen anderer davon überzeugen läßt, über ein Problem die Kontrolle zu haben. Die Mutter sagt zum Beispiel ihrem Kind, es könne die Schuhe allein zubinden, und daraus entspringt vielleicht die Motivation, es zu versuchen und Zeit und Mühe darauf zu verwenden. Symbolische Information gilt als eine noch schwächere Quelle von Kompetenzerwartung als die indirekte Erfahrung.

4. *Gefühlserregung* kann eine weitere Informationsquelle darstellen, wenn sie im Zusammenhang mit der Bewältigung bedrohlicher Situationen eine Rückmeldung liefert. Physiologische Prozesse treten zum Beispiel auf, wenn eine Aufgabe zu schwierig ist und ein Versagen bevorsteht. Wenn man spürt, wie sich angesichts solcher Situationen ängstliche Erregung im Körper ausbreitet, sagt einem das, man sei womöglich nicht kompetent genug, um die Belastungen auszuhalten. Menschen mit hoher Kompetenzerwartung treten einer Klasse von Anforderungssituationen mit weniger körperlicher Erregung

entgegen als solche mit geringer Kompetenzerwartung - unabhängig von der tatsächlichen Kompetenz.

Es geht hier ja ohnehin nicht um die realen Fähigkeiten und Fertigkeiten im Umgang mit Belastungen, sondern darum, was jemand glaubt, wie er mit den wahrgenommenen Anforderungen fertig wird. Die Kompetenzerwartung bezieht sich auf die subjektive Verfügbarkeit von Bewältigungshandlungen, ohne mit den objektiven Handlungsressourcen übereinstimmen zu müssen. Die Tatsache, daß man kritische Situationen erfolgreich bewältigt, bedeutet daher auch nicht gleichzeitig, daß dies die Kompetenzerwartung bestätigt oder stärkt. Es kommt vielmehr darauf an, wie Handlungsergebnisse interpretiert werden, zum Beispiel welche Ursachen ihnen zugeschrieben werden.

Damit hat sich die Attributionstheorie beschäftigt (vgl. Weiner, 1986). Ein Mißerfolg wird die Selbstwirksamkeitserwartung zum Beispiel dann stärker reduzieren, wenn er auf mangelnde Fähigkeit statt auf widrige Umstände attribuiert wird. Das Verhältnis von Fähigkeit zu Anstrengung spielt dabei eine besondere Rolle. Wenn man bei geringem Anstrengungsaufwand Erfolg hat, steigt die Tendenz zu einer Fähigkeitszuschreibung, die ihrerseits die Erwartung eigener Kompetenz begünstigt. Die Einschätzung der Schwierigkeit einer Aufgabe beeinflußt ebenfalls den Zusammenhang von Handlungsvollzügen und Kompetenzerwartung. Leichte Aufgaben oder Probleme zu lösen, ergibt keine neuen Informationen für eine Veränderung der Kompetenz, während die Bewältigung von herausfordernden Aufgaben eher den Eindruck wachsender Fähigkeit vermittelt. Mittelschwere Aufgaben, an denen man durchaus scheitern kann, enthalten mehr Diagnostizität und liefern somit Informationen über die eigene Kompetenz.

Es reicht auch nicht, einfach Erfolg zu haben, indem eine Sache vom Tisch ist und andere Routinetätigkeiten ungestört fortgesetzt werden können. Vielmehr müssen Bezugsnormen zur Anwendung gelangen, die eine Selbstbewertung ermöglichen. Wenn andere etwas besser können, dann vermittelt der soziale Vergleich Informationen über den eigenen Rangplatz in einer - vielleicht imaginären - Bezugsgruppe. Etwas, was sachlich als erfolgreiche Problemlösung aufzufassen ist, mag im sozialen Vergleich einen Mißerfolg darstellen. Ebenso kann ein temporaler Vergleich informativ sein, wenn zum Beispiel herauskommt, daß man entsprechende Aufgaben früher viel besser gelöst hat als heute.

Diese Überlegungen bezogen sich auf die direkten Erfahrungen bei konkreten eigenen Handlungsvollzügen. Aber auch bei der stellvertretenden Erfahrung gibt es kognitive Prozesse, die den Erwerb von Kompetenzerwartung beeinflussen können. Dazu gehören zum Beispiel Merkmale des Verhaltensmodells, die Ähnlichkeit zwischen Modell und Beobachter, die Schwierigkeit der Problemaufgabe, äußere Umstände und Art und Dauer der Zielerreichung. Sprachliche Überzeugung als symbolische Informationsquelle wird auch durch eine Reihe von Faktoren mitbestimmt wie etwa die Glaubwürdigkeit der überredenden Person, ihre soziale Bedeutung, ihr Expertenstatus und natürlich die Qualität der Argumente. Gefühlsmäßige Erregung schließlich kann auch auf unterschiedliche Weise verarbeitet werden. Wer zum Beispiel seine physiologischen Vorgänge fehlattribuiert, wird auch zu fehlerhaften Einschätzungen gelangen. Wer angesichts einer Prüfung das Händezittern auf den starken Kaffee zurückführt, wird keine Einbuße an Kompetenzerwartung erleben; umgekehrt läßt sich auch argumentieren, daß sehr hohe Kompetenzerwartungen zu Fehlattributionen führen können: diese Leute können sich gar nicht vorstellen, daß sie wegen einer Prüfung wirklich nervös und aufgeregt sind. Eine leichte Überschätzung der eigenen Kompetenz dürfte generell hilfreich bei der Lebensbewältigung sein, eine starke Überschätzung dagegen ist mit derart unrealistischen Situationseinschätzungen verbunden, daß es zu Fehlentscheidungen und Fehlhandlungen kommen muß, was wiederum auf Dauer neue Probleme nach sich zieht.

Welche motivationale Bedeutung hat nun die Kompetenzerwartung? Zunächst beeinflußt sie die Auswahl von Situationen, in die man sich hineinbegibt. Wenn Menschen angesichts von Anforderungssituationen glauben, daß sie ihnen nicht gewachsen sind, vermeiden sie derartige Situationen nach Möglichkeit. Ist dagegen die Kompetenzerwartung hoch ausgeprägt, glaubt also die Person, über effektive Handlungsressourcen zu verfügen, wird sie der kritischen Situation eher aktiv und handlungsbereit begegnen oder sie sogar herausgefordert aufsuchen. Die Kompetenzerwartung bestimmt darüber hinaus das Ausmaß der Anstrengung, mit der man eine Aufgabe zu lösen versucht, und die Ausdauer bei der Bewältigung von Anforderungen. Je geringer die Kompetenzerwartung, desto früher wird man aufgeben. Wir haben es hier also mit drei abhängigen Variablen zu tun, von denen man die erste im engeren Sinne als motivational und die beiden anderen als volitional bezeichnen könnte. Bei der Motivation geht es um die Auswahl von Situationen, die Präferenz für bestimmte Tätigkeiten, die Bildung einer Handlungsintention bzw. die Entscheidung für eine Vorgehensweise. Bei der Volition geht es dagegen um die Umsetzung einer Intention in tatsächliches Handeln und um die Aufrechterhaltung einer Handlung gegen Widerstände; dafür sind also Anstrengung und Ausdauer die typischen Indikatoren. In allen drei Fällen dürfte die Kompetenzerwartung eine wesentliche Rolle spielen.

Innerhalb einer Kompetenzerwartung lassen sich nach Bandura (1977) drei Aspekte unterscheiden: ihr Ausmaß oder Niveau (magnitude), ihr Allgemeinheitsgrad (generality) und ihre Gewißheit (strength). Das *Niveau* bezieht sich auf den Schwierigkeitsgrad der Aufgabe, d. h. man kann Erwartungen gegenüber sehr leichten oder sehr schwierigen Problemen hegen, denen man sich mehr oder weniger gewachsen fühlt. Bei der Therapie von Ängsten macht es einen Unterschied, ob jemand zum Beispiel daran glaubt, eine Schlange mit der Hand berühren zu können oder sie aus zehn Meter Entfernung eine Minute lang ansehen zu können. Der *Allgemeinheitsgrad* bezieht sich auf die Menge unterschiedlicher Situationen, für die eine Kompetenzerwartung gilt. So kann jemand überzeugt davon sein, in einer geselligen Runde die ihm angebotene Zigarette höflich ablehnen zu können, während er unter Streß nicht über die Kraft verfügt, solchen Versuchungen zu widerstehen. Es geht also um Situationsspezifität und -globalität einer bestimmten Kompetenzerwartung, hier zum Beispiel der Erwartung, ein Risikoverhalten (Rauchen) persönlich unter Kontrolle bringen zu können. Schließlich bezieht sich die Stärke oder *Gewißheit* auf den Grad, zu dem man sich sicher ist, wirklich über die eigene Kompetenz zu verfügen. Es mag ja sein, daß man zwar glaubt, jederzeit und überall joggen zu können, doch nicht hundertprozentig sicher ist, sich dann auch wirklich überwinden zu können. Schwache Erwartungen können durch sie widersprechende Erfahrungen schnell gelöscht werden, während starke Erwartungen auch gegenüber Erfahrungen, die sie nicht bestätigen, länger resistent bleiben.

Es hat sich empirisch wiederholt gezeigt, daß die verhaltensspezifische Kompetenzerwartung bei der Bewältigung von Streß, dem Ertragen von Schmerzen, dem Umgang mit chronischen Leiden, der Entwöhnung von Abhängigkeit und dem Aufbau von Gesundheitsverhaltensweisen eine zentrale Rolle spielt (Bandura, 1992b; O'Leary, 1992). Darauf wird in den nächsten Absätzen näher eingegangen.

Das Ausmaß der Erfahrung von psychischem Streß schlägt sich in biopsychologischen Reaktionen nieder. Indikatoren dafür sind Veränderungen von Herzfrequenz, Blutdruck, Katecholaminausschüttung, endogenen Opioiden und Immunparametern. Die kognitive *Einschätzung von Streß* hängt aber nicht nur von den kritischen Ereignisparametern ab, sondern auch von den Bewältigungsressourcen der Person, zu denen vor allem die Kompetenzerwartung gehört (Jerusalem, 1990; Kavanagh, 1992; Krohne, 1990, 1993; Lazarus, 1991). Je stärker die spezifische Kompetenzerwartung ist, desto schwächer fällt die Streßreaktion aus. Empirisch läßt sich der Einfluß von Kompetenzerwartung auf die Streßreaktion sehr gut im Verhaltensmodifikationsexperiment zur Behandlung von *Phobien* untersuchen (vgl. S. L. Williams, 1992). Bandura (1992b) konnte auch zeigen, daß die experimentelle Förderung von Kompetenzerwartung eine Steigerung der *Immunabwehrkräfte* hervorruft. Der durch Streß bedingten Schwächung des Immunsystems kann durch Aufbau von optimistischen Selbstüberzeugungen entgegengearbeitet werden.

Chronische Krankheiten erfordern aktive Bewältigungsversuche, um das Leiden zu verringern, die Genesung zu beschleunigen oder das Ausmaß der Behinderung zu beeinflussen. Der Aufbau des entsprechenden Gesundheitsverhaltens erfordert unter anderem die nötige Kompetenzerwartung. Dies wurde am Beispiel der rheumatischen Arthritis (Holman & Lorig, 1992), der Herzinfarkt-Rehabilitation (Ewart, 1992) und der Anpassung an respiratorische Krankheiten (Toshima, Kaplan & Ries, 1992) demonstriert.

Menschen, die zuversichtlich sind, *Schmerzen* ertragen oder beeinflussen zu können, sind weniger ängstlich und verlangen weniger nach schmerzhemmenden Medikamenten. Ihre Schmerzschwelle und ihre Schmerztoleranz liegen höher als bei Menschen mit nur geringer Kompetenzerwartung (Bandura, 1992b; Litt, 1988). Die Bewältigung von Schmerzen vor und während der Geburt eines Kindes wurde zum Beispiel in einer Studie von Manning und Wright (1983) untersucht, wobei die Korrelation zwischen Schmerztoleranz und Kompetenzerwartung $r = .42$ betrug. Angesichts von Operationen oder schmerzhaften diagnostischen Prozeduren hat es sich als hilfreich erwiesen, die Patienten darauf mit psychologischen Maßnahmen vorzubereiten, die ihre optimistische Kompetenzerwartung gegenüber Schmerz erhöhen (Gattuso, Litt & Fitzgerald, 1992).

Mit der Kompetenzerwartung verwandte Konstrukte

Die Überlegungen von Bandura haben in der Fachwelt wohl deswegen so großen Anklang gefunden, weil viele andere auch so dachten und ähnliche Konstrukte in ähnlicher Absicht entwarfen. Moderne Theorien über Streß, Motivation und Emotion enthalten vergleichbare Bestimmungsstücke.

Da ist zunächst die *Attributionstheorie* zu nennen (vgl. Weiner, 1980, 1986, 1988). Danach haben Menschen das grundlegende Bedürfnis, nach Ursachen für Ereignisse zu suchen, insbesondere für negative oder unerwartete Ereignisse. Dabei kommt es zu einem Muster typischer Attributionsfaktoren wie zum Beispiel *Fähigkeit*, *Anstrengung*, *äußere Umstände* und *Zufall*, wenn es um leistungsthematische Zusammenhänge geht. Wenn zum Beispiel eine gesundheitsbewußte Freizeitläuferin, die schon öfter mal eine halbe Stunde durch den Wald gelaufen ist, nach 15 Minuten so erschöpft ist, daß sie abbrechen muß, stellt sich ihr die Frage nach der Ursache dafür. Die Frau könnte zu der Schlußfolgerung gelangen, sie sei vielleicht aufgrund von Schlafstörungen zu müde oder es sei an diesem Tag zu heiß, um körperlich aktiv zu sein. Passiert es öfter, und sind bei ihren Mitläufern keine Leistungseinbußen zu beobachten, könnte sie auch zu der Auffassung gelangen, sie sei vergleichsweise unfähig oder unsportlich. Den vier Attributionsfaktoren Fähigkeit, Anstrengung, äußere Umstände und Zufall liegen drei Attributionsdimensionen zugrunde: die erste, die *Lokation der Kontrolle*, unterscheidet internale von externalen Ursachen; die zweite, die *Stabilität*, unterscheidet variable von stabilen Ursachen; und die dritte, die *Kontrollierbarkeit*, bezieht sich auf das Ausmaß, zu dem die betreffende Person willentlich Kontrolle über ein Ereignis ausüben konnte. Der Anstrengungsfaktor zum Beispiel ist internal und variabel und kann im Hinblick auf Kontrollierbarkeit unterschiedlich ausgeprägt sein. Wenn die Joggerin zu müde war, dann ist dies internal-variabel und weniger kontrollierbar, sofern Schlafstörungen zugrunde lagen. Dagegen wird mehr Kontrollierbarkeit erfahren, wenn die Müdigkeit auf eine durchzechte Nacht zurückzuführen war. Wenn der Abbruch des Laufes auf die Hitze an diesem Tag attribuiert wird, handelt es sich um einen externalen und variablen Faktor, also „Zufall". Äußere Umstände gelten normalerweise als external-stabil, während Zufall eine Art unerklärten Rest darstellt; bei einer augenblicklichen Wetterlage jedoch bietet es sich an, sie als zufällig zu interpretieren. External-stabil wäre dagegen die Ursache, wenn von der Läufergruppe eine Laufstrecke mit zu starker Steigung gewählt worden wäre. Die Kategorien sind jedoch nicht immer trennscharf, wie diese Beispiele auch zeigen.

Was hat nun die Kausalattribuierung mit der Selbstwirksamkeitserwartung zu tun? Es gibt da verschiedene Berührungspunkte. Zunächst hängt die Kompetenzerwartung mit dem Ausmaß zusammen, zu dem man sich Erfolge selbst zuschreibt. Wer glaubt, die eigene Fähigkeit sei die primäre Ursache für die gelungene Problembewältigung, wird auch in Zukunft darauf vertrauen, gleichartige Probleme lösen zu können. Kompetenzerwartung hängt mit einem asymmetrischen Attributionsmuster zusammen (vgl. Bandura, 1986, S. 395). Personen mit *hoher* Kompetenzerwartung tendieren dazu, Erfolg auf Begabung zu attribuieren, Mißerfolg dagegen nicht auf Unfähigkeit, sondern auf eine Reihe anderer Attributionsfaktoren. Personen mit *niedriger* Kompetenzerwartung attribuieren ihren Mißerfolg auf fehlende Begabung, ihren Erfolg dagegen weniger auf Begabung als auf eine Reihe anderer Faktoren (zum Beispiel Aufgabenleichtigkeit, Konzentration, Anstrengung). Ein derartiges asymmetrisches Attributionsmuster haben wir tatsächlich in einem Leistungsexperiment nachweisen können, in dem die Probanden mit unterschiedlicher Kompetenzerwartung entweder Erfolge oder Mißerfolge induziert bekamen und dann aufgefordert wurden, dafür Kausalattributionen vorzunehmen (Schwarzer & Jerusalem, 1989, S. 133). Niedrige Kompetenzerwartung geht mit einer Tendenz zu selbstabwertenden Kognitionen einher. Diese Informationsverarbeitungsprozesse können als nachträgliche Indikatoren für bereits bestehende dispositionale Kompetenzerwartung angesehen werden, aber sie spielen auch bei der Entwicklung von Kompetenzerwartung eine wesentliche Rolle, und man kann die Hypothese aufstellen, daß sich Kompetenzerwartung überhaupt erst aufgrund eines solchen Musters von Attributionen im Zuge der individuellen Lern- und Bewältigungsgeschichte herausbildet.

Der Gedanke, daß ganz bestimmte Attributionen als Indikator und als Entwicklungsvoraussetzung von Kompetenzerwartung dienen, läßt sich noch präzisieren. Nur stabile Attributionen können hierzu etwas beitragen, weil die variablen Attributionen (Anstrengung, Zufall) auf flüchtige Prozesse verweisen, die für das Selbst weniger relevant sind. Es geht also primär um die Relation zwischen Fähigkeit und Aufgabenschwierigkeit (Weiner, 1986). Die Fähigkeit bezieht sich auf die persönlichen Ressourcen in der Person-Umwelt-Auseinandersetzung, während die Aufgabenschwierigkeit den Grad der situativen Anforderungen angibt. Wie wir aus der Streßforschung wissen, resultieren Bewältigungshandlungen aus dem Wechselspiel dieser beiden Einschätzungen: sind die eigenen Fähigkeiten stärker als die Merkmale der Aufgabe oder Anforderungssituation? Subtrahiert man demnach die Attribution auf Aufgabenschwierigkeit von der Attribution auf Fähigkeit und bleibt ein positiver Rest, dann verfügt die Person über hinreichende Kompetenzerwartung. Dies ergänzt das beschriebene asymmetrische Attributionsmuster bei Erfolg und Mißerfolg, indem darüber hinaus differenziert wird, in welchem Maße die internal-stabile Attribution die external-stabile übersteigt.

Ein weiterer Berührungspunkt zwischen Attributionstheorie und Selbstwirksamkeitstheorie liegt in der Erfolgserwartung. Nach Weiner (1986) ergibt sich die Erfolgserwartung aus der Stabilitätsdimension (vgl. Abbildung 4, S. 28).

Wenn zum Beispiel eine Patientin die Genesung von einer Infektionskrankheit ihrem guten Immunsystem zuschreibt, dann ist die Erwartung, auch in Zukunft wieder schnell zu genesen, höher als wenn sie Zufall oder Anstrengung (augenblickliches Gesundheitsverhalten) dafür verantwortlich macht. Das gilt in gleicher Weise, wenn sie Antibiotika als Ursache für den Erfolg

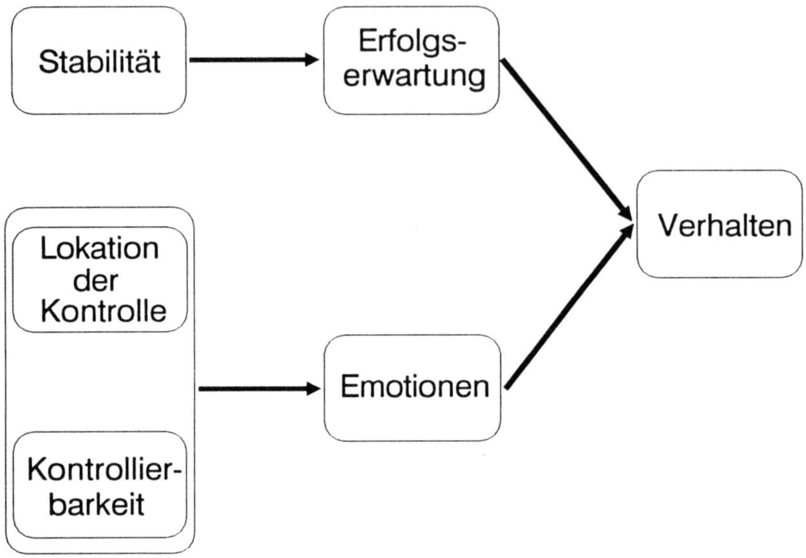

Abbildung 4. *Attributionsdimensionen und deren Konsequenzen (vereinfacht; nach Weiner, 1986).*

ansieht. Das Immunsystem wäre hier internal, die Antibiotika external, und beide wären stabile Ursachen. Stabilität führt zur Erfolgserwartung, während die anderen beiden Attributionsdimensionen eher zu Emotionen führen. Es wird zum Beispiel als angenehmer empfunden, wenn die eigenen Widerstandskräfte die Genesung verursachen und nicht die vom Arzt injizierten Antibiotika.

Es ist die Auffassung vertreten worden, Erfolgserwartung und Kompetenzerwartung seien identisch (Kirsch, 1985a, 1985b). Dem muß hier widersprochen werden. Sie sind konzeptuell verschieden und hängen miteinander in der Weise zusammen, daß hohe Kompetenzerwartung mit hoher Erfolgserwartung tendenziell einhergeht, wenn in einer spezifischen Anforderungssituation eine stabile Attribution vorgenommen wird. Wir haben in der oben erwähnten experimentellen Studie herausgefunden, daß akute Mißerfolgserwartungen hoch mit negativer dispositionaler Kompetenzerwartung korrelieren ($r = .41$ bis $.54$). Bei Erfolg sind die Zusammenhänge niedriger (Schwarzer & Jerusalem, 1989, S. 133). Der entscheidende Unterschied zwischen Kompetenzerwartung und Erfolgserwartung liegt darin, daß im ersten Fall die subjektive Verfügbarkeit einer eigenen Bewältigungshandlung wahrgenommen wird, während im zweiten Fall Erfolg bzw. Mißerfolg vorhergesagt wird auf der Grundlage von stabilen Attributionen - und dies können eben auch *externale* Attributionen sein. Die Patientin, die immer genügend Antibiotika zur Verfügung hat, glaubt aus diesem Grunde, in Zukunft jede mögliche Infektion schnell zu überstehen, ohne daß dies irgend etwas mit ihrer Kompetenzerwartung zu tun hätte. Es gibt also einen konzeptuellen Unterschied zwischen den beiden Arten von Erwartungen.

In diesem Zusammenhang soll auch das Konstrukt *Hilflosigkeit* erwähnt werden. Nach der Theorie der erlernten Hilflosigkeit (Seligman, 1975, dt. 1979) kommt es zu einem Zustand von Passivität, Niedergeschlagenheit und Selbstwertverlust, wenn Menschen keinen Zusammenhang zwischen ihrem Verhalten und den Konsequenzen aus der Umwelt wahrnehmen. Normalerweise folgt auf eine gezielte Handlung eine Konsequenz; bleibt sie ständig aus, so zeitigt dies ungünstige kognitive, motivationale und emotionale Folgen, die als Hilflosigkeit bezeichnet werden. Eine Frau zum Beispiel, die ihr Gewicht verringern will, reduziert ihre tägliche Kalorienaufnahme auf die Hälfte und erwartet nun als Konsequenz daraus, daß sich ihr Gewicht meßbar ändert. Geschieht dies aber über einen bestimmten Zeitraum nicht, so wird sie ihre Diät enttäuscht aufgeben, deprimiert sein und es vielleicht nie wieder versuchen. Nach der ursprünglichen Theorie entsteht diese Hilflosigkeit aufgrund der Wahrnehmung von Nichtkontingenz sowie der daraus resultierenden Erwartung zukünftiger Nichtkontingenz. Nach der revidierten Theorie (Abramson, Seligman & Teasdale, 1978) spielt die Kausalattribution hier eine wesentliche Rolle. Glaubt die Frau, der Diätmißerfolg sei internal begründet - zum Beispiel durch Veranlagung -, so ist dies ungünstiger als wenn sie externale Gründe wahrnimmt wie zum Beispiel, daß eine nur kalorienbezogene Diät kaum wirksam sei im Vergleich zu einer spezifisch fettarmen Diät. Im letzten Fall wird sie weniger unglücklich und eher bereit sein, eine andere, vermeintlich bessere Diät auszuprobieren. Stabile Ursachen gelten als ungünstiger als variable Ursachen, und situationsglobale Ursachen gelten als ungünstiger als situationsspezifische Ursachen. Der sogenannte *depressive Attributionsstil* umfaßt daher internale, stabile und situationsglobale Ursachen für negative Ereignisse (für eine Übersicht zu diesem Attributionsstil vgl. Sweeney, Anderson & Bailey, 1986). Die Hilflosigkeitstheorie ist an anderer Stelle zusammenfassend beschrieben worden (Schwarzer, 1993b, S. 141-173).

Was hat nun die Hilflosigkeit mit der Kompetenzerwartung zu tun? Kompetenzerwartung korrespondiert mit der internal-stabilen Attribution von Handlungsergebnissen, und genau dies ist auch ein zentrales Bestimmungsstück der Hilflosigkeitstheorie geworden, wobei diese sich allerdings nur mit einem

Spezialfall befaßt, nämlich mit dem Nichteintreten von erwünschten Ergebnissen. Die revidierte Hilflosigkeitstheorie kann daher in mancher Hinsicht als eine Anwendung der Selbstwirksamkeitstheorie angesehen werden, oder die Selbstwirksamkeitstheorie als eine Verallgemeinerung der Hilflosigkeitstheorie.

Eine weitere Parallele zu der Kompetenzerwartung findet sich in der *transaktionalen Streßtheorie* von Lazarus (1991, 1995). Angesichts von situativen Anforderungen nimmt die Person Einschätzungen dieser Situation sowie ihrer eigenen Gegenkräfte vor. Es geht dabei um die Frage, was für die Person subjektiv auf dem Spiel steht und über welche Handlungsmöglichkeiten („Optionen") sie verfügt. Von diesen beiden Einschätzungen hängt es ab, ob die streßreiche Begegnung eher als angenehm, herausfordernd, bedrohlich, schädigend oder verlustreich angesehen wird (vgl. Jerusalem, 1990a). Die Optionen beruhen vor allem auf den persönlichen, materiellen und sozialen Ressourcen einer Person, und in vielen Situationen ist gerade ihre subjektive Kompetenz die wichtigste *persönliche Ressource*. Genau an diesem Punkt überschneidet sich diese Streßtheorie mit der Selbstwirksamkeitstheorie. In dem Maße, wie die Person über Kompetenzerwartung verfügt, ist sie weniger verwundbar gegenüber Belastungen. Wer zum Beispiel glaubt, die Kompetenz zu besitzen, das Rauchen aufzugeben, wird vielen Versuchungen erfolgreich widerstehen können; ein anderer, der sich nicht so sicher ist, wird eher schwach, wenn ihm in einer Krisensituation eine Zigarette angeboten wird. Die Kompetenzerwartung in Relation zur Situationsstärke bestimmt die Auswahl von Streßbewältigungsstrategien sowie die Anstrengung und Ausdauer, mit der Bewältigungsversuche unternommen werden.

Schließlich soll auf die Beziehung zwischen Kompetenzerwartung und *Angst* eingegangen werden (Bandura, 1991). Menschen, die mehr Angst haben, hegen im Durchschnitt weniger Selbstwirksamkeitserwartung als Leute, die weniger ängstlich sind. In der Verhaltensmodifikation beobachtet man, daß mit zunehmender Annäherung an das Therapieziel die Angst geringer wird, während die Kompetenzerwartung ansteigt. Ist Angst also eine Ausdrucksform von Kompetenzerwartung, oder ist Kompetenzerwartung lediglich ein Teilaspekt von Angst? Dies ist eine Frage, die nicht ohne Kontroversen zwischen der Angstforschung und der Selbstwirksamkeitstheorie zu behandeln ist. Alle sind sich darin einig, daß Angst einen Ausdruck von Bedrohung darstellt und daß sich Bedrohung aus der Einschätzung von gefährlichen Umweltansprüchen in Relation zu den eigenen Bewältigungsoptionen ergibt. Die meisten Angstforscher würden es aber ablehnen, Angst lediglich als Begleitemotion oder Sekundärsymptom von Kompetenzerwartung aufzufassen. Angst gilt als ein differenziertes Konstrukt, das über mindestens eine kognitive und eine emotionale Komponente verfügt, wie immer wieder berichtet wird (vgl. die Kapitel in Schwarzer, 1984, 1986; Schwarzer, van der Ploeg & Spielberger, 1982, 1987, 1989; Schwarzer & Wicklund, 1991). Die kognitive Komponente Besorgtheit umfaßt Gedanken an Schädigungen wie zum Beispiel Leistungsversagen und dessen Konsequenzen sowie selbstbezogene und andere aufgabenirrelevante Kognitionen (vgl. Carver & Scheier, 1988, 1989; Sarason, 1988). Wenn jemand sich zum Beispiel vorstellt, sich beim Sport zu verletzen oder sich bei einem Krankenbesuch zu infizieren, dann drückt sich die Angst nicht nur in Erregung aus wie in feuchten Händen, innerer Unruhe und einem flauen Gefühl im Magen, sondern auch in mehr oder weniger bewußten Gedanken und Bildern, die in die normalen Denkabläufe und Handlungsvollzüge ungewollt eindringen und stören. Diese Besorgtheit gilt heute als die wichtigere der beiden Angstkomponenten. Sie könnte die Kompetenzerwartung als eine Untermenge einschließen. In Abbildung 5a wird dies veranschaulicht.

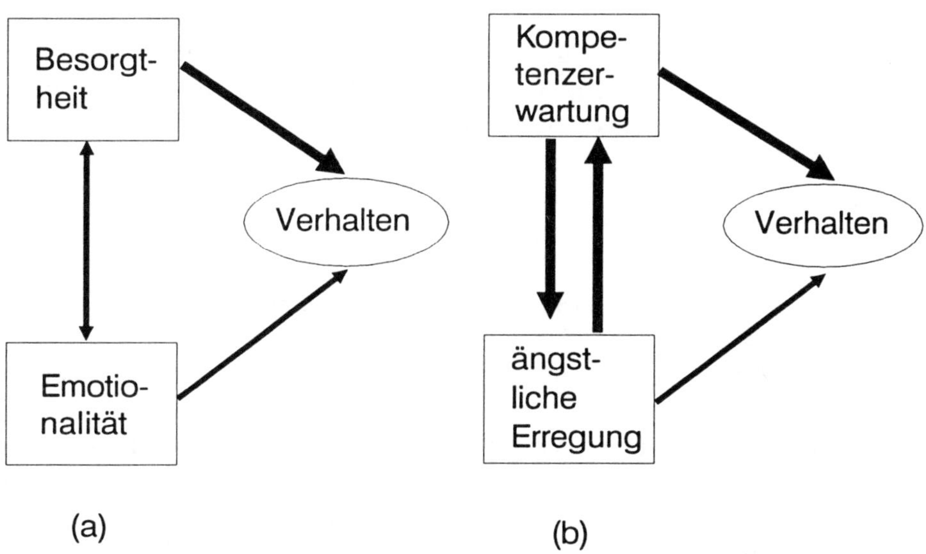

Abbildungen 5a u. 5b. *Mögliche Beziehungen zwischen Kompetenzerwartung und Angst.*

Die kognitive Komponente - einschließlich der Kompetenzerwartung - ist primär handlungsbestimmend, und sie hängt mit der emotionalen Komponente korrelativ zusammen. Dagegen vertritt Bandura (1991) eine andere Position. Angst ist für ihn definiert als eine „reine“ Emotion im klassischen Sinne, d. h. sie enthält keinerlei kognitive Bestandteile. Es handelt sich demnach lediglich um „ängstliche Erregung“, wie die meisten Angstforscher sagen würden. Diese läßt sich sowohl durch subjektive Wahrnehmung wie durch physiologische Messungen abschätzen. Kompetenzerwartung hat nach dieser Theorie den Status einer kausalen Bestimmungsgröße sowohl für Angst als auch für Verhalten (Abbildung 5b, S. 31). Allerdings räumt Bandura ein, daß die Angst bis zu einem gewissen Grad auch die Kompetenzerwartung beeinflussen kann, wobei er dies als eine Rückmeldungsschleife auffaßt. Daran, daß wir erregt sind, erkennen wir, daß wir nicht kompetent genug sind. Gefühlserregung stellt eine der vier oben beschriebenen Informationsquellen dar, die an der Bildung und Veränderung von Kompetenzerwartung beteiligt sind.

An der großen Ähnlichkeit in der Funktionsweise von Kompetenzerwartung und ängstlicher Besorgtheit ist nicht zu zweifeln. Es handelt sich hier zwar um eine theoretisch interessante Unterscheidung, aber es bleibt abzuwarten, in welchem Maße sich empirisch bestätigt, daß beide Konzepte trennscharf sind. Zusammenfassend läßt sich sagen, daß Kompetenzerwartung nicht ein singuläres Konstrukt darstellt, mit dem sich auf geniale Weise viele wissenschaftliche Probleme lösen lassen, sondern dieses Konstrukt ähnelt einer Reihe anderer bewährter Konstrukte und repräsentiert in gewisser Hinsicht das, was von Psychologen gemeinhin gedacht, aber nicht immer so präzise und überzeugend formuliert und erforscht worden ist.

Diagnose der Kompetenzerwartung

Die psychometrische Erfassung von Kompetenzerwartung ist nicht eindeutig geklärt. Da es um subjektive Überzeugungen geht, sind von vornherein nur Befragungen geeignet. Das Konstrukt selbst kann aber - je nach Forschungs- oder Behandlungskontext - eng oder weit und chronisch oder akut definiert sein. Bandura (1977) hatte ursprünglich drei Meßaspekte unterschieden: das Niveau (magnitude), den Allgemeinheitsgrad (generality) und die Stärke bzw. Gewißheit (strength). Dieser Operationalisierungsvorschlag ergab sich direkt aus dem verhaltenstherapeutischen Kontext, in dem die Patienten so modifiziert wurden, daß sie schrittweise Kompetenz erwarben und gleichzeitig die dafür nötige Kompetenzerwartung aufbauten. So wurden zum Beispiel die Schlangenphobiker gefragt, ob sie sich beim nächsten Therapieschritt zutrauten, diese eine Schlange zu berühren (Niveau), auch andere Schlangen

(Allgemeinheitsgrad) zu berühren, und wie sicher sie sich dessen sind (Gewißheit). Im folgenden soll zunächst das Operationalisierungskonzept anhand von Beispielen aus der Gesundheitspsychologie veranschaulicht werden, und anschließend soll auf eine alternative Möglichkeit verwiesen werden, nämlich die Erfassung der allgemeinen dispositionellen Kompetenzerwartung.

Wir beginnen mit einem Beispiel aus einem Forschungsprojekt zur *Regulation von Übergewicht* (Leppin, 1994). Der Fragebogen (Tabelle 3) zielt auf die subjektive Fähigkeit, ein Risikoverhalten zu unterdrücken. Die willentliche Kontrolle über das Eßverhalten läßt sich allerdings nur schwer nach dem Niveau und dem Allgemeinheitsgrad differenzieren, wenn man eine heterogene Population vor sich hat. Bei einer Einzelfalltherapie dagegen ließe sich eine Hierarchie der Verhaltensprobleme erstellen, in der zum Beispiel bestimmte Süßspeisen mit hohem Schwierigkeitsgrad versehen sind, während bei bestimmten fetten Speisen die Beherrschung leichterfallen mag. Analog dazu ließe sich die Situationsbreite variieren, indem sowohl sehr spezifische riskante Situationen als auch ganz allgemeine ausgewählt werden.

Tabelle 3
Items zur Kompetenzerwartung beim Eßverhalten

1. Ich kann dem Bedürfnis nach Essen in jeder Situation widerstehen, wenn ich nur will.
2. Wenn jemand mir etwas zu naschen anbietet, kann ich normalerweise „Nein“ sagen.
3. Wenn ich im Streß bin und jemand mir etwas zu naschen anbietet, kann ich normalerweise „Nein“ sagen.
4. Wenn ich mich in einer geselligen Runde befinde und jemand mir etwas zu naschen anbietet, kann ich normalerweise „Nein“ sagen.
5. Wenn ich Alkohol getrunken habe und jemand mir etwas zu naschen anbietet, kann ich normalerweise „Nein“ sagen.

Anmerkungen. Für alle Items sind folgende vier Stufen vorgegeben: 1) trifft überhaupt nicht zu, 2) trifft nicht zu, 3) trifft zu, 4) trifft ganz genau zu. Darüber hinaus wird jedesmal die Gewißheit erfaßt: 1) Ich bin mir da sehr unsicher, 2) unsicher, 3) sicher, 4) sehr sicher.

Die hier wiedergegebenen fünf Items vermischen dagegen die beiden Meßaspekte Niveau und Allgemeinheitsgrad, was übrigens generell in der Forschung getan wird, einfach weil sich die ursprüngliche Idee von Bandura kaum auf Befragungen größerer heterogener Populationen anwenden läßt. Das erste Item repräsentiert ein mittleres Niveau und den höchstmöglichen Allgemeinheitsgrad, denn es fragt nach dem „Essen", nicht aber nach Eisbein oder Sahnetorte, und bezieht sich auf alle möglichen Situationen. Oft ist ein solches „single item" wie das erste schon eine hinreichende Operationalisierung von Kompetenzerwartung. Die übrigen vier Items variieren das Thema „Naschen", wobei zunächst das Naschen ganz allgemein angesprochen wird („normalerweise") und anschließend riskante Situationen geprüft werden („im Streß", „in geselliger Runde", „Alkohol getrunken"). In jeder Aussage kommt „ich kann" vor. Die Items lassen sich entweder einzeln auswerten oder gemeinsam als eine psychometrische Skala. Die jedem Item nachfolgende Abstufung soll die subjektive Gewißheit erfassen, hier vierstufig, während in anderen Projekten oft die Prozentskala von 0 bis 100 angegeben wird. Zu diesem Fragebogen liegen noch keine Ergebnisse vor.

Tabelle 4
Items zur Kompetenzerwartung gegenüber der Versuchung zu rauchen (Schwarzer, 1993c)

1. Es fällt mir schwer, nicht zur Zigarette zu greifen, wenn ich mit ansehen muß, wie meine Bekannten rauchen. (–)
2. Ich kann jederzeit gute Gründe dafür anführen, daß ich nicht rauche.
3. Ich bin mir nicht sicher, ob ich das Rauchen aufgeben kann. (–)
4. Wenn ich verspottet werde, weil ich nicht mitrauche, dann fällt mir eine selbstbewußte Antwort dazu ein.
5. Wenn mir jemand eine Zigarette anbietet, kann ich ohne zu zögern ablehnen.
6. Auch wenn ich sehr erschöpft oder nervös bin, kann ich dem Drang zu rauchen widerstehen.
7. Auch wenn ich Alkohol trinke, lasse ich mich nicht in Versuchung führen zu rauchen.
8. Wenn ich auf einer Party alleine herumstehe, muß ich aus Verlegenheit meistens eine rauchen. (–)
9. Auch wenn ich mich unter massivem Arbeitsstreß fühle, schaffe ich es, nicht zur Zigarette zu greifen.
10. Selbst wenn ich in einem Café lange auf Bekannte warten muß, schaffe ich es problemlos, während der Wartezeit nicht zu rauchen.

Ein anderes Beispiel für eine situationsspezifische Selbstwirksamkeitsskala ist unsere 10-Item-Sakala zum Rauchen, die unter Mitarbeit von Elke Appel entstanden ist (Tabelle 4). Zur sportbezogenen Kompetenzerwartung haben wir ebenfalls ein Instrument veröffentlicht (Fuchs & Schwarzer, 1994). Solche Skalen lassen sich zu unterschiedlichen Zeitpunkten während eines Regulationsprozesses zum Einsatz bringen, z. B. als „action self-efficacy", „coping self-efficacy" oder „recovery self-efficacy" (Marlatt, Baer & Quigley, 1995).

Die diagnostische Erfassung von generalisierter Selbstwirksamkeitserwartung

Als das Konstrukt „perceived self-efficacy" zum ersten Mal vorgestellt wurde (Bandura, 1977), war es *situationsspezifisch* gemeint. Die Person hegt dabei eine optimistische Überzeugung, eine ganz spezifische Problemsituation durch eigenes Handeln bewältigen zu können (z. B. „Ich traue mir jetzt zu, die Schlange kurz berühren zu können, sofern ich dabei einen Handschuh trage"). Die meisten Studien haben sich solcher spezifischen Skalen oder Einzelaussagen bedient, die auf die besonderen Untersuchungsumstände zugeschnitten waren. Wenn man angesichts einer ganzen Reihe von Lebensproblemen spezifische Selbstwirksamkeitserwartungen hegen kann, liegt der Gedanke nahe, daß sich eine Mehrzahl davon zu einem generalisierten und zeitstabilen Konstrukt aggregieren ließe.

In der Tat lassen sich individuelle Unterschiede in einer solchen „generalisierten Selbstwirksamkeitserwartung" bestimmen. Mehrere Autorengruppen haben unabhängig voneinander entsprechende Konstrukte und Meßinstrumente vorgeschlagen. Sherer und Maddux (1982) haben eine 17-Item-Skala zur generalisierten Selbstwirksamkeitserwartung und eine 6-Item-Skala zur sozialen Selbstwirksamkeitserwartung entwickelt. Snyder et al. (1991) haben eine Skala zur Erfassung von „Hoffnung" vorgestellt. Damit ist eine Überzeugung von Selbstverursachung (agency) und Handlungspfaden (pathways) gemeint, was nicht viel anderes bedeutet als generalisierte Kompetenz- und Konsequenzerwartung. Schon vorher hatten übrigens Skinner, Chapman und Baltes (1988) eine Unterscheidung von „agency beliefs" und „means-ends-beliefs" vorgenommen (vgl. auch Skinner, 1992). Die Hoffnungsskala von Snyder et al. (1991) besteht aus acht Items, vier für jede Komponente. Als Beispiel für Agency sei genannt „Meine früheren Erfahrungen haben mich gut auf die Zukunft vorbereitet", und als Beispiel für Pathways „Ich kann mir viele Wege vorstellen, um aus einer Zwickmühle zu kommen". Ähnlich ist Wallston (1989, 1992) vorgegangen, der die Selbstwirksamkeitserwartung mit der Konsequenzerwartung verbindet und seine Skala „wahrgenommene Kompetenz" nennt (vgl. Smith, Dobbins & Wallston, 1991; Smith & Wallston, 1992).

Im Rahmen von Längsschnittstudien zur psychosozialen Entwicklung von Schülern haben Matthias Jersualem und Ralf Schwarzer im Jahre 1981 in Anlehnung an Banduras Self-Efficacy-Konzept eine 20-Item-Skala konstruiert und als „Allgemeine Selbstwirksamkeitserwartung" bezeichnet. Das Konstruktionsprinzip bestand darin, eine Anforderung zu beschreiben, der das eigene Handlungspotential entgegengestellt wird (z. B. „Wenn sich Schwierigkeiten vor mir auftürmen, dann kann ich meinen Bewältigungstechniken vertrauen"). Die Zuversicht in die eigenen Fähigkeiten und Fertigkeiten ist im Sinne einer stabilen personalen Coping-Ressource zu verstehen (vgl. Jerusalem, 1990; Lazarus, 1991). Schon die ersten Erfahrungen mit dieser Skala zeigten, daß eine Kürzung um die Hälfte einen ökonomischen Vorteil brachte, der sich durch nur geringe Einbußen an Reliabilität und Validität erkaufen ließ (Jerusalem & Schwarzer, 1986). Die revidierte 10-Item-Skala wird nun

Tabelle 5
Skala zur allgemeinen Kompetenzerwartung

1. Wenn mir jemand Widerstand leistet, finde ich Mittel und Wege, mich durchzusetzen.
2. Die Lösung schwieriger Probleme gelingt mir immer, wenn ich mich darum bemühe.
3. Es bereitet mir keine Schwierigkeiten, meine Absichten und Ziele zu verwirklichen.
4. In unerwarteten Situationen weiß ich immer, wie ich mich verhalten soll.
5. Auch bei überraschenden Ereignissen glaube ich, daß ich gut damit zurechtkommen kann.
6. Schwierigkeiten sehe ich gelassen entgegen, weil ich mich immer auf meine Intelligenz verlassen kann.
7. Was auch immer passiert, ich werde schon klarkommen.
8. Für jedes Problem habe ich eine Lösung.
9. Wenn ich mit einer neuen Sache konfrontiert werde, weiß ich, wie ich damit umgehe.
10. Wenn ich mit einem Problem konfrontiert werde, habe ich meist mehrere Ideen, wie ich damit fertig werde.

seit vielen Jahren in vielen Forschungsprojekten eingesetzt (vgl. Tabelle 5; Schwarzer, 1993c, Schwarzer & Jerusalem, 1994).

Studien zur Raucherentwöhnung und Kompetenzerwartung

Die Selbstwirksamkeitstheorie ist auf eine Reihe von gesundheitspsychologischen Problemen angewandt worden (vgl. die Übersichten bei O'Leary, 1985, 1992). Es hat sich gezeigt, daß Menschen mit hoher Kompetenzerwartung eher in der Lage sind, Risikoverhaltensweisen abzubauen und Gesundheitsverhaltensweisen über einen längeren Zeitraum aufrecht zu erhalten, sofern sie von der Notwendigkeit dazu überzeugt sind und einen festen Entschluß gefaßt haben. Zunächst soll auf die Rolle der Kompetenzerwartung bei der Entsagung vom Rauchen eingegangen werden. Hierzu gibt es schon einige empirische Studien, und Übersichten finden sich bei DiClemente (1986) und Strecher, DeVellis, Becker und Rosenstock (1986).

Der Erfolg von verhaltenstherapeutischen Raucherentwöhnungsprogrammen ist bekanntlich gering. Etwa drei Viertel der zum Programmende abstinent gewordenen Raucher werden innerhalb eines Jahres wieder rückfällig. Die Kompetenzerwartung kann sich auf drei Aspekte dieses Prozesses beziehen: die subjektive Fähigkeit, a) das Rauchen zu reduzieren oder ganz zu unterlassen, b) diese Unterlassung auf Dauer durchzuhalten und c) sich von einem Rückfall zu erholen und umgehend die Selbstkontrolle wieder herzustellen.

Colletti et al. (1985) haben eine Kompetenzerwartungs-Skala für Raucher (SSEQ) mit 17 Items entwickelt und im Rahmen eines Verhaltensmodifikationsprogramms eingesetzt. Sie haben die Skalenwerte zum Abschluß dieses Programms als Prädiktoren für das anschließende Risikoverhalten verwendet, also für das rückfällige Rauchverhalten in den folgenden Monaten. Die Kompetenzerwartung korrelierte mit der Rückfälligkeit nach drei Monaten zu $r = -.39$ und nach sechs Monaten zu $r = -.34$. Darüber hinaus haben sie ihre Stichprobe in zwei Extremgruppen aufgeteilt, solche mit hohen Werten in der Kompetenzerwartungs-Stärke und solche mit niedrigen. Einen Monat nach Therapieende zeigte sich, daß mehrheitlich die einen wieder rauchten und die anderen nicht (mit einer Übereinstimmung von 82 %).

Condiotte und Lichtenstein (1981) führten zwei Verhaltensmodifikationsprogramme an Rauchern durch und fanden enge Zusammenhänge zwischen der Kompetenzerwartung und der Rückfallquote. Sie identifizierten 45 riskante Situationen, in denen das Bedürfnis zu rauchen stark ist, wie zum

Beispiel „wenn du nervös bist", „wenn du Alkohol trinkst" oder „wenn du in einer Situation bist, in der das Rauchen zu deinem Selbstbild gehört". Aufgrund einer Clusteranalyse dieser Situationen, in denen es auf kompetenten Widerstand ankommt, entstanden sieben Kompetenzerwartungs-Skalen, die als Prädiktoren für nachfolgendes Risikoverhalten dienten. Die multiple Korrelation zwischen der Kompetenzerwartung zum Behandlungsende und der Rückfälligkeit betrug R = .57. Daneben haben die Autoren die Zeit bestimmt, die bis zum ersten Rückfall verstrichen war, mit der Hypothese, daß Patienten mit geringer Kompetenzerwartung schon frühzeitig wieder rauchen, während die anderen länger durchhalten. In der Tat ergab sich eine multiple Korrelation zwischen der Kompetenzerwartung und der Zeit bis zum ersten Rückfall von R = .69. Daneben fanden die Forscher situationsspezifische Besonderheiten: wenn die Kompetenzerwartung in einem der sieben Cluster besonders niedrig war, so erfolgte der Rückfall mit höherer Wahrscheinlichkeit in genau diesem Situationsbereich; glaubte zum Beispiel jemand, angesichts von Langeweile weniger Widerstandskraft zu haben, dann kam es wahrscheinlich später in einem Augenblick von Langeweile zu einem Rückfall. Auffällig ist bei den berichteten Interventionsstudien, daß nicht die Kompetenzerwartung zu Beginn des Treatments, sondern diejenige zum Ende der Therapie über einen Vorhersagewert für den langfristigen Erfolg verfügt.

DiClemente, Prochaska und Gibertini (1985) wollten herausfinden, wie die Kompetenzerwartung mit verschiedenen Stadien in der Entwicklung der Raucherentwöhnung zusammenhängt. Sie nahmen an, daß es fünf Stadien gibt, nämlich a) die des unbeirrten Rauchens, b) die der grundsätzlichen Motiviertheit zum Aufgeben, c) die des aktiven Entwöhnens, d) die des Rückfalls und e) die des langfristigen Nichtrauchens. Entsprechend haben sie ihre Stichprobe aufgrund von Befragungen aufgeteilt in a) 94 unerschütterliche Raucher, b) 158 Raucher, die ernsthaft erwogen, im folgenden Jahr aufzugeben, c) 118 Entsager, die seit einem Tag bis zu sechs Monaten nicht mehr geraucht haben (Durchschnitt: 2,2 Monate), d) 209 Rückfällige und e) 196 Entsager, die schon länger als sechs Monate nicht mehr geraucht haben (Durchschnitt: 5,9 Jahre). Die Kompetenzerwartung wurde mit 31 Items gemessen, die eine Reihe von Situationen (zu Hause, am Arbeitsplatz usw.) und eine Reihe von emotionalen Zuständen abdeckten (Angst, Ärger usw.). Für jedes Item gab es zwei Skalen, eine für den Grad an Kompetenzerwartung und eine für den Grad an erlebter Versuchung. Abbildung 6 zeigt die Unterschiede zwischen den Gruppen.

Wie man sieht, ist der Erfolg um so höher, je höher die Kompetenzerwartung liegt. Da dies nur eine Querschnittanalyse ist, sollte man nicht kausal interpretieren. (Es ist übrigens eine generelle Frage bei vielen Forschungsarbeiten, inwieweit die Kompetenzerwartungs-Werte nicht lediglich ein realistisches Abbild des zuvor manifestierten Verhaltens darstellen.) Interessant ist an dieser Studie auch, daß die Versuchung und die Kompetenzerwartung durchgehend negativ miteinander korrelieren. Dies gilt am stärksten für die Rückfälligen und die noch zögernden Motivierten (r = –.67). Die Forscher haben ihre Stichprobe nach drei bis fünf Monaten noch einmal aufgesucht und festgestellt, daß diejenigen, die inzwischen dem Rauchen entsagt haben, höhere Kompetenzerwartung aufwiesen als diejenigen, die immer noch voller guter Vorsätze waren, diese aber nicht in die Tat umgesetzt hatten.

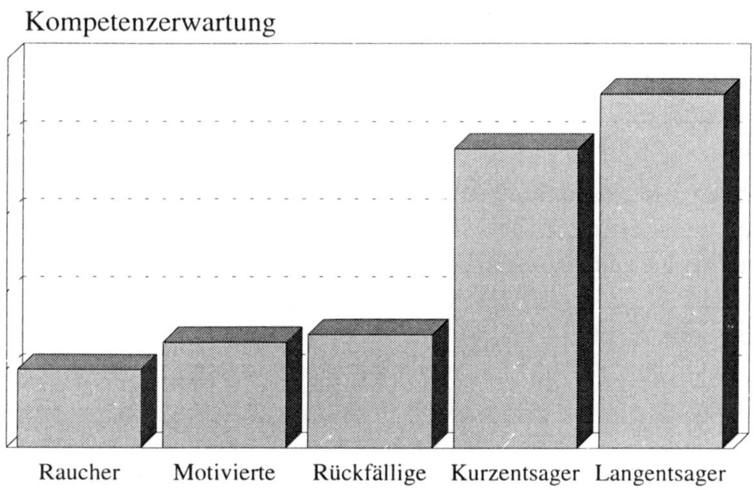

Abbildung 6. *Kompetenzerwartung in fünf Stadien der Raucherentwöhnung (nach DiClemente et al., 1985, S. 196).*

Godding und Glasgow (1985) haben zwei experimentelle Studien durchgeführt, bei denen es um kontrolliertes Rauchen ging. Die Patienten waren seit mindestens 20 Jahren starke Raucher und konsumierten im Durchschnitt 34 Zigaretten pro Tag. Drei Therapieziele wurden aufgestellt: a) die Zahl der Zigaretten sollte auf die Hälfte reduziert werden, b) nur solche Zigaretten mit der Hälfte des Nikotingehalts sollten geraucht werden und c) jede einzelne Zigarette sollte nur zur Hälfte geraucht werden.

Wie Tabelle 6 (S. 40), die sich nur auf die zweite Studie bezieht, zeigt, war die Therapie erfolgreich. Beim ersten Nachtest waren für alle drei Kriterien signifikante Verbesserungen erzielt worden, und beim zweiten Nachtest nach sechs Monaten blieb ein Teil davon erhalten. Dies zeigte sich auch in den Werten für den Kohlenmonoxidgehalt der Ausatemluft.

Tabelle 6
Mittelwerte für 32 Patienten zu drei Meßzeitpunkten (nach Godding & Glasgow, 1985)

Variable	Vortest	1. Nachtest	2. Nachtest
Nikotingehalt	.64	.26	.34
Zigarettenzahl	31.3	20.5	25.0
Zigarettenmenge	80.9	57.8	66.9
Kohlenmonoxid	36.9	25.6	29.2

Die Kompetenzerwartung wurde über 7 bis 11 Items pro Therapieziel gemessen, also getrennt für Nikotingehalt, Zigarettenanzahl und Menge pro Zigarette, wobei eine Verhaltenshierarchie aufgestellt wurde. Die Kompetenzerwartung zum ersten Nachtest erwies sich als bester Prädiktor für das Verhalten zum zweiten Nachtest nach sechs Monaten. Sie korrelierte mit dem Nikotingehalt zu $r = -.30$, mit der Zahl der Zigaretten zu $-.62$ und mit der Menge jeder gerauchten Zigarette zu $-.43$.

Ein besonderes Anliegen der Autoren war der Vergleich zwischen Kompetenzerwartung und Ergebniserwartung. Die Ergebniserwartung wurde mit 27 Items erfaßt, die auf die positiven und negativen Folgen des verminderten Rauchens zielten wie zum Beispiel „ich werde Geld sparen“ oder „ich werde an Gewicht zunehmen“. Dieses Konstrukt erwies sich als unergiebig. Die Korrelationen zwischen diesen „Ergebniserwartungen“ (eigentlich „Ergebnis-Folge-Erwartungen“) und den drei Verhaltenskriterien lagen bei nur $r = .22$ bis $.33$, und auch in einer multiplen Regressionsgleichung konnten sie nicht zu einer erhöhten Aufklärung der Kriteriumsvarianz beitragen. Die Schlußfolgerung aus dieser Untersuchung ist, daß es offenbar entscheidend auf die Kompetenzerwartung ankommt.

Eine andere Interventionsstudie wurde in Holland von Mudde, Kok und Strecher (1989) durchgeführt, in der sie drei Wochen lang zu sieben Terminen starke Raucher nach drei Prinzipien behandelt haben: a) sofortiger Abbruch des Rauchens, b) Konzentration auf die Fähigkeit, der Abhängigkeit durch Willenskraft zu begegnen, und c) Vorbereitung auf die physiologischen

Konsequenzen des Entzugs. Kompetenzerwartung war nicht direkt Therapieziel, aber das zweite Programmelement wies in diese Richtung. Zwei Verfahren zur Erfassung von Kompetenzerwartung wurden eingesetzt, der 17-Item-SSEQ von Colletti et al. (1985) sowie eine allgemeine Einschätzung, in welchem Maße man sich in der Lage fühlte, in jeder möglichen Situation dem Drang zu rauchen zu widerstehen. Dieses Einzelitem erwies sich als genauso gut wie die längere psychometrische Skala. Gemessen wurde zu vier Zeitpunkten: vor und nach der Behandlung, nach sechs Wochen und nach einem Jahr. Abbildung 7 zeigt die Ergebnisse auf der Grundlage des Einzelitems (die Kurven für den SSEQ sehen genauso aus).

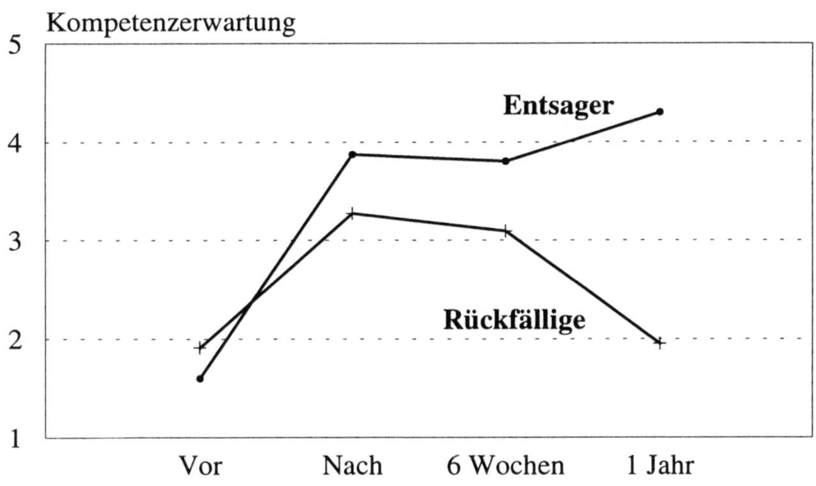

Abbildung 7. *Verläufe der Kompetenzerwartung für erfolgreiche Entsager und für rückfällige Raucher über ein Jahr (nach Mudde et al., 1989).*

Der Trennwert zwischen Rauchern und Entsagern lag bei einer Zigarette innerhalb der Woche vor einem Meßzeitpunkt: wer also eine Zigarette oder mehr geraucht hatte, zählte als rückfällig. Bei den erfolgreichen Entsagern stieg die Kompetenzerwartung im Laufe des Jahres an, während sich für die rückfälligen Raucher eine ganz andere Kurve ergab, die zum Ende des dreiwöchigen Treatments den Gipfel der Kompetenzerwartung erreichte, um dann wieder abzufallen. Diejenigen Patienten, die nach einem Jahr noch als Raucher galten, sind im Durchschnitt nach 3,2 Monaten rückfällig geworden.

In der Rückfallforschung wird versucht, eine Taxonomie von Risikosituationen, die den Ex-Raucher in Versuchung führen, in Analogie zu einer Taxonomie von spezifischen Kompetenzerwartungen zu bringen (vgl. Baer & Lichtenstein, 1988a, 1988b; Devins & Edwards, 1988; Garcia, Schmitz & Doerfler, 1990; Haaga & Stewart, 1992; Kok, Den Boer, DeVries, Gerards, Hospers & Mudde, 1992; Wilson, Wallston & King, 1990). Condiotte und Lichtenstein (1981) untersuchten die situationsspezifische Rückfälligkeit: Wenn die Kompetenzerwartung in einer Situation besonders niedrig war, so erfolgt der Rückfall mit höherer Wahrscheinlichkeit in genau diesem Situationsbereich; glaubte zum Beispiel jemand, angesichts von Langeweile weniger Widerstandskraft aufbringen zu können, dann kam es später tatsächlich zu einem Rückfall in einem Augenblick von Langeweile. In zwei Studien haben Velicer, DiClemente, Rossi und Prochaska (1990) ihren Probanden 31 Risikosituationen vorgegeben und sie den Grad ihrer Versuchung einschätzen lassen sowie den Grad ihrer Erwartung, der jeweiligen kritischen Situation erfolgreich widerstehen zu können. Als typische Situationen, für die Kompetenzerwartung trainiert werden sollte, erwiesen sich (a) positive soziale Situationen (wenn ich feiere und fröhlich bin), (b) negative Gefühlslagen (wenn es Streit und Konflikte mit meiner Familie gibt) und (c) Gewohnheitssituationen (wenn ich merke, daß ich schon lange nicht mehr geraucht habe).

Zusammenfassend ergibt sich folgendes Bild aus den Interventionsstudien bei Rauchern. Kompetenzerwartung vor einer Behandlung sagt wenig über das spätere Risikoverhalten aus; Kompetenzerwartung nach der Behandlung dagegen scheint der beste Prädiktor für kurz- und langfristigen Erfolg zu sein. Während der Behandlung steigt die Kompetenzerwartung an. Es bietet sich daher an, in Zukunft gezielt solche selbstbezogenen Kognitionen zu modifizieren, die den Patienten helfen, Versuchungen zu widerstehen und Rückfälle zu verarbeiten. Aber nicht nur im Rahmen der Verhaltensmodifikation spielt Kompetenzerwartung eine Rolle. Auch in natürlichen Lebenszusammenhängen zeigte sich, daß Menschen mit höherer Selbstwirksamkeitserwartung eher bereit und in der Lage waren, sich ohne professionelle Hilfe das Rauchen abzugewöhnen (vgl. auch Marlatt, Baer & Quigley, 1995).

Sexuelles Risikoverhalten und spezifische Kompetenzerwartung

Um Infektionen oder ungewollte Schwangerschaft zu vermeiden, muß das Sexualverhalten kompetent reguliert werden (Fisher & Fisher, 1992). Um zum Beispiel Kondome zu verwenden, muß man nicht nur von deren Nutzen überzeugt sein, sondern auch von der eigenen Fähigkeit, sie in präventiver Absicht erfolgreich verwenden zu können. Die Rolle der Kompetenzerwartung bei der Anwendung von Safer Sex wird besser verständlich, wenn man nicht nur die technische Seite der Kondombenutzung betrachtet (Wulfert & Wan, 1993). Die besondere Schwierigkeit liegt vielmehr im „Aushandeln" von sexuellen Praktiken und Vorsorgemaßnahmen. Kompetenzerwartung bezieht sich dann weniger auf technische Details als auf die subjektive Gewißheit, schwierige soziale Situationen bewältigen und dabei das intendierte Gesundheitsverhalten verwirklichen zu können. In homosexuellen Gemeinschaften hat zwar ein beachtlicher Änderungsprozeß stattgefunden, aber diejenigen mit geringer Kompetenzerwartung, ihre Sexualbeziehungen regulieren zu können, waren selten in der Lage, ihr Wissen in die Tat umzusetzen, also Kondome zu verwenden und die Zahl ihrer Gelegenheitspartner einzuschränken. In einer Längsschnittuntersuchung in San Francisco haben McKusick, Coates, Morin, Pollack und Hoff (1990) drei Prädiktoren gefunden, die den Abbau von Risikoverhalten zu einem späteren Zeitpunkt vorhersagten, nämlich (1) die Kompetenzerwartung, sich schützen zu können, (2) die soziale Integration in Gruppen, in denen Safer Sex zur Norm gemacht wurde, und (3) das Wissen über den HIV-Status. Im Zeitraum von 1984 bis 1987 ist in dieser Stichprobe der ungeschützte Analverkehr von 50 % auf ca. 4 % zurückgegangen. Männer, die 1984 als selbstwirksam eingestuft wurden und die glaubten, daß ihr Freundeskreis die Präventionsmaßnahmen unterstützt, waren eher geneigt, ihr Verhalten zu ändern, insbesondere dann, wenn sie seropositiv waren.

Es gibt Versuche, das Gesundheitsverhalten durch aktives Verhaltenstraining zu beeinflussen. Gilchrist und Schinke (1983) haben Teenager dazu gebracht, sexuelle Situationen zu regulieren. Zunächst erhielten die Jugendlichen die nötigen Informationen über sexuelle Risiken und über Präventionstechniken, dann wurde durch Modell-Lernen vermittelt, wie sie offen über sexuelle Angelegenheiten sprechen und wie sie unerwünschten Anforderungen von Partnern Widerstand leisten können. Sie nutzten die Gelegenheit, das Gelernte durch Rollenspiel aktiv anzuwenden, und sie erhielten Rückmeldungen über ihre Erfolge in diesem Rollenspiel. Als Ergebnis zeigte sich ein Anstieg in ihren Regulationsfertigkeiten und ihrer Kompetenzerwartung, sexuelle Situationen bewältigen zu können. In ähnlicher Weise sind Kelly, St. Lawrence, Hood und Brasfield (1989) bei homosexuellen Männern vorgegangen. Modell-Lernen, Rollenspiel und Rückmeldungen waren die Bausteine ihres Interventionsprogramms. Sie teilten 104 homosexuelle Männer, die seit langer Zeit riskanten Sex praktizierten, nach Zufall in eine Versuchs- und eine Kontrollgruppe auf und ließen der Versuchsgruppe über drei Monate hinweg eine Intervention pro Woche zukommen, in der diese Bausteine als Trainingselemente dienten. Ein Nachtest nach vier Monaten ergab einen druchschnittlichen Rückgang von 1,2 zu 0,2 monatlichen Episoden ungeschützten Analverkehrs bzw. eine durchschnittliche Zunahme der Kondombenutzung von 40 % auf 70 % der Intimbegegnungen. Die Männer wurden souveräner im Umgang mit sexuellen Risikosituationen und Partnererwartungen; sie verringerten riskante Sexualpraktiken und benutzten regelmäßiger Kondome. Diese beiden Beispiele aus der Forschung zeigen, daß die Verbindung von Wissensvermittlung, Modell-Lernen, Rollenspiel und Feedback eine gute Methode darstellt, um Kompetenzerwartung aufzubauen und Fertigkeiten einzuüben, die der Regulierung von Sexualbeziehungen dienen und vor Infektionen schützen (Brafford & Beck, 1991; Coates, 1990; Ekstrand & Coates, 1990) (vgl. das Kapitel „Sexuelles Risikoverhalten").

Schmerztoleranz und Kompetenzerwartung

Die Auffassung, Schmerz sei allein das Ergebnis physiologischer Prozesse, hat sich als unhaltbar erwiesen, denn Menschen, die über gleichartige Verletzungen oder Krankheitssymptome verfügen, erleben ganz unterschiedliche Ausmaße von Schmerz. Aufmerksamkeitssteuerung, Symptominterpretation, soziale Umgebung, emotionaler Zustand, wahrgenommene Kontrollierbarkeit und andere Einflußgrößen bestimmen die Intensität und die Toleranz von Schmerzen. Die Gesundheitspsychologie, die ja einem biopsychosozialen Modell von Gesundheit und Krankheit verhaftet ist, erforscht diese Bestimmungsstücke, zu denen auch die Kompetenzerwartung gehört (vgl. Turk, Meichenbaum & Genest, 1983). Menschen, die zuversichtlich sind, Schmerzen ertragen oder beeinflussen zu können, müßten eigentlich weniger ängstlich sein und weniger nach schmerzhemmenden Medikamenten verlangen. Ihre Schmerzschwelle und ihre Schmerztoleranz müßten höher liegen als bei Menschen mit nur geringer Kompetenzerwartung.

Wenn zum Beispiel jemand sich einer Zahnbehandlung unterziehen muß, wird er um so weniger erregt sein und um so weniger um eine Betäubung bitten, je mehr er davon überzeugt ist, daß er über hinreichende Schmerzkontrolltechniken oder die nötige Robustheit verfügt, um die Situation standhaft zu meistern. Kompetenzerwartung veranlaßt auch dazu, sich mehr Mühe zu geben, den Schmerz aktiv zu bekämpfen und dabei länger auszuhalten.

Ein interessantes Phänomen, das damit zusammenhängt, ist der Placebo-Effekt. Wenn man ein Scheinpräparat zur Schmerzlinderung einnimmt, erträgt man Schmerzen etwas besser und länger als ohne dieses Placebo. Offensichtlich wird durch die Einnahme die Kompetenzerwartung erhöht: man bildet sich ein, widerstandsfähiger zu sein als zuvor und verhält sich dementsprechend.

Die Bewältigung von Schmerzen vor und während der Geburt eines Kindes wurden in einer Studie von Manning und Wright (1983) untersucht. Daran beteiligten sich 52 Frauen im Durchschnittsalter von 27 Jahren, die einen Vorbereitungskurs für werdende Mütter besuchten. Die Kompetenzerwartung bezüglich der Fähigkeit, die Wehen ohne Medikamente zu ertragen, wurde für verschiedene Phasen erfaßt; und zwar wurde die Zeit für die Wehen auf 25 Stunden geschätzt und in fünf Abschnitte von je fünf Stunden unterteilt, so daß die Frauen für diese Phasen getrennt ihre Kompetenzerwartung angeben konnten. Die Messung bestand aus je einem dichotomen Item (etwa: „Ich werde in der Lage sein, die Schmerzen ohne Medikamente zu ertragen (ja/nein)") und je einer sechsstufigen Gewißheitsskala. Beide wurden kombiniert und über die fünf Phasen zu einer Gesamtskala aufsummiert. Abhängige Variablen waren der Prozentsatz derer, die nach Schmerzmitteln verlangt haben, sowie die Dauer der Wehen, bis zu der dieses Verlangen ausgesprochen wurde. Dies sind Indikatoren für Schmerzschwelle und Schmerztoleranz. Die Kompetenzerwartung korrelierte mit der Schmerzschwelle zu $r = -.47$: je höher die Kompetenzerwartung, desto geringer war die Wahrscheinlichkeit, daß Medikamente benötigt wurden. Die Korrelation zwischen der Schmerztoleranz und der Kompetenzerwartung betrug $r = .42$: Frauen, die ihrer Fähigkeit durchzuhalten nicht vertrauten, waren schon nach relativ kurzer Zeit auf die Analgetika angewiesen.

Ein Experiment zu der Kompetenzerwartung, Schmerzen ertragen zu können, hat Litt (1988) durchgeführt. Ihm ging es um die Frage, ob Veränderungen in der Kompetenzerwartung zu einer Veränderung der Schmerztoleranz führen würden. Diese Frage ist auch von Bedeutung, um den kausalen Status der Selbstwirksamkeit zu erschließen, denn Kritiker haben eingewandt, man würde eigentlich nur subjektive Einschätzungen von zuvor schon vollbrachten Leistungen erheben, also nur Reflektionen von Vorkenntnissen oder Vorleistungen, ohne daß ein eigenständiger kognitiver Zwischenprozeß stattfindet, der sich ursächlich auf die nachfolgenden Bemühungen auswirkt (vgl. dazu Eastman & Marzilier, 1984). Litt (1988) hat 62 Studentinnen einem schmerzhaften Kältetest unterzogen, wobei er folgende Versuchsanordnung gewählt hatte. Die Frauen mußten für möglichst lange Zeit eine Hand in Eiswasser halten, und dies dreimal. Vor jedem Versuch füllten sie eine Kompetenzerwartungs-Skala aus, die aus 20 Items mit abgestuftem Schwierigkeitsgrad bestand.

Das Niveau der Kompetenzerwartung bezog sich auf die vermutete Fähigkeit, für immer längere Zeit den Schmerz ertragen zu können, und die Gewißheit wurde mit zusätzlichen Skalen von 0 bis 100 erfaßt. Nach dem ersten Versuch erhielten die Frauen falsche Rückmeldungen über ihre vermeintliche Schmerztoleranzleistung im Vergleich zu nationalen Normen. Die eine Hälfte erhielt positive, die andere negative Rückmeldungen. Nach dem zweiten Versuch wurde jede Gruppe noch einmal aufgeteilt, um wieder zwei Arten von falschen Rückmeldungen zu erhalten, so daß sich vier Gruppen ergaben mit dem Muster: positive-positive, positive-negative, negative-positive und negative-negative Rückmeldung. Es zeigte sich nun, daß die Kompetenzerwartung sich über drei Meßzeitpunkte hinweg in Abhängigkeit von diesen Feedback-Bedingungen entwickelte. Den höchsten Anstieg erlebte die Positiv-positiv-Gruppe, den stärksten Abfall die Negativ-negativ-Gruppe. Daneben wurde die tatsächliche Schmerztoleranz (die „Leistung“) erfaßt, indem die Zeit gemessen wurde, während der die Hand im Wasser blieb. Die Leistungsveränderung korrespondierte mit der Änderung der Kompetenzerwartung.

Dieses Experiment zeigte, daß sich die Kompetenzerwartung, Schmerz ertragen zu können, beeinflussen ließ und daß die Leistung von ihr abhängig war. Veränderungen in der einen Variablen riefen Veränderungen in der anderen hervor. Die subjektive Wahrnehmung von Schmerzen in diesem Eiswassertest erwies sich jedoch nicht als vorhersagbar.

In einem anderen Experiment (Litt, 1988) ging es demselben Autor um die Frage, welche Rolle darüber hinaus die subjektive Kontrollierbarkeit der Situation spielte. Vierzig Studentinnen wurden für eine angebliche Biofeedback-Untersuchung angeworben. In der ersten Phase erhielten sie die Aufgabe, ihre Handtemperatur durch Autosuggestion zu erwärmen. Sie erhielten daraufhin falsches Feedback bezüglich dieser Fähigkeit, so daß eine Gruppe glaubte, sie sei gut in der Lage, willentlich ihre Handtemperatur zu beeinflussen, während die andere glaubte, diese Technik nicht gut oder gar nicht zu beherrschen. Anschließend wurde wieder der Eiswassertest durchgeführt, wobei den Versuchspersonen zwei Arten von Kontrolle suggeriert und angeboten wurden: sie konnten angeblich die Hand herausziehen, sobald ihre eigene Erwärmungstechnik erfolgreich war, oder sie mußten angeblich darauf warten, bis eine festgelegte Zeitspanne abgelaufen war, deren Länge sie aber nicht kannten. Die höchsten Werte der Kompetenzerwartung wurden in Verbindung mit eigener Kontrolle von den Studentinnen erzielt, die sich in der Selbstwirksamkeitsbedingung befanden, also die fälschlicherweise glaubten, sie würden die Erwärmungstechnik beherrschen. Auch die Schmerztoleranz war am höchsten für diese Gruppe, während sie unter der Bedingung von Nichtkontrolle und scheinbar geringer Erwärmungsfähigkeit am geringsten war.

Man muß betonen, daß es hier keine objektiven Unterschiede in der Kontrollierbarkeit gab. Es handelte sich um Präferenzen, indem die Versuchspersonen selber entschieden, ob sie lieber darauf warten wollten, bis eine unbekannte Zeitspanne verstrichen war (Nichtkontrolle), oder ob sie die Befreiung ihrer Hand aus dem Eiswasser von ihrer eigenen Erwärmungsleistung abhängig machen wollten (Kontrolle). Kompetenzerwartung beeinflußt offenbar die Präferenz dafür, kontrollierbare aversive Situationen aufzusuchen und in ihnen länger auszuharren.

Nach den Befunden dieser unterschiedlichen Studien sieht es so aus, als ob den verschiedenen Methoden der Schmerzbewältigung ein gemeinsamer Mechanismus zugrunde liegt, der wohl im wesentlichen auf der Kompetenzerwartung beruht, Schmerzen ertragen und beeinflussen zu können. Da Analgetika in vielen Fällen unerwünschte Nebenwirkungen zeigen und deswegen keine optimale Lösung des Problems darstellen, sollte den psychologischen Komponenten von Schmerz und ihrer Messung und Modifikation mehr Aufmerksamkeit gewidmet werden.

Gewichtskontrolle und Kompetenzerwartung

Übergewicht kann Ausdruck einer Eßstörung sein, bei der die Betroffenen zu viel, zu oft, zu hastig und zu unausgewogen Nahrung aufnehmen. Bulimie und Anorexia nervosa sind andere häufige Eßstörungen, die einer psychologischen Behandlung bedürfen.

Die Kompetenzerwartung, Nahrungsaufnahme und Gewicht regulieren zu können, gilt als eine wesentliche Voraussetzung für die Motivation zu und die tatsächliche Durchführung von Diätprogrammen. Bei niedriger Kompetenzerwartung übt kalorienreiche und wohlschmeckende Nahrung offenbar eine unwiderstehliche Versuchung aus.

Chambliss und Murray (1979) haben 68 Frauen, die im Durchschnitt 31 % Übergewicht auf die Waage brachten, einer experimentellen Behandlung unterzogen. Alle erhielten ein Placebo, das angeblich die metabolischen Prozesse fördern und dadurch indirekt zur Gewichtsverringerung beitragen sollte. Daneben wurden allgemeine Empfehlungen zur Gewichtskontrolle gegeben. Nach zwei Wochen hatten die Frauen im Durchschnitt 1,8 Pfund verloren. Die Hälfte der Frauen wurde über das Placebo aufgeklärt und hörte einem Vortrag über Selbstkontrolle zu. Sie wurden beglückwünscht, weil es ihnen offensichtlich aufgrund ihrer Willenskraft gelungen war abzunehmen, denn die Droge war ja nur ein Leerpräparat gewesen. Dies war eine Reattribution ihres Erfolgs von dem Präparat auf ihre Kompetenzerwartung. Das Experiment wurde nun über zwei Wochen fortgesetzt, wobei die aufgeklärten Frauen die Kompetenzerwartungs-Bedingung darstellten, während die unaufgeklärten weiterhin die scheinmedikamentöse Gruppe ausmachten. Am Ende zeigte sich nur für die Kompetenzerwartungs-Bedingung ein Gewichtsverlust. Allerdings gab es innerhalb dieser Experimentalgruppe erhebliche Unterschiede in Abhängigkeit von der Lokation der Kontrolle: Internale hatten einen Gewichtsverlust von durchschnittlich 2,7 Pfund, während externale Frauen sogar 0,83 Pfund zunahmen. In der Drogengruppe hatten dagegen die Externalen etwas an Gewicht verloren. Es gab eine signifikante Wechselwirkung zwischen Lokation der Kontrolle und Treatment. Die Kompetenzerwartungs-Behandlung funktionierte demnach nur bei internalen Frauen.

In einer anderen Studie zur Gewichtsreduzierung wurden sowohl die vorhandenen individuellen Unterschiede in der Kompetenzerwartung als auch experimentell erzeugte Unterschiede ins Kalkül gezogen (Weinberg, Hughes, Critelli, England & Jackson, 1984). Solche Versuchspersonen wurden für das Programm ausgewählt, die mindestens 15 % Übergewicht hatten oder die mindestens 15 Pfund abnehmen wollten. Die Kompetenzerwartung der 34 Teilnehmer wurde zu Beginn ermittelt, indem sie gefragt wurden, wieviel Pfund sie in den nächsten zwei Monaten abnehmen wollten und wie sicher sie sich dieses Erfolges seien (Gewißheit von 0 bis 100). Diejenigen, die sich zu mindestens 60 % sicher waren, galten als hoch selbstwirksam, diejenigen, die sich nur zu höchstens 50 % sicher waren, galten als niedrig selbstwirksam. Jede Gruppe wurde noch einmal unterteilt, um jeweils die eine Hälfte in den Glauben zu versetzen, sie verfüge über besonders hohe Kompetenzerwartung. Dies geschah, indem man den Leuten eröffnete, gerade sie seien für dieses Behandlungsprogramm ausgewählt worden, weil sie über sehr günstige Persönlichkeitswerte verfügten, nämlich die Fähigkeit zur Selbstkontrolle. Diese Induktion wurde während der achtwöchigen Behandlungsphase immer wieder verstärkt. Die jeweils andere Gruppe wurde nicht beeinflußt.

Es stellte sich heraus, daß diejenigen, die von vornherein über mehr Kompetenzerwartung verfügten, auch tatsächlich mehr Gewicht abnahmen, nämlich 8 gegenüber 3 Pfund. Weiterhin zeigte sich, daß die Beeinflussung der Kompetenzerwartung einer Teilstichprobe tatsächlich zu mehr Gewichtsabnahme führte (7 Pfund) im Vergleich zu der Gruppe, die keine falschen Informationen über die Auswahlprozedur erhalten hatte (2 Pfund). Es gab also zwei Effekte: sowohl individuelle Unterschiede in der Kompetenzerwartung vor der Übergewichttherapie als auch die experimentelle Beeinflussung in Richtung auf mehr Kompetenzerwartung wirkten sich günstig auf die Anstrengung und Ausdauer aus, das erstrebte Ziel zu erreichen.

In einer Studie von Leppin (1994) wurden 146 übergewichtige Frauen zweimal im Abstand von einem halben Jahr untersucht. Dabei zeigte sich, daß die spezifischen Kompetenzerwartungen nur dann das spätere Ernährungsverhalten und die Gewichtsreduktion vorherzusagen vermochten, wenn zugleich andere Bedingungen gegeben waren. So wählten die Frauen zum Beispiel dann gesündere Nahrung aus, wenn ihnen zuvor mitgeteilt worden war, daß sie ein Bluthochdruck-Risiko tragen, ihnen dessen Bedeutung erklärt worden war und sie sich gleichzeitig für fähig hielten, ihre Nahrungsaufnahme regulieren zu können. Das Körpergewicht war bei denen reduziert, die ein höheres Gesundheitsrisiko wahrnahmen und zugleich an die eigenen Handlungsressourcen glaubten. Man muß sich offenbar erst von einem Risiko persönlich betroffen fühlen, bevor man seinen Optimismus in aktive Präventionshandlungen umsetzt.

Weitere Studien zu diesem Thema wurden von Bagozzi und Warshaw (1990), Sallis, Pinski, Grossman, Patterson und Nader (1988), Schifter und Ajzen (1985), Slater (1989) und Weinberg, Hughes, Critelli, England und Jackson (1984) durchgeführt.

Es gibt neuerdings verstärkte Bemühungen um eine Messung der ernährungsspezifischen Kompetenzerwartung in Analogie zu den Vorbildern im Bereich der Raucherentwöhnung. Stotland, Zuroff und Roy (1991) haben die „Situation-Based Dieting Self-Efficacy Scale" entwickelt, die auf der Vorgabe von 25 Risikosituationen beruht und für jede davon erfaßt, in welchem Maße man sich zutraut, der Versuchung zum Essen zu widerstehen. Clark, Abrams, Niaura, Eaton und Rossi (1991) haben einen 20-Item „Weight Efficacy Life-Style Questionnaire" publiziert, der fünf Situationsdimensionen enthält, nämlich negative Gefühlszustände, Nahrungsangebot, sozialer Druck, körperliches Unbehagen und positive Tätigkeiten. Diese beiden Verfahren thematisieren die Diät-Compliance und Rückfallgefahr im klinischen Kontext. Andere Skalen, die mehr die alltägliche Ernährung betreffen, wurden von uns entwickelt (Fuchs, Leppin & Schwarzer, 1992). Darin geht es um die Überzeugung, sich auch dann gesünder ernähren zu können, wenn Versuchungen oder andere Barrieren sich dem entgegenstellen.

Körperliche Aktivität, Compliance und Kompetenzerwartung

Eine andere Studie ist der Beeinflussung körperlicher Aktivität bei Patienten mit Hilfe verschiedener psychologischer Interventionen nachgegangen, wobei die Rolle der Kompetenzerwartung und der Kontrollüberzeugung untersucht wurde (Kaplan, Atkins & Reinsch, 1984). Die 60 Patienten litten unter chronischer Bronchitis, Lungenemphysem oder Asthma und waren im Durchschnitt 65 Jahre alt. Zur Rehabilitation solcher Patienten ist vor allem mehr körperliche Aktivität erforderlich, damit die Atemluft besser reguliert und ihr Volumen verstärkt wird. Andererseits ist körperliche Bewegung genau das, was sie vermeiden, weil es ihnen besondere Beschwerden bereitet. Die ärztliche Empfehlung, sich körperlich zu betätigen, wird also in dieser Risikopopulation kaum befolgt (non-compliance). Um diese Situation zu verbessern, haben die Autoren ein Compliance-Training in drei Patientengruppen durchgeführt, während die vierte Gruppe zur Kontrolle unbehandelt blieb. Spezifische Kompetenzerwartungen wurden vorher und nachher mit Hilfe von 7 Skalen erfaßt, die sich auf Spazierengehen, Gewichtheben, Treppensteigen usw. richteten. Das Zielverhalten war das Spazierengehen nach ärztlicher Vorschrift. Es zeigte sich nun, daß die psychologisch behandelten Patienten ihre Kompetenzerwartungen und ihre körperliche Aktivität signifikant verbesserten, während dies in der Kontrollgruppe nicht der Fall war. Die Leistung in einem Tretmühlentest war nach drei Monaten deutlich verbessert, und die Korrelation zwischen Kompetenzerwartung und Leistung stieg von .05 auf .47. Dabei erwies sich dieser Zusammenhang als spezifisch, denn das Zielverhalten (Spazierengehen) wurde primär von dieser Kompetenzerwartung vorhergesagt, weniger dagegen von verwandten Kompetenzerwartungen, die sich auf andere körperliche Tätigkeiten bezogen. Die Erwartung, längere Strecken trotz der Atembeschwerden gehen zu können, hing von dem Festhalten (compliance) an dem verordneten Spazierprogramm ab, und die Gehleistung wiederum von der Kompetenzerwartung. Damit wurde die Annahme der Bidirektionalität, also der gegenseitigen Beeinflussung von Kognition und Handlung, bestätigt. Darüber hinaus ist interessant, daß die genannten Zusammenhänge nur für eine Teilgruppe der Patienten gültig waren, nämlich für diejenigen mit einer mehr internalen Gesundheitskontrollüberzeugung. Dies stärkt die Auffassung von Bandura, daß zwei Erwartungen präsent sein müssen, um eine Verhaltensänderung zu erzeugen: die Handlungswirksamkeit und die Selbstwirksamkeit (man kann die Kontrollüberzeugung als einen groben Indikator für Handlungswirksamkeit ansehen, also die Handlungs-Ergebnis-Erwartung; vgl. auch Krampen, 1987).

Diese Studie liefert auch einen Beitrag zu der Frage, inwieweit spezifische Erwartungen den verallgemeinerten Erwartungen in der Vorhersage von Verhaltensänderungen überlegen sind. Offenbar trifft die theoretische Annahme von Bandura zu, daß spezifische Handlungen, zu denen bereits eigene Erfahrungen vorliegen, am besten durch spezifische Erwartungen beeinflußt werden, während neuartige und globale Handlungen eher durch generalisierte Erwartungen vorhersagbar sind.

Der Vorhersagewert von bestimmten Kognitionen hängt im übrigen davon ab, welche *Erfahrungen* bisher mit einem Gesundheitsverhalten gemacht worden sind. Reinhard Fuchs und Ralf Schwarzer haben im Rahmen einer Lehrveranstaltung an der Freien Universität Berlin ein Experiment durchgeführt, bei dem die Intention zu sportlicher Aktivität vorhergesagt und beeinflußt werden sollte. Die Konsequenz- und Kompetenzerwartungen bei 60 Studentinnen wurden mit folgenden Skalen erhoben:

Konsequenzerwartungen (je 9 Items):

* *Befindlichkeit*: „Wenn ich regelmäßig Sport treibe, dann fühle ich mich anschließend einfach besser."
* *Fitneß*: „..., dann bekomme ich eine bessere Kondition."
* *Attraktivität*: „..., dann wirkt sich das positiv auf meine Figur aus."
* *Gesundheit*: „..., dann habe ich ein geringeres Herzinfarktrisiko."
* *Sozialbeziehungen*: „..., dann kann ich neue Freunde kennenlernen."

Kompetenzerwartungen im Hinblick auf das Durchhaltevermögen (3 Items) wie z. B.:

„Ich traue mir zu, meine Bequemlichkeit zu überwinden und regelmäßig Sport zu treiben."

Die **Intention** wurde mit folgendem Item erfaßt:

„Wie stark ist dein Vorsatz, in nächster Zeit regelmäßig (wenigstens einmal pro Woche) Sport zu treiben?"
(Antwortstufen von 1 bis 8).

Danach erhielt ein Teil der Versuchspersonen eine kurze experimentelle Behandlung folgender Art: Ihnen wurden „wissenschaftliche" Informationen in Form von Graphiken und Kurztexten vorgelegt, die sie von der Wichtigkeit des Sporttreibens überzeugen sollen, und zwar Befunde zum seelischen und sozialen Wohlbefinden, zur Gesundheit, zum ästhetischen Erleben und zum

Körperbewußtsein. Außerdem wurde ein kleiner Fitneßtest (Stufensteigen) durchgeführt, der ihnen die Notwendigkeit besserer Fitneß demonstrieren sollte.

Abschließend wurde noch einmal nach der Intention, in der nächsten Woche mit dem Sporttreiben beginnen zu wollen, gefragt.

Bei der Datenanalyse zeigten sich zunächst keine signifikanten Mittelwertunterschiede zwischen den Behandlungsgruppen, was darauf zurückzuführen war, daß die meisten der Probanden bereits aktiv Sport trieben, wie sich nachträglich herausstellte. Dieser Befund regte uns dazu an, das Ausmaß der Vorerfahrung in Beziehung zu den Kognitionen zu setzen. Wir trennten die 20 Studenten ohne frühere körperliche Aktivität von den 25, die bereits ein Jahr oder länger Sport trieben, und verglichen beide Gruppen miteinander. Zwei wichtige Befunde konnten nach diesem Vorgehen gewonnen werden. (1) Bei der Sportlergruppe gab es keine Wirkung unserer experimentellen Behandlung, während bei der Nichtsportlergruppe in der Tat Behandlungseffekte auftraten, wobei als abhängige Variable die Differenz zwischen zweiter und erster Intentionsmessung diente. Genau dies macht Sinn, denn eigentlich hätte sich das ganze Experiment auf Nichtsportler beschränken müssen, bei denen die Motivationsphase noch nicht entwickelt oder noch nicht abgeschlossen und somit beeinflußbar war. (2) Der Vorhersagewert bestimmter Kognitionen fällt in beiden Gruppen sehr verschieden aus. In der Sportlergruppe läßt sich die Intention am besten durch die Befindlichkeitserwartung und die Kompetenzerwartung (Durchhaltevermögen) vorhersagen; in der Nichtsportlergruppe dagegen spielen ganz andere Konsequenzerwartungen eine Rolle. Hier sind es die Gesundheit, die Körperertüchtigung und die Attraktivitätsverbesserung, die im Falle zukünftiger sportlicher Betätigung erwartet werden.

Was lernen wir daraus? Wer schon Sport getrieben hat, weiß am besten, welche unmittelbare Wirkung auftritt, nämlich die akute Verbesserung des Wohlbefindens, und darüber hinaus hat die Person eine intime Kenntnis des eigenen Durchhaltevermögens erworben. Wer dagegen nicht zu den Aktiven gehört, hat sein Wissen aus anderen Quellen (Medien, Freunde) gewonnen und nimmt demnach Aussagen über zeitlich entferntere Auswirkungen von Sport zur Grundlage der Intentionsbildung. Die Konsequenzerwartungen, die bei ihnen die Intention vorhersagten, richteten sich auf Gesundheit, Körper und Attraktivität, also auf mögliche Fernziele. Kurz gesagt: direkte Erfahrung korrespondiert mit proximalen Konsequenzerwartungen, während symbolische Erfahrung mit distalen Konsequenzerwartungen in der Motivationsphase zusammenhängt. Wie wir wissen, ist der Hinweis auf die späteren gesundheitlichen Folgen pädagogisch wenig wirksam. Diese Untersuchung bestärkt somit die Bedeutung der unmittelbaren Lebenserfahrung für die Motivierung zum Gesundheitsverhalten. Diese Befunde sind allerdings nur vorläufig und müssen durch weitere Untersuchungen erhärtet werden. Unsere Skala zur Erfassung sportbezogener Kompetenzerwartung ist inzwischen veröffentlicht (Fuchs & Schwarzer, 1994).

Es gibt inzwischen mehr als 20 Arbeiten, die nachweisen, daß Kompetenzerwartung eine zentrale Rolle bei der Motivation zur Sportausübung und Trainingsausdauer spielt (vgl. zuletzt Dzewaltowki, Noble & Shaw, 1990; Feltz & Riessinger, 1990; McAuley, 1992; Weiss, Wiese & Klint, 1989). Die Überzeugung, persönlich in der Lage zu sein, ein anforderungsreiches körperliches Trainingsprogramm zu absolvieren, stellt eine Voraussetzung für die Planung, Ausführung und Aufrechterhaltung solcher Aktivität dar. Die Kompetenzerwartung kann sich dabei sowohl auf die körperliche Anforderung als auch auf das psychische Durchhaltevermögen richten.

Weitere Theorien und Modelle des Gesundheitsverhaltens

Bisher wurden zwei einflußreiche theoretische Überlegungen behandelt, nämlich die Theory of Reasoned Action von Fishbein und Ajzen und die Theorie der Selbstwirksamkeitserwartung von Bandura. Beide sind ursprünglich nicht von ihren Urhebern mit der Absicht entworfen worden, das Gesundheitsverhalten zu erklären und vorherzusagen; vielmehr handelt es sich um psychologische Theorien mit hohem Allgemeinheitsgrad, die für eine Vielzahl unterschiedlicher Phänomene Gültigkeit beanspruchen, so daß die Motivation zum gesundheitsrelevanten Handeln darin nur einen Spezialfall ausmacht. Dagegen gibt es eine Reihe von theoretischen Überlegungen speziell zum Gesundheitsverhalten, die teilweise auf diesen beiden Theorien beruhen, teilweise aber viel älter sind. Sie sollen im folgenden dargestellt werden.

Der „Klassiker" unter diesen Ansätzen ist das Health Belief-Modell, das großen Einfluß gehabt hat, ohne jedoch hinsichtlich gedanklicher Präzision und empirischem Gehalt mit heutigen Vorstellungen konkurrieren zu können. Die moderneren Ansätze wie die Theorie des geplanten Verhaltens oder die Theorie der Schutzmotivation sind entweder mehr dem Health Belief-Modell oder mehr der Theory of Reasoned Action verpflichtet. Diese aus Amerika stammenden theoretischen Überlegungen erscheinen insofern unvollständig, als sie kaum Aussagen über die tatsächliche Ausführung und Aufrechterhaltung von Gesundheitsverhaltensweisen formulieren. Vielmehr liegt ihr

Schwerpunkt auf der motivationalen Phase, in der ein Entschluß zu einer Handlung gebildet werden soll. Die aus Deutschland stammende Volitionstheorie dagegen erscheint in der Lage, diesen Mangel zu überwinden. Das Kapitel abschließend, soll daher unser eigenes Modell vorgestellt werden, das beide Phasen integriert und die erwähnten Ansätze weiterführt.

Das Modell gesundheitlicher Überzeugungen (Health Belief-Modell)

Die heutige Diskussion um Gesundheitsverhalten ist vor allem durch die frühen Arbeiten zu gesundheitlichen Überzeugungen angeregt worden. Das schon in den 50er Jahren entstandene Health Belief-Modell (vgl. Becker, 1974; Rosenstock, 1966) sieht das menschliche Handeln als rational bestimmt an. Zur Vorhersage des Vorsorgeverhaltens und des Aufsuchens medizinischer Beratung und Behandlung sowie der Compliance wurden kognitiv-soziale Variablen ermittelt und auf wenige Faktoren reduziert. Ein Faktor betrifft die Verletzlichkeit oder *subjektive Vulnerabilität* (perceived susceptibility to illness). Wer sich selbst gegenüber Erkrankungen für verwundbar hält, wird eher geneigt sein, sich präventiv zu verhalten bzw. den ärztlichen Anweisungen Folge zu leisten. Die meisten Menschen unterschätzen offenbar ihre prinzipielle Anfälligkeit für Krankheiten und unterlassen auch aus diesem Grunde die erwünschten Gesundheitsverhaltensweisen (Weinstein, 1982). Ein anderer Faktor betrifft den erlebten *Schweregrad von Symptomen* (perceived severity). Offenbar wird häufig die objektive Gefährlichkeit von Krankheiten unterschätzt. Symptome werden nicht ernst genommen, so daß kein Gefühl der Bedrohung entsteht, welches zum Gesundheitsverhalten motivieren könnte. Der Schweregrad und die Verletzlichkeit ergeben gemeinsam den Grad der wahrgenommenen *Bedrohung* durch eine Krankheit. Jedoch reicht es nicht aus, eine Gesundheitsgefahr nur ernst zu nehmen und sich persönlich als anfällig dafür einzuschätzen. Zusätzlich muß das Vorhandensein einer *wirksamen Gegenmaßnahme* erwartet werden, welche es gestattet, der Krankheit vorzubeugen oder sie erfolgreich zu behandeln (expectancies for efficacy of treatment). Dieser Faktor löst eine *Kosten-Nutzen-Abwägung* aus: Die Vorbeugung oder Behandlung mag teuer, schmerzhaft, umständlich oder schwer zugänglich sein, was dem erwarteten Nutzen gegenüberzustellen ist. Jemand könnte sich z. B. fragen, ob es sich überhaupt lohnt, täglich zweimal die Zähne zu putzen, wenn dafür eines Tages die schmerzhafte Entfernung der Zähne um nur wenige Jahre hinausgeschoben wird. Ebenso läßt sich ausrechnen, daß bei intensiver sportlicher Betätigung die Lebenserwartung um vielleicht zwei Jahre verlängert wird, daß dieser Lebenszeitgewinn aber dem Zeitverlust durch den Sport selbst entspricht. Neben diesen Faktoren sind im Health Belief-Modell noch externe und interne Reize vorgesehen, die als *Handlungsanstöße* wirken („cues to action"). Abbildung 8 veranschaulicht dieses Modell.

In einer Reihe von Arbeiten wurde versucht, die Erklärungs- oder Vorhersageleistung dieses Modells empirisch zu prüfen (vgl. Janz & Becker, 1984; Mullen, Hersey & Iverson, 1987). Es gibt offenbar konsistente, aber nur schwache Zusammenhänge zwischen den Modellkomponenten und dem Gesundheits- und Krankheitsverhalten. Diese empirische Schwäche dürfte auch mit der mangelnden theoretischen Stringenz sowie den Operationalisierungsproblemen zu erklären sein. Die Konzepte sind nicht präzise genug definiert, die verbindenden Kausalannahmen nicht genügend elaboriert, und man weiß nicht ganz genau, wie man die Variablen überhaupt messen soll. Im einzelnen ergeben sich folgende Kritikpunkte.

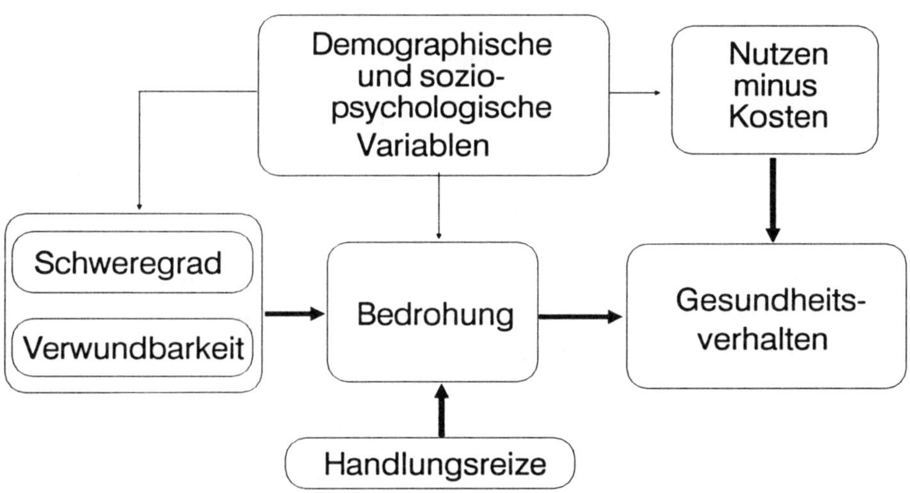

Abbildung 8. *Modell gesundheitlicher Überzeugungen.*

(1) Aus heutiger Sicht fehlen in dem Modell mindestens zwei kognitive Vermittlungsgrößen, nämlich die Intention und die Kompetenzerwartung. Um sich gesund zu verhalten, bedarf es eines motivationalen Prozesses, der in einer Intention gipfelt. Ob es dann tatsächlich zum erwünschten Verhalten kommt, ist eine andere Frage.

(2) Das Health Belief-Modell überschätzt den direkten Einfluß von Bedrohung. Insofern kennzeichnet es die vorherrschende Denkweise der 50er und 60er Jahre, als man nämlich glaubte, man müsse nur Angst erzeugen, um die Leute zu einem gesünderen Verhalten zu bringen. Viele Untersuchungen haben aber gezeigt, daß Angstappelle, z. B. durch Konfrontation mit schrecklichen Bildern von Krankheitssymptomen, nur über eine begrenzte motivationale Wirkung verfügen. Bedrohung scheint auf einer viel früheren Stufe der Auseinandersetzung mit Krankheit und Prävention eine Rolle zu spielen, nicht dagegen als direkter Veranlasser einer Handlung. Man könnte ein Kausalmodell spezifizieren, in dem die Bedrohung als entfernte (distale) Größe eingesetzt wird, die nur eine schwache indirekte Wirkung auf Intention und Verhalten ausübt.

(3) Der Pfad von den Handlungsanstößen zur Bedrohung erscheint fehlspezifiziert. Wenn man z. B. eine Empfehlung zur Teilnahme an einer Vorsorgeuntersuchung im Briefkasten findet oder wenn eine Einladung zum Sporttreiben entgegengenommen wird, dann verändert dies nicht die Bedrohung, sondern die Intentionsstärke. Situative Reize wirken wohl eher direkt auf Intention und Verhalten, weniger dagegen auf das Erleben von Bedrohung. Im übrigen wäre es sinnvoll, zwischen der wahrgenommenen und der tatsächlichen Situation zu unterscheiden.

(4) Die Kosten-Nutzen-Analyse als eine einzige Modellkomponente verdeckt die Existenz zweier Faktoren, nämlich der Gegenmaßnahme, die als präventiv beurteilt wird, und den Widerständen gegen deren Ausführung. Die Person hegt bestimmte Erwartungen über gesundheitlich effektive Handlungen und reflektiert gleichzeitig die widrigen Umstände, die damit verbunden sein können. Da man die subtraktive Beziehung zwischen diesen beiden Faktoren nur schwer operationalisieren kann, wäre es sinnvoller, explizit zwei Konstrukte im Modell vorzusehen.

(5) Es gibt keine Unterscheidung zwischen einer motivationalen Phase, in der die individuelle Entscheidung erfolgt, und einer volitionalen Phase, in der gesundheitliches Handeln geplant und in die Tat umgesetzt wird. Somit entfällt auch die Erklärung der Aufrechterhaltung des Verhaltens und der Rückfälligkeit. Das Modell ist daher statisch und wird dem prozeßhaften Charakter des Gesundheitsverhaltens nicht gerecht.

Inzwischen haben die Autoren des Health Belief-Modells selbst eine zeitgemäße Neuinterpretation ihres Ansatzes vorgenommen (Becker & Rosenstock, 1987). Sie waren offensichtlich von Banduras sozial-kognitiver Theorie beeindruckt und haben daraufhin ihr Modell in dessen Nähe gerückt. Aus heutiger Sicht stellen sie ihre Perspektive etwa wie folgt dar. Gesundheitliches

Handeln beruht auf dem gleichzeitigen Auftreten von drei Arten von Faktoren, nämlich 1) dem Vorliegen einer hinreichenden Motivation, gesundheitliche Dinge als bedeutsam aufzufassen, 2) der Überzeugung, persönlich anfällig zu sein für Erkrankungen, was oft mit Bedrohung gleichgesetzt wird, und 3) der Überzeugung, daß ein bestimmtes präventives Verhalten tatsächlich wirksam ist, wobei dies in Relation zu den erforderlichen Kosten zu setzen ist (vgl. Becker & Rosenstock, 1987, S. 246). Die Autoren gehen so weit zu sagen, daß sich Health Belief-Modell und sozial-kognitive Theorie sehr ähneln und sich nur vordergründig durch die Variablenetiketten unterscheiden. Sie interpretieren die „Handlungswirksamkeit", die manchmal als „response effectiveness" oder als „perceived benefits" umschrieben wird, als identisch mit dem, was Bandura als Ergebniserwartungen (Konsequenzerwartungen) bezeichnet. Diese „Nutzen-Komponente" wird bekanntlich der „Kosten-Komponente" gegenübergestellt; letztere soll nun als Pendant für die Kompetenzerwartung herhalten, was wohl etwas abwegig erscheint. Die Autoren geben jedoch zu, daß in der Tat die Kompetenzerwartung eine zentrale Komponente darstellt, die in ihrem Modell nicht berücksichtigt ist (was nicht wundert, denn ihres ist viel älter als das von Bandura), und empfehlen, ihr mehr Aufmerksamkeit zu schenken (vgl. auch Strecher, DeVellis, Becker & Rosenstock, 1986). Sie behaupten aber, implizit sei die Kompetenzerwartung in den Kosten enthalten. Sie sprechen hier von „perceived barriers" und meinen z. B., wenn jemand sich selbst für zu schwach hält, um ein schwieriges Verhaltensprogramm durchzuhalten, dann seien dies die Kosten, die den Vorteilen dieses Verhaltens entgegenstehen. Insgesamt gesehen kann diese Neuinterpretation aber das alte Modell nicht retten. Die oben genannten fünf Kritikpunkte lassen sich dadurch nicht ausräumen, und es wäre besser, sich aktuellen Ansätzen zuzuwenden, als die alten Vorstellungen wiederzubeleben.

Die Theorie des geplanten Verhaltens (Theory of Planned Behavior)

Weiter oben ist die Theory of Reasoned Action (Ajzen & Fishbein, 1980; Fishbein & Ajzen, 1975) beschrieben worden. Inzwischen gibt es eine Erweiterung dieses einflußreichen Ansatzes mit der Bezeichnung „Theory of Planned Behavior" (Ajzen, 1985, 1988, 1991; Ajzen & Madden, 1986; Schifter & Ajzen, 1985). Eine solche Erweiterung ist notwendig geworden, weil die ältere Konzeption - trotz unstrittiger Verdienste - einige Schwachpunkte aufwies. Da ist zum einen die geforderte Entsprechung zwischen

Verhalten, Intention, Einstellung und subjektiver Norm, zum anderen das Stabilitätsproblem hinsichtlich der zeitlichen Lücke zwischen Intention und Verhalten, und schließlich die Voraussetzung, daß das Verhalten auch wirklich unter willentlicher Kontrolle sein muß. Während sich die ersten beiden Schwachpunkte bisher einer Revision entzogen haben, wird der dritte von der neuen Theorie des geplanten Verhaltens in Angriff genommen.

Stellen wir uns vor, jemand bildet die Intention, in Zukunft täglich körperlich aktiv zu sein. In welchem Maße ist er überhaupt Herr seines Entschlusses? Es könnte sein, daß er durch berufliche Belastungen oder Alltagsstreß einfach keine Zeit findet, Sport zu treiben, daß wegen körperlicher Beschwerden nur ganz wenige Sportarten in Frage kommen, daß die Sportstätten zu abgelegen sind und der Sportwillige kein Auto hat, daß er keine Freunde hat, die sich an der geplanten Aktivität unterstützend beteiligen, daß das Geld fehlt für die Ausrüstung und die Teilnahmegebühren usw. Je mehr es also an geeigneten Gelegenheiten und Ressourcen fehlt, desto mehr entzieht sich das beabsichtigte Verhalten der willentlichen Kontrolle. Dies war in der älteren Theorie nicht explizit vorgesehen. Da war lediglich einmal von Barrieren die Rede, die für eine zu geringe Korrelation zwischen Intention und Verhalten verantwortlich gemacht werden können. Dies waren Störgrößen außerhalb des Modells, das eigentlich für vollkommen kontrollierbare Situationen entwickelt worden war. Die Theorie des geplanten Verhaltens dagegen bezieht sie mit ein, indem sie die *Kontrollierbarkeit* (perceived behavioral control) als gleichberechtigte Einflußgröße neben die Einstellung und die subjektive Norm plaziert. Genau wie diese beiden ist auch die Kontrollierbarkeit ihrerseits von kognitiven Antezedentien bestimmt, nämlich von Überzeugungen hinsichtlich von Ressourcen und Gelegenheiten (control beliefs).

Verschiedene Konzepte von Kontrollierbarkeit haben in den 70er und 80er Jahren große Popularität und Verbreitung gefunden, und es ist daher kein Wunder, daß auch die Theorie der Handlungsveranlassung davon nicht unberührt blieb. Nun verstand man unter Kontrolle zunächst nichts anderes als eine Handlungs-Ergebnis-Erwartung oder Konsequenzerwartung (vgl. Rotter, 1954; Seligman, 1975). Es ist das Verdienst von Bandura (1977, 1995a), im Rahmen seiner Selbstwirksamkeitstheorie eine Variante vorgeschlagen und erforscht zu haben, die die Kontrolle auf die subjektive Verfügbarkeit einer wirksamen Handlung bezieht, nämlich Kompetenzerwartung. Bei Ajzen und Madden (1986) bleibt unklar, wie sie ihr Konzept der Kontrollierbarkeit verstanden wissen wollen. Sie schreiben zwar, es sei der Kompetenzerwartung am nächsten (S. 457), nehmen aber verschiedene Operationalisierungen vor, die nicht der von Bandura entsprechen. Ihre Itemformulierungen lauten sinngemäß „Wie schwierig ist es für dich, ... zu tun?“ (vgl. auch Ajzen & Timko, 1986).

Kompetenzerwartung und Kontrollierbarkeit sind bisher meist als isolierte Konstrukte behandelt worden, und besonders reizvoll an der neuen Theorie des geplanten Verhaltens ist nun, daß hier eine Integration von Kontrollierbarkeit in die anspruchsvolle Theorie der Handlungsveranlassung versucht wird. Abbildung 9 veranschaulicht diesen Ansatz.

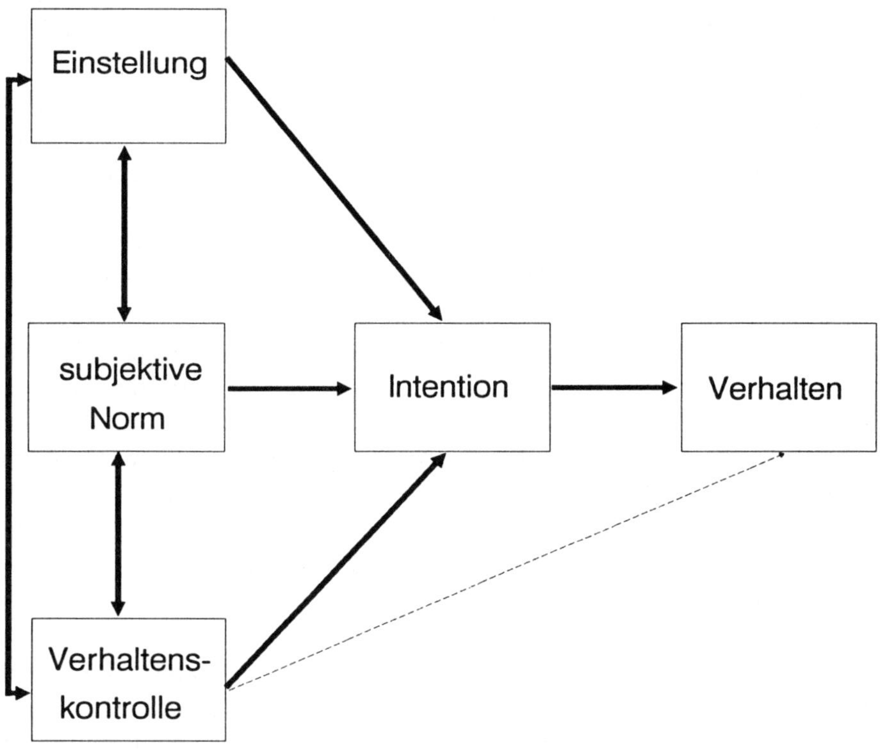

Abbildung 9. *Theorie des geplanten Verhaltens (nach Ajzen & Madden, 1986, S. 458).*

Die drei Determinanten Einstellung, subjektive Norm und Kontrollierbarkeit beeinflussen die Intention und diese das Verhalten. Die drei kognitiven Vorläufer der Determinanten, nämlich die persönliche Überzeugung, die normative Überzeugung und die Überzeugung von Ressourcen und Gelegenheiten, sind um der Übersichtlichkeit willen von den Autoren in der Graphik weggelassen worden. Verschwunden ist der Faktor Wichtigkeit, der weiter oben schon kritisiert worden war, weil er nur einen unnötigen Fremdkörper in dem Modell darstellte. Hinzugekommen sind die Korrelationen zwischen den drei Determinanten, womit die Darstellung endlich auf das Niveau der üblichen pfadanalytischen Präsentationsweise gehoben ist; konsequenterweise wenden Ajzen und Madden (1986) zur Datenauswertung auch die Kovarianzstrukturanalyse mit latenten Variablen an.

Das neue Modell enthält zwei Varianten, von denen die eine durch die fettgedruckten Pfade in der Abbildung 9 wiedergegeben ist. Die andere Variante besteht darin, daß Kontrollierbarkeit auch einen direkten Einfluß auf das Verhalten ausübt - in Ergänzung des bestehenden indirekten Einflusses, der über die Intention führt. Dies soll angeblich dann auftreten, wenn sich in der Kontrollierbarkeit nicht nur die wahrgenommene, sondern auch die tatsächliche Kontrolle ausdrückt. Fehlen objektiv die Ressourcen oder Gelegenheiten, eine Handlung zum Ende zu bringen, dann bedeutet dies eine direkte Beziehung zwischen der realen Kontrolle und dem Verhalten; werden dagegen Ressourcen als fehlend interpretiert, dann wird die Person schon von vornherein keine Intention bilden, die sich ja doch nicht realisieren ließe. Will z. B. jemand im Park laufen, zweifelt aber daran, daß das Wetter die Gelegenheit dafür bietet, so wird die Intention schwach ausgeprägt sein; fängt es dann tatsächlich an zu regnen, so wird der Entschluß nicht ausgeführt. Wenn jemand, obwohl er sich bemüht, das gesetzte Ziel aufgrund widriger Umstände nicht erreicht (z. B. nach einem Kilometer abbricht), dann resultiert daraus der postulierte direkte Effekt von Kontrollierbarkeit auf Verhalten: die Handlung wird trotz ausreichender Intention nicht ausgeführt. Man könnte hier auch von einer Antizipation der Barrieren sprechen.

Im Unterschied zu Bandura trennt Ajzen nicht klar zwischen wahrgenommener und tatsächlicher Kontrolle. Sein Konzept (perceived behavioral control) soll beides umschließen. Er bezeichnet es auch als eine „nichtmotivationale Verhaltensdeterminante“ und unterstreicht damit die realen Gelegenheiten und Barrieren, während Banduras Kompetenzerwartung eine Kognition darstellt, die auf die subjektive Verfügbarkeit einer Handlung verweist und somit zu den motivationalen Verhaltensdeterminanten gehört. An dieser Stelle scheint die Theorie noch unausgereift zu sein. Weiterführende Beiträge dazu dürfte die Volitionstheorie liefern (s. unten).

Die Theorie des geplanten Verhaltens ist von Schifter und Ajzen (1985) auf die Reduktion von *Übergewicht* angewandt worden. Sie untersuchten 83 Studentinnen, von denen die meisten übergewichtig waren, mit einer Reihe von Fragebogen zu zwei Meßzeitpunkten im Abstand von sechs Wochen.

Dabei wurden die theorierelevanten Merkmale erfaßt wie Einstellung, subjektive Norm, Kontrollierbarkeit und Intention. Als abhängiges Verhaltensmerkmal diente das Körpergewicht bzw. dessen Veränderung. Die Kontrollierbarkeit wurde mit zwei Items auf Skalen von 0 bis 100 erfaßt, indem die Frauen die „Wahrscheinlichkeit angaben, mit der sie innerhalb der nächsten sechs Wochen erfolgreich abnehmen würden, sofern sie sich Mühe gaben" und „eine Schätzung lieferten, zu der ein Gewichtsabnahmeversuch in den nächsten sechs Wochen erfolgreich ausfallen würde". Diese Operationalisierung erscheint fragwürdig, denn damit wird lediglich die subjektive Erfolgswahrscheinlichkeit gemessen - eine bekannte Variable aus der traditionellen Motivationsforschung (vgl. Heckhausen, 1980). Es erscheint auch zweifelhaft, ob diese Formulierung weit genug entfernt von der Intentionsbildung ist. Die empirischen Befunde lassen jedoch erkennen, daß in dieser Untersuchung die „Kontrollierbarkeit" deutlich verschieden von der Intention ausfällt ($r = .36$). Die Intention zur Gewichtsabnahme läßt sich aus den drei Modellkomponenten sehr gut vorhersagen, wie die multiple Korrelation mit Einstellung, subjektiver Norm und Kontrollierbarkeit zeigt ($R = .74$). Der Gewichtsverlust nach sechs Wochen betrug durchschnittlich 0,76 kg. Dieses Verhaltenskriterium korrelierte am höchsten mit der Kontrollierbarkeit ($r = .41$), während die multiple Korrelation unter Einbezug der Intention kaum höher ausfiel ($R = .44$). Bei zusätzlicher Berücksichtigung der Wechselwirkung zwischen beiden Prädiktoren (Kontrollierbarkeit x Intention) erhöhte sie sich nur auf $R = .47$. Dies bedeutet tendenziell, daß eine hohe Intention, das Gewicht zu reduzieren, vor allem bei Frauen mit hoher Kontrollierbarkeit verhaltenswirksam war. Formuliert man dies in Anbetracht der oben vorgestellten Operationalisierung, so heißt dies, der Zusammenhang zwischen der Absicht und dem späteren Gewichtsabnahmeerfolg ist um so größer, je mehr die Frauen ihn selbst vorhersagen.

Die Autoren verbuchen ihre Ergebnisse als eine Bestätigung der Theorie des geplanten Verhaltens. Dies mag für die Vorhersage der Intention aus den drei Modellkomponenten zutreffen, wobei einschränkend betont werden muß, daß alle vier Variablen zu demselben Zeitpunkt gemessen worden sind. Jedoch spricht das zweite Ergebnis, die Vorhersage der tatsächlichen Gewichtsabnahme, eher gegen die Theorie, denn nicht die Intention war hier die primäre Verhaltensdeterminante, sondern die neu eingeführte Größe Kontrollierbarkeit. Bedenkt man, wie sie gemessen worden war, nämlich lediglich als Angabe einer Erfolgswahrscheinlichkeit, so dürfte die Theorie keineswegs als bestätigt gelten.

In derselben Arbeit gehen Schifter und Ajzen (1985) übrigens auch einigen anderen nicht-motivationalen Variablen nach wie der Selbstkenntnis, der Handlungsplanung, der Ich-Stärke, der gesundheitlichen Kontrollüberzeugung, der Handlungskontrolle sowie der Kompetenz, und kommen zu dem Schluß, daß diese (mit Ausnahme der ersten beiden) keine Rolle bei der Gewichtsabnahme spielen.

Der beschriebene Ansatz wurde von DeVries, Dijkstra und Kuhlman (1988) weitergeführt, indem sie das diffuse Kontrollierbarkeitskonzept explizit durch die Kompetenzerwartung im Sinne von Bandura ersetzten. Im folgenden wird diese Variante der Theorie des geplanten Verhaltens als *„Limburger Modell“* bezeichnet, da die Autorengruppe von der Universität Limburg in Holland kommt (vgl. auch Kok et al., 1992). Es enthält im übrigen auch externe Variablen sowie Barrieren und Fertigkeiten. Im Rahmen eines Projekts zur Prävention des *Rauchens* bei 85 Schülern im Alter von 14 bis 17 Jahren haben sie die Variablen entsprechend der Theorie der Handlungsveranlassung erhoben und zusätzlich ihre risikospezifische Kompetenzerwartungsskala eingesetzt (vgl. den Abschnitt „Diagnose der Kompetenzerwartung“). Auf die weitere Verwendung der direkten Werte für Einstellung und subjektive Norm haben sie verzichtet, nachdem sich herausgestellt hatte, daß die indirekten Werte, also sowohl die Produkte aus Ergebnisbewertung und Überzeugungsstärke als auch die Produkte aus normativer Überzeugung und Einwilligungsbereitschaft, bessere Prädiktoren für die Intention zu rauchen waren. Dies ist ein interessantes Nebenergebnis, das übrigens auch bei Ajzen und Madden (1986) aufgetreten ist und das die ältere Theorie der Handlungsveranlassung in Frage stellt. Die Ergebnisse dieser Limburger Studie sind in Abbildung 10 zusammengefaßt.

Die multiple Korrelation zwischen den drei Determinanten und der Intention betrug $R = .79$, diejenige zwischen der Intention, Kompetenzerwartung und dem Verhalten $R = .80$. Bedeutsam erscheint das Gewicht, das die Kompetenzerwartung gegenüber den herkömmlichen Einflußgrößen aus der Theorie der Handlungsveranlassung einnimmt. Für die Intentionsbildung ist sie genauso wichtig wie die Einstellung, und für das Verhalten ist sie so wichtig wie die Intention. Man kann es auch so sehen: Zwei Theorien, die der Handlungsveranlassung und die der Selbstwirksamkeit, werden integriert, und beide erweisen sich als gleich mächtig. Dies unterstreicht unsere Auffassung, daß beide für sich genommen nicht hinreichen, um Verhalten auf befriedigende Weise vorhersagen zu können, sondern sie bedürfen der gegenseitigen Ergänzung. Einschränkend muß betont werden, daß diese Ergebnisse auf Querschnittdaten beruhen.

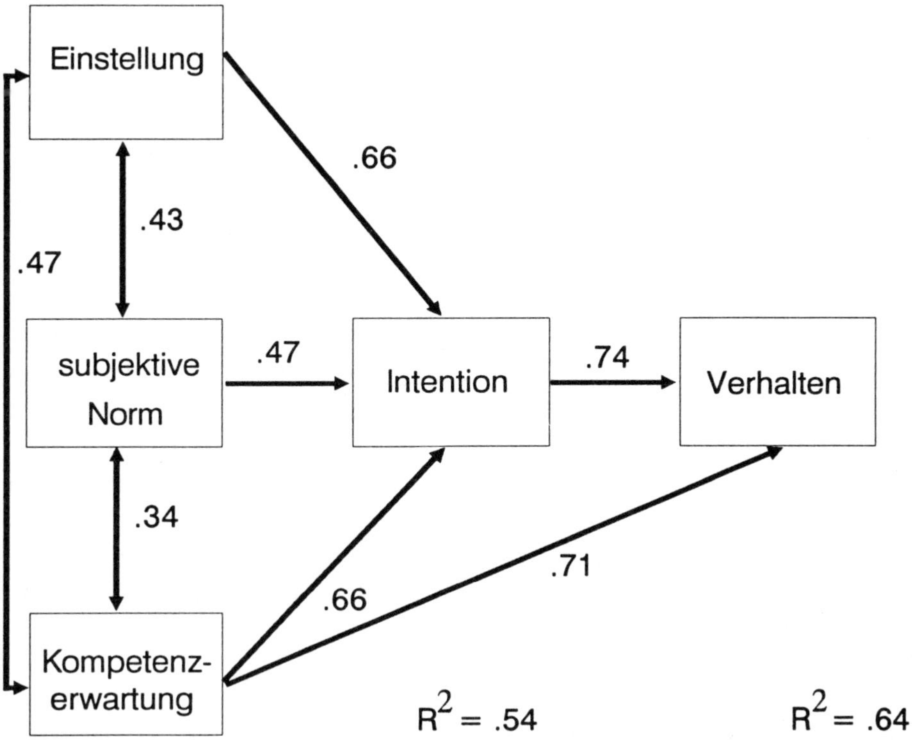

Abbildung 10. *Korrelationen zum „Limburger Modell" (nach DeVries, Dijkstra & Kuhlman, 1988, S. 278).*

In einer Längsschnittstudie - wieder zur Prävention des Rauchens - wurden die Befunde repliziert (DeVries, Dijkstra & Kok, 1989). Die drei Determinanten korrelierten mit der Intention zu r = .44, .37 und .49, und die Intention korrelierte mit dem Verhalten zu r = .80, während die Kompetenzerwartung diesmal mit r = .50 mit dem Verhalten im Zusammenhang stand. Weitere interessante Befunde liefern Kok et al. (1992).

Theorie der Schutzmotivation (Protection Motivation Theory)

Ein weiterer Ansatz, der Elemente des Health Belief-Modells und der Theory of Reasoned Action aufnimmt, ist die Theorie der Schutzmotivation (Protection Motivation Theory, PMT) von Rogers (1975, 1983, 1985). Dabei geht es um die kognitive Verarbeitung von Informationen, die die Gesundheit bedrohen, sowie das Fällen von Entscheidungen über geeignete Gegenmaßnahmen, nämlich die Gesundheitsverhaltensweisen. Dem Modell liegen vier Komponenten zugrunde: 1) wahrgenommener *Schweregrad* (severity) einer Gesundheitsbedrohung, 2) wahrgenommene *Verletzlichkeit* (vulnerability) gegenüber dieser Gesundheitsbedrohung, 3) wahrgenommene *Wirksamkeit* (response effectiveness) einer Maßnahme zur Verhütung (oder Behebung) der Gesundheitsbedrohung und schließlich 4) die *Selbstwirksamkeitserwartung* (self-efficacy), also die subjektive Kompetenz zur Abwendung einer Gefahr. Diese Komponenten tragen dazu bei, den Vorsatz zu bilden, ein bestimmtes Gesundheitsverhalten auszuüben. In Anlehnung an die Theory of Reasoned Action wird dabei angenommen, daß eine solche Intention die bestmögliche Vorhersage des tatsächlichen Verhaltens erlaubt (Maddux, Norton & Stoltenberg, 1986; Rippetoe & Rogers, 1987). Man kann also sagen, daß die Protection Motivation Theory eine Integration verschiedener heute vorherrschender Modelle leistet. Das Modell ist empirisch unter anderem auf die Vorhersage von körperlicher Betätigung (Wurtele & Maddux, 1987), Brustselbstuntersuchung (Rippetoe & Rogers, 1987) und Raucherentwöhnung (Maddux & Rogers, 1983) angewandt worden.

Jedoch ist die PMT eigentlich nur eine Aneinanderreihung unterschiedlicher Annahmen dieser Autorengruppe, wobei keine Konsistenz über die Veröffentlichungen hinweg gegeben ist. Ursprünglich ging es nur darum, die Wirkung von Furchtappellen und Aufklärung auf die Ausübung von Gesundheitsverhaltensweisen zu studieren. Erst in der „revidierten Theorie" (Maddux & Rogers, 1983) wird die Selbstwirksamkeitserwartung hinzugefügt. Rippetoe und Rogers (1987) stellen eine komplizierte Variante ihres Modells dar, indem sie Informationsquellen, vermittelnde Kognitionen und daraus resultierende Bewältigungsmodalitäten annehmen. Den Kern des Modells bilden die vermittelnden Kognitionen. Darin führen die subjektive Verletzlichkeit und der Schweregrad einer Krankheit zu einer Verminderung von Risikoverhalten, während Selbstwirksamkeits- und Ergebniserwartungen zu Gesundheitsverhaltensweisen führen, wobei die Verhaltensweisen als Bewältigungsreaktionen aufgefaßt werden. Die Einschätzung einer Situation als bedrohlich ergibt sich aus der Differenz zwischen Verletzlichkeit/Schweregrad auf der einen Seite und Belohnungen auf der anderen; dagegen ergibt sich die mehr positive Einschätzung der Bewältigbarkeit durch Subtraktion der Handlungskosten von den Erwartungen. Diese zwei Einschätzungen schließlich resultieren in einer Schutzmotivation, die sich mit einer Handlungsintention gleichsetzen läßt. So wie dieses Modell dargestellt ist, erscheint es als viel zu kompliziert und nicht prüfbar. Darum gibt es auch keine entsprechenden empirischen Arbeiten. Vielmehr beschränken sich die Autoren darauf, die vier oben genannten Modellkomponenten gleichberechtigt zur statistischen Vorhersage von Handlungsintentionen heranzuziehen. Abbildung 11 veranschaulicht diesen Ansatz. (Eine ausführliche Darstellung findet man bei Dlugosch und Schmidt, 1992).

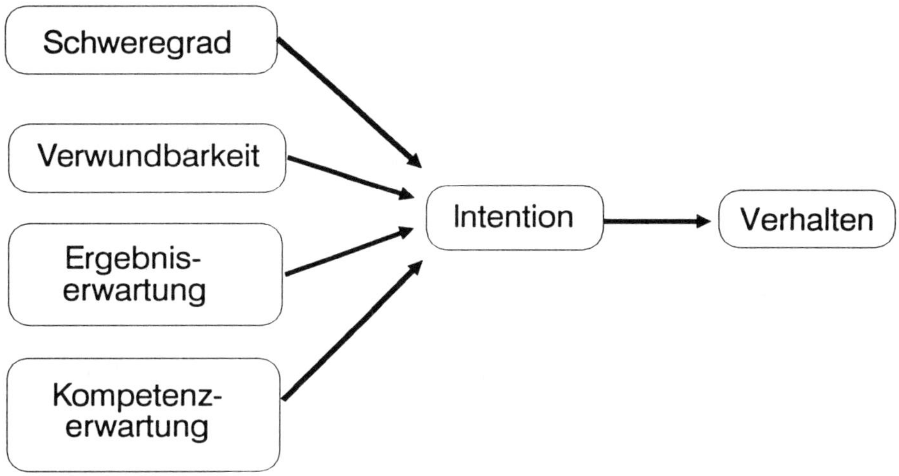

Abbildung 11. *Vereinfachte Darstellung der Theorie der Schutzmotivation.*

Die ersten drei Modellkomponenten gehen auf das Health Belief-Modell zurück, die Selbstwirksamkeit wurde später hinzugefügt, und die Verlaufsstruktur ähnelt der Theorie des geplanten Verhaltens, die ja auch zwischen Intention und Handlung unterscheidet. Dabei muß es als Vorzug verbucht werden, daß die PMT ausdrücklich die Kompetenzerwartung i. S. von Bandura enthält, weil dazu zahlreiche empirische Befunde vorliegen, die diese Modellkomponente als unverzichtbar in jeder Gesundheitsverhaltenstheorie erscheinen lassen. Rippetoe und Rogers (1987, S. 602) übersetzen ihre Variablen auch in einen pfadanalytischen Versuchsplan, fügen jedoch Angst als eine fünfte Komponente hinzu. In ihrem Experiment haben sie den Versuchspersonen unterschiedlich bedrohliche Informationen über Brustkrebs gegeben, anschließend die fünf Modellkomponenten überprüft, die den Status von Mediatoren einnahmen, und schließlich deren Wirkung auf eine Handlungsintention gemessen, nämlich die Absicht, *Brustselbstuntersuchungen* durchzuführen. In dieser Studie erwiesen sich die Ergebniserwartungen, der

Schweregrad und die Kompetenzerwartung als geeignet, diese Absicht vorherzusagen, während Verletzlichkeit und Angst keine Rolle spielten.

Unabhängig von diesem Ansatz hat es schon viel früher eine ähnliche Arbeit gegeben, in der Patienten davon überzeugt werden sollten, für ihre *Zahnpflege* Zahnseide zu verwenden (Beck & Lund, 1981). Je bedrohlicher der Schweregrad von Parodontose im Experiment dargestellt wurde, um so ängstlicher wurden die Versuchspersonen und um so mehr entwickelten sie die Intention, ihre Zähne entsprechend zu pflegen, was sich auch tatsächlich im Verhalten niederschlug. Vergleicht man jedoch die Vorhersagestärke von Schweregrad und Kompetenzerwartung, dann schneidet letztere deutlich besser ab. Ergebniserwartungen dagegen spielten keine Rolle. Wie man sieht, findet man in verschiedenen Studien unterschiedliche Gewichtungen der theoretischen Komponenten.

Die PMT hat sich auch bei der Erforschung von *sportlicher Aktivität* bewährt. Wurtele und Maddux (1987) haben 160 Studentinnen experimentell im Hinblick auf die vier Modellkomponenten beeinflußt, indem sie ihnen Informationen gaben, die ihre Auffassung von Verletzlichkeit, Schweregrad, Ergebnis- und Kompetenzerwartungen veränderten. Es zeigte sich, daß höhere Verletzlichkeit und höhere Kompetenzerwartungen dazu führten, daß sich die Studentinnen vornahmen, mehr Sport zu treiben. Das später erfragte tatsächliche Sportverhalten war jedoch nicht davon beeinflußt. Der Zusammenhang zwischen Intention und Verhalten lag hier nur bei $r = .30$, was damit zu tun haben kann, daß die Meßinstrumente zu allgemein gehalten waren. Ohnehin liegt in der Operationalisierung die größte Schwäche dieser sonst sehr interessanten Studie. Einige Konstrukte wurden mit nur zwei Items gemessen, und die innere Konsistenz der Skala Ergebniserwartung betrug nur .19. In dieser Arbeit hat sich die Kompetenzerwartung als bester Prädiktor erwiesen. Damit wurde zugleich ein früherer Befund bestätigt, nämlich der von Maddux und Rogers (1983).

In beiden Studien fand sich keine Unterstützung für die Annahme, daß der Schweregrad einer möglichen Erkrankung oder die erlebte Bedrohung einen Einfluß auf Intention oder Verhalten ausüben. Wurtele und Maddux (S. 463) legen daher implizit nahe, auf diese Modellkomponenten in Zukunft zu verzichten. Dies erscheint etwas voreilig, denn es ist noch nicht geklärt, welche Rolle diese Merkmale als distale Größen spielen können und wie sie untereinander zusammenhängen. So wird z. B. im Health Belief-Modell angenommen, daß Schweregrad und Verletzlichkeit gemeinsam in dem Erleben von Bedrohung resultieren. Es gibt aber offensichtlich keine empirischen Arbeiten, die diesem Drei-Variablen-Problem gezielt nachgehen. Es bleibt zu prüfen, ob sich diese Merkmale nicht vielleicht sinnvoll in ein komplexeres Kausalmodell integrieren lassen. Anstatt ein Konstrukt vorschnell aufzugeben, wäre es besser, seinen kausalen Status genauer zu untersuchen (s.u.).

Seydel, Taal und Wiegman (1990) sind angetreten, die Überlegenheit der PMT gegenüber dem Health Belief-Modell zu demonstrieren. In ihren beiden Studien in Holland ging es um *Krebsvorsorgeverhalten*. Sie haben die vier Modellkomponenten als Prädiktoren für Intention und Verhalten gewählt, und in Konkurrenz dazu haben sie ein eingeschränktes Modell mit nur drei Komponenten geprüft, welches nicht über die Kompetenzerwartung verfügte. Letzteres haben sie dann Health Belief-Modell genannt, was natürlich diesem nicht gerecht wird. In allen Analysen, die die Autoren vorstellen, erweisen sich die Ergebnis- und Kompetenzerwartungen als besonders gut für die Vorhersage geeignet, während Verletzlichkeit und Schweregrad ziemlich bedeutungslos waren. Mit dieser insgesamt sehr gelungenen Studie wird zwar nicht das Health Belief-Modell „widerlegt", aber es wird nachhaltig unterstrichen, daß Erwartungen wichtig sind und daß heute keine Gesundheitsverhaltenstheorie auf die ausdrückliche Berücksichtigung von Kompetenzerwartungen verzichten kann. Die Tatsache, daß auch hier wieder die beiden anderen Merkmale in den Schatten treten, muß nicht zu deren Verzicht führen. Es könnte ja sein, daß Verletzlichkeit und Schweregrad auf einer viel früheren Stufe von Entscheidungsprozessen eine Rolle spielen (vgl. Weinstein, 1988) und daß sie plötzlich in einem ganz anderen Licht erscheinen, wenn man ihnen den passenden kausalen Standort zuweist. Darauf wird später noch einmal eingegangen.

Handlungsrealisierung und Willensstärke: Die Volitionstheorie

„Der Geist ist willig, aber das Fleisch ist schwach." Mit diesen Worten ist uns ein Problem vertraut, das für Gesundheitsverhalten von zentraler Bedeutung ist. Wir hegen Absichten, aber es gelingt uns nicht immer, sie auch wirklich in die Tat umzusetzen. Die bisher dargestellten Modelle haben sich mit diesem Phänomen eher am Rande oder mehr implizit auseinandergesetzt. Ihr Schwerpunkt lag bei der Intentionsbildung; sie sind also vor allem als gesundheitspsychologische Motivationstheorien anzusehen. Ob eine beabsichtigte Handlung realisiert wird, ist aber Gegenstand der Volitionstheorie (Heckhausen, 1987, 1989; Kuhl, 1994). Allmer (1990) hat Überlegungen daraus auf die Gesundheitspsychologie übertragen.

Menschen neigen dazu, entweder gute Absichten zu entwickeln und sie überhaupt nicht zu verwirklichen oder sich zunächst auf eine Verhaltensänderung einzulassen, sie aber schnell wieder aufzugeben. Man lebt z. B. ein paar Tage oder Wochen gesund, indem man die Ernährungsweise umstellt, eine Sportart erlernt oder das Rauchen unterläßt, aber schon kurze Zeit später gewinnen widerstrebende Handlungstendenzen die Oberhand, unsere Aufmerksamkeit richtet sich auf andere Dinge, und die guten Vorsätze sind vergessen. Es gibt offenbar zyklische Tendenzen, die viele von uns dazu veranlassen, nur vorübergehend engagiert auf ein Ziel hinzuarbeiten (Klinger, 1977). Menschen, die ein Risikoverhalten (z. B. Rauchen) abbauen wollen, werden leicht rückfällig (vgl. Marlatt & Gordon, 1985), und genauso läßt sich die Unterlassung eines schon praktizierten Gesundheitsverhaltens (z. B. Sport) als Rückfall in Trägheit oder Schwäche auffassen. In beiden Fällen spielt „Willenskraft" eine Rolle.

Um den „Willen" geht es in der Volitionstheorie, wie der Name sagt. Sie befaßt sich mit der Umsetzung eines einmal gefaßten Entschlusses in tatsächliches Handeln sowie mit der Aufrechterhaltung einer Handlung über einen längeren Zeitraum hinweg. Stellt man sich den Prozeß von den frühen Determinanten einer Absicht bis zu einer vollendeten Handlung bildlich vor, so endet die motivationale Phase mit dem Vorliegen einer Intention und entläßt die Person in die volitionale Phase an der Stelle, an der aus der Intention ein *Vorsatz* gebildet wird, also in der präaktionalen Volitionsphase. Ein Vorsatz enthält ausführungsbezogene Überlegungen und stellt somit einen konkreten Handlungsplan dar. Hat jemand die Intention, täglich zu joggen, so bildet er vielleicht den Vorsatz, vor dem Abendessen im Trainingsanzug mit dem Auto zum Waldparkplatz zu fahren, dort auf die Mitläufer zu warten, um dann mit ihnen 30 Minuten langsam um den See herum zu laufen. Der Vorsatz bestimmt also im Detail, wie und wann eine beabsichtigte Handlung ausgeführt werden soll. Mehrere Handlungsalternativen können auf diese Weise entworfen werden, die derselben Absicht dienen. Welche davon bevorzugt werden, hängt von ihren Vor- und Nachteilen ab, denn für jede Handlung ist ein gewisser Aufwand erforderlich, der in einem erträglichen Verhältnis zu einem erwarteten Effekt stehen muß, um gerechtfertigt zu sein. Hat jemand die Intention, um der Gesundheit willen täglich schwimmen zu gehen, so muß kalkuliert werden, welche Kosten aus einem entsprechenden Vorsatz resultieren, z. B. die lange Anfahrt zur Schwimmhalle, deren Überfüllung mit kreischenden Kindern, die Eintrittsgebühr, die zu niedrige oder zu hohe Wassertemperatur und der Zeitverlust; auf der anderen Seite wird ein positiver Effekt erwartet wie z. B. die Stärkung der Rückenmuskulatur und der Herz-Kreislauf-Funktion. Gibt es einen alternativen Vorsatz (Laufen), der mit geringerem Aufwand verbunden ist, dann wird dieser bevorzugt. Kommt aber diese Alternative nicht infrage

(z. B. weil die Person wegen eines Hüftleidens nicht laufen sollte), muß auf die zuerst erwogene Alternative zurückgegriffen werden.

Ob die Unterscheidung zwischen Intention und Vorsatz sich als wissenschaftlich fruchtbar erweist, bleibt abzuwarten. Eine nähere Bestimmung des Ausführungskontextes einer Intention als Teil der Volitionsphase aufzufassen, stellt zumindest eine interessante Perspektive dar. In der Theorie der Handlungsveranlassung dagegen (Ajzen & Fishbein, 1980; Fishbein & Ajzen, 1975) waren ausführungsbezogene Überlegungen ein Bestandteil der Intentionsbildung. Die Autoren haben gefordert, Intentionen möglichst spezifisch zu formulieren und dabei die Handlung, das Handlungsziel, den Kontext und die Zeit zu berücksichtigen. Anstatt zwischen Intention und Vorsatz qualitativ zu unterscheiden, könnte man sich auch eine quantitative Abstufung vorstellen, bei der eine allgemeine Intention unterschiedlich stark zu operationalisieren wäre, so daß sich diverse Handlungspläne als Untermenge einer Intention ergäben. Hier spiegelt sich übrigens der theoretische Fortschritt einer wissenschaftlichen Disziplin, indem zunehmend feiner differenziert wird und immer neue Unterscheidungen getroffen werden. Während früher das Verhalten als abhängig von Einstellungen galt, haben Fishbein und Ajzen (1975) die Intention dazwischengeschoben; nun wird zwischen die Intention und das Verhalten der Vorsatz eingefügt.

Um nun eine Handlung zu realisieren, muß sich ein bestimmter Vorsatz gegenüber Konkurrenz durchsetzen. Man muß vielleicht auf eine andere Handlung verzichten, die ebenfalls attraktiv erscheint. Die Handlungsrealisierung ist eine Funktion der Volitionsstärke, die ihrerseits auf der Intentionsstärke beruht sowie auf kognitiven Abschirmtendenzen, die dafür sorgen, daß nicht andere Reize die Oberhand gewinnen. Die *Volitionsstärke* wird auch davon beeinflußt, als wie erfolgreich die gerade ablaufende Handlung subjektiv bewertet wird. In dieser Phase kommt es darauf an, anderweitigen Versuchungen Widerstand zu leisten, um den Vorsatz zielstrebig verwirklichen zu können. Für die Umsetzung in eine Handlung ist daneben eine *„optimale Basisaktiviertheit"* vonnöten. Damit sind innere Bedingungen gemeint wie Energie, Erregung, Stimmung, Wachheit oder Konzentriertheit. Wenn jemand impulsiv und übereifrig jedem Vorsatz unmittelbar nachgeht, entsteht Hektik, und die Handlung wird kaum von langdauerndem Erfolg gekrönt sein; wartet jemand dagegen zu lange zaudernd auf bessere Bedingungen für eine Handlungsausführung, dann werden dabei vielleicht gerade die besten Gelegenheiten verpaßt. Sowohl Schwunglosigkeit als auch Ungeduld sind unvorteilhafte Ausgangslagen für eine Handlungsrealisierung (vgl. Allmer, 1990).

Die Motivationsphase, in der die Intentionsgenese erfolgt, ist „realitätsorientiert“, d. h. sie ist charakterisiert durch das Abwägen von Anreiz- und Erwartungsaspekten mit Rücksicht auf die jeweiligen Umstände. Dabei neigt das Individuum angesichts von Zielkonflikten zur Lageorientierung (vgl. Kuhl, 1983). Als ungeklärt gilt übrigens, ob Handlungsorientierung innerhalb dieser Phase dysfunktional ausfällt (vgl. Heckhausen, 1987). Dagegen ist die Volitionsphase „realisierungsorientiert“, da in ihr mit Hilfe der kognitiven Handlungssteuerung und der Ausführungskontrolle die zuvor gebildeten Intentionen verwirklicht werden. Eine Lageorientierung wäre hier dysfunktional. Die Volitionsphase läßt sich nun wiederum unterteilen in die präaktionale, die aktionale und die postaktionale Phase. In der präaktionalen Phase geht es um die zügige instrumentelle Handlungsplanung auf niederen Zielebenen, in der aktionalen Phase wird die gerade ablaufende Handlung kontrolliert (z. B. durch Abschirmung gegen konkurrierende unerledigte Intentionen), und in der postaktionalen Phase geht es um die Bewertung der Handlungseffizienz sowie ihrer Bedingungen.

Ein Hauptproblem beim alltäglichen Gesundheitsverhalten liegt in der Handlungsinitiierung. Während die Zielintentionen mehr oder weniger in die Lebensweise (life style) integriert sein können, erweisen sich untergeordnete Intentionselemente als unmittelbar handlungsauslösend. Im Anschluß an Lewin (1926) nennt Heckhausen (1987) zusätzliche *Vornahmen*, die der Zielintention untergeordnet sind und den Charakter von begrenzten Vorsätzen tragen: Initiierungsvornahmen, Ausführungsvornahmen und Desaktivierungsvornahmen. Diese Vorsätze sind in der präaktionalen Phase mental repräsentiert. Im Sinne eines kognitiven Probehandelns werden Handlungsabläufe und -wirkungen antizipiert. Die Handlungsplanung wird eröffnet, indem die möglichen Ausführungsschritte in vorgestellter Weise ablaufen. Dies kann sogar auftreten, bevor die eigentliche Zielintention überhaupt (in der Motivationsphase) endgültig gebildet wurde. Zum Teil sind viele Situationen schon hinreichend vorgeklärt und bedürfen keiner umfassenden Reflexion der Anreiz- und Erwartungsaspekte, zum Teil hilft die „vorgestellte Quasi-Realisierung von Zielen auf der untersten Ebene“ (Heckhausen, 1987, S. 134) dabei, nur solche Intentionen zu bilden, die auch realitätsadäquat erscheinen.

Die Zielintentionen müssen nicht unbedingt bewußt sein, auch wenn sie irgendwie mental repräsentiert sind. Sie können impliziter Bestandteil von Selbstschemata sein und in einer bestimmten Lebensweise zum Ausdruck kommen. Diese langfristig bestehenden, übergeordneten Intentionen bedürfen jedoch ständig erneuter Handlungsinitiierung. Es müssen also ganz konkrete Vornahmen gebildet werden, um a) zu initiieren (z. B. „Ich will heute

Frühsport treiben"), um b) auszuführen (z. B. „Ich will die fünf Kilometer zu Ende laufen, wie ich mir es vorgenommen habe") und um c) zu desaktivieren (z. B. „Ich verzichte auf ein weiteres Stück Torte"). Zur Realisierung der übergeordneten Intentionen (z. B. „Ich will gesund leben") sind demnach zahlreiche Miniatur-Intentionen (Vornahmen) erforderlich, die unmittelbar für die aktuelle Handlungskontrolle relevant sind. Die Handlungsinitiierung ist eine Funktion der Volitionsstärke, die ihrerseits positiv davon abhängt, wie stark die zugrundeliegende Intention ist, und negativ, wieviele Realisierungsversuche bereits mißlungen sind, wieviele ungenutzte Gelegenheiten bereits verstrichen sind und ob Anreize und Erwartungen sich seit dem Zeitpunkt der Intentionsbildung ungünstig verändert haben.

Die Volitionstheorie macht eine Reihe weiterer Aussagen und entwickelt sich ständig weiter (vgl. Gollwitzer, 1993; Kuhl & Beckmann, 1994). Die hier gegebene Kurzbeschreibung soll genügen, um eine zumindest grobe Vorstellung von dieser interessanten Perspektive zu vermitteln.

Defensiver Optimismus und das Prozeßmodell präventiven Handelns

Wir sprechen von defensivem Optimismus, wenn das objektive Risiko heruntergespielt wird. Davon läßt sich ein funktionaler Optimismus unterscheiden, der sich mehr auf die Wahrnehmung eigener Ressourcen gegenüber Herausforderungen bezieht und daher auch mit positiven Kompetenzerwartungen gleichgestellt werden kann (Schwarzer, 1993a).

Bewußtes Gesundheitsverhalten stellt einen Spezialfall des allgemeinen Vorsorgeverhaltens dar, mit dem der Mensch sich vor Gefahren aller Art wappnet. Selbstschützendes Verhalten betrifft Gefahren in vielen Lebensbereichen: Unfälle, Naturkatastrophen, kriminelle Anschläge und Gesundheitsbelastungen sind Beispiele dafür. Weinstein (1987, 1988, 1989) hat die subjektive Einschätzung von Risiken untersucht und ist dabei zu dem Ergebnis gelangt, daß die meisten Menschen einem optimistischen Fehlschluß (optimistic bias) unterliegen. Wenn es darum geht, die persönliche Wahrscheinlichkeit für das Eintreffen einer Gefahr anzugeben, dann unterschätzt man sie leicht, indem man glaubt, man sei weniger verwundbar als andere Leute. Wenn die Chance, eine bestimmte Art von Krebs zu bekommen, 5 % beträgt, warum sollte gerade man selbst davon betroffen werden? Warum also sollte man Vorsorgemaßnahmen ergreifen, wenn die Risiken gar nicht so hoch erscheinen? Der optimistische Fehlschluß kann eine Reihe von Ursachen haben, kognitive und motivationale Ursachen. Er kann auf falscher Information beruhen, wenn z. B. ein Fünfzigjähriger glaubt, Diabetes sei genetisch bedingt und könne nur bei Jugendlichen auftreten („Wenn ich es damals nicht bekommen habe, bin ich jetzt davor sicher"); oder er kann auf Angstabwehrtendenzen oder einem Bedürfnis nach Selbstwertschutz beruhen.

In vielen Fällen mag dies eine Defensivität darstellen, die für unsere Alltagsbewältigung durchaus funktional sein kann, indem wir nicht immer über mögliche Gefahren grübeln, sondern tatkräftig und unbeirrt unseren Geschäften nachgehen. Der optimistische Fehlschluß nützt uns vielleicht bei der kurzfristigen Erledigung der anfallenden Routinetätigkeiten, aber er kann auf Dauer beträchtliche Kosten und Schmerzen hervorrufen, dann nämlich, wenn Lebenskrisen eintreffen, die wir hätten verhüten können.

Das Modell gesundheitlicher Überzeugungen (health belief model; vgl. Becker, 1974) enthält eine Komponente, die mit der These vom optimistischen Fehlschluß eng zusammenhängt, nämlich die *Verwundbarkeit* (perceived susceptibility to illness). Es handelt sich dabei um Situations-Ergebnis-Erwartungen etwa folgender Art: „Wenn ich körperlich so inaktiv bleibe wie bisher (Situation), dann werde ich eines Tages einem Herzinfarkt erliegen" (Ergebnis). Es geht bei diesem Erwartungstyp darum, welches Ereignis mit welcher subjektiven Wahrscheinlichkeit eintreten könnte, wenn man nicht präventiv eingreift. Die unrealistische Unterschätzung solcher Risiken unterdrückt das Aufkommen von Bedrohtheit (threat, seriousness) angesichts von Gefahren. Präventives Handeln wird aber gerade auch durch das Erleben von Bedrohung und Verwundbarkeit sowie durch die Überzeugung von der Wirksamkeit solcher Handlungen veranlaßt. Somit stellt sich die Frage, unter welchen Bedingungen der optimistische Fehlschluß reduziert und angemessenes Vorsorgeverhalten ausgelöst wird.

Nachdem die allgemeine Problematik kurz aufgerissen worden ist, soll nun auf die Rolle von *persönlichen Erfahrungen* für Vorsorgeverhalten eingegangen werden, um anschließend das Prozeßmodell präventiven Handelns von Weinstein vorzustellen. Es wird allgemein angenommen, daß man spätestens in dem Augenblick an Sicherheitsvorkehrungen denkt, in dem man Opfer eines Unfalls, einer Katastrophe oder einer Krankheit geworden ist. Weinstein (1989) hat eine Übersicht über den Stand der Forschung zu drei Gefahrenbereichen geliefert: Verkehrsunfällen, kriminellen Anschlägen und Naturkatastrophen. Zunächst ging es um die Wirkung von *Autounfällen* auf das zukünftige Anlegen von Sicherheitsgurten. Man müßte eigentlich erwarten, daß eigene Unfälle oder die von Freunden und Bekannten das Risikobewußtsein erhöhen, aber in vier von sieben Studien zu dieser Frage gab es überhaupt keinen Effekt, und in drei Studien waren sie sehr schwach oder beruhten nur auf Absichtsbekundungen der Autofahrer.

Wird jemand das Opfer von *Kriminalität*, so wäre anzunehmen, daß diese Person sich in Zukunft so verhält, daß eine Wiederholung einer solchen Tat unwahrscheinlich wird. Präventives Handeln gegenüber Wohnungseinbrüchen wären z. B. das Verschließen der Haustür und das Anbringen von Fenstergittern und Alarmanlagen; gegen Übergriffe auf offener Straße könnte man sich z. B. durch das Vermeiden bestimmter Stadtteile zu bestimmten Uhrzeiten schützen. Solche Reaktionen wurden bei vielen Tausend Opfern in 17 Studien erforscht, wobei die Befunde sehr heterogen ausfielen, da manche Autoren keine Wirkung, andere dagegen eine große Wirkung von persönlich erfahrener Kriminalität auf das Vorsorgeverhalten berichteten. Die Effekte scheinen insgesamt gering zu sein. In der Studie von Skogan (1987) wurden 1.738 Bürger befragt, die innerhalb des letzten Jahres einer Straftat zum Opfer gefallen waren (z. B. Raub, Vergewaltigung, Diebstahl, Einbruch, Vandalismus). Mit vier Items wurde das persönliche Vorsorgeverhalten in der Öffentlichkeit (z. B. nicht im Dunkeln spazierengehen) und mit sechs Items das Anbringen technischer Sicherheitsvorkehrungen in der Wohnung erfaßt. Es zeigte sich zwar ein statistisch signifikanter Anstieg präventiven Handelns als Resultat auf die eigene Erfahrung mit Kriminalität, aber die Effekte waren schwach ($r = .05$ und $.17$).

Das Erleben von *Naturkatastrophen* wie Erdbeben oder Sturmfluten führt nach den von Weinstein (1989) durchgesehenen Arbeiten zu einem Anstieg des Vorsorgeverhaltens, und zwar in Relation zur Schadenshöhe. In den Folgemonaten nach einem solchen Ereignis kommt es zum Abschluß von mehr Versicherungen. Die eigene Erfahrung mit Naturkatastrophen wirkt sich aber wohl nicht darauf aus, Empfehlungen zur Evakuation bei späteren Katastrophen zu folgen. Die Leute glauben, daß die zweite Katastrophe in Art und Umfang so ausfallen wird wie die erste, und verhalten sich in einer Weise, die lediglich wirksam zur Vorbeugung oder Bewältigung der ersten gewesen wäre.

Überträgt man die Erkenntnisse aus diesen drei Gefahrenbereichen auf die Gesundheitspsychologie, so muß man annehmen, daß erst die Konfrontation mit einer *Krankheit* das Vorsorgeverhalten auslöst - dies aber nur in geringem Ausmaß. Burling, Singelton, Bigelow, Baile und Gottlieb (1984) sind der Frage nachgegangen, in welchem Maße das Erleiden eines Herzinfarkts die Patienten dazu veranlaßt, auf ein Risikoverhalten, nämlich das Rauchen, zu verzichten, und haben zu diesem Zweck 14 einschlägige Originalarbeiten durchgesehen. Danach geben nur ein Drittel bis die Hälfte der Patienten das

Rauchen auf oder reduzieren es (vgl. auch Perkins & Dick, 1985). Nur wenige der Studien berücksichtigen auch eine Kontrollgruppe, und daher ist nicht abzuschätzen, um wieviel höher die Entsagungsquote im Vergleich zu einer Kontrollgruppe ist, die keinen Herzinfarkt erlitten hat (vgl. Scott & Lamparski, 1985). Auf jeden Fall ist aber mit einer zumindest kurzfristigen Verhaltensänderung nach einem solchen Ereignis zu rechnen. Die Frage bleibt jedoch, warum die Quoten nicht viel höher sind, warum nicht alle Menschen, die schwere gesundheitliche oder andere Schicksalsschläge erleiden, sich aktiv darum bemühen, den Wiederholungsfall nach Möglichkeit auszuschließen. Persönliche Erfahrung ist wohl zwar das stärkste Mittel, um die Mauer von Trägheit und Gleichgültigkeit zu durchbrechen und zu einer Verhaltensänderung zu motivieren, doch bleibt das tatsächliche präventive Handeln immer noch weit hinter dem objektiv notwendigen Handlungsbedarf zurück.

Welche psychologischen Mechanismen sind dafür verantwortlich zu machen, daß eigene Erfahrungen nur bis zu einem gewissen Grade präventives Handeln bestimmen? Nach dem Modell gesundheitlicher Überzeugungen (vgl. Becker, 1974) liefert die Konfrontation mit solchen Lebensereignissen vor allem Informationen, die dann in einen kognitiven Entscheidungsprozeß einmünden. Die wahrgenommene Anfälligkeit für Gefahren könnte dadurch verstärkt werden, aber dies gilt nicht immer und nicht für jeden. Wer z. B. glaubt, das Leben sei wie ein Glücksspiel, wird nicht erwarten, zweimal von demselben Schicksalsschlag getroffen zu werden; ein Treffer wäre selten und ein Doppeltreffer statistisch nahezu ausgeschlossen; derjenige, dem das Leben bereits ein bestimmtes Quantum an Pech zugefügt hat, wäre demnach von weiterem Übel verschont. Neben der Anfälligkeit spielt der Schweregrad eine Rolle: wer eigene Erfahrungen gemacht hat, weiß mehr über den Schaden und kann realistischere Einschätzungen vornehmen. Gleichzeitig lernt man Sicherheitsvorkehrungen kennen, von denen man zuvor nichts wußte, und erhält einen Eindruck von der Wirksamkeit solcher Maßnahmen. Die Faktoren Anfälligkeit, Schweregrad und Wirksamkeit gehen in den Entscheidungsprozeß ein, in dem der Nutzen und die Kosten präventiven Handelns abgewogen werden. Ein Opfer zu werden, also die „Viktimisierung“, führt daneben zu einer intensiven Kommunikation mit anderen Leuten, so daß auch auf diesem Wege ein weiterer Informationsfluß entsteht, der die genannten Faktoren und somit indirekt die Wahrscheinlichkeit des Vorsorgeverhaltens positiv oder negativ beeinflußt.

Das subjektive Abwägen von Schweregrad und Anfälligkeit (Verwundbarkeit) resultiert in einem bestimmten Grad an *Bedrohung*. Es ist nun ungeklärt, inwieweit das nüchterne Kalkulieren von Schweregrad, Anfälligkeit und Wirksamkeit einer Prävention das tatsächliche Verhalten beeinflußt mit dem Ziel, zukünftigen Schaden zu verhüten, und inwieweit vielmehr die emotionale Komponente, nämlich das Erleben von Bedrohung bzw. die darin implizierte Angst, nach einer Besänftigung verlangt. Handeln wir vor allem deswegen präventiv, weil wir einen klar definierten Schaden abwenden wollen oder weil wir lediglich unsere Ängste ersticken wollen? Sicher hängt das eine mit dem anderen zusammen, doch bedarf dieser Punkt zukünftig einer Klärung.

Weiterhin ist es möglich, daß viele Leute gar nicht bewußt kalkulieren, also nicht die Vor- und Nachteile präventiven Handelns rational und umständlich gegeneinander abwägen, sondern sich viel oberflächlicher nach den Erwartungen ihrer sozialen Umwelt richten und einfach das tun, was andere ebenfalls praktizieren oder empfehlen. Wenn z. B. sich alle anderen impfen lassen, muß es wohl so richtig sein; sich in dieser Situation trotzdem nicht impfen zu lassen, erscheint deviant und erzeugt Rechtfertigungsdruck. Wenn alle signifikanten Anderen sagen „Kind, putz die Zähne, sonst fallen sie raus", dann mag dies vielleicht genügen, ohne daß es erforderlich ist, das Kind über den Schweregrad von Karies und Parodontose aufzuklären, die persönliche Verwundbarkeit zu unterstreichen und Bedrohung zu vermitteln.

In empirischen Untersuchungen hat Weinstein (1989) herausgefunden, daß die Verbreitung von Krankheiten in der Bevölkerung höher eingeschätzt wird, wenn man selbst gerade krank war, als wenn man nicht betroffen war. In zwei Studien, eine mit erwachsenen Bürgern und eine mit College-Anfängern, ließ er schätzen, wieviel Prozent der Bevölkerung von bestimmten Krankheiten befallen sind. Unabhängige Variable war der Grad an Erfahrung mit diversen Leiden, wobei vier Stufen zugrunde lagen: 1) „kenne niemanden, dem dies widerfahren ist", 2) „ist bei Bekannten aufgetreten", 3) „bei Freunden oder Verwandten" und 4) „bei mir selbst". Abbildung 12 (S. 76) dokumentiert, um wieviel stärker verbreitet Krankheiten erscheinen, wenn man sie aus der Nähe kennengelernt hat.

Die in der Bevölkerung vermutete Prävalenz war nur eine der verschiedenen abhängigen Variablen in diesen beiden Untersuchungen; bei dem erlebten persönlichen Risiko trat das gleiche Befundmuster auf, während bei der Vermeidbarkeit von Krankheiten kein Effekt zu verzeichnen war. Offenbar übt die persönliche Begegnung mit Gefahren einen Einfluß darauf aus, wie Menschen die Risiken wahrnehmen und wie sie ihre eigene Anfälligkeit dafür einschätzen. Es zeigte sich aber, daß die Vermeidbarkeit der Risiken keineswegs mit der Erfahrung zusammenhing. Man mag sich also für verwundbar halten, aber die Verhütung ergibt sich daraus noch lange nicht. Viktimisierung ist keine hinreichende Voraussetzung für präventives Handeln.

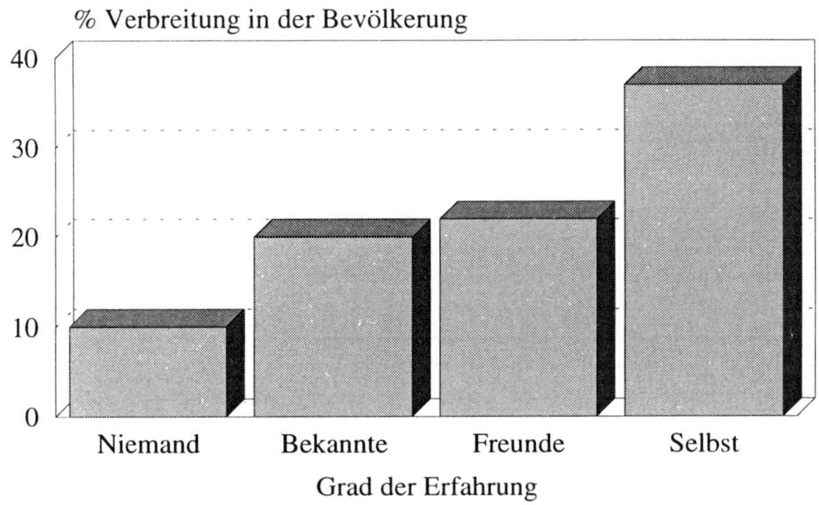

Abbildung 12. *Geschätzte Verbreitung von Krankheiten in der Bevölkerung in Abhängigkeit von der persönlichen Erfahrung damit, erfaßt bei Studenten (nach Weinstein, 1989, S. 45).*

Theorien und Modelle des Gesundheitsverhaltens - oder allgemein des selbstschützenden Verhaltens - betonen die Gedankengänge und Abwägungsprozesse angesichts von wahrgenommenen Gesundheitsgefahren, wobei Schweregrad, Verwundbarkeit, Handlungswirksamkeit, Kosten usw. angeblich miteinander kalkülhaft in Beziehung gesetzt werden sollen, bevor es zu einem Vorsorgeverhalten kommt. Weinstein (1988) kritisiert diese Überlegungen, indem er zeigt, daß die genannten Variablen keineswegs erschöpfend sind und daß die Ansätze zu statisch orientiert sind. Er bemängelt, daß normalerweise von einer einzigen Bedrohung und einer einzigen Präventionshandlung die Rede ist, während es in der Realität oft um komplexe und neuartige Verhaltensweisen geht, die in individuelle Lebensweisen zu integrieren sind. Er setzt dem eigene Vorstellungen entgegen, die hier als „*Prozeßmodell präventiven Handelns*“ frei übersetzt werden (Precaution Adoption Process). Es geht dabei um den dynamischen Ansatz des Erwerbs oder Aufbaus eines selbstschützenden Verhaltensrepertoires.

Ausgangspunkt ist das bekannte Konstrukt der *Verwundbarkeit* oder Anfälligkeit (susceptibility). Um den bisher statischen Charakter dieses Konstrukts zu überwinden, unterteilt er es in drei zeitliche Phasen, die sich unter anderem aus dem Grad an eigener Erfahrung mit dieser Gefahr ergeben. Er argumentiert, daß eine Verwundbarkeit trivialerweise überhaupt nicht erlebt werden kann, wenn die Person von der Gefahr noch nie etwas gehört hat - was in früheren Forschungsarbeiten nicht genügend berücksichtigt worden sei. Weiterhin sei zu unterscheiden, ob etwas als eine Gefahr für andere oder als Gefahr für die eigene Person aufgefaßt wird. Wir wollen dies am Beispiel von AIDS verdeutlichen. Das Fehlen von Information oder Erfahrung wird in Stufe 1 repräsentiert, wenn man etwa wie folgt operationalisiert: „Ich habe noch nie etwas von AIDS gehört". Die Alternative dazu wäre „Ich habe schon einmal etwas von AIDS gehört". Auf der nächsten Stufe geht es um die wahrgenommene Gefahr für andere Menschen, wobei sowohl die Erfahrung als auch die Klarheit und Glaubwürdigkeit von Kommunikationen über diese Gefahr eine Rolle spielen: „Die Zahl der Leute, die AIDS haben oder eines Tages bekommen werden, ist verschwindend gering". Alternative: „AIDS stellt für ziemlich viele Leute eine beträchtliche Gefahr dar". Auf der dritten Stufe schließlich wird der Bezug zur eigenen Person hergestellt. „Ich glaube kaum, daß ich jemals gefährdet wäre, AIDS zu bekommen". Alternative: „Auch für mich gibt es eine Chance, von AIDS betroffen zu werden". Das Erreichen dieser dritten Stufe wird davon beeinflußt, ob Informationen über die Risikofaktoren vorliegen, ob diese Informationen einen Bezug zu der Person aufweisen und ob Informationen über das Risiko für Bezugsgruppenmitglieder vorliegen (vgl. van der Velde, van der Pligt & Hooyskaas, 1992, 1994).

Es gibt einen qualitativen Unterschied zwischen denjenigen, die noch nie etwas von einer bestimmten Gefahr gehört haben, und denjenigen, die darüber bereits gründlich nachgedacht haben und dabei zu der Auffassung gelangt sind, daß die angebliche Gefahr keine weitere Beachtung verdient. Die Unwissenden dürften Informationen über eine Gefahr unvoreingenommen und vielleicht offen und neugierig gegenüberstehen, während die Ablehnenden eher solche Informationen selegieren, die dazu beitragen, ihren bereits gefundenen Standpunkt weiter zu erhärten. Weinstein macht das Problem an einem anderen Beispiel deutlich: Ende der 70er Jahre kursierte vorübergehend eine Expertenmeinung, nach der der Kaffeegenuß zu Bauchspeicheldrüsenkrebs führen könnte. Da bis dahin noch niemand etwas davon wissen konnte, war die generelle Haltung gegenüber solchen Informationen unvoreingenommen und aufgeschlossen. Diejenigen Kaffeetrinker, die anschließend zu der Auffassung gelangten, daß die Gefahr wohl gewaltig übertrieben sei, dürften weitere Schreckensmeldungen ignoriert haben und sich statt dessen gegenteiligen Zeitungsberichten zugewandt haben.

Die allgemeine Diskussion über Gesundheitsgefahren führt dazu, daß zwar mehr Menschen über mehr Gefahren informiert sind, aber sie erzeugt nur in geringem Grade persönliche Betroffenheit. Selbst wenn diese Betroffenheit vorliegt (Stufe 3), resultiert daraus keineswegs schon die Absicht, etwas zur Verhütung tun zu wollen. Weinstein (1988) hat dazu eine Untersuchung an 342 Collegestudenten durchgeführt. Er ermittelte unter anderem, wieviele Studenten glaubten, daß Bluthochdruck eine Gesundheitsgefahr für andere Menschen darstellte (Stufe 2). Alle, die dieser Auffassung waren, wurden anschließend gefragt, ob sie auch eine Gefahr für sich selbst sehen, einmal unter Bluthochdruck leiden zu müssen (Stufe 3), und es zeigte sich, daß nur die Hälfte (53,8 %) so weit zu denken bereit war. Von diesen wiederum glaubten 81 %, daß sie ihren potentiellen Bluthochdruck durch salzarme Diät vorbeugend unter Kontrolle bringen könnten. Von dieser Untermenge von Studenten schließlich erklärten lediglich 17,6 % die Absicht, in Zukunft weniger Salz zu essen. Der Anteil derer, die sich entsprechend verhielten, dürfte noch einmal weit darunter liegen.

Der Autor will mit diesem Beispiel aus der Forschung unterstreichen, daß es qualitative Unterschiede zwischen den einzelnen Stufen gibt und daß das Erreichen jeder Stufe von einer Vielzahl von Variablen abhängig ist. Es gibt offenbar einen *optimistischen Fehlschluß*, der in der Lücke zwischen der zweiten und der dritten Stufe zum Ausdruck kommt. („Andere Menschen werden von dieser Virusepidemie befallen, aber ich werde mich schon nicht anstecken"). Allgemeine Informationen über eine Krankheit tragen nicht zu einer Überwindung der Stufe 2 bei; vielmehr müssen individualisierte Informationen weitergegeben werden, die auf das persönliche Erkrankungsrisiko der Adressaten verweisen.

Die Einteilung in drei Stufen der *Verwundbarkeit* wird vom Autor auf die Konstrukte Schweregrad und Handlungswirksamkeit entsprechend übertragen. Wer noch nichts von einer Krankheit gehört hat, kann auch nicht ihren *Schweregrad* einschätzen; wer glaubt, daß andere ein erhöhtes Krankheitsrisiko eingehen, wird den erwarteten Schaden höher einschätzen als bei dem eigenen Erkrankungsrisiko. Im Sinne des optimistischen Fehlschlusses dürfte jemand eine Krankheit für weniger schwer halten, wenn es die eigene sein könnte („Normalerweise verläuft AIDS tödlich, aber falls ich mich anstecke, werde ich überleben"). Die Stufen des Faktors *Handlungswirksamkeit* ließen sich wie folgt beschreiben: 1) Bewußtsein, daß es überhaupt eine Vorsorgemaßnahme gibt, 2) Überzeugung, daß diese Handlung allgemein wirksam ist und 3) Überzeugung, daß diese Maßnahme auch bei einem selbst wirksam wäre.

Daneben sind die erwarteten *Kosten* einer Präventionshandlung einzukalkulieren. Dazu gehören Zeit, Geld, Anstrengung sowie unerwünschte Nebenwirkungen wie etwa der Entzug von Annehmlichkeiten und Lebensfreude. Manche Menschen mögen daran zweifeln, ob sie dem Aufwand einer Prävention wirklich gewachsen sind. Hier kommt offensichtlich die Selbstwirksamkeitserwartung im Sinne von Bandura (1977) ins Spiel. Nach Weinstein (1988, S. 365) stellt diese Kompetenzerwartung einen Teil der Kosten dar, was aber wohl etwas abwegig konzipiert sein dürfte.

Die vierte Stufe des Prozeßmodells repräsentiert die *Intention*, eine präventive Handlung ausführen zu wollen. Diese Stufe kann nicht erreicht werden, bevor nicht die dritte Stufe von allen drei Determinanten erreicht worden ist, also von Schweregrad, Verwundbarkeit und Handlungswirksamkeit. Erst wenn man davon überzeugt ist, daß man persönlich ein Gesundheitsrisiko eingeht, daß es einen schwer treffen könnte und daß man selbst von der Präventionsmaßnahme wirklich profitieren würde, sind die motivationalen Voraussetzungen gegeben, um die Absicht auszusprechen, Vorsorgemaßnahmen ergreifen zu wollen. Es handelt sich aber nicht um hinreichende, sondern nur um notwendige Bedingungen. Die Kosten sowie andere Barrieren können die Intentionsbildung sabotieren. Das komplette Modell ist in Abbildung 13 veranschaulicht (vgl. auch Weinstein & Sandman, 1992).

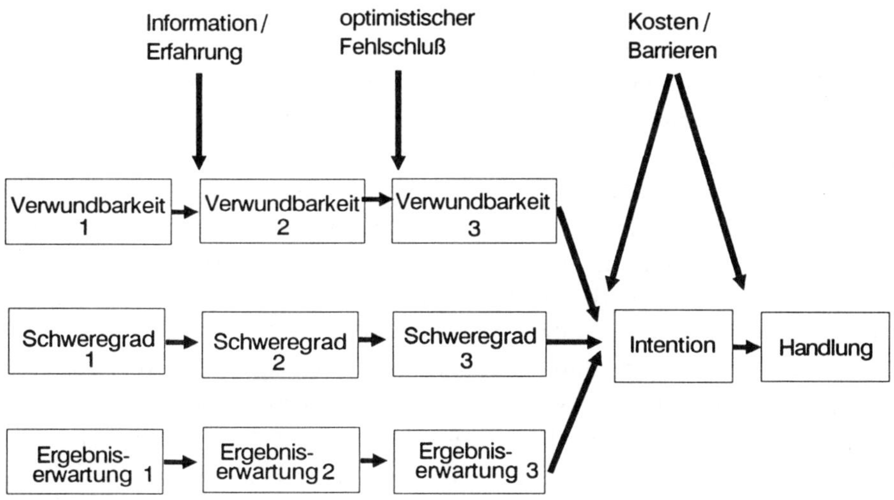

Abbildung 13. *Prozeßmodell präventiven Handelns (frei nach Weinstein, 1988).*

Weinstein berücksichtigt aber durchaus ganz realistisch, daß der Prozeß der Intentionsbildung nicht zwangsläufig so ablaufen muß, wie er ihn hypothetisch annimmt. Viele Leute glauben zum Beispiel, daß raffinierter Zucker, Salz oder Kaffee ungesund sind und handeln dementsprechend vorsichtig, ohne daß sie spezifische Überzeugungen davon hegen, welche Krankheiten davon hervorgerufen werden könnten, wie schwer diese sein mögen oder wie anfällig sie persönlich dafür sein mögen. Wenn das soziale Umfeld ein Gesundheitsverhalten modellhaft praktiziert, dann läßt sich der komplizierte Entscheidungsprozeß umgehen. Wenn alle anderen den Sicherheitsgurt anlegen, tut man es ebenfalls, ohne lange zu bilanzieren. Solche kurzgeschlossene Anpassung an andere soll insbesondere dann erfolgen, wenn es sich um komplexe Sachverhalte handelt, die Informationen darüber schwer zu erhalten sind, die Handlungen der anderen offensichtlich sind und die Kosten relativ gering ausfallen. Angesichts dieser Einschränkung wundert es, daß der Autor nicht auch das Konzept der subjektiven Norm aus der Theorie der Handlungsveranlassung (Fishbein & Ajzen, 1975) oder der Theorie des geplanten Verhaltens (Ajzen, 1988) übernimmt, mit der sich dieses sozialpsychologische Phänomen weitgehend erklären ließe.

Weinstein hat diejenigen aus seiner Studentenstichprobe, die eindeutige Absichten zur Vorsorge bekundet hatten, später befragt, ob und warum sie ihre Absichten nicht in die Tat umgesetzt haben. Die meisten fanden das geplante Vorsorgeverhalten zu umständlich, zeitaufwendig, schwierig oder unbequem; andere Dinge erschienen ihnen gerade wichtiger; irgend etwas kam immer dazwischen; die Priorität war nicht hoch genug; oder sie hatten es einfach vergessen. Es ist wohl nicht so, daß die Leute etwas vorbeugend tun wollen und dann zu ihrem Bedauern entweder durch ihre Trägheit oder durch situative Umstände an der Ausführung gehindert werden. Vielmehr „geht die Intention unter“; sie verliert ihre anfänglich herausragende Bedeutung in Konkurrenz zu anderen Alltagsgeschäften; sie muß anderen „current concerns“ (Klinger, 1977) weichen. Diese Überlegungen veranlaßten Weinstein, eine Analogie zu einem „unaufgeräumten Schreibtisch“ herzustellen.

Das Szenario läuft ungefähr wie folgt ab. Der Manager oder Wissenschaftler kämpft mit der Flut von Vorgängen auf seinem Schreibtisch. Da liegen alte Briefe, die der Beantwortung harren, Projektideen, die nach Priorität aufgestapelt sind, Gutachtenentwürfe, die irgendwo vergraben liegen, Unwichtiges liegt auf Wichtigem, weil es gerade erst eingegangen ist. Der Manager greift nicht das heraus, was am wichtigsten oder eilbedürftigsten ist, sondern das, was gerade obenauf liegt und ins Auge springt, oder das, was sich noch schnell vor der Mittagspause oder zwischen zwei Telefonaten erledigen läßt, während andere Dinge, die stundenlange ungestörte Konzentration erfordern, fürs Wochenende reserviert bleiben. Jemand, der anruft, um seine Wünsche von gestern erfüllt zu bekommen, wird schneller bedient als jemand, der auf aufdringliche Erinnerungen verzichtet. Daraufhin fällt dem Manager ein ähnlicher Vorgang ein, der schnell aus dem Stapel herausgewühlt wird, um bevorzugt bearbeitet zu werden.

Die Vermutung ist nun, daß sich das wahre Leben der meisten Menschen nicht wie ein wohldurchdachter Verwaltungsakt in einer ordentlichen Welt abspielt, sondern eher wie das des Managers am unaufgeräumten Schreibtisch. Wir „wursteln uns so durch" und bewältigen mehr oder weniger streßreiche Anforderungen, die von allen Seiten auf uns eindringen, und dabei bleibt eben eine ganze Menge auf der Strecke - auch ein Teil unserer guten Absichten, in Zukunft gesünder leben zu wollen.

Das sozial-kognitive Prozeßmodell gesundheitlichen Handelns

Nach all diesen Überlegungen, die in Verbindung mit diversen Theorien und Modellen des Gesundheitsverhaltens angestellt worden sind, drängt sich die Frage auf, ob sich daraus Konsequenzen für die weitere Theorienbildung und die empirische Forschung ziehen lassen. Welche Forderungen sind an ein zeitgemäßes Gesundheitsverhaltensmodell zu stellen? Zunächst einmal sollte es alle Variablen enthalten, die sich in der Vergangenheit empirisch bewährt haben. Dies widerspricht jedoch dem Gebot der Sparsamkeit, so daß nach den wenigen wirklich besten Variablen gefahndet werden muß, also nach denjenigen, die das gewählte Kriterium möglichst gut vorauszusagen in der Lage sind. Zum anderen sollten die Elemente eines Modells nicht einfach additiv aneinandergereiht sein, sondern eine Struktur aufweisen; die Beziehungen zwischen den Einflußgrößen müssen also begründet sein. Schließlich ist zu fragen, welches die Kriterien sein sollen, die vorherzusagen sind: das Gesundheitsverhalten, die Intention dazu oder was sonst?

Der motivationale Prozeß: Intentionsbildung

Das Modell gesundheitlicher Überzeugungen (vgl. Becker, 1974) wird meist als eine additive Variablenliste verwendet, nicht aber im Sinne eines Strukturmodells. Dem wird durch die Fülle der Variablen, die theoretisch kaum begründet sind, Vorschub geleistet, so daß die Versuchung groß erscheint, die dort genannten Merkmale im Schrotschußverfahren zu bearbeiten. Die

Modellkomponenten haben nur schwache Zusammenhänge (diese aber konsistent) mit dem Gesundheitsverhalten erbracht (vgl. Janz & Becker, 1984; Mullen, Hersey & Iverson, 1987), was sicher aus der mangelnden theoretischen Elaboration und den fehlenden Meßvorschriften resultiert. Trotzdem ist dieses Modell sehr einflußreich geworden, indem es drei wichtige Konstrukte hervorgebracht hat, die für die Forschungsarbeit zu dieser Thematik unverzichtbar sind: die wahrgenommene Verwundbarkeit (Vulnerabilität), der wahrgenommene Schweregrad und die erwartete Handlungswirksamkeit. Der aktuelle Ansatz von Weinstein (1988) unterstreicht die Bedeutung gerade dieser Merkmale.

Die Theory of Reasoned Action (Fishbein & Ajzen, 1975) enthält diese drei Konstrukte nicht in expliziter Weise, was damit zusammenhängen mag, daß diese sozialpsychologische Theorie ursprünglich nicht ausdrücklich für den Gesundheitsbereich aufgestellt worden war. Doch läßt sich nachträglich konstruieren, wo die genannten Merkmale einzuordnen wären. Dazu muß man sie erst einmal in eine andere Sprache übersetzen: bei der *Vulnerabilität* handelt es sich um Situations-Ergebnis-Erwartungen von der Art „Wenn ich die Situation einfach auf mich zukommen lasse, werde ich eines Tages sehr krank werden"; bei dem *Schweregrad* geht es um Ergebnis-Folge-Erwartungen wie zum Beispiel „Mit dem HIV-Virus angesteckt zu werden, führt mit größter Wahrscheinlichkeit zur tödlichen Immunschwächekrankheit AIDS"; die erwartete *Handlungswirksamkeit* (expectancy for efficacy of treatment) stellt eine Handlungs-Ergebnis-Erwartung dar, mit der zum Ausdruck gebracht wird, daß es Gegenmaßnahmen oder Sicherheitsvorkehrungen gibt, die als generell wirksam gelten, wie etwa „Wenn man sich impfen läßt, wird man nicht krank" oder „Wenn man körperlich aktiv ist, kann man die Auftretenswahrscheinlichkeit von Herz-Kreislauf-Krankheiten vermindern". Hätte man früher erkannt, welche Kognitionstypen in den Konzepten des Health Belief-Modells versteckt sind, hätte man daraus allgemein akzeptierte Meßvorschriften ableiten können und dadurch den empirischen Gehalt des Modells erheblich verbessern können. Die Theorie der Handlungsveranlassung dagegen enthält „verhaltensbezogene Überzeugungen", die als kognitive Vorläufer der affektiven Einstellung dienen sollen. Die soeben genannten verschiedenen Arten von Erwartungen stellen solche Überzeugungen dar; dort also sind die Konzepte zu lokalisieren, die nicht explizit im Modell auftauchen.

Was hindert uns eigentlich daran, Einstellungen als Erwartungen zu interpretieren? Die Unterscheidung zwischen Überzeugungen und Einstellungen hat sich ohnehin nicht empirisch bewährt. Ajzen und Madden (1986) haben festgestellt, daß sich an der Vorhersage nichts ändert, wenn man die

Einstellungen durch die Überzeugungen ersetzt. DeVries und Kok (1986) haben sogar die Reihenfolge beider Komponenten im Modell vertauscht und damit bessere Ergebnisse erzielt, was einer Widerlegung der Theorie der Handlungsveranlassung gleichkommt. Es zeigt sich offenbar immer wieder, daß man Einstellung genauso gut als eine Menge von Überzeugungen auffassen und messen kann. In der Theorie des geplanten Verhaltens (Ajzen, 1985, 1988) wird die Einstellung als eine latente Variable verstanden, deren Indikatoren offenbar die Überzeugungen darstellen. Die Verwendung des Einstellungsbegriffs erscheint zu pauschal, verglichen mit präziser definierten Erwartungen. Eine Theorie wie die des geplanten Verhaltens, die sich darauf beschränkt, Verhalten und Intention lediglich aus drei globalen Konstrukten vorherzusagen, die dort mit Einstellung, subjektiver Norm und Kontrollierbarkeit etikettiert sind, erscheint zu undifferenziert. Verwundbarkeit, Schweregrad und Handlungswirksamkeit dagegen, die man hier unter „Einstellung" subsumieren müßte, sind - in ihrer Operationalisierung als Erwartungen - tragfähige und bewährte kognitive Konzepte, die einen eigenen Platz in einer Theorie des Gesundheitsverhaltens verdienen.

Verwundbarkeit und *Schweregrad* können auch als subjektive Streßeinschätzungen aufgefaßt werden, wenn man die Theorie von Lazarus (1991) zugrunde legt. Der wahrgenommene Schweregrad einer Krankheit ist nichts anderes als eine Ereigniseinschätzung (primary appraisal), in der die Gefahrenelemente einer Situation erkannt und interpretiert werden. Je schwerwiegender die Folge einer Infektion, eines Unfalls oder eines progressiven Krankheitsverlaufs, desto mehr Streß wird empfunden. Der antizipierte Schaden oder Körperfunktionsverlust entspricht der Bedrohung (threat) im Sinne der genannten Streßtheorie. Der erlebte Grad an Bedrohung hängt jedoch nicht nur von der Ereigniseinschätzung, also dem Schweregrad ab, sondern auch von der Ressourceneinschätzung, also dem, was man einer Krankheit entgegenzusetzen hat oder auch nicht: der Anfälligkeit oder Verwundbarkeit. Hier stimmt die Analogie zur Streßtheorie von Lazarus und Folkman nicht so ganz, denn die Ressourceneinschätzung (secondary appraisal) umfaßt auch Ergebniserwartungen, Kontrollierbarkeit, Kompetenzerwartung, soziale Unterstützung und materielle Ressourcen. Trotzdem dürfte es hilfreich sein, die beiden polaren Kognitionen Schweregrad und Verwundbarkeit als subjektive Streßeinschätzungen aufzufassen, die in ein bestimmtes Ausmaß an *Bedrohung* resultieren. Es bleibt abzuwarten, ob Bedrohung als Prädiktor für Verhaltensintention ihre beiden Determinanten, Schweregrad und Anfälligkeit, überflügelt, indem sie einen direkten Effekt auf die Verhaltensintention ausübt. Da es aber für Bedrohung bisher noch keine geeignete

Meßvorschrift gibt, sollte man keineswegs voreilig auf die beiden anderen Variablen verzichten. Angst stellt übrigens nur die emotionale Seite des (kognitiven) Bedrohungskonstrukts dar und reicht zu dessen Operationalisierung nicht aus. Die Schlußfolgerung aus diesen Überlegungen heißt demnach, daß Schweregrad und Verwundbarkeit sowie die resultierende Bedrohung gemeinsam einen wichtigen, streßrelevanten Variablenkomplex ausmachen, der für eine Theorie des Gesundheitsverhaltens unverzichtbar erscheint und der neben anderen kognitiven Faktoren wie Ergebniserwartung, Kompetenzerwartung und sozialen Erwartungen zur Vorhersage von Intentionen heranzuziehen ist.

Die *Kompetenzerwartung* hat sich als ein zentrales Bestimmungsstück moderner Gesundheitsverhaltensmodelle erwiesen. Sie ist wohl schon für sich allein genommen der wichtigste Prädiktor für Verhaltensänderungen (Bandura, 1995a). Konsequenterweise machte einer der Begründer der Theorie der Handlungsveranlassung Zugeständnisse in diese Richtung, als er seine Theorie revidierte (Ajzen, 1991; Ajzen & Madden, 1986). Auch Weinstein (1993) erkennt die Bedeutung dieses Konstrukts, doch gelingt es ihm nicht auf überzeugende Weise, es in sein Modell einzugliedern. Die Theorie der Schutzmotivation (Rogers, 1983, 1985; Wurtele & Maddux, 1987) dagegen enthält explizit die Kompetenzerwartung; und am deutlichsten wird die herausragende Rolle dieses Konstrukts im „Limburger Modell", in dem es mit der Theory of Reasoned Action kombiniert wird (DeVries, Dijkstra & Kuhlman, 1988; Kok et al., 1992).

Schließlich ist noch die Rolle der *sozialen Erwartungen* als Spezialfall von Konsequenzerwartungen zu bedenken. Die „subjektive Norm" ist Bestandteil der ersten und der zweiten Theorie von Ajzen sowie des Limburger Modells. Sie wird angeblich durch einzelne normative Überzeugungen und durch damit korrespondierende Einwilligungsbereitschaft hervorgerufen, aber bei Ajzen und Madden (1986) und DeVries und Kok (1986) war auch die umgekehrte Reihenfolge empirisch ergiebig, und es gibt keinen zwingenden Grund, beide Konzepte zu trennen. Vielmehr erscheint es ausreichend, „soziale Erwartungen" als Unterkonstrukt der Ergebniserwartungen zu etablieren und die früheren Ausführungen über subjektive Norm und normative Überzeugungen zur Gewinnung der Meßvorschriften heranzuziehen.

Somit entsteht ein Strukturmodell für die Intentionsbildung, das in Abbildung 14 illustriert ist. Die eigentliche Handlung ist Teil des volitionalen Prozesses und wird später erörtert.

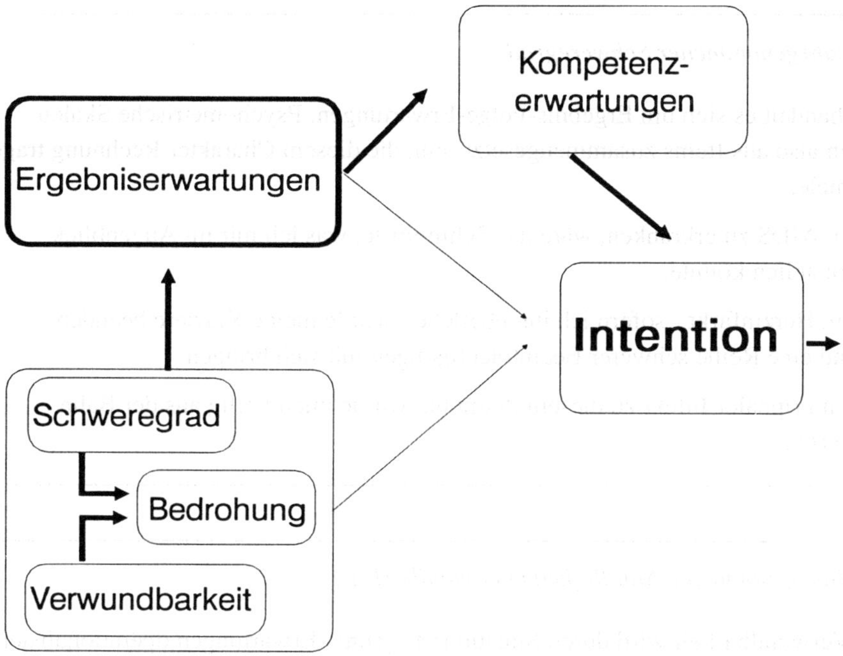

Abbildung 14. *Der motivationale Prozeß: Intentionsbildung.*

Die genannten Merkmalsbereiche stehen in Beziehung zueinander. Es wird angenommen, daß Schweregrad und Verwundbarkeit auf früheren kognitiven Stufen der Auseinandersetzung mit Krankheitsgefahren anzusiedeln sind, daß Ergebniserwartungen dadurch stimuliert werden und daß schließlich die Kompetenzerwartung geprüft wird, kurz bevor es zur Bildung einer Intention kommt.

Wie läßt sich diese geordnete Menge von theoretischen Konstrukten nun auf die Forschungspraxis übertragen? Um die Aussagen empirisch gehaltvoll zu machen, sollen die einzelnen Meßvorschriften behandelt werden. Es sei daran erinnert, daß die Itemsammlungen sich immer nur auf ein bestimmtes Problem beziehen. Wird also eine Studie zur Prävention des Rauchens bei Jugendlichen durchgeführt, so werden zu jedem Konstrukt geeignete Items formuliert, die speziell auf diese Thematik zugeschnitten werden. Aussagen können in positive oder negative Richtung formuliert werden, doch werden hier der Einfachheit halber nur Itembeispiele mit derselben Richtung angeführt, um dem Leser das gedankliche Umpolen zu ersparen.

1) *Wahrgenommener Schweregrad*

Hier handelt es sich um Ergebnis-Folge-Erwartungen. Psychometrische Skalen sollten also aus Items zusammengesetzt sein, die diesem Charakter Rechnung tragen. Beispiele:

a) An AIDS zu erkranken, wäre das Schlimmste, was ich mir im Augenblick vorstellen könnte.

b) Ein Herzinfarkt - sofern ich ihn überlebe - würde meine Karriere beenden und eine Reihe schwerer Beeinträchtigungen mit sich bringen.

c) Ein grippaler Infekt zu diesem Zeitpunkt würde mich völlig aus der Bahn werfen.

2) *Wahrgenommene Anfälligkeit (Verwundbarkeit)*

Die Verwundbarkeit wird durch Situations-Ergebnis-Erwartungen operationalisiert. Beispiele:

a) Wenn ich so weiterlebe wie bisher, dann kriege ich einen Herzinfarkt.

b) Die Verhaltensweisen, die ich bis heute praktiziert habe, bringen mich in Gefahr, Atherosklerose zu bekommen.

c) Ich verfüge über eine Reihe von Merkmalen, die mich für Krebs prädisponieren.

3) *Bedrohung*

a) Ich fürchte mich davor, eines Tages krebskrank zu werden.

b) AIDS ist für mich das Schlimmste, und gerade ich habe besonderen Anlaß, davon betroffen zu werden.

c) Mich plagt der Gedanke, Rheuma zu bekommen und viele Jahre daran leiden zu müssen.

d) Ich bin besessen von der Idee, in eine Depression zu verfallen und nie wieder glücklich zu sein.

4) *Ergebniserwartungen (Handlungswirksamkeit)*

Dieses Konzept entspricht dem, was auch unter der Bezeichnung Handlungswirksamkeit, Konsequenzerwartung, Kontrollierbarkeit, „outcome efficacy" und „response efficiency" vertraut ist und verweist auf die Existenz einer Gegenmaßnahme oder präventiven Handlung, um eine Gesundheitsgefahr abzuwehren oder zu vermindern. Die Operationalisierung geschieht als Handlungs-Ergebnis-Erwartung, wie folgende Beispiele zeigen:

a) Wenn ich körperlich aktiv bin und nicht rauche, dann verringert sich die Wahrscheinlichkeit, daß ich herzkrank werde.

b) Das Trinken aufzugeben, würde dazu beitragen, daß ich mich gesünder fühlen würde.

c) Wenn ich regelmäßig zur Vorsorgeuntersuchung gehe, läßt sich verhindern, daß sich ein Tumor ausbreitet.

d) Wenn ich mich impfen lasse, werde ich nicht infiziert.

e) Wenn ich mir täglich die Zähne putze, bleibe ich von Karies verschont.

5) *Kompetenzerwartungen (Selbstwirksamkeit)*

Die Kompetenzerwartung baut auf die Ergebniserwartungen auf, indem sie zusätzlich eine internale Attribution vornimmt und auf die subjektive Verfügbarkeit einer effektiven Handlung verweist. Es geht also um Person-Handlungs-Erwartungen; die Handlung wird als personabhängig interpretiert.
Beispiele:

a) Ich weiß genau, daß ich in der Lage bin, das Rauchen aufzugeben.

b) Ich werde mich dazu überwinden können, täglich Sport zu treiben.

c) Ich habe es selbst in der Hand, Ärzte aufzusuchen und Fachliteratur einzusehen, um eine gültige Diagnose zu erhalten.

d) Es ist nicht schwierig für mich, die fettarme Diät durchzuhalten.

6) *Wahrgenommene soziale Erwartungen*

An anderer Stelle war schon darauf hingewiesen worden, daß die soziale Umwelt durch Modellverhalten und durch Erwartungsdruck die eigene Intentionsbildung mitbedingt. Dies kann auf einer allgemeinen Ebene geschehen, auf der eine subjektive Norm zum Ausdruck kommt:

„Andere Leute, die mir wichtig sind, erwarten von mir, daß ich das Rauchen aufgebe."

Es kann auch spezifisch geschehen, indem einzelne normative Überzeugungen formuliert werden:

„Meine Freunde legen Wert darauf, daß ich nicht mehr rauche."

Die Einwilligungsbereitschaft (motivation to comply) könnte entsprechend formuliert sein:

„Ich möchte das tun, was meine Freunde für richtig halten."

Die Theorie der Handlungsveranlassung hat für dieses Konstrukt die wertvollsten Beiträge geliefert, und man sollte die dort gemachten Operationalisierungsvorschläge beachten (Ajzen & Fishbein, 1980). Demnach wäre es auch sinnvoll, normative Überzeugungen mit der Einwilligungsbereitschaft zu multiplizieren.

Der volitionale Prozeß: Realisierung gesundheitsbezogenen Handelns

Was geschieht, wenn die gesundheitliche Absicht endlich ausgesprochen worden ist? Ein wesentlicher Mangel aller Gesundheitsverhaltenstheorien liegt in der fehlenden Bestimmung der Prozesse, die nach dem Vorliegen einer Intention auftreten. Daß eine Absicht nicht ausreicht, um eine Handlung zu realisieren, ist jedem klar. Fishbein und Ajzen (1975) erklären die Intention für den besten Prädiktor des Verhaltens und fassen alles, was dazwischengerät, als erwartungswidrige Störgrößen auf. Nach dem „Limburger Modell" (DeVries, Dijkstra & Kuhlman, 1988) sind es Barrieren und Fertigkeiten, die das Verhalten über die Intention hinaus bestimmen, und nach Weinstein (1988) sind es Kosten, Gelegenheiten und Barrieren. Das Modell gesundheitlicher Überzeugungen (vgl. Becker, 1974) enthält „Handlungsaufforderungsreize" (cues to action), womit Hinweise auf ein Gesundheitsverhalten gemeint sind, die durch Medien oder das soziale Umfeld kommuniziert werden und die die Person daran erinnern, eine beabsichtigte Handlung auszuführen. Diese Variable ist unterschätzt und vernachlässigt worden und verdient mehr Aufmerksamkeit in zukünftiger Forschung. Wie schon weiter oben erörtert, kommt es oft nicht zu einer Realisierung einer beabsichtigten Handlung, weil andere Dinge wichtiger erscheinen, weil der Alltagsstreß die Prioritäten verschiebt und weil Intentionen einfach „vergessen" werden. Die Handlungsaufforderungsreize stellen also situative Verstärker dar, die die Handlungsinitiierung begünstigen. Ein Ansatz jedoch, der sich explizit auf die Umsetzung von Intentionen und die Ausführung von Handlungen richtet, liegt in der Volitionstheorie (vgl. Allmer, 1990; Heckhausen, 1987, 1989; Gollwitzer, 1993; Heckhausen & Kuhl, 1985; Kuhl, 1994). Daneben ist die Forschung über Rückfälligkeit von Bedeutung, in der die Bedingungen für das Unterlassen oder die Wiederaufnahme von kritischen Verhaltensweisen untersucht werden (vgl. Marlatt & Gordon, 1985). Die Volitionstheorie ist weiter oben schon behandelt worden und soll hier nicht noch einmal wiederholt werden. Von dieser Theorie ausgehend haben wir unser Modell der Intentionsbildung entsprechend „nach rechts" erweitert. Die Abbildung 15 (S. 90), die die volitionale Phase veranschaulicht, soll kurz erläutert werden.

Die Abbildung enthält drei Ebenen, eine kognitive, eine handlungsbezogene und eine situative. Volition wird hier nicht einfach als „Willenskraft" verstanden, sondern als Sammelbegriff für alle handlungsbezogenen Kognitionen direkt vor, während und nach einer Handlung. Dies geschieht um der Abgrenzung von der Motivation willen, die sich auf die Intentionsbildung beschränkt, also die Auswahl einer Handlung. Bei Motivation geht es um die Entwicklung von Präferenzen, während die Volition vor allem in Anstrengung und Ausdauer resultiert.

In der präaktionalen Phase der Volition wird die beabsichtigte Handlung im Detail geplant. Das Wie und Wo der Handlung wird festgelegt, wobei eine ganze Reihe alternativer Ausführungsideen generiert werden kann. Ein solcher *Handlungsplan* wird auch als Vorsatz bezeichnet. In dieser präaktionalen Phase kommt noch einmal die Kompetenzerwartung zur Geltung, die schon zuvor die Intentionsbildung beeinflußt hatte. Bei der Detailplanung einer Handlung spielt es eine ganz wesentliche Rolle, ob jemand sich auch wirklich in der Lage sieht, bestimmte Teilhandlungen auszuführen, ohne die der Erfolg nicht gesichert wäre.

Dann wird die *Handlung* initiiert (bzw. desaktiviert, wenn es um die Unterlassung eines kritischen Verhaltens geht). Mit Handlung ist hier sowohl ein Gesundheitsverhalten (z. B. Zähneputzen) gemeint als auch die Unterlassung eines Risikoverhaltens (z. B. Rauchen). Auf etwas Reizvolles oder Gewohntes zu verzichten, erfordert einen aktiven Bewältigungsprozeß mit der nötigen

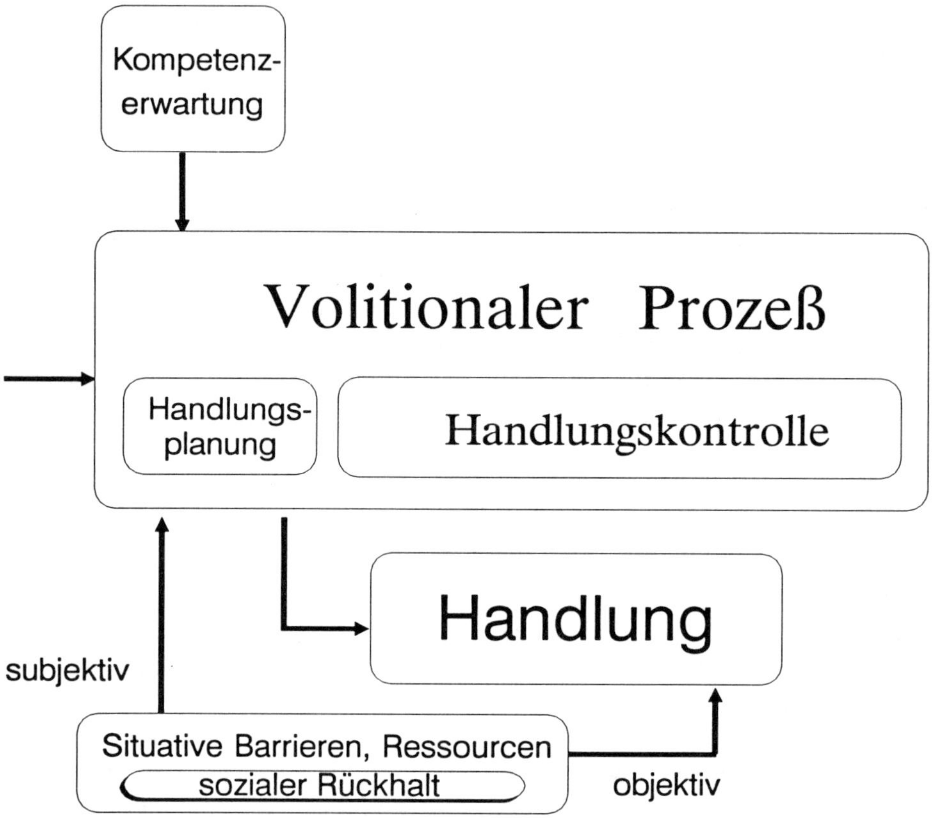

Abbildung 15. *Die volitionale Phase: Realisierung gesundheitsbezogenen Handelns.*

Volitionsstärke. Während dieser aktionalen Phase findet eine ständige *Handlungsausführungskontrolle* statt, in der es darum geht, sowohl die Handlung als auch Intention und Vorsatz gegenüber Distraktoren abzuschirmen. Metakognitive Abschirm- und Durchhaltetendenzen können dafür sorgen, daß man nicht „abdriftet", nicht die Handlung unterbricht und nicht seine Aufmerksamkeit ständig anderen Dingen widmet. Gäbe es keine metakognitive Kontrollinstanz, würden wir den „roten Faden" verlieren, uns von den augenblicklichen Umständen hin- und herschieben lassen und die Handlungsziele aus den Augen verlieren. Zu solchen Metakognitionen gehören auch „Durchhalteparolen" wie z. B. „Wenn ich jetzt aufgebe, war alles umsonst, was ich bisher schon an Anstrengung in dieses Gesundheitsverhalten investiert habe".

In der postaktionalen Phase findet eine *Handlungsbewertung* statt, indem Erfolge und Mißerfolge registriert und interpretiert werden. Mißlungene Realisierungsversuche können der Volitionsstärke abträglich sein, während Erfolge vorteilhaft sind. Dies hängt jedoch auch vom Ausgang der einzelnen Bewertungsprozesse ab, zum Beispiel von der Kausalattribution. Wird ein Erfolg internal-stabil attribuiert, also der eigenen Fähigkeit zugeschrieben, so fördert dies die Volitionsstärke und bestätigt im übrigen auch eine positive Kompetenzerwartung; wird ein Erfolg dagegen external attribuiert, also z. B. auf günstige Bedingungen zurückgeführt, so dürfte damit kein volitionaler Gewinn verbunden sein. Die postaktionale Phase liegt übrigens jenseits der Volition und ist Teil einer neuen Motivationsphase (Heckhausen, 1989).

Die Handlung selbst ist hier der Einfachheit halber als eine abgeschlossene Einheit dargestellt. In der Realität findet man eine Reihe fortlaufender, vielleicht auch ineinander verschachtelter Handlungen, deren Verlauf und Zwischenergebnisse kontinuierlich überwacht und bewertet werden. Die Handlung wird aber nicht nur von Kognitionen, sondern auch von den *situativen Gegebenheiten* sowie von objektiven Fertigkeiten und anderen Ressourcen einer Person mitbestimmt. Jemand nimmt sich vor, jede Woche zu surfen, initiiert die Handlung tatsächlich und fällt dann gleich ins Wasser, weil die elementaren technischen Fertigkeiten nicht gegeben sind. In diesem Beispiel mögen alle psychologischen Voraussetzungen erfüllt sein, mit Ausnahme der objektiven Kompetenz. Ein anderer Hinderungsgrund liegt in den objektiven Umständen begründet. Wem die Ausrüstung fehlt, der kann nicht surfen. Umgekehrt können die Gelegenheiten für eine Handlungsrealisierung sehr günstig ausfallen, z. B. wenn jemand dazu eingeladen wird, unter südlicher Sonne auf einem ruhigen See einen Surfkurs zu absolvieren, und die Ausrüstung dafür bereitgestellt wird. Die Kosten für eine Handlung sind ins Kalkül zu ziehen; dazu gehören Geld, Zeit, Aufwand und psychische Kosten. Von besonderer Bedeutung sind die sozialen Barrieren, Ressourcen und Gelegenheiten, die hier mit *„sozialem Rückhalt“* abgekürzt wurden. Die Einbindung in ein soziales Netzwerk kann dafür sorgen, daß bestimmte Gelegenheiten für die Ausführung von Handlungen geschaffen werden (z. B. „cues to action“), aber sie kann genauso dazu führen, daß Barrieren aufgerichtet werden. Wenn jemand eine komplizierte Diät einhalten will und die ganze Familie mitmacht, dann ist dies eine soziale Unterstützung; wenn jemand in einem Lokal sich mühsam dazu zu überwinden sucht, ein Mineralwasser zu bestellen, und die Freunde sich Schnaps und Bier kredenzen lassen, dann erweist sich das soziale Netz als eine Barriere. Gute Freunde können eine Handlungsausführung sowohl behindern als auch begünstigen, und darüber hinaus kann die Handlung entweder gesundheitsförderlich oder gesundheitsschädlich sein (vgl. Schwarzer, Jerusalem & Kleine, 1990; Schwarzer & Leppin, 1989a, 1989b, 1990).

Neben der direkten objektiven Beeinflussung des Handelns durch situative Gegebenheiten findet auch eine indirekte und subjektive Beeinflussung statt. Die subjektiv wahrgenommene Situation bedingt die Volitionsstärke. Wer glaubt, keine Zeit zu haben, obwohl dies doch der Fall ist, wird sich die Zeit gar nicht erst nehmen.

Zur Erforschung und Förderung von Volition ist es erforderlich, einerseits die „Distraktoren" und andererseits diejenigen Abschirm- und Durchhaltetendenzen zu identifizieren, die ein Mehr an Anstrengung und Ausdauer begünstigen. Ein Beispiel aus Gesundheitsprojekten ist die „öffentliche Willensbekundung", in der die Person anderen ihre Absicht kundtut, ihr Verhalten zu ändern, z. B. ihr Übergewicht zu reduzieren. Ein späteres Disengagement wäre dann mit einem Selbstwertverlust („Gesichtsverlust") verbunden. Der Entschluß zur Handlung ist dabei zu einem Bestandteil des Selbstkonzepts geworden, und ein unerwarteter Handlungsverzicht würde eine negative Selbstkonzeptdiskrepanz zur Folge haben. Abschirmungs- und Durchhaltetechniken können selbstbezogene Kognitionen sein wie z. B. Erwartungen, ein bestimmtes Handlungsziel auch wirklich erreichen zu können, oder die konzentrative Bindung an einen zielführenden Handlungspfad.

Eine wesentliche Komponente von Volition ist die Fähigkeit zum Belohnungsaufschub („delay of gratification"; Mischel, 1966, 1973; Mischel & Mischel, 1983; Toner, 1984). Es geht dabei um das Zurückstellen unmittelbarer Vorteile (z. B. Wohlbefinden oder Befriedigung während und nach Essen, Rauchen oder Alkoholgenuß) zugunsten langfristiger „Belohnungen". Wenn man z. B. jemandem anbietet, er könne entweder ein kleines Geschenk sofort oder aber ein großes Geschenk erst später nach geduldigem Warten erhalten, ist dies ein einfaches Forschungsparadigma. Im Gesundheitsbereich dagegen besteht die „Belohnung" oft im Nichteintreten von „Bestrafungen", also z. B. der ausbleibenden Inzidenz von Karies oder Herzinfarkt nach vielen Jahren „Wartezeit". Bedürfnisse befriedigen zu können, ist aber auch ein Bestandteil von (seelischer) Gesundheit. Es gilt nun, kalkülhaft zu bilanzieren, welche Bedürfnisbefriedigungen auf Dauer mit welchen Kosten verbunden sind („trade-off-Problem"), und die daraus motivierten gesundheitlichen Handlungen möglichst kontinuierlich aufrecht zu erhalten. Es scheint nahezu unmöglich, einen späteren potentiellen Leidensdruck angesichts von Gesundheitsbelastungen langfristig vorauszuahnen. Der Mangel an Betroffenheit ist

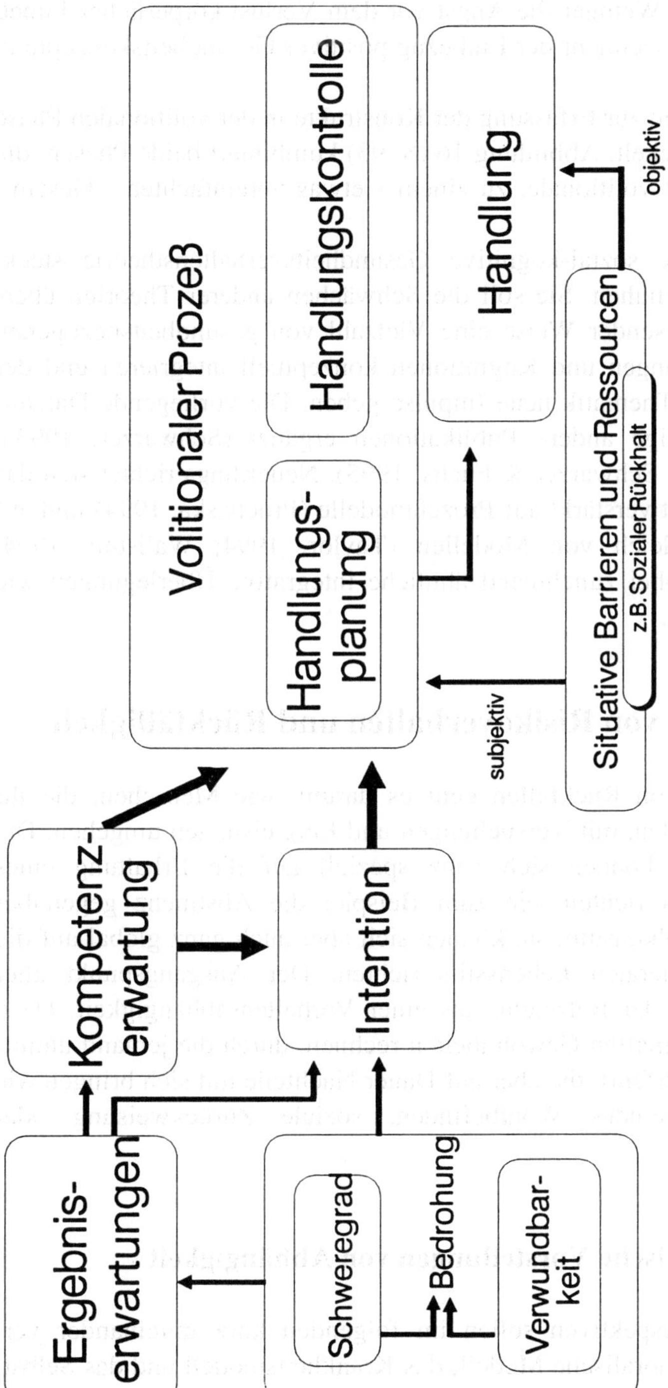

Abbildung 16. *Das sozial-kognitive Prozeßmodell gesundheitlichen Handelns.*

kaum kompensierbar. Weniger die Angst vor dem Verlust körperlicher Fitneß stützt die Volition als vielmehr der Einbezug positiver Gesundheitskonzepte in das Selbstschema.

Die Meßvorschriften zur Erfassung der Konstrukte in der volitionalen Phase sind noch nicht entwickelt. Abbildung 16 (S. 93) kombiniert beide Phasen, die motivationale und die volitionale, zu einem - etwas vereinfachten - Gesamtbild.

Die hier skizzierte sozial-kognitive Gesundheitsverhaltenstheorie steckt noch in den Kinderschuhen. Sie soll die Schwächen anderer Theorien überwinden und in umfassender Weise eine Vielzahl von gesundheitsbezogenen Bedingungen, Handlungen und Kognitionen konzeptuell integrieren und der Forschung zu dieser Thematik neue Impulse geben. Die vorliegende Darstellung wird durch einige andere Publikationen ergänzt (Schwarzer, 1993a, 1993b, 1994b, 1994c; Schwarzer & Fuchs, 1995). Neuerdings richtet sich das Interesse der Fachwelt verstärkt auf Prozeßmodelle (Prochaska, 1994) und auf den kritischen Vergleich von Modellen (Taylor, 1994; Wallston, 1994; Weinstein, 1993), wobei zunehmend ähnliche integrative Überlegungen wie hier angestellt werden.

Bedingungen von Risikoverhalten und Rückfälligkeit

Bei der Prävention von Rückfällen geht es darum, wie Menschen, die ihr Verhalten ändern wollen, mit Versuchungen und Entgleisungen umgehen. Die Präventionsmethoden können sich ganz speziell auf die Erhaltung eines Gesundheitsverhaltens richten wie zum Beispiel die Abstinenz gegenüber Rauchen oder Alkoholkonsum; sie können sich aber auch ganz global auf die Erhaltung eines moderaten Lebensstils richten. Der Ausgangspunkt aller Bemühungen liegt in der Befreiung aus einer Verhaltensabhängigkeit. Dazu lassen sich alle zwanghaften Gewohnheiten rechnen, durch die jemand unmittelbare Befriedigung erfährt, die aber auf Dauer Nachteile mit sich bringen wie zum Beispiel mangelndes Wohlbefinden, soziale Zurückweisung oder materielle Verluste.

Theoretische Vorstellungen von Abhängigkeit

Drei theoretische Perspektiven sollen im folgenden kurz miteinander verglichen werden: das moralische Modell, das Krankheitsmodell und das Selbstkontrollmodell. Wer übermäßig raucht, ißt oder Alkohol trinkt, sieht sich leicht dem Vorwurf ausgesetzt, moralisch minderwertig zu sein. Dem *moralischen Modell* folgend, fehlt es dem Abhängigen an Willenskraft, um Versuchungen widerstehen zu können. Dahinter steht die Tradition christlicher Überzeugungen, nach denen sich jemand versündigt, wenn er drängenden Impulsen nachgibt und von den „verbotenen Früchten" nascht. Dieser Ansatz wurde allmählich abgelöst, nachdem in den 40er Jahren Jellinek (vgl. Jellinek, 1960) das *Krankheitsmodell* eingeführt hatte. Dem liegt die Auffassung zugrunde, daß süchtiges Verhalten auf eine körperliche Abhängigkeit zurückzuführen ist und daß es vor allem genetische Faktoren sind, die jemanden dafür disponieren. Dieser Ansatz erwies sich zunächst als ein Fortschritt, weil dadurch die Betroffenen von dem Druck der moralischen Minderwertigkeit befreit wurden und sie ihr Problem als jenseits ihrer Kontrolle liegend auffassen konnten. Dies erleichterte auch den Zugang zu medizinischer Behandlung, denn wenn z. B. Alkoholismus als eine Krankheit definiert war, dann ergab sich daraus die Zuständigkeit der Medizin für die Therapie dieses Leidens. Was aber war die Therapie? Sie bestand vor allem darin, von dem Abhängigen zu verlangen, mit dem Trinken ganz und gar aufzuhören, und diese Forderung mit Medikamenten oder Aversionstherapie zu unterstützen. Die *Genese* des Problems wurde demnach als unkontrollierbar aufgefaßt, während die *Lösung* des Problems als medizinisch kontrollierbar angesehen wurde. Das Krankheitsmodell versucht also, die Entstehung von Abhängigkeit zu erklären, womit es die Betroffenen zwar von Verantwortung entlastet, aber es verfügt nicht über ein dementsprechend theoretisch abgeleitetes medizinisches Behandlungsverfahren, sondern verläßt sich meist auf den dann doch wieder moralischen Appell an die Betroffenen, gänzlich Verzicht zu leisten. Bekanntlich werden mehr als 90 % der behandelten Alkoholiker innerhalb von zwei Jahren wieder rückfällig (vgl. Armor, Polich & Stambul, 1978). Was bedeutet ein solcher Rückfall vor dem Hintergrund des Krankheitsmodells? Er wird als Symptom dafür gewertet, daß die „Krankheit" wieder manifest geworden ist. Es gibt demnach offenbar nur zwei Möglichkeiten: man unterläßt das Trinken völlig und hält dadurch die latente Krankheit „in Schach", oder man trinkt weiter und unterstreicht damit den erlebten Schweregrad oder sogar die vermeintliche Unheilbarkeit des Leidens. Ein Mittelweg, nämlich das „kontrollierte Trinken", ist mit dem Krankheitsmodell genauso wenig vereinbar wie mit dem moralischen Modell. „Schon ein Bissen von der verbotenen Frucht reicht aus, um aus dem Paradies vertrieben zu werden" (Marlatt, 1983, S. 1107).

Ein dritter Ansatz hat sich inzwischen in der Psychologie durchgesetzt, der vor allem auf der sozial-kognitiven Theorie beruht (vgl. Bandura, 1995a) und als das *Selbstkontrollmodell* bezeichnet wird (Marlatt, 1985a, S. 15). Abhängiges Verhalten wird dabei als ein erworbenes Gewohnheitsmuster angesehen. Das Verhalten wird häufig in solchen Situationen erzeugt und verstärkt, die als streßreich erlebt werden. Es wird z. B. geraucht, um sich zu beruhigen, getrunken, um Hemmungen zu überwinden, oder gegessen, um Langeweile oder Einsamkeit zu bekämpfen. Das fragliche Verhalten führt unmittelbar zu einem angenehmen Zustand und habitualisiert sich leicht, was einer Verhaltensbekräftigung im Sinne des operanten Konditionierens gleichkommt. Der anfängliche Gewinn schlägt aber langfristig in empfindliche Nachteile um. Der sofortigen Belohnung steht nämlich die zeitverzögerte Bestrafung gegenüber, die nicht als kontingent erlebt wird. Dieses asymmetrische Muster von Konsequenzen läßt die Betroffenen leicht in einen Teufelskreis geraten: die erkauften Nachteile erhöhen das Streßpotential, welches man fatalerweise wieder mit dem kritischen Verhalten zu besänftigen sucht und somit die neuerlich entstehenden Schäden kumuliert. Man kann dies als eine fehlangepaßte Streßbewältigungsstrategie auffassen. „Emotionales Coping" umfaßt auch die Verwendung von Drogen im weiteren Sinne, um einen unangenehmen Gefühlszustand zu beseitigen (vgl. Carver, Scheier & Weintraub, 1989; Carver & Scheier, 1994; Lazarus & Folkman, 1984, 1987). „Problemorientiertes Coping" dagegen wäre in vielen Fällen die effektivere Streßbewältigungsstrategie, weil dadurch die Streßursache aktiv beeinflußt wird.

Ist dieser dritte Ansatz nun ein Rückfall hinter das Krankheitsmodell? Wird dem Betroffenen wieder die Schuld für sein Verhalten zugeschoben wie beim moralischen Modell? Dies muß keineswegs so sein. Die sozial-kognitive Theorie geht vielmehr davon aus, daß gute wie schlechte Verhaltensweisen im Laufe des Sozialisationsprozesses erworben werden und daß daran eine Vielzahl von Faktoren ursächlich beteiligt sein kann. Was wir lernen, hängt von unserem sozialen Kontext und von unserer individuellen Verstärkergeschichte ab. Nur im begrenzten Maße verfügt man über die Freiheit, sein Verhalten beliebig aus einem Repertoire auszuwählen, denn unsere Optionen sind beschränkt. Sie hängen nicht nur von sozialen und materiellen Restriktionen ab, sondern auch von den herausgebildeten Erwartungen und Überzeugungen davon, wie man mit welchen Situationen wirksam umgehen kann. Wird einem suggeriert, daß man Ängste und Alltagsbelastungen am besten mit Drogen bekämpft, dann mag das den Blick für alternative Wege der Streßbewältigung versperren. Vorbilder in der Familie und in der sozialen Bezugsgruppe sowie die Werbung in den Massenmedien können wesentlich dazu beitragen, derartige falsche Überzeugungen zu vermitteln. Die abhängige Person wird also nicht unbedingt als verantwortlich für die Entstehung des schädlichen

Verhaltensmusters angesehen, sondern auch als ein Opfer der Verhältnisse. Davon bleibt jedoch unbenommen, daß dieser Person die Hauptverantwortung für die Beseitigung des eigenen Problemverhaltens zugeschrieben wird: wir sind zwar nur teilweise für unser Fehlverhalten verantwortlich, aber es liegt schließlich an uns selbst, es konstruktiv zu überwinden. Brickman et al. (1982) haben diese Attributionsasymmetrie übrigens als ein „kompensatorisches Modell" bezeichnet. Dies schließt nicht aus, daß professionelle Hilfe in Anspruch genommen wird und daß andere Menschen ganz wesentlich zur Behebung des Problems beitragen können, aber die Entscheidung, das eigene Risikoverhalten abzusetzen, obliegt dem Betroffenen selbst. Die Modifikation von Gewohnheitsmustern erfolgt dann nach denselben Prinzipien, nach denen sie erworben worden sind. Es geht darum, das erwünschte Gesundheitsverhalten aufzubauen oder zu stabilisieren und solche Situationen zu meiden oder zu beeinflussen, in denen Rückfälligkeit droht. Dabei kommt den kognitiven Prozessen, nämlich der Einschätzung von Situationen und den Erwartungen sowie Überzeugungen eine hervorragende Bedeutung zu. Die Entscheidung aber, sein Leben zu ändern, nimmt einem niemand ab. Deswegen wird dieser dritte Ansatz, nach dem „moralischen Modell" und dem „Krankheitsmodell", auch das „Selbstkontrollmodell" genannt. Man bringt sein zukünftiges Verhalten unter willentliche Kontrolle, und die Suche nach sozialer oder professionaler Unterstützung kann dabei als ein Teil dieses Bewältigungsvorgangs angesehen werden.

Unterschied zwischen dem Selbstkontrollmodell und dem Krankheitsmodell

Die beiden wichtigsten Vorstellungen, das Krankheitsmodell und das Selbstkontrollmodell, lassen sich im Hinblick auf mehrere Gesichtspunkte unterscheiden (vgl. Tabelle 7, S. 98).

Beim Krankheitsmodell ist keine subjektive Kontrollierbarkeit gegeben. Die Abhängigkeit ist aufgrund körperlicher Ursachen entstanden. Ihr kann nur durch medizinische Behandlung begegnet werden, wobei diese sich manchmal nur auf das moralische Gebot beschränkt, das Fehlverhalten völlig einzustellen. Dagegen sieht das Selbstkontrollmodell die Abhängigkeit als durch Sozialisation entstanden an und postuliert die Möglichkeit ihrer Veränderung durch aktive persönliche Beeinflussung. Der Klient kann selbst entscheiden, welches Behandlungsziel er anstrebt: Abstinenz oder bewußte Einschränkung des Problemverhaltens auf eine gewollte Dosierung.

Tabelle 7

Vergleich von Selbstkontrollmodell und Krankheitsmodell (nach Marlatt, 1985a, S. 16)

	Selbstkontrollmodell	Krankheitsmodell
Kontrollierbarkeit	Person ist fähig zur Selbstkontrolle.	Person ist ein Opfer.
Behandlungsziel	Zielauswahl: Abstinenz oder moderates Verhalten.	Abstinenz.
Behandlungs-„philosophie“	Das Ich wird vom Verhalten getrennt. *Pädagogischer Ansatz*	Das Ich wird mit dem Verhalten gleichgesetzt. *Medizinischer Ansatz*
Behandlungs-verfahren	Verhaltensbezogene Bewältigungstechniken vermitteln. *Kognitives Neustrukturieren*	Konfrontation. Gruppenunterstützung. *Kognitives Dogma*
Allgemeiner Ansatz gegenüber Sucht/Abhängigkeit	Gemeinsamkeiten verschiedener Süchte. Sucht beruht auf fehlangepaßten Gewohnheiten.	Jede Sucht ist einzigartig. Sucht beruht auf physiologischen Prozessen.
Beispiele	Kognitive Verhaltens-modifikation. Selbstkontroll-programme. Kontrolliertes Trinken.	Behandlung im Krankenhaus. Aversionsbehandlung. Anonyme Alkoholiker und Synanon.

Dagegen kommt im Krankheitsmodell nur die völlige Abstinenz in Frage, ohne daß dies mit einer Heilung gleichzusetzen wäre, denn die Krankheitsursache wird von der Verhaltensebene nicht tangiert, und die Krankheit bleibt somit latent erhalten. Die Behandlungsideologie ist im einen Fall eher medizinisch, im anderen eher pädagogisch. Im ersten wird das Ich des Patienten mit dem Fehlverhalten gleichgesetzt, indem man z. B. von „dem

Alkoholiker“ spricht; im zweiten wird die Person von ihrem Verhalten getrennt betrachtet, indem man z. B. sagt, jemand „habe ein Alkoholproblem“. Dazu passen Behandlungsverfahren, die sich auf Verhaltensänderung richten sowie auf die zugrundeliegenden falschen Überzeugungen, während beim Krankheitsmodell die Person mit ihrer bisher völlig falschen Lebensführung konfrontiert wird und sich auf medizinisch-professionelle oder pseudoreligiöse Hilfe verlassen muß. In Gruppen wie den Anonymen Alkoholikern oder Synanon muß man sich einem „höheren Willen“ unterwerfen und ist vom Konformitätsdruck durch die anderen abhängig: wer Regeln verletzt, wird bestraft bzw. sozial geächtet. Beide Modelle lassen sich schließlich in ihrem Zugang zu verschiedenen Arten von Abhängigkeiten unterscheiden. Für das Krankheitsmodell sind Alkoholkonsum, Drogenabhängigkeit, Rauchen und übermäßiges Essen jeweils grundverschiedene Probleme oder Süchte, die auf spezifische Ursachen zurückgehen und unterschiedlicher Behandlung bedürfen. Nach dem Selbstkontrollansatz gibt es viele Gemeinsamkeiten zwischen ihnen, denn alle Abhängigkeiten werden in sozialen Situationen erlernt und können prinzipiell in derselben Weise modifiziert werden.

Unterschiedliche Phasen bei der Entwöhnung von abhängigen Gewohnheitsmustern

Es hat sich als nützlich erwiesen, den Prozeß der Entwöhnung in mehrere Phasen zu unterteilen. Während Prochaska und DiClemente (1983) fünf solche Stadien unterscheiden, sind es bei Marlatt (1985) drei: Zu Beginn liegt die motivationale Phase, in der jemand sich dazu durchringt, eine liebgewordene Gewohnheit aufgeben zu wollen; sie schließt mit der Bildung einer Verhaltensintention ab. Danach folgt die relativ kurze Phase der eigentlichen Durchführung oder Behandlung, in der das fragliche Risikoverhalten unterlassen wird. In der dritten Phase schließlich geht es um die Aufrechterhaltung von Abstinenz oder von neuen Gesundheitsverhaltensweisen. Diese letzte Phase, die sich von der vorigen nicht immer eindeutig abgrenzen läßt, ist die am wenigsten erforschte. In ihr wird die Intention leicht wieder brüchig, und die Betroffenen sehen sich zahlreichen Versuchungen gegenüber, denen zu widerstehen ihnen schwerfällt.

Die Frage ist nun, welche Bedeutung dem Rückfall zukommt. Das Krankheitsmodell legt das Schwergewicht auf die zweite Phase, also auf eine meist medizinisch orientierte Intervention. Als erfolgreich gilt sie, wenn das Risikoverhalten zum Ende der Behandlung gelöscht ist. Spätere Rückfälligkeit gilt als Zeichen dafür, daß sich der Behandlungseffekt abgenutzt hat oder „alt und schwach" geworden ist und man daher die Behandlung wiederholen oder auffrischen muß. Marlatt (1985a, S. 24) vergleicht dies mit der Brenndauer von Glühbirnen: am Anfang brennen sie gut, aber eines Tages hört jede von ihnen auf zu funktionieren; die Verteilung ihres Erlöschens ergibt eine rechtsgipflige Kurve, weil erst zu einem relativ späten Zeitpunkt viele Birnen fast gleichzeitig aufhören zu brennen. Entsprechend steigt die Wahrscheinlichkeit von Rückfällen mit zunehmender Zeit an. Kommt es zu einem Rückfall, dann bedeutet dies das Ende des Behandlungseffekts bzw. der „Brenndauer".

Dieser Sichtweise soll nun die des Selbstkontrollmodells gegenübergestellt werden. Die Entwöhnung wird dabei als eine Lernaufgabe aufgefaßt, die sich über einen langen Zeitraum hinzieht. Zu ihr gehört, daß man zwischendurch auch Fehler begehen darf, um daraus zu lernen. Man macht Erfahrungen im Umgang mit Streß, übt, Versuchungen zu widerstehen, bestimmte Situationen als riskant einzuschätzen und sie in Zukunft besser zu meiden. Man erwirbt Techniken und Tricks, mit denen man sich aus der Affäre ziehen kann, wenn der Drang zur alten Gewohnheit übermächtig zu werden droht. Die realistische Erwartung, daß einem beim Lernen Fehler (Rückfälle) unterlaufen können, hilft den Betroffenen dabei, den Entwöhnungsprozeß als einen sukzessiven Bewältigungsprozeß aufzufassen, der natürlicherweise über Höhen und Tiefen verfügt. Ein Fehltritt ist dann nicht gleich eine Katastrophe. Vielmehr muß man lernen, wie man mit diesen kleinen Rückfällen konstruktiv umgeht. Ein Rückfall stellt dann eine Gelegenheit zu neuen Erfahrungen dar, die zu persönlichem Wachstum verhelfen. Gemäß diesem theoretischen Ansatz müßte sich eine ganz andere Rückfallkurve ergeben als die rechtsgipflige, die beim Krankheitsmodell angenommen wird. Die meisten Fehltritte oder Rückfälle müßten in einem frühen Stadium erfolgen, zu dem der Lernprozeß noch unsicher und demnach fehleranfällig ist. Nach einer anfänglich starken Häufung solcher Fehltritte dürfte sich später der Entwöhnungsprozeß stabilisieren, so daß sich eine linksgipflige Rückfallkurve ergibt. In der Tat gibt es empirische Nachweise für diese Art von Verteilung (vgl. Hunt, Barnett & Branch, 1971; nach Marlatt, 1985a, S. 34). Die Auftretenshäufigkeit der Fehltritte (Rückfälle) reduziert sich um so mehr, je öfter und länger die Betroffenen Gelegenheit gefunden haben, Anforderungen erfolgreich zu bewältigen und Kontrolltechniken zu erwerben. Wie in anderen Lernkurven auch, sinkt hier die Fehlerwahrscheinlichkeit mit zunehmender Zeit bzw. Erfahrung. Daraus resultiert eine eher optimistische Sichtweise des Entwöhnungsprozesses. Nicht die „Genesung von einer Krankheit", von der man jederzeit wieder befallen werden kann und deren erneuter Ausbruch eine ständige Bedrohung darstellt, steht im Vordergrund, sondern vielmehr die Regulierung eigenen Verhaltens, wobei die angestrebte Dosierung den Verhältnissen beliebig angepaßt werden kann, die Ansprüche an das Zielverhalten also in schwierigen Situationen reduziert werden können.

Damit verliert der Entwöhnungsprozeß den Charakter der Einmaligkeit, mit dem eine Behandlung im Sinne des Krankheitsmodells versehen ist. Es entspricht durchaus der Realität, wenn jemand sagt, er hätte sich das Rauchen schon *oft* abgewöhnt. Diese vielgehörte Bemerkung impliziert, daß ein Entwöhnungsprozeß von der erstmaligen Unterlassung eines Risikoverhaltens bis zu einem Rückfall dauert. Man kann es aber auch ganz anders sehen: Wenn eine starke Intention zur Verhaltensänderung erst einmal gebildet wurde, folgt darauf ein *kumulativer Entwöhnungsprozeß*, der eine ganze Reihe von Versuchen einschließt, von der Abhängigkeit loszukommen. Erfolgsquoten von Entwöhnungsprogrammen beziehen sich meist nur auf eine einzige Behandlungsphase sowie auf einen nachfolgenden behandlungsfreien Zeitraum. Gibt es einen Rückfall, so zählt dies als Mißerfolg. Legt man jedoch nicht nur einen Versuch, sondern viele Versuche zugrunde, so ergibt sich eine andere Urteilsbasis. Wer sich schon zehnmal bemüht hat, das Rauchen aufzugeben (also neunmal rückfällig geworden ist), dürfte eine höhere Chance auf Erfolg haben als jemand, der es erst einmal versucht hat und dabei gescheitert ist.

Erklärungsmodell des Rückfallprozesses auf der Mikroebene

Es soll im folgenden etwas näher ausgeführt werden, wie Marlatt (1985a) sich den psychologischen Prozeß des Rückfalls vorstellt. Wenn jemand die Entscheidung getroffen hat, ein bestimmtes Risikoverhalten in Zukunft zu unterlassen, dann wird grundsätzlich von einer persönlichen Kontrollierbarkeit der Situation ausgegangen. Der Betroffene hegt die Erwartung, mit den bevorstehenden Versuchungen kompetent umgehen zu können (Kompetenzerwartung). Mit dieser Ausgangslage trifft der Abstinentgewordene auf eine Vielzahl von Versuchungen, die für ihn „hochriskante Situationen" darstellen können. Dies sind im wesentlichen drei Klassen von Situationen, nämlich (1) solche, in denen man sich emotional beeinträchtigt fühlt (Angst, Ärger, Depression, Langeweile), (2) solche, in denen soziale Konflikte auftreten, und (3) solche, in denen man sich dem Gruppendruck ausgesetzt fühlt, weil in geselliger Runde andere Menschen das Risikoverhalten ausüben oder einem dieses sogar aufdrängen. Auf diese drei Risikosituationen folgen fast drei Viertel aller Rückfälle, und zwar ist dies bei Alkoholikern, Rauchern,

Heroinabhängigen, Glücksspielern und Fettsüchtigen gefunden worden (Marlatt, 1985a, S. 39).

Angesichts solcher Risikosituationen stellt sich in jedem Einzelfall die Frage, ob die Person über eine geeignete Bewältigungsreaktion verfügt und diese anwendet. Ist sie gegeben, dann erlebt die Person, wie sie konstruktiv mit den augenblicklichen Schwierigkeiten fertig wird, und entwickelt dadurch eine noch stärkere Kompetenzerwartung. Durch aktives Überwinden von Versuchungen verringert sich somit die Wahrscheinlichkeit für einen Rückfall. Was aber geschieht, wenn keine geeigneten Bewältigungsreaktionen gegeben sind? Die Kompetenzerwartung für derartige Risikosituationen wird reduziert. Dies allein wäre noch nicht dramatisch, aber meist erfolgt zugleich ein Rückgriff auf die früher gebildeten Handlungs-Ergebnis-Erwartungen vom Typ „Wenn ich jetzt rauche, beruhigt mich das“ oder „Wenn ich jetzt trinke, habe ich weniger Angst“. Die Überzeugung, daß das fragliche Risikoverhalten unmittelbar positive psychische Wirkungen hervorruft, führt - in Verbindung mit einer geringen Kompetenzerwartung für die Bewältigung der Risikosituation - zu einem momentanen Rückfall. Auch dies muß nicht unbedingt negativ sein, denn aus diesem Fehltritt (lapse) kann man etwas lernen. Man erfährt zum Beispiel, daß bestimmte Situationen noch zu riskant sind und man sie daher meiden sollte. Und man lernt, daß es zunächst darauf ankommt, Bewältigungstechniken für derartige Situationen zu erwerben, bevor man sich wieder an sie herantrauen sollte. Diese Erfahrung resultiert in einer mehr realistischen Einschätzung von Situationen sowie der eigenen Person und mahnt zur Vorsicht.

Wichtig ist allerdings die Art und Weise der psychischen Verarbeitung eines Fehltritts. Dem älteren Krankheitsmodell folgend wird ein Rückfall als totales Versagen und als Wiederausbruch des Leidens aufgefaßt. Die Übertretung des Abstinenzgebots stellt somit eine gravierende Regelverletzung dar, die kaum wiedergutzumachen ist. Die Konsequenz dieses Dogmas für den Betroffenen heißt: „Wenn ich schon versagt habe, dann kommt es jetzt auch nicht mehr darauf an, mich kontrollieren zu müssen; der alte Zustand ist wieder hergestellt, und nur eine neue Therapie kann mich davon heilen, sofern meine Krankheit überhaupt heilbar ist“. Vermehrtes Risikoverhalten ist die Folge. Aus dem kleinen Fehltritt entwickelt sich ein dauerhafter Rückfall. Marlatt (1985a, S. 41) nennt dies den *Abstinenzverletzungseffekt*, dessen Intensität im übrigen davon abhängt, in welchem Maße eine äußere Rechtfertigung für das Fehlverhalten möglich ist, wieviel Anstrengung bereits in das Abstinenzverhalten investiert wurde, wie lange die Abstinenzphase gedauert hat, ob Bezugspersonen anwesend sind, ob die Entscheidung zur Abstinenzverletzung geplant war und ob dieses Verhalten überhaupt subjektiv bedeutsam im Leben des Betroffenen ist.

Kognitive Faktoren im Rückfallprozeß

Zwei Elemente spielen eine besondere Rolle: kognitive Dissonanz und Attributionsmuster. *Kognitive Dissonanz* ergibt sich aus dem Umstand, daß jemand Überzeugungen von sich selbst gebildet hat („ich bin abstinent"), die durch den Fehltritt plötzlich im Widerspruch zum eigenen Verhalten stehen. Dies wird als ein Konflikt erlebt, der sich auf zwei Weisen lösen läßt: entweder man ändert sein Verhalten (abstinent werden) oder sein Selbstbild („Es hat sich also gezeigt, daß ich ein Trinker bin und immer einer bleiben werde, da ich mich nicht kontrollieren kann"). Eine solche kognitive Konfliktlösung führt offensichtlich zur Eskalation des Problemverhaltens.

Die *Attribution* des Fehlverhaltens ist ebenfalls im Zusammenhang mit dem Abstinenzverletzungseffekt von Bedeutung. Marlatt (1985a, S. 41) sieht es als unvorteilhaft an, wenn jemand sich selbst als Verursacher des Rückfalls erlebt, weil dies zu Schuldgefühlen und Kontrollverlust führen würde. Man kann diesen Aspekt aber etwas differenzierter untersuchen. Nehmen wir an, jemand schreibt die Ursache für seinen Fehltritt seiner Inkompetenz im Umgang mit Risikosituationen zu (internal-stabile Attribution). Dies wäre ausgesprochen ungünstig, weil im Einklang damit die Kompetenzerwartung für zukünftige Situationen sinken würde. Das Spiegelbild dazu wäre die external-stabile Attribution, wenn nämlich jemand meint, die fragliche Situationsklasse sei „zu riskant" (oder zu schwierig). Subjektiv macht dies einen Unterschied, denn in diesem Fall wird das Selbstwertgefühl weniger beeinträchtigt, und es wird gelernt, derartige Situationen in Zukunft zu meiden oder sie präventiv zu beeinflussen, um ihren Risikocharakter zu mindern (z. B. kann man dafür sorgen, daß von vornherein kein Alkohol im Hause ist, wenn Gäste kommen). Die Ursache für den Fehltritt kann auch mangelndem Bewältigungsaufwand zugeschrieben werden (internal-variable Attribution). Dies führt zwar zu Schuldgefühlen („Ich hätte mir mehr Mühe geben müssen, den Versuchungen zu widerstehen"), aber enthält auch konstruktive, handlungsauffordernde Elemente („Beim nächsten Mal werde ich länger widerstehen"). Es ist vermutlich gar nicht entscheidend, ob das erstmalige Fehlverhalten auf internale oder auf externale Faktoren zurückgeführt wird, sondern vielmehr ob die Person glaubt, daß prinzipiell Kontrollierbarkeit gegeben ist und daß ihr wirksame Handlungen zur Verfügung stehen, mit denen sie die auftretenden Risikosituationen in absehbarer Zeit bewältigen oder diese ganz vermeiden kann.

Attributionstheoretisch gesehen gibt es eine Reihe von weiteren Bedingungen, die einen Einfluß auf die psychologische Verarbeitung von Rückfällen nehmen (vgl. Kelley, 1967). Zum einen macht es einen Unterschied, ob es sich um den erstmaligen Fehltritt oder um eine ganze Serie davon handelt (Konsistenzinformation). Zum anderen spielt es eine Rolle, ob man nur sich selbst betrachtet oder ob man feststellt, daß die meisten anderen Menschen in ähnlicher Weise Fehltritte begehen und dieses Risikoverhalten somit ein universales Phänomen darstellt (Konsensusinformation). Schließlich mag von Bedeutung sein, ob man nur in ein spezifisches Risikoverhalten zurückgefallen ist (z. B. Rauchen) oder ob man auf der ganzen Linie unter dem gesetzten Verhaltensziel bleibt (Rauchen, Alkohol, Glücksspiel, Drogen, Essen) und somit den Eindruck von sich gewinnen muß, man sei zu willensschwach, um überhaupt irgend etwas im Leben regulieren zu können (Distinktheitsinformation).

Folgt auf den erstmaligen Fehltritt der beschriebene Abstinenzverletzungseffekt, dann wird die Wahrscheinlichkeit kumulativen Rückfallverhaltens erhöht. Das Modell von Marlatt ist zusammenfassend in Abbildung 17 dargestellt.

Untersucht man näher, welche kognitiven Prozesse beim Widerstand gegen Versuchungen und bei Rückfälligkeit stattfinden, so gelangt man vor allem zu Erwartungen und Ursachenzuschreibungen. Hier ist zunächst zwischen Kompetenz- und Konsequenzerwartungen zu unterscheiden.

Die *Kompetenzerwartung* richtet sich darauf, ein bestimmtes Zielverhalten auch tatsächlich ausführen zu können. So glaubt z. B. jemand, auch sehr schwierige Risikosituationen ohne Rückfall durchstehen zu können, wenn er sich nur „zusammenreißt". Solche Erwartungen werden vor allem aus vergangenen eigenen Lernerfahrungen gespeist. Ist es einem selbst schon mehrmals gelungen, in bestimmten Risikosituationen auszuharren, ohne zur Zigarette, zu Alkohol oder zur Torte zu greifen, so steigt damit das Vertrauen in die eigene Widerstandsfähigkeit. Man erwirbt erfolgreiche Bewältigungstechniken und weiß, daß man auch in Zukunft über sie verfügen kann. Hat man für bestimmte Risikosituationen noch keine eigenen positiven Erfahrungen sammeln können, so hilft auch die Beobachtung und Nachahmung einer anderen Person, die derartige Situationen mit sichtbarem psychologischem Aufwand bewältigt (self-disclosing coping model). Steht kein Verhaltensmodell zur Verfügung, dann läßt sich auch durch symbolisches Lernen, d. h. durch überzeugende Informationen, Kompetenzerwartung aufbauen und ein aktiver Bewältigungsprozeß einleiten (Bandura, 1995a, 1995b). Ein Mangel an Kompetenzerwartung kann ebenfalls aus diesen unterschiedlichen Quellen von Erfahrung resultieren.

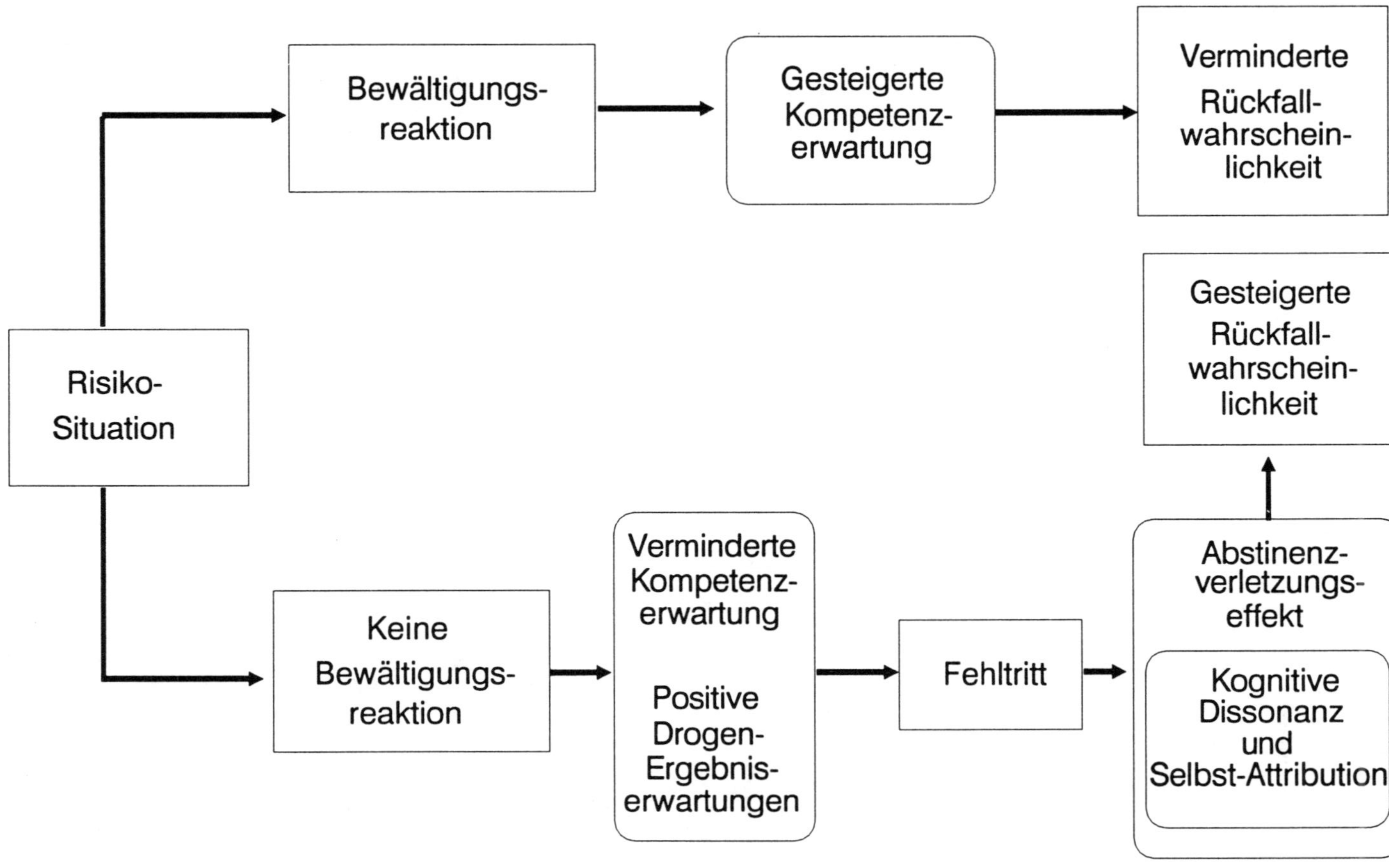

Abbildung 17. *Modell des Rückfallprozesses (nach Marlatt, 1985a, S. 38).*

Mißerfolge und Rückschläge beim Versuch, eine Risikosituation durchzustehen, die Beobachtung eines scheiternden Modells oder die Präsentation von Informationen, die nicht überzeugen, mögen für Defizite in der Kompetenzerwartung verantwortlich sein. Marlatt, Baer und Quigley (1995) schlagen vor, analog zu den Phasen eines Selbstregulationsprozesses zwischen „action self-efficacy“, „coping self-efficacy“ und „recovery self-efficacy“ zu unterscheiden.

Kompetenzerwartung wird meist als eine sehr spezifische Kognition untersucht, d. h. es geht um eine klar abgegrenzte Handlung in einer eng umschriebenen Situation. Man hegt z. B. die spezifische Erwartung, während einer Kaffeepause dem Drang zu rauchen zu widerstehen. Man sollte sich an dieser Stelle darüber klar werden, daß solche Kognitionen etwas anderes darstellen als Selbstkonzept, Motivation oder Willensstärke, also Konzepte, die sich ebenfalls unmittelbar aufdrängen, wenn man an Rückfälligkeit denkt. Das Selbstkonzept - also eine geordnete Menge von Kognitionen über die eigene Person - mag überwiegend aus positiv bewerteten Einheiten bestehen und mit einem insgesamt positiven Selbstwertgefühl verbunden sein; trotzdem kann die spezifische Kompetenzerwartung fehlen, in einer Bar dem Alkohol widerstehen zu können. Es wäre daher unrichtig zu behaupten, Rückfällige hätten ein negatives Selbstkonzept oder wären „ich-schwache Typen“. Das allgemeine Selbstkonzept und das generalisierte Selbstwertgefühl scheinen für die Analyse von Rückfälligkeit oder für die psychologische Interventionsplanung kaum geeignete Konstrukte zu sein.

Motivation ist der Prozeß, der zur Intentionsbildung führt, und der anschließend vom Volitionsprozeß abgelöst wird. Die Kompetenzerwartung stellt eine wichtige Größe innerhalb beider Prozesse dar, indem sie sowohl die Intentionsbildung als auch die Handlungsausführung unterstützt. Willensstärke - oder Volitionsstärke - meint im Prinzip etwas ähnliches wie die Stärke einer Intention, allerdings nicht in der motivationalen, sondern in der volitionalen Phase. Es geht um das Ausmaß, in dem jemand sich dafür entschieden hat, ein gesetztes Ziel auch wirklich erreichen zu wollen.

Inwieweit Erfolge oder Mißerfolge zu einer Veränderung von Kompetenzerwartungen beitragen, hängt von einer Reihe weiterer Faktoren ab. So spielt es z. B. eine Rolle, für wie schwierig die Risikosituation eingeschätzt wird: eine schwierige Situation ohne Rückfall zu überstehen, führt zu einer positiven Selbstbewertung und legt die Erwartung nahe, in Zukunft alle weniger schwierigen Situationen ebenfalls bewältigen zu können. Weiterhin ist von Bedeutung, wieviel Anstrengung man dabei investiert: je weniger Mühe erforderlich ist, umso mehr erwartet man, auch in ähnlichen Situationen ausharren zu können. Auch die soziale Unterstützung spielt eine Rolle: wer die Anforderungen allein bewältigt, wird mehr Vertrauen in die eigene Kompetenz haben als jemand, der auf fremde Hilfe angewiesen ist.

Es gibt eine Reihe von Untersuchungen zur Bedeutung von Kompetenzerwartungen bei Rückfälligkeit, auf die hier nicht näher eingegangen wird, da darüber schon im Kapitel über Kompetenzerwartung berichtet worden ist (vgl. dazu Colletti et al., 1985; Condiotte & Lichtenstein, 1981; DiClemente, Prochaska & Gibertini, 1985; Godding & Glasgow, 1985).

Eine andere Kognition, die in der Rückfallforschung eine wichtige Rolle spielt, ist die *Konsequenzerwartung*. Dabei handelt es sich um eine positive oder negative Handlungs-Ergebnis-Erwartung (outcome expectancy), bei der sich jemand die Konsequenzen seines Verhaltens vor Augen führt, z. B. „Wenn ich in der heutigen Kaffeerunde Kuchen esse, dann kann ich mein Gewicht nicht halten“ oder „Wenn ich drei Runden laufe, dann trägt das zu meiner kardiovaskulären Fitneß bei“. (Die Frage, ob man sich selbst die Ausführung und erfolgreiche Vollendung der Tat zutraut, wird dabei nicht thematisiert, denn dies wäre die Kompetenzerwartung.) Es soll nun etwas näher auf die Erwartungen eingegangen werden, die mit der Ausübung eines Risikoverhaltens zusammenhängen (vgl. Marlatt, 1985c, S. 136 ff). Was verspricht sich jemand davon, sich gesundheitlich riskant zu verhalten? Rauchen, übermäßiges Essen und Alkohol- und Drogenkonsum sind mit positiven Erwartungen verbunden, die sich auf die unmittelbare Gratifikation richten. Wohlgefühl, Entspannung oder Selbstwerterhöhung, die direkt beim Konsum auftreten, können als Bekräftigungen des Risikoverhaltens aufgefaßt werden, während die später einsetzenden Symptome von Ernüchterung, Völlegefühl, Übelkeit oder Nervosität weniger lernwirksam sind. Die tatsächlichen Konsequenzen des Risikoverhaltens kommen in zwei unterschiedlichen Phasen zum Ausdruck, aber der Erwerb von Konsequenzerwartungen erfolgt nur in der ersten, euphorischen Phase, nicht dagegen in der zweiten, dysphorischen Phase. Daher finden sich z. B. bei Alkoholikern positive Konsequenzerwartungen angesichts von Alkoholkonsum. Darüber hinaus werden diejenigen, die mit dem Konsum besonders positive Konsequenzerwartungen verbinden, eher rückfällig.

Welches sind nun die Erwartungen, die typischerweise an ein Risikoverhalten herangetragen werden? Dies soll am Beispiel des Alkoholkonsums verdeutlicht werden.

Alkohol zu trinken, bedeutet für viele Menschen, sich schöner, stärker und vitaler zu fühlen, mehr Selbstwert zu erleben, sich sexuell potent einzuschätzen und sozial akzeptiert zu werden. Diese Erwartungen beruhen auf früheren Trinkerfahrungen, bei denen solche Emotionen nach den ersten Gläsern erlebt wurden, und auf stereotypen Überzeugungen in einer normativen Bezugsgruppe. Der Alkoholiker hegt also positive Konsequenzerwartungen gegenüber seinem Alkoholkonsum.

Die aktuelle Auslösung dieser Erwartungen mag unter anderem auf klassischer Konditionierung beruhen. Wer öfter an einer Bar getrunken hat, wird beim Betreten einer Bar solche Kognitionen aktualisieren; oder wer es gewohnt ist, beim Kaffeetrinken zu rauchen, wird schon beim Anblick einer Tasse Kaffee positive Raucherwartungen hegen. Nach Marlatt (1985c, S. 141) wird nicht das Risikoverhalten selbst konditioniert, sondern die vorlaufende Konsequenzerwartung. Sie stellt die konditionierte Reaktion dar, die dann als Mediator zu dem Verhalten führen kann. Dabei unterscheidet Marlatt vier Schritte, nämlich z. B. a) die Situation, in der jemand die Tasse Kaffee sieht (konditionierter Reiz), b) die Konsequenzerwartung, in der sich jemand vorstellt, wie wirksam jetzt eine Zigarette wäre, c) die Bildung der Intention, jetzt zu rauchen, und d) das Rauchen selbst. Dabei bilden die Mediator-Phasen b) und c) gemeinsam die konditionierte Reaktion. Marlatt setzt die Konsequenzerwartung gleich mit dem „Sich-sehnen" (craving) nach dem Rauchen, während er die Verhaltensintention mit dem Drang, es zu tun (urge), gleichsetzt. Die Auffassung einer Situation als konditioniertem Reiz ist jedoch nur ein Spezialfall. Nicht der Anblick von Zigaretten oder einem Glas Wein ist der häufigste Auslöser von Konsequenzerwartung, sondern der Streß, der sich aus einer Risikosituation ergibt, in der man nicht über geeignete Bewältigungsfertigkeiten verfügt (vgl. Abbildung 18). Aus dieser Sicht ist Risikoverhalten ein erwartungsgesteuertes Bewältigungsverhalten in Streßsituationen.

Wir haben gesehen, in welcher Weise kognitive Faktoren neben emotionalen Reaktionen eine wichtige Rolle im Rückfallprozeß spielen. Dabei ist besonders der oben erwähnte Abstinenzverletzungseffekt hervorzuheben. Dies ist eine Reaktion auf einen „Ausrutscher", die zu einer verstärkten Wiederaufnahme des Lasters führt. Attribuiert die betreffende Person ihren „Ausrutscher" auf internale, stabile und globale Ursachen, so bricht die Abhängigkeit von neuem aus, während sie weniger dramatisch oder gar nicht wieder auftritt, wenn der „Ausrutscher" auf externale, variable oder spezifische Ursachen zurückgeführt wird. Betrachtet man die dabei involvierten psychologischen Prozesse näher, dann stößt man auf das Phänomen der Selbstaufmerksamkeit. Damit ist gemeint, daß man seine Aufmerksamkeit von den aktuellen Umweltgegebenheiten oder anstehenden Aufgaben abwendet und auf die eigene Person richtet (vgl. Carver & Scheier, 1981; Schwarzer &

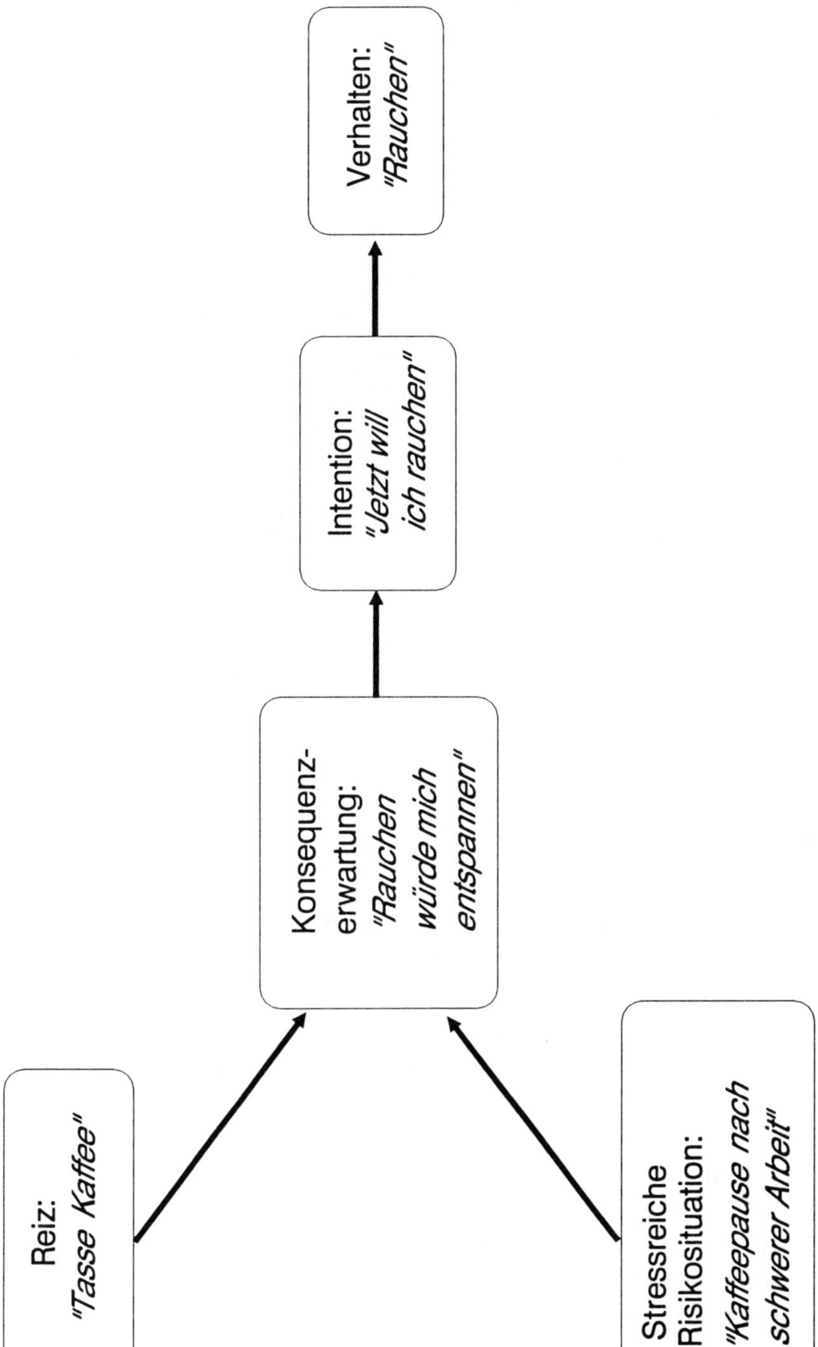

Abbildung 18. *Konsequenzerwartung und Intention als konditionierte Reaktion.*

Wicklund, 1991). In einer Versagenssituation, also in einem Augenblick, in dem man seine eigenen Ansprüche als nicht erfüllt sieht, liegt es nahe, sich im Spiegel zu betrachten und sich zu bewerten. Wer sich z. B. das Nichtrauchen zum Verhaltensstandard gemacht hat und sich dabei ertappen muß, rückfällig geworden zu sein, richtet seine Aufmerksamkeit auf sich selbst und stellt sein Verhalten in Frage. Das bewußte Erleben von Diskrepanz zwischen der eigenen Handlung und den internalisierten Ansprüchen kann zu Schuldgefühlen und Selbstabwertungen führen, je nachdem welche Attributionen man im Zustand von Selbstaufmerksamkeit vorgenommen hat. Nicht alle Menschen reagieren hier in der gleichen Weise, vielmehr gibt es individuelle Unterschiede im Grad der dispositionellen Selbstaufmerksamkeit.

Der Zusammenhang zwischen Selbstaufmerksamkeit, Streß und Alkoholkonsum als Risikoverhalten ist von Hull und Mitarbeitern näher erforscht worden (Hull & Young, 1983; Hull, Young & Jouriles, 1986). Auf der Grundlage seines Selbstaufmerksamkeitsmodells nimmt Hull (1981) zunächst an, daß Alkohol die Wahrnehmung von negativen Lebensereignissen und Streß mindert und dadurch zu einer Spannungsreduktion und zu psychisch erlebter Erleichterung führt. Berücksichtigt man zusätzlich, daß Personen mit hoher Selbstaufmerksamkeit stärker als Personen mit niedriger Selbstaufmerksamkeit dazu neigen, Ereignisse als selbstrelevant wahrzunehmen, und dies insbesondere bei negativen Lebensereignissen zu verstärkter Selbstkritik, zum Erleben auf die eigene Person gerichteter negativer Affekte und zu einer erhöhten Spannung führt, so läßt sich annehmen, daß bei Streß und negativen Lebensereignissen vor allem Personen mit hoher Selbstaufmerksamkeit zu erhöhtem Alkoholkonsum neigen und in solchen Situationen häufiger rückfällig werden als Personen mit niedriger Selbstaufmerksamkeit. Diese Annahmen konnten von Hull und Mitarbeitern in empirischen Studien bestätigt werden (Hull & Young, 1983; Hull et al., 1986).

Wir sind diesem interessanten Ansatz ebenfalls nachgegangen und haben die Annahmen des Hullschen Modells in einer Längsschnittstudie an einer klinischen Stichprobe von 98 Alkoholabhängigen untersucht (Mittag, Liebig, Freund & Schwarzer, 1991). Die Probanden wurden zu drei Meßzeitpunkten - nach einer stationären Entgiftung sowie nach Ablauf von drei und sechs Monaten - zu belastenden Lebensereignissen und zum Alkoholkonsum bzw. zur Rückfälligkeit befragt. Zusätzlich wurde die dispositionale Selbstaufmerksamkeit erhoben. Bei den längsschnittlichen Analysen ergab sich lediglich bei Personen mit hoher Selbstaufmerksamkeit ein statistisch bedeutsamer Zusammenhang zwischen vorauslaufenden belastenden Lebensereignissen und Rückfälligkeit. Bei Personen mit niedriger Selbstaufmerksamkeit ließ sich eine derartige Beziehung dagegen nicht nachweisen. Abbildung 19 verdeutlicht diesen Zusammenhang anhand der mittleren Belastung, die von rückfälligen und nicht rückfälligen Personen mit hoher bzw. niedriger Selbstaufmerksamkeit vorauslaufend erlebt werden. Wie aus der Abbildung ebenfalls hervorgeht, unterscheiden sich Personen mit niedriger und hoher Selbstaufmerksamkeit nicht grundsätzlich in der Höhe der vorauslaufend erlebten Belastung, sondern lediglich darin, daß nur bei Personen mit hoher Selbstaufmerksamkeit die Höhe der wahrgenommenen Belastung mit Rückfälligkeit einhergeht. Die Ergebnisse weisen somit darauf hin, daß dem Phänomen der Selbstaufmerksamkeit eine bedeutsame Funktion im Rückfallprozeß zukommt.

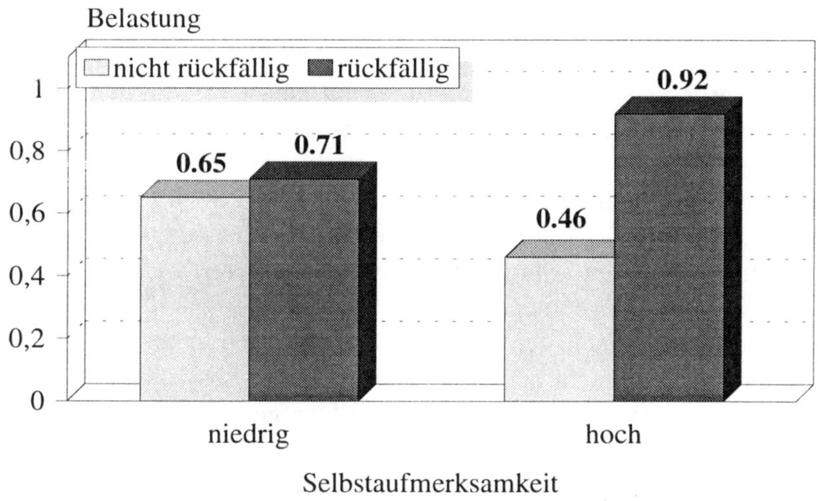

Abbildung 19. *Vorauslaufende Belastung bei rückfälligen und nicht rückfälligen Personen mit niedriger und hoher Selbstaufmerksamkeit (nach Mittag et al., 1991).*

Schlußbemerkung

In diesem Abschnitt wurden einige Überlegungen dazu angestellt, welche Bedingungen ein Risikoverhalten aufrechterhalten. Die theoretischen Vorstellungen dazu haben sich in den letzten Jahren gewandelt, wobei eine Abkehr vom Krankheitsmodell und eine Hinwendung zum Selbstkontrollmodell zu verzeichnen ist. Hier stehen kognitive Faktoren sowie Risikosituationen im

Vordergrund der Betrachtung. Abhängigkeit und Abstinenz beruhen auf sozialen Lernprozessen, und subjektive Ursachenzuschreibungen, Kompetenzerwartungen und Konsequenzerwartungen beeinflussen das nachfolgende Risiko- oder Gesundheitsverhalten. Wie Selbstwirksamkeitserwartungen mit Rückfälligkeit zusammenhängen, haben Velicer, DiClemente, Rossi und Prochaska (1990) untersucht (vgl. auch Marlatt et al., 1995).

Zu bedenken ist auch, daß Risikosituationen weniger objektive Situationen darstellen, die sich dem passiven Menschen von außen aufdrängen, als vielmehr subjektiv erzeugte Situationen. Der Mensch konstruiert sich einen Teil seiner Umwelt, indem er eine Reihe von Entscheidungen trifft, die ihn unter anderem auch in Risikosituationen hineinmanövrieren. Dies kann durchaus absichtlich geschehen (wenn auch nicht immer ganz bewußt), denn der gerade Abstinentgewordene hegt weiterhin heimlich den Wunsch, wieder in den Genuß der verbotenen Suchtstoffe zu gelangen. So trägt er aktiv dazu bei, in gefährliche Situationen zu geraten, in denen er sich nicht länger zur Wehr setzen muß. Marlatt (1985) beschreibt, wie er im Kampf gegen seinen Drang zu rauchen nach riskanten Situationen gesucht hat, die ihm eine Entschuldigung für einen Rückfall liefern konnten. So überließ er es eines Tages der Dame am Flugschalter, ob er einen Raucher- oder Nichtrauchersitz im Flugzeug erhielt, und als er dann im Raucherbereich saß und obendrein noch eine Zigarette angeboten bekam, war es um die guten Vorsätze geschehen. Das implizite Hineinsteuern in Risikosituationen kann als eine Tendenz interpretiert werden, nicht sich selbst, sondern die schließlich resultierende, überwältigende Situation für einen Rückfall verantwortlich zu machen. Das erfolgt dann ohne Gesichtsverlust und kann als „menschlich“ heruntergespielt werden. Ein Rückfall wird psychisch erträglicher, wenn er external attribuiert werden kann.

Verhalten und Krankheitsrisiko

Verhalten und Krebsrisiko

Entstehung und Verbreitung von Tumoren

Krebs ist die zweithäufigste Todesursache in den zivilisierten Ländern. Krebs gilt weithin als eine „tückische, unheilbare Krankheit", deren Namen auszusprechen mit Unsicherheit verbunden ist, eine Krankheit, die vom Hauch des Todes gezeichnet ist, deren Diagnose einen Schock auszulösen vermag und über deren Ursachen vieles im dunkeln liegt. Auf der anderen Seite hat die Wissenschaft heute einen Erkenntnisstand erreicht, der es erlaubt, eine Mehrzahl von Bedingungsfaktoren deutlicher zu bestimmen, Präventionsmaßnahmen einzuleiten sowie den Krankheitsverlauf günstig zu beeinflussen. Gerade weil heute nur ungefähr die Hälfte aller Krebspatienten geheilt wird und sich für die nahe Zukunft keine bessere Heilungsquote vorhersagen läßt, erscheint es dringend geboten, sich auch mit der gesundheitspsychologischen Perspektive zu diesem Thema auseinanderzusetzen. Hier geht es um die Möglichkeit zur Prävention von Krebs, insbesondere um die Senkung der Inzidenzraten, also die Vermeidung des Neuauftretens dieser Krankheit durch Änderung von einzelnen Verhaltensweisen oder der Lebensweise insgesamt. Vorweg sei gesagt, daß die psychologische Beeinflussung des Krankheitsverlaufs weit weniger spekulativ ist als das, was wir heute über die psychosozialen Bedingungen der Krankheitsentstehung wissen (vgl. Klauer & Filipp, 1990, Weidner, 1995).

In diesem Kapitel über Verhalten und Krebsrisiko soll zunächst kurz erläutert werden, was Krebs eigentlich ist und wie die Verbreitung aussieht. Anschließend sollen einzelne Risikoverhaltensweisen wie z. B. Rauchen, Ernährung, Alkohol, Sonnenbestrahlung, Sexualverhalten und Streßbewältigung näher beleuchtet werden.

Mit Krebs (Tumor, Karzinom) bezeichnet man eine Reihe von Erkrankungen, denen ein unkontrolliertes Zellwachstum gemeinsam ist. Diese neoplastischen Zellen können jedes Gewebe angreifen und als eher gutartig oder eher bösartig eingestuft werden. Gutartige Zellen bleiben auf einen Körperbereich beschränkt und stellen keine Gesundheitsbedrohung dar (wie z. B. Warzen), während bösartige (maligne) Zellen über den ganzen Körper wuchern und das umgebende Gewebe zerstören können. Sie können über die

Blutbahn oder das Lymphsystem in andere Organe wandern und dort Tochtergeschwülste (Metastasen) bilden.

Die Krebserkrankung hat es schon immer gegeben, aber genaue Daten über ihre Verbreitung ließen sich erst ermitteln, als die medizinische Epidemiologie in diesem Jahrhundert das nötige Instrumentarium entwickelte und als die medizinischen Diagnosen zuverlässiger und gültiger wurden.

Eine Ausgangsfrage könnte lauten: Wird die Zahl der Krebstodesfälle immer höher, z. B. weil unsere Umwelt viele karzinogene Substanzen enthält, oder wird sie immer geringer, z. B. weil die Medizin große Fortschritte macht? Die Frage läßt sich so nicht beantworten, da zunächst mehrere Arten von Krebs unterschieden werden müssen, die Vielzahl ihrer Bedingungsfaktoren analysiert werden muß und schließlich die Möglichkeiten zu ihrer Beeinflussung sowie die Definition von Heilung zu klären sind (vgl. Andersen, 1989, S. 692 f).

Bei der Entstehung von Lungenkrebs z. B. scheinen genetische Faktoren, Rauchen, Luftverschmutzung, Streß und Persönlichkeit eine Rolle zu spielen (s. Kapitel „Persönlichkeit, Streßbewältigung und Krankheitsrisiko"). Er beruht auf einer langen Entwicklungszeit (prämorbides Stadium) von vielleicht zwei Jahrzehnten und ist daher nur spät zu erkennen und schwer heilbar. Wer vor vielen Jahren intensiv geraucht hat, verfügt über ein erhöhtes Risiko, daran zu erkranken. Hautkrebs dagegen wird u.a. auf exzessive Sonnenbestrahlung zurückgeführt, die die Haut vorschädigt und ein malignes Zellwachstum begünstigt. Auch er beruht auf einer langen Entstehungszeit, läßt sich aber vergleichsweise leicht diagnostizieren und auch leichter heilen. Von Heilung spricht man im allgemeinen dann, wenn die Person fünf Jahre nach der Therapie noch lebt und keine Symptome zeigt. Bei beiden Krebsarten ist ein Anstieg zu verzeichnen, der offensichtlich auch auf menschliches Verhalten zurückzuführen ist, und zwar direkt, indem jemand z. B. raucht und sich bräunt, sowie indirekt, indem die Menschen ihre Umwelt belasten, so daß die Bedrohung durch karzinogene Stoffe stärker wird. Wir wollen nun die Mortalitätsstatistiken etwas näher ansehen.

Leider gibt es (aus datenschutzrechtlichen Gründen) immer noch kein bundesweites Krebsregister, so daß Angaben über Prävalenz und Inzidenz von malignen Tumoren in Deutschland auf Hochrechnungen aus denjenigen Bundesländern beruhen müssen, die über ein solches Register verfügen. Nach einer derartigen Hochrechnung für das Jahr 1986 gibt es pro Jahr 121.300 neue Krebsfälle bei Männern und 133.250 bei Frauen (BMJFFG, 1989, S. 140). Für einige Körperlokalisationen wird in Abbildung 20 die geschätzte jährliche Zahl der Neuerkrankungen für Männer und Frauen angegeben. Demnach stehen bei Männern die Krebserkrankungen von Lunge, Darm und Prostata im Vordergrund, während es bei Frauen die Erkrankungen von Brust, Geschlechtsorganen und Darm sind. Die Angaben für die Haut umfassen lediglich das maligne Melanom, nicht die anderen Arten von Hautkrebs (vgl. Kapitel „Sonnenbaden: Das Risiko ultravioletter Strahlung").

In derselben Dokumentation wird auch der Änderungstrend für den Zeitraum von 1970 bis 1986 angegeben. Dabei sind u.a. eine Verringerung der Magenkrebssterblichkeit sowie eine Erhöhung der Mortalität an Lungenkrebs und Hautkrebs zu verzeichnen.

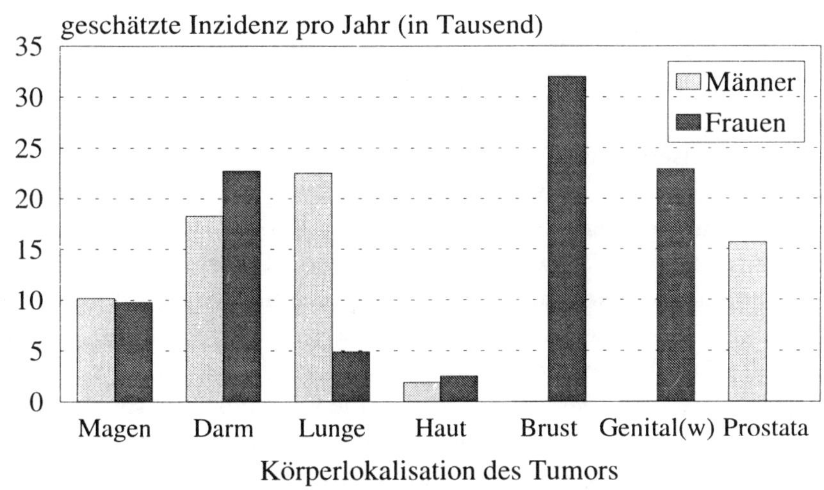

Abbildung 20. *Geschätzte Zahl neuer Krebsfälle pro Jahr in den „alten Bundesländern" nach dem Stand von 1986 (nach BMJFFG, 1989, S. 140).*

Dies entspricht dem Trend in den USA. Bei Betrachtung der Veränderungen der Tumormortalität in den letzten fünf Jahrzehnten zeigen sich folgende Tendenzen (Feist & Brannon, 1988). Am deutlichsten ragt der Anstieg der Lungenkrebstodesfälle bei Männern heraus. Dies steht nur scheinbar im Widerspruch damit, daß die Zahl der Raucher heute abnimmt. Erklärt wird dieser Trend mit dem langfristigen Charakter der Tumorgenese. Auch bei Frauen nimmt Lungenkrebs am stärksten zu, was auch mit der „Emanzipation" der Frau als Raucherin in den letzten Jahrzehnten zu tun haben kann. Der Anstieg begann erst Mitte der 60er Jahre und dürfte somit das veränderte Verhalten der Frauen widerspiegeln, für die in der Epoche nach dem Zweiten

Weltkrieg das Rauchen gesellschaftlich akzeptabel wurde. Männer werden jedoch stärker belastet bleiben, weil sie auch mehr karzinogenen Substanzen am Arbeitsplatz ausgesetzt sind (z. B. Asbest, Insektizide) und weil sie vielleicht auch eine stärkere Veranlagung zum Lungenkrebs haben als Frauen.

Für Magenkrebs zeigt sich in den letzten 50 Jahren eine deutliche Verringerung der Todesfälle. Dies demonstriert nicht so sehr die Fortschritte medizinischer Diagnostik und Therapie als vielmehr die ohnehin geringer werdenden Inzidenzraten dieser Erkrankung, bei der man heute annimmt, daß Menschen deswegen weniger an ihr erkranken, weil sie weniger verdorbene oder gepökelte Lebensmittel zu sich nehmen, was wiederum auf die Lebensmittelhygiene und den technischen Fortschritt zurückzuführen ist (Konservierung, Kühlschränke etc.). Auf die Darmkrebshäufigkeit hat sich dies jedoch nicht sichtbar ausgewirkt. Hier dürfte die zunehmend ungesunde Ernährung eine Rolle spielen, die durch zu viel Fett, Räucherwaren und zu wenig Ballaststoffe gekennzeichnet ist.

Auch wenn die Bedingungen der Krebsentstehung nicht genau geklärt sind, so bleibt doch unbestritten, daß unsere Lebensweise einen erheblichen Einfluß darauf ausübt. Durch unser Gesundheitsverhalten können wir dazu beitragen, das Krebserkrankungsrisiko zu mindern. Am deutlichsten wird dies bei Lungen- und Hautkrebs, wo die statistischen Zusammenhänge - in moderater Größenordnung - wiederholt unter Beweis gestellt wurden: sich ungeschützt über längere Zeit den ultravioletten Strahlen auszusetzen, führt zu einer Hautschädigung, die das Auftreten von Krebszellen begünstigt; Tabakkonsum, insbesondere das Zigarettenrauchen, erhöht das Risiko nicht nur für Lungenkrebs, sondern auch für weitere Krebsarten sowie einer Reihe ganz anderer Erkrankungen. Diese beiden Risikoverhaltensweisen sind besonders leicht vermeidbar.

Das vorliegende Buch befaßt sich mit dem Gesundheitsverhalten, und darum wollen wir den Schwerpunkt der Betrachtung auf solche Entstehungsfaktoren legen, die mit unserer eigenen Lebensweise zu tun haben, und diejenigen Faktoren außer acht lassen, die von mehr biologischem oder medizinischem Interesse sind. Zugleich wird hier die Auffassung vertreten, daß der Prävention mehr Aufmerksamkeit und mehr Ressourcen zuteil werden sollten. Im folgenden wird auf Rauchen, Ernährung, Alkoholkonsum, Sonnenbestrahlung, Sexualverhalten und Streß insoweit eingegangen, wie es für die Analyse der Krebsentstehung in diesem Zusammenhang notwendig erscheint. Diese Verhaltensweisen werden in späteren Kapiteln dieses Buches noch einmal ausführlicher unter der Perspektive ihrer Verbreitung, Verursachung und Aufrechterhaltung erörtert.

Rauchen und Krebsrisiko

Erst in den 40er Jahren dieses Jahrhunderts begann man sich für die mögliche Wirkung des Rauchens auf die Entstehung von Lungenkrebs zu interessieren. Damals waren noch vier Fünftel der Ärzte in den USA Raucher, und viele von ihnen empfahlen ihren Patienten sogar, ebenfalls zu rauchen, um sich dadurch besser entspannen zu können (Whelan, 1978). In einer sehr frühen Studie fanden Wynder und Graham (1950), daß fast alle Lungenkrebspatienten Raucher waren, während der Anteil unter den Gesunden geringer ausfiel. Zu derselben Zeit fanden auch Doll und Hill (1950) in England ganz ähnliche Ergebnisse. Um diese rein deskriptiven Befunde, die keine Ursachenbestimmung zulassen, zu ergänzen, führten sie eine prospektive Längsschnittstudie durch. Dazu befragten sie 40.000 Ärzte nach ihrem Rauchverhalten und beobachteten sie anschließend für 4 ½ Jahre. Bei denen, die diesen Zeitraum nicht überlebten, untersuchten sie die Sterbeurkunden und fanden heraus, daß tatsächlich ein Zusammenhang zwischen der Zahl der gerauchten Zigaretten und dem Tod durch Lungenkrebs bestand. Die Risikoraten, an Lungenkrebs zu sterben, waren danach 20:1 für starke Raucher, 12:1 für mäßige Raucher und 7:1 für leichte Raucher (Doll & Hill, 1956). Auf diese Pionierarbeiten folgten unzählige andere, die methodisch anspruchsvoller wurden und eine Reihe anderer Einflußgrößen unter Kontrolle hielten wie z. B. Alter, Geschlechtszugehörigkeit, sozio-ökonomischer Status, Beruf und Alkoholkonsum (vgl. Fielding, 1985). Nach 40 Jahren Forschung zu diesem Thema besteht heute kein Zweifel mehr, daß es einen direkten Zusammenhang zwischen Zigarettenrauchen und Lungenkrebs gibt, der auch nach Kontrolle vieler anderer Einflüsse bestehen bleibt.

Es wird heute vermutet, daß das Zigarettenrauchen mit 30 % aller Krebstodesfälle irgendwie zusammenhängt; es steht in direkter Beziehung zu Lungenkrebs, ist aber auch von Bedeutung bei der Entstehung von Kehlkopf-, Speiseröhren-, Blasen-, Nieren-, Bauchspeicheldrüsen- und Magenkrebs (Andersen, 1989; Doll & Peto, 1981). Die Höhe des Krebsrisikos für Raucher genau zu bestimmen, ist sehr schwierig, und verschiedene Forscher in verschiedenen Ländern sind zu voneinander abweichenden Ergebnissen gelangt. Die Wahrscheinlichkeit, an Lungenkrebs zu erkranken, ist für Raucher mindestens doppelt so hoch wie für Nichtraucher, aber die Angaben in der Literatur streuen erheblich. Betrachtet man lediglich die Prozentsätze von Rauchern und Nichtrauchern innerhalb der Gruppe der Lungenkrebspatienten, so kann man dort u.U. bis zu 50mal so viele Raucher antreffen. In einer vielzitierten Studie in Westeuropa von Lubin, Richter und Blot (1984) wurden

29mal so viele Raucher wie Nichtraucher unter den Patienten ermittelt. Dies wird leicht dahingehend mißverstanden, als sei das Risiko, an Lungenkrebs zu erkranken, für Raucher 29mal so hoch wie für Nichtraucher. Ein zutreffenderes Bild ergibt sich, wenn man auch die entsprechenden Proportionen der Gesunden hinzufügt. Einige Tabellenwerte aus Lubin, Blot et al. (1984) wurden hier in Absolutwerte umgerechnet (Tabelle 8).

Tabelle 8

Zusammenhang zwischen Lungenkrebs und Rauchen (nach Lubin, Blot et al., 1984)

	Krebskranke	**Gesunde**	
Raucher	6 020 $p_{11} = .3331$	9 286 $p_{12} = .5139$	$p_{1.} = .8470$
Nichtraucher	208 $p_{12} = .0115$	2 557 $p_{22} = .1414$	$p_{2.} = .1530$

Unter den Lungenkrebspatienten gibt es 29mal so viele Raucher wie Nichtraucher. Um nun das „*relative Risiko*“ zu ermitteln, verwendet man die Formel

$$rr = (p_{11}p_{2.}) / (p_{21}p_{1.})$$

(Fleiss, 1973, S. 47). In unserem Beispiel ergibt sich bei 18.071 untersuchten Personen ein relatives Risiko von 5.2. Die Wahrscheinlichkeit, an Lungenkrebs zu erkranken, ist hier also für Raucher etwa fünfmal so hoch wie für Nichtraucher.

Auch wenn unklar bleiben muß, wie hoch das persönliche Krebsrisiko des einzelnen Rauchers ausfällt, besteht heute doch kein Zweifel an dem generell stark erhöhten Krebsrisiko von Rauchern. Die genauere Bestimmung wird u.a. dadurch erschwert, daß weitere Faktoren wie z. B. Luftverschmutzung, Alkoholkonsum, Karzinogene am Arbeitsplatz, Streß sowie genetische Dispositionen eine Rolle spielen. Diese Risikogrößen können ein synergistisches Verhältnis eingehen, d. h. sie stehen nicht additiv, sondern multiplikativ mit dem Rauchen in Beziehung: Ein Raucher, für den gleichzeitig einer der anderen Risikofaktoren gegeben ist, trägt dann ein mehrfaches Risiko (Eysenck, 1991; Radford & Renard, 1984). So weiß man z. B., daß die Auftretensrate von Mundkrebs um ein Mehrfaches höher ist, wenn man raucht und trinkt, als für nichttrinkende Raucher oder nichtrauchende Trinker. Im übrigen gilt, daß das Krebsrisiko mit der Zahl der täglich gerauchten Zigaretten kontinuierlich ansteigt (Doll & Peto, 1981).

Ungeklärt ist, ob das Rauchen von Filterzigaretten wirklich weniger schädlich ist als das von ungefilterten Zigaretten. In der oben genannten Studie von Lubin, Blot et al. (1984) an über 6.228 westeuropäischen Lungenkrebspatienten war das Rauchen von ungefilterten Zigaretten fast doppelt so riskant wie der Genuß von Filterzigaretten. Das bedeutet aber keineswegs, daß letztere ungefährlich seien. Bei vielen Filterzigaretten ist der Anteil an Teer und Nikotin höher, und außerdem tendieren mehr Raucher zum Inhalieren, weil sie glauben, dies sei mit Filter nicht so schädlich. Auch in diesem Punkt helfen die Statistiken nicht viel weiter, weil das synergistische Zusammenwirken mit anderen Faktoren wie z. B. der Luftverschmutzung das Bild verzerren kann. Wenn also in Zukunft die Zahl der Lungenkrebs-Todesfälle sinken sollte, kann man nicht die Einführung von Filterzigaretten dafür verantwortlich machen, ohne zu klären, welche Rolle die Einführung z. B. des Katalysators bei Kraftwagen in diesem Zusammenhang gespielt haben könnte. Eine ähnliche Frage stellt sich in Bezug auf das Rauchen von Zigarren oder Pfeifen. In der Untersuchung von Lubin, Richter und Blot (1984) an Lungenkrebspatienten waren diese Gewohnheiten viel weniger riskant als das Zigarettenrauchen, insbesondere wenn auf das Inhalieren verzichtet wurde. Andererseits hat man gefunden, daß das Zigarren- oder Pfeifenrauchen oder das Tabakkauen das Risiko von Mund-, Kehlkopf-, Speiseröhren- und Bauchspeicheldrüsenkrebs erhöht (Heuch, Kvale, Jacobsen & Bjelke, 1983; Mahboubi, 1977).

Im Zuge der Bekämpfung des Rauchens und der zunehmenden Zahl von Exrauchern richtet sich das Forschungsinteresse auch auf die Gefahr, die den Nichtrauchern dadurch droht, daß sie den Rauch anderer in vielen Situationen immer noch ertragen müssen. Dieses *Passivrauchen* hat sich erst in jüngster Zeit als schädlich erwiesen. So hat man z. B. gefunden, daß die Kleinkinder von Rauchern häufiger unter Erkrankungen der Atemwege leiden wie z. B. Bronchitis oder Lungenentzündung im Vergleich zu Kleinkindern in Haushalten ohne Raucher (vgl. Feist & Brannon, 1988). In einer schwedischen Studie (Pershagen, Hrubec & Svensson, 1987) ergab sich ein bedeutsamer Zusammenhang zwischen der Intensität, mit der Ehemänner rauchten, und dem Lungenkrebsrisiko ihrer nichtrauchenden Frauen. Diese schädliche Wirkung des Passivrauchens bleibt aber nicht auf Lungenkrebs beschränkt, sondern zeigt sich auch bei anderen Krebsarten (Sandler, Everson & Wilcox, 1985).

Aus der Fülle dieser überzeugenden Arbeiten aus vier Jahrzehnten läßt sich klar erkennen, daß unter den uns bekannten Verhaltensrisiken für Krebs das Zigarettenrauchen die erste Stelle einnimmt. Wir werden später auf die Arbeiten von Eysenck (1991) eingehen, nach dessen Theorie das Rauchen nicht für sich allein, sondern nur in Wechselwirkung mit der Persönlichkeit riskant erscheint. Aber zunächst sollen hier weitere Verhaltensweisen behandelt werden.

Ernährung und Krebsrisiko

Der zweite verhaltensbezogene Bedingungsfaktor für die Krebsentstehung liegt in dem, was wir unserem Körper über die tägliche Nahrung zuführen. Die meisten Krebsarten sind von den Forschern in irgendeine Beziehung zu dem, was wir essen, gesetzt worden. Unsere Ernährung enthält viele Schadstoffe, unter denen sich auch karzinogene Substanzen befinden. Chemikalien, die der Konservierung von Lebensmitteln dienen, können sich unter bestimmten Bedingungen verwandeln, wie z. B. Nitrat zu Nitrit und dieses wiederum in Nitrosamine, die als besonders schädlich gelten. Es ist aber keineswegs so, daß natürliche Produkte mit der Bezeichnung „Bio“ zwangsläufig weniger krebserzeugende Stoffe enthalten. Im Gegenteil, sie können über natürliche Karzinogene verfügen. Verdorbene Lebensmittel werden als mögliche Ursache von Magenkrebs angesehen, und die immer geringer werdende Auftretensrate von Magenkrebs wird darauf zurückgeführt, daß wir heute über moderne Konservierungsmethoden verfügen wie z. B. Tiefkühlung, während man früher auf Gepökeltes und Geräuchertes angewiesen war, um Nahrung länger aufzubewahren.

Ein weiteres Risikoverhalten liegt in dem Konsum von tierischen Fetten, wie sie vor allem in Rind- und Schweinefleisch, Butter, Käse und Eiern vorkommen, also in Lebensmitteln, die für die meisten Menschen zur täglichen Nahrung gehören. Zusammenhänge zwischen dem übermäßigen Genuß tierischer Fette und dem Risiko für Brust-, Gebärmutter-, Nieren- und Darmkrebs sind wiederholt gefunden worden.

Läßt sich nun eine gesunde Ernährung empfehlen, die das Krebsrisiko vermindert? Es gibt inzwischen einige Hinweise auf Lebensmittel, die eine protektive Wirkung haben könnten, obwohl der ursächliche Nachweis dafür noch nicht endgültig vorliegt. Generell gilt, daß man möglichst wenig tierische Fette zu sich nehmen sollte, dafür aber um so mehr Ballaststoffe. Vollkornprodukte, frische Früchte und Gemüse (z. B. Brokkoli) sollten auf keinem Speisezettel fehlen. Es gibt auch einige Gründe, die für eine ausreichende

Versorgung mit Vitamin C, E und A (bzw. Beta-Karotin) sowie Selen sprechen, auch wenn die Befundlage zugunsten dieser Annahmen bisher spärlich ausfällt (Clark, Cantor & Allaway, 1991; Newberne & Suphakarn, 1983). Vitamin C verhindert die Umwandlung von Nitriten in die krebserzeugenden Nitrosamine (Pauling, 1980). Bei Menschen, die überdurchschnittlich viel Vitamin A oder Beta-Karotin zu sich nehmen (z. B. durch Karotten), war die Krebsinzidenzrate unterdurchschnittlich, wobei das relative Risiko, an Krebs zu erkranken, nur halb so groß war; dies stützt die These, daß Vitamin A bzw. Beta-Karotin protektive Substanzen sind, zumindest für Lungen- und Magenkrebs bei Männern (Hinds, Kolonel, Hankin & Lee, 1984; Stehr et al., 1985). Bei Selen handelt es sich um einen Stoff, der vom Boden über Getreide oder Gemüse in die Nahrung gelangt. In großen Mengen ist er giftig, aber in schwacher Dosierung scheint er das Krebsrisiko etwas zu mindern (Newberne & Suphakarn, 1983).

Alkoholkonsum und Krebsrisiko

Alkoholkonsum ist vor allem mit Mund-, Kehlkopf-, Speiseröhren-, Leber- und Bauchspeicheldrüsenkrebs in Zusammenhang gebracht worden. In einer norwegischen Studie (Heuch et al., 1983) erwies sich der Alkoholkonsum als größter Risikofaktor für Bauchspeicheldrüsenkrebs, denn Trinker hatten ein 5,4mal höheres Risiko als Nichttrinker. Die Gefahr von Leberkrebs läßt sich leicht nachvollziehen: Die Leber übernimmt die Aufgabe, Alkohol zu entgiften, und bekanntlich neigen Alkoholiker zur Leberzirrhose, einer degenerativen Krankheit, die gerade diese Funktion allmählich außer Kraft setzt. Eine entsprechend vorgeschädigte Leber ist dann besonders empfänglich für malignes Zellwachstum. Die Leberkrebssterberate der westlichen Bevölkerung ist jedoch gering, vielleicht deswegen, weil die meisten Alkoholiker schon an anderen Krankheiten gestorben sind, bevor bei ihnen Leberkrebs diagnostiziert werden kann. Die Leberkrebsmorbidität ist aber relativ hoch, und in manchen tropischen Ländern steht sie sogar an erster Stelle der Krebserkrankungen. Dies resultiert aus Hepatitis-B-Virus-Infektionen, einer Art von Gelbsucht.

Im Vergleich zum Zigarettenrauchen ist der Alkoholkonsum jedoch weniger riskant. Doll und Peto (1981) schätzen, daß etwa zehnmal so viele Krebstote auf das Konto des Rauchens gehen. Zu beachten ist aber der synergistische Effekt, den beide Risikoverhaltensweisen miteinander entwickeln können. Dies ist mehrfach am Beispiel des Kehlkopfkrebses demonstriert worden (Flanders & Rothman, 1982; Herity, Moriarty, Daly, Dunn & Bourke, 1982).

Jemand, der nur trinkt und nicht raucht (oder umgekehrt), hat ein etwa drei- bis viermal höheres Krebsrisiko gegenüber jemandem, der in beiderlei Hinsicht abstinent lebt; wer dagegen sowohl viel trinkt als auch viel raucht, verfügt über ein 14-faches Risiko, also mehr als die Summe der beiden Einzelrisiken (vgl. Abbildung 21).

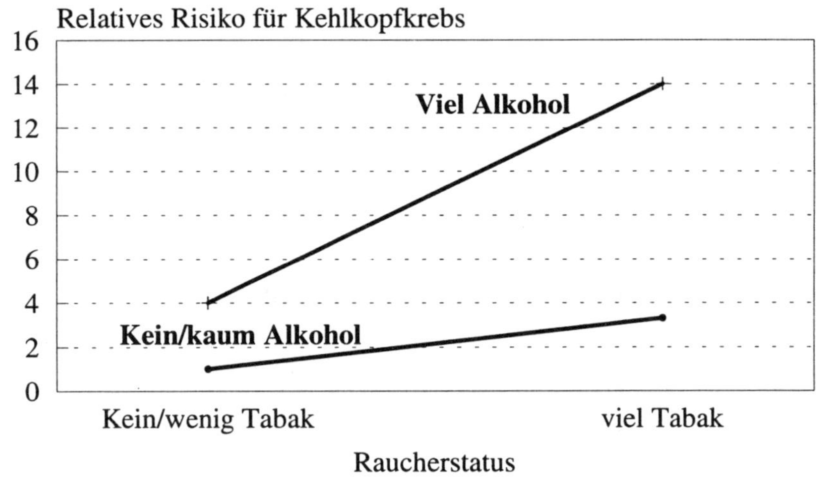

Abbildung 21. *Synergismus von Alkohol und Tabak auf Kehlkopfkrebsrisiko (nach Daten von Herity, Moriarty, Daly, Dunn & Bourke, 1982).*

Wie kann man sich nun die Wirkungsweise von Alkoholkonsum bei der Krebsentstehung vorstellen? Schottenfeld (1979) hat die theoretische Überlegung angestellt, daß Alkohol in doppelter Hinsicht als ein mitbestimmender Faktor anzusehen ist. Zum einen führt starker Alkoholkonsum zu einer Schwächung des Immunsystems, wodurch ganz allgemein die Empfänglichkeit des Organismus gegenüber Schadstoffen erhöht und einer Reihe von Krankheiten Tür und Tor geöffnet werden, insbesondere aber Krebs.

Zum anderen findet man bei starken Trinkern auch Ernährungsdefizite, sei es, weil Alkohol die Leukozytenzahl verringert, oder sei es, weil diese Leute sich nicht gesundheitsbewußt ernähren und die Wirkungen ihres Lasters nicht durch gezielt kompensatorische Ernährung zu mindern versuchen.

Die empirische Bestätigung dieser plausiblen Annahmen steht noch aus. Unabhängig davon bleibt festzuhalten, daß Alkohol zweifellos in irgendeiner Beziehung zu Krebs steht und daß insbesondere die synergistische Beziehung mit dem Rauchen von großer Bedeutung ist.

Sonnenbestrahlung und Krebsrisiko

Sich bräunen zu lassen, ist heute ein weitverbreitetes Risikoverhalten geworden - nicht nur im Urlaub. Sonnenstudios schießen aus dem Boden, um die Nachfrage nach nahtloser Bräune über das ganze Jahr hinweg zu befriedigen. Sich ständig dem ultravioletten Licht zu exponieren (besonders UV-B), erhöht die Gefahr der Hautkrebsentstehung beträchtlich, einer Krebsart, deren Prävalenzrate seit den 70er Jahren enorm zugenommen hat. In Australien, einem sehr sonnenreichen Land, machen Tumore der Haut etwa die Hälfte aller Krebserkrankungen aus, während es in den USA etwa 18 % und in Europa 10 % sind (Deutsche Krebshilfe, 1989). Bei starker Sonnenbestrahlung über Zeiträume von vielen Jahren hinweg kommt es zu tiefgreifenden Veränderungen der Haut, die sie für Entstehung und Wachstum von Krebszellen empfänglich machen. Es gibt verschiedene Arten von Hautkrebs, von denen eine, das maligne Melanom, zum Tode führen kann. Die anderen Hautkrebse (Basaliome und Plattenepithelkarzinome), die etwa 90 % ausmachen, sind in den meisten Fällen heilbar. Deswegen ist die Hautkrebsmortalität sehr gering. In den USA schätzt man, daß dort nur 1 % bis 2 % aller Krebstodesfälle zu Lasten des Hautkrebs gehen (Doll & Peto, 1981). Das hängt vor allem damit zusammen, daß die Metastasenbildung erst spät einsetzt und daß sich dieser Tumor früh erkennen und leicht behandeln läßt.

Die Konsequenz aus der Befundlage für unser Gesundheitsverhalten kann nur darin liegen, auf Sonnenexposition möglichst zu verzichten, zumindest aber geeignete Sonnenschutzcremes zu verwenden und darüber hinaus von Zeit zu Zeit die Haut sorgfältig zu inspizieren, um das Auftreten von Anomalien frühzeitig zu entdecken. Nicht alle Menschen sind gleichermaßen anfällig für Hautkrebs: hellhäutige, blonde und blauäugige Menschen sind besonders gefährdet und müssen sich daher am meisten vorsehen. Manche Sonnenstudios werben damit, daß ihre Geräte die besonders gefährlichen UV-B-Strahlen ausfiltern, aber bis heute fehlt noch der Nachweis dafür, daß man sich bräunen kann, ohne das Hautkrebsrisiko zu erhöhen (vgl. Kapitel „Sonnenbaden: Das Risiko ultravioletter Strahlung“).

Sexualverhalten und Krebsrisiko

Etwa 7 % aller Krebstodesfälle gehen in den USA auf das Konto von Verhaltensweisen, die mit Fortpflanzung und Sexualität zu tun haben (Doll & Peto, 1981). Die Entstehung von Gebärmutterhals-, Vaginal- und Ovarialkrebs ist mit sexuellen Praktiken in Zusammenhang gebracht worden; auf der anderen Seite führen Schwangerschaft und Geburt zu physiologischen Veränderungen im Körper, die eine schützende Wirkung gegenüber dem Auftreten von Brust- und Ovarialkrebs haben können, so daß Mütter weniger anfällig dafür sind als kinderlose Frauen; das gilt vor allem bei Frauen, die in jungen Jahren Mütter geworden sind, nicht aber für Spätgebärende (Levy, 1985).

Der Gebärmutterhalskrebs tritt häufiger bei Frauen mit mehrfachen Sexualpartnern, mit frühen Sexualerfahrungen und frühzeitigen Schwangerschaften auf; darüber hinaus gilt dies auch bei Frauen, deren Männer viele Sexualpartnerinnen, insbesondere Prostituierte, haben (Levy, 1985).

Auch die Sexualhygiene mag bei dieser Krebsart eine Rolle spielen, denn die Smegma-Ansammlung in der Hautfalte des Penis ist in Verdacht geraten, ein lokal wirkendes Karzinogen zu sein. Bei beschnittenen Männern und bei denen, die immer Kondome benutzen, ist diese Gefahr kaum gegeben. Ein weiterer Faktor, der zu Gebärmutterhalskrebs beitragen kann, ist die Übertragung von Papillom-Viren beim Geschlechtsverkehr, die Warzen am ganzen Körper hervorrufen, von denen etwa ein Zehntel einen bösartigen Verlauf nimmt.

Sexualverhaltensweisen werden verantwortlich gemacht für die Infektion mit dem HIV-Virus und der Entstehung des Immunschwächesyndroms (AIDS), zu deren Erscheinungsbild auch Karzinome gehören können wie z. B. das Kaposi's Sarkom, erkennbar an vielfachen weichen, dunkelblauen oder lila Knötchen auf der Haut. Die Übertragung der AIDS-Viren erfolgt durch Austausch von Körperflüssigkeiten, insbesondere beim ungeschützten Geschlechtsverkehr (vgl. Kapitel „Sexuelles Risikoverhalten“).

Mangelndes Vorsorgeverhalten und Krebsrisiko

Ein Verhaltensfaktor, der zwar nicht mit der Krebsentstehung direkt, wohl aber mit der Krebserkennung zu tun hat, liegt in der gezielten Vorsorge, d. h. in der regelmäßigen Teilnahme an Maßnahmen zur Früherkennung sowie in der Beobachtung des eigenen Körpers. Männern wird empfohlen, ab dem 45. Lebensjahr an solchen Untersuchungen teilzunehmen, die eine Früherkennung von Dickdarm-, Prostata-, Genital- und Hautkrebs zum Ziel haben. Frauen sollten vom 20. Lebensjahr an das Genital, vom 30. Lebensjahr an die Brust und Haut sowie vom 45. Lebensjahr an Rektum und Dickdarm zu diesem Zweck untersuchen lassen. In der gesundheitspsychologischen Forschung spielt die Brustselbstuntersuchung (BSU) eine besondere Rolle, weil es sich hier um ein Musterbeispiel für ein aktives Gesundheitsverhalten handelt, das leicht durchzuführen und nicht mit Kosten oder widrigen Umständen verbunden ist. Warum also wird dieses Verhalten nicht zu einer selbstverständlichen Routine, und welche Frauen sind es, die diese Präventivhandlung am bereitwilligsten ausführen? Es gibt inzwischen viele Versuche, Frauen dazu zu motivieren, sich selbst regelmäßig in dieser Weise zu untersuchen (vgl. Reddy & Alagna, 1986). Seydel, Taal und Wiegman (1990) haben z. B. herausgefunden, daß bestimmte Kognitionen günstige Voraussetzungen für dieses Gesundheitsverhalten darstellen, nämlich zwei Arten von Erwartungen: die Konsequenzerwartung, daß diese Selbstuntersuchung auch wirklich nützlich ist, und die Kompetenzerwartung, daß man selbst wirklich dazu in der Lage ist, die Untersuchung richtig durchzuführen. Ronis und Kaiser (1989) haben eine Reihe von psychologischen Merkmalen wie Einstellungen, Wissen sowie soziale Faktoren im Rahmen eines Kausalmodells zu der Brustselbstuntersuchung in Beziehung gesetzt.

Bis heute gibt es leider keinen empirischen Nachweis dafür, daß diese Diagnosemethode auch tatsächlich die Brustkrebsmortalitätsrate senkt, so daß sich viele Mediziner zum Zwecke der Frühdiagnose lieber auf die Mammographie verlassen wollen.

Streß, Emotionen und Krebsrisiko

Die Art und Weise, wie Menschen Streß bewältigen und mit Emotionen umgehen, ist ebenfalls in Beziehung zur Krebsentstehung gesetzt worden (Bahnson, 1981; Borysenko, 1982; Temoshok & Dreher, 1992). So ist gefragt worden, ob das Vorkommen von kritischen Lebensereignissen wie Scheidung, Arbeitslosigkeit oder Verlust von Angehörigen zu einer Erhöhung des Krebsrisikos führen kann. Der Ansatz stößt auf forschungsmethodische Schwierigkeiten, weil die Möglichkeit besteht, daß Krebspatienten sich nur selektiv an ihre biographischen Daten erinnern und den Grad an erlebter Belastung nur unzutreffend oder durch das Krankheitserleben verzerrt wiedergeben (Fox, 1978; Greer & Morris, 1975). Hinzu kommt das Problem, daß die Karzinomgenese oft Jahrzehnte dauert und somit Ursache und Wirkung kaum eindeutig festzustellen sind. In der Studie von Scherg und Blohmke (1988) wurden Menschen mit sehr belastenden Erlebnissen im Zweiten Weltkrieg von solchen unterschieden, die nicht so intensiven Belastungen ausgesetzt waren, und es zeigte sich Jahrzehnte später tatsächlich eine höhere Krebsprävalenz in der ersten Gruppe.

In einer prospektiven Längsschnittstudie haben Dattore, Shontz und Coyne (1980) männliche Patienten, die wegen einer anderen Krankheit als Krebs im Krankenhaus lagen, mit dem Minnesota Multiphasic Personality Inventory (MMPI) untersucht und zehn Jahre später geprüft, wer von ihnen inzwischen unter Krebs litt. Beim Vergleich dieser Krebspatienten mit denen ohne Krebsdiagnose zeigten sich rückblickend im damaligen MMPI erhöhte Werte für die Skala der unterdrückten Emotion sowie für Depressionen. Greer und Morris (1978) sind ebenfalls der Frage nach unterdrückten Emotionen im Zusammenhang mit Streß nachgegangen. Frauen, die sich wegen des Verdachts auf Brustkrebs einer Biopsie unterzogen (Entnahme einer Gewebeprobe), wurden psychologisch untersucht. In dieser Streßsituation ließen sich Frauen unterscheiden, die (1) ihre Emotionen unterdrückten, (2) die sich sehr gefühlsintensiv äußerten und (3) die sich auf durchschnittliche Weise verhielten. Nach fünf Jahren ergab sich ein statistischer Zusammenhang zwischen der damaligen Tendenz, Ärger zu unterdrücken oder zu leugnen, und der zwischenzeitlichen Diagnose von Brustkrebs. Kein Zusammenhang ergab sich jedoch für die Zahl streßreicher Lebensereignisse, für Depressionen und für Extraversion. Dieselben Patientinnen wurden nach zehn Jahren noch einmal untersucht um zu prüfen, welche von ihnen die Krankheit überlebten (Pettingale, Morris, Greer & Haybittle, 1985). Patientinnen, die sich entweder durch „Kampfgeist" oder durch Verleugnung auszeichneten, hatten eine höhere Chance zu überleben als diejenigen, die entweder hilflos oder mit stoischer Akzeptanz reagierten (vgl. auch Carver et al., 1993; Klauer & Filipp, 1990; Petermann, 1990; Spiegel, Bloom, Kraemer & Gottheil, 1989).

Auch andere Untersuchungen haben widersprüchliche Ergebnisse hervorgebracht, so daß man heute noch nicht genau sagen kann, ob emotionale Faktoren die Krebsentstehung wirklich beeinflussen und wie intensiv. Auf die umstrittenen Arbeiten von Eysenck und Grossarth-Maticek in diesem Zusammenhang wird in dem Kapitel über Persönlichkeit, Streßbewältigung und Krankheit näher eingegangen.

Verhalten und koronares Risiko

Entstehung und Verbreitung koronarer Herzkrankheiten

Erkrankungen des Herz-Kreislauf-Systems stellen die häufigste Todesursache in den zivilisierten Ländern dar. Sie umfassen Krankheitsbilder wie Bluthochdruck, Angina Pectoris, Herzinfarkt und Schlaganfall. Im folgenden soll die Erkrankung kurz beschrieben werden, und dann werden wir uns den Verhaltensweisen zuwenden, die das koronare Risiko erhöhen (vgl. Damm & Frey, 1990; Dembroski, 1978; Matthews, 1982).

Die Herzkranzgefäße dienen u.a. dazu, den Herzmuskel mit Blut bzw. mit Sauerstoff zu versorgen. Im Laufe des Lebens kommt es nun zu zwei Arten von degenerativen Erscheinungen, der Atherosklerose und der Arteriosklerose. Bei der Atherosklerose handelt es sich um eine Ablagerung von Plaquen an den Innenwänden der Arterien; diese Plaquen werden aus Cholesterin und anderen Lipiden (Blutfetten) gebildet. Bei der Arteriosklerose, die meist gleichzeitig entsteht, handelt es sich um eine Verhärtung der Arterien, so daß sie weniger elastisch werden und schlechter auf Blutdruckveränderungen reagieren können, wie sie z. B. bei körperlicher Aktivität auftreten. Wenn diese beiden Prozesse die Koronararterien (Herzkranzgefäße) angreifen, gerät die Sauerstoffversorgung des Herzmuskels in Gefahr, und man spricht von koronaren Herzkrankheiten (KHK). Dies kann in aller Stille vor sich gehen und entzieht sich weitgehend den diagnostischen Standardmethoden, denn das herkömmliche Elektrokardiogramm (EKG) hat sich dafür als nur wenig valide erwiesen. Das Belastungs-EKG und die Angiokardiographie gelten als bessere Methoden, ohne jedoch einen Herzinfarkt auf befriedigende Weise vorhersagen zu können. Während manche Patienten über gelegentliche Brustschmerzen klagen, treten bei anderen überhaupt keine Symptome auf, so daß der Herzinfarkt oder der plötzliche Herztod die erste und zugleich letzte Manifestation der Krankheit darstellen kann. Der Herzinfarkt (Myokardinfarkt) bedeutet Untergang von Herzmuskelgewebe aufgrund der Blockierung der Sauerstoffzufuhr. Er tritt meist im Zusammenhang mit einem Anfall von Schwäche, Übelkeit, Atemnot, Schwindelgefühl, kaltem Schweiß und Brust-, Arm- und Schulterschmerzen auf und verläuft in fast der Hälfte aller Fälle tödlich.

Dem Herzinfarkt gehen oft stille Myokardischämien voraus, ein vorübergehender Zustand, bei dem die Blutversorgung des Herzmuskels nicht ausreicht, um seinen Sauerstoffbedarf zu befriedigen. Die Myokardischämien gelten als ein wichtiges kausales Verbindungsstück zwischen der krankhaften

Veränderung der Koronararterien und dem Auftreten von schwereren klinischen Formen der koronaren Herzkrankheiten (Krantz & Raisen, 1988). Die moderne Diagnostik setzt hier an und erfaßt solche Ereignisse durch ambulante EKG-Geräte, die auch dann relevante Meßdaten liefern, wenn der Patient keine Symptome spürt (Schneiderman, Chesney & Krantz, 1989). Hier liegt ein wichtiges Forschungsfeld für die Gesundheitspsychologie, denn die Beziehung zwischen Streßerleben und Myokardischämie nachzuweisen, bedeutet einen Durchbruch in der Klärung der Frage nach der psychischen Bedingtheit körperlicher Krankheiten. In der Tat ist es mit dieser Methode gelungen zu zeigen, daß psychischer Streß Ischämien hervorruft, und zwar in stärkerem Maße als dies bei körperlichem Streß (Sport) der Fall ist (Barry et al., 1988). Die ältere Forschung über kardiovaskuläre Reaktivität, bei der z. B. Herzfrequenz und Blutdruck in Abhängigkeit von streßreichen Aufgaben gemessen wurden, hat sich zur Aufklärung des Herzinfarktrisikos als nur wenig tragfähig erwiesen und dürfte durch diesen neueren Ansatz maßgeblich ergänzt, wenn nicht sogar abgelöst werden.

Neben dem Herzinfarkt sind Angina Pectoris und Schlaganfall die wichtigsten Manifestationen von koronaren Herzkrankheiten. Bei der Angina handelt es sich um Anfälle, die mit Schmerzen in der Brust und mit Atemnot verbunden sind, und die meist durch Streß oder anstrengende körperliche Tätigkeiten ausgelöst werden. Der Anfall, der durch verminderte Blutzufuhr entsteht, ist meist nach wenigen Minuten vorüber. Bei länger anhaltendem Sauerstoffmangel kommt es zum Untergang von Gewebe, also zum Myokardinfarkt. Beim Schlaganfall kommt es zu einer Unterversorgung des Gehirns aufgrund von Atherosklerose und Arteriosklerose. Dabei sterben Nervenzellen ab, was zu einer Funktionsbeeinträchtigung oder zum Funktionsausfall verschiedener Organe führen kann. Durch die Verengung der Arterien (Atherosklerose) und durch deren Verhärtung (Arteriosklerose) ergibt sich eine Tendenz zu erhöhtem Blutdruck, der wiederum das Kreislaufsystem weniger anpassungsfähig werden läßt, um den Anforderungen von Streß und körperlicher Aktivität begegnen zu können. Bluthochdruck (Hypertonie) gilt als wichtigster Risikofaktor für den Herzinfarkt.

Seit Mitte der 60er Jahre sinkt in den USA die durch koronare Herzkrankheiten verursachte Sterberate kontinuierlich ab, ohne jedoch ihre höchste Position im Vergleich zu anderen Todesursachen aufzugeben (Feist & Brannon, 1988). Damals wurde die Schädlichkeit des Rauchens, des Cholesterins und des Bluthochdrucks von offiziellen Stellen deutlich verkündet. Es wird nun angenommen, daß die Amerikaner sich diese Botschaft zu Herzen genommen und ihre Lebensweise verändert haben. Dazu gehören nachweisbar die geringer werdende Zahl von Rauchern, der geringere Konsum von tierischen Fetten und die stärkere Beachtung und Kontrolle des Bluthochdrucks (Stamler, 1985a, 1985b).

Es gibt keine bekannte Einzelursache von koronaren Herzkrankheiten, sondern statt dessen eine ganze Reihe von Risikofaktoren, die in unterschiedlicher Distanz zum Endereignis Herzinfarkt stehen. Bluthochdruck und ein hoher Cholesterinspiegel im Blut gelten z. B. als proximale Faktoren, die ihrerseits von anderen Faktoren bestimmt werden, wie z. B. Rauchen, Ernährung und körperliche Aktivität. Letztere gelten demnach als weiter entfernt in der Kausalkette, ohne deswegen weniger wichtig zu sein. Noch weiter distale Faktoren sind z. B. Persönlichkeit, soziale Integration und genetische Disposition. Übergewicht wird manchmal als Risikofaktor angesehen, der jedoch eng mit Bluthochdruck, Cholesterin und Bewegungsmangel verknüpft ist und möglicherweise nur als Indikator dienen kann, ohne einen selbständigen Einfluß auf das Krankheitsgeschehen auszuüben. Im vorliegenden Zusammenhang interessieren uns die verhaltensbezogenen Risikofaktoren, und wir werden daher kurz auf Rauchen, Ernährung und körperliche Aktivität, vor allem aber auf das sogenannte Typ A-Verhalten eingehen. Damit bezeichnet man eine von Ehrgeiz, Konkurrenzdruck, Ungeduld und Aggression gekennzeichnete Lebensweise, die statistisch zu der Herzinfarktmortalität in Beziehung steht. Das Konstrukt ist umstritten, liefert aber ein Musterbeispiel für gesundheitspsychologische Forschung, und die Auseinandersetzung damit trägt daher zum besseren Verständnis des biopsychosozialen Ansatzes bei.

Auf die Bedeutung von Persönlichkeit, Emotion und Streßbewältigung wird im Kapitel „Persönlichkeit, Streßbewältigung und Krankheitsrisiko" noch einmal näher eingegangen.

Rauchen und koronares Risiko

In einer Reihe von Studien wurde der mögliche Einfluß des Rauchens auf die Entstehung koronarer Herzkrankheiten untersucht (Fielding, 1985; Hoffmeister et al., 1988). Im Abschlußbericht der berühmten Framingham-Studie (Dawber, 1980) wurde mitgeteilt, daß das Rauchen nachweislich mit koronaren Herzkrankheiten bei Männern im Zusammenhang steht. Für Frauen konnte dieser Nachweis nicht geführt werden. In der Honolulu-Herzstudie (Abbott, Yin, Reed & Yano, 1986), in der über 8.000 Männer im Laufe von 12 Jahren beobachtet wurden, gab es unter den Rauchern dreimal so viele Schlaganfälle wie unter den Nichtrauchern. Diejenigen, die während des

Untersuchungszeitraums das Rauchen aufgaben, reduzierten damit ihr Schlaganfallrisiko um mehr als die Hälfte.

Der Zusammenhang zwischen Rauchen und koronaren Herzkrankheiten läßt sich auch am Beispiel des Reinfarkts studieren, also der Wahrscheinlichkeit, mit der bei den Überlebenden eines Herzinfarkts ein zweiter Anfall auftritt. So zeigt sich, daß diejenigen, die nach ihrem ersten Herzinfarkt das Rauchen aufgeben, gegenüber einem weiteren Infarkt besser gewappnet sind bzw. diesen eher überleben (Perkins & Dick, 1985; Scott & Lamparski, 1985; vgl. die Übersicht bei Burling et al., 1984). Es gibt inzwischen auch Hinweise darauf, daß passives Rauchen, also der ständige Aufenthalt von Nichtrauchern in einer tabakrauchverseuchten Umwelt, ihr koronares Risiko erhöht (Garland, Barrett-Connor, Suarez, Criqui & Wingard, 1985).

Ernährung und koronares Risiko

Ein Risikofaktor, der auch mit unserem Eßverhalten zu tun hat, wird durch den Cholesterinspiegel im Blut angezeigt. Cholesterin ist eine lebensnotwendige Substanz, die im Blut in Form von Lipoproteinen zirkuliert, also Fett-Eiweiß-Verbindungen, die sowohl vom Organismus hergestellt als auch über die Nahrung zugeführt werden. Cholesterin ist an dem Prozeß der Atherosklerose beteiligt, bei dem Plaquen aus Lipiden gebildet werden, die sich an den Arterienwänden festsetzen. Als Meßgröße verwendet man den Anteil von Cholesterin (in mg) im Blutserum (in ml). Durchschnittliche Werte liegen (je nach Population) bei etwa 200 mg Cholesterin bezogen auf 100 ml Blutserum. Um zu entscheiden, was viel oder wenig und ab welchem Wert mit einer Gesundheitsgefahr zu rechnen ist, kann man sich an epidemiologischen Untersuchungsbefunden orientieren. In der MRFIT-Studie (Multiple Risk Factor Intervention Trial) wurden Daten von über 350.000 Männern analysiert mit dem Ergebnis, daß ein überhöhter Cholesterinspiegel mit einem höheren koronaren Risiko zusammenhing. Die Beziehung zwischen beiden Merkmalen war kontinuierlich: je höher der Cholesterinspiegel, desto höher das Herzinfarktrisiko. Bei Männern mit einem Cholesterinspiegel von mehr als 245 war das Risiko viermal höher als bei Männern mit einem Cholesterinspiegel unter 180 (Stamler, Wentworth & Neaton, 1986). Damit wurden die früheren Befunde der Framingham-Studie bestätigt (Dawber, 1980).

Obwohl der Gesamtcholesterinspiegel eher niedrig liegen sollte, wendet man heute den verschiedenen Lipoproteinen mehr Aufmerksamkeit zu. Man unterscheidet eine Cholesterinart von hoher Dichte (high density lipoprotein;

HDL) von einer anderen mit geringer Dichte (low density lipoprotein; LDL). Das LDL scheint an der Pathogenese koronarer Herzkrankheiten beteiligt zu sein, während das HDL sogar eine Schutzfunktion zu übernehmen in der Lage ist. Demnach kommt es weniger auf den Gesamtcholesterinspiegel an, sondern auf das Verhältnis der beiden Lipoproteine zueinander (Cooper, 1982).

Was auch immer das optimale Verhältnis sein mag, für unsere Ernährung ändert sich nichts an den schon lange ausgesprochenen Empfehlungen. Die besagen nämlich, daß wir möglichst wenig tierische Fette zu uns nehmen sollten, wie sie etwa in Fleisch, Butter und Käse enthalten sind; statt dessen eher Kohlehydrate, insbesondere aus Vollkornprodukten, Gemüse und Früchten, sowie Ballaststoffe. Viel körperliche Bewegung verhindert Übergewicht und erhöht den Anteil des schützenden HDL. Es gibt auch Anzeichen dafür, daß der Genuß von Fisch eine präventive Wirkung haben kann, wahrscheinlich wegen der Omega 3-Fettsäuren, die man besonders im Lachs findet (Dusheck, 1985). Dies könnte erklären, warum die Japaner und die Grönländer, die viel Fisch essen, weniger häufig unter koronaren Herzkrankheiten leiden.

Körperliche Aktivität und koronares Risiko

Bewegungsmangel ist ein Risikoverhalten im Hinblick auf koronare Herzkrankheiten. Körperliche Aktivität trägt unter anderem dazu bei, die kardiovaskuläre Fitneß zu verbessern. Insbesondere regelmäßige aerobische Sportprogramme, bei denen es auf die Ausdauer ankommt, wie z. B. Laufen, Schwimmen, Radfahren und Ski-Langlauf, erhöhen die Fitneß (Cooper, 1982). Dafür erforderlich ist ein Training, bei dem die Herzfrequenz auf mindestens 60 % über normal getrieben wird, und das mindestens dreimal wöchentlich für mindestens 20 Minuten. Unter solchen Trainingsbedingungen muß das Herz mehr Blut pumpen, um dem höheren Sauerstoffbedarf des Organismus gerecht zu werden. Nach einiger Zeit verringern sich Herzfrequenz und Blutdruck im Ruhezustand, was als Zeichen für bessere Effizienz des Herz-Kreislauf-Systems gewertet werden kann.

Es stellt sich nun die Frage, ob körperliche Aktivität nicht nur die Fitneß verbessern, sondern darüber hinaus auch die Erkrankungsrate (Morbidität) und die Sterberate (Mortalität) verringern kann. Dazu gibt es sehr viele empirische Studien (vgl. Folsom et al., 1985; Garcia-Palmieri, Costas, Cruz-Vidal, Sorlie & Havlik, 1982; Gottlieb & Chen, 1985; LaPorte et al., 1984; Mann et al., 1969; vgl. die Übersicht bei Powell, Thompson, Caspersen & Kendrick, 1987).

Eine der ältesten Arbeiten zum Zusammenhang zwischen Bewegungsmangel und Herzinfarkt wurde in den 50er Jahren in London durchgeführt (Morris, Heady, Raffle, Roberts & Parks, 1953). Die Fahrer der Doppeldeckerbusse, die keine Gelegenheit hatten, sich viel zu bewegen, wurden mit den Schaffnern verglichen, die den ganzen Tag Treppen steigen und im Bus herumlaufen mußten. Diese mehr aktiven Busschaffner hatten nur halb so viele Herzinfarkte wie die mehr passiven Busfahrer. In einer anderen Studie verglichen dieselben Autoren die Herzinfarktquote von Postboten, die ja viel unterwegs sind, mit der von Postschalterbeamten, die den ganzen Tag sitzen. Auch hier gab es mehr Infarkte bei den passiven Männern. Obwohl diese Ergebnisse auf den ersten Blick sehr überzeugend erscheinen, müssen sie doch mit Vorsicht interpretiert werden, denn andere Risikofaktoren sind damals nicht kontrolliert worden. So haben dieselben Autoren später herausgefunden, daß die Busfahrer schon zum Zeitpunkt ihrer Einstellung im Durchschnitt übergewichtiger waren und einen höheren Cholesterinspiegel sowie höheren Blutdruck hatten als die Schaffner, also schon bevor die Unterschiede im Grad körperlicher Aktivität irgendeine gesundheitliche Wirkung zeigen konnten.

Diese Fehlerquelle wurde in einer weiteren Untersuchung dieser Art ausgeschaltet. Kahn (1963) hat im Jahre 1962 das Schicksal von 2.240 Männern verfolgt, die in der Zeit von 1906 bis 1940 entweder als Postboten oder als Postschalterbeamte beschäftigt waren. Beide Gruppen waren zu Beginn ihrer Tätigkeit ungefähr gleich im Hinblick auf Gesundheit, Körpergewicht und Körpergröße und kamen aus derselben sozialen Schicht. In der Gruppe derjenigen, die mindestens 20 Jahre am Schalter saßen, gab es dreimal so viele Herzinfarkt-Todesfälle wie in der Gruppe derjenigen, die mindestens 20 Jahre mit der Briefpost von Haus zu Haus gingen. Viel körperliche Bewegung verringert demnach das koronare Risiko. Interessanterweise kam es darauf an, diese Bewegung auch kontinuierlich durchzuhalten. Bei denen, die ihre Tätigkeit vom Außendienst an den Schreibtisch verlegten, ging die Schutzfunktion verloren; nach mehr als fünf Jahren am Schalter war für die ehemaligen Postboten das Herzrisiko genauso hoch wie für diejenigen, die schon immer am Schalter gesessen hatten. In jungen Jahren aktiv zu sein, scheint demnach keine überdauernde Wirkung auszuüben; vielmehr muß man kontinuierlich trainieren, um fit zu bleiben.

Die Grenzen dieser Studien liegen in ihrem nicht-experimentellen Charakter, denn die Personen sind ihren Lebens- und Berufsbedingungen nicht per Zufall zugewiesen worden, sondern haben sich selber ihren Beruf ausgesucht. Daher gibt es viele mögliche Faktoren, die die Ergebnisse verfälscht haben könnten. Darüber hinaus fehlt eine ganz genaue Bestimmung des tatsächlichen

Aktivitätsgrades, und zwar innerhalb als auch außerhalb der Berufstätigkeit. Es wäre ja denkbar, daß die Schalterbeamten oder Busfahrer mehr Freizeitsport trieben als die Postboten oder Schaffner.

Dieser mehr differenzierte Ansatz wurde in der wegweisenden Studie von Paffenbarger, Wing und Hyde (1978) verfolgt. Die Autoren haben fast 17.000 ältere Männer untersucht, die vor ungefähr einem halben Jahrhundert an der Harvard University studiert haben. Zur quantitativen Bestimmung der Bewegungsintensität wurde ein körperlicher Aktivitätsindex verwendet, der die wöchentliche Körperarbeit in Kilokalorien (kcal) zum Ausdruck brachte. Wer z. B. täglich einmal die Treppe hochstieg, erhielt dafür einen Wert von 28 kcal pro Woche; wer einen anstrengenden Sport ausübte wie z. B. Laufen, erhielt 10 kcal pro Minute. Ungefähr 60 % der Männer erzielten einen Aktivitätsindex von unter 2.000 kcal pro Woche. In dieser Gruppe war das koronare Risiko um 64 % höher als in der aktiven Gruppe derer, die mehr als 2.000 kcal pro Woche erzielten. Grundsätzlich galt, daß ein kontinuierlicher Anstieg der Aktivität mit einer kontinuierlichen Abnahme des Risikos verbunden war, aber nur bis zu dem Wert von 2.000 kcal, der ungefähr einer Laufleistung von 33 km pro Woche entsprach. Darüber hinaus noch weiter Sport zu treiben, hatte keine zusätzliche protektive Wirkung, denn die Herzinfarkt-Mortalitätsrate nahm nicht weiter ab (vgl. auch Paffenbarger, Hyde & Wing, 1990).

Auch in der schon zitierten Framingham-Studie, in der mehr als 6.500 Männer und Frauen über 24 Jahre hinweg beobachtet worden sind, erwies sich die körperliche Aktivität als segensreich. Bei Männern mit sitzender Berufstätigkeit war die Herzinfarktquote dreimal so hoch wie bei den aktivsten Männern; bei passiven Frauen war sie 2.5mal so hoch wie bei aktiven Frauen (Dawber, 1980). Es sei in diesem Zusammenhang angemerkt, daß Frauen ein geringeres koronares Risiko aufweisen als Männer.

Typ A-Verhalten und koronares Risiko

Da die bekannten Risikofaktoren wie Rauchen, Bluthochdruck und hoher Cholesterinspiegel nur weniger als die Hälfte der Inzidenzrate von koronaren Herzkrankheiten vorherzusagen gestatten, lag es nahe, noch weitere Einflußgrößen auf der Seite des Verhaltens und der Persönlichkeit zu suchen.

In den 50er Jahren haben die beiden Kardiologen Meyer Friedman und Ray Rosenman Beobachtungen angestellt, die weitreichende Konsequenzen für die medizinische Forschung sowie für die Entwicklung von Verhaltensmedizin und Gesundheitspsychologie gehabt haben. Sie entdeckten bei ihren Herzpatienten typische Verhaltensweisen, die bei anderen Patienten nicht in demselben Maße auftraten. Dazu gehörten ehrgeiziges Leistungsstreben, Konkurrenzdruck, Zeitdruck, Ungeduld, Aggressivität und Feindseligkeit. Dieses Verhaltensmuster nannten sie Typ A und das Gegenteil davon Typ B (Friedman & Rosenman, 1974, 1985). Der Typ A ist demnach in einen unaufhörlichen aggressiven Kampf involviert, um in immer kürzerer Zeit immer mehr zu erreichen (vgl. auch Siegrist, 1985).

Das Typ A-Verhaltensmuster wurde schnell populär, und viele Studien setzten sich das Ziel, empirische Zusammenhänge zum Auftreten von Herzinfarkt zu ermitteln. Die theoretische Aufarbeitung des Konstrukts durch Psychologen erfolgte erst viel später. Glass (1977) hat in einer Reihe von Experimenten die Reaktionsweise von Typ A-Personen näher untersucht und die Bedingungen isoliert, auf die bevorzugt mit Ungeduld, Ärger, Aggression oder auch Hilflosigkeit reagiert wird (vgl. auch Glass & Carver, 1980). Eine Einbettung des Typ A-Konzepts in die sozial-kognitive Theorie von Bandura hat Virginia Price (1982) auf vorzügliche Weise vorgenommen, doch leider sind ihre theoretischen Überlegungen von der Fachöffentlichkeit nur unzureichend rezipiert worden (vgl. als Ausnahme Matteson, Ivancevich & O'Gamble, 1987). Eine Reihe von Experimenten widmete sich der Frage nach den Kognitionsinhalten von Typ A-Personen (Janisse & Dyck, 1988; Leppin & Schwarzer, 1989; Rhodewalt, 1984; Strube, 1985; Weidner, 1980). Demnach scheinen diese Leute Herausforderungen, Bedrohungen und Schädigungen akzentuiert wahrzunehmen und darauf emotional und kardiovaskulär stärker zu reagieren. Für sie „steht viel auf dem Spiel", und bei Mißerfolg bedienen sie sich selbstwertdienlicher Kognitionen.

Die Messung des Typ A-Verhaltensmusters erfolgte auf unterschiedliche Weisen. Die beiden verbreitetsten Meßmethoden sind das Strukturierte Interview (SI; Rosenman, 1978) und der Jenkins Activity Survey (JAS; Jenkins, Zyzanski & Rosenman, 1979). Im SI werden die Probanden danach gefragt, wie sie typischerweise auf Anforderungssituationen reagieren, die geeignet erscheinen, Ungeduld, Konkurrenzstreben und Feindseligkeit zu erzeugen. Der Interviewer notiert nicht nur die Antworten, sondern auch die Sprechweise, Lautstärke und Sprechgeschwindigkeit. Es hat sich nämlich gezeigt, daß Typ A-Personen eher explosiv, laut und schnell sprechen. Der JAS dagegen ist ein Papier-und-Bleistift-Verfahren mit drei Unterskalen, nämlich Tempo und Ungeduld, berufliches Engagement und energisches Konkurrenzstreben. Hier wird das Typ A-Konzept eher als ein Kontinuum aufgefaßt, während beim SI eher die dichotome Klassifikation A/B beabsichtigt ist. Obwohl der JAS sehr reliabel und schneller und sparsamer in der

Anwendung ist als das SI, wird meist empfohlen, lieber das SI einzusetzen, weil es valider zu sein scheint, d. h. Herzinfarkte können damit eher vorhergesagt werden (Booth-Kewley & Friedman, 1987).

In einer der großen Längsschnittstudien zur Erfassung von Herz-Kreislauf-Krankheiten, nämlich der Western Collaborative Group Study (WCGS), wurde der JAS eingesetzt (Jenkins, Rosenman & Zyzanski, 1974; Rosenman & Chesney, 1985). Hier wurden 3.524 Männer in Kalifornien über 8 ½ Jahre hinweg beobachtet. Mit dieser Studie war es gelungen, das koronare Risiko für Typ A-Männer quantitativ zu bestimmen: je höher der JAS-Wert ausfiel, um so höher lag die Herzinfarkt-Mortalitätsrate, und zwar nach Berücksichtigung anderer Risikofaktoren wie Alter, Blutdruck, Cholesterinspiegel und Rauchen. Als Typ A klassifiziert zu sein, bedeutete, ein doppelt so hohes Risiko zu tragen wie ein Typ B. Andere Studien, die zum Teil andere Meßinstrumente benutzten, konnten diesen Befund bestätigen. Die bekannteste davon ist die Framingham-Studie (Dawber, 1980; Haynes, Feinleib & Kannel, 1980; Haynes, Levine, Scotch, Feinleib & Kannel, 1978). Hier wurde die Einteilung in Typ A und Typ B allerdings nur mit einer simplen 10-Item-Skala vorgenommen. Typ A-Männer im Alter von 55 bis 64 Jahren erlitten doppelt so häufig einen Herzinfarkt wie Typ B-Männer. Die Befundlage galt auch für Frauen in entsprechender Weise.

Ursprünglich war angenommen worden, daß das Typ A-Verhalten aufgrund von geschlechtsspezifischen Sozialisationsbedingungen in erster Linie ein männliches Muster sei, das bei Frauen nur selten vorkomme, doch hat sich dies später als ein Irrtum herausgestellt (Baker, Dearborn, Hastings & Hamberger, 1984; Greenglass, 1985; Price, 1982).

Die Übereinstimmung der Befundlage zwischen den beiden großen epidemiologischen Längsschnittstudien an der amerikanischen West- und Ostküste sowie der vielen gleichsinnigen Ergebnisse kleinerer Arbeiten und der Grundlagenforschung (Glass, 1977) hat dazu geführt, daß ein bedeutender Ausschuß des National Heart, Lung and Blood Institute im Jahre 1981 zu der Schlußfolgerung gelangte, das Typ A-Verhalten sei bei berufstätigen Personen im mittleren Alter mit koronaren Herzkrankheiten verbunden, und zwar unabhängig von den üblichen Risikofaktoren (zit. nach Schneiderman et al., 1989, S. 662). Damit war zum ersten Mal ein psychosozialer Risikofaktor von den Medizinern anerkannt worden, ein wissenschaftspolitisches Ereignis, das der jungen Gesundheitspsychologie Aufschwung verlieh. Die Euphorie kam jedoch schnell zum Erliegen, als andere, methodisch ebenfalls anspruchsvolle Studien die ursprünglichen Befunde nicht bestätigen konnten (vgl. Matthews & Haynes, 1986).

Die 257 Patienten der WCGS, die ihren Herzinfarkt überlebten, wurden inzwischen noch einmal untersucht, womit der Zeitraum dieser Längsschnittstudie auf 22 Jahre ausgedehnt wurde (Ragland & Brand, 1988). Paradoxerweise ist in dieser Reststichprobe die Herzinfarktmortalitätsrate höher für den Typ B als für Typ A-Personen. In der Framingham-Studie erwies sich inzwischen die Reinfarktquote als unabhängig vom Verhaltenstyp (Eaker & Castelli, 1988). In dem Multiple Risk Factor Intervention Trial (MRFIT; Shekelle, Gale & Norusis, 1985) wurden Männer im Alter von 35 bis 57 Jahren über sieben Jahre hinweg untersucht und zum Teil auch behandelt, denn sie verfügten aufgrund von Rauchen, Blutdruck und Cholesterinspiegel über ein erhöhtes Herzinfarktrisiko. Sowohl das SI als auch der JAS wurden hier eingesetzt, aber nach Ablauf des Untersuchungszeitraums gab es keinen Zusammenhang zwischen dem Verhaltenstyp und der Herzinfarkt-Inzidenzrate. Auch das Multicenter Post-Infarction-Program (Case, Heller, Case & Moss, 1985) und die Aspirin-Myokardinfarkt-Studie (Shekelle et al., 1985) konnten keine Hinweise darauf finden, daß der Typ A einen unabhängigen Risikofaktor darstellt.

Was soll man nun davon halten? Die Forschung ist voll von inkonsistenten Befunden, was aber keineswegs Grund zur Resignation darstellen sollte. Vielmehr liegt in der Widersprüchlichkeit gerade der Keim für Erkenntnisfortschritt. In unserem Fall benötigt man zunächst einen verläßlichen Überblick über die Befundlage und sodann weiterführende theoretische Überlegungen. Die beste Integration des Forschungsstandes erreicht man mit der Methode der Meta-Analyse. Dies haben Booth-Kewley und Friedman (1987) für den Zusammenhang zwischen koronaren Herzkrankheiten und psychologischen Merkmalen geleistet (vgl. dazu auch Matthews, 1988, und Nöldner, 1990). Sie haben alle bis dahin erschienenen einschlägigen Arbeiten überprüft und deren Beziehungsmaße kumuliert und integriert. Als Effektgrößen wählten sie Korrelationskoeffizienten (Tabelle 9).

Aus den ersten drei Zeilen der Tabelle entnehmen wir, daß es in der Tat einen Zusammenhang gibt, der nicht zu vernachlässigen ist. Die Korrelationen erscheinen im Vergleich zu Risikoquoten sehr gering, doch sie sind von großer Bedeutung, wenn - wie hier beim Herzinfarkt - viel auf dem Spiel steht. Die Interpretation von Effektgrößen in der Meta-Analyse haben wir an anderer Stelle erläutert (Schwarzer & Leppin, 1989a, insbes. S. 122, S. 210-213 und S. 244). Offenbar ist der Effekt aber nur aufgrund des SI zustandegekommen, während sich der JAS als weniger valide erwiesen hat. Das verwundert nicht, denn in der theoretischen Diskussion hat sich seit langem der Komplex Ärger - Feindseligkeit - Aggression als zentral herausgeschält - Komponenten, die vom JAS nicht erfaßt werden (Rosenman & Chesney, 1985; Schwenkmezger, 1990; Spielberger, Krasner & Solomon, 1988; Weber, 1990).

Tabelle 9

Meta-Analyse des Zusammenhangs zwischen psychologischen Variablen und koronaren Herzkrankheiten (aus Booth-Kewley & Friedman, 1987, S. 350)

	Zahl der unabhängigen Effektgrößen	Mittlere Effektgröße r
Typ A	34	.11
Typ A (JAS)	17	.07
Typ A (SI)	8	.20
Ärger	7	.14
Feindseligkeit	11	.17
Aggression	6	.06
Depression	11	.23
Extraversion	15	.07
Ängstlichkeit	14	.14

Auch die vorliegende Meta-Analyse zeigt relativ hohe Werte für Ärger und Feindseligkeit als Einzelkomponenten, die mit psychometrischen Skalen gemessen worden sind. Die höchste Effektgröße liegt erstaunlicherweise bei der Depression, einem Merkmal, das bisher nicht näher im Zusammenhang mit koronarem Risiko diskutiert worden ist (mit einigen Ausnahmen, z. B. Falger, 1984). Es bleibt abzuwarten, ob sich diese Variable in Zukunft als valider Prädiktor für Herzinfarkt erweist. Booth-Kewley und Friedman (1987) ziehen aus ihrer Meta-Analyse den Schluß, daß sich das Typ A-Konzept als Prädiktor bewährt hat, es jedoch um andere Merkmale ergänzt werden müsse. Sie betonen die Rolle von negativen Emotionen im Krankheitsprozeß, insbesondere von Depression, Angst und Feindseligkeit.

Dies ist heute die vorherrschende Auffassung, wobei der Mittelpunkt des Interesses jedoch auf der *Feindseligkeit* als einem koronaren Risikofaktor liegt. Schon früher war man darauf gestoßen, als man in der Western Collaborative Group Study die einzelnen Ratings des SI mehr spezifisch untersuchte (Matthews, Glass, Rosenman & Bortner, 1977). Nach entsprechender Reanalyse aller Daten dieser Studie konnte die herausragende Bedeutung der Feindseligkeitseinschätzungen bestätigt werden (Chesney, Hecker & Black, 1988). Andere Aspekte, wie etwa Sprechexplosivität oder Lautstärke, erwiesen sich dagegen als irrelevant (Dembroski & Costa, 1988). Offenbar hat die frühere Verwendung von Gesamtwerten sowie die Klassifikation in Typ A und Typ B wichtigere Einzelkomponenten verdeckt. In der MRFIT-Studie, die häufig als Beleg gegen das Typ A-Konzept ins Feld geführt wird, wurde nun doch noch ein bedeutsamer Befund zutage gefördert, der das Typ A-Konzept stützt, nämlich ein Zusammenhang zwischen Feindseligkeit und Herzinfarkt-Inzidenz (Dembroski, MacDougall, Costa & Grandits, 1989).

Es gab zuvor Studien, die dem Zusammenhang zwischen koronaren Herzkrankheiten und Feindseligkeit nachgegangen waren, aber die im Schatten des Typ A-Konzepts standen und daher weniger Aufmerksamkeit erfuhren. So haben Barefoot, Dahlstrom und Williams (1983) über 25 Jahre hinweg Ärzte untersucht und genau den fraglichen Zusammenhang gefunden. Auch in einer finnischen Studie war die Feindseligkeit, gemessen mit nur drei Items, mit dem Auftreten von Herzinfarkt verbunden (Koskenvuo et al., 1988). Andere Studien haben dies jedoch nicht bestätigt (Hearn, Murray & Luepker, 1989). Hier spiegelt sich wieder die Inkonsistenz in der Befundlage, und auch hier geht der Trend dahin, das Konstrukt weiter aufzuspalten und mehr im Detail nach der Wurzel des Übels zu fahnden. So hat sich Feindseligkeit, wie sie mit der Unterskala des MMPI gemessen wird, als mehrdimensional erwiesen (Barefoot, Dodge, Peterson, Dahlstrom & Williams, 1989). Untermengen von Items, die Zynismus, feindseligen Affekt und aggressive Reaktionsbereitschaft erfassen, stehen demnach am engsten mit der Herzinfarkt-Sterberate in Verbindung.

Sollte sich die Annahme bestätigen, daß ein Persönlichkeitsmerkmal wie Feindseligkeit - nach eindeutiger Konstruktdefinition und Operationalisierung - einen unabhängigen psychosozialen Beitrag über die anderen Risikofaktoren hinaus liefert, dann muß im nächsten Schritt mehr Klarheit gewonnen werden über die physiologischen Prozesse, die zwischen der Persönlichkeit und der Krankheitsentstehung liegen. Ein erster Schritt dazu ist getan, indem festgestellt wurde, daß feindselige Personen über höhere LDL-Werte verfügen als nicht-feindselige (Lundberg, Hedman, Melin & Frankenhaeuser, 1989). Dieses Cholesterin könnte also ein Stück der noch fehlenden Verbindung in einem theoretischen Erklärungsmodell darstellen.

Persönlichkeit, Streßbewältigung und Krankheitsrisiko

In den beiden vorangegangenen Kapiteln lag der Schwerpunkt der Betrachtung auf dem Risikoverhalten, also der Annahme, daß die Wahrscheinlichkeit, an Krebs oder Myokardinfarkt zu erkranken oder zu sterben, nicht nur auf biologischen, sondern auch auf verhaltensbezogenen Faktoren beruht. In diesem Kapitel wird der Schwerpunkt weiter in Richtung Persönlichkeit verschoben, also auf die Frage, ob es überdauernde Merkmale einer Person gibt, die diese dazu disponieren, eher die eine oder die andere Krankheit zu erleiden. Die Darstellung wird hier wieder auf Krebs und koronare Herzkrankheiten beschränkt, den beiden Haupttodesursachen, obwohl sich die Analyse leicht auf ein breiteres Spektrum von Erkrankungen ausweiten ließe. Die allgemeine Fragestellung läßt sich auch so formulieren: Gibt es in psychosozialer Hinsicht individuelle Unterschiede zwischen Menschen, die in einem statistischen Zusammenhang zur Krankheitsentstehung, Krankheitsverarbeitung und zur Überlebensrate stehen? Lassen sich differentielle Beziehungen herstellen zur Pathogenese, Morbidität und Mortalität? Die folgende Kurzdarstellung hat zum Ziel, den Leser für diese Fragestellung zu sensibilisieren, ohne jedoch das Thema erschöpfend behandeln zu können, weil dies den Rahmen eines Einführungsbandes über Gesundheitsverhalten sprengen würde (vgl. Friedman, 1990).

So brisant die Thematik auch ist, es darf nicht verschwiegen werden, daß wir uns hier noch auf unsicherem Terrain bewegen, wo gewagte Spekulationen erst allmählich durch empirische Daten ersetzt werden. Aber die gesundheitspsychologische Forschung hat in den letzten Jahren gewaltige Fortschritte gemacht, und es erscheint geboten, auch solche umstrittenen Befunde zu referieren, von denen sich einige vielleicht bald als gesichertes Wissen herausstellen könnten.

Schon lange hat man darüber spekuliert, welche Persönlichkeiten dazu neigen, einen Herzinfarkt zu erleiden, und die fast 30 Jahre alte Typ A-Forschung hat den empirischen Nachweis erbracht, daß es schwache Zusammenhänge zwischen diesem Verhaltensmuster und dem Auftreten von koronaren Herzkrankheiten gibt. Wir haben im vorigen Abschnitt gesehen, wie sich diese Forschungsrichtung gewandelt hat, nachdem einige Rückschläge in den 80er Jahren hingenommen werden mußten. Man hat jetzt einige Persönlichkeitsmerkmale im Visier, darunter vor allem den Merkmalskomplex Ärger, Feindseligkeit und Aggression (Eysenck, 1990), aber auch Depression und andere Merkmale (Booth-Kewley & Friedman, 1987; Friedman & Booth-Kewley, 1987a, 1987b). Auch für die Entstehung von Krebserkrankungen werden Persönlichkeitszüge mitverantwortlich gemacht, wobei die Krebspersönlichkeit sich durch die Unterdrückung von Emotionen, mangelnde Streßbewältigung, Hoffnungslosigkeit und Depressionen auszeichnen soll. Die empirische Befundlage ist widersprüchlich, gibt aber einige Hinweise, die man nicht unterschlagen sollte. Bei Lungenkrebspatienten z. B. hat man zwar eine Mehrzahl von kritischen Lebensereignissen gefunden, insbesondere Verlusterlebnisse und Instabilität im Bereich von Ehe und Beruf (Horne & Picard, 1979), aber das Rückerinnern solcher Ereignisse durch Patienten ist forschungsmethodisch ein unzureichender Weg, und andere Studien konnten die Ergebnisse nicht bestätigen. Weniger die Anzahl kritischer Lebensereignisse als vielmehr die persönlichkeitsabhängige Art und Weise ihrer Bewältigung scheint von größerer Bedeutung zu sein. Insbesondere die Unfähigkeit, in Belastungssituationen Gefühle zum Ausdruck zu bringen, ist immer wieder bei Krebspatienten beobachtet worden, z. B. bei Brustkrebspatientinnen (Becker, 1986; Greer & Morris, 1978). Es gibt auch empirische Hinweise darauf, daß schon im prämorbiden Stadium - oder zumindest einige Jahre vor der Diagnose - die Depressionswerte späterer Krebspatienten höher lagen als bei Gesunden (Dattore et al., 1980); bei einer für die USA repräsentativen Studie ist jedoch kein Zusammenhang zwischen Depression und Krebserkrankung vorgefunden worden (Zonderman, Costa & McCrae, 1989). In Analogie zum Typ A hat man im Zusammenhang mit der Krebspersönlichkeit auch vom Typ C (c wie cancer) gesprochen (vgl. Baltrusch, Stangel & Waltz, 1988; Eysenck, 1985; 1993; Temoshok, 1987; Temoshok & Dreher, 1992).

Im folgenden soll etwas näher auf die Theorie des berühmten Londoner Psychologen Hans Eysenck sowie auf die Untersuchungen seines Heidelberger Kollegen Ronald Grossarth-Maticek eingegangen werden, weil es sich hier um einen besonders kontroversen Ansatz handelt, der vom „mainstream" abweicht, und weil die Studien, die als Beleg für ihn herangezogen werden, häufig entweder ignoriert oder zum Gegenstand von Auseinandersetzungen wurden. Drei große prospektive Längsschnittstudien sind über 10 bis 20 Jahre durchgeführt worden, die erste in Jugoslawien, die anderen beiden in Heidelberg (Grossarth-Maticek, Eysenck & Vetter, 1988). Dabei wurde ein Persönlichkeitsfragebogen eingesetzt, auf dessen Grundlage die Personen in vier Typen (später sechs) eingeteilt wurden. Typ I soll die Krebspersönlichkeit darstellen, die durch Betonung von Verlusterlebnissen, Abhängigkeit von anderen Menschen, Gefühlsunterdrückung, Hilflosigkeit und Depression gekennzeichnet ist (unter Depression ist hier eine leichte reaktive Depression etwa im Sinne von erlernter Hilflosigkeit zu verstehen). Typ II repräsentiert die koronare Risikopersönlichkeit, charakterisiert durch Ärger, Feindseligkeit und Aggression, aber auch ebenfalls Abhängigkeit von anderen Menschen. Typ III ist eher der instabile, ängstliche, aber auch abhängige Mensch. Typ IV stellt die autonome Persönlichkeit dar, die auch in schwierigen Lebenslagen die sozialen Anforderungen regulieren kann und sich von den Bedürfnissen anderer unabhängig macht, d. h. sich auch von anderen Menschen zu trennen bereit ist und aktiv neue Sozialbeziehungen aufbaut.

Diese vier Typen sollen nun mit der Entstehung und Bewältigung bestimmter Krankheiten in Zusammenhang stehen, wie die empirischen Befunde wiederholt unterstreichen. Die folgende Analyse beruht auf einer Heidelberger Teilstichprobe von 1.042 Personen, die von ihren Freunden oder Bekannten als „gestreßt" bezeichnet wurden. Während in der „nicht gestreßten" Gruppe von 872 Personen 89 % den Untersuchungszeitraum überlebten, waren es hier nur 50 %. Dies legt die Vermutung nahe, daß „Streß" mit einer höheren Mortalitätsrate einhergeht, ohne daß jedoch zureichend geklärt wäre, was die jeweiligen Angehörigen genau unter Streß verstanden haben mögen.

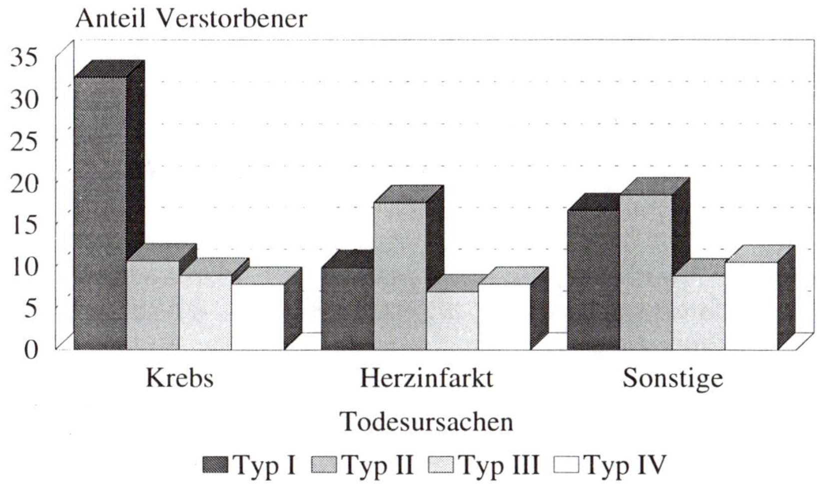

Abbildung 22. *Todesursachen bei unterschiedlichen Persönlichkeitstypen (nach Daten von Eysenck, 1991).*

Die Abbildung 22 beruht somit auf den 476 Gestorbenen (45,7 %). Die Prozentzahlen beziehen sich auf den entsprechenden Typ, z. B. gab es 421 Typ I-Personen, von denen 40,8 % überlebten, und von denen 32,6 % an Krebs, 9,9 % an Herzinfarkt und 16,7 % an anderen Ursachen starben. Wie man sieht, sterben Typ I-Personen überzufällig häufig an Krebs, während Typ II-Personen eher an Herzinfarkt zugrunde gehen, womit die prognostische Validität dieser Typologie bestätigt wurde.

Der Persönlichkeitstyp erwies sich als besserer Prädiktor als andere Risikofaktoren wie Rauchen, Blutdruck oder Cholesterinspiegel. Darüber hinaus ergab sich eine synergistische Beziehung zwischen dem Rauchen und der Persönlichkeit im Hinblick auf die Zahl der Lungenkrebs-Todesfälle (Abbildung 23).

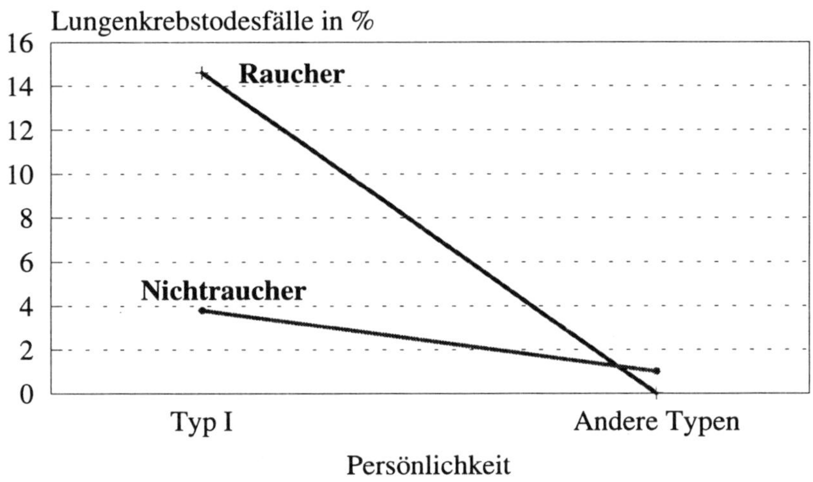

Abbildung 23. *Synergistische Beziehung zwischen Persönlichkeit und Rauchen zur Lungenkrebsmortalität (nach Daten von Eysenck, 1991).*

Von 236 Nichtrauchern, die dem Typ I angehörten, gab es 9 Lungenkrebstote (3,8 %), während von den 253 Rauchern dieses Typs 37 an dieser Krankheit starben (14,6 %). Für andere Persönlichkeiten dagegen spielte es keine Rolle, ob sie Raucher waren oder nicht, denn für diese Kategorie gab es nur insgesamt 3 Krebstote. Dieses Phänomen ist von zentraler Bedeutung im Rahmen von Eysencks *Theorie des multifaktoriell-synergistischen Krankheitsrisikos*. Sie zielt auf das komplizierte Zusammenwirken einer Vielzahl von Ko-Faktoren, die genetischer, umweltbezogener oder psychosozialer Art sein können.

Neuerdings haben Grossarth-Maticek und Eysenck (1990) die Zahl ihrer Persönlichkeitstypen auf sechs erhöht. Typ V kennzeichnet eine rationalantiemotionale Persönlichkeit, die den Typen I und II ähnelt, während Typ VI eher eine psychopathische Persönlichkeit spiegelt, wie man sie oft bei Medikamentenabhängigen finden soll. Aus der Heidelberger Stichprobe wurden 216 Männer und Frauen im Alter von durchschnittlich 47 Jahren in einer Weise ausgelesen, daß auf jeden der sechs Typen genau 36 Personen entfielen. Die Krankheiten und Todesfälle wurden 13 Jahre nach der Persönlichkeitsmessung erfaßt, so daß sich die Anfälligkeit jedes Typs für bestimmte Leiden einwandfrei ermitteln ließ. Tabelle 10 setzt die verschiedenen Diagnosen zur Persönlichkeit in Beziehung.

Tabelle 10
Häufigkeit verschiedener Diagnosen in Beziehung zur Persönlichkeit (nach Grossarth-Maticek & Eysenck, 1990, S. 360)

	Typ					
Diagnose	I	II	III	IV	V	VI
Endogene Depression	1	1	3	1	27	1
Medikamentenabhängigkeit	9	8	11	0	0	25
Rheumatische Arthritis	3	1	2	0	16	1
Magen-Darm-Geschwüre	2	19	1	1	2	0
Bluthochdruck	1	29	4	0	1	1
Diabetes	1	15	1	0	1	0
Infarkt/Schlaganfall	3	14	1	0	0	1
Krebs	11	2	1	1	4	3

Wie man unschwer erkennt, treten die erwarteten Zusammenhänge tatsächlich auf, nämlich die relativ meisten Krebsdiagnosen beim Typ I, Herzkreislaufkrankheiten beim Typ II, Depressionen beim Typ V und Medikamentenabhängigkeit beim Typ VI, während der Typ IV so gut wie frei von Krankheiten bleibt. Die Typen I, II und V wurden daraufhin als krankheitsbelastet bezeichnet und die Typen III, IV und VI als relativ gesund. Dies führte zu einer weiteren Methode der Datengewinnung, nämlich einer Prozeßdiagnostik, die zum Ziel hatte, die Statusveränderung im Verlauf eines halben Jahres zu erfassen und daraus auf die Sterbewahrscheinlichkeit zu schließen. Wer seine Skalenwerte für den Typ III, IV oder VI in diesem Zeitraum verbesserte oder diejenigen in den Skalen I, II und V verringerte, wies eine positive Entwicklung auf; diese Daten für die Entwicklung wurden den Daten für Stagnation gegenübergestellt, womit das Gleichbleiben oder die Verschlechterung der Werte gemeint war. Diese dynamische Meßmethode erlaubte eine noch deutlichere Vorhersage der krankheitsspezifischen Mortalitätsraten im Sinne der Theorie, d. h. im Falle von Stagnation gab es innerhalb der einzelnen Persönlichkeitstypen mehr Todesfälle. So gab es z. B. für den Typ I 38 Krebstote, von denen 35 unter Stagnation klassifiziert waren gegenüber nur 3 bei denen, die eine positive Entwicklung durchmachten. Unter der Annahme, daß „Streß" eine wichtige Todesursache darstellt, bedeutet „Entwicklung" eine adaptive Streßbewältigung, während „Stagnation" ein rigides Verharren auf ungeeigneten Bewältigungsmustern oder eine Fehlanpassung anzeigt.

Viele Forscher stimmen darin überein, daß Krebs oder Herzinfarkt nicht eine einzige Ursache haben, sondern daß sie durch eine Reihe von Bedingungen zustande kommen, die ihrerseits in Wechselwirkung zueinander stehen können (vgl. Perkins, 1989). Eysenck (1991) verfolgt diesen Gedanken konsequent, indem er einen multifaktoriell-synergistischen Ansatz vertritt, der ihn zu Aussagen veranlaßt, die von manchen Wissenschaftlern und Gesundheitserziehern eher skeptisch betrachtet werden. So behauptet er z. B., Rauchen sei keine Ursache von Lungenkrebs; wer nicht zum Typ I gehöre, sei kaum gefährdet, an Lungenkrebs zu sterben, auch wenn er viel raucht. Hinter dieser Aussage steht das synergistische Modell, nach dem sich allein das Zusammenwirken mehrerer Risikofaktoren in Morbidität und Mortalität niederschlägt. So zeigt Eysenck (1991) anhand der Heidelberger Daten, daß dies auch dann gilt, wenn man die Zahl der täglich gerauchten Zigaretten zugrunde legt. Bei Nichtrauchern und Rauchern von weniger als 20 Zigaretten täglich gibt es kaum Unterschiede in den Lungenkrebstodesfällen zwischen den Persönlichkeitstypen[2]. In der Gruppe der starken Raucher von 41 bis 60 Zigaretten jedoch fand er 16,8 % Lungenkrebstodesfälle bei den Typen I und II gemeinsam, gegenüber nur 6,9 % bei den restlichen Persönlichkeitstypen gemeinsam.

Eine ebenfalls synergistische Beziehung entdeckte er zwischen dem Risikofaktor „erbliche Belastung" und der Persönlichkeit. Der Anteil der Lungenkrebstodesfälle steigt mit der Zahl der nahen Verwandten, die ebenfalls an Lungenkrebs gestorben waren, aber dies gilt um so mehr für die Typen I, II und V. Anschließend kombiniert er drei Risikofaktoren, nämlich Rauchen, erbliche Belastung und Persönlichkeit, und erzielt damit eine noch bessere Vorhersage der Lungenkrebstodesfälle. Es bleibt allerdings unklar, warum

---

[2] In demselben Artikel spricht Eysenck unglücklicherweise manchmal von Streß, wenn er die Typen I, II und V gemeinsam meint, und manchmal ebenfalls von Streß als Ergebnis einer Einschätzung durch Freunde und Verwandte, was zur Konfusion beiträgt.

Eysenck bei dieser Analyse die Typen I, II und V zusammenfaßt, obwohl doch gerade der Typ I die Krebspersönlichkeit ausmachen soll und ansonsten mit dem Herztyp II kontrastiert wird. Damit untergräbt er die zuvor behauptete diskriminante Validität der Typen.

Die bisher referierten Ergebnisse betrafen die Vorhersage von Krankheitsdiagnosen oder Sterberaten auf der Grundlage von früher erhobenen Persönlichkeitsdaten im Rahmen einer prospektiven Längsschnittstudie. So eindrucksvoll diese Befunde auch sind, ihre Gültigkeit läßt sich noch weiter untermauern, wenn man zeigen kann, daß eine gezielte Persönlichkeitsveränderung ebenfalls das Erkrankungsrisiko mitverändert. Genau dies ist auf dem Wege über eine Psychotherapie demonstriert worden. Dabei wurde versucht, Menschen, die als Typ I oder II eingestuft waren, in Richtung auf den Typ IV zu modifizieren. Dies geschah, indem ihnen vermittelt wurde, wie sie ihre Emotionen auf sozial akzeptable Weise zum Ausdruck bringen, wie sie ihr Leben autonom meistern und wie sie erfolgreich Streßsituationen überwinden können. Das Verfahren, die „kreative Erneuerungstherapie" (creation novation therapy) oder auch „Autonomietraining", ist näher beschrieben bei Grossarth-Maticek und Eysenck (1991).

Drei Interventionsstudien sind bisher veröffentlicht und von Eysenck und Grossarth-Maticek (1991) zusammengefaßt worden. So wurden z. B. 100 Krebstypangehörige ausgewählt, von denen die Hälfte, die nach dem Zufallsprinzip bestimmt wurde, die Therapie erhielt. Die Versuchspersonen wurden im Verlauf mehrerer Monate etwa insgesamt 30 Stunden im Sinne des Typs IV beeinflußt. Zehn Jahre später wurde dann ausgezählt, wieviele in beiden Gruppen an Krebs gestorben sind. Während es in der Kontrollgruppe 42 % waren, waren es in der Versuchsgruppe nur 26 %. Vergleichbare Therapieerfolge melden die Autoren für eine entsprechende Intervention beim Typ II, wo vielen der Behandelten der vorzeitige Herztod erspart geblieben sei.

In einer weiterführenden Untersuchung sollte geprüft werden, ob der Erfolg wirklich auf diese spezifische Behandlungsmethode zurückzuführen war, oder ob vielleicht irgendeine beliebige Psychotherapie gleichartige Ergebnisse hervorbringen würde. Die Autoren haben daher einer zusätzlichen Versuchsgruppe eine psychoanalytische Behandlung zuteil werden lassen. Die Untersuchung zeigte ein frappierendes Ergebnis: Wer sich keiner psychoanalytischen Behandlung unterzogen hatte, erhielt eine höhere Überlebenschance. Eysenck (1991) zieht daraus die Schlußfolgerung, „the more psychoanalysis, the greater the mortality!". Er interpretiert diesen Sachverhalt mit der Tendenz der Psychoanalyse, gerade nicht die Autonomie des Klienten zu fördern, sondern ihn von der langdauernden Behandlung und vom Analytiker selbst abhängig zu machen. Der Kern der „kreativen Erneuerungstherapie“, die der Verhaltenstherapie verpflichtet ist, liegt aber gerade in der Förderung von Autonomie, d. h. der Fähigkeit, in seinen Gedanken, Gefühlen und Handlungen ein unabhängiger Mensch zu sein, auch wenn streßreiche Anforderungen dies erschweren. Offenbar ist diese Fähigkeit oder Eigenschaft, die den Typ IV auszeichnet, in hohem Maße adaptiv angesichts von Streß und führt somit zu einer geringeren Anfälligkeit gegenüber Krankheiten aller Art. Da Krebs und Herzinfarkt die häufigsten Todesursachen darstellen, wird an der Nichtbetroffenheit davon die allgemeine Invulnerabilität der autonomen Persönlichkeit besonders deutlich (vgl. Eysenck, 1993).

Kritische Einschätzung der Untersuchungen von Grossarth-Maticek und Eysenck

Die Annahme der Persönlichkeitsbedingtheit von Krankheiten hat es schon im Altertum gegeben, aber erst in den letzten Jahrzehnten sind brauchbare empirische Studien durchgeführt worden, die einen Erkenntnisfortschritt dokumentieren. Allerdings stehen die meisten Befunde auf tönernen Füßen, weil es sich oft nur um querschnittliche Vergleiche von Patienten handelt, seltener dagegen um prospektive Längsschnittstudien und um kontrollierte Therapieexperimente. Letztere sind die mächtigsten Methoden, die der gesundheitspsychologischen Feldforschung zur Verfügung stehen, und es kann daher als besonders verdienstvoll gelten, daß Eysenck und Grossarth-Maticek sich solcher anspruchsvoller Verfahren bedient haben. Sie haben unausgelesene große Stichproben mehr als 10 Jahre nach der Eingangserhebung wieder aufgesucht, die Todesfälle registriert und die Krankheitsdiagnosen anhand der Sterbeurkunden so objektiv wie möglich feststellen können.

Die Ergebnisse dieser Studien sind außerordentlich eindrucksvoll und übersteigen bei weitem die spärlichen Befunde, die man sonst in der Literatur zu dieser Thematik findet. Sie erscheinen „zu gut“, und gerade dies erschwert ihre Rezeption in der Fachöffentlichkeit, so daß man sie relativ selten zitiert findet. Es wird Zeit, daß andere Forscher diese Ergebnisse mit denselben Instrumenten zu replizieren versuchen, um die wissenschaftlichen Aussagen unter Beweis zu stellen. Dies gilt insbesondere für die kontrollierten Therapiestudien, deren Design zwar angemessen ist, deren Behandlungsprogramm jedoch nur von einer Person durchgeführt wurde, nämlich von Ronald Grossarth-Maticek selbst.

Ein mehr grundsätzliches Problem scheint in der gewählten Klassifikation von Persönlichkeit zu liegen. Wenn man Menschen aufgrund von Fragebogendaten in vier oder sechs Typen einteilt, geht sehr viel Information verloren (vgl. van der Ploeg et al., 1989). Der Fragebogen enthält 182 Aussagen[3], die zu einem differenzierten Antwortmuster führen, welches bei der Auswertung leider auf nur wenige Kategorien reduziert wird. Es ist demnach möglich, daß sich zwei Personen in ihrem Reaktionsmuster sehr ähneln, aber aufgrund nur geringfügiger Abweichungen unterschiedlichen Typen zugeordnet werden. Die Autoren nehmen dann noch eine weitere Reduktion vor, indem sie die Typen I, II und V sowie die Typen III IV und VI wiederum zusammenfassen, so daß nur noch die Dichotomie der mehr Krankheitsdisponierten und der mehr Gesunden übrig bleibt. Es wäre dagegen sehr interessant zu erfahren, welche spezifischen Items am besten zwischen unterschiedlichen Todesursachen zu differenzieren in der Lage sind.

Hier wiederholt sich ein Problem, das sich auch der Typ A-Forschung gestellt hat. Die ursprünglich von Friedman und Rosenman (1974) in den 50er Jahren vorgenommene Unterscheidung zwischen Typ A und Typ B hat sich nicht hinreichend bewährt, u.a. weil aufgrund einer solch globalen Klassifikation die unterschiedlichen Gewichte einzelner Komponenten des Konstrukts verdeckt werden. Im Entdeckungszusammenhang eines Forschungsprozesses können Grobklassifikationen von großem heuristischen Nutzen sein, aber im nachfolgenden Begründungszusammenhang fährt man besser mit mehr spezifischen Konstrukten. Das Fortschreiten eines wissenschaftlichen Gebiets läßt sich u.a. an der zunehmenden Ausdifferenzierung von Konzepten erkennen. Das Typ A-Konstrukt z. B. ist zunehmend in seine Einzelteile zerlegt worden, und heute ist es aufgegeben zugunsten seiner Komponenten Ärger, Feindseligkeit und Aggression (Schneiderman et al., 1989). Dieses Schicksal wird auch den sechs Persönlichkeitstypen von Eysenck nicht erspart bleiben können. Die Verwendung hochspezifischer, kontinuierlicher Variablen wird auch die theoretische Elaboration des Forschungsthemas weiterbringen als der einfache Zugriff mit Hilfe von qualitativen Persönlichkeitstypen. Ob es nach einer weiteren Forschungsphase dann wieder zu einer gewissen Aggregation von Variablen kommen wird, um Analyse und Theorie so sparsam wie nur möglich zu machen, bleibt abzuwarten.

---

[3] Es gibt jetzt eine verbesserte Kurzversion mit 70 Items (Grossarth-Maticek & Eysenck, 1990).

Theoretische Überlegungen

Eysenck (1991) faßt seine über viele Jahre hinweg publizierten Befunde wie folgt zusammen: a) es gibt eine Krebspersönlichkeit, nämlich den Typ I, b) es gibt eine koronare Persönlichkeit, den Typ II, c) der Risikofaktor Persönlichkeitstyp steht in einer synergistischen Wechselwirkung mit anderen Risikofaktoren wie z. B. Rauchen oder erbliche Belastung, d) Verhaltenstherapie kann das Risiko verringern, während e) Psychoanalyse das Mortalitätsrisiko für Krebs und Herzinfarkt erhöht. Diese Befunde und Schlußfolgerungen werden glaubwürdiger, wenn es eine Theorie gäbe, die die Zusammenhänge erklären könnte. Zu diesem Zweck hat Eysenck ein Kausalmodell entwickelt, das in Abbildung 24 wiedergegeben ist.

Wenn zum Beispiel Typ I-Personen in eine Streßsituation geraten, dann neigen sie dazu, mit Hoffnungslosigkeit, Hilflosigkeit und Depression zu reagieren. Dies führt zu einer erhöhten Ausschüttung des Nebennierenrindenhormons Cortisol, woraus sich ein verringerter Aktivitätsgrad der natürlichen Killerzellen des Immunsystems ergibt (vgl. auch Buske-Kirschbaum, Kirschbaum & Hellhammer, 1990). Diese Immunschwäche begünstigt die Entstehung und Vermehrung von Krebszellen. Ein solcher Prozeß der Pathogenese dauert viele Jahre. Für ein solches Modell sprechen viele Untersuchungen, die im Bereich der Biopsychologie bzw. der Psychoneuroimmunologie durchgeführt worden sind (McClelland, 1989); einzelne Verbindungen der postulierten Kausalkette haben sich zwar bestätigen lassen, aber es gibt bisher keine überzeugende Studie, die in der Lage war, diesen gesamten Prozeß abzubilden oder nachzuweisen. Die Annahme, daß die Immunsuppression kausal von der Cortisolausschüttung abhängt, trifft in dieser Weise jedoch nicht zu; vielmehr entstehen sowohl Cortisolerhöhung als auch immunologische Aktivitätsminderung in paralleler Weise (vgl. Ader, Felten & Cohen, 1991)[4]. Nach Eysenck erscheint Psychotherapie geeignet, diesen Vorgang aufzuhalten oder umzukehren. Der Autor erwähnt Arbeiten, nach denen Entspannung, Selbstenthüllung oder soziale Unterstützung die Immunkompetenz verbessern.

Der dargestellte Prozeß bezieht sich auf die für den Typ I angenommene Entstehung von Krebserkrankungen. Für die Pathogenese von koronaren Herzkrankheiten, für die der Typ II anfällig sein soll, gibt es ähnliche Vorstellungen, aber weniger empirische Bestätigungen. So berichtet Eysenck z. B. über Anzeichen von Atherosklerose, die bei Heidelberger Typ II-Persönlichkeiten weiter vorangeschritten sei als beim Typ I, insbesondere bei denen, die nicht die „kreative Erneuerungstherapie“ erhalten haben.

---

[4] Ich danke Frau Prof. Dr. Petra Netter für diesen Hinweis.

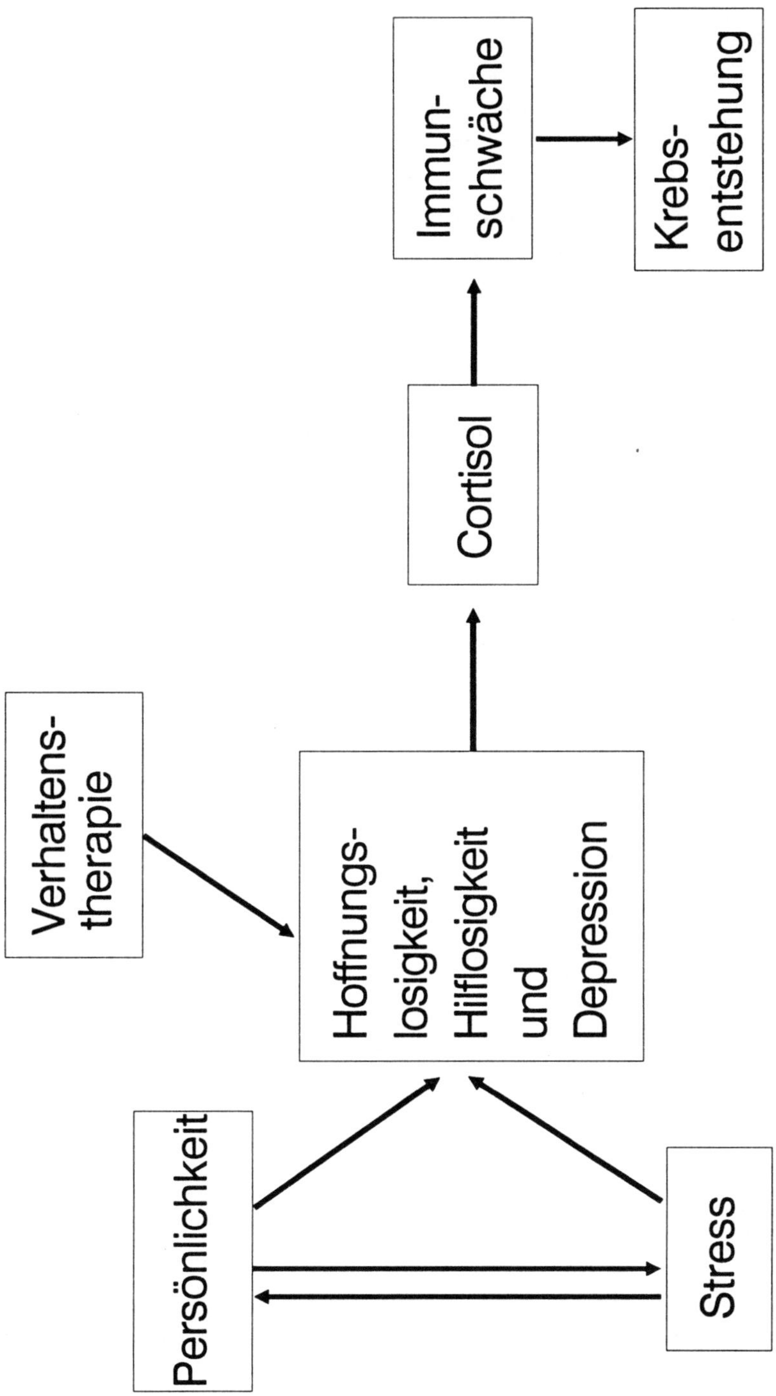

Abbildung 24. *Modell zur Erklärung des Einflusses von Persönlichkeit und Streß auf die Krankheitsentstehung (nach Eysenck, 1992).*

Das Modell von Eysenck ist stark vereinfacht, wie er selbst zugibt. Man könnte es an mehreren Stellen ergänzen, aber wir wollen uns hier vor allem auf zwei Punkte beschränken, die bei ihm defizitär erscheinen. Der Autor betont immer wieder die synergistische Beziehung der Risikofaktoren untereinander, aber unterschlägt genau dies in seinem eigenen Pfadmodell. Das Rauchen oder andere Risikoverhaltensweisen kommen darin überhaupt nicht vor. Zum anderen bleibt das Streßkonzept unklar. In der Darstellung werden Streß und Persönlichkeitstyp als zwei miteinander zusammenhängende Einflußgrößen auf die Entstehung negativer Emotionen genannt, aber was unter Streß verstanden wird, bleibt offen. Ein Teil der Heidelberger Stichproben wird als „gestreßt" bezeichnet, nachdem Freunde oder Verwandte diese Personen als solche benannt hatten, was auf eine grobe Definition von Streß als „psychisch belastet" verweist; auch die Anzahl kritischer Lebensereignisse und deren Verarbeitung könnte damit gemeint sein. An anderer Stelle setzt der Autor die Zugehörigkeit zu den Typen I, II oder V mit „Streß" gleich, eine waghalsige Definition, die Streß zu einem Persönlichkeitsmerkmal werden läßt.

Um diese Schwierigkeiten zu überwinden, soll hier ein alternatives Modell vorgeschlagen werden, ein streßbezogener Erkrankungsansatz, der sich in Streßkognitionen, Streßreaktionen und Pathogenese unterteilen läßt (vgl. Schwarzer, 1991).

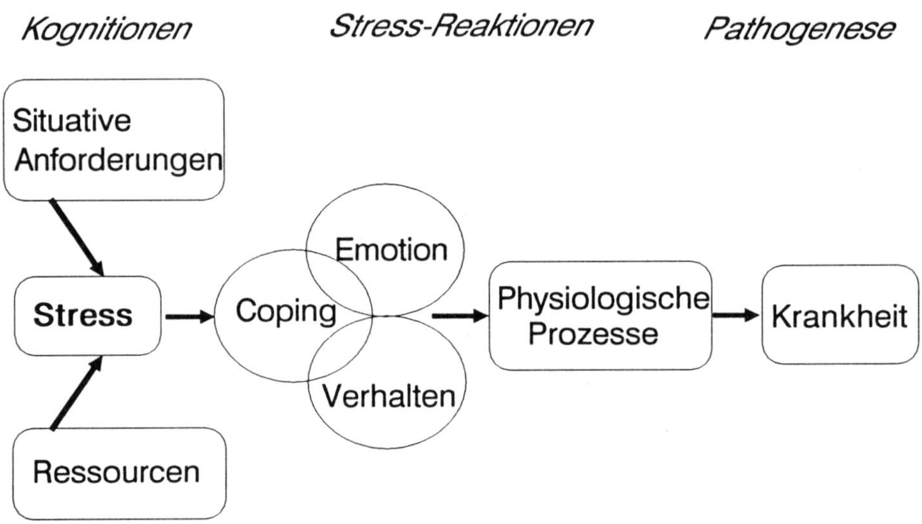

Abbildung 25. *Psychosoziales Modell der Krankheitsentstehung (Schwarzer, 1991).*

Dieses Modell soll nun kurz von rechts nach links erläutert werden. Unter Pathogenese wird der Vorgang verstanden, der über Jahre hinweg zum Ausbruch einer Krankheit führt, also z. B. die oben genannten neuroendokrinen Reaktionen, die z. B. über eine Schwächung des Immunsystems zur Anfälligkeit für Krebs führen können oder die über erhöhte kardiovaskuläre Reaktivität zur Atherosklerose und später zu koronaren Herzkrankheiten führen können. Mit Coping sind Funktion und Strategie der Streßbewältigung gemeint bzw. der Mangel an autonomer Regulation von Anforderungen. Es steht in synergistischer Wechselwirkung mit Emotionen wie Depression oder Hilflosigkeit sowie mit Risikoverhalten wie z. B. Rauchen. Dem geht voraus, daß der Mensch sich unter Streß sieht, d. h. sich bedroht oder geschädigt glaubt oder Verluste erfährt. Solche Einschätzungen resultieren aus dem Wechselspiel von wahrgenommenen Situationsanforderungen und wahrgenommenen eigenen Ressourcen: Wenn die Ressourcen nicht ausreichen, um den Anforderungen begegnen zu können, entsteht Streß.

Dabei wird zwischen personalen, sozialen und materiellen Ressourcen unterschieden. Der Begriff Persönlichkeit ist in diesem Modell entbehrlich. Worauf es vor allem ankommt, sind die interindividuellen Unterschiede in der Wahrnehmung von personalen Ressourcen (wie Kompetenz oder Widerstandsfähigkeit), in der Bevorzugung nicht-adaptiver Copingstrategien, in dem Verharren in negativen Emotionen und in der Ausführung von Risikoverhaltensweisen. Wenn ein derartig stabiles Muster vorliegt, kann man auch kurzerhand von einem „Persönlichkeitstyp" sprechen, aber für differenziertere Kausalanalysen erscheint das ausführliche Modell mit kontinuierlichen Variablen geeigneter.

Der hier vorgeschlagene Ansatz beruht auf unserem heutigen Kenntnisstand über Streß, Coping und Emotionen (vgl. Hobfoll, 1989; Jerusalem, 1990a; Krohne, 1990; Laux & Weber, 1991; Lazarus, 1991, 1995). Ähnliche Überlegungen sind in der Forschung über soziale Unterstützung angestellt worden (Cohen, 1988; Schwarzer & Leppin, 1990; Stephens & Hobfoll, 1990). Die gesundheitliche Wirkung der Zuwendung seitens von Bezugspersonen ist vergleichbar mit den Wirkungen, die von einer Psychotherapie ausgehen sollen. Die Therapie kann sich auf die Wahrnehmung von Ressourcen richten, indem z. B. die Auffassung vermittelt wird, man sei widerstandsfähig und könne die kritischen Anforderungen autonom regulieren; sie kann sich auf die Streßeinschätzung richten, indem z. B. Bedrohungen uminterpretiert werden als Herausforderungen; oder sie kann die Wahl geeigneter Copingstrategien unterstützen, wozu auch der gezielte Einsatz von Entspannungstechniken gehört. Therapie kann somit als ein Spezialfall von sozialer Unterstützung aufgefaßt werden, und die Forschung dazu hat eine Variante von Synergismus hervorgebracht, die als „Puffereffekt“ bezeichnet wird. Damit ist eine Wechselwirkung zwischen Streß und Social Support auf gesundheitliche Kriterien gemeint: besonders unter der Bedingung von Streß entfaltet sich die wohltuende Wirkung sozialer Unterstützung. Im folgenden Kapitel wird auf Streß und soziale Unterstützung näher eingegangen.

Streßbewältigung und soziale Unterstützung

In diesem Kapitel stellen wir einige Überlegungen darüber an, wie wir mit Streß umgehen und wie wir unsere sozialen Ressourcen dafür nutzen können. Dies geschieht nicht im Sinne einer praktischen Lebenshilfe, sondern als eine Einführung in die Forschung zu diesem Thema. Es wird heute viel darüber geschrieben, daß Streß zu allen möglichen Erkrankungen führen kann, insbesondere zu Magengeschwüren, Herzinfarkt und Krebs. Dies ist eine plausible Annahme, die von vielen Daten mehr oder weniger gestützt wird, aber die Angelegenheit ist viel komplizierter, und die Pfade, die von psychischem Streß zu organischen Krankheiten führen, sind vielfältig, uneben und weitgehend unerforscht. Die Aussage „Streß macht krank“ erscheint uns als offensichtlich, wenn wir nach einer heftigen Auseinandersetzung oder vor einer schwierigen Prüfung unter Spannungskopfschmerz leiden, aber die Aussage „fünf Jahre in diesem Job haben mein Magengeschwür verursacht“ läßt sich kaum wissenschaftlich bestätigen. Ungeachtet der noch mangelnden Beweiskraft für die Streßbedingtheit von spezifischen Krankheiten zweifelt man nicht mehr an der gesundheitlichen Bedeutung von Streß und insbesondere Streßbewältigung. Mit Streß richtig umzugehen, ist ein wichtiges Gesundheitsverhalten. Man kann dies versuchen, indem man z. B. eine Reihe von Bewältigungsstrategien erwirbt, Belastungen aus dem Wege geht, Vorbereitungen für Krisenfälle trifft und sich eines hilfreichen sozialen Netzes versichert. Die Nutzung sozialer Ressourcen ist zu einem zentralen Arbeitsgebiet von Streßbewältigungsforschern geworden. Die Einbettung in Familie und Freundeskreis und deren Mobilisierung hilft bei der Konfrontation mit bedrohlichen und verlustreichen Anforderungen und verspricht auch gesundheitliche Vorteile. Aber gerade bei der wissenschaftlichen Erforschung derart komplexer Vorgänge türmen sich unzählige Schwierigkeiten auf, so daß diesem besonders interessanten Gebiet im vorliegenden Kapitel der meiste Raum gewidmet werden soll.

Streß

Streß ist ein leider unscharfer Begriff der Alltagssprache, mit dem wir ziemlich beliebig umgehen. In der Wissenschaft müssen wir ihn aber auf eine bestimmte Bedeutung festlegen, um Fahrlässigkeit zu vermeiden. Dieses Buch ist nicht der richtige Ort, um ein solches Unterfangen gründlich zu erledigen, und dies ist an anderen Stellen zur Genüge getan worden (vgl. Filipp, 1981;

Jerusalem, 1990a; Krohne, 1990; Laux, 1983; Schwarzer, 1993b). Vielmehr sollen nur diejenigen Gedanken in der gebotenen Kürze ausgeführt werden, die für ein Verständnis der dann folgenden Passagen unumgänglich sind.

Man kann Streß entweder als einen schädigenden Umweltreiz, als eine Belastungsreaktion des Organismus oder als ein transaktionales Geschehen auffassen. Alle drei Perspektiven sind weit verbreitet, und keine ist „richtig oder falsch", aber man muß schon angeben, welche man meint, um Verwirrung und Mißverständnisse zu vermeiden. Einen schädigenden Umweltreiz kann z. B. ein tätlicher Angriff, eine Infektion, eine Hitzewelle, ein Verkehrsstau, eine Ehescheidung, Arbeitslosigkeit oder das Versagen in einer Prüfung darstellen. Mehr oder weniger komplexe Situationen werden als Streßereignisse oder *Stressoren* aufgefaßt. Der Grundgedanke liegt also in der Annahme von äußeren Anforderungen, also kritischen Ereignissen, die uns das Leben schwer machen. Dies läßt sich auch als das Stressorenkonzept bezeichnen, in dem Streß als Input verstanden wird.

Die Gegenposition dazu liegt im Reaktionsansatz, in dem Streß als Output verstanden wird. Streß ist demnach eine allgemeine Reaktion des Organismus auf irgendwelche Umweltanforderungen, die nach bestimmten Gesetzmäßigkeiten abläuft und von einer Alarmreaktion über eine Widerstandsphase zu einer Erschöpfungsphase führen kann (Selye, 1950). Diese Sichtweise, die die *physiologische Belastungsreaktion* in den Mittelpunkt stellt, wird heute in der Gesundheitspsychologie kaum noch weiterverfolgt. Dagegen hat sich vor allem die transaktionale Position durchgesetzt, der eine Wechselwirkung von Situation und Person zugrunde liegt und die den kognitiven Prozessen und der Streßbewältigung eine primäre Bedeutung zuschreibt. Darauf soll näher eingegangen werden.

Die kognitiv-transaktionale Streßtheorie

Diese Position wird seit den sechziger Jahren von Lazarus vertreten (vgl. Lazarus, 1991; Lazarus & Folkman, 1984, 1987) und wurde zuletzt in deutscher Sprache von Jerusalem (1990a) und Krohne (1990, 1993) treffend dargestellt. Mit Transaktion ist gemeint, daß Streß sich nicht auf Input oder Output beschränkt, sondern eine Verbindung zwischen einer sich verändernden Situation und einer denkenden, fühlenden und handelnden Person widerspiegelt. Psychologischer Streß beruht auf der Einschätzung einer betroffenen Person, daß die jeweilige Person-Umwelt-Beziehung entweder herausfordernd, bedrohlich oder schädigend ist. Die *kognitive Einschätzung* (appraisal) wird somit zum zentralen Bestimmungsstück von Streß. Erst von diesem Augenblick an ist ein Streßzustand gegeben: „Stress is a postappraisal state" (Lazarus, 1990, S. 4). Zwei Facetten dieses kognitiven Prozesses treten ungefähr gleichzeitig auf: die primäre Einschätzung, bei der geprüft wird, was auf dem Spiel steht, und die sekundäre Einschätzung, bei der die Bewältigungsmöglichkeiten in Augenschein genommen werden. Man kann hier auch von Ereigniswahrnehmung oder Situationsmodell gegenüber Ressourcenwahrnehmung oder Selbstmodell sprechen (Schwarzer, 1993b). Das Ergebnis der primären Einschätzung läßt sich klassifizieren in Herausforderung, Bedrohung und Schaden/Verlust, wobei nicht ausgeschlossen wird, daß mehr als ein solches Ergebnis gleichzeitig auftritt; zumindest wird eine dieser Kognitionen dominant sein. Herausforderung und Bedrohung richten sich auf bevorstehende Gefahren oder Gelegenheiten. Eine Prüfung z. B. kann als bedrohlich, aber auch als herausfordernd betrachtet werden, da sie die Möglichkeit eines Erfolgs oder Gewinns nahelegt. Die Schaden/Verlust-Einschätzung dagegen richtet sich auf ein Ereignis in der Vergangenheit und führt demnach zu ganz anderen Emotionen und Bewältigungsmustern (Jerusalem & Schwarzer, 1992).

Objektive Bedingungen liegen den kognitiven Einschätzungen zugrunde, aber entscheidend bleibt, wie das Subjekt die Dinge sieht; nicht die tatsächlichen Gefahren der Umwelt und nicht die tatsächlichen Eigenschaften einer Person machen die Streßerfahrung aus, sondern die vielleicht verzerrte persönliche Sichtweise. Die primäre Einschätzung bedient sich überwiegend der Informationen aus der Umwelt, also der Schicksalsschläge, Alltagsanforderungen (einschließlich der selbstgesetzten) oder Reizkonfigurationen, während die sekundäre Einschätzung sich vor allem auf die Merkmale der Person stützt, auf ihre Kompetenzen, Wertvorstellungen, Ziele, Überzeugungen, aber auch auf Umweltmerkmale wie z. B. die Verfügbarkeit eines hilfreichen sozialen Netzes oder anderer Ressourcen wie Geld oder Gesundheit. Als eine ganz wichtige Ressource im Prozeß der sekundären Einschätzung gilt die Selbstwirksamkeitserwartung einer Person, also ihre Überzeugung, spezifische Anforderungen durch eigenes kompetentes Handeln unter Kontrolle zu bringen (Bandura, 1977, 1986, 1995a). Der Mangel an subjektiver Verfügbarkeit effektiver Bewältigungshandlungen dagegen bringt Verwundbarkeit zum Ausdruck (vgl. Jerusalem, 1990a). Verwundbarkeit oder Vulnerabilität bedeutet ein Defizit an objektiven oder subjektiven Ressourcen, um eine streßreiche Situation zu bewältigen, und kann z. B. mit Ängstlichkeit oder externaler Kontrollüberzeugung zusammenhängen. Personen, die sich verwundbar fühlen, werden mehr Streß erleben und weniger konstruktiv und hartnäckig die anstehenden Probleme lösen. Eine andere transaktionale Streßtheorie, die Ressourcentheorie von Hobfoll (1988, 1989), stellt solche Überlegungen in den Vordergrund.

Aus der Art und Weise der Einschätzungen resultieren dann unterschiedliche *Bewältigungsformen* (coping). Darauf wird im einzelnen später eingegangen. Allgemein unterscheidet Lazarus zwischen einer problemorientierten und einer emotionsorientierten Funktion von Coping. Im ersten Fall zielt das Verhalten auf die Lösung des Problems, im zweiten auf die Linderung der Belastungssymptome. Beides kann in verschiedenen Situationen mehr oder weniger angemessen sein. Die Bewältigungsversuche zeigen unmittelbare Wirkungen, z. B. indem sich die Gefühlslage ändert, andere körperliche Vorgänge stattfinden und die Erregung abflaut oder indem die eigentliche Streßsituation überwunden ist. Darüber hinaus muß man auch mit langfristigen Konsequenzen rechnen wie z. B. seelischem oder körperlichem Mißbefinden oder sozialen Spannungen bei nichtadaptiver Problemlösung.

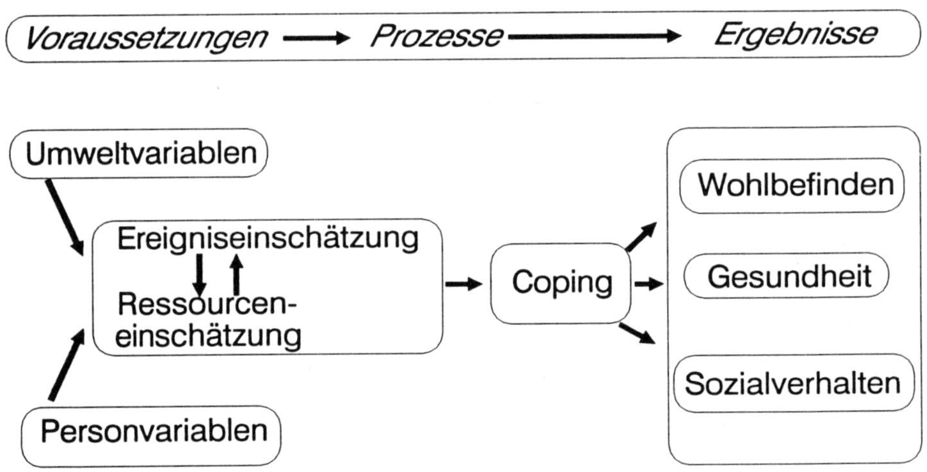

Abbildung 26. *Streß und Coping aus transaktionaler Perspektive.*

Der Ansatz von Lazarus ist in Abbildung 26 illustriert. Er stellt mehr dar als nur eine Streßtheorie, denn er schließt komplexe Bewältigungsvorgänge und Emotionen sowie situative, persönliche und soziale Voraussetzungen und Konsequenzen mit ein. Neuerdings bezeichnet der Autor seine Position als eine Emotionstheorie und wendet sich etwas von dem schillernden Streß-

Schwächen für die Operationalisierung

begriff ab (Lazarus, 1991, 1993a, 1993b, 1995). Es handelt sich hier auch um eine psychologisch-philosophische Sicht des Lebens überhaupt, und gerade die ihr immanente Komplexität und Dynamik sind oft kritisiert worden, nicht zuletzt wegen der sich daraus ergebenden Schwächen für die Operationalisierung und die empirische Prüfung. Die Schwierigkeiten werden deutlicher, wenn wir uns im folgenden mit der Messung von Streß beschäftigen. Auf der anderen Seite repräsentiert das Paradigma von Lazarus heute vermutlich das Denken der meisten Psychologen, wenn auch oft nur implizit.

Die Messung von Streß

Wenn es darum geht, das Ausmaß von Streß zu erfassen, gibt es sehr unterschiedliche Verfahrensweisen. Man kann z. B. die Leute fragen, wie belastet sie sich fühlen oder mit welchen Schicksalsschlägen sie in ihrem Leben konfrontiert wurden. Es ist zwar ein legitimer Ansatz, Menschen direkt danach zu fragen, wieviel Streß sie empfinden, doch muß man dann in Kauf nehmen, daß sie keinen klaren Begriff von Streß haben und nicht zwischen den drei genannten Forschungsparadigmen zu unterscheiden wissen. Das kann zur Folge haben, daß es für den einen viel Streß bedeutet, arbeitslos zu sein, und für den anderen, schlecht schlafen zu können. Nun gibt es zum Glück erprobte psychometrische Skalen, die sich als objektiv und zuverlässig erwiesen haben, aber wofür sind sie wirklich gültig? Eine neuere Skala ist die *Perceived Stress Scale* (PSS) von Cohen, Kamarck und Mermelstein (1983). Ähnlich wie ein Persönlichkeitsfragebogen beschreibt sie in 14 Aussagen verschiedene Arten, sich „gestreßt" oder den Anforderungen nicht gewachsen zu fühlen. Daraus ergibt sich ein Summenwert, der den Grad von erlebtem Streß angeben soll. Obwohl dies sicher eine der brauchbarsten Skalen ist, bleibt sie doch theorielos und undifferenziert. Sie übersieht, daß Menschen verschiedenen Ereignissen unterschiedliche Bedeutung für unterschiedliche Lebensbereiche beimessen, daß gleich intensiver Streß sowohl Herausforderungen, Bedrohungen oder Schaden/Verlust darstellen kann und daß die Art früherer und gegenwärtiger Bewältigungsversuche einen Einfluß auf das akute Streßerleben ausüben. Je mehr die Streßskalen gleichzeitig auch noch Symptome von Depression oder Wohlbefinden berücksichtigen, um so mehr vermischen sie das Streßerleben mit den Folgen und Begleiterscheinungen. Nach dem Streßparadigma von Lazarus ist es erforderlich, eindeutig zwischen Streßeinschätzung, Coping und Konsequenzen zu unterscheiden. Wenn jemand sich ängstlich, niedergeschlagen, unruhig, deprimiert oder erschöpft fühlt, dann mag dies auf Streß zurückzuführen sein, aber diese Symptome stellen nicht Streß an sich dar (außer für jemanden, der diese Person ertragen muß).

Eine mehr objektive Art, Streß zu messen, liegt in der Registrierung von Schicksalsschlägen oder Lebenskrisen. Die Erkenntnis, daß Menschen sich durch *kritische Lebensereignisse* grundlegend verändern können, hat die Theoriediskussion vor allem in der Entwicklungspsychologie, der Streßforschung, der Persönlichkeitstheorie und der Gesundheitspsychologie nachhaltig beeinflußt (vgl. Cohen, 1988; Filipp, 1981; Janoff-Bulman, 1992; Montada, Filipp & Lerner 1992; Orbuch, 1992; Rosch-Inglehart, 1988; Ulich, 1987). Verluste von Angehörigen, Unfälle, Schwangerschaften, Arbeitsplatzverluste, Ehescheidungen, Schulwechsel oder Krankheiten können mit der Erfahrung von intensivem Streß verbunden sein und den weiteren Lebenslauf auf dramatische Weise beeinflussen. Was also liegt näher, als die Häufigkeit kritischer Lebensereignisse zur Messung von Streß zu verwenden? Holmes und Rahe (1967) haben ein Fragebogenverfahren entwickelt, die *Social Readjustment Rating Scale* (SRRS), das 43 solcher Ereignisse auflistet. Die Ereignisse wurden von einer Gruppe von Beurteilern danach eingeschätzt, in welchem Ausmaß sie eine Wiederanpassung erforderlich machen, so daß jedem Ereignis ein fester Schätzwert zugewiesen wurde, der sich als Streßindikator verwenden läßt (Life change unit = LCU). Den höchsten Rang erhielt der Tod eines Ehepartners (LCU = 100), dann folgten Ehescheidung (LCU = 73), eheliche Trennung (LCU = 65), Haftstrafe (LCU = 63) usw. Auf den Rängen 40, 41, 42 und 43 stehen die Änderung von Eßgewohnheiten (LCU = 15), Urlaub (LCU = 13), Weihnachten (LCU = 12) und geringe Gesetzesübertretungen (LCU = 11). Die Skala enthält auch positive Ereignisse wie z. B. die Eheschließung (LCU = 50), denn es geht den Autoren nicht primär um negative Belastungen, sondern um den bei der Lebensveränderung nötigen Wiederanpassungsaufwand. Dieser Ansatz ist heftig kritisiert worden (vgl. Katschnig, 1980) und wird heute kaum noch vertreten. So erscheint es z. B. wenig zweckmäßig, feste Punktwerte vorzugeben, sondern die Person sollte selbst entscheiden, wie wichtig oder lebensverändernd ihr ein bestimmtes Ereignis vorkommt. In diesem Sinne haben Sarason, Johnson und Siegel (1978) eine *Life Event*-Skala (LES) entwickelt, die subjektive Einschätzungen verlangt. Die Personen geben die Häufigkeiten an, mit der jedes Ereignis aus der Liste innerhalb der letzten 6 (oder 12) Monate aufgetreten ist und schätzen anschließend den Grad der damit verbundenen subjektiven Belastung ein. Instrumente dieser Art sind inzwischen in großer Zahl vorhanden (vgl. auch Brüderl, 1988a, 1988b).

Obwohl diese Methode der Streßmessung dem fragwürdigen Stressorenkonzept verbunden ist, wird sie sicher auch in Zukunft ihre Bedeutung für die Forschungspraxis behalten, einfach weil es an praktikablen Verfahren fehlt und weil hier akzeptable Kompromisse zwischen Objektivität und Subjektivität hergestellt worden sind. Findet man z. B., daß Personen, die einmal Opfer krimineller Taten geworden sind, in dem darauf folgenden Jahr mehr Arztbesuche und Fehlzeiten am Arbeitsplatz aufweisen, dann sind dies relativ „harte" Indikatoren für einen darunterliegenden komplizierteren Zusammenhang zwischen Streß und Krankheit, der weiteren Aufschlusses bedarf. Die empirische Korrelation zwischen Life Event-Skalen und Krankheitsindikatoren liegt ungefähr bei .20 bis .30, darf also nicht vernachlässigt werden.

Aus der Sicht einer kognitiv-transaktionalen Streßtheorie können die genannten Ansätze nicht befriedigen. Nach dieser Auffassung kann es überhaupt kein einzelnes Instrument geben, das den theoretischen Anforderungen genügt, weil Streß ein dynamisches Geschehen mit mehreren Systemkomponenten darstellt. Die Forderung lautet, alle Variablen in diesem System so oft wie nur möglich zu erfassen, und deren Veränderung und Wechselspiel prozeßhaft zu analysieren. Die Empirie bleibt dahinter weit zurück. Die Lazarus-Gruppe hat sich darauf beschränkt, eine Alternative zu den Life Event-Skalen zu entwickeln, nämlich die *Daily Hassles-* und *Daily Uplifts*-Skalen (Lazarus & Folkman, 1989). Zugrunde liegt die Annahme, daß es nicht so sehr die wenigen großen, Zäsuren erzeugenden Lebensereignisse sind, die die Gesundheit beeinträchtigen, als vielmehr die ständigen Alltagsprobleme und täglichen Mißgeschicke, die uns „den Nerv rauben und uns auf den Geist gehen". Dazu gehören z. B. Probleme mit Übergewicht, Erkrankungen von Familienangehörigen, steigende Preise, Reparaturen im Haushalt und am Auto oder die Gartenarbeit. Solche „Hassles" sollten zu vielen Meßzeitpunkten in natürlichen Lebensumwelten in Verbindung mit Befindlichkeits- und Gesundheitsindikatoren erhoben werden. Die Hassles-Skala ergibt Werte sowohl für die Häufigkeit solcher Alltagsbelastungen als auch für deren subjektiv perzipierten Schweregrad. Zusätzlich betonen die Autoren die kompensierende Wirkung von positiven Alltagsereignissen, den „Uplifts". Dazu gehören vor allem angenehme Interaktionen mit Partnern und Freunden, der erfolgreiche Abschluß von Arbeiten, gutes Essen, Freizeitveranstaltungen und Kontakte zu anderen. In einer Längsschnittstudie über vier Monate haben DeLongis, Folkman und Lazarus (1988) den Einfluß von alltäglichem Streß auf Krankheitssymptome und Stimmungen untersucht und dabei Ergebnisse hervorgebracht, die ihre Annahmen stützen. Es gibt inzwischen eine Vielzahl von Arbeiten, die diesem Ansatz folgen und wichtige Beiträge zur Validität geliefert haben.

Es war kritisiert worden, daß die Lazarus-Gruppe es in 25 Jahren Streßforschung nicht fertiggebracht hat, ein Kernstück der Theorie, nämlich die Appraisals zu messen. Weder für die Ereigniseinschätzung noch für die Ressourceneinschätzung liegen psychometrische Verfahren vor. Lediglich für die Appraisal-Resultate, die sich unmittelbar aus der Gegenüberstellung von Situation und Selbst ergeben, nämlich Herausforderung, Bedrohung, und Schaden/Verlust gibt es nun erste Ansätze (Lazarus, 1991, S. 447 f). Und auch dies nur auf der Ebene überdauernder individueller Unterschiede, nämlich der „appraisal styles". Man kann diesen Mangel den Forschern jedoch kaum verübeln, ist es doch ein Ding der Unmöglichkeit, etwas theoretisch Konfundiertes empirisch auseinanderzuhalten.

Wir verwenden seit 1985 einige Aussagen, die mehrheitlich aus der Feder von Matthias Jerusalem stammen. Im folgenden sind diejenigen Aussagen abgedruckt, die wir in unserer Längsschnittstudie über Streß und Coping bei DDR-Übersiedlern verwendet haben (vgl. Schwarzer & Jerusalem, 1994).

Items der Skala *Herausforderung:*

1. Ich finde meine jetzige Lebenssituation aufregend, weil ständig neue Anforderungen auf mich zukommen.
2. Ich freue mich auf jeden Tag, weil es immer neue Probleme zu lösen gibt.
3. Durch die ständig auf mich zukommenden Aufgaben fühle ich mich herausgefordert.

Items der Skala *Gewinn:*

1. Meine derzeitigen Lebensumstände fördern meine persönliche Entwicklung.
2. Ich glaube, daß ich von den vielen neuen Erfahrungen persönlich profitiere.
3. Die neuen Lebensbedingungen sind für mich insgesamt günstiger.
4. Aus heutiger Sicht hat mir das Ereignis eher Nachteile als Vorteile gebracht.***

*** kennzeichnet die umgepolten Items

Items der Skala *Bedrohung:*

1. Ich mache mir Sorgen wegen der Schwierigkeiten, die sich vor mir auftun.
2. Ich denke oft daran, daß ich an den zukünftigen Anforderungen scheitern werde.
3. Ich werde den Gedanken nicht los, daß ich den Anforderungen nicht gewachsen bin.
4. Ich befürchte, daß ich mit den vielen Aufgaben nicht zurechtkomme.

Items der Skala *Verlust:*

1. Ich bin bedrückt, weil sich meine Lage verschlechtert hat.
2. Meine Erwartungen haben sich nicht erfüllt.
3. Ich habe den Mut verloren, weil alles nur noch schlimmer geworden ist.
4. Ich bin niedergeschlagen, weil ich mit meiner schwierigen Lebenssituation einfach nicht zurechtkomme.

*** kennzeichnet die umgepolten Items

Die Verwendung solcher Einschätzungen (appraisals) ist als Ergänzung zu verstehen, um die Lücke zwischen Ereignissen und Belastungsempfinden zu schließen. Maße für das Erleben kritischer Ereignisse sowie für Belastungsreaktionen vervollständigen die Messung von Streß.

Streßbewältigung

Wenn man sich in einer bedrohlichen Anforderungssituation befindet, können die Bewältigungsversuche unterschiedlichen Zwecken dienen. Vor einer schwierigen Prüfung z. B. kann man seine Angst mindern, indem man sich einredet, der Erfolg sei gar nicht so wichtig; oder man kann sich durch mehr Arbeitsaufwand intensiver vorbereiten. Vor einer chirurgischen Operation z. B. kann man Beruhigungsmittel einnehmen, oder man kann sich durch Lektüre medizinischer Bücher über die Erfolgschancen und postoperativen Beschwerden informieren. Offenbar ist das, was man in einer kritischen Lage denkt oder tut, mehr oder weniger zweckmäßig und mehr oder weniger wirksam. Vor einer Prüfung ist es meistens besser, sich gut vorzubereiten als die Wahrnehmung zu verzerren; vor einer Operation dürfte es besser sein, sich abzulenken oder zu beruhigen, denn unter der Narkose ist man sowieso dem Sachverstand der Experten ausgeliefert und kann nichts Wertvolles zur Problemlösung beitragen. Die Funktion einer Bewältigungsstrategie ist aber etwas anderes als deren Effekt. Während früher in der Copingforschung normative Vorstellungen herrschten, nach denen eine bestimmte Bewältigungsform als gut galt und eine andere als schlecht, dominiert heute die Auffassung, zunächst neutral zu beschreiben, wie der Copingprozeß verläuft, und erst später empirisch zu prüfen, welche Wirkungen sich daraus im Einzelfall ergeben (vgl. Laux & Weber, 1993; Zeidner, 1994).

Nach der kognitiv-transaktionalen Streßtheorie sind zwei Funktionen zu unterscheiden, nämlich das problembezogene und das emotionale Coping (Lazarus, 1991). Beim *problembezogenen Coping* handelt die Person in einer Weise, die direkt zu einer Beseitigung oder Minderung des Problems führen kann, indem eine instrumentelle Tätigkeit ausgeführt wird (z. B. sich auf eine Prüfung vorbereiten). Damit ist aber nicht gemeint, daß diese Handlung auch erfolgreich beendet wird. Im Gegensatz dazu bezeichnet *emotionales Coping* die Versuche, die Emotionen zu regulieren, was durch Selbstgespräche, Uminterpretationen, Beruhigungsmittel usw. erfolgen kann, ohne daß damit wiederum unterstellt wird, daß diese Versuche auch wirklich erfolgreich ausgehen und eine gute Streßanpassung bewirken (vgl. auch Jerusalem & Schwarzer, 1989). Die Funktion wird als unabhängig von der Wirkung gesehen. Daneben unterscheiden Lazarus und Folkman (1984, 1987) vier Bewältigungsarten: die Suche nach Informationen, direktes Handeln, Unterlassung von Handlungen sowie intrapsychisches Coping. Jede dieser vier Arten kann unter bestimmten Umständen eine mehr problemlösende oder mehr emotionsregulierende Funktion ausüben.

Dieser Ansatz ist intuitiv einleuchtend und eignet sich gut zur Beschreibung von Bewältigung. Er erscheint aber nicht konsequent genug, denn bei der kognitiv-transaktionalen Theorie sind es doch gerade die subjektiven Einschätzungen der betroffenen Person selbst, die handlungsrelevant werden. Der Teil der Theorie, der sich mit Coping befaßt, ist jedoch deskriptiv und repräsentiert eher die Sichtweise eines außenstehenden Beobachters. Weber (1990) kritisiert daher dieses duale Funktionsmodell als unzureichend. Sie hält es für sinnvoller, nicht nach Funktionen zu gliedern, sondern nach subjektiven *Intentionen*, also nach der ganz persönlichen Funktionalität eines Verhaltens im Hinblick auf die präferierten Ziele eines Individuums. Diese persönlichen Absichten lassen sich in vier Facetten aufteilen: die Regulation von Emotionen, die Lösung des zugrundeliegenden Problems, die Erhaltung des Selbstwerts und die Steuerung von sozialen Interaktionen.

Ob und wann diese vier Regulationsziele erfüllt werden, ist dann eine davon unabhängig zu klärende Frage. Als ein Kriterium für *Effizienz* dienen Inhaltsbereiche wie Wohlbefinden, körperliche Gesundheit oder Sozialverhalten (vgl. Abbildung 26 auf Seite 156). Wer sich nach einem kritischen Lebensereignis symptomfrei und gut gestimmt fühlt sowie sozial aktiv bzw. normal oder unauffällig ist, scheint das Ereignis erfolgreich überwunden zu haben. Ganz genau kann man es nicht wissen, aber wir sind es ja in der Psychologie gewohnt, unsere Konstrukte durch eine Reihe von Indikatoren zu verankern. Die drei genannten Inhaltsbereiche helfen da weiter, aber man muß auch die Zeit berücksichtigen, die nach der Krise oder während ihrer Bewältigung verstrichen ist. Es mag sein, daß jemand sich kurzfristig als wiederangepaßt darstellt, aber nach längerer Zeit unter Folgebeschwerden leidet. Dies kann z. B. der Fall sein, wenn jemand seine zerrüttete Ehe vorübergehend durch Wirklichkeitsverzerrungen und Besänftigungen bewältigt und sich erst nach Jahren herausstellt, daß eine instrumentelle Aktion, nämlich die Scheidung, die Krise hätte erfolgreicher beenden können. Schließlich bleibt zu fragen, wer darüber urteilt, ob die Bewältigung effektiv ist, der Betroffene oder ein außenstehender Beobachter? In der Forschung wird man alle verfügbaren Datenquellen nutzen, z. B. Interviewdaten, Fremdratings und Meßwerte, um Aufschluß über den Copingprozeß zu erlangen. Es sind also drei Effizienzkriterien zu beachten: Inhaltsbereich, Zeitspanne und Urteilsinstanz (vgl. ausführlicher Laux & Weber, 1993; Weber, 1994).

Die Messung von Bewältigung

In der Streßforschung ist es nötig, Maße dafür zu finden oder zu verwenden, wie jemand streßreiche Ereignisse bewältigt. Dies ist eine schwierige Angelegenheit, denn schließlich reagiert man ja nicht wie ein Automat in gleicher Weise auf unterschiedliche Situationen und zu unterschiedlichen Zeiten. Wir stehen hier vor einer Reihe von diagnostischen Problemen, die bis heute weitgehend ungelöst geblieben sind. Da ist zunächst einmal die Frage nach der Situationsgeneralität: Wie reagiert jemand auf sehr unterschiedliche Herausforderungen, Bedrohungen, Schädigungen oder Verluste? Steht hierfür ein Arsenal von differenzierten Taktiken zur Verfügung oder ist man womöglich immer auf ein und dasselbe Reaktionsschema angewiesen? Dann folgt die

Frage nach der Stabilität: Verwendet man denselben Satz von Strategien oder Mitteln immer wieder, oder ist man in der Lage, intraindividuell flexibel zu handeln und eine Reihe mehr oder weniger geeigneter Techniken zu erproben oder weiterzuentwickeln? Schließlich ist zu überlegen, ob es nicht auch überdauernde systematische Unterschiede zwischen Menschen gibt, indem die einen bevorzugt so und die anderen lieber so mit Streß fertigwerden. Interindividuelle Unterschiede zu erfassen, hängt aber offenbar damit zusammen, daß gleichzeitig Situationsunterschiede und intraindividuelle Schwankungen ins Kalkül gezogen werden müßten. Es macht sicher wenig Sinn, zum Beispiel Prüfungen, Operationen, Partnerverluste und Erdbeben bei Kindern und Senioren zu vergleichen, um zu erfahren, wie effektiv Menschen Streß bewältigen, außer man würde einheitliche Maßstäbe für Coping finden, die sich als universell gültig erwiesen.

Begonnen hat diese Forschungsrichtung damit, daß man die aus der Psychoanalyse bekannten Abwehrmechanismen wie Verdrängung, Rationalisierung oder Projektion untersuchte, weil man glaubte, daß alle Menschen in dieser Weise unbewußt Belastungen abwehren würden. Für die Messung von Coping würden sich demnach projektive Tests anbieten. Damit zusammen hing die Auffassung, daß solche unbewußten Prozesse entweder zu erfolgreicher oder mißlungener Anpassung führen würden (Haan, 1977). Heute dominiert dagegen die Auffassung, daß es sich beim Coping um bewußte oder bewußtseinsfähige Prozesse handelt, so daß man darüber gezielt Auskunft geben kann. Dementsprechend werden fast nur noch Fragebogenverfahren zur Erfassung unterschiedlicher Bewältigungstendenzen zum Einsatz gebracht. Es gibt viele interessante Versuche der quantitativen Erfassung, aber ihre theoretische Fundierung und ihre psychometrische Qualität lassen oft zu wünschen übrig. Die meisten Ansätze orientieren sich dabei an grundlegenden Copingdimensionen, wie sie von manchen Theoretikern vertreten werden. Nach Lazarus (1991) läßt sich bekanntlich das problemorientierte von dem emotionsorientierten Coping unterscheiden. Dies entspricht einer verbreiteten Auffassung. Daneben findet man häufig die Unterscheidung zwischen einem aufmerksam-konfrontativen Bewältigungsstil gegenüber einem vermeidenden Bewältigungsstil (vgl. Krohne, 1993). Um diese beiden bipolaren Dimensionen herum lassen sich die meisten Versuche der Bewältigungsmessung gruppieren. Vor allem die Copingtendenzen „instrumentell-handelnd“ (problemorientiert), „emotionsregulierend“ und „ausweichend“ wurden von verschiedenen Autoren immer wieder in faktorenanalytischen Untersuchungen gefunden (vgl. Parker & Endler, 1992). Beide können sich unter gegebenen Umständen als mehr oder weniger adaptiv erweisen, aber dieser Effekt scheint zeitabhängig zu sein. In einer Meta-Analyse haben Suls und Fletcher (1985) eine Vielzahl von Befunden überprüft und dabei festgestellt, daß Vermeidungsstrategien eher kurzfristig vorteilhaft waren, während die aufmerksam-konfrontierenden Strategien sich eher als langfristig günstig erwiesen haben, wenn es um die psychosoziale Adaptation und Gesundheit ging.

Billings und Moos (1984) fragten eine Reihe von Menschen nach ihren kürzlich erlebten kritischen Ereignissen und gaben ihnen dann 31 Copingitems vor, für die die Häufigkeiten eingeschätzt werden sollten, mit der sie die jeweilige Bewältigungsart angewandt haben. Drei Strategien ließen sich empirisch gruppieren: bewertungsorientierte (appraisal focused), problemlösungsorientierte und emotionsorientierte Copingstrategien.

Eine größere Auswahl, nämlich 118 Copingitems, legte McCrae (1984) seiner Stichprobe vor. In theoretischer Anlehnung an Lazarus und mit Hilfe einer Faktorenanalyse bildete er 28 Skalen, die ein bis sieben Items enthielten, teilweise aber nur über schwache interne Konsistenzen verfügten.

Stone und Neale (1984) wollten ebenfalls eine große Zahl von Copingdimensionen anwenden, um der Vielfalt von Bewältigungstechniken in allen möglichen Alltagssituationen gerecht zu werden. Die Autoren gelangten jedoch aufgrund ihrer Forschungsarbeiten zu dem Schluß, daß die Situationseinflüsse auf das aktuelle Bewältigungsverhalten übermächtig sind, so daß sich überdauernde Copingstile gegen sie kaum durchsetzen konnten. Somit erschiene die Konstruktion von dispositionsorientierten Fragebogenverfahren als ungeeignet oder wenig lohnend, um die alltäglichen Bewältigungstechniken quantitativ zu erfassen. Sie haben 122 verheiratete Personen über 21 Tage hinweg täglich schriftlich befragt, indem sie ihnen eine lange Liste mit Items vorgelegt haben, die aus einer Reihe von anderen Verfahren zusammengetragen worden waren. Acht Kategorien erwiesen sich dabei als nützlich: (1) Ablenkung, (2) Umdefinition der Situation, (3) Direkte Handlung, (4) Katharsis, (5) Akzeptanz der Umstände, (6) Suche nach sozialer Unterstützung, (7) Entspannung, (8) Religiosität.

Die Autoren haben sich innerhalb dieser Kategorien für offene Fragen entschieden, indem sie die Teilnehmer baten, immer dann, wenn eine Kategorie für sie zutraf, detaillierter einzutragen, wie sie die Situation wirklich bewältigt haben. So kam es über die 21 Meßzeitpunkte hinweg zu einer sehr großen Zahl von Eintragungen, was wiederum psychometrische Schwierigkeiten nach sich zog. Man kann für derartige Daten keine interne Konsistenz berechnen, weil ja manche Kategorien gar nicht ausgefüllt sind. Aufgrund der Datenlage kamen die Autoren zu dem Schluß, daß solch ein Instrument über annehmbare Inhaltsvalidität verfügt und daß die psychometrischen Kennwerte alternativer Instrumente künstlich überhöht ausfallen, wenn die Teilnehmer täglich die gleichen Fragen beantworten. Die offenen Kategorien stellen einen Kompromiß zwischen standardisierten Skalen und narrativen Interviews dar und sollen sich für lebensnahe multiple Copingmessungen noch am ehesten eignen. Andere Autoren, wie z. B. Parker und Endler (1992), stehen solchen Ansätzen eher kritisch gegenüber.

Miller (1987) hat eine viel beachtete Skala entwickelt, die aus 32 Items bestehende Miller Behavioral Style Scale (MBSS), mit der zwei grundlegende Modi von Coping erfaßt werden sollen, das „Monitoring" und das „Blunting". Der Begriff Monitoring steht für Vigilanz, also eine Aufmerksamkeitstendenz, die darauf gerichtet ist, daß man ständig auf bedrohliche Reize achtet und seine Umwelt nach gefährlichen Informationen absucht. Der Begriff Blunting steht dagegen für eine Vermeidungstendenz, bei der es gerade darum geht, solche Reize zu entschärfen oder abzuschwächen, zum Beispiel indem man sich davon ablenkt (vgl. auch Miller, Combs & Kruus, 1993).

Ein ähnlicher Ansatz wird von Krohne (1993) vertreten. Sein Modell „dispositionell determinierter Copingmodi" enthält zwei Dimensionen von Bewältigung, nämlich Vigilanz und kognitive Vermeidung. Im ersten Fall geht es um die Suche und Verarbeitung bedrohlicher Informationen, um Unsicherheit zu reduzieren; bei der Vermeidung dagegen wendet sich die Person gedanklich von solchen Reizen ab, um ihre Erregung zu lindern, die aufgrund der Bedrohung ausgelöst wurde. Das „Angstbewältigungsinventar" (ABI) übersetzt dieses Modell in die nötigen Meßvorschriften und hat interessante Befunde erbracht, die seine Validität bestätigen (Krohne, Rösch & Kürsten, 1989). Das Angstbewältigungsinventar (Krohne, Schumacher & Egloff, 1992) dient der Erfassung individueller Unterschiede, wie sie bei Aufmerksamkeitssteuerungsprozessen auftreten, die angesichts von Bedrohungen erfolgen. Es geht hier also nicht um Streß im weitesten Sinne, sondern um den Einschätzungstyp Bedrohung. Dagegen werden Herausforderungen, Schädigungen oder Verluste nicht angesprochen. Das Instrument ist in folgender Weise aufgebaut. Den Befragten werden acht potentiell bedrohliche Szenarios vorgegeben, und zu jedem von ihnen gehören 18 Items, die entweder mit „trifft zu" oder „trifft nicht zu" beantwortet werden. Das Verfahren umfaßt also insgesamt 144 Items. Ein Szenario lautet: „"Stellen Sie sich vor, daß Sie in ca. 10 Minuten einen Bericht vor einer Gruppe von Personen vortragen sollen". Zu den 18 Items gehören solche wie „In dieser Situation stelle ich mir vor, was alles während des Vortrages schiefgehen kann" oder „In dieser Situation lese ich mir meine Unterlagen noch einmal ganz genau durch". Ein anderes Szenario lautet: „Stellen Sie sich vor, Sie sitzen im Flugzeug. Seit einiger Zeit ist der

Flug sehr unruhig, die Lampen 'Nicht rauchen' und 'Bitte anschnallen' sind an, und Sie haben den Eindruck, da stimmt etwas nicht". Zu den 18 Items dieser Bedrohungsthematik gehören z. B. „In dieser Situation lese ich Zeitung oder setze den Kopfhörer auf und höre Musik" oder „In dieser Situation stelle ich mir vor, was alles passieren kann". Die Testautoren unterscheiden zwischen den vigilanten und den kognitiv vermeidenden Bewältigungsstrategien, wobei sie beide Arten weiter differenzieren. *Vigilante Bewältigungsstrategien:* (1) Erinnerung an frühere negative Ereignisse, (2) Selbstmitleid, (3) Informationssuche, (4) Vergleich mit anderen, (5) Zukunftsplanung, (6) Fluchttendenz, (7) Kontrolle durch Information, (8) Antizipation negativer Ereignisse. *Kognitiv vermeidende Bewältigungsstrategien:* (1) Bagatellisierung, allgemein, (2) Selbstaufwertung, (3) Bagatellisierung durch Umdeuten, (4) Ablenkung, (5) Herunterspielen durch inkompatible Reaktionen, (6) Betonung der eigenen Stärke, (8) Betonung der positiven Aspekte, (9) Vertrauen.

Feifel und Strack (1989) haben, ausgehend von einem Pool von 70 Items, ihr Life Situation Inventory (LSI) entwickelt. Fünf alltägliche Konfliktsituationen wurden ausgewählt, auf die die Befragten anhand von 21 Items mit Häufigkeitsangaben reagieren sollen. Empirisch ergaben sich hier drei Copingdimensionen: Problemlösen, Vermeiden und Resignieren. Diese Skala wird oft bei älteren Erwachsenen eingesetzt.

Für Kinder im Alter von 12 bis 14 Jahren dagegen ist das Life Events and Coping Inventory (LECI) von Dise-Lewis (1988) entwickelt worden. Mit Hilfe von 49 neunstufigen Items werden Situationen eingeschätzt, woraus sich fünf allgemeine Copingstrategien empirisch ableiten ließen: Aggression, Streßwahrnehmung, Ablenkung, Selbstdestruktion und Beharrlichkeit.

Für Jugendliche im Alter von ungefähr 15 Jahren haben Patterson und McCubbin (1987) ein Inventar mit 95 Items konstruiert, nämlich die Adolescent Coping Orientation for Problem Experiences (A-COPE). Bei der Analyse gelangten sie zu 12 Faktoren: (1) seinen Gefühlen Luft machen, (2) nach Ablenkung suchen, (3) Selbstvertrauen aufbauen, (4) soziale Unterstützung mobilisieren, (5) Familienprobleme lösen, (6) Vermeiden, (7) nach geistlicher Unterstützung suchen, (8) sich an enge Freunde anlehnen, (9) professionelle Hilfe in Anspruch nehmen, (10) sich in beanspruchende Tätigkeiten involvieren, (11) Humor aufbringen, (12) sich entspannen.

In einer Faktorenanalyse zweiter Ordnung ergaben sich zwei Dimensionen: (a) die Nutzung von persönlichen und sozialen Ressourcen und (b) das Vermeiden bzw. Ausdrücken von Gefühlen.

Ein anderer Vorschlag stammt von Nowack (1989), der die Coping Style Scale (CSS) entwickelte, ein 20-Item-Instrument, das auf vier Dimensionen beruht: (1) unkontrollierbare positive Gedanken, (2) unkontrollierbare negative Gedanken, (3) Vermeidung, (4) Problemorientierung.

Ebenfalls drei Dimensionen liegen dem Coping Strategy Indicator (CSI) zugrunde, der von Amirkhan (1990) vorgelegt wurde: Vermeidung, Problemorientierung und Suche nach sozialer Unterstützung. Damit wird die grundsätzliche Bedeutung der ersten beiden Dimensionen noch einmal unterstrichen, während die dritte relativ selten genannt wird. Parker und Endler (1992) argumentieren, daß Social Support eigentlich eine Ressource darstelle und kein Bewältigungsverhalten. Diese Auffassung läßt sich aber bestreiten, denn es kommt lediglich darauf an, wie man soziale Unterstützung definiert (siehe unten).

Als eine Art von Bewältigungsinstrument könnte man auch das Constructive Thinking Inventory (CTI) von Epstein und Meier (1989) bezeichnen. Die Autoren versuchen, die eher destruktiven und die eher konstruktiven Kognitionen, die bei der Alltagsbewältigung vorkommen, mit 64 Items zu erfassen, wobei sie sechs Dimensionen zugrundelegten: (1) emotionales Coping, (2) handlungsbezogenes Coping, (3) kategorisches Denken, (4) abergläubisches Denken, (5) naiver Optimismus, (6) negatives Denken (vgl. auch Epstein, 1992; Epstein & Katz, 1992).

Ein interessanter Versuch wurde von Carver, Scheier und Weintraub (1989) unternommen, die sich bemühten, eine Reihe von dispositionellen Copingtaktiken zu identifizieren. Ihr Verfahren COPE enthält 13 Skalen, und zwar fünf Skalen, die unterschiedliche Varianten des instrumentell-problemlösenden Coping erfassen sollen, fünf Skalen für emotionsregulierendes Coping sowie je eine Skala zu Gefühlsausdruck, verhaltensbezogener Vermeidung und kognitiver Vermeidung. Die Autoren haben diesen diagnostischen Ansatz auf der Grundlage ihrer bekannten Theorie der Selbstregulation formuliert (vgl. Carver & Scheier, 1981, 1991, 1993, 1994).

In der Tradition der bisher genannten Dimensionen, aber psychometrisch etwas anspruchsvoller, ist das Verfahren von Endler und Parker (1990), das Coping Inventory for Stressful Situations (CISS), welches aus 48 Items besteht, von denen je 16 folgenden drei Faktoren zugeordnet sind: (1) aufgabenorientiertes, (2) emotionsregulierendes und (3) vermeidendes Coping (vgl. Endler, Kantor & Parker, 1994).

Im Rahmen der kognitiv-transaktionalen Streßtheorie ist die Ways of Coping-Skala entstanden (Folkman & Lazarus, 1988). Nach Annahme der Autoren bedeutet Coping das sich ständig ändernde Bemühen in kognitiver und verhaltensmäßiger Hinsicht, den streßreichen Anforderungen zu begegnen. Die Messung muß also mit Rücksicht auf den aktuellen Kontext und

Prozeß erfolgen und sollte den spezifischen Gegebenheiten der jeweiligen Person-Umwelt-Transaktion Rechnung tragen. Die 66 Aussagen dieser Skala lassen sich in acht Dimensionen oder Subskalen unterteilen (vgl. Lazarus, 1990, S. 101):

* konfrontierendes Coping („Ich hielt die Stellung und kämpfte für meine Interessen.“)
* Distanzieren („Ich tat, als ob nichts geschehen wäre.“)
* Selbstkontrolle („Ich versuchte, meine Gefühle nicht zu zeigen.“)
* Suche nach sozialer Unterstützung („Ich sprach mit jemandem, der konkret etwas zu dem Problem beitragen konnte.“)
* Übernahme von Verantwortung („Ich gab mir eine Lektion oder übte Selbstkritik.“)
* Flucht/Vermeidung („Ich hoffte, die Situation würde vorbeigehen oder sich von selbst erledigen.“)
* geplante Problemlösung („Ich wußte, was zu tun war, und verdoppelte daher meine Anstrengungen, um die Sache ins Lot zu bringen.“)
* positive Neueinschätzung („Ich fand neue Zuversicht.“)

Dieser Ansatz der Messung aktueller Streßbewältigung ist inzwischen weit verbreitet. Er erfordert mehrere Wiederholungsmessungen in natürlichen Lebensumwelten.

Ein in Deutschland weit verbreitetes Verfahren ist der Streßverarbeitungsfragebogen (SVF) von Janke, Erdmann und Kallus (1985), mit dem 19 Copingstrategien erfaßt werden wie z. B. Ablenkung, Bagatellisierung, Resignation, Vermeidung oder Aggression. Andere deutsche Verfahren sind der „Fragebogen zum Umgang mit belastenden Situationen im Verlauf“ (UBV) von Reicherts und Perrez (1986; vgl. Perrez & Reicherts, 1992) sowie der CEUS-Fragebogen von Schulze, Flörchinger, Rees und Jäger (1987). Ein anderes Beispiel sind die Trierer Skalen zur Krankheitsbewältigung von Klauer und Filipp (1993).

Die vorliegenden psychometrischen Ansätze sind zwar vielfältig, aber nicht vollkommen überzeugend (vgl. Schwarzer & Schwarzer, 1996; Zeidner & Endler, 1996). Positiv ist hervorzuheben, daß bestimmte Dimensionen immer wieder auftauchen und somit den heutigen Stand der dispositionellen Copingforschung gut repräsentieren. Dazu gehören die vigilanten gegenüber den vermeidenden Copingstilen sowie die problemorientierten gegenüber den emotionsorientierten Bewältigungsformen. Wenig berücksichtigt wird dagegen die Überlegung, daß Menschen ihr Schicksal auch dadurch bewältigen können, daß sie die Bedeutung des Ereignisses subjektiv verändern und ihrem Leben einen neuen Sinn zu geben versuchen. Dies bezeichnet man auch als eine akkomodative Orientierung, bei der man sich selbst den Gegebenheiten anpaßt, was wiederum mehr oder weniger erfolgreich geschehen kann. Wenn man an seinem Schicksal ohnehin nichts zu ändern vermag, wie zum Beispiel bei einer fortgeschrittenen Krebserkrankung, dann kommt es vielmehr darauf an, sich damit in funktionaler Weise zu arrangieren. Im Gegensatz dazu wäre eine assimilative Orientierung auf die Veränderung der Umweltgegebenheiten gerichtet, um sie an die eigene Bedürfnislage anzupassen (Brandtstädter, 1992). Man hat dies auch als primäre Kontrolle bezeichnet im Gegensatz zur sekundären Kontrolle, bei der man sich selbst anpaßt (Rothbaum, Weisz & Snyder, 1982; vgl. auch J. Heckhausen, 1992; Skinner, 1992). Eine treffende Etikettierung dieser bipolaren Dimension dürfte in dem Begriffspaar „mastery" und „meaning" liegen (Taylor, 1983, 1989). Entweder man meistert die Situation, indem man sie aktiv nach eigenem Ermessen verändert (assimilativ), oder man findet eine neue Bedeutung für seine vielleicht aussichtslose Lage (akkomodativ). Leider fehlt ein geeignetes psychometrisches Verfahren, welches diese wichtige Copingdimension mit denen der anderen, oben genannten, verbindet.

Streßbewältigung und Gesundheit

Werden wir krank, weil ein kritisches Lebensereignis zugeschlagen hat? Die Tatsache, daß bestimmte Ereignisse als streßreich aufgefaßt werden, darf uns nicht zu der Schlußfolgerung verleiten, sie seien unmittelbar und ursächlich verantwortlich für eine Erkrankung. Es sind zwar Zusammenhänge zwischen dem Auftreten von kritischen Lebensereignissen und der Inzidenz von Krankheiten ermittelt worden, aber solche Korrelationen erlauben keine Aussage über die Ursache der Erkrankung (Suls, Wan & Blanchard, 1994; Whitehead, 1994). Streß bezieht sich auf die kognitive Einschätzung, während Bewältigung einen oft langen und oft schmerzhaften Vorgang der Auseinandersetzung widerspiegelt. Wenn also eine Lebenskrise in eine Erkrankung mündet, dann ist es der Streßbewältigungsprozeß, der näher am pathogenen Geschehen liegt und dafür primär verantwortlich zu machen ist. Wenn es nicht gelingt, ein Problem unter Kontrolle zu bringen, bleibt der Organismus dem Stressor oder der kritischen Situation auf Dauer ausgesetzt und wird geschädigt. Gelingt die Wiederanpassung, dann geschieht dies mit einem hohen Aufwand. Coping, ob erfolgreich oder nicht, ist mit Kosten verbunden, mit Anstrengungen, die den

Organismus auf Dauer überfordern oder schwächen können und somit verletzbar machen (vgl. Ratliff-Crain & Baum, 1990). Auch eine positive Bewältigung kann demnach gesundheitlich bedeutsame Spuren hinterlassen. Zu den Kosten gehören auch Risikoverhaltensweisen sowie die Unterlassung von gewohnten Gesundheitsverhaltensweisen.

Die Art und Weise, wie wir mit schwierigen Anforderungen am Arbeitsplatz oder im Privatleben umgehen, kann zu körperlichen Beschwerden und Krankheiten führen. Dies läßt sich am *Typ A-Verhalten* illustrieren, einem Syndrom von ehrgeizigem Leistungsstreben, Ungeduld, Konkurrenzorientierung, Feindseligkeit und Hektik (Friedman & Rosenman, 1974). Dieses Verhaltenssyndrom ist als ein erworbener Copingstil angesichts einer leistungsorientierten Umwelt aufgefaßt worden (Price, 1982; Myrtek, 1995). Aggressiv-hektisches Coping führt zu einer Vielzahl von Episoden, in denen kardiovaskuläre Reaktionen auftreten und in denen alle möglichen Risikoverhaltensweisen zur Ausführung gelangen wie z. B. Rauchen, Kaffeetrinken, Alkoholkonsum, übermäßiges Essen sowie die Nichtbeachtung von körperlichen Warnsignalen. Fehladaptives Coping führt zum Auftreten von neuen Streßereignissen. Der A-Typ erzeugt sich selbst immer wieder eine Vielzahl von *Risikosituationen*, deren Bewältigung mit gesundheitlichen Kosten verbunden ist, insbesondere mit der Gefahr von Herz-Kreislauf-Krankheiten. Das Risiko von Krebserkrankungen wird ebenfalls durch fehladaptives Coping erhöht, und man spricht hier in Analogie dazu vom Typ C-Coping (Fox & Temoshok, 1988; Temoshok, 1990). Darüber wurde ausführlicher im Kapitel „Verhalten und Krankheitsrisiko" berichtet.

Streß veranlaßt uns dazu, unsere Emotionen zu bewältigen. Wir können z. B. den *Ärger* über Alltagsereignisse hinunterschlucken, oder wir können ihm statt dessen freien Lauf lassen. Es gibt inzwischen eine Mehrzahl von verläßlichen Studien, die nahelegen, daß häufig unterdrückter Ärger ebenso wie häufig geäußerter Ärger zu gesundheitlichen Schäden führen kann (vgl. Schwenkmezger, 1990; Weber, 1994). Vieles spricht für die Annahme, daß der feindselige, aggressive Ausdruck von Ärger mit der Entwicklung von Atherosklerose zusammenhängt, während die Unterdrückung von Ärger häufiger bei Krebspatienten beobachtet worden ist und daher mit Immunsuppression in Verbindung gebracht wird (vgl. Kapitel „Verhalten und Krankheitsrisiko"). Für die gesundheitliche Prävention erscheint es zweckmäßig, seine Lebensbewältigung so einzurichten, daß weniger Ärger erlebt wird, und bei der Konfrontation mit Ärgerreizen die Emotion gezielt zu regulieren statt sie zu unterdrücken oder auszuleben. Die Volksweisheit, erst einmal bis zehn zu zählen, hat an ihrer Bedeutung nichts eingebüßt.

Wenn Streß und seine Bewältigung bei manchen Menschen zu Erkrankungen führt, warum dann nur bei diesen und nicht bei anderen Menschen? Es muß offenbar Faktoren geben, die bei einigen den Streß abpuffern oder den Copingprozeß erleichtern oder beschleunigen. Die Gesundheitspsychologie befaßt sich zunehmend mit solchen *protektiven Faktoren* (vgl. Becker, 1990; Hurrelmann, 1990). Es kann sich dabei um Persönlichkeitsunterschiede handeln oder um soziale Unterstützung. Nach dem Stressorenkonzept lassen sie sich als isolierte Konstrukte auffassen, die als Moderator zwischen Streß und Pathogenese wirken, während man nach der kognitiv-transaktionalen Streßtheorie besser von Ressourcen spricht, die an zwei Stellen des Systems Einfluß nehmen können: bei der Einschätzung von Situationsanforderungen gegenüber den Ressourcen sowie im Copingvorgang, wenn auf sie ständig zurückgegriffen wird (vgl. Cohen, 1988; Jerusalem, 1990b; Schwarzer & Leppin, 1991a, 1991b). Auf soziale Ressourcen wird im nächsten Abschnitt ausführlich eingegangen, so daß hier nur die persönlichen Ressourcen erwähnt werden sollen. Zum einen ist hier die *Kompetenzerwartung* (self-efficacy) zu nennen, also die Erwartung, eine spezifische Bewältigungshandlung auch tatsächlich selbst ausführen zu können (Bandura, 1995a). Patienten mit Erkrankungen der Atemwege z. B. konnten ihre Lebenssituation besser bewältigen, wenn sie über eine hohe Kompetenzerwartung verfügten (Kaplan et al., 1984). Dasselbe galt bei Patienten mit koronaren Herzkrankheiten (Ewart, Gillian, Kelemen, Manley & Kelemen, 1986).

Zum anderen spielt der *Optimismus* eine Rolle, also die generalisierte Ergebniserwartung, die die subjektive Annahme widerspiegelt, es werde schon alles gut ausgehen (Scheier & Carver, 1992). Das zeigte sich z. B. bei der Krankheitsbewältigung von herzkranken Männern, die sich einer Bypass-Operation unterzogen hatten. Die Optimisten unter den Patienten erholten sich schneller und waren zufriedener mit ihrer Situation. Sechs Monate nach der Operation hatte sich ihr Berufs- und Privatleben weitgehend normalisiert, und noch fünf Jahre später berichteten sie über eine höhere Lebensqualität als die Pessimisten. Die Copingunterschiede zwischen beiden Patientengruppen zeigten sich darin, daß die Optimisten schon vor der Operation Pläne schmiedeten und sich Ziele für den Genesungsverlauf setzten, während die Pessimisten stärker auf ihre gegenwärtigen Gefühle achteten. Nach der Operation bemühten letztere sich, die Gedanken an ihre Symptome zu unterdrücken oder zu ignorieren, während die Optimisten danach strebten, von den Ärzten Informationen und Empfehlungen für ihr zukünftiges Leben zu erhalten. Ähnliche Befunde erhielten die Autoren in einer Studie mit Brustkrebspatientinnen (Scheier et al., 1989).

Als ein weiterer protektiver Faktor, der Coping begünstigt, wird *Hardiness* genannt (Kobasa, 1982; Maddi, 1990). Damit ist eine Reihe von Überzeugungen über sich selbst und die Umwelt gemeint, die sich auf drei Dimensionen zurückführen lassen: Engagement, Kontrolle und Herausforderung (*Commitment, Control, Challenge*). Personen, die als engagiert gelten, halten sich und die Welt für bedeutungsvoll und interessant und finden in jeder Aktivität etwas, das ihre Neugier anstachelt. Personen mit hoher Kontrolle glauben, daß sie einen Einfluß auf das Geschehen haben und es lediglich genügend Anstrengung bedarf, um ihn geltend zu machen. Personen voller Herausforderung schließlich sind davon überzeugt, daß sie durch immer neue Lernprozesse persönliches Wachstum erfahren und ihr Leben verbessern können, anstatt sich mit dem einmal Erreichten schnell zufrieden zu geben. Dieser protektive Faktor wird mit dem Hardiness-Test gemessen, einem Fragebogen mit 50 Items, die die genannten drei Subskalen bilden. Erst in der dritten Version (seit 1987) scheint dieses Instrument den üblichen psychometrischen Anforderungen zu genügen. Das Konzept einschließlich seiner Messung gilt als umstritten, obwohl einige Autoren interessante Befunde gewonnen haben, die zeigen, daß Hardiness weniger verletzlich macht und Coping begünstigt (vgl. Maddi, 1990).

Ein anderes vielzitiertes Konstrukt ist der *Kohärenzsinn* (Antonovsky, 1987, 1990). Er beruht auf einer Reihe von „generalisierten Widerstandsressourcen", das sind Eigenschaften von Person und Umwelt wie z. B. Selbstwertgefühl, soziale Unterstützung, höhere Sozialschichtzugehörigkeit oder kulturelle Stabilität, aus denen sich im Laufe der Lebensgeschichte so etwas wie eine kristallisierte, integrierte Weltsicht ergibt. Umgekehrt führen „generalisierte Widerstandsdefizite" zu einem schwachen Kohärenzsinn. Antonovsky (1987, S. 19) definiert Kohärenzsinn als „eine globale Orientierung, die das Ausmaß zum Ausdruck bringt, in dem jemand ein umfassendes und dauerhaftes, aber auch dynamisches Vertrauen darin besitzt, daß (1) die inneren und äußeren Umweltreize im Lebenslauf strukturiert, vorhersagbar und erklärbar sind, (2) daß man über die Ressourcen verfügt, um den Umweltanforderungen zu begegnen, und (3) daß diese Anforderungen Herausforderungen darstellen, für die sich Anstrengung und Engagement lohnen". Der Autor glaubt, daß Personen mit einem starken Kohärenzsinn aus verschiedenen Gründen gesünder sind, vor allem aber deswegen, weil sie diejenigen Copingstrategien auswählen, die sich für eine bestimmte Streßsituation als die geeignetsten erweisen. Er referiert eine eigene, in Israel durchgeführte Studie zum Übergang vom Arbeitsleben ins Rentnerdasein, bei der Korrelationen zwischen Kohärenzsinn und Gesundheit zwischen .20 und .40 gefunden wurden. Die beiden aktuellen Ansätze, Hardiness und Kohärenzsinn, ähneln sich und können als Beispiele dafür dienen, wie das Interesse an protektiven Faktoren im Copingprozeß gestiegen ist. Die zuvor genannten Forschungsarbeiten über Kompetenzerwartung und Optimismus erscheinen jedoch tragfähiger für die Zukunft, vor allem wegen ihrer konzeptuellen Sparsamkeit, ihrer reliablen Messung sowie der bereits vorliegenden soliden Validitätsnachweise.

Die hier genannten und andere Ressourcenfaktoren werden zunehmend mit der Bewältigung chronischer Krankheiten sowie mit der Genesung nach Operationen in Verbindung gebracht (Carver et al., 1993; Scheier et al., 1989; Slangen, Kleemann & Krohne, 1993; Terry, 1992). Ein Beispiel dafür ist die Bewältigung von Krebserkrankungen (Aymanns, 1992; Aymanns, Filipp & Klauer, 1995).

In diesem Kapitel wurden bisher einige Themen angeschnitten, die für den Zusammenhang zwischen Streß, Coping und Gesundheit von Bedeutung sind. Es wurde darauf verzichtet, praktikable Verfahren der Streßbewältigung vorzustellen wie z. B. Entspannung, Selbstregulation oder Verhaltensmodifikationstechniken (vgl. Nell & Westmeyer, 1990), denn es geht hier nicht um klinische Anwendungen, sondern um mehr theoretische Überlegungen und deren Implikationen für die weitere Forschung, um neue Erkenntnisse zu den aufgeworfenen Fragen zu gewinnen. Im folgenden soll ausführlicher auf den heutigen Stand der Forschung zur sozialen Unterstützung eingegangen werden. Dabei handelt es sich um einen ganz wesentlichen protektiven Faktor, der sowohl die Streßeinschätzung als auch den Copingprozeß und indirekt die Gesundheit maßgeblich beeinflussen dürfte.

Soziale Unterstützung

Was hat ein Kapitel mit dem Thema „soziale Unterstützung“ in einem Buch über Gesundheitsverhalten zu suchen? Ist Unterstützung nicht etwas, das wir passiv über uns ergehen lassen, wenn wir in Not sind und Hilfe brauchen? Eine derart einseitige Sichtweise ist inzwischen überholt. Soziale Unterstützung ist vielmehr ein Prozeß, der auch auf Gegenseitigkeit beruht. Nicht jeder empfängt die notwendige Hilfe; man muß schon etwas dafür tun, um beachtet und umsorgt zu werden, z. B. indem man seine Krankheitssymptome oder Behinderungen gezielt kommuniziert, bereitwillig Hilfe annimmt und dem Helfer positive Rückmeldungen oder Dankbarkeit zukommen läßt. Die Forschung über soziale Unterstützung hat sich in letzter Zeit verstärkt solchen Fragestellungen zugewandt, die den Interaktionszusammenhang von hilfreichen Sozialbeziehungen betonen. Dabei richtet sich das Interesse vor allem auf dauerhafte enge Beziehungen wie z. B. die zwischen Ehepartnern im Unterschied zu der traditionellen Hilfeforschung in der Sozialpsychologie, die vor allem die kurzfristige Interaktion zwischen Fremden experimentell untersucht hat.

Begriffsklärung und theoretische Vorüberlegungen

Bevor wir nun in die Einzelheiten gehen, ist es erforderlich, den Begriff der sozialen Unterstützung näher zu bestimmen (vgl. Schwarzer & Leppin, 1989a, 1989b, 1990). Zunächst einmal ist er abzugrenzen von dem der *sozialen Integration*. Damit ist die Einbettung in ein soziales Netzwerk gemeint; der Gegenpol dazu liegt in der sozialen Isolation. Verschiedene Indikatoren können hierfür herangezogen werden: der Familienstand (ledig vs. verheiratet), Zahl der Verwandten, Freunde und Bekannten, die Häufigkeit von Kontakten mit diesen Menschen oder mit anderen Menschen überhaupt, und schließlich gibt es komplexe Netzwerkmaße, die die Dichte, Dauer, Reziprozität und Homogenität der sozialen Einbettung abzuschätzen erlauben (vgl. Ziegler, 1987). Bei der sozialen Integration geht es also um quantitative und strukturelle Aspekte von Sozialbeziehungen. Ein soziales Netz läßt sich als ein Potential für sowohl positive als auch negative Interaktionen auffassen. Wer enge Sozialbeziehungen pflegt, wird davon oft profitieren, aber wird auch Konflikte und Spannungen ertragen müssen. Soziale Integration ist also im Prinzip weder gut noch schlecht, doch stellt sie eine wichtige Voraussetzung für soziale Unterstützung dar: wer niemanden kennt, wird sich allein durchschlagen müssen und wenig Chancen auf eine helfende Hand bei der Bewältigung von Lebensstreß haben (vgl. Kolip, 1993).

Soziale Unterstützung auf der anderen Seite umfaßt die Interaktion zwischen zwei oder mehr Menschen, bei der es darum geht, einen Problemzustand, der bei einem Betroffenen Leid erzeugt, zu verändern oder zumindest das Ertragen dieses Zustands zu erleichtern, wenn sich objektiv nichts ändern läßt. Es geht bei der sozialen Unterstützung also um den mehr qualitativen oder funktionalen Aspekt von Sozialbeziehungen. An dieser Stelle ist eine weitere Unterscheidung vonnöten. Die meisten Forschungsarbeiten haben sich mit der subjektiven Wahrnehmung des Hilfeempfängers begnügt, während nur wenige das konkrete Unterstützungsverhalten beobachten ließen. Diese *wahrgenommene Unterstützung* wird in Form von Fragebogen erfaßt, indem die Überzeugung von der Verfügbarkeit des sozialen Rückhalts erfragt wird.

Dort kann es z. B. heißen: „Wenn du krank wirst und Pflege brauchst, wer würde dir dann zur Seite stehen?“ Und weiter: „Wie zufrieden wärest du mit dieser Art von Hilfe?“. Dieser Ansatz zielt also auf kognitive Prozesse, oder genauer, auf Überzeugungen, Erwartungen und Bewertungen. Oft werden hypothetische Situationen vorgegeben, die eine Hilfsbedürftigkeit nahelegen, und die Befragten geben an, auf welche Mitglieder ihres sozialen Netzes sie sich verlassen können und als wie wirksam oder wohltuend sie diese Unterstützung empfinden würden. Dieser kognitive Ansatz hat Stärken und Schwächen, auf die später noch einzugehen ist. Der zweite, ebenfalls qualitativ-funktionale Ansatz richtet sich auf das Verhalten und wird daher als *erhaltene Unterstützung* bezeichnet. Hier geht es darum, wie oft und wie wirksam hilfreiche Handlungen ausgeführt wurden, während die Befragten sich in Not befanden. Die Perspektive ist also retrospektiv und zielt auf ein tatsächliches Geschehen, das registriert, aber auch subjektiv bewertet wird. Die Wiedergabe muß aber nicht unbedingt aus der Erinnerung und mit subjektiver Interpretation erfolgen; vielmehr läßt sich erhaltene Unterstützung auch objektiv beobachten und aus neutraler Perspektive beschreiben (vgl. Kulik & Mahler, 1989).

Es sind also drei Konzepte des sozialen Rückhalts zu unterscheiden, nämlich soziale Integration, wahrgenommene Unterstützung und erhaltene Unterstützung. Darüber herrscht heute allgemein Konsens (vgl. Baumann & Veiel, 1992; Dunkel-Schetter & Bennett, 1990; House, Umberson & Landis, 1988; Schwarzer & Leppin, 1989a, 1989b; Vaux, 1988). Daneben läßt sich die Art der sozialen Interaktion näher bestimmen, indem auf die Güter oder Gefühle verwiesen wird, die überwiegend im Spiel sind. Es macht einen Unterschied, ob jemand Geschenke entgegennimmt, Herzenswärme verspürt oder einen guten Rat zu hören bekommt. Je nach Situation kann mal das eine und mal das andere die beste Wirkung zeitigen (vgl. Cutrona & Russell, 1990). Es gibt hier eine Vielzahl von Vorschlägen, wie man die hilfreichen Austauschprozesse differenzieren und klassifizieren könnte, doch wollen wir uns auf die drei wichtigsten Dimensionen beschränken: emotionale Unterstützung, instrumentelle Unterstützung und informationelle Unterstützung. Im ersten Fall wird Mitleid, Zuwendung, Trost, Wärme usw. kommuniziert, im zweiten Fall werden Arbeiten erledigt, Güter besorgt usw., und im dritten Fall werden Informationen übermittelt und Ratschläge erteilt. Somit ergibt sich folgende Differenzierung des Rahmenkonzepts sozialen Rückhalts:

quantitativ-strukturell: **soziale Integration**	*qualitativ-funktional:* **soziale Unterstützung**
	• wahrgenommene Unterstützung * emotionale Unterstützung * instrumentelle Unterstützung * informationelle Unterstützung • erhaltene Unterstützung * emotionale Unterstützung * instrumentelle Unterstützung * informationelle Unterstützung

Obwohl alle Aspekte des sozialen Rückhalts wichtig sind, werden wir uns im folgenden für das Thema „Gesundheitsverhalten" weniger mit sozialer Integration als vielmehr mit sozialer Unterstützung, und hier besonders mit der erhaltenen Unterstützung, befassen. Die Fragestellung besteht darin, die Kognitionen, Emotionen und Verhaltensweisen näher zu bestimmen, die soziale Unterstützung hervorrufen, aufrechterhalten oder scheitern lassen. Dazu müssen unter anderem Merkmale des Empfängers und Merkmale des Helfenden betrachtet werden.

Ein Dilemma des Begriffs soziale Unterstützung liegt in seiner positiven Konnotation, die eine wohltuende Wirkung von vornherein unterstellt. Im Fall der wahrgenommenen Unterstützung ist das kein besonderes Problem: die Person nimmt subjektive Einschätzungen vor, wobei die Hilfehandlungen, sofern sie erwartet werden, überwiegend positiv interpretiert werden. Anders ist dies bei erhaltener Unterstützung. Wir wissen aus einer Vielzahl von Untersuchungen, daß soziale Unterstützung auch scheitern oder sogar Schaden anrichten kann (vgl. Dunkel-Schetter, Blasband, Feinstein & Bennett, 1991; Rook, 1984, 1990a, 1990b, 1990c). Da der ungeschickt gewählte Begriff soziale Unterstützung heute aus der Literatur nicht mehr zu entfernen ist, sollte er zumindest „ambivalent definiert" werden: soziale Unterstützung kann als ein Spezialfall von sozialer Interaktion angesehen werden, der sowohl positive als auch negative Wirkungen hervorrufen kann.

Wodurch muß eine soziale Interaktion qualifiziert sein, damit man sie als Unterstützung werten kann? Genügt es, wenn der Helfende eine gute Absicht hegt, ohne daß der Empfänger dies zu spüren bekommt? Genügt es, wenn der Empfänger eine soziale Handlung als Wohltat empfindet, ohne daß der

Handelnde überhaupt etwas Wohltätiges im Sinn hat? Oder genügt es, wenn ein neutraler Beobachter eine Interaktion als unterstützend auffaßt? Eine systematische Betrachtungsweise dieses Forschungsfelds haben Dunkel-Schetter et al. (1991) vorgelegt (vgl. Abbildung 27).

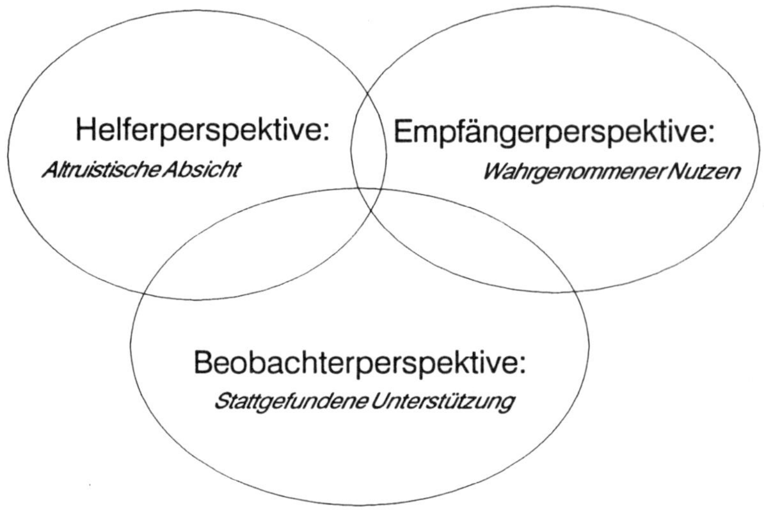

Abbildung 27. *Perspektiven für das Forschungsfeld „Social Support" (nach Dunkel-Schetter et al., 1991).*

Idealerweise sollten alle drei Perspektiven übereinstimmen, doch dies ist nicht oft der Fall. Man muß realistischerweise damit rechnen, daß es Mißverständnisse und Fehlinterpretationen gibt, die zu Störungen der sozialen Interaktion führen oder ungewollte positive Effekte hervorrufen. Obwohl es bei erhaltener Unterstützung primär um Verhalten geht, erweisen sich Kognitionen als Schlüssel zum Verständnis solcher sozialer Interaktionen. Schon früher ist vorgeschlagen worden, Hilfeintentionen zum Maßstab für das Vorkommen sozialer Unterstützung zu machen (Shumaker & Brownell, 1984). Legt der Handelnde seiner Tat eine altruistische Intention zugrunde, so ist dies als ein „Unterstützungsversuch" aufzufassen, während eine „wirksame Unterstützungsinteraktion" auf der Wahrnehmung und Interpretation einer positiven Wirkung seitens des Empfängers beruht (Dunkel-Schetter et al., 1991). Ein Unterstützungsversuch ist ein Verhalten in altruistischer Absicht, ohne daß der Betroffene zwangsläufig einen Vorteil verspüren muß. Eine wirksame Unterstützungsinteraktion dagegen ist eine Interaktion, die aus der Sicht des Empfängers hilfreich erscheint, ohne daß der Partner zwangsläufig eine selbstlose Tat vollbringen muß. Das Dilemma des außenstehenden Beobachters liegt darin, entweder die eine oder die andere Kognition erschließen zu müssen. Wenn z. B. jemand beobachtet, daß die Ehefrau den Patienten jeden Tag im Krankenhaus besucht, dann mag dies als soziale Unterstützung interpretiert werden (z. B. Kulik & Mahler, 1989), aber es bleibt nicht auszuschließen, daß die Frau von egoistischen Motiven geleitet ist oder daß es dem Mann eigentlich lieber wäre, sie würde ihn nicht besuchen.

Jede der drei Perspektiven erlaubt einen anderen Zugang zum Forschungsfeld soziale Unterstützung. Um wirklich weiterführende Erkenntnisse gewinnen zu können, erscheint es heute geboten, mehr als eine Perspektive innerhalb einer Untersuchung zu wählen. Fast die gesamte Social Support-Forschung hat sich bis heute allein auf die Empfängerperspektive gestützt, während die experimentelle Hilfeforschung sich mehr auf die des Handelnden verlassen hat. Man beobachtet inzwischen aber eine vielversprechende Konvergenz von drei Forschungsrichtungen: Support-Forschung, Hilfe-Forschung und Forschung über enge Sozialbeziehungen (vgl. Barbee, 1990; Batson, 1990; Duck, 1990; Dunkel-Schetter & Skokan, 1990; Sarason, Sarason & Pierce, 1990a, 1990b, 1990c; Schwarzer & Weiner, 1990, 1991). Dabei verschiebt sich der Schwerpunkt der Betrachtung von der Analyse einer einzelnen kurzfristigen Handlung zu der von langfristigen sozialen Transaktionen. Enge Bindungen sind zwar keine notwendigen Voraussetzungen von sozialer Unterstützung; unsere alltäglichen Interaktionen mit einer Vielzahl von Menschen wie Friseuren, Masseuren, Barmixern, Verkäufern usw. können wichtige Elemente des Gefühls der Einbettung und sozialen Unterstützung ausmachen (Adelman, Parks & Albrecht, 1987a, 1987b; Wiesenfeld & Weis, 1979); doch spielen sich wohl die meisten Prozesse von Unterstützung in engen Sozialbeziehungen ab wie z. B. in der Ehe (Fincham & Bradbury, 1990), in der Familie (Eggert, 1987) oder mit Freunden (Adelman, Parks & Albrecht, 1987a, 1987b; Newcomb, 1990a, 1990b). Die Art und Weise der Kommunikation spielt eine Rolle (Albrecht & Adelman, 1987), die Mitteilung von Erwartungen, Rückmeldungen und die Wahrnehmung von Gegenseitigkeit, Verbindlichkeit und Interdependenz (vgl. Coyne, Ellard & Smith, 1990). Daraus folgt, daß sich die Wahrscheinlichkeit für angemessene soziale Unterstützung auch aus der Geschichte einer Beziehung ergibt; die bisherigen Erfahrungen mit gegenseitiger Hilfestellung bestimmt die Erwartungen angesichts zukünftiger Streßsituationen. Dies ist einer der vier Faktoren, die Dunkel-Schetter und Skokan (1990) erörtern.

Die Autoren gehen zunächst auf *Streßfaktoren* ein. Dem Ansatz von Lazarus (1990) folgend, kann man Situationen als mehr oder weniger streßreich auffassen in Abhängigkeit von perzipierten Ereignismerkmalen auf der einen und perzipierten Ressourcen auf der anderen Seite (s. auch Jerusalem, 1990a). Erlebter Streß (oder Distress) ist eine Voraussetzung für Hilfsbedürftigkeit, oder anders ausgedrückt: Hilfsbedürftigkeit ist immer Streß, d. h. aufgrund von überwältigenden Anforderungen ergibt sich ein erhöhter Bedarf an sozialen Ressourcen. Wenn dies von beiden Parteien so erlebt wird, von dem Betroffenen und seinem Netzwerkmitglied, dann stellt dies eine günstige Bedingung für eine hilfreiche soziale Interaktion dar (vgl. Hobfoll, 1988, 1989).

Im weiteren Verlauf ihrer Diskussion gehen Dunkel-Schetter und Skokan (1990) auf *Faktoren des Hilfeempfängers* ein. Sie nennen drei Variablen, die sich empirisch als wichtig erwiesen haben: (a) ein mittlerer Grad an Belastung (Distress) kann dazu führen, daß mehr Hilfe gewährt wird, während bei zu hoher oder zu lange anhaltender Belastung das soziale Netz selbst in Mitleidenschaft gezogen wird und weniger geneigt ist zu helfen; (b) aktives Bemühen und Suche nach sozialer Unterstützung hat sich als guter Prädiktor für tatsächliche Hilfeleistung erwiesen, und (c) gute persönliche Ressourcen wie Selbstwertgefühl, Kompetenz, Optimismus und internale Kontrollüberzeugung rufen eine stärkere Hilfsbereitschaft bei anderen hervor (vgl. auch Hobfoll & Freedy, 1990).

Auf der *Seite des Helfenden* sind es eine Reihe von Kognitionen und Emotionen, die den Ausschlag zum Hilfehandeln geben sollen. Zunächst ist von Bedeutung, worin die Ursache für den Problemzustand gesehen wird, ob also eine Zuschreibung auf kontrollierbare oder auf unkontrollierbare Ursachen vorgenommen wird. Ist das Problem außerhalb des kontrollierenden Einflusses des Betroffenen, so ist die Chance größer, daß Mitleid erzeugt wird und schließlich eine Absicht zu helfen; andernfalls kann Ärger entstehen und schließlich Rückzug (vgl. Weiner, 1985). Auch nach der Theorie von Batson (1990) ist Mitgefühl (Empathie) der emotionale Vermittler, der altruistische Motivation hervorruft; entsteht dagegen Distress beim potentiell Helfenden, so wird eine eher egoistische Motivation erzeugt, die nicht zur Hilfe führt. Um eine Integration der Theorien von Weiner und Batson hat sich Betancourt (1990) bemüht, indem er in seinem Experiment sowohl die Kontrollierbarkeit der Problemursache als auch die Empathie des Beobachters variierte. Daneben ist die augenblickliche Stimmung von Bedeutung (vgl. Barbee, 1990; Carlson & Miller, 1987) sowie die subjektiven Kosten des Hilfehandelns und die Wahrnehmung der Unausweichlichkeit der Situation.

Schließlich gehen Dunkel-Schetter und Skokan (1990) auf die *Beziehungsfaktoren* ein. Der Grad von Intimität und die Zufriedenheit mit einer Partnerbeziehung wirken sich auf die soziale Unterstützung aus (vgl. Coyne et al., 1990). Wenn eine Norm der Gegenseitigkeit etabliert ist und wenn die Beziehung eine positive Geschichte von Hilfeleistung, Dankbarkeit, Rückmeldung und Reziprozität aufweist, kann mit stabiler sozialer Unterstützung gerechnet werden (vgl. auch Antonucci & Jackson, 1990).

Nachdem nun einige theoretische Unterscheidungen und Trends in der Forschung über soziale Unterstützung kurz dargestellt worden sind, wollen wir uns mit den Bedingungen sozialer Unterstützung etwas näher befassen. Dabei geht es zunächst um die Frage, welche Merkmale auf der Seite des Empfängers die Wahrscheinlichkeit für eine Hilfeleistung erhöhen.

Mobilisierende Merkmale des Empfängers von sozialer Unterstützung

Unter welchen Bedingungen wird am ehesten geholfen? Wenn jemand krank, behindert oder aus anderen Gründen hilfsbedürftig ist, dann bedarf es normalerweise einer entsprechenden Kommunikation, bevor andere zur Hilfe eilen. Der Leidende kann z. B. um Hilfe bitten oder er kann Krankheitssymptome „zur Schau stellen“ und Schmerzen nicht unterdrücken. Patienten beginnen häufig erst dann zu klagen, wenn jemand anwesend ist, weil sonst niemand die Botschaft vernehmen kann. Das Äußern von Beschwerden als Teil der Krankenrolle enthält also eine kommunikative Funktion und dient dazu, Mitgefühl zu erwecken und Unterstützung zu mobilisieren. Offenes Hilfeersuchen und Symptomdarstellung sind zwei Mittel, die oft zu Erfolg führen, aber diesen keineswegs garantieren.

Ein Aspekt liegt im eigenen Verschulden des Schicksals. Infiziert sich jemand offensichtlich durch grobe Fahrlässigkeit beim Intimverkehr und erkrankt an AIDS, so wird die soziale Unterstützung vielleicht geringer ausfallen als bei einer Infektion durch eine Bluttransfusion, die der Patient nicht zu verantworten hat. Bricht sich jemand bei einem Autorennen oder beim Drachenfliegen die Knochen, so ist vielleicht weniger Hilfe zu erwarten, als wenn jemand unverschuldet einem Verkehrsunfall zum Opfer gefallen ist. Wenn jemand sich selbst durch grobe Fahrlässigkeit in eine schwierige Situation bringt, dann dürfte dies weniger zur Hilfe motivieren, als wenn jemand durch widrige Umstände dahin gerät. Ist ein Schicksal von der Person nicht kontrollierbar, dann erzeugt dies mehr Mitleid und Hilfsbereitschaft.

Daneben ist das Krankheitsverhalten zu berücksichtigen, also die aktiven Bemühungen des Patienten, mit seiner Lage irgendwie fertig zu werden. Man könnte sich vorstellen, daß gleichgültige oder mißmutig klagende Patienten ihr soziales Netz weniger zur Hilfeleistung motivieren können als konstruktiv an ihrer Genesung mitwirkende Patienten. Man stelle sich einen Depressiven vor, der passiv und mißmutig vor sich hin lebt, sich ständig beklagt und von anderen Hilfe erwartet, ohne sich dafür dankbar zu erweisen. Auf Dauer wird er es schwerhaben, sein soziales Netz zu erhalten. Gerade im Umgang mit Depressiven wird deutlich, wieviel Überwindung und Opferbereitschaft es kostet, unermüdlich Hilfe zu leisten. Zu einer beständigen sozialen Interaktion gehört es, daß ein gewisses Maß an Gegenseitigkeit gewährt wird und daß soziale Attraktivität gegeben ist. Passive, undankbare und schwermütige Menschen sind dagegen nicht attraktiv und werden auf Dauer weniger unterstützt (vgl. Barbee, 1990; Gurtman, 1986; Notarius & Herrick, 1988).

Die Forschungsfrage richtet sich also auf die hilfemotivierenden Merkmale auf der Seite eines Kranken oder sonstwie Hilfsbedürftigen, der durch ein Stigma gekennzeichnet ist. Mit einem sozialen Stigma ist eine Eigenschaft gemeint, die eine Person als abweichend, auffällig, beeinträchtigt, deformiert oder marginal erscheinen läßt (vgl. Albrecht, Walker & Levy, 1982; Jones et al., 1984). Dazu gehören körperliche Makel, schwere Krankheiten und Verhaltensprobleme wie z. B. Drogenabhängigkeit. Ein Beobachter, der mit einer stigmatisierten Person zu tun hat, sucht typischerweise nach den Gründen für die Entstehung solcher Stigmata, denn was von der Norm abweicht, erscheint erklärungsbedürftig. Je nach Informationsstand über die stigmatisierte Person ergeben sich unterschiedliche Ursachenzuschreibungen (Kausalattributionen) über die vermeintliche Herkunft des Stigmas. Die Attributionstheorie wird neuerdings auch auf die Wahrnehmung und Beurteilung sozialer Stigmata sowie auf den Umgang mit Stigmatisierten angewendet (Weiner, Perry & Magnusson, 1988). Eine grundlegende Dimension von wahrgenommenen Ursachen liegt in deren *Kontrollierbarkeit* (Weiner, 1985, 1986). Als kontrollierbar gelten solche Ursachen, die der Handelnde willentlich herbeiführen kann bzw. für die er selbst verantwortlich zu machen ist; unkontrollierbare Ursachen dagegen entziehen sich dem persönlichen Einfluß des Handelnden. Wenn jemand zum Beispiel aus Neugier psychotrope Drogen ausprobiert und dadurch abhängig wird, so wird dieses Stigma als kontrollierbar aufgefaßt, während in einem anderen Falle, in dem jemand mit solchen Drogen über längere Zeit medizinisch behandelt werden mußte und deswegen abhängig wurde, eher Unkontrollierbarkeit angenommen wird. In entsprechender Weise würde man die Entstehung eines Herzinfarkts als kontrollierbar ansehen, wenn der Patient sich über Jahrzehnte hinweg riskant verhalten hat, zum Beispiel indem er rauchte, übermäßig tierische Fette verzehrte, körperlich inaktiv war und keine Vorsorgeuntersuchungen durchführen ließ; dagegen wäre Unkontrollierbarkeit anzunehmen, wenn bei einer Person erbliche Faktoren für diese Krankheit ausschlaggebend gewesen wären.

Es hat sich gezeigt, daß die Wahrnehmung von sozialen Stigmata als entweder kontrollierbar oder unkontrollierbar einen Einfluß darauf ausübt, welche Gefühle und Verhaltensweisen man den Stigmatisierten entgegenbringt (DeJong, 1980; Weiner et al., 1988). Unkontrollierbare Stigmata scheinen Mitleid beim Beobachter hervorzurufen und Hilfeintentionen zu begünstigen, während kontrollierbare Stigmata eher Ärger entstehen lassen und weniger Bereitschaft, Unterstützung zu gewähren (Betancourt, 1990; Reisenzein, 1986; Schmidt & Weiner, 1988). Eine riskante Lebensführung als die wahrgenommene Ursache eines Leidens erzeugt demnach Unmut, wenig Mitleid und wenig Hilfsbereitschaft, während man als mutmaßliches Opfer äußerer Umstände eher Mitleid und Hilfe und weniger Ärger erwarten kann.

Die bisher genannten Überlegungen und Forschungsarbeiten haben die Analyse zusätzlicher Merkmale der Zielperson, z. B. ihr gegenwärtiges *Bewältigungsverhalten*, nicht einbezogen. Es erscheint zweifelhaft, daß dem wahrgenommenen Ursprung eines Stigmas auch dann noch eine große Bedeutung beigemessen wird, wenn er sehr viele Jahre zurückliegt und wenn die Person inzwischen alle Anstrengungen unternimmt, um frühere Fehler wieder gutzumachen. Das aktuelle Bewältigungsverhalten mag den Beobachter stärker beeindrucken als ein Fehlverhalten in der Vergangenheit. Die weiterführende Forschungsfrage zielt demnach auf den kompensatorischen Effekt von Coping gegenüber dem Selbstverschulden eines Stigmas. Es ist verwunderlich, daß die Attributionstheoretiker dies nicht von vornherein mitbedacht haben, denn Coping entspricht dem wohlbekannten Anstrengungsfaktor in den frühen Arbeiten der leistungsthematischen Attributionsforschung: Ein Schüler z. B., der sich anstrengt, wird gerade dann vom Lehrer gelobt, wenn er trotz geringer Begabung überdurchschnittliche Leistungen erzielt. In der Bewältigungsforschung ist auf die hier getroffene Unterscheidung bereits hingewiesen worden (Brickman et al., 1982). Die Autoren haben vorgeschlagen, zwischen der Verantwortlichkeit für die Verursachung eines Problems und der Verantwortlichkeit für die Lösung dieses Problems zu unterscheiden. Modellvorstellungen von sozialer Unterstützung können sich dieser Zweiteilung bedienen. So läßt sich z. B. die beliebte Auffassung vertreten, wer ein Mißgeschick selbst verschuldet hat, möge auch selbst für dessen Behebung sorgen; oder wer sich um die Beseitigung von Schäden kümmert, die er gar nicht hervorgerufen hat, opfere sich für andere auf und verdiene daher unsere besondere Zuneigung und Unterstützung. Ähnlich wird übrigens bei Janoff-Bulman (1979) zwischen stabiler und variabler Verantwortung unterschieden. Mit „characterological blame" meint sie die Zuschreibung der Schuld auf ein Persönlichkeitsmerkmal des Opfers und mit „behavioral blame" auf dessen Verhalten.

Wir haben in zwei Studien einen Vergleich zwischen der Wirkung wahrgenommener Ursachen und der Wirkung wahrgenommener Bewältigung auf die Emotionen und die Hilfsbereitschaft bei Beobachtern untersucht (Schwarzer & Weiner, 1990, 1991). Der Anlaß dafür ergab sich aus dem Umstand, daß verschiedene Forschungstraditionen zu ähnlichen Themen unverbunden nebeneinander entstanden sind und dringend einer gegenseitigen Bezugnahme bedürfen, nämlich (a) die Attributionsforschung über soziale Stigmata (Weiner et al., 1988), (b) die Coping-Forschung, die sich mit der Reaktion auf Opfer befaßt (vgl. Wortman & Dunkel-Schetter, 1987), und (c) die Social Support-Forschung, die überwiegend die Perspektive des Betroffenen, nicht die des Helfers, untersucht (vgl. Cohen & Syme, 1985). Die Ausgangsfrage richtete sich also darauf zu bestimmen, welche Eigenschaften des Patienten primär dazu beitragen, auf der Seite des potentiellen Helfers positive Emotionen sowie die Bereitschaft zu sozialer Unterstützung zu beeinflussen: die Kontrollierbarkeit der Stigma-Ursache oder das aktuelle Bewältigungsverhalten.

Für das erste Laborexperiment konnten 87 männliche und weibliche Studenten in Los Angeles gewonnen werden (Schwarzer & Weiner, 1991). Sie bearbeiteten das Stimulusmaterial in kleinen Gruppen. Acht Stigmata standen zur Auswahl, nämlich AIDS, Krebs, Drogenabhängigkeit, Herzinfarkt, Anorexia, Kindesmißhandlung, Depression und Fettleibigkeit. Die Beschreibung jeder Zielperson wurde im Hinblick auf Stigma-Ursache und Bewältigungsverhalten variiert, so daß pro Stigma vier Szenarios resultierten (zwei Stufen der Ursache und zwei Stufen des Coping). Die Versuchspersonen wurden ohne ihr Wissen in vier Gruppen unterteilt, die unterschiedliche Kombinationen dieser Szenarios erhielten. Jede Versuchsperson erhielt alle acht Stigmata und durchlief zweimal folgende vier Bedingungen: (a) kontrollierbare Stigma-Ursache ohne Coping, (b) kontrollierbare Stigma-Ursache mit Coping, (c) unkontrollierbare Stigma-Ursache ohne Coping, (d) unkontrollierbare Stigma-Ursache mit Coping.

Zur Veranschaulichung sollen hier die vier Vignetten für Herzinfarkt wiedergegeben werden:

(a) Ihr Bekannter ist an einem Herzleiden erkrankt und ist in ständiger ärztlicher Behandlung. Die Diagnose deutet darauf hin, daß die Erkrankung auf seinen starken Zigarettenkonsum und seine cholesterinreiche Ernährung zurückzuführen ist. Ihr Bekannter hat bisher - trotz besseren Wissens um die negativen Konsequenzen für seine Gesundheit - noch keine Schritte unternommen, stärker auf seine Gesundheit zu achten.

(b) Ihr Bekannter ist an einem Herzleiden erkrankt und ist in ständiger ärztlicher Behandlung. Die Diagnose deutet darauf hin, daß die Erkrankung auf seinen starken Zigarettenkonsum und seine cholesterinreiche Ernährung zurückzuführen ist. Ihr Bekannter hat daraufhin das Rauchen aufgegeben. Außerdem hält er eine geeignete Diät ein und nimmt regelmäßig die verordneten Medikamente ein.

(c) Ihr Bekannter ist an einem Herzleiden erkrankt und ist in ständiger ärztlicher Behandlung. Die Diagnose deutet darauf hin, daß die Erkrankung auf Erbfaktoren zurückzuführen ist, da auch andere Familienmitglieder von Herzkrankheiten betroffen waren. Ihr Bekannter hat bisher - trotz besseren Wissens um die negativen Konsequenzen für seine Gesundheit - noch keine Schritte unternommen, stärker auf seine Gesundheit zu achten.

(d) Ihr Bekannter ist an einem Herzleiden erkrankt und ist in ständiger ärztlicher Behandlung. Die Diagnose deutet darauf hin, daß die Erkrankung auf Erbfaktoren zurückzuführen ist, da auch andere Familienmitglieder von Herzkrankheiten betroffen waren. Ihr Bekannter ist Nichtraucher, er hält eine strenge Diät ein und nimmt die verordneten Medikamente regelmäßig ein.

Abhängige Variablen zur Erfassung von sozialer Unterstützung waren folgende Items mit je neun Abstufungen:

1. In welchem Ausmaß wären Sie bereit, der dargestellten Person bei kleineren Problemen beizustehen?
2. Wie stark wäre Ihre Unterstützung für die dargestellte Person?
3. Wieviel Zeit würden Sie sich nehmen, um mit der dargestellten Person zu reden und um ihr zuzuhören?
4. Wieviel Geld würden Sie der dargestellten Person zur Verfügung stellen, um ihr die beste Behandlung zu ermöglichen?
5. Wie gern würden Sie mit der dargestellten Person in einen gemeinsamen Urlaub fahren?
6. In welchem Ausmaß würden Sie der dargestellten Person mit Rat und Tat zur Seite stehen?
7. Wie lange wären Sie bereit, die dargestellte Person zu trösten und zu beruhigen?

Diese sieben Support-Items wurden zu einer Gesamtskala (Cronbach's alphas = .89 bis .95) zusammengefaßt, nachdem sich herausgestellt hatte, daß die Befunde der sieben Einzelitems gleichsinnig ausfielen.

Die Befunde der amerikanischen Studie ergaben, kurzgefaßt, folgendes Bild. Sowohl Stigma-Ursache als auch Coping erzeugten Haupteffekte auf Mitleid und soziale Unterstützung, während Ärger nur von dem Coping-Faktor beeinflußt wurde. Beim Vergleich der aufgeklärten Varianzen zeigte sich, daß Coping gegenüber der Stigma-Ursache als der bedeutsamere Faktor einzuschätzen ist. Zielpersonen, für deren Leiden eine unkontrollierbare Ursache vorgegeben war, bewirkten signifikant mehr Mitleid und Hilfsbereitschaft bei den Beobachtern als Zielpersonen, die an ihrem Geschick offensichtlich selbst schuld sind. Unabhängig davon riefen Zielpersonen, die zur Problemlösung nichts Konstruktives beitrugen, Ärger bei den Beobachtern hervor sowie weniger Mitleid und Hilfsbereitschaft. Diese Befunde beruhen auf einer Kombination aller acht Stigmata. Darüber hinaus zeigten sich aber unterschiedliche Reaktionsmuster für verschiedene Stigmata. Die Korrelation zwischen Ursachenkontrollierbarkeit und Mitleid betrug −.32 für Herzinfarkt und −.40 für AIDS und war für die anderen sechs Stigmata nicht signifikant. Die Korrelation zwischen Coping und Ärger variierte zwischen .37 und .58 bei sechs Stigmata und war in zwei Fällen nicht signifikant (AIDS und Depression). In der neueren Attributionstheorie (Weiner et al., 1988) wird angenommen, daß Mitleid und Ärger wichtige Antezedenzien von sozialer Unterstützung darstellen, während die Kontrollierbarkeitsdimension ein distaler Prädiktor ist, der nur indirekt über die Emotionen auf die Handlungsbereitschaft wirkt. Daher erscheint es interessant, die Zusammenhänge zwischen den Emotionen und der sozialen Unterstützung zu betrachten. Ärger korrelierte mit der Hilfsbereitschaft bei Fettleibigkeit (–.57), Anorexia (–.38) und Depression (–.42) und war in den anderen fünf Fällen nicht signifikant. Mitleid korrelierte mit Hilfsbereitschaft nur signifikant bei Krebs (.45) und AIDS (.55). Es gibt offenbar stigmaspezifische Zusammenhangsmuster, die noch der weiteren Aufklärung bedürfen.

Die Ergebnisse der deutschen Studie bei 87 Berliner Studentinnen und Studenten (Schwarzer & Weiner, 1990) bestätigten die amerikanischen Befunde. Eine als *unkontrollierbar* wahrgenommene Stigma-Ursache führte zu mehr Unterstützungsbereitschaft bei Beobachtern im Fall von AIDS und Drogenabhängigkeit, während für die anderen sechs Stigmata die Signifikanzgrenze nicht erreicht wurde. Der Coping-Faktor wurde in fünf Fällen signifikant und lag bei Krebs nahe der Signifikanzgrenze (.07). Bei AIDS, Drogenabhängigkeit, Depression, Anorexia und Herzkrankheit wurde deutlich mehr Hilfsbereitschaft hervorgerufen, wenn die Patienten sich selbst bemühten. Abbildung 28 veranschaulicht das Ausmaß des Unterstützungseffekts wieder am Beispiel der Herzkrankheit.

Herzpatienten, die viele Anstrengungen unternehmen, um ihre Krankheit zu überwinden, sind offenbar begünstigt, wenn es um Zuwendung seitens ihrer Netzwerkmitglieder geht und zwar unabhängig davon, ob die Erkrankung als kontrollierbar oder als unkontrollierbar dargestellt wird.

Aus der Sicht der Social Support-Forschung interessieren vor allem die möglichen Determinanten des Hilfehandelns auf seiten der Zielperson und auf seiten der Beobachter. Bei der Anwendung der Attributionstheorie auf soziale Stigmata wird angenommen, daß Emotionen die Handlungsintention direkt bestimmen, während die Kontrollierbarkeit nur auf die Emotionen einwirkt (Weiner et al., 1988). Demnach müßte die Unterstützung höher mit Mitleid und Ärger korrelieren als mit deren Antezedenzien. Um dies zu klären, wurden die Korrelationen zwischen den beteiligten Variablen für jedes Stigma getrennt berechnet. Erwartungsgemäß waren die Zusammenhänge zwischen Kontrollierbarkeit und Unterstützung sehr gering, während diejenigen zwischen den beiden Emotionen und der Unterstützung sehr hoch ausfielen. Interessanterweise nehmen die Korrelationen zwischen Unterstützung und Bewältigungsverhalten eine mittlere Größenordnung an. Der experimentelle Faktor Coping übt einen erheblich stärkeren Einfluß auf die Bereitschaft zu sozialer Unterstützung aus als es die Kontrollierbarkeit tut. Die besten Voraussetzungen für Hilfeleistung sind offenbar dann gegeben, wenn die Zielperson sich Mühe gibt und wenn die handelnde Person Mitleid empfindet, während Gleichgültigkeit bei der einen in Verbindung mit Ärger bei der anderen Person ein ungünstiges Muster für Hilfeleistung darstellen würde (vgl. Schwarzer, Dunkel-Schetter, Weiner & Woo, 1992).

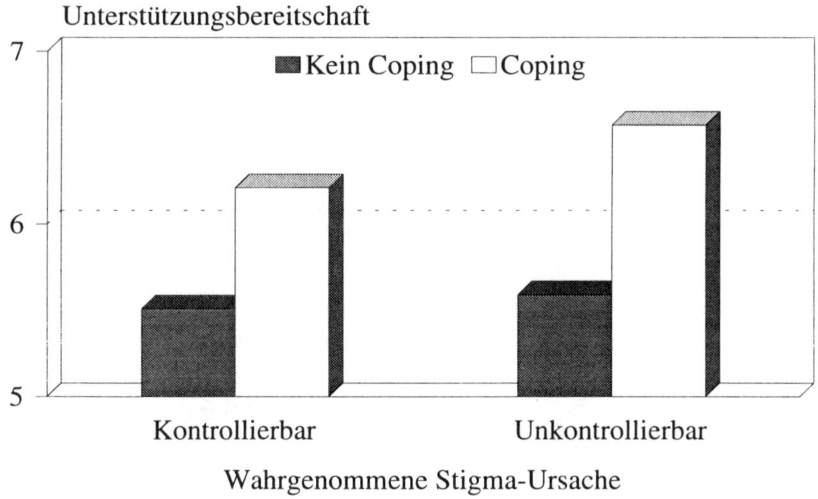

Abbildung 28. *Der Einfluß von Kontrollierbarkeit und Copingaufwand auf die Hilfsbereitschaft gegenüber Herzpatienten (nach Schwarzer & Weiner, 1990).*

Die hier ausführlich dargestellten Studien sind offenbar die ersten Versuche, das Bewältigungsverhalten von Patienten oder Opfern experimentell in Beziehung zur Hilfsbereitschaft zu erforschen (vgl. auch Silver, Wortman & Crofton, 1990).

Angeregt durch die Studie von Schwarzer und Weiner hat Skokan (1990) ein ähnliches Experiment durchgeführt. Sie gab 128 Versuchspersonen zwei Szenarios; das eine stellte eine Mitbewohnerin („roommate“) dar, die ihren Vater bei einem Autounfall verloren hatte; in der zweiten Vignette war die Mitbewohnerin als Krebspatientin dargestellt. Beide Szenarios wurden variiert im Hinblick auf die Kontrollierbarkeit der Ursache und auf die

Copingmodalität der Mitbewohnerin. In den Fällen, in denen die Zielperson als unschuldiges Opfer dargestellt wurde, waren die Versuchspersonen erwartungsgemäß eher geneigt, soziale Unterstützung zu gewähren, als in den Fällen, in denen sie ihren Zustand durch Fahrlässigkeit selbst verursacht hatte. Die Autorin konnte aber unsere Ergebnisse für den Coping-Faktor nicht bestätigen. Der Grund dafür dürfte darin liegen, daß sie lediglich die Art der Bewältigung (angepaßt gegenüber fehlangepaßt) variiert hatte, nicht aber aktives Verhalten und Bemühung. Gerade die Anstrengung sollte nach unserer attributionstheoretischen Auffassung ihre Wirkung auf den Helfenden nicht verfehlen. Der interessanteste Beitrag der Arbeit von Skokan liegt in der Bestimmung der Rolle der persönlichen Erfahrung. Versuchspersonen, die selbst Lebenserfahrungen mit negativen kritischen Ereignissen gesammelt hatten, waren demnach eher geneigt, Hilfe zu gewähren, als unerfahrene Personen. Dieser Effekt war nicht spezifisch für Krebs oder Tod eines Familienangehörigen durch Unfall, sondern galt allgemein für alle möglichen Erfahrungen mit Lebenskrisen, die die Personen durchgemacht hatten. Die Autorin hat allerdings versäumt, zwischen erfolgreich bewältigten und unbewältigten Ereignissen zu unterscheiden.

Damit ist eine Perspektive für die weitere Forschung gegeben. Es bleibt unter anderem zu klären, welchen Einfluß bewältigte und unbewältigte sowie persönliche und stellvertretende Erfahrungen auf motivationale Zwischenprozesse ausüben, die zur Hilfsbereitschaft beitragen können. Daneben ist zu unterscheiden zwischen Erfahrungen mit Lebensereignissen und Erfahrungen mit Hilfeleistung gegenüber anderen, die von einer Krise betroffen sind. Vermutlich führen solche Erfahrungen zu unterschiedlichen spezifischen Erwartungen. Wer z. B. beobachtet hat, daß ganz bestimmte Arten der sozialen Unterstützung wohltuende Wirkungen hervorrufen, entwickelt ein Wissensrepertoire von Handlungs-Ergebnis-Kontingenzen (Konsequenzerwartungen); wer erlebt hat, daß er selbst in der Lage ist, effektiv zu helfen, entwickelt ein Wissensrepertoire von Situations-Handlungs-Kontingenzen (Kompetenzerwartungen). Leider hat Skokan (1990) weder die Erfahrung experimentell variieren können noch deren Einfluß auf Erwartungen untersucht.

Eine andere experimentelle Arbeit zum Zusammenhang von Empfänger-Coping und Reaktionen von Beobachtern (nicht Hilfsbereitschaft) wurde von Silver et al. (1990) durchgeführt. Die 80 Versuchspersonen hörten ein Interview mit einer realen Krebspatientin vom Tonband, die über ihr Leben, ihre Krankheit und ihre Bewältigungsversuche sprach. Nur der Teil des Interviews, der mit Coping zu tun hatte, war experimentell variiert worden, so daß drei Szenen entstanden, die die „gute“, die „ausgewogene“ und die

„schlechte" Bewältigerin porträtierten. Anschließend hatten die Versuchspersonen Gelegenheit, mit der Patientin persönlich zu sprechen. Dabei setzte sie den Bewältigungsmodus fort, mit dem die jeweilige Versuchsperson zuvor konfrontiert worden war. Als abhängige Variablen dienten unter anderem Maße der Attraktivität, der Betroffenheit, der erlebten Distanz und der Bereitschaft zu weiteren Kontakten. Leider wurde die Hilfsbereitschaft nicht direkt erfaßt, aber die Tendenz zur weiteren Interaktion dürfte damit gleichsinnig sein. Es zeigte sich, daß die Versuchspersonen weniger positiv auf die „schlechte" Bewältigerin reagierten als auf die anderen beiden Präsentationstypen. „Gute" und „ausgewogene" Bewältigung erwiesen sich als bessere Voraussetzung für eine weitere soziale Interaktion zwischen Patientin und Versuchspersonen. Der Schwachpunkt der ansonsten wegweisenden Arbeit liegt darin, daß die drei Coping-Versionen nicht eindimensional sind, d. h. hier werden drei verschiedene Copingmodi und Einstellungen zum Ausdruck gebracht, die keine linearen Abstufungen auf einer Copingdimension darstellen. Alle drei Szenarios beruhen auf aktivem Coping, denn die Patientin befindet sich in Behandlung, folgt den medizinischen Empfehlungen und schlägt sich auch sonst einigermaßen durchs Leben. Sie realisiert nur andere Stimmungen und drückt unterschiedlich viele Beschwerden in den drei Vignetten aus. Besser wäre es gewesen, wenn der Grad an aktivem Coping, also der Anstrengung bzw. der passiven Hingabe an das Schicksal, variiert worden wäre. Die ansonsten vorzügliche Studie von Silver et al. (1990) weist auf ein grundsätzliches Dilemma hin: Patienten müssen sich relativ positiv darstellen, um Hilfe zu erhalten; wenn sie zu viel Leid ausdrücken, werden sie unattraktiv für den Helfer, aber sie müssen schon ein Mindestmaß an Leid kommunizieren, um überhaupt beachtet und unterstützt zu werden. Um Hilfe zu mobilisieren, muß einerseits die Hilfsbedürftigkeit, andererseits aber auch der Eigenbeitrag zur Problemlösung unterstrichen werden. Als Patient hat man offenbar eine Selbstdarstellungsaufgabe, indem man richtig kalkulieren muß, bei welcher Balance von Leid und Tapferkeit man ein Optimum an sozialen Ressourcen aktivieren kann.

Interdependenz in der sozialen Unterstützung: Die transaktionale Betrachtungsweise

Die experimentelle Hilfeforschung hat wichtige Merkmale sowohl des Helfenden als auch der Situation erforscht, und in letzter Zeit werden mehr Erkenntnisse über Merkmale des Hilfsbedürftigen, insbesondere Bewältigungsaspekte von Patienten, gewonnen. Doch diese eher grundlegenden Arbeiten bedürfen der Ergänzung durch mehr angewandte Studien, die das Zusammenwirken von realen Helfenden und Hilfsbedürftigen über längere Zeiträume analysieren. Ausgangspunkt ist hier die Annahme, daß die Beobachtung einer isolierten Unterstützungshandlung wenig zur Beurteilung der Qualität der sozialen Interaktion beiträgt. Um die Bedeutung einer Handlung für beide Interaktionspartner zu erschließen und um zu verstehen, warum ein und dieselbe Handlung mal positive und mal negative Reaktionen hervorruft, ist es von Vorteil, die Regelmäßigkeit und das Wiederauftreten von gleichartigen Interaktionsmustern zu untersuchen. Damit besinnt sich die Social Support-Forschung auf die Prinzipien, die Kelley et al. (1983) für die Analyse enger Sozialbeziehungen aufgestellt haben, und beide Forschungsrichtungen verschmelzen zunehmend miteinander. Demnach ist es erwünscht, das Verhalten, die Gedanken und die Gefühle beider Interaktionspartner gleichzeitig zu betrachten. Ein deprimierter Gesichtsausdruck des Patienten kann z. B. beim Partner Empathie auslösen, aus der die Intention erwächst, ein freundliches Wort an ihn zu richten; dieses Verhalten kann vom Patienten als Ironie oder als leere Geste mißverstanden werden, und er reagiert mit dem Ausdruck von Enttäuschung oder Ärger, was wiederum dem Partner Rätsel aufgibt. Die Beobachtung von Paaren, die sich sehr gut kennen, kombiniert mit ihrer Befragung, kann über solche Prozesse mehr Aufschluß geben. So läßt sich das Wechselspiel von Verhaltensweisen, Kognitionen und Emotionen am besten bestimmen. Cutrona, Suhr und MacFarlane (1990) haben 31 Ehepaare untersucht und unter anderem die häufigsten Auslösestrategien für soziale Unterstützung ermittelt. In den folgenden Fällen ist die Wahrscheinlichkeit für soziale Unterstützung am höchsten: (1) wenn direkt um Dienstleistungen oder Güter gebeten wird, (2) wenn ein Problem beschrieben wird, (3) wenn um Zuwendung oder (4) Rat gebeten wird; am geringsten ist die soziale Unterstützung, wenn man nonverbal seine Gefühle zum Ausdruck bringt. Darin wird deutlich, daß der Hilfsbedürftige nicht erwarten kann, daß man ihm seine Wünsche von den Augen abliest. Er sollte vielmehr eindeutig den Bedarf an Unterstützung mitteilen. In einer Stichprobe von Studenten ohne festen Partner kam es aber interessanterweise zu ganz anderen Hilfe-Wahrscheinlichkeiten. Daraus kann geschlossen werden, daß die Art der Beziehung selbst einen wesentlichen Einfluß auf soziale Unterstützung ausübt. Nicht nur die Art der Notlage, das Verhalten des Betroffenen sowie die Eigenschaften des Helfenden entscheiden über die tatsächliche Hilfeleistung, sondern auch die einzigartige Geschichte des sozialen Miteinanders eines Paares kommt hier ins Spiel. Die Autorinnen haben übrigens ein umfassendes Kodiersystem entwickelt, um hilfreiche Austauschprozesse in engen Sozialbeziehungen beobachten zu können.

Fincham und Bradbury (1990) weisen darauf hin, daß Beobachtung ohne Befragung nur eine halbe Sache ist, wenn es um die angemessene Einschätzung der Unterstützungsleistungen zwischen Ehepartnern geht. Die Analyse des Verhaltens allein greift zu kurz; die Handlungen und Intentionen des Helfenden müssen darüber hinaus auch von beiden Seiten korrekt interpretiert werden. Insbesondere die gegenseitigen Ursachenzuschreibungen sollten berücksichtigt werden. Kognition und Verhalten werden als zwei Aspekte der hilfreichen Sozialbeziehung begriffen, die sich ergänzen, nicht ersetzen.

Der hier beschriebene Ansatz schließt die Betrachtung negativer sozialer Prozesse mit ein (vgl. Rook, 1990a, 1990b, 1990c). Bisher hat sich die Social Support-Forschung zu sehr auf die Suche nach positiven Handlungen und Wirkungen beschränkt. Historisch gesehen war es gerade ihr Vorteil, die sozialen Ressourcen gegenüber Streß ins Spiel zu bringen, denn allzu lange hatte man protektive Faktoren, die Erkrankungen verhindern können, übersehen. Inzwischen hat der damalige Ansatz genug Stimulation hervorgebracht und sollte einer breiteren Perspektive Platz machen, die auch soziale Anforderungen, Konflikte und Spannungen mit einschließt, auch wenn das Etikett dann nicht mehr paßt. Es ist der Verdacht geäußert worden, daß die Variable Support vor allem im Falle niedriger Ausprägung wertvoll ist, d. h. weil zu wenig soziale Unterstützung erfolgt, läßt sich Mißbefinden vorhersagen (Coyne et al., 1990). Support-Skalen sind dann lediglich positiv gepolte Skalen der Abwesenheit von Support; wir messen damit vielleicht eher den Mangel an Unterstützung als ihre Existenz. Einsamkeit und soziale Konflikte, sofern separat erfaßt, eignen sich meist besser zur Vorhersage von Befindlichkeiten oder Erkrankungen als soziale Unterstützung. Hier liegen noch konzeptuelle und psychometrische Probleme, die der Lösung harren.

Die Mitberücksichtigung negativer Interaktionen ist ein Ziel der Studie von Manne und Zautra (1989). Sie haben 103 Frauen mit rheumatischer Arthritis sowie deren Männer untersucht. Die erhaltene Partnerunterstützung wurde mit einer 10-Item-Skala erfaßt, die sich auf instrumentelle und Bewertungsunterstützung bezog. Der negative Beziehungsaspekt wurde in Interviews mit den Männern erhoben, wobei ausgezählt wurde, wie oft die Männer kritische Anmerkungen über ihre Frau und über das Zusammenleben mit der Patientin in das Interview einfließen ließen. Diese beiden Aspekte sozialen Rückhalts wurden mit der Krankheitsbewältigung seitens der Frauen sowie mit der seelischen Gesundheit („psychological adjustment") in Beziehung gesetzt. In einer Pfadanalyse zeigte sich modellgemäß, daß die beiden sozialen Variablen das Coping beeinflußten und dieses wiederum die seelische Gesundheit. Positive Bewältigung, nämlich Suchen nach Informationen und kognitives Umstrukturieren, ließen sich durch die erhaltene Partnerunterstützung vorhersagen (.43), während ineffektive Bewältigung, nämlich unrealistisches Grübeln (Wunschdenken), durch die Partnerkritik vorhergesagt wurde (.24). Seelische Gesundheit resultierte aus positiver Bewältigung (.29) und Wunschdenken (.55). Daneben zeigte sich ein Zusammenhang zwischen der Bewegungsbeeinträchtigung der Patientin und der Partnerkritik (.34), was darauf schließen läßt, daß sich die Ehemänner von den Schwierigkeiten, die ihre Frauen aufgrund der Arthritis im Lebensalltag hervorrufen, beeinträchtigt fühlen. Die Studie ist etwas spekulativ, weil es sich um ein Querschnittdesign handelt und die Kausalannahmen nicht zu rechtfertigen sind. Andererseits ist die Aussage wichtig, daß a) negative Beziehungsaspekte (z. B. auch Mangel an erwarteter Unterstützung) bei der Vorhersage von Krankheit und Befindlichkeit stärker erforscht werden sollten und b) soziale Faktoren wohl meist indirekte Effekte auf Gesundheitsbeschwerden ausüben, indem sie zunächst die Bewältigungsprozesse beeinflussen, die dann ihrerseits die Gesundheit mitbestimmen.

Eine ähnliche Arbeit, die sich ebenfalls mit der Unterstützung von Arthritispatienten befaßt, wurde von Melamed und Brenner (1990) vorgestellt. Die Autorinnen haben 35 Ehepaare im Durchschnittsalter von 61 Jahren untersucht, von denen ein Partner im Durchschnitt seit 14 Jahren an rheumatischer Arthritis erkrankt ist. Dies ist eine ideale Situation zur Erforschung von sozialer Unterstützung in engen Beziehungen, weil hier ein chronisches Leiden gegeben ist, das über Jahre hinweg hohe Anforderungen an den Partner stellt. Die Patienten haben Schmerzen und sind in ihrer Beweglichkeit behindert, so daß man ihnen viele kleine Handreichungen täglich zuteil werden lassen muß. In dieser Studie wurden die Paare gebeten, gemeinsam eine Situation zu bestimmen, in der der Patient Schmerzen oder Schwierigkeiten bei der Erledigung einer Aufgabe hatte. Danach wurden sie getrennt nach Unterstützungshandlungen gefragt. Die Verhaltensweisen wurden in drei Klassen aufgeteilt: Bemühung, Ablenkung und Strafen. Zur Bemühung gehörten Handlungen wie Schmerzmedikamente reichen, etwas zum Essen besorgen, den Fernseher einschalten, zu Bett bringen usw., zur Ablenkung gehörten Handlungen wie etwas vorlesen oder erzählen oder zu einem Hobby anstiften usw., und zu Strafen gehörten Handlungen wie Ärger bekunden oder etwas ignorieren. Die Patienten wurden nun gebeten, jede der tatsächlich aufgetretenen Verhaltensweisen danach zu bewerten, ob sie hilfreich, neutral oder überhaupt nicht hilfreich gewesen sind. Dabei ergab sich keineswegs eine

Übereinstimmung mit dem vorgegebenen Muster, sondern ein beträchtlicher Anteil der Patienten klassifizierte Bemühungen als nicht hilfreich und Strafen als hilfreich. In einem weiteren Schritt wurde geprüft, inwieweit Patienten und Ehepartner in ihrer Einschätzung der sozialen Unterstützung übereinstimmten. Es zeigte sich überraschenderweise, daß pro Handlung nur ungefähr die Hälfte der Partner sich darüber einig war, ob sie hilfreich war oder nicht. Dieser letzte Befund führt uns ganz massiv vor Augen, daß wir uns oft Illusionen hingeben und daß auch nach 34 Jahren Ehe die gegenseitigen Wahrnehmungen auseinanderklaffen (vgl. Taylor, 1989). Angesichts solcher Daten erscheinen rein verhaltensbezogene Befunde über soziale Unterstützung in einem fragwürdigen Licht. Die vorliegende Arbeit favorisiert vielmehr die kognitive Perspektive, die dem subjektiven Erleben von Unterstützung größere Bedeutung beimißt als dem beobachtbaren sozialen Akt. Die Autorinnen plädieren für die Ermittlung der Erwartungen beider Interaktionspartner, weil es gerade die zutreffenden oder die widersprüchlichen Erwartungen sein sollen, die über Erfolg oder Scheitern von Unterstützungsversuchen entscheiden.

Um diese Forderung nicht mißzuverstehen, sei sie mit einem anderen kognitiven Ansatz konfrontiert. Sarason, Pierce und Sarason (1990) nehmen eine Extremposition ein, indem sie die durchaus begründete Auffassung vertreten, soziale Unterstützung könne als ein überdauerndes Persönlichkeitsmerkmal verstanden werden. Nicht das tatsächliche Hilfehandeln unserer sozialen Umwelt sei für unser Wohlergehen verantwortlich, sondern vielmehr unsere subjektiven Erwartungen, im Krisenfall von Freunden umsorgt zu werden und uns in allen Lebenslagen auf jemanden verlassen zu können. (Wir haben diese Position an anderen Stellen näher ausgeführt; Leppin, 1994; Schwarzer & Leppin, 1989a, 1989b, 1990, 1991a, 1991b.) Dieser persönlichkeitstheoretische Ansatz bleibt hinter dem hier erörterten Interdependenzansatz insofern zurück, als er sich nur auf die Empfängerperspektive beschränkt und nicht die transaktionalen Prozesse in Sozialbeziehungen abbildet, die Kognitionen, Emotionen und Handlungen von Partnern einschließen.

Um diesen Ansatz noch deutlicher zu machen, sollen nun zwei interessante Arbeiten miteinander verglichen werden, deren Gemeinsamkeit darin liegt, daß es sich jeweils um 56 Herzpatienten handelt, deren Unterschied aber darin liegt, daß diametral entgegengesetzte Perspektiven und Forschungsmethoden gewählt wurden. Die Arbeit von Kulik und Mahler (1989) folgt dem Verhaltensansatz, die von Coyne et al. (1990) dem Interdependenzansatz. Kulik und Mahler (1989) haben das natürliche Auftreten von aktueller sozialer Unterstützung mit dem Genesungsprozeß nach einer Operation in Beziehung gesetzt. Patienten waren 56 verheiratete sowie 16 unverheiratete Männer, die sich einer

Bypass-Operation unterziehen mußten. Als Kriterien dienten die Aufenthaltsdauer auf der Intensivstation und im Krankenhaus insgesamt. Die erhaltene Unterstützung war operationalisiert durch die beobachtete Zahl der Besuche seitens der Frauen in den Sprechzeiten. Die 56 Ehemänner wurden aufgrund der Besuchshäufigkeit in zwei Gruppen von je 28 aufgeteilt: gut und schwach Unterstützte. Die gut Unterstützten wurden im Durchschnitt 1,26 Tage früher aus dem Krankenhaus entlassen als die schwach Unterstützten. Dies entspricht einer Effektgröße von r = .31 zwischen Support und Genesung (umgerechnet aus F(1,52) = 5.44). Die unverheirateten Männer lagen in ihrer Verweildauer zwischen den beiden anderen (vgl. Abbildung 29). Die Werte für den Verbleib auf der Intensivstation fielen analog dazu aus.

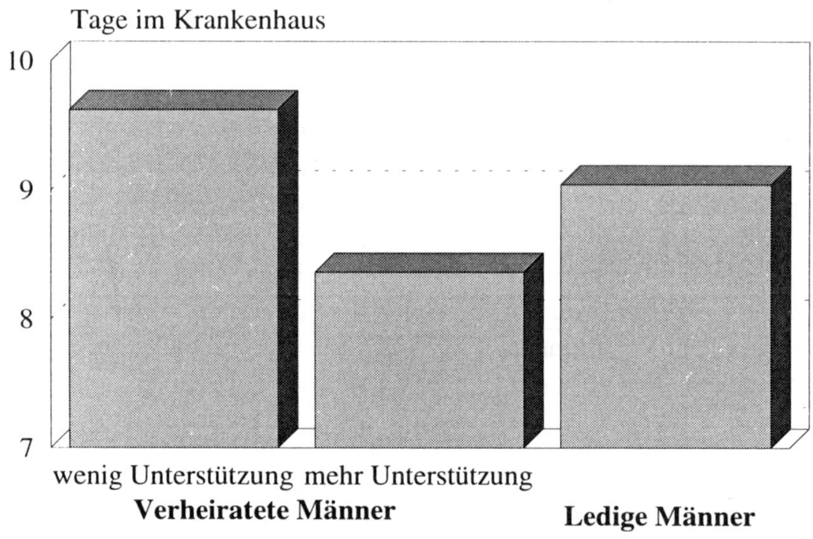

Abbildung 29. *Krankenhausaufenthaltsdauer in Abhängigkeit von sozialer Unterstützung (nach Kulik & Mahler, 1989).*

In einer späteren Arbeit über Koronarpatienten (Kulik & Mahler, 1993) haben die Autoren auch Daten zur emotionalen Unterstützung erhoben. Weitere Studien zur sozialen Unterstützung von Herzpatienten nach der Operation wurden von Fontana, Kerns, Rosenberg und Colonese (1989) und King, Reis, Porter und Norsen (1993) vorgelegt.

Ledige sind es gewohnt, ihr alltägliches Leben allein zu meistern, und dürften daher nicht übermäßig auf sozialen Rückhalt angewiesen sein. Diejenigen Ehemänner aber, die seit vielleicht Jahrzehnten ständig umsorgt werden und sich an die Anwesenheit einer Bezugsperson gewöhnt haben, sind im Krankenhaus eher sozial isoliert, wenn sie nicht täglich Besuch von ihrer Frau empfangen. Daher wundert es nicht, wenn gerade ihr Genesungsprozeß behindert ist und sie am längsten benötigen, um entlassen zu werden. Es gibt hier verschiedene Mechanismen, die für den Unterstützungseffekt verantwortlich gemacht werden können. Zunächst wäre es denkbar, daß Partner-Support die emotionale Befindlichkeit der Patienten verbessert hat, indem ihnen z. B. die Hand gehalten wurde oder indem sie einfach die Nähe ihrer Frau als sehr angenehm empfunden haben. Zum anderen ist es denkbar, daß es den Frauen gelungen ist, die Streßeinschätzungsprozesse ihrer Männer günstig zu beeinflussen, so daß sie Lebensmut, Vertrauen in ihre eigenen Heilungskräfte, Kontrollüberzeugung und Selbstwirksamkeitserwartung wieder aufgebaut haben. Schließlich kann der Genesungsvorteil auch darauf zurückzuführen sein, daß die Frauen das erwünschte Krankheitsverhalten direkt stimuliert haben, indem sie mit den Patienten spazierengegangen sind, sie zum Essen und Ausruhen ermuntert und sie zu den vorgeschriebenen Atemübungen veranlaßt haben. Diese Studie ist bemerkenswert vor allem deswegen, weil a) erhaltene Unterstützung durch unauffällige Beobachtung (Besuche) direkt erfaßt wurde und b) die Kriteriumsvariable (Zeit) objektiv gemessen wurde.

Im Unterschied zum Verhaltensansatz finden wir bei Coyne et al. (1990) den Interdependenzansatz, indem sie Kognitionen und Emotionen von Ehemann und Ehefrau gleichzeitig erfassen. Es geht hier um 56 Patienten und deren Ehefrauen, die im Rahmen der Michigan Family Heart-Studie ein halbes Jahr nach dem Herzinfarkt befragt wurden. Das Ziel lag darin, den Einfluß von Beziehungsfaktoren auf die Genesung zu ermitteln. So zeigte sich z. B., daß die Frauen um so mehr psychische Belastung angaben, je höher die Belastung ihrer Männer ausfiel, und daß ihr Interaktionsverhalten vermutlich auch darauf zurückzuführen war. Je höher der Distress der Frauen, je mehr ihnen ihr leidender Mann als Bürde erschien und je geringer ihre erlebte Copingkompetenz war, desto mehr umsorgten sie ihren Mann in unnötiger Weise und gaben ihm zuviel oder unangemessene Unterstützung. Belastete Frauen überbehüteten ihre Männer, was zu verminderten Kompetenzwahrnehmungen auf deren Seite führte. Mit der Kompetenzerwartung der Männer hingen folgende Merkmale positiv zusammen: die Qualität der ehelichen Beziehung vor dem Herzinfarkt, das vorsorgliche Verhalten der Frau während des Krankenhausaufenthaltes des Mannes (z. B. Informationssuche bei ärztlichem Personal) sowie die Überzeugung der Frau, ihr Mann sei ein kompetenter Patient und würde seine Situation gut bewältigen. Auf die Wiedergabe all der Korrelationen sei hier verzichtet, denn ihre Aussagekraft im Rahmen einer Querschnittstudie ist sehr begrenzt. Die Quintessenz ist hier vielmehr, nicht nur die Belastung von unmittelbar Betroffenen zu untersuchen, sondern auch die Folgebelastung von Netzwerkmitgliedern, um deren mangelnde oder fehlgesteuerte Hilfeleistung besser verstehen zu können. So kann z. B. die Hilfe nicht altruistisch, sondern distress-motiviert sein, d. h. die Frau hilft nicht primär, um die Lage ihres Mannes zu verbessern, sondern um sich von ihren eigenen negativen Emotionen zu erleichtern, sich sozusagen durch Hilfeleistung selbst aufzubauen (Negative State Relief-Modell; Cialdini et al., 1987).

Die Autoren gehen schließlich auf die „dispositionale Interdependenz" ein und argumentieren, nicht der soziale Austausch stehe bei Intimpartnern im Mittelpunkt, sondern die Lebensgemeinschaft; nicht Gewinne und Verluste zählen in der sozialen Interaktion, sondern Liebe, Respekt und gegenseitige Verbindlichkeiten (vgl. auch Antonucci & Jackson, 1990). Soziale Unterstützung ist demnach weniger ein kalkulierter Hilfeakt als vielmehr ein prozessualer, nicht weiter hinterfragter Bestandteil des Zusammenlebens und Zusammenwirkens. Ob dies die Wahrheit am besten trifft, wird noch lange debattiert werden. Erst kürzlich hat Burleson (1990) die These aufgestellt, daß es nicht die Existenz einer Beziehung ist, die soziale Unterstützung hervorruft, sondern daß es ganz spezifische Akte sind wie z. B. einen Rat geben, eine Hand auf die Schulter legen oder ein Geschenk besorgen, die innerhalb einer Partnerbeziehung unterstützend wirken. So ausgedrückt erscheint dies wie ein Schritt zurück. Die Tatsache, daß soziale Integration für sich noch keine soziale Unterstützung darstellt, ist hinreichend bekannt; jeder weiß, daß eine zerrüttete Beziehung mehr schadet als nützt. Für Burleson (1990) sind es die konkreten beobachtbaren Handlungen, insbesondere die „comforting skills", die neben anderen Kommunikationsfertigkeiten hilfreich wirken. Für Coyne et al. (1990) wären dies nur mögliche Indikatoren für das Konstrukt „dispositionelle Interdependenz". Die Wahl geeigneter Kommunikationsstrategien wie empathisches Verstehen oder aktives Zuhören bleibt selbstverständlich von Bedeutung für die Interaktion. So haben Notarius und Herrick (1988) z. B. gezeigt, daß ungünstige Hilfestrategien negativ zurückwirken auf den Helfenden und diesen in eine negative emotionale Verfassung bringen können. Zur Klärung der hier aufgeworfenen Fragen ist noch viel Forschung nötig, die bevorzugt als Prozeßanalyse mit Paaren angelegt werden sollte. Auch Barbee (1990) hat anspruchsvolle Experimente durchgeführt, bei denen entweder Liebespaare oder Paare von Freundinnen im Hinblick auf ihre Hilfsbereitschaft untersucht wurden, wobei verschiedene Faktoren auf seiten von Empfänger und Helfenden variiert wurden. Auhagen (1991) hat in einer Feldstudie mit Paaren von Frauen deren gegenseitige soziale Unterstützung erfragt, indem sie ein „Doppeltagebuch" führen ließ.

In unserer Längsschnittstudie an DDR-Übersiedlern (Schwarzer & Jerusalem, 1994) haben wir die möglichen Wirkungen von sozialer Integration und sozialer Unterstützung über drei Meßzeitpunkte hinweg untersucht (Schwarzer & Hahn, 1994; Schwarzer, Hahn & Fuchs, 1993; Schwarzer, Jerusalem & Hahn, 1994). Die Streßsymptome der Übersiedler verringerten sich im Laufe der zwei Jahre während der Anpassung an die Westberliner Lebensumstände. Dies galt insbesondere dann, wenn sie einen Partner hatten oder fanden und/oder Unterstützung von Familie und Freunden empfingen. Soziale Ressourcen (gemessen im Jahre 1989) hatten einen günstigen Einfluß auf die aktive Bewältigung dieser kritischen Lebensphase (gemessen 1990) und auf die Streßeinschätzungen, Affekte und Gesundheit (gemessen 1991). Darüber hinaus haben wir die Veränderungen im sozialen Netzwerk und in der sozialen Unterstützung auch als abhängige Merkmale während dieser zweijährigen Phase untersucht und dabei gefunden, daß sich die meisten Übersiedler neue Freunde und Freundinnen suchen und zunehmend mehr soziale Unterstützung erhalten (Auhagen & Schwarzer, 1994a, 1994b), während dies für die im Osten Gebliebenen in diesem Maße nicht galt (Schwarzer, Hahn & Schröder, 1994).

Soziale Unterstützung beim Gesundheitsverhalten

Der folgende Abschnitt geht auf einen ganz anderen Aspekt ein, nämlich die Rolle von sozialer Unterstützung angesichts von Risikoverhaltensweisen wie Rauchen, Drogenkonsum und Fehlernährung sowie den Versuchen, sich von solchen Gewohnheiten zu befreien, indem man Entwöhnungskuren macht oder sich einer Diät verschreibt. Sozialer Rückhalt ist dafür eine wichtige Ressource, wird aber erst neuerdings in diesem Zusammenhang erforscht (vgl. Newcomb & Bentler, 1988a, 1988b; Newcomb & Chou, 1989).

Bezugsgruppen und signifikante Andere vermitteln Normen und Vorschriften darüber, wie man sich in gesundheitlicher Hinsicht verhalten sollte. Zahnpflege, Anlegen von Sicherheitsgurten, Rauchen, Alkoholkonsum und Sporttreiben sind Gesundheits- und Risikoverhaltensweisen, die sozialen Einflüssen unterliegen. In der Alameda County-Studie (Berkman & Breslow, 1983) war eine Reihe solcher Verhaltensweisen sowohl mit der sozialen Integration, als auch mit der Mortalitätsrate verbunden. In einer Studie mit Senioren fand Blazer (1982) positive Zusammenhänge zwischen Gesundheitsverhaltensweisen und sozialem Rückhalt. Umberson (1987) verweist auf die beiden genannten Einflußrichtungen, nämlich die Anpassung an die Verhaltensnormen einer Bezugsgruppe und die Befolgung von expliziten Gesundheitsverhaltensregeln, die von Angehörigen in hilfreicher Absicht aufgestellt werden. Die meisten Arbeiten befassen sich mit der sozialen Beeinflussung eines speziellen Risikoverhaltens, nämlich der Raucherentwöhnung (Cohen, Lichtenstein, Mermelstein, Baer & Kamarck, 1988; Lichtenstein, Glasgow & Abrams, 1986; Mermelstein, Cohen, Lichtenstein, Baer & Kamarck, 1986). Es gibt hier eine Reihe von Wegen, über die sozialer Rückhalt den Entwöhnungsprozeß und die spätere Abstinenzphase günstig mitbestimmen kann. Zum einen kann Entwöhnung als eine Streßsituation aufgefaßt werden, in der Support als Puffer wirken kann, denn die Befreiung von einer Abhängigkeit erfordert alle Ressourcen einer Person einschließlich seiner sozialen. Zum anderen kann die Absicht, das Risikoverhalten überhaupt aufgeben zu wollen und nicht rückfällig zu werden, von einem sozialen Netzwerk stimuliert werden, indem das Vertrauen in die eigene Fähigkeit, sich zu ändern, gestärkt und der Anreiz des Gesundheitsgewinns kommuniziert wird. Cohen et al. (1988) unterscheiden vier Stadien in der Veränderung des Rauchverhaltens: die Entscheidung zur Veränderung, die Entwöhnung, die frühe Abstinenz und die spätere Abstinenz. Sie behaupten, daß in verschiedenen Stadien unterschiedliche Arten von sozialem Rückhalt von Vorteil sind. Im ersten Stadium wird vor allem motivationale Unterstützung nötig sein, während im letzten Stadium eine soziale Umwelt ohne Raucher vorherrschen sollte, um einen Rückfall zu vermeiden; in den beiden mittleren Stadien sind alle Arten von Rückhalt förderlich.

Soziale Integration entspricht dem Anteil von Rauchern bzw. Nichtrauchern in einer Bezugsgruppe. Die reine Existenz oder Quantität von Nichtrauchern, mit denen man alltägliche soziale Interaktionen unterhält, kann die Motivation, das Rauchen aufzugeben, begünstigen und die Wahrscheinlichkeit eines Rückfalls verringern. Wahrgenommene Unterstützung bezieht sich vor allem auf das Gefühl von Geborgenheit und Zuwendung in erwarteten Streßsituationen wie z. B. „Wenn ich an Entzugserscheinungen leide, wird jemand da sein, der mich tröstet und mich ablenkt". Erhaltene Unterstützung bezieht sich auf den direkten Eingriff von Netzwerkmitgliedern in den Motivations- oder Entwöhnungsprozeß wie z. B. „Sie lobte mich dafür, daß ich den ganzen Tag ohne Zigarette ausgekommen bin".

Die Forschungsbefunde über „natürlich auftretenden" sozialen Rückhalt angesichts der Raucherentwöhnung bestätigen die Erwartung, daß soziale Integration und soziale Unterstützung durchaus vorteilhaft sind, auch wenn die

Effektgrößen nicht überwältigend sind. Die von Cohen et al. (1988) vermuteten stadienspezifischen Wirkungsweisen ließen sich tendenziell bestätigen. Alle drei Arten des sozialen Rückhalts waren mit Gesundheitsverhalten verbunden: Soziale Integration, d. h. Nichtraucher-Status der Freunde (Chassin, Presson & Sherman, 1984; Eiser & van der Pligt, 1984; West, Graham, Swanson & Wilkinson, 1977), wahrgenommene Unterstützung, also der streßpuffernde, allgemein emotionale Support (Chassin et al., 1984; Coppotelli & Orleans, 1985; Wills & Vaughan, 1985), und erhaltene Unterstützung wie z. B. explizite Eingriffe und Verstärkungen zugunsten des Handelnden (Lichtenstein et al., 1986; West et al., 1977). Man muß in allen diesen Fällen jedoch bedenken, daß sozialer Rückhalt nur ein Faktor unter vielen ist und ihm keineswegs eine Schlüsselrolle zukommt.

Im Gegensatz zu dem natürlich auftretenden Support sind die Befunde systematischer Interventionsstudien, bei denen professionelle Hilfe zur Raucherentwöhnung einsetzt, enttäuschend, wie Cohen et al. (1988) zusammenfassen. Es gibt so gut wie keine Studie, in der die langfristige Wirkung einer gezielten Unterstützungs-Intervention gegenüber diesem Risikoverhalten dokumentiert ist. Es sei in diesem Zusammenhang erwähnt, welche Arten von Support-Intervention grundsätzlich unterschieden werden (Gottlieb, 1985, 1988): a) die neue Bildung eines sozialen Netzwerks wie z. B. problemspezifische Selbsthilfegruppen, b) das Training von Netzwerkmitgliedern, sich unterstützend zu verhalten; so kann man z. B. Eheleute an der Entwöhnung gezielt teilnehmen lassen oder Freunden beibringen, wie man Verstärkungen kommuniziert, und c) das Training von Betroffenen in sozialen Techniken und Fertigkeiten, mit denen man sein soziales Netz in richtiger Weise nutzt und sich dabei angemessen durchsetzt, um seine Interessen zu befriedigen.

Abschließend soll der Prozeß der sozialen Beeinflussung einer Zielperson mit einem Risikoverhalten anhand von zwei Prototypen veranschaulicht werden (Abbildung 30, S. 200).

Ausgangspunkt sei körperliche Inaktivität, bekanntlich ein Risikofaktor für koronare Herzkrankheiten und andere Gebrechen. Auf der linken Seite der Abbildung verläuft der hypothetische Einflußprozeß einer „pädagogischen Bezugsperson, typischerweise ein Elternteil oder ein Lehrer. Sie beobachtet den Bewegungsmangel und entwickelt daraufhin die hilfreiche Absicht, die Zielperson zu modifizieren. Sie schlägt vor, gemeinsam Sport zu treiben, setzt realistische Ziele, finanziert eine Sportausrüstung oder sanktioniert die Nichterfüllung ihrer Forderungen. Die Zielperson paßt sich den Vorschlägen und Wünschen mehr oder weniger an, was oft wegen der Statusasymmetrie auch gar nicht anders möglich ist, d. h. sie bildet eine Intention, körperlich

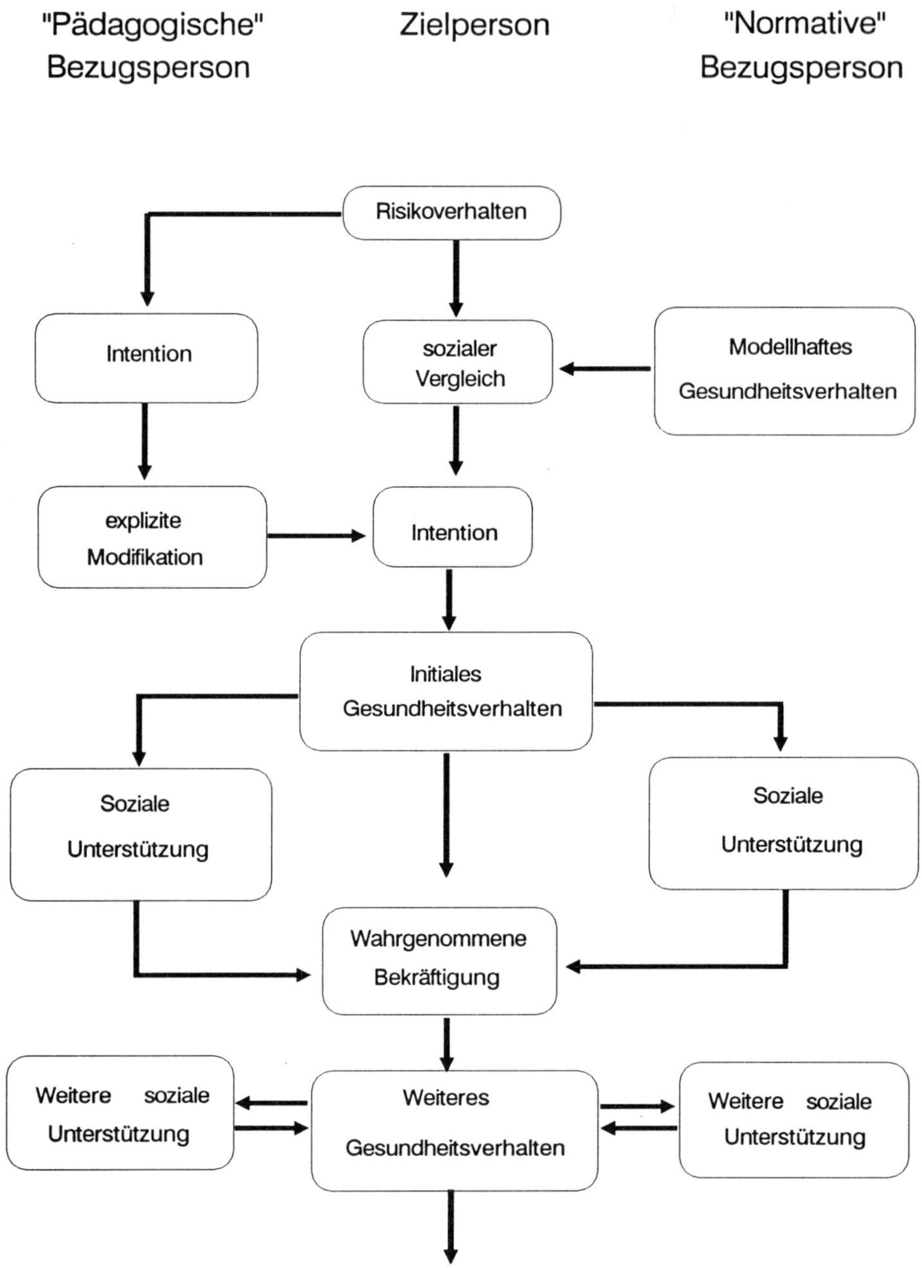

Abbildung 30. *Zwei Einflußpfade der Unterstützung einer Person mit einem Risikoverhalten.*

aktiv zu sein, und beginnt mit dem Gesundheitsverhalten. Auf diese ersten Versuche reagiert die Bezugsperson mit weiterer Unterstützung. Diese Verstärkung dient der Aufrechterhaltung der Volition. In dem fortlaufenden Prozeß stellt soziale Unterstützung einen protektiven Faktor der sozialen Umwelt dar, der ein Gegengewicht zu den Distraktoren (z. B. Trägheit) bildet, die das Individuum von der Ausführung des intendierten Gesundheitsverhaltens abhalten. Auf der rechten Seite der Abbildung verläuft der Einflußprozeß einer „normativen Bezugsperson, die selbst nicht unbedingt aktiv zu werden braucht. Sie stellt ein Modell dar, das das Gesundheitsverhalten praktiziert, z. B. ein sportlich aktiver und gesunder Arbeitskollege. Aufgrund sozialer Vergleichsprozesse gelangt die Zielperson zu der Intention, genauso zu werden wie das Modell, und beginnt, das eigene Risikoverhalten aufzugeben. Die Coping-Versuche können von der Bezugsperson registriert und positiv verstärkt werden; es kann aber auch sein, daß die Zielperson sich lediglich vorstellt, von seiner Bezugsperson aufgrund der vermehrten körperlichen Aktivität mehr anerkannt zu werden: ähnliches Verhalten kann zu mehr sozialer Nähe führen und damit auch zu mehr erwarteter Unterstützung. Der weitere Prozeß unterscheidet sich nicht von dem bereits beschriebenen. Es geht bei diesem Prototyp-Flußdiagramm also vor allem um zwei Aspekte: a) die Intentionsbildung kann entweder durch soziale Vergleiche mit normativen Bezugspersonen oder durch explizite Handlungsstandards pädagogischer Bezugspersonen veranlaßt werden, und b) die Präsentation eigener Bewältigungsversuche kann einen Regelkreis von mehr Unterstützung stimulieren.

Spezielle Gesundheits- und Risikoverhaltensweisen

Körperliche Aktivität

Sportlich aktiv und körperlich fit zu sein, gilt allgemein als erstrebenswert, nicht nur wegen der gesundheitlichen Vorteile, sondern weil dies den sozialen Normen gemäß zum Bild des lebenstüchtigen und attraktiven Menschen gehört. Körperlich Aktive haben seltener Übergewicht, sie sind weniger krankheitsanfällig, sie leben länger und erfreuen sich einer höheren Lebensqualität als Inaktive. Andererseits ist eine solche Lebensweise aufwendig, d. h. sie kostet Zeit und oft Geld, und sie ist nicht ungefährlich, denn Sport kann auch mit Verletzungen und sogar mit Lebensgefahren verbunden sein. Trotz dieser Einschränkung gilt körperliche Aktivität als ein wichtiges Gesundheitsverhalten, bei dem die Vorteile überwiegen. Der Anteil der regelmäßig Sporttreibenden in der Bevölkerung ist sehr gering, und dies führt zu der Frage, warum die einen aktiv sind und die anderen nicht, welche Motive also dafür ausschlaggebend sind.

Bevor wir uns mit den Einzelheiten auseinandersetzen, sollen einige Begriffe geklärt werden, wobei wir uns an Bouchard, Shephard, Stephens, Sutton und McPherson (1990a, 1990b) orientieren. Dieses Kapitel ist mit „körperliche Aktivität" überschrieben, weil es für den Begriff „*Exercise*" kein geeignetes deutsches Pendant gibt. Mit körperlicher Aktivität ist eigentlich jede Bewegung der Skelettmuskulatur gemeint, bei der Energie verbraucht wird. Dazu gehört nicht nur Fußballspielen, sondern auch Gartenarbeit und Säckeschleppen. Mit dem Begriff „Exercise" ist dagegen die körperliche Freizeitaktivität gemeint. Man könnte dafür auch „Sport" wählen, aber Schach und Angeln sind wiederum Sportarten, die so gut wie keine Energie verbrauchen. Am deutlichsten wäre es wohl, immer von *sportlich-körperlicher Aktivität* zu sprechen, aber um der Abkürzung willen verwenden wir hier meist die Bezeichnung körperliche Aktivität, wenn es um Freizeitverhalten wie Laufen, Schwimmen, Tanzen usw. geht. Mit *Training* wird eine Serie von sich wiederholender körperlicher Aktivität bezeichnet, bei der es darum geht, über Wochen oder Monate hinweg die Fitneß zu verbessern oder auf einem bestimmten Niveau zu halten. Die körperliche *Fitneß* meint die Fähigkeit, Muskelarbeit in befriedigender Weise ausführen zu können; dazu gehören kardiovaskuläre Ausdauer, Muskelstärke und -ausdauer sowie Beweglichkeit. Daneben wird auch von physiologischer Fitneß gesprochen, womit Blutdruck, Glukosetoleranz, Streßtoleranz, Blutfettwerte usw. gemeint sind. Fitneß wird oft als Vermittler zwischen Aktivität und Gesundheit angesehen. Dabei wird angenommen, daß Aktivität die Fitneß verbessert und diese ihrerseits den Gesundheitszustand begünstigt. Auf der anderen Seite muß man schon über ein Mindestmaß an Gesundheit verfügen, um sich fit zu fühlen und Sport zu treiben. Es gibt hier also keinen kausalen Anfangs- und Endpunkt; Gesundheit, Fitneß und Aktivität hängen wechselseitig miteinander zusammen, wobei Fitneß zwischen den beiden anderen Merkmalen vermitteln kann.

In diesem Kapitel sollen die genannten Aspekte etwas näher beleuchtet werden. Im ersten Teil geht es um die *Auswirkungen* von körperlicher Aktivität, zunächst um die unmittelbaren physiologischen Wirkungen; dies wird ergänzt durch eine Diskussion der psychischen Effekte, also des Einflusses von Sport auf Selbstkonzept, Angst und Depression. Dann werden empirische Untersuchungen zu den Wirkungen auf die körperliche Gesundheit referiert, soweit dies nicht schon in dem Kapitel über koronare Herzkrankheiten geschehen ist. Im zweiten Teil geht es um die *Determinanten* körperlicher Aktivität, also um die Frage, welche Motive oder Einflußgrößen jemanden dazu bewegen, aktiv zu werden und aktiv zu bleiben. Es wird untersucht, wie die Intention gebildet und wie die Handlung ausgeführt und aufrechterhalten wird. Dies ist teilweise schon in dem Kapitel über Theorien des Gesundheitsverhaltens dargestellt worden und wird hier um der Systematik willen wieder aufgenommen. Viele Menschen geben eine Sportart schnell wieder auf, nachdem sie sich nur wenige Wochen oder Monate bemüht haben. Dieses Aussteigerproblem entspricht psychologisch dem Rückfallproblem beim Abbau von Risikoverhaltensweisen wie z. B. Rauchen oder Alkoholkonsum und scheint denselben Prinzipien oder Gesetzen zu folgen.

Gesundheitliche Auswirkungen körperlicher Aktivität

Bevor man sich fragt, welche gesundheitlichen und psychischen Folgen körperliche Aktivität mit sich bringt, erscheint es sinnvoll, Aktivität etwas näher begrifflich zu bestimmen. Man könnte nun unendlich viele Sportarten wie Laufen, Schwimmen, Angeln und Reiten voneinander unterscheiden, doch für den vorliegenden Zusammenhang reicht es, sich fünf grundlegende Arten von Aktivität vor Augen zu führen: isometrische, isotonische, isokinetische, anaerobe und aerobe Aktivität (Cooper, 1982, 1985). Bei einer *isometrischen* Übung werden die Muskeln gegen ein unbewegliches Objekt angespannt, z. B. wenn man kräftig gegen eine Wand drückt. Die Gelenke sind dabei nicht in

Bewegung. Solche isometrischen Übungen dienen der Stärkung der Muskulatur, sind aber darüber hinaus nicht sinnvoll. Bei einer *isotonischen* Übung erfolgt eine Muskelanspannung in Verbindung mit einer Gelenkbewegung, wie es z. B. bei Gewichtheben oder bei Liegestützen der Fall ist. Dadurch läßt sich die Stärke und Ausdauer der Muskulatur trainieren, wie dies im Rahmen von Body Building oft getan wird. Dessen Ziel liegt vor allem in der Entwicklung einer attraktiven Figur, weniger dagegen in der gezielten Gesundheitsförderung. Ein noch besseres Krafttraining wird durch *isokinetische* Übungen erreicht. Hierbei muß eine Kraft für eine Bewegung aufgewendet werden, z. B. um ein Gewicht in eine bestimmte Höhe zu bringen, aber um dieses Gewicht wieder zurück in die Ausgangslage zu bringen, ist wiederum Kraft erforderlich. Dazu benötigt man Geräte wie z. B. die Nautilus-Maschinen in den Fitneß-Zentren. Wenn es darum geht, Muskelkraft und -ausdauer zu verbessern, ist dies der optimale Weg, sofern man die Zeit und Kosten dafür aufzuwenden gewillt ist.

Eine Trainingsform, bei der auch die Schnelligkeit eine Rolle spielt, ist die *anaerob*e Übung. Hier wird kurzfristig und schnell Energie aufgewendet, wie es z. B. beim Sprint erforderlich ist. Der zusätzliche Sauerstoffbedarf ist relativ gering. Darin liegt der Unterschied zur *aeroben* Aktivität, bei der über längere Zeit hinweg große Mengen von Sauerstoff verbraucht werden. Dies geschieht beim Laufen, Wandern, Schwimmen, Rudern, Radfahren, Skilanglauf, Tanzen usw. Es geht also um Ausdauer und Intensität. Das Training muß intensiv genug sein, um die Herzfrequenz auf eine bestimmte Höhe zu bringen, die z. B. von der körperlichen Kondition und dem Alter abhängt. Die Auffassungen über die optimale Intensität sind nicht einheitlich. So wird z. B. manchmal empfohlen, eine Pulsfrequenz um 130 pro Minute einzuhalten (vgl. Abele & Brehm, 1990) oder bei 65 % bis 85 % der maximalen persönlichen Herzrate zu trainieren (vgl. Cooper, 1982). Diese maximale Herzrate läßt sich durch einen sogenannten Streßtest bestimmen, durch ein Belastungs-Elektrokardiogramm, bei dem der Proband sich in höchstem Maße anstrengt; während er z. B. auf einem Fahrradergometer trainiert, werden Signale durch Elektroden übertragen, die auf der Haut befestigt sind und die dem Arzt anzeigen, ob das Herz regelmäßig schlägt oder ob es irgendwelche Probleme mit der Blutzufuhr gibt. Wenn der Proband abbricht, gilt das Leistungsmaximum als erreicht, das für zukünftiges Training als Kriterium dient - ein Kriterium, das zu 65 % bis 85 % jedesmal erreicht werden soll. Die Ausdauer gilt als hinreichend gegeben, wenn ein derart intensives Training mindestens zweimal wöchentlich über 30 Minuten (Abele & Brehm, 1990) bzw. dreimal wöchentlich über 15 Minuten (Cooper, 1982) hinweg durchgehalten wird. Meist wird empfohlen, mindestens jeden zweiten Tag zu trainieren. Cooper hält ein Optimum für gegeben, wenn man an fünf Tagen pro Woche jeweils drei Meilen läuft.

Der Gewinn eines solchen aeroben Trainings liegt in der „kardio-vaskulären Fitneß“ oder „kardio-respiratorischen Fitneß“, d. h. in der Kräftigung des Herz-Kreislauf-Systems einschließlich der Erhöhung des Herz- und Lungenvolumens. Wenn man heute von den gesundheitlichen Auswirkungen körperlicher Aktivität spricht, denkt man in erster Linie an aerobes Training. In diesem Sinne soll im weiteren Verlauf dieses Kapitels die körperliche Aktivität verstanden werden.

Unmittelbare Effekte körperlicher Aktivität

Fragt man Sportler danach, was sie nach dem Training empfinden, so erfährt man meist, daß das unmittelbare Wohlbefinden gesteigert wird. Man fühlt sich kräftiger, besser gelaunt, selbstbewußter oder einfach „fit“. Dieses Gefühl hält etwa zwei bis fünf Stunden an (Brown, 1990). Schon wenige Wochen körperlicher Aktivität reichen bei den meisten Menschen aus, um das Gesamtbefinden zu verbessern. Bevor wir nach den psychischen Veränderungen und den langfristigen Gesundheitskonsequenzen fragen, sollen die physiologischen und eher kurzfristigen Wirkungen beschrieben werden vgl. Boes, 1993; Eid & Schwenkmezger, 1994; Hollmann, 1993; Ruetten, 1993; Weyerer, 1993).

Aerobes Training führt zu kardiovaskulärer Fitneß, weil es den Sauerstoffbedarf des Körpers stark erhöht und dadurch das Herz-Kreislauf-System veranlaßt, mehr zu arbeiten (vgl. Saltin, 1990). Das Herz muß mehr Blut durch das Gefäßsystem pumpen. Ein trainiertes Herz ist größer und schlägt langsamer als ein untrainiertes. Man steigert die Leistungsfähigkeit (Effizienz) des kardiorespiratorischen Systems durch körperliches Ausdauertraining. Einen Gewinn an aerober Fitneß erkennt man u.a. daran, daß die Herzfrequenz im Ruhezustand niedriger wird und daß der Blutdruck abnimmt. Andere Aspekte von Fitneß, auf die hier nicht eingegangen wird, liegen in der Muskelkraft, Muskelausdauer und Gelenkigkeit.

Viele Leute treiben Sport, um ihr Körpergewicht zu verringern und um ihre Körperform zu verbessern. Das Verhältnis von Muskelgewebe zu Fettgewebe wird durch Training günstiger. Es ist aber sehr aufwendig, ein Zuviel an Nahrungszufuhr durch ein Mehr an Sport zu kompensieren, denn man muß schon einige Stunden hart arbeiten, um ein üppiges Mahl „wegzutrainieren“. Anstatt die durch Nahrung zugeführte Energie durch Aktivität mühsam wieder zu verbrennen, wäre es einfacher, von vornherein auf den Genuß der Nachspeisen und Snacks zu verzichten. Obwohl diese Gleichung im Prinzip richtig ist, gibt es einschränkend noch einen anderen Aspekt: das Modell der Kalorienverbrennung durch körperliche Arbeit greift zu kurz, um die Effekte von Aktivität auf das Körpergewicht zu erklären. Es wird vielmehr angenommen, daß sich die „metabolische Umsatzrate“ erhöht, also der Grundumsatz gesteigert wird, so daß man mehr essen kann, ohne damit gleichzeitig das Körpergewicht zu erhöhen (vgl. Pudel & Maus, 1990). Körperliche Aktivität dient somit indirekt der Gewichtskontrolle im Rahmen einer insgesamt verbesserten Regulation von Körperfunktionen. Aktivität ist kein Allheilmittel, sondern sie stellt ein Element innerhalb eines Maßnahmenkatalogs zur Verbesserung und Erhaltung der Gesundheit dar. Gesunde Ernährung sowie der Verzicht auf Risikoverhaltensweisen wie Rauchen und Alkoholkonsum gehören dazu. Eine Darstellung des Einflusses von körperlicher Aktivität auf Fettgewebe und auf Nahrungsverbrennung findet man bei Björntorp (1990), Newsholme (1990) und Sahlin (1990).

Das subjektive Wohlbefinden, das die meisten Sportler nach dem Training erleben, dürfte sowohl auf psychologische als auch auf physiologische Prozesse während der Aktivitätsphase zurückzuführen sein. Eine vielgenannte Hypothese besagt, daß *Endorphine* ein überströmendes Gefühl von Euphorie erzeugen können („runner's high“). Endorphine sind körpereigene Opiate, die im menschlichen Gehirn gebildet werden (vgl. Sutton, Farrell & Harber, 1990). Sie reduzieren die Schmerzempfindung, erzeugen Wohlbefinden und verändern die Bewußtseinslage. Bei starken körperlichen Anstrengungen findet man erhöhte Anteile von ß-Endorphin im Blut, so daß der Gedanke naheliegt, diesen Stoff für die euphorische Stimmung verantwortlich zu machen (vgl. Feist & Brannon, 1988). Andererseits bedeutet der Nachweis von mehr Endorphin im Blut nicht zwangsläufig, daß sich auch im Gehirn mehr davon befinden muß. Eine experimentelle Studie hatte zum Ziel, die Wirkung von Endorphin auf das „Runner's High“ zu überprüfen (McMurray, Sheps & Guinan, 1984). Eine Versuchsgruppe von Läufern erhielt den Opiatantagonisten Naloxin, der die Bildung von Endorphin während des Laufens verhinderte. Es war demnach zu erwarten, daß die Läufer in der Kontrollgruppe das „Runner's High“ erlebten, während bei der Experimentalgruppe die euphorische Stimmung medikamentös unterdrückt war. Jedoch zeigte sich keine emotionale Veränderung in den beiden Gruppen, was Zweifel an der Endorphin-Hypothese aufkommen läßt. Solange dies jedoch nicht endgültig geklärt ist, wird weiterhin spekuliert, daß Endorphine sich auf die Stimmungslage bei aeroben Sportarten auswirken.

Das gesteigerte Wohlbefinden nach der Aktivität wird auch dafür verantwortlich gemacht, daß manche Freizeitsportler „süchtig“ werden (Morgan,

1979a, 1979b). Es soll sich dabei vor allem um Läufer handeln (addicted runners), denen es nicht gelingt, das Laufen wohldosiert in ihren Alltag zu integrieren, sondern bei denen das Laufen eine zentrale Rolle übernimmt und das Berufs- und Familienleben in den Hintergrund drängt. In dieser Weise „abhängige Läufer“ sind mit anorektischen Frauen verglichen worden (Yates, Leehey & Shisslak, 1983; zit. nach Feist & Brannon, 1988, S. 347). Beide Gruppen beschäftigen sich intensiv mit ihrem Körperselbstbild, haben ein starkes Bedürfnis nach Erfolg und nach Kontrolle über ihren Körper, können Unannehmlichkeiten und Schmerzen lange ertragen und ignorieren Symptome von Überanstrengung. Entzugserscheinungen wie Verspanntheit, Unruhe, Reizbarkeit, Angst und Schuldgefühle sind bei „abhängigen Läufern“ beobachtet worden, die für einige Zeit keine Gelegenheit gefunden hatten, ihren Sport auszuüben.

Psychische Effekte körperlicher Aktivität

Unabhängig von der Frage, ob tatsächlich eine psychische Abhängigkeit bei einer Minderheit von Läufern auftritt, besteht Konsens darin, daß die Mehrheit der körperlich Aktiven unmittelbar nach dem Sport Wohlbefinden erlebt und daß diese Wirkung bei regelmäßigem Sport andauert und sich habitualisiert. Die Erforschung der psychischen Effekte hat vor allem bei vier Merkmalen wichtige Resultate hervorgebracht: bei Depression, Angst, Streß und Selbstkonzept (Alfermann, Lampert, Stoll & Wagner, 1993; Fuchs & Appel, 1994; Fuchs & Leppin, 1992; Schlicht, 1993, 1994). Die Arbeiten in diesen Bereichen verstehen körperliche Aktivität zumeist als Intervention gegenüber psychischen Störungen, z. B. als Behandlungsmethode von leichten Depressionen. Dagegen ist es bis heute nicht gelungen nachzuweisen, daß körperliche Aktivität bzw. Fitneß zur Prävention gegenüber dem Neuauftreten von Depressionen oder anderen psychischen Störungen geeignet ist (Brown, 1990).

Depression ist sowohl als klinisches Phänomen als auch als Persönlichkeitsmerkmal bei „Durchschnittsmenschen“ untersucht worden. Eine Reihe von Studien hat gezeigt, daß bei Sportlern die Depressionswerte im Durchschnitt etwas niedriger ausfallen als bei Nichtsportlern, aber dies sagt nichts aus über ursächliche Zusammenhänge. Sime (1987) führte eine experimentelle Längsschnittstudie durch, in der 15 mäßig Depressive ein aerobes Fitneßtraining erhielten. Nach einer zweiwöchigen Beobachtungsphase (base line) wurde 10 Wochen lang trainiert, wobei es vier Übungstermine pro Woche gab. Obwohl kein Anstieg der kardiovaskulären Fitneß festgestellt werden konnte (Fahrradergometer), zeigten sich deutliche Gewinne im psychischen Bereich.

Die durchschnittlichen Depressionswerte sanken vom Vortest (14.2) zum Nachtest (9.4) signifikant ab (vgl. Abbildung 31).

Für die Wiederholungsmessungen ließen sich noch 13 Personen wieder auffinden, von denen 9 weiterhin Sport trieben. Sowohl die Aktivität als auch die psychischen Wirkungen blieben bei ihnen über einen sehr langen Zeitraum erhalten, wie die Werte nach 6 und nach 21 Monaten zeigen.

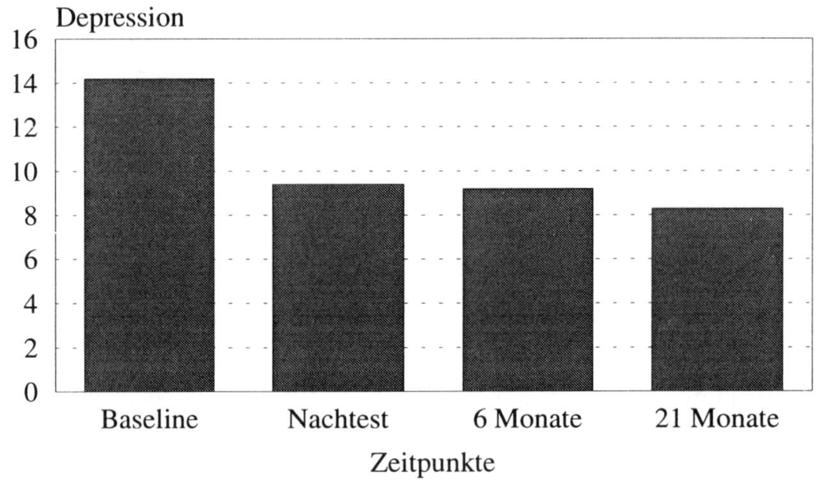

Abbildung 31. *Verringerung der Depressivität nach aerobem Fitneßtraining (Sime, 1987, S. 149).*

Im Berliner Forschungsprojekt „Sport in der Behandlung von Depressionen" (Golz, Erkelens & Sack, 1990) wurde eigens für die Zielgruppe depressiver Patienten ein standardisiertes Sportprogramm entwickelt. Das dreimonatige Programm, das in Gruppen von jeweils 6 bis 10 Personen unter der Anleitung von Sportbetreuern durchgeführt wird, umfaßt insgesamt 36 Termine à 90 bis 120 Minuten. Im Mittelpunkt des Programms steht ein belastungsmäßig gestuftes Lauftraining, in welches erlebnisorientierte Übungsformen, Dehnübungen, Spielformen und Gespräche eingebettet sind. Die Überprüfung der therapeutischen Wirksamkeit des Programms erfolgte in mehreren Studien an insgesamt 56 depressiven Patienten. Nach Abschluß der dreimonatigen Intervention war z. B. in Studie D bei 73 % der Patienten eine signifikante Besserung der Depressiven gegenüber dem Ausgangswert zu beobachten. Beim Follow-up drei Monate später sank diese Quote auf etwa 50 %.

Ein Nachteil dieser und vieler anderer Studien liegt darin, daß sie über keine Kontrollgruppen verfügen. Es wäre denkbar, daß die Gewinne auf ganz andere Faktoren als auf das Laufen zurückzuführen sind. Die in der Gruppe gewährte soziale Unterstützung zum Beispiel oder das Erleben der Natur beim Sport könnten psychische Vorteile bringen, die sich in den Depressionswerten niederschlagen. Es ist möglich, daß jede Art von Unterbrechung eines streßreichen Alltags günstige psychische Effekte zeitigt wie z. B. Lesen, Musikhören, Fernsehen, so daß viel differenziertere Vergleichsuntersuchungen nötig sind, bei denen nur eine der Versuchsgruppen ein aerobes Training durchführt. Greist (1987) hat eine Reihe von ähnlichen Studien mit Depressiven durchgeführt, bei denen einige Teilnehmer ein Lauftraining erhielten, andere dagegen Meditation oder Psychotherapie. In seinen Untersuchungen zeigte sich, daß die Therapiegewinne bei allen Arten von Intervention ungefähr gleich gut ausfallen. Damit ist die weitläufige Annahme bestätigt, daß aerobes Training über eine depressionsmindernde Wirkung verfügen kann; was aber fehlt, ist eine genaue Bestimmung der Trainingselemente, die diese Wirkung hervorrufen. Da die Intervention normalerweise in Gruppen durchgeführt wurde, besteht der Verdacht, daß soziale Prozesse vielleicht einen stärkeren Einfluß auf das psychische Erleben zeitigen als psychophysiologische Prozesse. Dies bleibt zukünftig im Rahmen von hochkontrollierten Experimenten zu untersuchen. Daneben ist zu bedenken, daß Depressivität meist nur als Persönlichkeitsmerkmal und weniger als ein klinisches Phänomen betrachtet worden ist. Die heute vorliegenden Studien sind entweder bei Normalen oder bei leicht Depressiven durchgeführt worden; hoch Depressive dagegen lassen sich nur schwer in ein Programm körperlicher Aktivität einspannen, da sie derartigen Anforderungen psychisch oft nicht gewachsen sind. Hoch Depressive sind kaum zu den einfachsten Tätigkeiten zu veranlassen und schon gar nicht zu einer regelmäßigen und anstrengenden Aktivität, die Selbstüberwindung und Ausdauer erfordert.

Ein anderer Indikator für psychische Wirkungen körperlicher Aktivität ist *Angst*. Hier wird gemeinhin unterschieden zwischen Angst als einem augenblicklichen Zustand (state anxiety) und Ängstlichkeit als einem überdauernden Persönlichkeitsmerkmal (trait anxiety) (vgl. Schwarzer, 1993b). Beide Aspekte sind im Zusammenhang mit Sport untersucht worden. Eine aerobe Aktivität von 15 bis 30 Minuten bei 60 % bis 90 % der maximalen Herzfrequenz scheint hinreichend zu sein, um eine angstdämpfende Wirkung zu erzielen. Dies zeigte sich vor allem in Studien, in denen die Muskelanspannung vor und nach dem

Training gemessen wurde; eine entspannte Muskulatur gilt bekanntlich als Indikator für ein geringes Angstniveau (Brown, 1990). Morgan (1987) berichtet über 7 Experimente, in denen körperliches Training mit Meditation oder anderen ablenkenden Tätigkeiten verglichen wurde. So wurden z. B. 75 Männer nach Zufall für 20 Minuten drei Bedingungen zugewiesen: eine Gruppe mußte auf einer „Tretmühle" wandern, eine andere meditierte und die dritte verbrachte die Zeit ruhend in einem geräuschlosen Raum. Angst als Zustand wurde 1 Minute sowie 10 Minuten nach dieser Behandlung gemessen. Es zeigte sich, daß bei den beiden ersten Gruppen die stärkste Angstverminderung auftrat. Die Arbeiten dieses Autors haben wiederholt demonstriert, daß körperliches Training die Zustandsangst deutlich vermindert und daß dieser Effekt etwa zwei bis vier Stunden lang anhält. Aber die Ursache dafür bleibt ungeklärt. Sind es die physiologischen Veränderungen, die die körperliche Arbeit mit sich bringt, oder ist es vielmehr die kurzfristige Befreiung von anderen Alltagsgeschäften und Belastungen? Dieses „time out" könnte nach diesen Untersuchungen den entscheidenden Faktor darstellen. Die Ablenkung durch Sport, Meditation, warmes Duschen oder eine Mahlzeit führen offenbar in gleichem Maße zu einer akuten Angstverminderung.

Otto (1990) hat ein Experiment mit 80 Studentinnen durchgeführt, die die Aufgabe erhielten, eine öffentliche Rede zu halten, was als eine streßreiche Situation anzusehen ist. Einer der experimentellen Faktoren war körperliche Aktivität (vgl. auch Otto & Stemmann, 1991), d. h. in den 20 Minuten vor der Rede sollten die Kandidatinnen zweimal fünf Minuten auf einem Fahrradergometer trainieren, das auf 75 Watt eingestellt war. Die Personen in der Kontrollgruppe dagegen sahen sich einen Film an. Es zeigte sich anschließend, daß die Versuchspersonen von dem körperlichen Training profitierten, indem sie weniger ängstlich waren und mehr Selbstvertrauen hatten. Dies war um so mehr der Fall, wenn sie vor dem Training in schlechter emotionaler Verfassung waren. Der Autor bezeichnet diesen Befund als einen „mood repair effect", also eine Wiederherstellung von ausgeglichener Stimmung aufgrund körperlicher Aktivität.

Diese Experimente beziehen sich auf kurzfristige körperliche Anstrengungen und auf unmittelbare psychische Auswirkungen. Daneben gibt es Langzeitstudien. Ein Beispiel dafür sind die Arbeiten von Long (1985). Er hat Lauftrainings über längere Zeiträume verordnet, um deren Wirkungen auf Streß zu untersuchen. So hat er z. B. 73 Personen zu diesem Zweck in drei Gruppen aufgeteilt, eine Laufgruppe, eine Streßimpfungsgruppe und eine Wartekontrollgruppe. Über 10 Wochen hinweg wurde die Intervention durchgeführt, und Angst (als Zustand und als Eigenschaft) wurde vorher, nachher, nach 12 Wochen und nach 15 Monaten gemessen. Beide Versuchsgruppen zeigten zu allen drei Posttestterminen signifikante psychische Gewinne - einschließlich in der Ängstlichkeit als Persönlichkeitsmerkmal. Körperliche Aktivität eignet sich demnach als eine Methode der Streßbewältigung unter anderen, auch wenn die genaue Analyse der Bedingungsfaktoren noch aussteht.

Es ist anzunehmen, daß sich körperliche Aktivität günstig auf die *Streßtoleranz* auswirkt, also auf die Fähigkeit, schwierige Anforderungen zu ertragen und mit ihnen umzugehen (vgl. Fuchs & Hahn, 1992). Dies drückt sich unter anderem in physiologischen Parametern aus wie z. B. der kardiovaskulären Reaktivität (Blutdruck, Herzfrequenz, Adrenalinausschüttung usw.). Nach Auffassung von Brown (1990) ist der Nachweis größerer Streßtoleranz durch Fitneß noch nicht einwandfrei erbracht, da die publizierten Arbeiten zu viele methodische Mängel aufweisen, doch Crews und Landers (1987) haben in einer Meta-Analyse herausgefunden, daß Personen mit guter aerober Fitneß weniger stark auf Streß reagieren als andere (vgl. Rejeski, Thompson, Brubaker & Miller, 1992).

Während Fitneß also die Streßreaktivität vermindern helfen kann, wird sie durch andere Merkmale wie z. B. die Typ A-Persönlichkeit gesteigert (vgl. die Kapitel „Persönlichkeit, Streßbewältigung und Krankheitsrisiko" sowie „Streßbewältigung und soziale Unterstützung"). Typ A-Personen sind überreaktiv, wenn es um wichtige oder gefährliche Anforderungen oder Verluste geht. Daraus ergibt sich die Frage, ob sich Typ A-Personen durch körperliche Aktivität in ihrem Erleben und Verhalten modifizieren lassen, so daß sich ihre Streßreaktivität vermindert. In der Tat haben Untersuchungen gezeigt, daß verbesserte Fitneß dem Typ A-Verhaltensmuster entgegenwirkt (Levenkron & Moore, 1988).

Ein andererer oft untersuchter Indikator für psychische Auswirkungen körperlicher Aktivität liegt im *Selbstwertgefühl.* Es gibt gute Gründe dafür, warum jemand durch aerobes Training selbstbewußter werden kann. Sich aufzuraffen, aktiv etwas zu tun und bis zur Belastungsgrenze zu laufen, ist eine persönliche Initiative, die den Eindruck hinterläßt, man sei ein autonomes Subjekt mit hoher Selbstkontrolle und habe daher Anlaß zur Selbstachtung. Wenn man sein Trainingsziel erreicht, ist dies ein Erfolg, auf den man stolz sein kann, insbesondere wenn man ihn auf internale Faktoren wie Fähigkeit und Anstrengung attribuiert. In der Tat haben viele Studien positive Zusammenhänge zwischen aerobem Training und Selbstwertgefühl gefunden; die meisten sind jedoch forschungsmethodisch unzureichend (vgl. Feist & Brannon, 1988; Sonstroem, 1984).

Zusammenfassend läßt sich sagen, daß aerobes Training generell günstige psychische Wirkungen hervorruft, ohne daß dies auf jeden Einzelfall zutreffen muß (Brown, 1990; Sime, 1990). Im Durchschnitt bewirkt körperliche Aktivität eine Verminderung von Angst und Depressivität sowie eine Steigerung des Selbstwertgefühls. Einschränkend muß zugestanden werden, daß gleich starke Effekte auch durch andere Interventionen erzielt werden können und daß die Ursache nicht unbedingt in der Körperaktivität selbst liegen muß, sondern auch auf Ablenkung oder soziale Einflüsse zurückgeführt werden könnte. Drei mögliche Ursachen stehen heute im Mittelpunkt der Diskussion: körperliche Aktivität vermittelt a) ein Bewußtsein von Kontrolle und Beherrschung eines wichtigen Lebensausschnitts, b) eine Ablenkung von unerfreulichen Alltagsereignissen sowie c) eine Gelegenheit für Verhaltensverstärkungen bzw. Selbstbekräftigungen (Brown, 1990; Fuchs, Hahn & Schwarzer, 1994). Die Tatsache, daß heute nur wenig über die Ursachen psychischer Vorteile des Sports bekannt ist, mindert nicht die Bedeutung der nachgewiesenen Effekte. Auch in der Medizin ist es gang und gäbe, Medikamente zu verabreichen, die eine heilende Wirkung erzielen, ohne daß man immer genau weiß, warum sie wirken. Die Kenntnis von Kausalzusammenhängen ist zwar eine erwünschte, nicht aber eine notwendige Voraussetzung für die Anwendung präventiver oder korrektiver Maßnahmen in der Praxis.

Es bleibt zu bedenken, daß die genannten Effekte zugleich als Bedingungen der Motivation zum Sport dienen können. Wer glaubt, sein Leben unter Kontrolle zu haben und Alltagsstreß durch Aktivität wirksam begegnen zu können, wird sich eher zu einem anstrengenden und zeitaufwendigen Training aufraffen können als jemand, der eher depressiv und ängstlich ist und ohnehin nicht weiß, wie er mit den täglichen Sorgen fertig werden soll. Persönlichkeit, psychische Gesundheit, Fitneß und körperliche Aktivität sind eng miteinander verwoben, was es schwer macht, hochkontrollierte Studien zu entwerfen, in denen nur einer dieser Faktoren variiert wird.

Als physiologische Vermittler zwischen körperlicher Aktivität und psychischer Gesundheit werden vor allem folgende genannt: hormonale und metabolische Prozesse, Veränderung von Neurotransmittersubstanzen, Endorphinbildung sowie eine gesteigerte Körpertemperatur, die beruhigend wirkt und z. B. in geringer Muskelspannung zum Ausdruck kommt (Brown, 1990). Im übrigen läßt sich aus der bisher referierten positiven Befundlage noch nicht schließen, daß kurzfristige physiologische Effekte sowie psychische Wirkungen sich auf Dauer notwendigerweise auch in gesundheitliche Vorteile verwandeln müssen. Darauf wird im folgenden Kapitel eingegangen.

Gesundheitliche Effekte körperlicher Aktivität

Fitneßtraining erhöht nicht nur die Lebenserwartung, sondern auch die Lebensqualität, vor allem, weil aktive Menschen weniger von degenerativen chronischen Leiden geplagt werden und über einen besseren Allgemeinzustand verfügen, der ihnen mehr Lebensgenuß ermöglicht. In welchem Maße diese verbreitete Auffassung zutrifft, soll in diesem Kapitel näher untersucht werden. Die Aussage soll quantifiziert und in Beziehung zu anderen protektiven oder riskanten Lebensweisen gesetzt werden. Dabei geht es zunächst um die allgemeine Lebenserwartung, indem über Mortalitätsraten berichtet wird, die unabhängig von der jeweiligen Todesursache berechnet werden. Anschließend wird die Beziehung zwischen körperlicher Aktivität und spezifischen Erkrankungen näher beleuchtet.

Die epidemiologische Forschung hat seit den 50er Jahren eine Reihe von Befunden zusammengetragen, die ein recht klares Bild vom Zusammenhang zwischen körperlicher Aktivität und Lebenserwartung liefern. Teilweise beruhen die Daten auf der berufsbedingten Bewegung, wie z. B. bei Hafenarbeitern, Postboten oder Busfahrern, und teilweise auf Freizeitaktivitäten von Beamten oder ehemaligen College-Studenten (vgl. Kapitel „Verhalten und Krankheitsrisiko"). Paffenbarger, Hyde und Wing (1990) haben 16.936 Männer im Verlauf von 16 Jahren, von 1962 bis 1978, untersucht. Es handelte sich um ehemalige Studenten der Harvard-Universität, die zu Beginn der Längsschnittstudie zwischen 35 und 74 Jahre alt waren. Die gesamte körperliche Aktivität in Beruf und Freizeit einschließlich Gehen, Treppensteigen und Sport wurde in Energieeinheiten umgewandelt, und die Teilnehmer wurden in acht Gruppen nach dem Ausmaß an verbrauchter Energie eingeteilt. Mehr als 60 % von ihnen verbrauchten weniger als 2.000 Kilokalorien (kcal) pro Woche durch körperliche Aktivität. Abbildung 32 (S. 214) zeigt die Trendlinie zwischen dem wöchentlichen Energieverbrauch durch Bewegung und dem relativen Sterberisiko.

Dabei sind die Altersunterschiede vorab berücksichtigt worden. Es gibt offensichtlich einen kontinuierlichen Abfall des Mortalitätsrisikos mit zunehmender Bewegung (mit Ausnahme der höchsten Stufe, wofür sich keine gute Erklärung finden ließ). Vergleicht man Aktive mit Inaktiven und setzt das Mortalitätsrisiko der Inaktiven auf 1.00, dann haben die Aktiven ein reduziertes Risiko von nur 0.72. Aktiv zu sein, meint in diesem Fall einen Energieverbrauch von mehr als 2.000 kcal pro Woche. Es sei daran erinnert, daß alle Todesursachen hier eingeschlossen sind; allerdings stehen die Herz-Kreislauf-Krankheiten an erster Stelle, worauf später noch eingegangen wird. Viele andere epidemiologische Studien bestätigen diesen Befund (vgl. Paffenbarger et al., 1990).

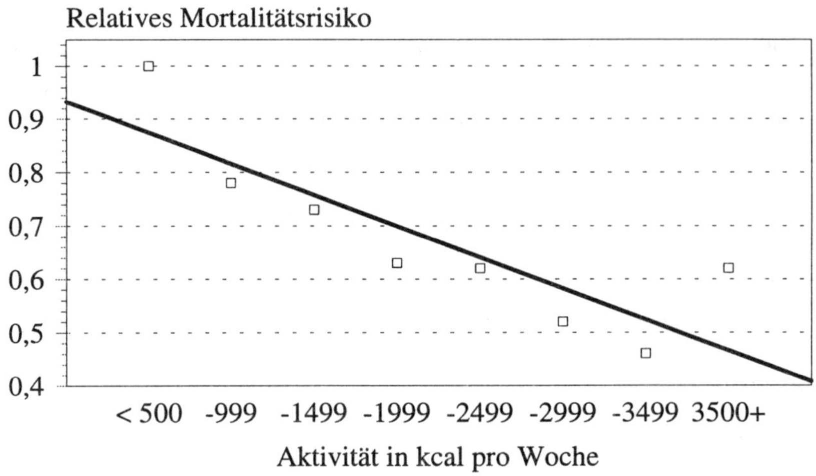

Abbildung 32. *Mortalitätsrisiko (alle Todesursachen) in Abhängigkeit von körperlicher Aktivität, gemessen als Energie pro Woche (nach Paffenbarger et al., 1990, S. 41).*

Es gibt also eine deutliche Beziehung zwischen Bewegungsmangel und Lebenserwartung. Ist Bewegungsmangel aber auch der größte Risikofaktor, wenn es um das allgemeine Sterberisiko geht? Die Autoren vergleichen verschiedene Risikofaktoren für vorzeitigen Tod und berechnen den Gewinn an Lebensjahren, der sich aus der Abwesenheit bestimmter Risiken ergibt. Auf der Grundlage der oben genannten Daten bei 35- bis 79jährigen erweist sich Bluthochdruck als der wichtigste Risikofaktor. Durch einen normalen Blutdruck gewinnt man einen Vorteil von 2,72 Lebensjahren gegenüber Menschen mit Bluthochdruck; als Nichtraucher gewinnt man 2,26 Lebensjahre gegenüber dem Raucher, und als Aktiver gewinnt man 1,25 Lebensjahre gegenüber dem Inaktiven. Anders ausgedrückt: das relative Mortalitätsrisiko durch Bewegungsmangel liegt 31 % höher, das durch Rauchen 73 % höher und das durch Bluthochdruck 76 % höher als bei Personen, die solche Risikofaktoren nicht aufweisen. Wenn man sein Verhalten ändert, also z. B. von einer sitzenden Lebensweise zu einem Energieverbrauch von mehr als 2.000 kcal pro Woche fortschreitet, kann man sein Mortalitätsrisiko um 24 % senken; durch Aufgeben des Rauchens kann man es um 43 % senken und durch Blutdrucknormalisierung um 42 % (Paffenbarger et al., 1990, S. 45). Als weitere Faustregel kann man sich merken, daß man durch jede Stunde intensiven Sports zwei Stunden mehr Lebenszeit gewinnt, berechnet auf der Grundlage von drei bis vier Stunden Sport pro Woche. Dies sind sehr abstrakte Berechnungen oder Zahlenspiele auf Durchschnittsbasis unter Verwendung eines großen Datensatzes von gebildeten Männern in Nordamerika; dies läßt sich nicht auf den Einzelfall übertragen, aber die Befunde demonstrieren gut, wie bedrohlich Bewegungsmangel sein kann bzw. wie beeinflußbar das Mortalitätsrisiko durch ein einziges Gesundheitsverhalten sein kann. Es mag einem vielleicht wenig erscheinen, wenn man angeblich nur 1,25 Lebensjahre durch körperliche Aktivität hinzugewinnt, aber der Eindruck täuscht, denn man gewinnt nicht nur Lebenszeit, sondern auch Lebensqualität durch mehr Vitalität im Alter. Die Lebenskurve fällt dann nicht steil ab, sondern erhält eine mehr rechteckige Gestalt.

Gesundheitspsychologisch interessanter als die globalen Mortalitätsdaten ist der Zusammenhang zwischen Aktivität, Fitneß und spezifischen Erkrankungen, weil hier die Verursachung von bestimmten körperlichen Schäden durch Bewegungsmangel eher erkennbar wird. Am besten ist die Beziehung zwischen körperlicher Aktivität und *koronarem Risiko* erforscht (im Überblick: Berlin & Colditz, 1990). Bewegungsmangel scheint den pathogenen Prozeß der Atherosklerose zu begünstigen, obwohl dies noch nicht einwandfrei erwiesen ist (Bouchard et al., 1990a, 1990b). Regelmäßige Ausübung von Sport führt zu geringerem Blutdruck im Ruhezustand, vermutlich durch weniger Katecholamine im Blut. Gleichzeitig verbessert sich das Lipidprofil, also der Anteil des „guten" HDL-Cholesterins im Vergleich zum „schädlichen" LDL-Cholesterin im Blutplasma. Insbesondere die Verbindung von körperlicher Aktivität mit anderen Gesundheitsverhaltensweisen, wie z. B. ausgewogener Ernährung, verlangsamt die Atherosklerose (vgl. Wood & Stefanick, 1990). Die hochkontrollierten Laborexperimente zur physiologischen Fitneß, die meist an Tieren durchgeführt wurden, haben weniger spektakuläre Befunde hervorgebracht als die epidemiologischen Studien (vgl. Froelicher, 1990).

Die epidemiologischen Arbeiten zur gesundheitlichen Bedeutung körperlicher Aktivität zielen vor allem auf das kardiovaskuläre Risiko. Sie begannen in den 50er Jahren mit den Vergleichsuntersuchungen an Londoner Busfahrern und Busschaffnern (Morris et al., 1953). In der Gruppe der mehr aktiven Schaffner gab es nur halb so viele Herzinfarktpatienten wie in der Gruppe der Fahrer, die bei ihrer Berufstätigkeit weniger Gelegenheit zur Bewegung hatten.

In Analogie zu dieser Arbeit hat Kahn (1963) gefunden, daß die mehr aktiven Postboten weniger anfällig für Herzinfarkt waren als ihre mehr passiven Kollegen am Postamtschalter. Spätere Untersuchungen, in denen zusätzliche Einflußgrößen forschungsmethodisch besser kontrolliert waren, haben die Ergebnisse bestätigen können. Die wichtigsten Studien sind bei Paffenbarger et al. (1990) referiert.

In der oben genannten Studie von Paffenbarger et al. (1978, 1990) bei ehemaligen Harvard-Studenten ist ein deutlicher Nachweis für den Zusammenhang zwischen körperlicher Aktivität und koronaren Herzkrankheiten erbracht worden. In der Gruppe der Inaktiven, die weniger als 2.000 kcal pro Woche durch Bewegung verbrauchten, war die Zahl der Herzinfarktpatienten erheblich höher als in der Gruppe der Aktiven, deren Energieaufwand darüber lag. Das relative koronare Risiko der Aktiven betrug nur 0.61, wenn das der Inaktiven als 1.00 definiert wurde. Bei dieser Berechnung waren Unterschiede im Alter, im Blutdruck und im Raucherstatus vorab berücksichtigt worden.

Aber nicht allein der Gesamtenergieaufwand zählt, sondern auch die Art und Weise, wie intensiv die Bewegung ausgeführt wird. Man kann durch viel Spazierengehen und Treppensteigen ein hohes Aktivitätsniveau erzielen, aber besser ist es, wenn man darüber hinaus einen anstrengenden Sport ausübt. Bei gleich hohem Energieaufwand profitiert derjenige gesundheitlich mehr, der mehrmals wöchentlich ein intensives Training absolviert, als jemand, der

Tabelle 11

Relatives Mortalitätsrisiko durch kardiovaskuläre Krankheiten bei 16.936 Männern im Zeitraum von 1962 bis 1978 (nach Paffenbarger et al., 1990, S. 38)

Wöchentliche Aktivität: Gehen	Treppensteigen	Sport	*Relatives Risiko*
Nein	Nein	Nein	1.00
Nein	Nein	Ja	.69
Nein	Ja	Ja	.72
Ja	Nein	Nein	.93
Nein	Ja	Nein	.66
Ja	Nein	Ja	.48
Ja	Ja	Nein	.82
Ja	Ja	Ja	.53

durch Kumulation von viel niedrigdosierter Bewegung dasselbe Aktivitätsziel erreicht. Das wird in Tabelle 11 illustriert.

Es wurde gemessen, ob jemand mindestens 6 Meilen pro Woche zu Fuß geht, Treppen im Umfang von 36 Etagen steigt und aktiv Sport treibt. Für jede Zeile in der Tabelle wurde die Mortalitätsrate errechnet, und diejenige der ersten Zeile wurde zum Maßstab für das relative Risiko in den anderen Zeilen gewählt. Demnach reduziert sich das Risiko gegenüber den Inaktiven auf 0.69, wenn man Sport treibt, aber nur auf 0.93, wenn man sich auf Gehen beschränkt. Wer alle drei Arten von Bewegung ausübt, kann sein Risiko auf etwa die Hälfte reduzieren (0.53).

Auch wenn das koronare Risiko mehr als jedes andere durch körperliche Aktivität dramatisch gesenkt werden kann, lohnt sich auch ein Blick auf den Zusammenhang zwischen körperlicher Aktivität und anderen Krankheiten. *Bluthochdruck* ist ein weitverbreitetes Phänomen, von dem viele Betroffene gar nichts merken, das aber als Risikofaktor für Herzinfarkt und andere Krankheiten gilt. Sowohl der diastolische als auch der systolische Blutdruck lassen sich um ungefähr 10 mmHg durch regelmäßiges Fitneßtraining senken (Hagberg, 1990). Bei mäßigem Bluthochdruck zwischen 140/90 und 160/105 mmHg ist Sport das Mittel der Wahl, während bei sehr hohem Blutdruck zunächst der medikamentösen Behandlung Vorrang gegeben wird, bevor das Training begleitend einsetzt. Eine mittlere Intensität des Trainings reicht völlig aus, da eine Überlegenheit von sehr intensivem Training bisher nicht dokumentiert werden konnte. Das ist insbesondere eine wichtige Information für die ältere Generation, in der sowohl Bluthochdruck als auch Bewegungsmangel sehr verbreitet sind.

Ein degeneratives Leiden ist die *Osteoporose*, von der vor allem ältere Frauen betroffen werden. Es handelt sich hier um Knochenschwund und Knochenbrüchigkeit, für die bisher keine Einzelursache verantwortlich gemacht werden konnte. Bewegungsmangel gilt als ein Faktor neben Alter, Fehlernährung (Kalziummangel) sowie der Verringerung weiblicher Sexualhormone in der Menopause. Das Skelett ist ein lebendes Gewebe, das durch die Tätigkeit der Knochenzellen ständig verändert und regeneriert wird. Die maximale Knochenmasse wird im dritten oder vierten Lebensjahrzehnt erreicht, während anschließend zunehmend Knochenmasse verlorengeht. Körperliche Aktivität wirkt diesem Abbau entgegen; bei Aktiven findet man im Durchschnitt mehr Knochenmasse als bei Passiven. Knochenschwund und Knochenschwäche, also Osteoporose, stellt für viele ältere Menschen ein Problem dar, denn bei ihnen kommt es dadurch sehr viel leichter zu einem Knochenbruch als bei jungen Menschen. Ausdauersport und kalziumreiche

Ernährung dienen nicht nur der Vorbeugung, sondern auch der Behandlung dieser Krankheit (Smith, Smith & Gilligan, 1990).

Wenig ist heute über den Einfluß von körperlichem Training auf *Infektionskrankheiten* und *Krebs* bekannt. In beiden Fällen wird angenommen, daß ein widerstandsfähiges Immunsystem den Ausbruch der Krankheit verhindern, ihn verzögern oder deren Verlauf begünstigen kann (Calabrese, 1990; Simon, 1990). Regelmäßige körperliche Aktivität führt zu einer Erhöhung der Immunkompetenz im Rahmen der allgemeinen Gesunderhaltung, allerdings ist die Wirkung wohl nur von mäßigem Umfang. Es mangelt an klinisch bedeutsamen Befunden, die zeigen, daß Ausdauersport wirklich Infektionskrankheiten und Krebs verhüten kann. Dem stellen sich erhebliche methodische Schwierigkeiten entgegen. Normalerweise leben körperlich Aktive insgesamt gesünder, d. h. sie rauchen weniger und ernähren sich ausgewogener. Die über viele Jahre hinweg praktizierte Lebensweise dürfte sich günstig auf das Immunsystem auswirken, aber der Faktor „körperliches Training" läßt sich in seiner spezifischen Wirkung kaum isolieren. In epidemiologischen Studien hat man herausgefunden, daß bei körperlich Aktiven das Risiko für Darmkrebs, Brustkrebs und weiblichen Genitalkrebs geringer ist, ohne daß man die genaue Ursache feststellen konnte. Hier gilt dasselbe methodische Problem wie oben.

Körperliche Aktivität spielt bei einer Vielzahl weiterer Leiden eine Rolle, sei es als protektiver Faktor gegenüber der Pathogenese, sei es als Unterstützung des Rehabilitationsprozesses, so z. B. bei Diabetes (Berger & Kemmer, 1990; Vranic & Wasserman, 1990), körperlichen Beschwerden (Fuchs & Hahn, 1992), Fettleibigkeit (Bray, 1990), Rückenschmerzen (Nachemson, 1990) und Atemwegserkrankungen (Jones & Killian, 1990). Vielseitige Bewegung und intensives sportliches Training, vor allem aerobischer Art, erweisen sich von großer gesundheitlicher Bedeutung. Dabei sollte körperliche Aktivität als Bestandteil einer insgesamt gesunden Lebensführung gesehen werden (vgl. Schlicht & Schwenkmezger, 1995).

All diese Erkenntnisse geben Veranlassung zu der Frage, warum nicht mehr Menschen mehr für ihre Gesundheit tun, indem sie sich für eine aktivere Lebensweise entscheiden. Wie verbreitet ist das Sporttreiben, und was hindert Menschen daran, es öfter und intensiver zu tun? Dieser Frage widmen wir uns im nächsten Abschnitt.

Motivation und Partizipation

Wenn man sonntags im Park spazierengeht, begegnet man Joggern, Radfahrern, Wanderern und tobenden Kindern und kann den Eindruck gewinnen, die ganze Bevölkerung sei sportlich aktiv. Wie hoch ist wirklich der Anteil der Aktiven in der Bevölkerung, und welche Motive sind für die Beteiligung am Sport ausschlaggebend?

Die Prävalenz von körperlicher Aktivität

Zunächst wird auf die Verbreitung (Prävalenz) von sportlicher Aktivität eingegangen. Nach Umfragen in der Bundesrepublik Deutschland in der Mitte der 80er Jahre gaben etwa die Hälfte bis zwei Drittel der Bevölkerung an, regelmäßig Sport zu treiben; das ist im Einklang damit, daß Sport an dritter Stelle der gewünschten Freizeitaktivitäten steht, und mit der Tatsache, daß 34 % der Bevölkerung in Sportvereinen organisiert sind. Diese Daten geben den objektiven Grad an körperlicher Aktivität jedoch nicht zutreffend wieder. Die Mitgliedschaft in einem Verein sagt wenig über das Ausmaß an Bewegung aus, denn viele Mitglieder verweilen länger auf der Zuschauertribüne oder in ihrer Vereinskneipe als bei der Ausübung ihres Sports. Oft ist die Mitgliedschaft nicht von großer Dauer, denn die Fluktuationsrate in Fitneßstudios z. B. liegt bei 50 %, d. h. nach Ablauf eines Jahres findet man nur noch die Hälfte der Mitglieder wieder, und die andere Hälfte besteht aus Neuankömmlingen, die diese Aktivität gern einmal ausprobieren möchten, und deren Verweildauer ihrerseits wieder sehr kurz sein kann. Hinzu kommt die ungleiche Altersverteilung, denn Kinder und Jugendliche, die ohnehin den aktiveren Teil der Bevölkerung ausmachen, sind in Sportvereinen überrepräsentiert (alle Daten nach Abele & Brehm, 1990).

Um gesundheitliche Wirkungen zu zeigen, muß die körperliche Aktivität eine bestimmte Häufigkeit, Dauer und Intensität aufweisen. Außerdem spielt die Art des Trainings eine Rolle. Als gerade hinreichend gilt ein aerobes Training von z. B. dreimal wöchentlich 20 Minuten bei einer Pulsfrequenz von 130. Ein anderer Maßstab liegt bei 3 Kilokalorien pro Kilogramm Körpergewicht pro Tag, d. h. eine 70 kg schwere Person müßte durchschnittlich pro Tag 210 kcal Energie durch Training verbrennen, also 1.470 kcal pro Woche (Stephens, 1987). Der von Paffenbarger bevorzugte Wert liegt bei 2.000 kcal pro Woche. Bei allgemeinen Bevölkerungsumfragen dagegen zählt oft schon der wöchentliche Spaziergang als körperliche Aktivität. Wählt man einen strengeren Maßstab, so liegt der Bevölkerungsanteil der sportlich aktiven

Erwachsenen unter 15 % (Abele & Brehm, 1990). Dies entspricht den Schätzungen auf internationaler Ebene. Etwa 10 % der Amerikaner und Australier und 25 % der Kanadier gelten in diesem Sinne als körperlich aktiv (Dishman, 1990). Die Unterschiede zwischen den vier Nationen können vielleicht auf Details der Erhebungsmethoden zurückgeführt werden und müssen nicht unbedingt die tatsächlichen Aktivitätsdifferenzen widerspiegeln, denn bisher hat sich kein standardisiertes Verfahren zur Messung frei ausgeübter körperlicher Aktivität durchgesetzt. Daher kommt es je nach Datenerhebung zu sehr verschiedenen Schätzungen. Die genannten Zahlen gelten nur für Erwachsene über 17 Jahren; in der Altersgruppe der 10- bis 17jährigen liegt der Anteil der aktiven Kinder und Jugendlichen über 60 %. Mit zunehmendem Alter sinkt der Grad körperlicher Aktivität in der Bevölkerung. In der „Berlin-Bremen-Studie", einer der wenigen deutschen Längsschnittuntersuchungen zum Gesundheitsverhalten von Jugendlichen, wurde das sportliche Aktivitätsmuster von 932 Hauptschülern und Gymnasiasten auf differenzierte Weise bestimmt (Fuchs et al., 1988). In der 7. und 8. Klassenstufe lag die durchschnittliche körperliche Aktivität bei 10 Stunden pro Woche, wobei auch mäßig intensive Bewegung (z. B. Radfahren) erfaßt wurde. Im Laufe von zwei Jahren sank das durchschnittliche Aktivitätsniveau derselben Schüler um 10 %, vor allem zu Lasten der mehr anstrengenden Aktivitäten und zu Lasten der Häufigkeit der Sportausübung, nicht der Dauer. Jungen waren im Durchschnitt um drei Stunden pro Woche aktiver als Mädchen (Fuchs, 1990, Kap. 10).

Unbestritten ist der Geschlechtsunterschied, also der höhere Aktivitätsgrad der Männer, sowie der epochale Trend, nämlich die Zunahme von Aktivität in den 80er Jahren. Nach Stephens (1987) ist die Zahl der Aktiven von 1978 bis 1985 um ungefähr ein Drittel gestiegen, auf 28 % bei Männern und auf 21 % bei Frauen. Gleichzeitig hat sich der Anteil der völlig Inaktiven verringert. Er liegt aber immer noch bei 30 % bis 60 %. Der Anteil der Aussteiger, also denen, die eine einmal gewählte Sportart oder ein begonnenes Training wieder aufgeben, liegt bei 50 % (Dishman, 1990).

Die Prävalenzraten körperlicher Aktivität fallen sehr verschieden hoch aus, wenn man auf differenziertere Weise Untergruppen der Bevölkerung auswählt. So kann man z. B. das Sportverhalten jener betrachten, die mehr oder weniger unter Streß leiden oder aufgrund ihrer Ressourcendefizite benachteiligt sind (Sallis et al., 1993). Bei der Analyse von ostdeutschen Übersiedlern während der Wendezeit (Fuchs & Appel, 1994) zeigte sich, daß Sporttreiben als Mittel der Streßbewältigung aufgefaßt werden kann bzw. die „Streßanfälligen" von vornherein weniger körperlich aktiv sind.

Die Aussteigerquoten sind normalerweise durch die Zahl derer gegeben, die zu einem bestimmten Zeitpunkt nicht mehr an einem Trainingsprogramm teilnehmen. Das Aussteigerproblem ist aber nichts anderes als ein Spezialfall der Rückfälligkeit und kann durch eine Mehrzahl von Indikatoren gekennzeichnet werden.

In einer Untersuchung wurden physiologische Indikatoren herangezogen (DiLorenzo et al., 1990). Die Autoren konnten 121 Erwachsene dazu motivieren, an einem 12-wöchigen Trainingsprogramm teilzunehmen. Die Versuchspersonen trainierten viermal pro Woche auf einem Fahrradergometer bei 70 % bis 85 % ihrer maximalen Herzrate. Diejenigen, die mindestens drei Viertel der Termine absolviert hatten, wurden als Längsschnittstichprobe (N = 82) definiert, deren Rückfallverhalten im folgenden Jahr untersucht werden sollte. Die 82 Personen hatten durch das Training einen erheblichen Zuwachs an kardiovaskulärer Fitneß gewonnen. Die Frage war nun, ob dieser Grad an Fitneß über die Zeit hinweg stabil bleiben würde, was nur möglich war, wenn die Probanden ihr Training privat fortsetzten oder auf andere Weise körperlich aktiv blieben. Nach drei Monaten wurde die Fitneß wieder gemessen, und diejenigen, deren Herzrate um mehr als fünf Schläge gestiegen war, galten als nicht mehr fit. Es zeigte sich, daß nach diesem Kriterium nur noch 45 % der 82 Personen aktiv waren. Die anderen 55 % wurden als rückfällig eingestuft, indem angenommen wurde, daß sie in ihre passive Lebensweise zurückgefallen waren. Nach 6 Monaten erreichten nur noch 39 % und nach 12 Monaten nur noch 36 % das Fitneßkriterium (Abbildung 33, S. 222).

Die Rückfälligkeit läßt sich demnach als eine negativ beschleunigte Kurve darstellen, was typisch für Risikoverhaltensweisen wie Rauchen oder Alkohol ist (vgl. Marlatt & Gordon, 1985). Das Besondere dieser Studie liegt in zwei Aspekten: a) nicht der Teilnehmerschwund wurde gemessen, sondern ein physiologischer Fitneßindikator; bei dem Teilnehmerkriterium wäre es denkbar, daß die Probanden auf eine andere Sportart umsteigen, ohne daß der Versuchsleiter dies erfährt (Umsteiger sind keine richtigen Aussteiger); hier dagegen wird der körperliche Effekt als Indikator für alle möglichen Arten von körperlicher Aktivität erfaßt; b) Rückfälligkeit wird hier nicht als dichotomes Kriterium verstanden, sondern mehr flexibel als ein reversibles Verhalten, indem Personen, die zunächst ausgestiegen sind, in der Stichprobe verbleiben und nach Wiederaufnahme ihres Trainings als Aktive mitgezählt werden; so kann z. B. jemand seine körperliche Aktivität unterbrechen und erst nach Monaten wieder aufnehmen; jemand, der nach 6 Monaten als rückfällig eingestuft wurde, kann also nach 12 Monaten durchaus als aktiv angesehen werden, wenn er aufgrund sportlicher Tätigkeit sein ursprüngliches Fitneßkriterium wieder erreicht (vgl. Simkin & Gross, 1994).

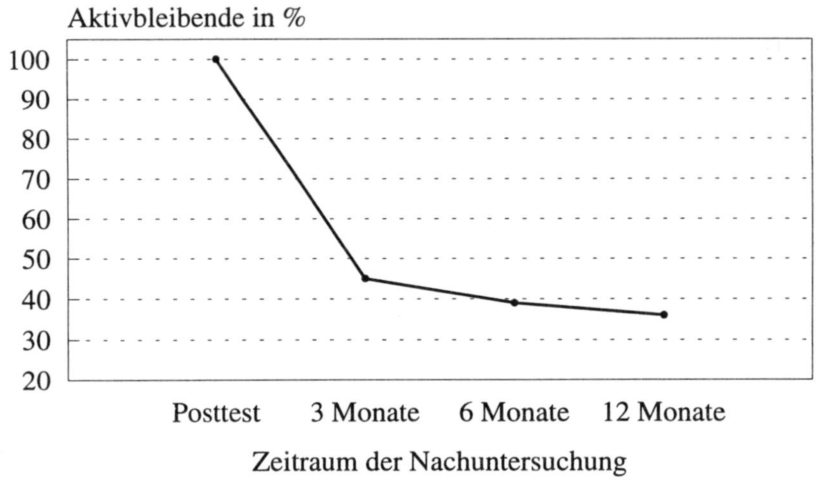

Abbildung 33. *Rückfallkurve nach einem 12-wöchigen Trainingsprogramm auf der Grundlage von physiologischen Fitneßindikatoren (nach DiLorenzo et al., 1990).*

Aus den hier wiedergegebenen Daten zur Verbreitung der körperlichen Aktivität läßt sich schließen, daß nur 10 % bis 25 % der Bevölkerung in den westlichen Industrieländern ein gesundheitswirksames regelmäßiges Training durchführen und daß es erhebliche Motivationsprobleme geben muß, denn die Mehrheit möchte sportlich aktiv sein, viele versuchen es auch, geben ihre anfänglichen Bemühungen aber bald wieder auf. Etwa die Hälfte derjenigen, die eine Aktivität aufnehmen, fällt schnell wieder in eine passive Lebensweise zurück. Der folgende Abschnitt ist daher der Motivation zu sportlicher Partizipation gewidmet.

Motivation zu körperlicher Aktivität

Ob wir uns das Ziel setzen, uns an einem Sportprogramm zu beteiligen, und ob wir uns in einem kritischen Augenblick dazu aufraffen können, ein anstrengendes Training tatsächlich auszuüben oder fortzusetzen, hängt von einer Vielzahl von Faktoren ab. Sie lassen sich gliedern in Merkmale, die in der

Person, in der Umwelt oder in der Aktivität selbst liegen (Dishman, 1990). Dabei macht es einen Unterschied, ob es sich um ein selbst gewähltes, frei ausgeübtes Training, wie z. B. Laufen oder Radfahren, oder um ein organisiertes Training unter Anleitung handelt, wie z. B. Schulsport oder Gruppensport im Verein, am Arbeitsplatz oder im Rahmen eines Rehabilitationsprogramms. Manche Studien haben Effekte bei der einen, nicht aber bei der anderen Art gefunden (vgl. Dishman, 1990).

Dishman (1990) beschreibt zunächst Studien, die sich mit Merkmalen der *Person* auseinandersetzen. Personen, die einen für die soziale Unterschicht typischen Beruf ausüben, machen weniger Gebrauch von Trainingsmöglichkeiten am Arbeitsplatz. Dies könnte aus der Auffassung resultieren, der Beruf selbst erfordere derartig viel Bewegung, daß darüber hinaus kein gesundheitswirksames Training notwendig sei. Auch Raucher machen weniger Gebrauch von solchen Angeboten und halten auch beim Rehabilitationssport nicht lange durch. Rauchen könnte insofern ein Hindernis darstellen, als es die kardiorespiratorische Fitneß beeinträchtigt, was wiederum die Leistung und die Leistungsfreude hemmt. Das gleiche gilt für Übergewichtige; sogar in leichten Trainingsprogrammen, die sich auf Gehen beschränken, findet man in der Gruppe der Übergewichtigen zwei Drittel Aussteiger. Auf der anderen Seite sind die Korrelationen zwischen Aktivität und weiteren Gesundheitsverhaltensweisen wie Nichtrauchen oder ausgewogene Ernährung gering (vgl. Taylor, 1991). In einer eigenen Untersuchung an 97 Jugendlichen haben wir schwache bis mittlere Zusammenhänge gefunden: sportliche Aktivität korrelierte mit Rauchen zu $r = -.28$, mit Alkoholkonsum zu $r = -.19$ und mit gesunder Ernährung zu $r = +.30$ (Schwarzer et al., 1990). Das verweist auf die unterschiedliche Bedingtheit dieser Merkmale. Körperliche Aktivität scheint nicht primär durch das Wissen über Gesundheitsgefahren oder das Motiv der Gesunderhaltung bestimmt zu sein. Eine rundum gesunde Lebensweise findet man nur bei einer kleinen Minderheit der Bevölkerung. Aktivität ist meist nicht Ausdruck einer lebenslangen Routine als vielmehr eines motivationalen Prozesses mit vielen Unterbrechungen, Entscheidungen und Neuorientierungen. Nur in geringem Maße läßt sich die Ausübung von Sport im Erwachsenenalter durch Vorbilder in der Familie oder durch Schulsportbeteiligung vorhersagen. Wer allerdings einmal an einem Trainingsprogramm teilgenommen hat, wird auch später wahrscheinlich an einem Programm teilnehmen: frühere Aktivität ist ein guter Prädiktor für spätere Aktivität. Im Vergleich zu Wissen und Einstellungen über die gesundheitlichen Wirkungen von Sport scheinen andere psychische Faktoren eine größere Rolle zu spielen wie z. B. die Freude an der Ausübung, das Wohlbefinden danach oder die soziale Anerkennung in der Bezugsgruppe. Weniger als ein Fünftel der Teilnehmer an Trainingsprogrammen geben an, von dem Gedanken an Gesundheitsförderung geleitet zu sein. Diejenigen, die sich selbst als ungesund einschätzen, nehmen von vornherein weniger daran teil. Bei Aktiven findet man ein höheres Maß an internaler Kontrollüberzeugung, also der Auffassung, daß man sein Leben selbst in der Hand hat, im Gegensatz zu der Auffassung, das eigene Geschick werde von äußeren Umständen bestimmt. Eng damit zusammen hängt „Selbstmotivation"; darunter versteht Dishman (1990) Willensstärke und Selbstregulationsfertigkeiten, zu denen die angemessene Zielsetzung, Selbstbeobachtung bei der Sportausübung und Selbstverstärkung bei der Zielerreichung gehören. Das ähnelt den Aussagen der sozial-kognitiven Theorie von Bandura (1992, 1995a), die die Selbstwirksamkeitserwartung (Kompetenzerwartung) in den Mittelpunkt stellt. Es gibt inzwischen viele Arbeiten, die nachweisen, daß Kompetenzerwartung eine zentrale Rolle bei der Motivation zur Sportausübung und Trainingsausdauer spielt (vgl. Dzewaltowski, Noble & Shaw, 1990; Feltz & Riessinger, 1990; Weiss, Wiese & Klint, 1989). Die Überzeugung, persönlich in der Lage zu sein, ein anforderungsreiches körperliches Trainingsprogramm zu absolvieren, stellt eine Voraussetzung für die Planung, Ausführung und Aufrechterhaltung solcher Aktivität dar. Die Kompetenzerwartung kann sich dabei sowohl auf die körperliche Anforderung als auch auf das psychische Durchhaltevermögen richten (Fuchs & Schwarzer, 1994; Marcus & Owen, 1992).

Aber die Gründe für die Ausübung oder Fortsetzung von körperlicher Aktivität liegen nicht allein in der Person, sondern auch in Merkmalen der *Umwelt*. Dishman (1990) nennt vor allem die Zugänglichkeit von Sportstätten, die verfügbare Zeit und das Klima als fördernde oder hemmende Bedingungen. Die Nähe von Sportanlagen zur eigenen Wohnung oder zum Arbeitsplatz hat sich als bedeutsam erwiesen; andererseits sind es gerade die ohnehin schon Aktiven, die angeben, sie würden noch mehr Sport treiben, wenn sie besseren Zugang hätten. Für die Inaktiven scheint dies nicht der zentrale Hemmfaktor zu sein. Die meisten Inaktiven geben an, sie hätten nicht genug Zeit für systematische körperliche Aktivität. Hinter dieser Aussage dürfte mangelnde Motivation liegen, weniger der objektive Zeitmangel. Man schiebt Zeitmangel üblicherweise vor, wenn man in Wirklichkeit Prioritäten setzt. Auch für die Aktiven liegt in dem Zeitbedarf eine Barriere für mehr Sport. Die sehr Aktiven lassen sich nicht einmal von schlechtem Wetter abschrecken; für die Mehrheit gelten jedoch saisonale Schwankungen, indem ihre Aktivität bevorzugt im Frühjahr oder Sommer liegt, während im Winter die Aktivität reduziert wird und einige Sportarten ganz zum Erliegen kommen. Andererseits gibt es auch

Menschen, für die im Winterurlaub der Gipfel ihrer Aktivität liegt, z. B. beim Skilaufen. Zeitmangel, lange Wegstrecken, Teilnahmegebühren und schlechtes Wetter stellen Barrieren bei der Planung, Ausführung und Aufrechterhaltung von körperlicher Aktivität dar und müssen als situative Gegengewichte zu den Anreizfaktoren ins Kalkül gebracht werden. Dabei erscheint es weniger sinnvoll, Person- und Umweltfaktoren gegeneinander aufzurechnen als vielmehr beide in einem transaktionalen Verhältnis zu sehen, indem sie sich wechselseitig im Prozeß beeinflussen. Entsprechende Modelle sind von Abele und Brehm (1990) und Dishman (1990) vorgestellt worden.

Schließlich stellen auch die Merkmale bestimmter Aktivitäten Einflußgrößen für motivationale Prozesse dar. Insbesondere die Intensität eines Trainings und der dafür erforderliche Anstrengungsaufwand kommen hier ins Spiel. Je intensiver ein Training ist, desto höher liegt die Aussteigerquote. Bei freier Wahl von körperlichen Aktivitäten entscheiden sich die meisten für eine leichte Tätigkeit wie z. B. Gehen. Sowohl bei der Präferenz für Sportarten als auch bei der Ausdauer erweist sich die Intensität als wichtig. Wer sich zu hohe Trainingsziele setzt, erscheint mehr gefährdet, ganz aufzugeben. Es ist leichter, die Häufigkeit der Sportausübung zu beeinflussen als die Intensität. Mehr Anstrengung aufzuwenden, ist derart unangenehm oder schmerzhaft, daß man sich lieber für zusätzliche Trainingstermine entscheidet, um bei nur mäßiger Anstrengung den angestrebten Aktivitätsgrad pro Woche zu erzielen.

Die meisten der hier angesprochenen Einflußgrößen auf das Sporttreiben wurden bei Erwachsenen identifiziert. Vergleichsweise wenig ist bekannt über die Determinanten der körperlichen Aktivität im Kindes- und Jugendalter. Aus der bereits erwähnten „Berlin-Bremen-Studie“ sind hierzu wichtige Ergebnisse vorgelegt worden (Fuchs, 1990). Über einen Zeitraum von zwei Jahren hinweg wurden etwa 2.000 Jugendliche aus den Klassenstufen 7 bis 10 dreimal befragt und medizinisch untersucht. Die längsschnittliche Analyse dieser Daten ergab, daß vor allem drei Variablen für die Entwicklung der sportlichen Aktivität im Alter zwischen 12 und 16 Jahren wichtig sind: das sportliche Vorbild der Freunde, die sozialen, emotionalen und körperlichen Erwartungen an das Sporttreiben sowie das Körperselbstwertgefühl. Diese drei Faktoren trugen - auch bei simultaner Analyse - signifikant zur Vorhersage von Aktivitäts*änderungen* bei, und zwar sowohl bei Mädchen und Jungen als auch bei Hauptschülern und Gymnasiasten. Alle anderen sozial-kognitiven Variablen vermochten, wenn überhaupt, dann nur in spezifischen Subgruppen einen signifikanten Beitrag zur Vorhersage leisten. Zu diesen differentiell wirksamen Einflußgrößen zählten: das sportliche Vorbild der Geschwister, die dispositionale Ängstlichkeit, das generelle Selbstwertgefühl sowie die Verfügbarkeit von Geräten und Einrichtungen. Andere Variablen wie das sportliche Vorbild der Eltern, die gesundheitsbezogenen Erwartungen an das Sporttreiben und die Depressivität spielten in den Analysen von Fuchs (1990) hingegen keine nachweisbare Rolle für die Entwicklung des Aktivitätsverhaltens im Jugendalter. Die methodisch sorgfältig durchgeführte Studie (kovarianzanalytische Kontrolle der demographischen Hintergrundvariablen und des Ausgangsniveaus der sportlichen Aktivität; validierte Kriteriumsvariable) läßt die Schlußfolgerung zu, daß körperliche Aktivität im Jugendalter in erster Linie Sozialverhalten ist und daß die gesundheitliche Funktion des Sports in dieser Altersgruppe noch kaum motivierende Kraft besitzt.

Nicht nur einzelne Variablen wie die oben genannten sind mit körperlicher Aktivität empirisch in Zusammenhang gebracht worden, sondern auch theoretische Modelle, die ein Gesundheitsverhalten zu erklären und vorherzusagen beanspruchen. Die im ersten Kapitel dieses Buches erörterten Theorien und Modelle eignen sich prinzipiell für diesen Zweck, sind aber unterschiedlich häufig oder teils überhaupt nicht auf körperliche Aktivität angewandt worden. Um Wiederholungen zu vermeiden, soll hier nur ganz kurz auf drei Modelle eingegangen werden, das Modell gesundheitlicher Überzeugungen, die Theorie der Handlungsveranlassung und die sozial-kognitive Theorie.

Nach dem *Modell gesundheitlicher Überzeugungen* (Health Belief-Modell) beruht die Ausführung eines Gesundheitsverhaltens vor allem a) auf der Bedrohung durch Krankheiten, wobei die wahrgenommene Verwundbarkeit der Person und der wahrgenommene Schweregrad der Krankheit eine Rolle spielen, und b) auf einer Kosten-Nutzen-Überlegung, nach der der Gewinn durch das Gesundheitsverhalten größer sein sollte als die Kosten, die sich durch das Überwinden von Barrieren ergeben. Das Modell ist allerdings mit dem Blick auf Risikoverhalten entwickelt worden und eignet sich weniger für die Vorhersage körperlicher Aktivität (vgl. Janz & Becker, 1984). Die verfügbaren Studien haben nicht das gesamte Modell überprüft, was im übrigen kaum realisierbar scheint, da das Modell eher eine Heuristik darstellt als eine empirisch prüfbare Kausalstruktur. Es dürfte weitere Gründe dafür geben, warum es nicht gelungen ist, sportliches Training mit diesem Ansatz vorherzusagen. Nicht nur die Inaktiven, sondern auch die Aktiven sehen Zeitmangel, fehlende Zugänglichkeit, schlechtes Wetter und Anstrengungsaufwand als Barrieren an, so daß nicht genug Variation in dieser Einflußgröße vorhanden ist. Außerdem fühlen sich nicht nur die Inaktiven, sondern auch die Aktiven unverwundbar: man kann also nicht sagen, Leute, die sich für verwundbar halten, treiben in präventiver Absicht mehr Sport (vgl. Fuchs & Kleine, 1995). Die Bedeutung der wahrgenommenen Verwundbarkeit ist überschätzt worden;

die meisten Menschen fühlen sich weniger verwundbar als sie tatsächlich sind; dies ist Ausdruck eines unrealistischen Optimismus, der zwar für unsere Lebensbewältigung durchaus adaptiv ist (Taylor, 1989), der aber ungeeignet ist, Menschen zu besserem Gesundheitsverhalten zu bewegen.

Nach der *Theorie der Handlungsveranlassung* (Theory of Reasoned Action; Fishbein & Ajzen, 1975) bestimmen Einstellungen und soziale Normen eine Verhaltensintention und diese wiederum das tatsächliche Verhalten. Wenn man glaubt, daß Freunde oder Partner von einem erwarten, daß man Sport treibt, ist die Wahrscheinlichkeit für Aktivität etwas höher; positive Einstellungen findet man ebenfalls mehr bei Aktiven als bei Inaktiven; aber insgesamt ist die Befundlage uneindeutig (vgl. Dishman, 1990; Godin, Colantonio, Davis, Shephard & Simand, 1986; Godin, Desharnais, Jobin & Cook, 1987; Godin, Shephard & Colantonio, 1986; Godin, Valois, Shephard & Desharnais, 1987). Das Modell sagt nur etwa ein Drittel der Variation in Trainingsintentionen voraus. Darüber hinaus ist im Falle von vorliegenden Intentionen nur bei einem Viertel bis der Hälfte damit zu rechnen, daß die beabsichtigte Aktivität auch tatsächlich ausgeführt wird. Das erweiterte Modell von Ajzen (1988), die Theorie des geplanten Verhaltens, hat hier eine bessere Prädiktionsleistung erbracht, da es die wahrgenommene und die tatsächliche Kontrolle des Verhaltens einschließt (Godin, Valois & Lepage, 1993).

Die *sozial-kognitive Theorie* von Bandura (1992, 1995a) hat sich als das beste Modell zur Vorhersage von körperlicher Aktivität erwiesen. Danach hegen Menschen bestimmte Erwartungen, die ihre Zielsetzung bestimmen und ihre selbstregulatorischen Fertigkeiten aktivieren. Im Mittelpunkt steht die Selbstwirksamkeitserwartung (Kompetenzerwartung), also die Überzeugung, persönlich die Fähigkeit zu besitzen, das fragliche Verhalten ausführen zu können. Beim Vergleich verschiedener Modelle hat Dzewaltowski (1989) gezeigt, daß dieses überlegen ist, wenn es um die Vorhersage körperlicher Aktivität geht (vgl. Dzewaltowski et al., 1990). Zur Messung von sportbezogenen Selbstwirksamkeits- und Konsequenzerwartungen liegen inzwischen bewährte Instrumente für den deutschsprachigen Bereich vor (Fuchs, 1994; Fuchs & Schwarzer, 1994).

Neuerdings wird das „Stages of Change"-Modell von Prochaska (1994) auch auf die Motivation zur körperlichen Aktivität angewandt. Danach lassen sich fünf Personengruppen unterscheiden: solche, die noch nicht über eigene Aktivität nachgedacht haben (precontemplation), solche, die noch mit sich über die Vor- und Nachteile von Sport ringen (contemplation), solche, die eigentlich damit anfangen wollen, aber noch mit der Planung der konkreten Ausführungsbedingungen beschäftigt sind (preparation), solche, die schon angefangen haben (action) und schließlich solche, die sich auf der Stufe der mehr oder weniger erfolgreichen Aufrechterhaltung (maintenance) befinden (Lee, 1993; Marcus, Banspach, Lefebre, Rossi, Carleton & Abrams, 1992; Marcus, Stakowski & Rossi, 1992; Prochaska et al., 1994).

Die Motivation zu körperlicher Aktivität bedarf der weiteren Erforschung (vgl. Schlicht & Schwenkmezger, 1995). Die vielen interessanten Arbeiten zu dieser Frage müssen ergänzt werden durch komplexere Studien, in denen konkurrierende theoretische Modelle überprüft werden, und die sich auch auf längere Zeiträume beziehen, so daß Schwankungen in der Motivierung mitberücksichtigt werden können, die sich aus situativen Veränderungen ergeben. Die Intention, körperlich zu trainieren, um sich fit zu halten, bedarf immer wieder neuer Anstöße, und die Umsetzung dieser Intention in tatsächliche Aktivität dürfte von einer Vielzahl sich ändernder Faktoren abhängen, wie schon im ersten Kapitel theoretisch erörtert worden ist.

Sexuelles Risikoverhalten

Ungeschützter Geschlechtsverkehr ist schon immer eine Ursache sowohl für Geschlechtskrankheiten als auch für ungewollte Schwangerschaft gewesen. Um diesen beiden Konsequenzen aus dem Wege zu gehen, wird empfohlen, Kondome zu benutzen, denn Kondome gelten als das wirksamste Mittel zur Vermeidung von Infektionen der Sexualorgane und dienen gleichzeitig der Empfängnisverhütung. Die Familienplanung, insbesondere bei Jugendlichen, stellt ein soziales und gesundheitliches Problem dar, auf das hier nicht näher eingegangen wird. Statt dessen soll die Vermeidung von Infektionen am Beispiel der AIDS-Gefahr untersucht werden. Zunächst werden Auswirkungen riskanten Sexualverhaltens betrachtet und anschließend die psychologischen Bedingungen und Barrieren im Zusammenhang mit der Prävention.

Auswirkungen sexuellen Risikoverhaltens: Die HIV-Infektion

Sexuelles Risikoverhalten ist gegeben, wenn jemand ungeschützte geschlechtliche Beziehungen zu einem potentiell infizierten Partner oder mehreren unterhält. Die größte Gefahr, die davon ausgeht, liegt in der Übertragung des HIV-Virus, der für die Erkrankung am *Acquired Immune Deficiency Syndrome* (AIDS) verantwortlich ist. AIDS ist eine tödliche Krankheit, die zuerst zu Beginn der 70er Jahre in Zentralafrika aufgetreten ist und sich in der heterosexuellen Population verbreitet hat, weil in diesen Kulturen außerehelicher Verkehr häufig und die Verwendung von Kondomen selten ist. Von dort gelangte das Virus über Haiti in die USA, wo es sich vor allem in der homosexuellen Population sowie bei Drogenabhängigen verbreitete. Der erste AIDS-Fall in den USA wurde 1981 diagnostiziert (vgl. Glasner & Kaslow, 1990; Shilts, 1987).

Das HIV (human immunodeficiency virus) ist ein Retrovirus, welches das Immunsystem angreift, insbesondere die Helfer-T-Zellen und die Makrophagen, und den Organismus auf diese Weise für Infektionskrankheiten empfänglich macht (McCutchan, 1990). Nach der Infektion wächst das Virus schnell und verbreitet sich im Körper. Die Lymphdrüsen schwellen an, und grippeähnliche Symptome treten auf. Nach drei bis sechs Wochen geht diese Phase vorüber, oft ohne daß die Ursache erkannt wird. Der Patient kann dann für lange Zeit ein symptomfreier Träger des Virus sein und andere anstecken. Die Inkubationszeit, also die Zeitspanne von der Ansteckung mit dem HIV-Virus bis zum Ausbruch von AIDS, kann Jahre betragen. Es gibt auch einige Fälle, bei denen nach mehr als zehn Jahren die tödliche Krankheit immer noch nicht zum Ausbruch gekommen ist. Etwa die Hälfte bis Dreiviertel von infizierten Homosexuellen entwickelt AIDS acht bis zehn Jahre nach der HIV-Infektion; die Überlebenszeit nach Ausbruch der Krankheit liegt bei durchschnittlich ein bis eineinhalb Jahren (Mulder, 1994, S. 238).

AIDS erkennt man zunächst daran, daß der Patient unter ungewöhnlichen „opportunistischen Infektionen“ leidet, denen das Immunsystem nicht wirksam begegnen kann (Pneumocystis, Toxoplasmose, Candidiasis usw.). Im Jahre 1993 wurde in den USA und Europa eine erweiterte AIDS-Falldefinition wirksam: beim Auftreten von pulmonaler Tuberkulose, rezidivierenden Pneumonien oder invasivem Zervixkarzinom wird heute AIDS diagnostiziert, sofern eine HIV-Infektion nachgewiesen ist (AIDS-Zentrum, 1995a). Es kann sich dabei z. B. um eine Art von Lungenentzündung handeln oder um eine Form von Krebs (Karposi's Sarkom). Eine etwas mildere Form ist der *AIDS-related complex* (ARC), eine Vorstufe zur eigentlichen AIDS-Erkrankung.

Es wird geschätzt, daß etwa 1 Million Amerikaner vom HIV-Virus befallen sind (davon 10 % Frauen). Jeder 75. Mann und jede 700. Frau ist in den USA HIV-infiziert. Aufgrund der erweiterten AIDS-Falldefinition gibt es in den letzten Jahren mehr AIDS-Kranke. Im Jahre 1993 wurden 103.500 Personen im Alter von mehr als 12 Jahren als AIDS-krank gemeldet (Aktuelle Trends, 1994), was einem sprunghaften Anstieg um 111 % gegenüber dem Vorjahr bedeutete.

Für Europa hat die WHO 1992 bis 1994 kumulativ 128.267 AIDS-Fälle gezählt, wobei Frankreich, Spanien und Italien am stärksten betroffen waren. Gestorben an AIDS sind insgesamt 58.808 Personen (bis 1993).

In Deutschland wurden vom Beginn der Epidemie bis Ende 1994 insgesamt 12.379 Fälle von AIDS diagnostiziert, von denen inzwischen 7.522 (60,8 %) verstorben sind. Abbildung 34 zeigt diese Fälle auf der Grundlage des Diagnosezeitpunkts. Wegen des üblichen Meldeverzugs sind die Angaben der letzten zwei Jahre unvollständig und werden durch Hochrechnungen korrigiert (AIDS-Zentrum, 1995a).

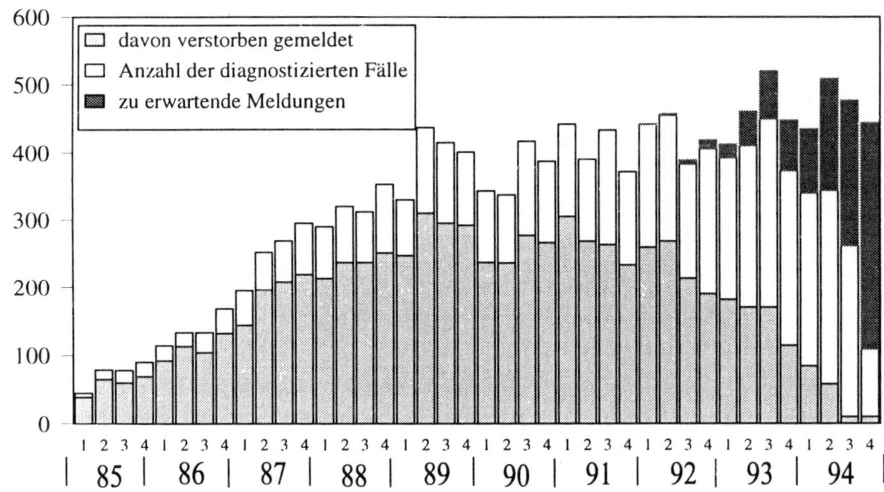

Abbildung 34. *Zahl der in Deutschland registrierten AIDS-Fälle pro Quartal nach dem Stand vom 31.12.94 (AIDS-Zentrum, 1995a).*

Differenziert man die Fälle nach Alter und Geschlecht, so erkennt man, daß fast neunmal so viele Patienten wie Patientinnen betroffen sind und daß die Altersgruppe der 30- bis 39jährigen unter den Fällen herausragt (Abbildung 35).

Die Zahl der HIV-Infizierten in Deutschland läßt sich nur schwer schätzen, weil die Testung anonym erfolgt und eine unbekannte Anzahl von Mehrfachmeldungen vorgenommen wird. Geschätzt werden insgesamt 66.617 HIV-Bestätigungstests ohne Doppelmeldungen seit Beginn solcher Untersuchungen.

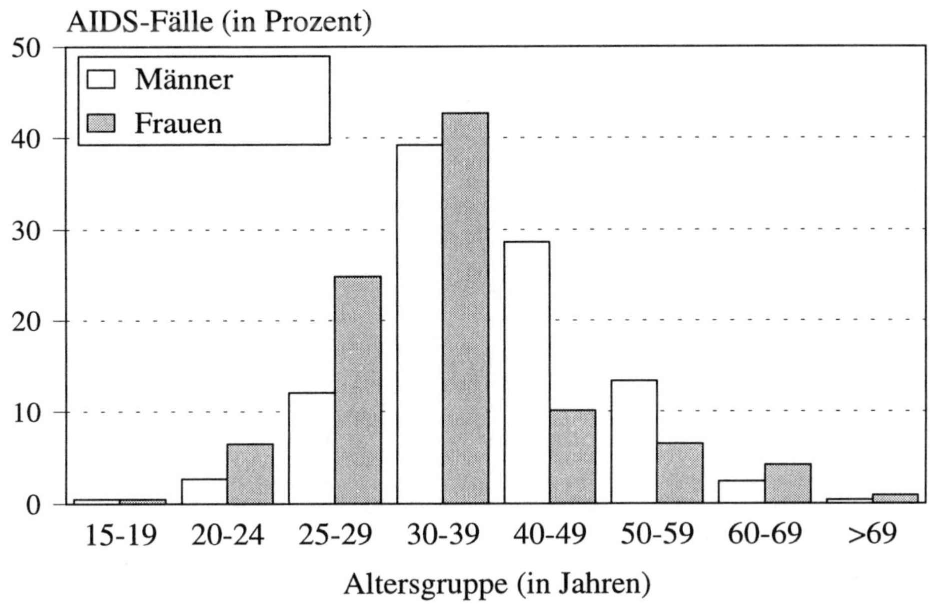

Abbildung 35. *AIDS-Fälle in Deutschland (AIDS-Zentrum, 1995a).*

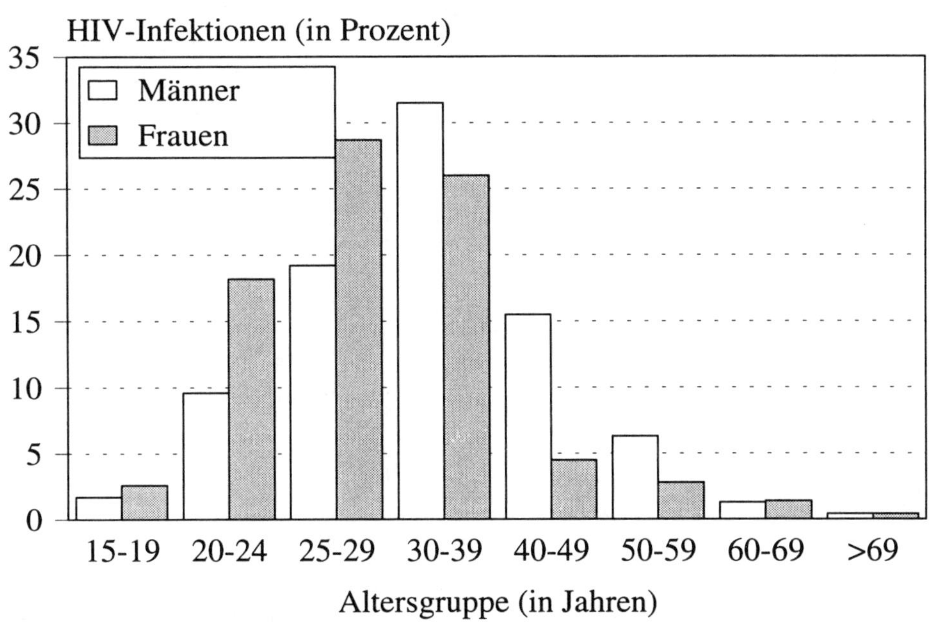

Abbildung 36. *HIV-Infektionen in Deutschland (AIDS-Zentrum, 1995a).*

Angaben zur Geschlechtszugehörigkeit gab es bei 47.138 Männern und 10.664 Frauen. Abbildung 36 (S. 231) zeigt die Verteilung nach Altersgruppen. Dabei dominieren unter den Männern die 30- bis 39jährigen, bei den Frauen die 25- bis 29jährigen.

AIDS verläuft tödlich, aber wie lange jemand damit leben kann, hängt von verschiedenen Faktoren ab. Etwa 80 % der an AIDS Erkrankten sterben innerhalb von zwei Jahren. Viele Drogenabhängige und sozial Schwache sterben schon im ersten Jahr der Krankheit, während gebildete Mittelschichtangehörige eine größere Chance haben, länger zu leben. Das hängt mit ihrer gesünderen Lebensweise zusammen sowie mit der für sie leichteren Zugänglichkeit zu medizinischen Dienstleistungen und innovativen Behandlungsmethoden; das Medikament AZT zum Beispiel, das sich noch im Erprobungsstadium befindet, ist nicht ohne weiteres erhältlich. Bisher gibt es keine Heilung der Krankheit, aber am Beispiel AZT ist erkennbar, daß sich bei manchen Patienten der AIDS-Tod für eine Weile aufschieben läßt.

Die HIV-Infektion erfolgt durch den Austausch von Körperflüssigkeiten; Blut, Sperma und Vaginalsekrete können das Virus enthalten. Infizierte Injektionsnadeln, wie sie von Drogenabhängigen verwendet werden, übertragen Blutpartikel des Erkrankten in das Blut des Injektionsempfängers. Keine Gefahr besteht dagegen bei anderen Körperkontakten (wie z. B. Küssen) oder bei Benutzung desselben Trinkgefäßes. Das Risiko ist bei Männern und Frauen unterschiedlich. Bei Männern sind in 58 % der Fälle homosexuelle Kontakte die Infektionsursache, intravenöser Drogengebrauch in 18 % der Fälle, die Kombination beider Faktoren in 6 % der Fälle, Erhalt von Bluttransfusionen (vor 1985) in 3 %, während heterosexueller Verkehr nur mit 5 % veranschlagt wird; bei Frauen sind 33 % der Fälle auf heterosexuelle Kontakte zurückzuführen und 51 % auf intravenösen Drogengebrauch (alle Daten vom Juni 1990; Centers for Disease Control, 1990). Die Prävalenzraten sind bei Frauen erheblich geringer als bei Männern.

In etwa einem Viertel der AIDS-Fälle handelt es sich um Personen, die intravenös Drogen gespritzt haben (Turner, Miller & Moses, 1989). Die Infektion kommt vor allem dadurch zustande, daß ungereinigtes Besteck gemeinsam benutzt wird („needle sharing"). Diese Drogenabhängigen gefährden nicht nur sich, sondern auch ihre Sexualpartner und ihre ungeborenen Kinder. In etwa 70 % der heterosexuell übertragenen HIV-Infektionen in den USA wird Drogengebrauch vermutet, und etwa drei Viertel der AIDS-Fälle im Kindesalter sind in Gegenden registriert worden, in denen die Anzahl der seropositiven Drogenabhängigen sehr hoch ist. Bei einer Untersuchung von 1.253 intravenös Drogenabhängigen, die 1988 und 1989 in Berlin, Nordrhein-

Westfalen und Norddeutschland durchgeführt wurde, war etwa jeder Fünfte HIV-positiv (Kleiber, 1990; vgl. auch Kleiber & Pant, 1995; Pant & Kleiber, 1993). Etwa 8 Prozent aller Drogentoten in Deutschland waren HIV-positiv (Lockemann & Pueschel, 1994).

In einer Studie von Stimson, Donoghoe, Alldritt und Dolan (1988) in England wurden 387 Drogenkonsumenten interviewt, nachdem der Staat sterile Injektionsnadeln für diese Risikogruppe zur Verfügung gestellt hatte. Obwohl die Probanden relativ gut über die objektiven Gefahren der Infektion Bescheid wußten, hielten die meisten sich nicht für persönlich gefährdet, und 36 % von ihnen gaben an, weiterhin das Besteck gemeinschaftlich zu benutzen. Die Mehrheit berichtete, ihr Injektionsverhalten gebessert zu haben, und einige hatten angeblich auch ihr Sexualverhalten geändert. Ebenfalls in England wurde das Sexualverhalten von 303 intravenös Drogenabhängigen untersucht (Klee, Faugier, Hayes, Boulton & Morris, 1990). Obwohl 85 % von ihnen sich des Risikos bewußt waren, gaben 41 % an, Sex mit Gelegenheitspartnern zu haben, und nur wenige benutzten regelmäßig Kondome. Bedenklich erschien den Autoren, daß Kondome überwiegend abgelehnt wurden und daß die Drogenabhängigen vor allem solche Sexualpartnerinnen bevorzugten, die selbst keine Drogen einnahmen.

In San Francisco wurde eine prospektive Längsschnittstudie an männlichen homosexuellen Drogenkonsumenten durchgeführt (Stall & Ostrow, 1989). Etwa drei Viertel dieser Stichprobe (N = 543) hatten innerhalb der letzten sechs Monate sexuelle Aktivität mit irgendeiner Form von Drogenkonsum kombiniert, davon 65 Männer, die gemeinschaftlich Injektionsnadeln benutzten. Demographische Merkmale dieser extremen Risikogruppe waren weiße Hautfarbe, Alter unter 40, High School-Abschluß und Beginn homosexueller Kontakte während der Jugendzeit.

Robertson und Plant (1988) haben 335 Jugendliche im Alter von 16 bis 20 Jahren in Schottland interviewt, um Zusammenhänge zwischen Drogenkonsum und Sexualverhalten zu erschließen. Das Alter zum Zeitpunkt des ersten Geschlechtsverkehrs hing eng mit dem des ersten Alkoholkonsums sowie mit dem Gebrauch von Tabakwaren und illegalen Drogen zusammen. Diejenigen, die vor ihrem ersten Verkehr Alkohol oder andere Drogen eingenommen hatten, waren zugleich diejenigen, die kein Kondom benutzt hatten. Die Autoren gelangten zu der Auffassung, daß ungeschützter Sexualverkehr (und damit die HIV-Infektion) in hohem Maße mit dem Konsum von Drogen im weitesten Sinne einhergeht.

Homosexuelles Risikoverhalten und „Needle Sharing“ sind die Hauptursachen für die Ausbreitung der HIV-Epidemie, aber auch ungeschütztes heterosexuelles Verhalten, insbesondere mit multiplen Partnern, stellt einen wichtigen Ursachenfaktor dar (Fumento, 1990). Ein Beispiel dafür findet sich im Sexualverhalten von Prostituierten (Freund, Leonard & Lee, 1989). Zwanzig Straßenprostituierte wurden prospektiv im Laufe von sieben Monaten untersucht. Sie hatten eine durchschnittliche Berufskarriere von acht Jahren, arbeiteten vier bis fünf Wochentage ganztags mit durchschnittlich vier Klienten pro Arbeitstag. Die Hälfte ihrer Sexualkontakte erfolgte mit Stammkunden, die sie einmal bis dreimal pro Woche besuchten. In dieser Stichprobe lag die Spannweite der Kondombenutzung zwischen 39 % und 74 %. Untersuchungen dieser Art sind verständlicherweise selten und ungenau. Es fehlen präzisere Daten zu diesem Thema, auch auf dem Gebiet homosexueller Prostitution. Vermutlich sträuben sich immer mehr Prostituierte, Sex ohne Kondom auszuüben, aber viele Klienten legen großen Wert auf ungeschützten Verkehr und riskante Praktiken (z. B. Analverkehr) und sind bereit, dafür mehr zu bezahlen. Da sich sowohl unter den Prostituierten als auch unter ihren Klienten viele intravenös Drogenabhängige befinden, insbesondere bei unterprivilegierten Minderheiten, ergibt sich somit eine Häufung von Risikofaktoren (Turner et al., 1989).

Ein Teil der Urlauber in Drittweltländern („Sextouristen") gehen ebenfalls ein Risikoverhalten ein, da gerade die materielle Not viele männliche und weibliche Prostituierte dazu veranlaßt, auf Vorsorgemaßnahmen zu verzichten, wenn die Kunden ungeschützten Sex wünschen und dafür mehr bezahlen; gleichzeitig nimmt der Anteil der Drogenabhängigen unter den Prostituierten zu (vgl. Kleiber & Velten, 1993; Kleiber, Velten & Wilke, 1993; Kleiber & Wilke, 1993, 1994, 1995).

Risikoverringerung durch verändertes Sexualverhalten: Psychologische Bedingungen von „Safer Sex"

Es kann nicht das Anliegen der Gesundheitspsychologie sein, sexuelle Betätigungen einzuschränken oder den Menschen den Spaß am Sex zu verderben. Vielmehr geht es darum, die Bedingungen für gesundheitliche Risiken zu analysieren und nach Wegen zu suchen, Verhalten derart zu modifizieren, daß es ohne gravierende Konsequenzen ausgeführt werden kann und ungetrübte Lebensfreude ermöglicht. Die Präventionsmaßnahmen sind je nach Zielgruppe unterschiedlich. *Drogenabhängige* können ihr Risiko senken, indem sie ausschließlich sterilisierte Injektionsnadeln verwenden oder auf die Mitbenutzung gemeinschaftlicher Instrumente ganz verzichten. Die beste Lösung liegt natürlich im Verzicht auf intravenösen Drogengebrauch überhaupt, was u.a. durch Bereitstellung von Methadon unterstützt werden kann. Homosexuelle und Bisexuelle können riskante Sexualpraktiken einschränken und auf multiple anonyme Intimpartner verzichten, aber die Aussichten dafür stehen nicht gut, denn rezeptiver Analverkehr, die gefährlichste Praxis, ist ein wesentlicher Bestandteil homosexueller Intimbeziehungen, und auch die Vielzahl von Gelegenheitspartnern gehört zum Lebensstil vieler Homosexueller. Es bleibt daher nichts anderes als die Verwendung von Kondomen. Das gleiche gilt für *heterosexuelle* Kontakte. In monogamen Dauerbeziehungen ist keine Gefahr gegeben, aber in vielen Fällen gibt es keine Garantie für eine infektionsfreie Vergangenheit. Der nicht-repressive Umgang mit Sex ist Teil unserer liberalen Kultur und fordert seinen Preis.

In einer Umfrage der *Los Angeles Times* zeigte sich, daß der Kauf von Kondomen mit der Zahl der Sexualpartner ansteigt, aber 45 % der Männer mit neun und mehr Partnerinnen oder Partnern im letzten Jahr und 65 % der Frauen mit drei oder mehr Partnern gaben an, noch nie ein Kondom gekauft zu haben. Obwohl die Kaufhandlung nur ein schwacher Indikator ist, deuten diese Daten an, daß wahrscheinlich viele Menschen mit multiplen Partnern ungeschützten Sex praktizieren (Turner et al., 1989). In derselben Umfrage wurden die Teilnehmer gebeten, ihr persönliches Risiko, sich mit HIV zu infizieren, auf einer Skala einzuschätzen. Diejenigen mit vielen Sexualpartnern hielten sich für so gut wie ungefährdet, ein weiteres Beispiel für den „optimistischen Fehlschluß" (Taylor, 1989; Weinstein, 1989).

Kondombenutzung ist das wirksamste Safer Sex-Verhalten. Motive dafür und Barrieren, dieses Verhalten auszuführen, sind Gegenstand moderner psychologischer Forschung (Abraham & Sheeran, 1994; Kleiber & Pforr, 1995; Winter & Goldy, 1993). Neben unzähligen simplen Umfragestudien über Einstellung und Verhalten gibt es auch eine Reihe theoretisch anspruchsvoller Längsschnittstudien. So haben z. B. Gallois, Terry, Timmins, Kashima und McCamish (1994) die Theory of Reasoned Action zugrundegelegt und die Wirkung von Einstellung, subjektiver Norm und Intention auf das spätere Verhalten ermittelt, wobei es sich um die berichtete Kondombenutzung beim nächsten Sexualkontakt handelte (vgl. auch Terry, Galligan & Conway, 1993). Dabei zeigte sich, daß das frühere Verhalten am besten die Intention und das nachfolgende Verhalten vorherzusagen in der Lage war. Bei Personen mit hoher internaler Kontrolle war die Übereinstimmung zwischen Intention und Verhalten höher als bei jenen mit geringer internaler Kontrolle. Studien solcher Art dürften ertragreicher ausfallen, wenn man zusätzlich die Selbstwirksamkeitserwartung als Einflußgröße berücksichtigt, denn wer sich kompetent genug fühlt, auch in schwierigen sexuellen Situationen für den nötigen Schutz zu sorgen, dürfte sich eher entsprechend verhalten (Bandura, 1995a; Wulfert & Wan, 1993). Die Einstellung zur Kondombenutzung selbst kann als multidimensional aufgefaßt werden und muß dementsprechend komplex operationalisiert werden (Helweg-Larsen & Collins, 1994). Schließlich ist die Definition dessen, was als Kondombenutzung verstanden wird, nicht einheitlich. Sheeran und Abraham (1994) haben 72 Studien ausgewertet und dabei die verschiedensten Operationalisierungen gefunden. So kommt man z. B. zu sehr unterschiedlichen Ergebnissen, wenn man nach Zeiträumen fragt („im letzten Monat"), absoluten oder relativen Häufigkeiten („wie oft mit Kondom?") oder Ereignissen (letzter Sexualkontakt).

Ganz ohne Risikokommunikation läßt sich HIV-Prävention nicht betreiben. Auch wenn man sich kompetent fühlt, Safer Sex auszuüben, muß man doch durch das persönliche Erleben einer Gefahr angestoßen werden, darüber nachzudenken. Dies wird erschwert durch das für Heterosexuelle objektiv niedrigere Risiko (geringe Ansteckungswahrscheinlichkeit, aber hoher Schweregrad) und durch den optimistischen Fehlschluß. Selbst wenn man zu einer Risikogruppe gehört, neigt man dazu, die persönliche Gefahr herunterzuspielen, indem man glaubt, andere Mitglieder dieser Bezugsgruppe seien noch gefährdeter (van der Velde, van der Pligt & Hooyskaas, 1992, 1994). Damit zeigt sich, daß der bekannte „defensive Optimismus" auch im Bereich des sexuellen Risikoverhaltens gültig ist (Croyle, 1992; Schwarzer, 1993a, 1994a; Weinstein & Klein, 1995).

Eine sexuell besonders aktive Gruppe stellen die Jugendlichen dar. Bowie und Ford (1989) haben 400 Frauen und Männer im Alter von 16 bis 21 Jahren in England befragt und gefunden, daß etwa die Hälfte der 16jährigen und 89 % der 21jährigen sexuell aktiv waren und daß deren durchschnittliche Häufigkeit von Geschlechtsverkehr bei 62 pro Jahr lag. Die durchschnittliche Quote des Partnerwechsels reduzierte sich mit dem Alter von 2.1 bei den 16jährigen auf 1.5 bei den 21jährigen. Da diese Jugendlichen kaum Kondome benutzten, ist zu befürchten, daß sich die HIV-Infektion in solchen Populationen stark ausbreitet, insbesondere wenn Promiskuität mit Bisexualität und intravenösen Drogen verbunden wird.

Die Bemühungen um eine Eindämmung der AIDS-Epidemie durch Änderung von Sexualpraktiken sind vor allem bei *Homosexuellen* auf fruchtbaren Boden gefallen. Hier sind Verhaltensänderungen in einem Ausmaß vorgenommen worden, wie bisher auf keinem anderen Gebiet der Gesundheitsvorsorge. Die verantwortlichen Stellen in den USA sind zunächst zurückhaltend gewesen, eine radikale Safer-Sex-Kampagne zu starten, weil Sex immer noch stark mit Tabus versehen ist und weil insbesondere das Verhältnis zu Homosexuellen einer Normalisierung bedarf. In Europa dagegen, wo man weniger prüde ist, hat es schon relativ frühzeitig ungeschminkte Aufklärungskampagnen gegeben.

Es waren vor allem die Homosexuellen selbst, die als primär Betroffene ihr Schicksal in die Hand genommen und die radikale Änderung von Sexualpraktiken propagiert haben (vgl. Becker & Joseph, 1988; Stall, Coates & Hoff, 1988). In einer Studie von Golombok, Sketchley und Rust (1989) in England wurde das Ausmaß der Kondombenutzung bei 262 Homosexuellen untersucht. Von ihnen waren 229 im letzten Jahr sexuell aktiv gewesen und hatten im Durchschnitt 8 Partner. Die meisten von ihnen hatten ihr riskantes Sexualverhalten aufgrund der AIDS-Epidemie aufgegeben. Allerdings waren gerade diejenigen besonders sexuell aktiv und hatten viele Partner, die sich von der Bedrohung nicht beeindrucken ließen und weiterhin ungeschützten Sex praktizierten. Joseph, Montgomery, Emmons, Kessler et al. (1987) haben 1.000 Homosexuelle im Abstand von sechs Monaten zweimal über ihre Verhaltensänderungen befragt. Es zeigten sich günstige Veränderungen, indem die Männer weniger anonyme Sexualpartner wählten und auf ungeschützten rezeptiven Analverkehr verzichteten. Genauere Daten würde man erhalten, wenn man die Kondombenutzung nach Partnern differenziert. Turner et al. (1989) berichten, daß viele Homosexuelle bei anonymen Partnern auf Kondombenutzung umsteigen, aber mit ihrem primären Dauerpartner ohne Kondome verkehren.

Siegel, Bauman, Christ und Krown (1988) untersuchten 162 homosexuelle und bisexuelle Männer ohne AIDS-Symptome, um Änderungen im Sexualverhalten zu bestimmen. Die meisten (84 %) hatten die Zahl ihrer Sexualpartner oder zumindest ihrer anonymen Partner verringert, während 48 % wider besseres Wissen weiterhin riskanten Sex praktizierten. Die Autoren betonen, daß Aufklärung keine ausreichende Maßnahme zur Verhaltensänderung darstellt. In einer anderen Arbeit über dieselbe Stichprobe wird die Auffassung vertreten, daß die registrierten Verhaltensänderungen als ein bedeutsamer Effekt der Aufklärungskampagne zu werten sind (Siegel & Glassman, 1989). Man muß dies wohl so verstehen, daß die bei Homosexuellen beobachteten Veränderungen ein beachtliches Ergebnis öffentlicher Diskussion und Information anzeigen, andererseits aber eine sexuell sehr aktive Minderheit von Männern weiterhin unsicheren Sex praktiziert, der nicht auf so einfache Weise auszuräumen ist; dieses Verhalten ist resistent und kann nur über intensivere Motivationsprozesse modifiziert werden. McKirnan und Peterson (1989) befragten 2.603 homosexuelle Männer nach ihren Risikoverhaltensweisen. Die meisten waren besorgt über die Infektionsgefahr, und 80 % berichteten über Änderungen ihres vormals riskanten Sexualverhaltens. Die anderen jedoch bevorzugten weiterhin multiple Gelegenheitspartner, oft verbunden mit Alkohol- und Drogenkonsum bei denen, die dies für die Linderung von Spannungen zu benötigen glaubten.

Etwa 10 % der AIDS-Fälle stammen aus der Gruppe der über 50jährigen, wobei etwa zwei Drittel auf homosexuelle Kontakte zurückzuführen sind. Diese Altersgruppe ist bisher durch Präventionsmaßnahmen weniger angesprochen worden. Eine besondere Risikogruppe stellen die homosexuellen Jugendlichen dar. Coates (1990) berichtet über Studien, nach denen homosexuelle Teenager, die im Durchschnitt sieben Sexualpartner pro Jahr hatten, fast zur Hälfte schon einmal eine Geschlechtskrankheit hatten. Etwa 20 % der AIDS-Fälle stammen aus der Gruppe der 20- bis 29jährigen, der einzigen Altersgruppe, in der ein Anstieg der AIDS-Fälle in der Zeit von 1982 bis 1987 zu verzeichnen war.

Auch ethnische Minderheiten stellen eine besondere Risikogruppe dar (Amaro, 1995). Unter den ca. 15.000 Frauen, die in den USA von AIDS befallen sind, bilden die Schwarzen und die Mexiko-Amerikanerinnen fast eine Dreiviertel-Mehrheit. Es wird angenommen, daß verschiedene Faktoren dazu beitragen. Die Minderheiten sind im Durchschnitt weniger wohlhabend und weniger gebildet, verfügen also über weniger Sachwissen und haben weniger Kontakte zu medizinischen Einrichtungen (Dolcini, Coates, Catania, Kegeles & Hauck, 1995; Hobfoll, Jackson, Lavin, Britton & Shepherd, 1994). Gerade die Frauen haben es schwer, ihre Männer von der Kondombenutzung zu überzeugen, weil die Männer sexuell dominant sind und sich meist nicht auf Verhandlungen in diesem Punkt einlassen. Bei Schwarzen herrscht noch immer die „doppelte Moral“, nach der für Frauen ein mehr ausschweifendes Sexualverhalten unakzeptabel ist, während die Männer sich diese Freiheit nehmen (Fullilove, Fullilove, Haynes & Gross, 1990). Die betroffenen Frauen sehen das Hauptproblem in Kommunikationsschwierigkeiten; sie finden in ihrer Partnerbeziehung nicht das offene Gesprächsklima, das für eine Diskussion über Promiskuität und Kondombenutzung erforderlich ist.

In einer Studie der Bostoner Psychologin Hortensia Amaro wurden 2.500 Mexiko-Amerikaner untersucht (Freiberg, 1991). Diese Population macht nur 7,8 % der US-Bevölkerung aus, verbucht aber 15 % der AIDS-Fälle. Das Wissen über HIV war sehr gering in dieser Stichprobe; 60 % der Teenager wußten nicht, wie das Virus übertragen wurde, und 90 % hatten falsche Vorstellungen über AIDS, z. B. die Ansicht, die Krankheit sei heilbar. Bei Männern war sexuelles Risikoverhalten stark ausgeprägt: ungeschützter

Geschlechtsverkehr mit Frauen im letzten Jahr berichteten 35 % der Jugendlichen, 28 % der Homosexuellen, 67 % der HIV-Positiven und 68 % der intravenös Drogenabhängigen. In der Gruppe der Homosexuellen gaben zwei Drittel der Männer an, ungeschützten Verkehr mit Männern gehabt zu haben.

Ein anderes Problem bei Latinos lag darin, daß sie dazu neigten, ihre HIV-Infektion gegenüber Familie, Freunden und Liebhabern zu verschweigen (Amaro, 1995; Mason, Marks, Simoni, Ruiz & Richardson, 1995).

Die Annahme, daß Männer bei Entscheidungen über sexuelle Fragen dominant sind, gilt wohl vor allem für Unterschichtangehörige und für ethnische Minderheiten, in denen das „Macho-Image" bewahrt wird. In anderen Subkulturen kann das Gegenteil zutagetreten. In einer Studie von Gerrard, Breda und Gibbons (1990) zeigte sich, daß zwar die Männer im allgemeinen bei einer Vielzahl von Entscheidungen die Oberhand hatten, daß sie sich aber eher nach ihren Partnerinnen richteten, wenn es um sexuelle Fragen ging. Dies fanden die Autoren bei 70 jungen, gebildeten Paaren, von denen mindestens ein Partner Psychologie studierte. Die Paare wurden gebeten, ihre Präferenzen zur Empfängnisverhütung zunächst getrennt, dann als Paar zu äußern. Dies erforderte einen Entscheidungsprozeß, dessen Ergebnis enger mit der individuellen Präferenz der Frauen ($r = .48$) als mit der der Männer ($r = .18$) zusammenhing. Frauen übten hier offenbar mehr Einfluß aus, weil gerade die Geburtenkontrolle eines ihrer Anliegen darstellte und weil sie als verantwortlich und kompetent auf diesem Gebiet angesehen wurden. Im Sinne der Geschlechtsrollenstereotypisierung handelt es sich hier um eine typisch „weibliche" Aufgabe. Dies gilt mit der Einschränkung, daß es sich hier um eine gebildete Studentenstichprobe handelte und daß die Fragestellung nicht primär auf Infektionsverhütung gerichtet war, sondern auf Empfängnisverhütung.

Welches sind nun die kritischen Variablen, von denen eine erfolgreiche Verhaltensänderung abhängt? Das *Wissen* über die Gefahren reicht keineswegs aus, um Verhalten zu ändern, obwohl es eine Voraussetzung dafür darstellt. Bei den eher gebildeten Homosexuellen in San Francisco war der Kenntnisstand über AIDS ohnehin schon relativ hoch, so daß er keine statistische Prognose der Änderung von Sexualpraktiken leisten konnte, aber in Populationen mit geringerem Wissen mag die Informationsvermittlung einen ersten Schritt darstellen, um den Weg für die Verhaltensänderung zu ebnen (Taylor, 1994). Im Jahre 1987 hatten 99 % der Erwachsenen in den USA von AIDS gehört, und die meisten konnten Geschlechtsverkehr (92 %) und die gemeinschaftliche Benutzung von Injektionsnadeln (91 %) als Übertragungsmedien nennen. Aber andererseits gab es eine Reihe von falschen Annahmen. So glaubten z. B. 25 %, daß sie AIDS durch eigenes Blutspenden bekommen könnten; 40 % glaubten, das Virus zu erhalten, wenn ein Infizierter sie anhustet oder anniest; und 47 % glaubten, mit einem HIV-Infizierten das Trinkgefäß zu teilen, würde sie anstecken.

Crawford (1990) befragte 131 Studenten und fand nur wenig Besorgnis über AIDS, zumindest nicht im Hinblick auf die gegenwärtige Partnerbeziehung; die Studenten waren etwas mehr besorgt, daß sie eines Tages von einem anderen Partner angesteckt werden könnten. Sie unterschätzten ihr Ansteckungsrisiko und setzten sich durch ihr riskantes Sexualverhalten den Gesundheitsgefahren aus. Melchert und Burnett (1990) befragten 212 Jugendliche im Alter von 12 bis 20 Jahren, die mit dem Gesetz in Konflikt geraten waren, über ihr Wissen und ihre Einstellungen zu sexuellem Risikoverhalten. Es zeigte sich kein statistischer Zusammenhang zwischen ihrem Wissensstand und der Anwendung von Verhütungsmitteln. Diejenigen, die sehr frühzeitig intimen Kontakt hatten, verhielten sich riskanter. Ebenfalls kein Zusammenhang zwischen Wissen und Verhalten ergab sich in einer Studie von Gray und Saracino (1989). Sie befragten 459 College-Studenten und fanden keine große Besorgnis über AIDS in dieser Stichprobe. Der Wissensstand war generell befriedigend, auch wenn ein Drittel die Gefahren durch Gelegenheitssex nicht richtig erkannte. Die subjektive Einschätzung des persönlichen Risikos war mit protektivem Sexualverhalten korreliert; wer glaubte, gefährdet zu sein, war eher geneigt, Kondome zu benutzen.

Loos und Bowd (1989) befragten 514 Studenten in Kanada über Wissensstand, Einstellungen und Sexualverhalten. Sie fanden, daß die Studenten gut über die Ansteckungswege informiert waren; die Hälfte gab an, Kondome zu benutzen, aber weniger als ein Drittel diskutierte die AIDS-Gefahr mit dem Partner. Diejenigen, die sexuell sehr aktiv waren und eine Reihe von Partnern hatten, hatten ihr Risikoverhalten in letzter Zeit nicht sehr verringert. Solche Studenten, die wenig besorgt über AIDS waren, zeigten keine Neigung, ihr Sexualverhalten risikofrei zu machen.

Ende 1990 wurde in der Bundesrepublik Deutschland eine Telefonbefragung (Forsa-Studie) von 2.000 Personen ab 16 Jahren durchgeführt (Christiansen, 1991). Etwa die Hälfte der Befragten gab an, beim Sexualverhalten vorsichtiger geworden zu sein, aber die Kondombenutzung hatte sich seit einer früheren Erhebung kaum verändert: etwa 65 % benutzten nie, 28 % manchmal, 6 % häufig und 9 % immer ein Kondom. Bei denen mit multiplen Sexualpartnern sowie bei den 16- bis 20jährigen ist ein leichter Anstieg der Kondombenutzung zu verzeichnen. Aber nur für etwa die Hälfte der Befragten war die AIDS-Gefahr das ausschlaggebende Motiv für die Verwendung des

Kondoms. Barrieren waren Verlegenheit beim Kauf bei einem Viertel der Befragten, Störung des Liebesaktes bei einem Drittel. Auf die Frage, ob sie sich bei einem neuen Partner auf Kondomverwendung einlassen würden, wenn dies verlangt würde, reagierten 84 % positiv, während 11 % sich weigern würden, Kondome zu benutzen, auch wenn der Partner/die Partnerin Wert darauf legen würde. Frauen sind da wohl konsequenter, denn bei ihnen wird die Motivationslage noch durch den Wunsch nach Empfängnisverhütung verstärkt.

Generell gilt heute, daß weder Informationsvermittlung noch Furchtappelle als ausreichende Strategien von Verhaltensänderung aufzufassen sind (vgl. das Kapitel über Gesundheitsverhaltenstheorien). Eine aussichtsreichere Variable für die Erklärung des Motivationsprozesses ist die *Selbstwirksamkeitserwartung*. Bandura (1990, 1995a) referiert Studien, nach denen die Überzeugung, sein eigenes Sexualverhalten wirksam unter Kontrolle zu haben, wesentlich zur Verhaltensänderung beitrug. Die *Ergebniserwartung*, daß Kondome effektiv schützen, in Verbindung mit der Kompetenzerwartung, Kondome richtig benutzen zu können, erwies sich als wichtige Voraussetzung für den beabsichtigten und den tatsächlichen Gebrauch von Kondomen bei Homosexuellen (McKusick et al., 1990). Manche Menschen glauben nicht, daß sie Herr über ihr Handeln sind, und versuchen daher gar nicht erst, ihren Lebensstil im Sinne übergeordneter Zielvorstellungen aktiv zu beeinflussen. Interventionsmaßnahmen müssen zunächst die Überzeugung oder Erfahrung vermitteln, daß problematische Lebensweisen änderbar sind und daß dies weniger schwierig ist, als es erscheint (vgl. auch Flammer, 1990).

Die Rolle der *Selbstwirksamkeitserwartung* bei der Anwendung von Safer Sex wird besser verständlich, wenn man nicht nur die technische Seite der Kondombenutzung betrachtet; es bedarf keiner außergewöhnlichen Kompetenz, ein Kondom zu kaufen und es im richtigen Moment zu benutzen (Wulfert & Wan, 1993). Vielmehr muß man das Sexualverhalten als Teil von Sozialbeziehungen ansehen, in denen gegenseitige Erwartungen, soziale Normen und subkulturelle Präferenzen eine Rolle spielen. Die besondere Schwierigkeit liegt im „Aushandeln" von sexuellen Praktiken. Die Art und Weise, wie man sich gegen Infektionen beim Geschlechtsverkehr schützt, wird damit zu einer „Verhandlungssache", die Überzeugungskraft, Durchsetzungsvermögen und soziale Sensibilität und Fertigkeiten erfordert. Dazu muß das „Eis gebrochen" und ein Gesprächsklima erzeugt werden, in dem man offen miteinander reden kann - eine schwierige Angelegenheit für viele Menschen, insbesondere für Jugendliche ohne Erfahrung und für jene, die mit sexuellen Tabus erzogen worden sind. Selbstwirksamkeitserwartung bezieht sich dann weniger auf technische Details als auf die subjektive Gewißheit, schwierige soziale Situationen bewältigen und dabei die eigenen Absichten verwirklichen zu können. *Widerstand* begegnet dem Gesundheitsbewußten auf verschiedenen Ebenen. Er muß damit rechnen, daß Sexualpartner nicht hinreichend über die Gefahren aufgeklärt sind und sich daher nicht bereitwillig auf Schutzmaßnahmen einlassen. Hinzu kommt, daß die Anwendung von Kondomen eine unnatürliche Störung eines leidenschaftlichen Liebesaktes darstellt, oft in Verbindung mit Unbeholfenheit. Die nötige Sachlichkeit oder Routine, mit der die Schutzmaßnahme praktiziert wird, steht im Widerspruch zu einer bedingungslosen Hingabe oder zu dem Wunsch, von Gefühlen überwältigt zu werden. Ein weiteres Hindernis bei der Anwendung von Kondomen liegt in der möglichen Kommunikation, dem Partner „nicht zu trauen"; wer ein Kondom benutzt, kann den Eindruck erwecken, er verdächtige die Partnerin oder den Partner eines unsoliden Lebenswandels und wolle sich deswegen keinem Risiko aussetzen. Dies steht im Zusammenhang mit allgemeinen Tendenzen von Risikozuschreibungen. Generell wird das Risiko, daß ein Partner HIV-infiziert ist, unterschätzt; gleichzeitig wird auch die eigene Verwundbarkeit gegenüber der Gefahr unterschätzt, was mit positiven Illusionen zu tun hat, die die meisten Menschen hegen (Taylor, 1989; Weinstein, 1989).

Die genannten *Barrieren* treten verstärkt bei Jugendlichen zutage. Malavaud, Dumay und Malavaud (1990) befragten 1.586 Schüler in Sekundarschulen in Frankreich. Das Wissen über die Ansteckungswege war vorhanden, aber es gab eine Reihe falscher Annahmen wie zum Beispiel die Auffassung, man könne sich anstecken, wenn man das Trinkgefäß eines HIV-Infizierten mitbenutzt. Ein Drittel der Schüler hatte in letzter Zeit Intimkontakt mit mehr als einem Partner, und innerhalb dieser Gruppe waren es 42 %, die noch nie ein Kondom benutzt hatten; 65 % der Befragten hatten eine positive Einstellung zur Kondombenutzung, aber ein Viertel derer, die schon Kondome benutzt hatten, fand es schwierig, sie anzuwenden.

Kondome zu kaufen, ist oft mit Verlegenheit verbunden, und die Diskussion darüber fällt gerade Jugendlichen besonders schwer. Dies kam unter anderem in einer Studie von MacDonald et al. (1990) zum Ausdruck. Die Autoren befragten 5.514 College-Studenten im Durchschnittsalter von 20 Jahren über ihr Wissen, ihre sexuellen Einstellungen und Praktiken. Fast drei Viertel von ihnen waren sexuell aktiv, und unter diesen waren Risikoverhaltensweisen sehr verbreitet. Jeder fünfte Mann und jede elfte Frau gab an, mindestens zehn Sexualpartner gehabt zu haben. Innerhalb dieser sehr aktiven Untergruppe benutzten nur 21 % der Männer und 7,5 % der Frauen Kondome; erschwerend kam hinzu, daß 27 % dieser Männer und 35 % dieser Frauen Analverkehr praktizierten. Wenn überhaupt Kondome benutzt wurden, so war dies weniger auf die Prävention von HIV-Ansteckung gerichtet als vielmehr auf die Empfängnisverhütung. Offenbar erscheint vielen Jugendlichen die Möglichkeit, schwanger zu werden, als eine realistischere oder unmittelbarere Konsequenz von ungeschütztem Geschlechtsverkehr als die HIV-Infektion. Daneben fanden die Forscher, daß die Auffassung, Kondome verdürben den Spaß, sehr verbreitet war und eine weitere Adoptionsbarriere darstellte. Obwohl das Wissen über die Gefahren in dieser Stichprobe als gut zu bezeichnen war, ist die hohe Quote multipler Risikoverhaltensweisen wie Promiskuität, Kondomverzicht und Analverkehr besorgniserregend.

Nach MacDonald et al. (1990) dient Kondombenutzung häufig nur der Empfängnisverhütung, während die Infektionsverhütung nur eine sekundäre Rolle spielt. Sich durch Kondome zu schützen, nachdem eine Empfängnis bereits ausgeschlossen wurde, stellt offenbar eine höhere Stufe präventiven Handelns dar und erfordert andere kognitive Voraussetzungen. Eine „doppelte Vorsorge" zu betreiben, könnte das Selbstbild eines „Überängstlichen" vermitteln, was dann ein Adoptionshindernis darstellt. Ein Weg aus diesem Dilemma könnte sein, andere Verhütungsmittel (wie z. B. die Pille) weniger zu propagieren und statt dessen den zweifach wirkenden Schutz von Kondomen hervorzuheben (vgl. auch Lange, 1993).

Geringes Wissen in Verbindung mit falschen Überzeugungen und Wertvorstellungen sowie mangelnden Fertigkeiten führen zu einer nur geringen Quote von Präventionshandlungen. Wer kein Kondom benutzt, gilt als „cool", und wer es benutzt, gilt als ängstlich. Viele Jugendliche glauben, leicht erkennen zu können, ob jemand HIV-infiziert ist oder nicht. Die Zuschreibung von Risiken ist durch eine Reihe von Faktoren verfälscht, die die Eindrucksbildung beeinflussen. Eine gutaussehende, gebildete, wohlhabende und gepflegte Person gilt als weniger wahrscheinlich infiziert als der gegenteilige Typ. Solch ein Urteilsfehler kann verhängnisvoll sein. Gerade diese Person dürfte ein attraktiver Sexualpartner sein, der sich vielen Begehrungen hingibt, und könnte deswegen eine höhere Wahrscheinlichkeit aufweisen, infiziert zu sein. Promiskuität stellt eine wesentliche Quelle der AIDS-Epidemie dar, insbesondere bei Homosexuellen. Gegenseitig Auskunft zu geben über die eigene sexuelle Vergangenheit, hat sich als untaugliches Mittel erwiesen, denn viele Menschen, insbesondere Männer, sind bereit zu lügen, um ihre sexuellen Wünsche befriedigen zu können (Cochran & Mays, 1990).

Man muß auch bedenken, daß riskantes Sexualverhalten in komplexe soziale Situationen eingebettet ist und daß der Genuß von Alkohol und Drogen auch bei denjenigen die Präventionsschwelle anhebt, die ansonsten eine positive Einstellung zur Kondombenutzung hegen. Robertson und Plant (1988) fanden, daß Alkoholkonsum vor dem Sex ein besonderes Risiko darstellt. Stimson et al. (1988) fanden eine starke Verbreitung von riskanten Sexualpraktiken in Verbindung mit Drogen (vgl. auch Stall & Ostrow, 1989; Turner et al., 1989). Viele Menschen erkennen einfach nicht das tatsächliche Risiko, dem sie sich aussetzen, und unterschätzen ihre persönliche Verwundbarkeit, so daß keine ausreichende Motivationsbasis für Verhaltensänderungen gegeben ist. Dazu kommen die Unterschätzung der Wirksamkeit von Gegenmaßnahmen, z. B. Kondombenutzung, und die Stigmatisierung, die dadurch entsteht, daß AIDS vor allem im Zusammenhang mit Homosexualität und Drogen auftritt (Siegel & Gibson, 1988). Das Kondom kann damit in die Nähe dieses Stigmas gerückt werden, was für die heterosexuelle und drogenfreie Population ein Adoptionshindernis darstellt.

Die genannten sozialen Hindernisse und psychischen Barrieren gilt es zu überwinden, und in diesem Sinne ist auch das Konstrukt der Selbstwirksamkeitserwartung zu verstehen (Wulfert & Wan, 1993). Sexuell aktive Studenten zum Beispiel, die über den nötigen Wissenshorizont verfügen, sind kaum geneigt, auch tatsächlich Safer Sex zu praktizieren (Edgar, Freimuth & Hammond, 1988). In homosexuellen Gemeinschaften hat zwar ein beachtlicher Änderungsprozeß stattgefunden, aber diejenigen mit geringer Kompetenzerwartung, ihre Sexualbeziehungen regulieren zu können, waren selten in der Lage, ihr Wissen in die Tat umzusetzen, also Kondome zu verwenden und die Zahl ihrer Gelegenheitspartner einzuschränken. In einer Längsschnittuntersuchung in San Francisco haben McKusick et al. (1990) drei Prädiktoren gefunden, die den Abbau von Risikoverhalten zu einem späteren Zeitpunkt vorhersagten, nämlich 1) die Selbstwirksamkeitserwartung, sich schützen zu können, 2) die soziale Integration in Gruppen, in denen Safer Sex zur Norm gemacht wurde, und 3) das Wissen über den eigenen HIV-Status. Im Zeitraum von 1984 bis 1987 ist in dieser Stichprobe der ungeschützte Analverkehr von 50 % auf ca. 4 % zurückgegangen. Männer, die 1984 als selbstwirksam eingestuft wurden und die glaubten, daß ihr Freundeskreis die Präventionsmaßnahmen unterstützt, waren eher geneigt, ihr Verhalten zu ändern, insbesondere dann, wenn sie seropositiv waren.

Im Rahmen der *Natural History of AIDS - Psychosocial Study (NHAPS)* in Los Angeles wurde das sexuelle Risikoverhalten homosexueller Männer näher untersucht (Aspinwall, Kemeny, Taylor, Schneider & Dudley, 1991). Eine Stichprobe von 166 HIV-Positiven und 196 HIV-Negativen wurde im Abstand von sechs Monaten zweimal befragt. Dabei wurden psychosoziale Komponenten aus den bekannten Gesundheitsverhaltenstheorien (s. das erste Kapitel dieses Buches) als Einflußgrößen betrachtet. Änderungsbarrieren wurden mit Aussagen erfaßt wie „Wie groß ist die Versuchung für Sie, eine Vielzahl von Sexualpartnern zu haben?“. Die Ergebniserwartung wurde formuliert als „Glauben Sie, Sie können Ihr AIDS-Risiko verringern, indem Sie die Zahl Ihrer männlichen Sexualpartner begrenzen?“. Selbstwirksamkeitserwartung wurde erfaßt mit dem Item „Wie sicher sind Sie, daß Sie die Zahl Ihrer männlichen Sexualpartner begrenzen können?“. Das subjektive AIDS-Risiko wurde wie folgt gemessen: „Unter Berücksichtigung aller verschiedenen Faktoren, die zu AIDS beitragen, einschließlich Ihres eigenen früheren und derzeitigen Verhaltens, wie groß ist die Wahrscheinlichkeit, daß Sie von AIDS befallen werden?“. Diese Überzeugungen wurden zu den sexuellen Risikoverhaltensweisen in Beziehung gesetzt, also der Zahl anonymer Sexualpartner und der Häufigkeit ungeschützten rezeptiven Anal- und Oralverkehrs. Die Zahl der Sexualpartner ließ sich mit Hilfe von Überzeugungen signifikant vorhersagen, wobei diese kognitiven Variablen gemeinsam 15 % der erklärten Varianz ausmachten; am deutlichsten traten die Selbstwirksamkeitserwartung und das subjektive Risiko hervor. Wer sich zutraute, die Zahl der Sexualpartner zu begrenzen, hatte zum zweiten Meßzeitpunkt im Durchschnitt weniger Sexualpartner. Dies galt für alle Männer mit Ausnahme derer, die seropositiv waren und keinen festen Partner hatten. Auch das subjektive Risiko stand in einem komplexen Verhältnis zum HIV-Status und zur festen Partnerbeziehung. Seropositive Männer, die keinen festen Partner hatten, verbanden ein hohes Risiko mit mehr Sexualpartnern, während bei seronegativen Männern ein hohes Risiko mit weniger Sexualpartnern verbunden war. Es mag sein, daß die Erwartung, selbst bald an AIDS zu erkranken, die Motivation verschüttet, sich gesund zu verhalten und vor Infektionen zu schützen. Es könnte auch sein, daß vermehrtes Sexualverhalten als Mittel der Streßbewältigung angesehen wird. Diese Studie zeigt, daß die Motivation, sein Infektionsrisiko zu verringern, mit subjektiven Überzeugungen zu tun hat, daß dies aber gleichzeitig von der Wechselwirkung zwischen verschiedenen Variablen abhängt, nämlich dem HIV-Status und der Partnerbeziehung (vgl. auch Kemeny, Weiner, Taylor et al., 1994).

In einer Studie an 526 Homosexuellen in drei Städten, die Homosexuellen-Bars aufsuchten, wurde deren Sexualverhalten innerhalb der letzten drei Monate zu einer Reihe von psychosozialen Variablen in Beziehung gesetzt (Kelly, St. Lawrence, Brasfield, Lemke et al., 1990). Ungeschützter Analverkehr wurde von 37 % angegeben. Dieses Risikoverhalten hing zusammen mit sozialen Normen bezüglich der Akzeptanz von Safer Sex, dem Wissen über das Risiko, dem Alter sowie der Angemessenheit der Einschätzung des eigenen Risikos, nicht aber mit der Kenntnis des eigenen Serostatus. Die gleiche Fragestellung hatten Siegel, Mesagno, Chen und Christ (1989), die 100 Homosexuelle im Abstand von sechs Monaten zweimal interviewten. Ob jemand sein Risikoverhalten fortsetzte oder unterließ, konnte in einer multivariaten Analyse mit folgenden Merkmalen vorhergesagt werden: Drogenbenutzung, als angemessen erlebte soziale Unterstützung, Jahre mit gleichgeschlechtlichen Intimkontakten sowie wahrgenommener Schwierigkeitsgrad der Verhaltensänderung. Auch in einer Studie von Emmons, Joseph, Kessler, Wortman et al. (1986) ließen sich psychosoziale Einflußgrößen auf Safer Sex bestimmen. Bei ihren 909 homosexuellen Männern waren Wissen, Risikowahrnehmung und Selbstwirksamkeit geeignete Prädiktoren für eine Mehrzahl von Verhaltensänderungen. Andere Merkmale wie Kontrolle sexueller Impulse, Glaube an den medizinischen Fortschritt, der die heilende AIDS-Droge bringen würde, und soziale Normen korrelierten dagegen nur mit Teilaspekten von Safer Sex, nämlich der Wahl von Sexualpartnern.

Die Faktoren, die sexuelles Risikoverhalten beeinflussen, umfassen offenbar sowohl demographische, behaviorale als auch kognitive Variablen. Coates (1990) nennt neun solcher Merkmale:

1) *Zugehörigkeit zu ethnischen Minderheiten*

Schwarze und Mexiko-Amerikaner zeigen mehr riskantes Verhalten und haben ein höheres AIDS-Risiko.

2) *Armut*

Die sozio-ökonomisch Schwachen haben ein höheres HIV-Infektionsrisiko.

3) *Alkohol- und Drogengebrauch*

Den Konsum von Alkohol and Drogen mit sexueller Aktivität zu verbinden, erhöht das Risiko. Im Zustand von Intoxikation ist die Schwelle zum riskanten Verhalten niedriger.

4) *Wissen über Gesundheitsmaßnahmen*

Dem Wissen wird in frühen Stadien einer Epidemie Bedeutung für Verhaltensänderungen zugeschrieben.

5) *Wirksamkeit von Gesundheitsmaßnahmen*

Die Ergebniserwartung, also die persönliche Überzeugung davon, daß bestimmte Präventionstechniken wirksam sind, beeinflußt die Motivation zur Verhaltensänderung.

6) *Aufwand*

Barrieren, wie z. B. die Auffassung, Kondome verderben den Spaß oder sind schwierig anzuwenden, müssen überwunden werden, um dem Gesundheitsverhalten zum Durchbruch zu verhelfen.

7) *Bedrohung*
Wenn subjektive Verwundbarkeit gegenüber der HIV-Infektion erlebt wird, wird Risikoverhalten weniger wahrscheinlich.
8) *Selbstwirksamkeitserwartung*
Die Überzeugung, daß man selbst dazu in der Lage ist, die sozialen und technischen Fertigkeiten der Präventionsmaßnahmen erfolgreich anzuwenden, führt zur Risikoverringerung.
9) *Soziale Unterstützung*
Die Auffassung, daß der eigene Freundeskreis Safer Sex unterstützen würde, liefert den sozialen Rückhalt für eine Verhaltensänderung.

Catania, Kegeles und Coates (1990) haben diese Elemente in ein Modell integriert, das sie *„AIDS Risk Reduction Model" (ARRM)* nennen, und das drei Stadien enthält: 1) *Die Erkenntnis, daß die Krankheit ein Problem darstellt.* Hierzu zählen sie die Wahrnehmung, daß bestimmte Verhaltensweisen riskant sind, zum anderen die persönliche Verwundbarkeit sowie Emotionen, die durch das Problemverhalten ausgelöst werden. 2) *Die Entscheidung, das Verhalten zu ändern.* Dazu gehören Kosten- und Nutzenwahrnehmungen von riskanten und nicht-riskanten Sexualaktivitäten sowie die Ergebniserwartung, daß die Schutzmaßnahmen wirksam sind. 3) *Die Handlung.* Dazu werden die Informationssuche und die Suche nach Unterstützung gerechnet sowie Fertigkeiten beim Sexualverhalten und in der Kommunikation über sexuelle Fragen.

Die Wahrnehmung sozialer Normen spielt auf allen drei Stufen eine Rolle. Ein Vorzug dieses Risikomodells mag darin liegen, daß es speziell für den Umgang mit HIV-infizierten Populationen entwickelt wurde, aber die theoretische Elaboration erscheint vergleichsweise schwach, insbesondere wegen des Mangels an Konstruktdifferenziertheit und an spezifischen Kausalannahmen, wenn man einen Vergleich mit dem allgemeinen Gesundheitsverhaltenstheorien vornimmt, die im ersten Kapitel beschrieben wurden.

Prävention und Intervention zur Änderung des sexuellen Risikoverhaltens

Die genannten Barrieren und Einflußgrößen sind bei Programmen zur systematischen Modifikation von sexuellem Risikoverhalten ins Kalkül zu ziehen (Amaro, 1995; Bengel, 1993). Wissen, Bedrohung, Risikowahrnehmung, Verwundbarkeit, Ergebnis- und Selbstwirksamkeitserwartungen und soziale Unterstützung, aber auch psychische Kosten, soziale Normen, Stigmatisierung und Lebensstilfaktoren spielen eine Rolle. Darüber hinaus sind folgende

Aspekte erwägenswert (Turner et al., 1989). Empfehlungen, die den bereits etablierten Überzeugungen und Normen entsprechen, werden leichter akzeptiert als solche, die ihnen entgegenstehen. Für einige Menschen mag es leichter sein, langsam und schrittweise das Verhalten zu ändern, anstatt mit einemmal das erwünschte Zielverhalten anzunehmen. Die meisten Menschen benötigen tatkräftige Unterstützung, um das Verhalten aufzubauen, zu dem sie sich aufgrund von Einsicht entschlossen haben, und gelegentliche Rückfälle dabei sind normal. Anstatt ein ganz bestimmtes Verhalten als die neue Norm vorzuschreiben, erscheint es besser, verschiedene Alternativen von Safer Sex zu offerieren, um einen Entscheidungsspielraum zu bieten und Anpassungen an die persönliche Lebensweise zu erlauben. Diejenigen, die zwar an die Schutzwirkung von Safer Sex glauben, aber nicht die Kraft dazu finden, sich aktiv darauf einzustellen, sollten Gelegenheiten finden, die dafür nötigen Fertigkeiten, z. B. soziale Techniken, zu erwerben.

Die Vermittlung von *Informationen* über Risiken, Ansteckungswege und Konsequenzen stellt keine hinreichende Maßnahme zur Verhaltensänderung dar, aber sie verkörpert den ersten notwendigen Schritt im Prozeß der Motivierung zum Gesundheitsverhalten. Richtige Aufklärung wirkt Kenntnislücken und falschen Überzeugungen entgegen und schafft somit Voraussetzungen für weitergehende Interventionen. In diesem Zusammenhang stellt sich die Frage, wie erfolgreich pädagogische Maßnahmen zur Verbesserung des Wissensstandes sind. Betrachtet man die individuellen Unterschiede im Wissen über sexuelles Risikoverhalten und über Prävention, so fallen verschiedene Faktoren ins Auge, z. B. die „Erotophobie", eine negative emotionale Einstellung oder Ängstlichkeit gegenüber sexuellen Inhalten. Gerrard, Kurylo und Reis (1991) haben den Einfluß dieses Faktors auf Lernen und Behalten von AIDS-Informationen untersucht. Der Begriff „Erotophobie" ist hier sehr weit gefaßt und betrifft alle Menschen unterhalb des Medians einer bestimmten Einstellungsskala, also 50 % der Population, während die andere Hälfte mit dem Begriff der „Erotophilie" belegt wird, also der Tendenz, sich für alles Sexuelle zu interessieren. Generell zeigte sich in mehreren Studien der Psychologin Meg Gerrard, daß die erotophobischen Menschen im Durchschnitt einen geringeren Kenntnisstand über sexuelle Fakten aufweisen als die erotophilen. Die Ursache dafür liegt aber keineswegs in abträglicher emotionaler Erregung beim Erwerb solcher Kenntnisse und schon gar nicht in einer geringeren Lernfähigkeit der Erotophobiker. Vielmehr vermeiden die Erotophobiker die Auseinandersetzung mit diesem Gegenstand: sie suchen sich lieber andere Themen aus, wenn sie die Wahl dazu haben, oder sie verkürzen die Expositionszeit beim Lesen oder Betrachten sexuellen Materials. Veranlaßt man sie dagegen, systematisch Kenntnisse über AIDS und Kondome zu erwerben, z. B. in der Schulklasse, dann sind ihre Lern- und Behaltensleistungen identisch mit denen der Erotophilen. Diese Art von experimenteller sozialpsychologischer Grundlagenforschung mag helfen, die Kommunikationsprozesse zu verbessern und auch diejenigen zu erreichen, die sich zunächst gegenüber dem Erwerb solcher Kenntnisse sträuben. Es kommt demnach darauf an, keine sexuellen Ängste oder erotisches Unbehagen zu wecken, eine Forderung übrigens, die im Widerspruch zum Health Belief-Modell steht, in dem es gerade um die Erzeugung von Bedrohung geht, die als Ausgangspunkt für Risikounterlassung dienen soll. Das Hauptproblem der Intervention zur Änderung sexueller Risikoverhaltensweisen liegt jedoch nicht im Beheben von Wissenslücken, sondern in den anderen, oben genannten Barrieren (Cochran & Mays, 1990; Taylor, 1991).

Es gibt Versuche, das Gesundheitsverhalten durch aktives *Verhaltenstraining* zu beeinflussen (Abraham & Sheeran, 1994; van der Pligt & Richard, 1994). Gilchrist und Schinke (1983) haben Teenager dazu gebracht, sexuelle Situationen zu regulieren. Zunächst erhielten die Jugendlichen die nötigen Informationen über sexuelle Risiken und über Präventionstechniken, dann wurde durch Modell-Lernen vermittelt, wie sie offen über sexuelle Angelegenheiten sprechen und wie sie unerwünschten Anforderungen von Partnern Widerstand leisten können. Sie nutzten die Gelegenheit, das Gelernte durch Rollenspiel aktiv anzuwenden, und sie erhielten Rückmeldungen über ihre Erfolge in diesem Rollenspiel. Als Ergebnis zeigte sich ein Anstieg in ihren Regulationsfertigkeiten und ihrer Selbstwirksamkeitserwartung, sexuelle Situationen bewältigen zu können. In ähnlicher Weise sind Kelly, St. Lawrence, Hood und Brasfield (1989) bei homosexuellen Männern vorgegangen. Modell-Lernen, Rollenspiel und Rückmeldungen waren die Bausteine ihres Interventionsprogramms. Sie teilten 104 homosexuelle Männer, die seit langer Zeit riskanten Sex praktizierten, nach Zufall in eine Versuchs- und eine Kontrollgruppe auf und ließen der Versuchsgruppe über drei Monate hinweg eine Intervention pro Woche zukommen, in der diese Bausteine als Trainingselemente dienten. Ein Nachtest nach vier Monaten ergab einen durchschnittlichen Rückgang von 1.2 zu 0.2 monatlichen Episoden ungeschützten Analverkehrs bzw. eine durchschnittliche Zunahme der Kondombenutzung von 40 % auf 70 % der Intimbegegnungen. Die Männer wurden souveräner im Umgang mit sexuellen Risikosituationen und Partnererwartungen; sie verringerten riskante Sexualpraktiken und benutzten regelmäßiger Kondome. Diese beiden Beispiele aus der Forschung zeigen, daß die Verbindung von Wissensvermittlung, Modell-Lernen, Rollenspiel und Feedback eine gute Methode darstellt, um Selbstwirksamkeitserwartung aufzubauen und Fertigkeiten einzuüben, die der Regulierung von Sexualbeziehungen dienen und vor Infektionen schützen.

In San Francisco ist ein *gemeindeorientiertes* Interventionsprogramm durchgeführt worden, um riskantes Sexualverhalten bei Homosexuellen und Bisexuellen zu ändern (Coates, 1990). Um möglichst alle Betroffenen zu erreichen, zielte das Programm auf eine ganze Reihe von Instanzen und Umwelten, nämlich auf Massenmedien, Gesundheitsdienste, Schulen, Betriebe, Kirchen, Drogenbehandlungszentren und HIV-Testzentren. Es enthielt fünf Komponenten: Information, Motivation, Fertigkeiten, Normen und Gesundheitspolitik. Auf der Ebene der *Informationsvermittlung* wurden Aufklärungskampagnen gestartet, mit denen der Wissensstand über das HIV und die Ansteckungswege angehoben werden sollte. Entsprechende Flugblätter, Unterrichtsmaterialien und Fernsehspots wurden verbreitet. Auf der Ebene der *Motivation* ging es um die Erzeugung eines Gefühls subjektiver Verwundbarkeit, indem negative Modellpersonen vorgeführt wurden; in Schulen, Betrieben und Medien wurden infizierte oder erkrankte Personen interviewt, die über ihr Schicksal berichteten. Was hier als „Motivation" bezeichnet wird, ist in Wirklichkeit nur ein sehr schmaler Ausschnitt aus Motivationsprozessen, die eigentlich komplexer sind, nämlich lediglich die Erzeugung von Verwundbarkeit und Bedrohung, was etwa den älteren „Furchtappellen" entspricht, deren Verhaltenswirksamkeit als nur gering zu veranschlagen ist. Größere Bedeutung dürfte der Komponente *Fertigkeiten* zukommen. Hier wurde gezeigt, wie man Kondome benutzt und Injektionsnadeln reinigt, aber auch wie man sich gegenüber Partnern durchsetzt, die noch nicht von der Notwendigkeit von Präventionsmaßnahmen überzeugt sind. Die zentrale Bedeutung des „Aushandelns" von Safer Sex ist in diesem Projekt schon frühzeitig erkannt worden. Auf der Ebene der *sozialen Normen* wurde propagiert, daß riskantes Sexualverhalten eher selten oder deviant ist, also keineswegs die Verhaltensnorm darstellt. Die öffentliche Erwünschtheit von Kondomanzeigen und Safer Sex-Unterricht wurde betont. Gleichzeitig bemühte man sich um ein soziales Klima, in dem bereits infizierte Personen besser akzeptiert wurden. Auf der Ebene der *Gesundheitspolitik* schließlich hat sich das Interventionsprojekt für die Aufstellung von Kondomautomaten in Schulen und Betrieben eingesetzt, vor Diskriminierung von HIV-Infizierten gewarnt und deren Weiterbeschäftigung am Arbeitsplatz unterstützt, sowie sich generell für Verordnungen und Gesetze starkgemacht, die geeignet erschienen, die Ausbreitung des Virus zu verhüten (vgl. auch Weiss & Hardy, 1990).

Es ist zu vermuten, daß eine weitere wirksame Komponente in der *Erotisierung* von Kondomen liegt (Tanner & Pollack, 1988). Die herrschende Auffassung besagt, daß Kondome unerotisch sind und dem leidenschaftlichen Liebesakt nur im Wege stehen. Es ist daher eine für Psychologen und Werbefachleute herausfordernde Aufgabe, dem Kondom das Image eines erotischen Accessoires zu verleihen, das so stimulierend wirkt wie Reizwäsche oder andere erotische Utensilien. In einer Studie, die von D'Eramo und Mitarbeitern in New York durchgeführt wurde, kamen vier Interventionsprogramme bei Homosexuellen zum Einsatz: a) Informationen über AIDS, b) Erotisierung von Safer Sex-Alternativen mit audiovisuellen Hilfsmitteln, c) dasselbe ohne diese Hilfsmittel und d) Handanleitungen über Safer Sex. Die 619 Männer wurden vor der Intervention und drei Monate später befragt; die Ergebnisse erlauben die Schlußfolgerung, daß die Erotisierungskomponente die wirksamste war (zitiert nach Coates, 1990).

Die individuelle Bewältigung der AIDS-Bedrohung

Von denen, die seropositiv sind, werden die meisten eines Tages an AIDS erkranken, und ein Heilmittel für diese tödliche Krankheit ist noch nicht gefunden worden. Damit ist eine Reihe von schwerwiegenden Bedrohungen gegeben, die unterschiedliche Bewältigungsversuche der Betroffenen hervorrufen. So stellt sich die Frage, ob man sich überhaupt testen lassen sollte angesichts der so ungünstigen Prognose (Jacobsen, Perry & Hirsch, 1990). Der HIV-Test ist ein Antikörpertest; er prüft also nicht, ob das HIV vorhanden ist, sondern ob der Organismus entsprechende Antikörper gebildet hat. Der dafür entwickelte ELISA-Test ist nur begrenzt gültig und bedarf der Ergänzung durch den Western-Blot-Test. Wenn beide positiv ausfallen, wird der Patient als seropositiv eingestuft. Die Kenntnis des Ergebnisses kann sich vorteilhaft oder auch nachteilig auswirken. Ein Vorteil liegt darin, daß der Betroffene seinen Lebensstil ändern und andere schützen kann, indem er auf riskantes Sexualverhalten verzichtet. Darüber hinaus kann er gesund leben, also z. B. Sport treiben, sich vitaminreich ernähren und keinen Alkohol trinken, um das Immunsystem zu stärken. Die experimentelle Droge AZT kann ebenfalls helfen, das Eintreten von AIDS-Symptomen zu verzögern. Ein Nachteil der Kenntnis des Testergebnisses liegt in der psychischen Belastung und möglichen Depression angesichts der tödlichen Bedrohung.

Der veränderten Lebensqualität von HIV-Infizierten und von AIDS-Patienten wird zunehmend Beachtung seitens der Psychologie in Forschung und klinischer Praxis geschenkt (Fleishman & Fogel, 1994; Kemeny et al., 1994; Lutgendorf, Antoni, Schneiderman & Fletcher, 1994). Die Zeitschrift *Psychology and Health* hat diesem Thema ein Sonderheft gewidmet (Wu & Rubin, 1994).

Ob die Kenntnis des eigenen Serostatus Verhaltenskonsequenzen hat, haben Ostrow, Joseph, Kessler, Soucy et al. (1989) untersucht. Sie verglichen 170 Männer, die ihren Status erfuhren, mit 415 Männern, denen er nicht bekannt wurde, und fanden keine Beziehung zwischen der Kenntnis und dem Sexualverhalten. Unter den Seropositiven, die ihren Status erfuhren, wurde die subjektive Befindlichkeit zunehmend schlechter, während sich bei den unwissenden Seropositiven die Befindlichkeit verbesserte. Fügte man beide Gruppen zusammen, so war im Durchschnitt eine Stimmungsverbesserung zu vermerken.

In unserer *Natural History of AIDS - Psychosocial Study (NHAPS)* in Los Angeles haben viele der getesteten homosexuellen Männer darauf verzichtet, ihren HIV-Status zu erfahren. Von 754 Männern wollten 171 ihren Status nach dem Test nicht wissen. Von den übrigen waren 314 seronegativ und 269 seropositiv. Wir wollten nun herausfinden, ob sich diese drei Gruppen in emotionaler Hinsicht voneinander unterscheiden lassen. Zu diesem Zweck wurden Einwegvarianzanalysen mit den Merkmalen Einsamkeit, Depression, nervöse Gespanntheit, Erschöpfung und Ärger gerechnet. In keinem Fall zeigte sich jedoch ein signifikanter Mittelwertunterschied zwischen irgendwelchen Gruppen. Man kann demnach hier nicht behaupten, daß a) die Kenntnis des Testergebnisses emotionale Auswirkungen hat und daß b) die Befindlichkeit seropositiver Männer schlechter ist als die der seronegativen. Dies dürfte allerdings damit zusammenhängen, daß die Seropositiven ihren Streß intensiver bewältigen und mehr soziale Unterstützung erhalten (s. unten).

Man hat die Frage leidenschaftlich diskutiert, ob der Test für alle Angehörigen von Risikogruppen obligatorisch gemacht werden sollte, um die Epidemie einzudämmen. Bisher spricht aber wenig dafür, denn das Wissen über den eigenen Status ist bei weitem keine Garantie für die Unterlassung des sexuellen Risikoverhaltens. Vielmehr setzen viele HIV-Infizierte gedankenlos oder rücksichtslos ihr ungeschütztes Sexualverhalten fort und weisen ihre Partner nicht auf die damit verbundene Ansteckungsgefahr hin.

Zweifellos ist die Mitteilung, seropositiv zu sein, ein streßreiches Ereignis. Aber die Vermutung, daß die Betroffenen anschließend in tiefe Depression gestürzt und von Ängsten geplagt werden, hat sich nicht bestätigt. In der oben genannten NHAPS-Studie waren die Seropositiven zwar mehr besorgt, an AIDS zu erkranken als die Seronegativen, aber insgesamt war die Stimmungslage in beiden Gruppen gleich (Kemeny et al., 1994). Negative Emotionen waren in allen Gruppen gleich stark ausgeprägt, sogar in zwei Untergruppen von Seropositiven, die sich im Grad ihrer objektiven Bedrohung unterschieden: solchen mit vielen und solchen mit wenigen Helfer-T-Zellen (CD4). Seropositive und -negative unterschieden sich in einigen anderen Punkten bedeutsam. Die Positiven zeigten sich in ihrer Coping-Flexibilität überlegen und hegten optimistischere Einstellungen. Sie waren stärker bemüht, gesünder zu leben, aber im Hinblick auf sexuelles Risikoverhalten gab es keine Unterschiede. Seropositiv zu sein bedeutet, mehr Gewißheit zu haben, und gibt Anlaß, bestimmte Coping-Strategien zu entwickeln, während die Seronegativen mit mehr Ambiguität und latenter Bedrohung zu leben haben und kein eng begrenztes Bewältigungsziel anstreben. Es bleibt allerdings bisher noch weitgehend spekulativ, welche Prozesse tatsächlich in den Betroffenen ablaufen.

Wir haben in der *NHAPS*-Studie in Los Angeles gefunden, daß die Seropositiven über mehr soziale Unterstützung berichten als die Seronegativen (Schwarzer, Dunkel-Schetter & Kemeny, 1994). Darüber hinaus macht es einen Unterschied, ob die Männer einen Dauerpartner haben und ob sie mit einem kritischen Lebensereignis (Todesfall im engeren Freundeskreis) konfrontiert wurden. Wir haben eine dreifaktorielle Varianzanalyse mit den Faktoren Serostatus, Partner und Todesfall gerechnet und soziale Unterstützung („received assistance") als abhängige Variable definiert (Abbildung 37, S. 254).

Alle drei Faktoren üben eine statistisch bedeutsame Wirkung auf den Grad der Unterstützung aus (keine Wechselwirkungen). Unter den Seropositiven gibt es mehr gegenseitige Unterstützung, meist gewährt durch den festen Intimpartner, und dies gilt insbesondere dann, wenn ein bestimmtes kritisches Lebensereignis zu bewältigen ist, nämlich ein Todesfall im Freundeskreis. Wie wir aus dem Datenmaterial wissen, ist die häufigste Todesursache AIDS. Mit jedem Sterbefall im Freundeskreis steigt die Bedrohung der Seropositiven an, aber auch der Grad an sozialer Unterstützung. Bei einigen Sterbefällen handelt es sich um Selbstmorde von AIDS-Kranken, und die stärkste emotionale Reaktion darauf seitens der Freunde ($N = 35$) liegt in der Verzweiflung.

Der Zeitpunkt des Eintretens von AIDS sowie der Verlauf der Erkrankung hängen mit dem erreichten Ausmaß der Schwächung des Immunsystems zusammen. Das Immunsystem wird aber nicht nur durch HIV beeinträchtigt, sondern auch durch eine Reihe von psychosozialen Faktoren, darunter der Verlust naher Angehöriger, soziale Konflikte und andere streßreiche Lebensereignisse (Cohen & Williamson, 1991; Kiecolt-Glaser & Glaser,1992).

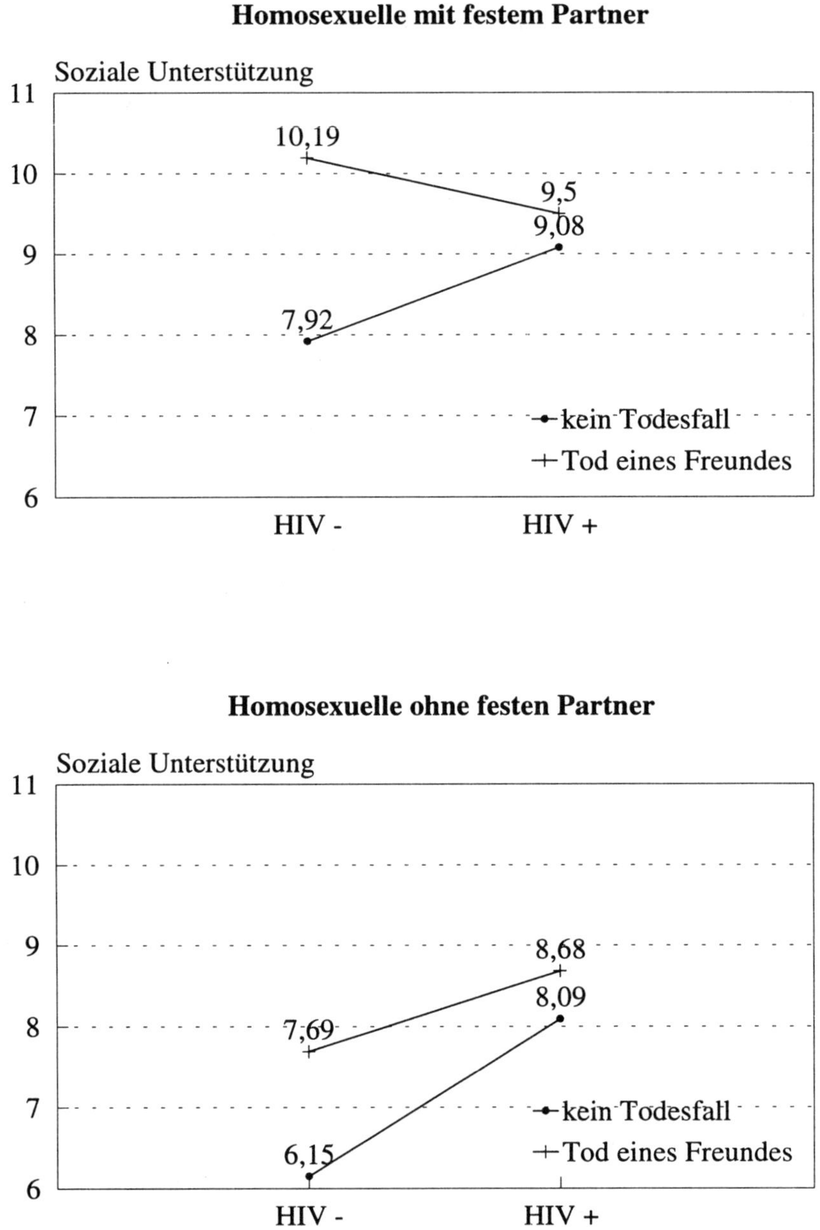

Abbildung 37. *Soziale Unterstützung in Abhängigkeit von Serostatus, Partner und Todesfall bei 357 Homosexuellen (Schwarzer, eigene Daten).*

Gerade in homosexuellen Kreisen schlägt das Schicksal doppelt zu: nicht nur die Gefahr, infiziert zu werden und an AIDS zu erkranken, ist sehr hoch, auch die Wahrscheinlichkeit, einen engen Freund oder Liebhaber zu verlieren, wird zu einem normativen kritischen Lebensereignis. In einer Studie in New York wurden 745 homosexuelle Männer, die nicht an AIDS erkrankt waren, nach ihren Verlusten im Zeitraum von 1980 bis 1985 befragt (Martin & Dean, 1989). Über ein Viertel (27 %) gab an, mindestens eine derart nahestehende Person durch AIDS verloren zu haben. Insbesondere Männer im Alter von 35 bis 45 Jahren hatten Verluste zu beklagen.

Sieht man sich die Verhaltensmerkmale dieser Männer an, so stellt man fest, daß sie selbst eine überdurchschnittliche Anzahl a) von Sexualpartnern und b) von rezeptivem Analverkehr hatten. Daneben waren die meisten dieser Männer seropositiv und hatten ARC-Symptome. Diejenigen, die einen Liebhaber durch AIDS betrauerten, waren also zugleich diejenigen, die selbst über ein hohes AIDS-Risiko verfügten und somit doppelt belastet waren. Das durch HIV geschwächte Immunsystem vieler dieser Männer dürfte durch die psychosozialen Belastungen noch stärker in Mitleidenschaft gezogen worden sein. Die Trauerreaktionen waren besonders intensiv bei denen, die den Sterbenden gepflegt hatten, und noch mehr bei denen, die dabei wenig Unterstützung durch andere erfahren hatten (Lennon, Martin & Dean, 1990).

Die HIV-Positiven haben es nicht nur schwer, mit dem Wissen über ihre drohende Krankheit fertig zu werden, sie müssen außerdem gegen ihre soziale Diskriminierung ankämpfen. Homosexuell zu sein, ist mit einem sozialen Außenseiterstatus verbunden, so daß die Betroffenen mit Aversionen konfrontiert werden, die weniger aus ihrem Gesundheitsstatus als vielmehr aus ihrem besonderen Lebensstil heraus erklärlich werden. Wenn es zum Beispiel darum geht, in welchem Maße man Sympathie, Mitleid oder Hilfsbereitschaft mit Opfern zeigt, dann schneiden die AIDS-Patienten ungünstiger ab als andere Kranke oder Stigmatisierte (Schwarzer & Weiner, 1991). Die meisten Menschen sind eher geneigt, einem Herzpatienten, einem Krebspatienten oder ähnlichen Betroffenen zu helfen, als einem AIDS-Patienten. Generell werden solche Personen stigmatisiert, die Opfer einer Epidemie werden (z. B. Leprakranke), aber im Falle von AIDS haben wir es mit einem mehrfach determinierten Stigma zu tun, das das Image von Homosexualität, Drogenabhängigkeit, Promiskuität und Minderheitengruppen vereint (Turner et al., 1989). Rufe nach einer Quarantäne für Virusbefallene sind von daher verständlich. Die Entstehung der Epidemie und die Reaktionen der Öffentlichkeit sind am anschaulichsten bei Shilts (1987) beschrieben. Inzwischen scheint die Debatte etwas mehr versachlicht zu sein.

Sexuelles Risikoverhalten im Hinblick auf die AIDS-Gefahr wird auf lange Sicht ein zentrales Thema für die Gesundheitspsychologie bleiben, auch wenn es gelingen sollte, die Inzidenzraten beträchtlich zu verringern. Das menschliche Verhalten angesichts einer solchen Bedrohung eignet sich auch vorzüglich als Gegenstand der psychologischen Forschung, und die Ergebnisse dürften sich in hohem Maße auf andere Verhaltensbereiche übertragen lassen. Auch von daher kommt der psychosozialen AIDS-Forschung eine Schlüsselrolle zu (vgl. Abraham, Sheeran, Spears & Abrams, 1992; Amaro, 1995; Bengel, 1993; Cooper et al., 1994; Fisher et al., 1994; von Troschke, 1990).

Sonnenbaden: Das Risiko ultravioletter Strahlung

„Bleich wie ein Gespenst“: wer möchte das schon sein? Wer blaß ist, erweckt den Eindruck, krank zu sein, und wer nicht gebräunt aus dem Urlaub zurückkehrt, muß sich die Frage gefallen lassen, ob der Urlaub verregnet oder aus anderen Gründen mißlungen sei. Wer gesund, attraktiv und lebenstüchtig auf andere wirken möchte, ist um eine braune Hautfarbe bemüht. Um sie zu erwerben und ständig zu erhalten, setzen sich viele Menschen absichtlich intensiver Sonnenbestrahlung aus. Vor allem in nördlichen Breiten, wo der Sommer kurz ist, schießen Bräunungsstudios wie Pilze aus dem Boden.

Doch der Preis für die wohlgetönte Haut ist hoch, denn ultraviolettes Licht erhöht das Risiko für Hautkrebserkrankungen. Die Verbreitung dieser Krebsarten hat in den letzten Jahren rapide zugenommen: in den USA z. B. treten jährlich mehr als eine halbe Million neue Fälle auf. Der Anstieg dürfte in Zukunft um so größer werden, je mehr die schützende Ozonhülle, die die Erde umgibt, zerstört wird. Es gibt keinen Zweifel daran, daß diese hohe Inzidenzrate teilweise auf wiederholtes Sonnenbaden und auf Sonnenbrand zurückzuführen ist. Wir haben es hier also mit einem Risikoverhalten zu tun, das sowohl sehr gefährlich als auch sehr leicht vermeidbar ist. Viele Menschen setzen sich bewußt den Sonnenstrahlen aus, um eine kosmetische Wirkung zu erzielen. Der Verzicht darauf müßte eigentlich weniger schwerfallen als der Verzicht auf andere Risikoverhaltensweisen, die mit körperlicher Abhängigkeit verbunden sind wie z. B. Rauchen. Auf der anderen Seite dürfte das Sonnenbaden verbreiteter sein als Rauchen.

In diesem Kapitel sollen die psychologischen Faktoren erörtert werden, die uns dazu veranlassen, entweder ausgedehnte Sonnenbäder zu nehmen oder uns gegen ultraviolette Strahlen zu schützen. In diesem Zusammenhang werden psychologische Interventionen beschrieben, die geeignet erscheinen, derartige

Verhaltensweisen gezielt zu beeinflussen. Doch zunächst soll kurz auf die schädlichen Auswirkungen dieses Risikoverhaltens eingegangen werden.

Gesundheitliche Auswirkungen von ultravioletter Bestrahlung

Eines soll vorweg klargestellt werden: es gibt keine Hautbräunung ohne Risiko. Die UV-Strahlen lassen die Haut vorzeitig altern, sie schädigen sie, und sie machen sie für die Entstehung von Krebs empfänglich (insbesondere die kurzwelligen UV-B-Strahlen). Bräunungsstudios werben für angeblich unschädliche Bestrahlung. Sie verwenden Strahler mit reduziertem UV-B-Anteil und erhöhtem UV-A-Anteil. Doch auch sie führen zu denselben Konsequenzen. Es gibt kein UV-Licht, das ohne Risiko bräunt.

Es gibt eine Fülle neuerer Literatur über die gesundheitlichen Auswirkungen von Sonnenlicht bzw. ultravioletten Strahlen auf die Haut. Für den Zeitraum von 1984 bis 1989 wurden 521 wissenschaftliche Zeitschriftenartikel zu dieser speziellen Frage bibliographiert, die einhellig das Krebsrisiko unterstreichen, und deren Kontroversen sich lediglich auf Details beschränken, z. B. auf die Frage, welche Wellenlängen am gefährlichsten sind (Patrias & Moshell, 1989).

Zu den gesundheitlichen Auswirkungen im weiteren Sinne gehören auch die positiven Effekte. So begünstigt z. B. die Sonnenbestrahlung die körpereigene Produktion von Vitamin D. Vor allem aber ist die psychische Wirkung nicht zu unterschätzen, denn das Sonnenbaden erzeugt bei den meisten Menschen unmittelbares Wohlbefinden und Entspannung. Dies kann im übrigen erzielt werden, ohne ein erhöhtes Risiko einzugehen, indem man großzügig Sonnencremes mit einem starken Lichtschutzfaktor verwendet. Da dieser jedoch die Bräunung verhindert, steht er der primären Absicht des Sonnenbadens im Wege. Das zentrale gesundheitliche Problem bleibt die Krebsgefahr, also die Neubildung von bösartigen, wuchernden Hautzellen (Neoplasmen).

Es gibt im wesentlichen drei Arten von Hauttumoren: die beiden epithelialen Krebse Basiliom und Plattenepithel-Karzinom sowie das besonders gefährliche maligne Melanom. Daneben sind Vorstufen von Hautkrebs (Präkanzerosen) verbreitet, insbesondere die aktinische Keratose (Hornflecken) und die Leukoplakien (weißlich-trübe Verdickungen). Die Entwicklung von Hautkrebs dauert meist mehr als zehn Jahre, und die Vorstufen sind nur in manchen Fällen gegeben.

Am häufigsten sind die *Basiliome* (Basalzelltumoren), die etwa zwei Drittel der epithelialen Tumore ausmachen. Sie dringen nicht tief in die Haut ein und bilden keine Tochtergeschwülste (Metastasen) und sind daher in fast allen Fällen bei rechtzeitiger Diagnose und Behandlung heilbar. Sie treten vor allem an behaarten Kopfpartien auf. *Plattenepithel-Karzinome* (Stachelzellkrebs) dagegen, die etwa ein Drittel der epithelialen Krebse ausmachen, treten an allen Stellen der Haut auf, insbesondere denen, die der Sonne ausgesetzt sind. (Es gibt aber auch Plattenepithel-Karzinome an den Schleimhäuten, wie z. B. den Mundhöhlenkrebs, der vor allem bei Personen mit langjährigem Tabak- und Alkoholkonsum beobachtet wird.) Die Erfolgsaussichten für die Therapie dieser Krebsart sind bei rechtzeitiger Behandlung sehr gut, obwohl dieser Krebs zur Metastasenbildung in den benachbarten Lymphknoten neigt, allerdings erst in einem späten Krankheitsstadium. Männer sind stärker betroffen als Frauen. Die beiden epithelialen Tumore machen etwa 90 % aller Hautkrebse aus und treten verstärkt im Alter über 50 Jahren auf.

Die übrigen 10 % der Fälle betreffen das *maligne Melanom*, den „schwarzen Hautkrebs", der schnell wächst und sich im frühen Stadium über den Körper ausbreitet. Er wird in allen Altersgruppen beobachtet, besonders aber bei den 30- bis 40jährigen, und sein Auftreten nimmt rapide zu. In der Bundesrepublik Deutschland ist die jährliche Inzidenzrate ungefähr 4.000, und 1.500 Patienten überleben diese Krankheit nicht (Deutsche Krebshilfe, 1989). Etwa 1 % aller Todesfälle im Jahre 1993, die von Tumoren verursacht worden sind, sind Hautkrebstodesfälle (Deutsche Krebshilfe, 1995). Besonders gefährdet sind rotblonde, hellhäutige Menschen, die nicht leicht bräunen und öfter Sonnenbrände erleiden. Frauen sind etwa zweimal so häufig davon betroffen wie Männer.

Statistiken über Krebserkrankungen und Sterbefälle in der Bundesrepublik Deutschland sind ungenau, weil sie sich bisher nur auf die Krebsregister in Hamburg, im Saarland und in der ehemaligen DDR beschränken mußten. Erst 1994 haben sich die Bundesländer auf ein einheitliches Krebsregister geeinigt, das ab 1995 innerhalb von fünf Jahren aufgebaut werden soll. Abbildung 38 zeigt die Sterbefälle bei verschiedenen Krebsarten in den vier Jahren nach der deutschen Wiedervereinigung (Statistisches Bundesamt, 1995). Die Tendenz ist steigend, und etwa vier Fünftel der Hautkrebssterbefälle gehen auf das Konto des malignen Melanoms.

Jedes Jahr werden in den USA über 500.000 neue Fälle von Hautkrebs diagnostiziert (American Cancer Society, 1987). Plattenepithel-Karzinome führen zu mehr als 2.000 Todesfällen pro Jahr. Auch die Auftretensrate des malignen Melanoms steigt an; nach einer Schätzung gab es 27.000 neue Fälle im Jahre 1989 und 6.000 Todesfälle (American Cancer Society, 1989).

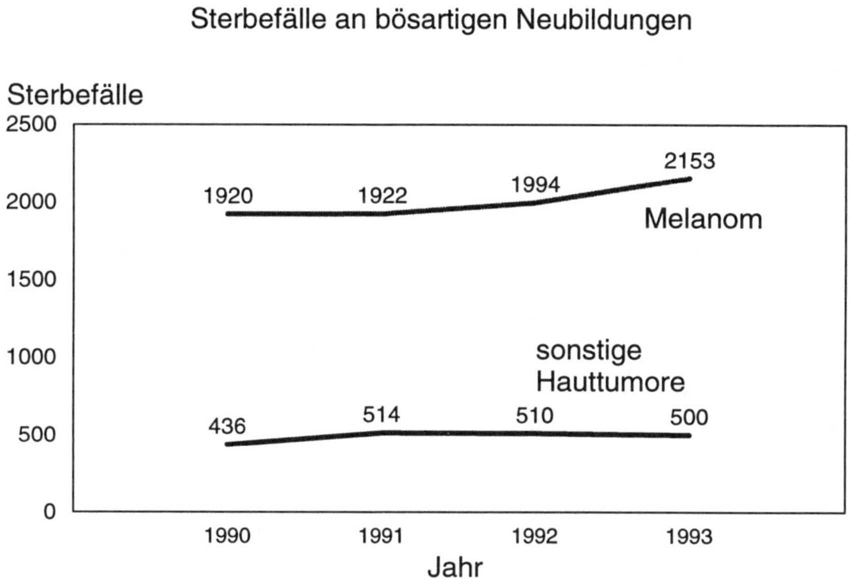

Abbildung 38. *Sterbefälle bei verschiedenen Krebsarten in den Jahren 1990 bis 1993 (Statistisches Bundesamt, 1995).*

Hautkarzinome sind in vielen Fällen leicht heilbar, insbesondere wenn sie früh erkannt werden. Diese Tatsache kann zu einer Unterschätzung der Bedeutung dieser Krankheit führen. Dem Gesundheitswesen entstehen enorme Kosten durch die Behandlung von Hautkrebs, und die psychischen Kosten können im Einzelfall dramatisch ausfallen. Eine Hautkrebserkrankung, die günstig verläuft, beschränkt sich oft auf die chirurgische Entfernung der entsprechenden Hautpartie (Exzision), was schon allein ein streßreiches Ereignis darstellt. Wenn es sich nicht um einen durch Kleidung verdeckten Körperteil handelt, sondern z. B. um einen Hauttumor im Gesicht, dann ist mit einer Entstellung zu rechnen, die langfristige Selbstwertprobleme und soziale Stigmatisierung zur Folge haben kann. Man denke nur an die Möglichkeit, den Rest des Lebens ohne Nase verbringen zu müssen.

Der Zusammenhang zwischen Hautkrebs und langfristiger Sonnenbestrahlung ist seit einem halben Jahrhundert bekannt, aber die Inzidenzraten sind erst in letzter Zeit gewaltig angestiegen, so daß diesem Thema erst jetzt so viel Aufmerksamkeit gewidmet wird. Hautkrebs ist in südlichen Ländern verbreiteter als in nördlichen Regionen, vor allem bei Weißen, die aus dem Norden in den Süden gewandert sind. Deshalb ist die Verbreitung dieser Krankheit in

Australien besonders hoch. Außerdem findet man Krebs mehr in solchen Hautpartien, die stärker der Sonne ausgesetzt sind, wie z. B. an Gesicht und Händen, und auch in erhöhter Zahl bei Leuten, die täglich im Freien arbeiten. Das Hautkrebsrisiko steigt mit dem Lebensalter, weil sich die über Jahre hinweg in der Sonne verbrachte Zeit kumulativ schädigend auswirkt. Wer als Kind einen Sonnenbrand erlitten hat, ist als Erwachsener stärker gefährdet. Wegen dieser Langzeitwirkungen muß man auch damit rechnen, mehr als einmal Hautkrebs zu entwickeln, d. h. wenn eine Hautpartie als krank identifiziert ist und entfernt wird, besteht Anlaß zu der Vermutung, daß innerhalb des nächsten Jahres eine weitere Hautpartie als krebskrank diagnostiziert wird. Befragt man Hautkrebspatienten nach ihrem Risikoverhalten, so erhält man im Durchschnitt höhere Angaben für Strahlenexposition als bei Gesunden. In einer Befragung von 489 Hautpatienten haben Johnson und Lookingbill (1984) gefunden, daß 71 % von ihnen sich mindestens eine Stunde pro Woche absichtlich der Sonnenbestrahlung ausgesetzt hatten.

Die Diagnose von Hautkrebs erfolgt am besten durch den Hautarzt, der eine Ganzkörperuntersuchung vornimmt und die auffälligen Stellen inspiziert. Obwohl die meisten Geschwulste an Körperteilen gefunden werden, die der Sonne ausgesetzt sind, hat es sich als vorteilhaft erwiesen, die gesamte Körperoberfläche zu betrachten, weil dadurch signifikant mehr Tumore und andere Hautanomalien diagnostiziert werden (Lee, Massa, Welykyj, Choo & Greaney, 1991). Die Autoren untersuchten 874 Patienten und fanden bei jedem fünften eine kritische Hautveränderung, die entweder behandlungsbedürftig war oder zumindest nach weiteren Beobachtungen verlangte.

Die karzinogenen Sonnenstrahlen können durch Sonnencremes mit hohem Lichtschutzfaktor (15; höhere Werte liefern kaum noch zusätzlichen Schutz) ausgefiltert werden. Bei häufiger Anwendung ist es möglich, sich risikofrei den ganzen Tag in der Sonne zu bewegen. Kinder, die von Anfang an daran gewöhnt worden sind, Sonnencremes zu benutzen oder sich auf andere Weise vor ultraviolettem Licht zu schützen, werden mit geringerer Wahrscheinlichkeit im Erwachsenenalter unter Hautkrebs leiden müssen (Stern, Weinstein & Baker, 1986).

Motivationale Aspekte des Sonnenbadens

Sich lange in der Sonne aufzuhalten, sich am Strand zu entspannen und im Urlaub gen Süden zu ziehen, sind oftgenannte Freizeitwünsche, die aus unserer Kultur auch in Zukunft nicht wegzudenken sind. Das intensive

Sonnenbaden in kosmetischer Absicht, sei es in der Natur oder im Bräunungsstudio, stellt ein ernstes gesundheitliches Problem dar und bedarf der genaueren psychologischen Analyse. In diesem Abschnitt sollen daher die motivationalen Einflußgrößen für das Sonnenbaden und für den Gebrauch von Sonnenschutzmitteln näher betrachtet werden.

Bräune ist nicht immer erstrebenswert gewesen. In vorigen Jahrhunderten war gerade die Blässe der Haut erwünscht, um zu demonstrieren, daß man es nicht nötig hatte, einer „niederen Arbeit" außerhalb des Hauses nachzugehen. Während die Landarbeiter zwangsläufig braungebrannt waren, konnten sich die Angehörigen höherer Sozialschichten ihre weiße Haut bewahren. Das änderte sich allmählich im Zuge der industriellen Revolution, als mehr und mehr Arbeiter die Landwirtschaft verließen, um in Fabriken tätig zu werden. In unserem Jahrhundert vermittelte die gebräunte Haut zunehmend den Eindruck, daß man es sich leisten kann, viel Freizeit zu haben, Sport zu treiben und in den Süden zu reisen. Das Statussymbol hat sich also ins Gegenteil verkehrt. Keesling und Friedman (1987) verweisen auf eine andere historische Wurzel des Sonnenbadens. Zu Beginn dieses Jahrhunderts hatte man beobachtet, daß der Verlauf einiger Krankheiten, wie z. B. Tuberkulose, durch Sonnenbestrahlung angeblich günstig beeinflußt werden konnte. Damit war das Stereotyp der „gesundmachenden Sonnenstrahlen" geboren, und die medizinische Behandlung mit ultraviolettem Licht, die „Heliotherapie", wurde propagiert. Der Boom der Freikörperkultur in den 30er Jahren ging mit der Tendenz zur „Sonnenanbetung" einher, und die gebräunte Haut wurde mehr und mehr ein Symbol für Gesundheit, Aktivität und Lebensfreude. Viele junge Leute, die sich damals der Sonne verschrieben haben, erhielten 30 Jahre später die Rechnung in Form von Hautkrebs („Fry now, pay later"). Obwohl sich die medizinische Auffassung in den 40er und 50er Jahren ins Gegenteil gewandelt hatte, blieb das Stereotyp bestehen, und viele Leute braten sich auch heute noch gern im Urlaub am „Teutonengrill" in südlichen Gefilden, ohne sich der manchmal dramatischen Folgen bewußt zu sein. Die Industrie, die angeblich ungefährliche Bräunungsstudios propagiert, profitiert von dem anhaltenden Boom.

Das Wissen über die Gefahren des ultravioletten Lichts und über Sonnenschutzmittel war nach einer Untersuchung von Johnson und Lookingbill (1984) erschreckend gering. Mehr als die Hälfte der Probanden wußte nicht, was die Bezeichnung SPF bedeutet (Sun Protection Factor = Lichtschutzfaktor, LSF) und daß höhere LSF-Angaben auf einen besseren Schutz verweisen. Das mag sich inzwischen aber verändert haben. Die Autoren verteilten eine Informationsbroschüre und eine kostenlose Sonnencreme-Warenprobe.

Zu einem späteren Zeitpunkt gaben 89 % der Untersuchten an, die Broschüre gelesen zu haben, und ihr Wissen über Hautkrebs war tatsächlich besser als zuvor. Trotz des besseren Wissens kam es jedoch nicht zu einer vermehrten Benutzung von Sonnenschutzcremes. Nur 35 % der Befragten, die auf keine Erfahrung mit Sonnenschutz zurückblickten, hatten die Warenprobe ausprobiert, und nur 5 % hatten sich eine eigene Sonnencreme gekauft.

Legt man das Modell gesundheitlicher Überzeugungen (Health Belief Model) zugrunde, dann stellt sich unter anderem die Frage nach der subjektiven Kosten-Nutzen-Kalkulation angesichts der möglichen Verwendung von Sonnenschutzmitteln. In der Studie von Johnson und Lookingbill (1984) waren es nur 41 %, die Sonnencremes benutzten. Von diesen hegten nur 43 % die Ergebniserwartung, daß damit ein Sonnenbrand vermieden werde, während 36 % erwarteten, damit eine dunklere Hauttönung zu erzielen. Würde man solche Leute über die tatsächliche Wirkung von Sonnencremes besser aufklären, könnte es paradoxerweise zu einem negativen Effekt kommen, denn viele würden dann auf die Anwendung verzichten. Es erscheint demnach günstig, für Sonnencremes mit der inkorrekten Aussage zu werben, sie diene in erster Linie der Hautbräunung. Die Teilnehmer einer anderen Untersuchung, die keine Sonnencreme verwendeten, gaben dafür Erklärungen ab, die man als „Barrieren" im Sinne des Modells gesundheitlicher Überzeugungen auffassen kann: sie empfanden es als lästig, sich einzucremen; sie empfanden die „schmierige Haut" als störend; sie mochten sich damit nicht leiden (Hill, Rassaby & Gardner, 1984). Nach dieser Studie war die Ergebniserwartung, daß Sonnencreme vor Hautkrebs schützt, positiv mit der Intention verbunden, Sonnenschutzmittel zu verwenden.

Es gibt in der Psychologie bisher nur ganz wenige Arbeiten zu diesem Thema. Keesling und Friedman (1987) haben 54 Männer und 66 Frauen an einem Strand in der Nähe von Los Angeles befragt, einer Gegend, in der die Hautkarzinomrate sehr hoch ist. Die Psychologen wählten nach einem bestimmten Plan Strandbesucher mit unterschiedlicher Bräunung aus. Die meisten Interviewpartner waren zwischen 30 und 50 Jahren alt, da es in dieser Studie nicht um Jugendliche ging, sondern um Leute, die schon viele Jahre Gelegenheit zum Sonnenbaden gehabt haben und deren Krebsrisiko somit relativ hoch sein mußte. Interviews und Fragebogen zielten auf Gesundheitsverhaltensweisen und auf eine Reihe von Persönlichkeitsmerkmalen. Als theoretisch abhängige Variablen dienten unter anderem die geschätzte Bräunungsintensität, der wöchentliche Zeitaufwand für das Sonnenbaden sowie die insgesamt im Freien verbrachte Zeit. Da die ermittelten Zusammenhänge für alle drei ähnlich ausfielen, sollen hier nur ein paar Angaben für das

Merkmal Hautbräune referiert werden. Deren Korrelation mit dem Wissen über Hautkrebs war $r = -.25$: wer schlecht informiert war über das Tumorrisiko, hatte sich demnach mehr der Sonne ausgesetzt. Die Korrelation mit der Zahl der Freunde, die ebenfalls sonnenbaden, war $r = .30$: wer in ein soziales Netz von „Sonnenanbetern" eingebettet war, verhielt sich so wie die anderen, wobei es möglich ist, daß sich die Kommentare der Freunde über den erreichten Grad der Bräune bekräftigend auf das Risikoverhalten auswirkten. Die Korrelation mit dem Körpergewicht war $r = -.23$, mit körperlicher Aktivität $r = .23$ und mit der Zugehörigkeit zu einem Fitneßclub $r = .34$. Dagegen gab es keine Zusammenhänge mit dem Rauchen, dem Alkoholkonsum und mit Gesundheitsvorsorgeuntersuchungen. Dies vermittelt das Bild von aktiven, gesunden und attraktiven Personen, die ihr Gewicht regulieren und Sport treiben. Aber es handelt sich hier um Verhaltensweisen, die zum Ziel haben, gut auszusehen und nach außen gesund zu wirken, nicht aber wirklich gesund zu leben, denn es gibt keine Beziehung zu den klassischen Risikoverhaltensweisen wie Rauchen und Trinken. Dies liegt im Einklang mit der falschen Vorstellung, blasse Menschen seien kränklich. Die Sonnenbadenden sind wohl weniger um ihre tatsächliche Gesundheit bemüht als um ihre äußere Erscheinung. Darüber hinaus haben die Autoren gefunden, daß Sonnenbadende das Risiko lieben: der vermutete Vorteil von riskanten Lebensweisen korrelierte zu $r = .30$ mit der Hautbräune. Es könnte sein, daß sie die Krebswarnungen in den Wind schlagen oder daß der „optimistische Fehlschluß" (Taylor, 1989; Weinstein, 1989) bei ihnen stärker ausgeprägt ist.

Eine weitere Fragestellung lag in der Bestimmung psychologischer Merkmale der Verwendung von Sonnenschutzmitteln. Auch hier wählten die Autoren drei theoretisch abhängige Variablen: die Verwendung von Sonnencremes überhaupt, den Zeitanteil im Freien mit Sonnenschutz und den Lichtschutzfaktor der benutzten Creme. Diese Merkmale hingen mit der Geschlechtszugehörigkeit zusammen ($r = -.27, -.34, -.18$): Frauen waren stärker geneigt, sich zu schützen. Das mag damit zu tun haben, daß Frauen gewohnt sind, Kosmetika zu verwenden und ihre Haut zu pflegen; auch ist zu bedenken, daß die Sonnenkosmetikwerbung mehr auf Frauen als auf Männer zielt. Außerdem gab es mittlere Korrelationen zwischen der Verwendung von Sonnenschutzmitteln und dem Wissen über Hautkrebs ($r = .21, .27, .40$), der persönlichen Bekanntschaft mit einem Krebspatienten ($r = .23, .22, .24$) sowie - schwächer - mit Angst. Frauen, die gut über das Tumorrisiko informiert sind, die jemanden kennen, der Krebs hat, und die ängstlich sind, erwiesen sich somit als diejenigen mit dem besten protektiven Verhalten.

Die Autoren schlußfolgern aus ihrer Studie, daß die Sonnenbadenden eher aktive und risikobereite Menschen sind, die Wert auf ihre äußere Erscheinung legen und sich in Gesellschaft Gleichgesinnter befinden. Mehr Information über das Krebsrisiko mag in diesem Fall einen Ausgangspunkt für Interventionen darstellen, obwohl sich bei anderen Risikoverhaltensweisen gezeigt hat, daß das Wissen über Gefahren allein keine nennenswerten Verhaltensänderungen bewirkt. Aufgrund des Schönheitsideals in unserer Kultur erscheint es wenig aussichtsreich, Menschen vom Sonnenbaden abbringen zu wollen. Vielmehr wäre es nach Ansicht von Keesling und Friedman (1987) erfolgversprechender, die Menschen dazu zu motivieren, mehr Sonnenschutzmittel zu verwenden.

Miller, Ashton, McHoskey und Gimbel (1990) haben eine experimentelle Studie durchgeführt, um die Attraktivität von sonnengebräunten Menschen zu prüfen. Sie entwickelten drei Szenarios, in denen ein(e) 21jährige(r) Student(in) durch eine Reihe von Eigenschaften und Hobbys beschrieben wurde. In der ersten Vignette wurde der Satz eingefügt „Aufgrund ihrer (seiner) Freizeitaktivitäten ist sie (er) stark von der Sonne gebräunt", in der zweiten Vignette wurde der Satz eingefügt „Sie (er) liebt es, gebräunt zu sein, und nimmt daher häufig ein Sonnenbad", in der dritten Vignette schließlich, der Kontrollbedingung, wurden keine zusätzlichen Angaben gemacht. 205 Studenten erhielten eine dieser drei Bedingungen und reagierten darauf, indem sie eine Reihe von Adjektiven einschätzten, die als Indikatoren für die Attraktivität der Zielperson dienten. Die höchste Attraktivität erreichte diejenige Zielperson, die als sonnengebräunt dargestellt worden war, wobei die Hautfarbe lediglich als Begleiterscheinung von Sport im Freien auftrat. Die zweithöchste Attraktivität erreichte die Zielperson, die absichtlich Sonnenbäder nahm, um braun zu werden. Die dritte Zielperson unter der Kontrollbedingung ohne Erwähnung von Sonnenbräune erhielt dagegen die schwächsten Attraktivitätsratings. Es handelt sich hier offenbar um die erste sozialpsychologische experimentelle Untersuchung zur Wirkung von Sonnenbräune auf die Eindrucksbildung. Zumindest bei dieser Stichprobe war es von Vorteil, gebräunt zu sein, wenn es darum ging, auf andere Studenten anziehend zu wirken. Allerdings muß man einen „Eitelkeitsstrafpunkt" ins Kalkül ziehen, wenn man nur um der Bräune willen ausgedehnte Sonnenbäder unternimmt. Am attraktivsten wirkt man, wenn sich die Bräune lediglich als Begleiterscheinung von sportlichen Freizeitaktivitäten einstellt. Nach diesen Befunden erscheint der Wunsch nach Bräune berechtigt und verständlich: Sonnenbaden kann als eine wirksame Maßnahme angesehen werden, das Aussehen zu verbessern, vergleichbar mit der Anwendung von Kosmetik oder der Auswahl von modischen Kleidungsstücken, die demselben Zweck dienen. Es ist also eine persönliche Intervention zur Steigerung des Selbstwertgefühls und der sozialen Attraktivität - auf Kosten der Gesundheit.

In diesem Experiment ist die Frage nach dem Gesundheitsrisiko nicht thematisiert worden. Die Autoren sind dieser Frage aber in ihrem zweiten Experiment nachgegangen (Miller et al., 1990). Dabei ging es unter anderem um die Wirkung von aufklärender Information auf die Risikowahrnehmung und Attraktivitätseinschätzung bei einer Stichprobe von 227 Studentinnen und 128 Studenten. Ein 30-minütiger Fernsehfilm wurde vorgeführt, der die Hautkrebsgefahr auf sehr anschauliche und eindringliche Weise vermittelte, indem eine erkrankte junge Frau ihr Schicksal schilderte und ein Dermatologieprofessor Erläuterungen dazu gab. Die Hälfte der Versuchspersonen sah diesen Film, bevor sie den Fragebogen ausfüllte, die andere Hälfte sah ihn danach. Als abhängige Variablen diente eine Reihe von Fragen, die sich auf den Attraktivitätswert von Sonnenbräune richtete. Als unabhängige Variablen dienten die selbsteingeschätzte Bräune sowie die Reihenfolge der Filmdarbietung. Abbildung 39 gibt die Ergebnisse für die Männer wieder (um der Übersichtlichkeit willen wurden die etwas weniger eindeutigen Befunde für die Frauen weggelassen).

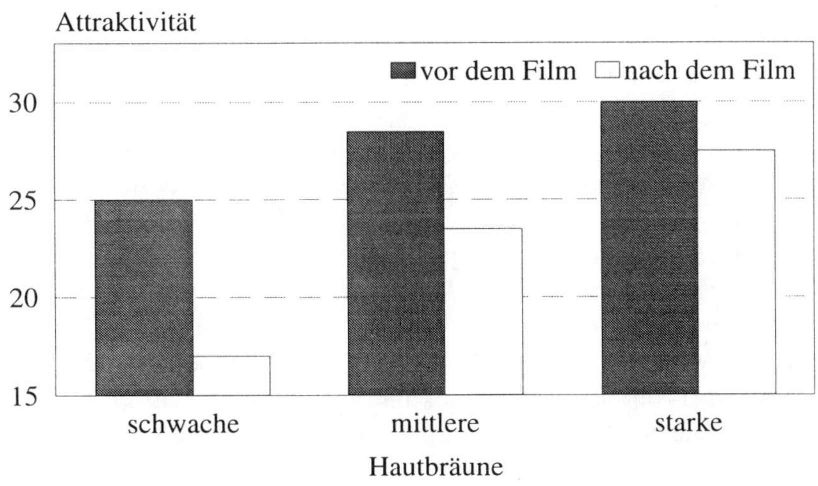

Abbildung 39. *Einfluß der eigenen Hautbräune und eines Krebsaufklärungsfilms auf den geschätzten Attraktivitätswert von Sonnenbräune bei 128 Studenten (nach Miller et al., 1990).*

Je braungebrannter diese Studenten waren, für um so attraktiver hielten sie die Sonnenbräune. Dies galt unter beiden Filmbedingungen. Diejenigen, die zuerst ihre Einschätzungen abgaben und später den Film sahen, waren von dem positiven Image der Sonnenbräune besonders überzeugt; diejenigen dagegen, die zuerst den Aufklärungsfilm sahen und nachträglich die Attraktivität einschätzten, waren in ihrem Urteil sehr viel zurückhaltender. Mit dem Hautkrebsrisiko eindringlich konfrontiert zu sein, verändert die Einschätzung der sozialen Bedeutung der Hautbräune und läßt sie als weniger gesund, sexy und anziehend erscheinen. Der Zusammenhang zwischen Sonnenbaden und Schönheit erhält somit einen faden Beigeschmack. Ein gleichartiger Befund ergab sich, wenn die „Besorgtheit über die Gefahren von ultraviolettem Licht“ als abhängige Variable diente. Diejenigen, die zuerst ihre Einschätzung abgaben, waren weniger besorgt; diejenigen aber, die zuerst den Film sahen, zeigten sich anschließend stärker besorgt über die Gefahren. Frauen waren generell stärker besorgt. Ein Unterschied zwischen mehr und weniger gebräunten Studenten zeigte sich hier aber nicht. Das kann daran liegen, daß die Starkgebräunten Abwehrtendenzen entwickelten und nicht bereit waren, der Gefahr ins Auge zu blicken.

Obwohl in dieser Studie ein deutlicher Effekt des Films aufgetreten ist, beurteilte die Mehrheit der Studenten, ob sie nun gebräunt waren oder nicht, diesen Film als nur „wenig überzeugend“. Die Autoren zeigten sich verwundert darüber, daß ein derart aktueller und anspruchsvoller Dokumentarfilm von den Studenten in nur geringem Maße akzeptiert wurde, und erklärte dies mit einer Tendenz zur Verleugnung bedrohlicher Sachinformation (vgl. Croyle & Jemmott, 1991).

Die Starkgebräunten gaben im übrigen an, wenig Kontrolle über die Risiken ausüben zu können; sie meinten, für die schöne Haut lohne es sich, ein Risiko einzugehen; sie glaubten auch, Krebs sei mehr ein Leiden älterer Menschen, und sie hielten es auch nicht für nötig, daß die Öffentlichkeit stärker als bisher über die Gesundheitsgefahren aufgeklärt werden müsse. Schließlich gelang es den Autoren außerdem zu zeigen, daß der optimistische Fehlschluß (Weinstein, 1989) hier zum Zuge kam. Dieses Phänomen besagt, daß man sich selbst für weniger verwundbar hält als die anderen innerhalb einer sozialen Bezugsgruppe. Die Studenten glaubten, sie selbst seien weniger empfänglich für Hautkrebs als ihre Freunde. Dieser Effekt trat zwar in der Gruppe der Starkgebräunten nur abgeschwächt auf, d. h. es gab bei ihnen eine leichte realistische Tendenz relativ zu den Blassen, sich aufgrund ihrer Strahlenbelastung als gefährdet anzusehen, aber der optimistische Fehlschluß war trotzdem vorhanden: selbst die Starkgebräunten unterlagen dem Irrtum, sie seien weniger verwundbar als andere Menschen. Die Daten können übrigens als Erklärung dafür dienen, daß diese Gruppe auch am wenigsten von Sonnenschutzmitteln Gebrauch machte.

In einer Studie von Wichstrøm (1994) an 15.169 norwegischen Schülern ließ sich ermitteln, daß das Sonnenbaden vor allem mit einer entsprechenden Einstellung zusammenhing, daneben aber auch mit dem Vobildverhalten der Freunde, der Wertschätzung der äußeren Erscheinung, dem Hauttyp usw. Obwohl 90 % der Jugendlichen Sonnenkosmetika benutzten, war deren Anwendung aber nicht häufig genug (gemessen an den Stunden in der Sonne), und der Lichtschutzfaktor war meist zu niedrig gewählt.

Man kann sich eine Reihe von *Interventionen* vorstellen, die dazu beitragen, das Hautkrebsrisiko zu vermindern. Diese Maßnahmen zielen primärpräventiv auf die Unterlassung des Sonnenbadens, auf die Verwendung von Sonnenschutzmitteln und sekundärpräventiv auf die Krebsfrüherkennung. Aufklärung kann einen Ausgangspunkt darstellen (vgl. Keesling & Friedman, 1987), aber die Gesundheitspsychologie zweifelt an der Verhaltenswirksamkeit von Information allein. Lee et al. (1991) haben bei 874 Hautpatienten deprimierende Ergebnisse gefunden: sie haben die Patienten gründlich aufgeklärt und beraten und ihnen empfohlen, a) Sonnencremes zu verwenden, b) sich einmal im Monat selbst zu untersuchen und c) jedes Jahr einmal zur fachmännischen Ganzkörperuntersuchung in die Klinik zurückzukehren. Nur 4 % von ihnen kamen tatsächlich nach einem Jahr zu diesem Zweck in die Klinik, und nur 6 % einer Teilstichprobe von 50 Patienten gab in einem Telefoninterview an, alle drei Präventionsmaßnahmen strikt zu befolgen. Die Bereitwilligkeit, medizinischen Empfehlungen zu folgen („compliance"), ist also sehr gering - sogar bei diesen Personen, die schon wegen einer Hautauffälligkeit dermatologisch untersucht und beraten worden sind.

Eine interessante pädagogische Studie zur Compliance wurde von der Hautärztin June Robinson (1990) in einer Universitätsklinik in Chicago durchgeführt. Im Laufe von vier Jahren untersuchte sie 1.592 Patientinnen und Patienten, die an Basiliomen oder Plattenepithel-Karzinomen erkrankt waren (keine Melanome). Bei allen Patienten wurde dieses Karzinom chirurgisch entfernt. Vor der Operation fand ein Beratungsgespräch statt, und nach der Operation gab es mehrere Untersuchungstermine. Beim Erstkontakt wurden alle wichtigen Verhaltensdaten registriert, so z. B. das Ausmaß der Sonnenbestrahlung während des ganzen Lebens sowie die Verwendung von Sonnenschutzmitteln. Darüber hinaus erhielten die Teilnehmer Informationsbroschüren. Zwei Wochen nach der Operation wurde die Lektüre dieser Unterlagen geprüft, die Patienten wurden gründlich beraten, und sie erhielten eine

Warenprobe einer Sonnenschutzcreme mit Lichtschutzfaktor 15. Nach sechs Monaten erfolgte eine Ganzkörperuntersuchung, bei der diejenigen Patienten ermahnt wurden, die eine erneute Bräunung aufwiesen, und diejenigen gelobt wurden, die blaß geblieben waren. Ein Jahr nach der Operation erhielten die Patienten per Post einen Fragebogen, der die Verhaltensänderungen erfragte. Die Rücklaufquote war 68 % (60 Patienten waren gestorben, 366 verzogen), so daß die endgültige Analysestichprobe aus 1.042 Personen bestand, je zur Hälfte Frauen und Männer. Unter ihnen gab es 691 Patienten, die zuvor keine Sonnenschutzmittel benutzt hatten. Von ihnen hatten 425 (62 %) ihr Verhalten geändert, während 266 (38 %) sich trotz Hautkrebs und trotz Beratung nicht dazu bereitfinden konnten, Sonnencremes zu verwenden. Die mangelnde Compliance war vor allem in der älteren Generation verbreitet. Abbildung 40 zeigt das Ausmaß der Verhaltensänderung für diese 691 Patienten unter Berücksichtigung von Altersunterschieden.

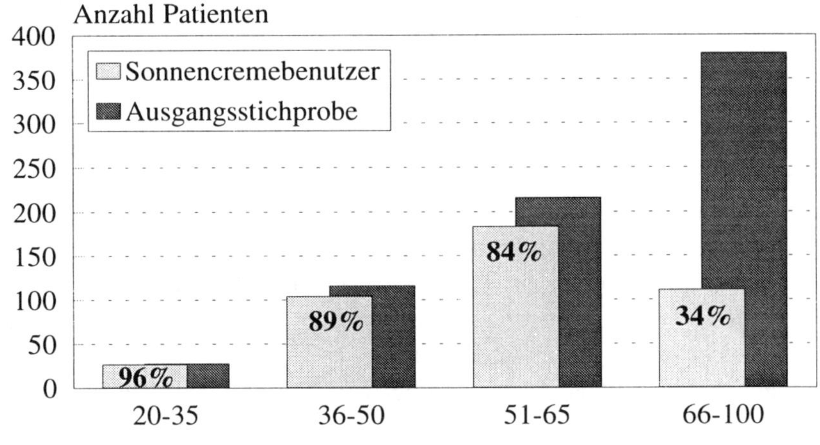

Abbildung 40. *Anteil von Hautkrebspatienten, die nach pädagogischer Unterweisung Sonnenschutzmittel verwendeten.*

Die Graphik reflektiert unter anderem auch die höhere Inzidenz von Hautkrebs bei älteren Menschen. In der Gruppe der 20- bis 35jährigen änderten 96 % ihr Verhalten im Sinne der pädagogischen Bemühungen, während in der Gruppe der 66- bis 100jährigen nur 34 % Sonnencremes benutzten. Die Autorin vermutet, daß viele Senioren im Hinblick auf ihre relativ kurze

Lebenserwartung keine großen Verhaltensänderungen mehr vornehmen wollen. Andererseits ist das Bild unvollständig, denn die Verwendung von Sonnenschutzmitteln stellt nur einen der angestrebten Verhaltensaspekte dar. Die stärkste Verhaltensänderung lag in der bewußten Vermeidung von Sonnenbestrahlung zum Zweck der Hautbräunung; an zweiter Stelle stand die Sonnencremebenutzung, an dritter der reduzierte Aufenthalt in der Sonne und an vierter schließlich das Tragen von bedeckenden Kleidungsstücken.

Es ist aufgrund dieser Daten schwierig, eine Einschätzung der Wirksamkeit der pädagogischen Unterweisung und Beratung vorzunehmen. Die Informationsvermittlung könnte einen Einfluß auf das Verhalten gehabt haben, aber es ist genauso gut möglich, daß allein der Schock, an Krebs erkrankt zu sein, sowie die Beschwerden und Ängste im Zusammenhang mit Diagnose und Operation eine Verhaltensänderung bewirkten. Eine Kontrollgruppe von Hautkrebspatienten *ohne* pädagogische Beeinflussung wäre nötig gewesen, um die Wirkungen methodisch einwandfrei analysieren zu können. Die Autorin schreibt, sie habe vor allem aufgrund ethischer Bedenken keine Kontrollgruppe gebildet, denn man könne Krebspatienten nicht ohne Beratung nach der Operation nach Hause schicken.

Die Studie verweist auf einen weiteren interessanten Aspekt, nämlich auf psychologische Stadien, in denen eine gewisse Sensibilität für eine Verhaltensänderung gegeben ist. Diejenigen Patienten, die schon vor der Krebsdiagnose regelmäßig Sonnencremes verwendet hatten, behielten dieses Verhalten zu 100 % bei; sie befanden sich in einem „Erhaltungsstadium". Dagegen gab es 266 Patienten, die weder vor noch nach der Behandlung Sonnencremes benutzten, also Personen, die wahrscheinlich gar nicht die Absicht hegten, präventiv zu handeln, und bei denen eine Beratung aussichtslos erschien. Dazwischen lagen diejenigen, die für neue Informationen empfänglich waren. Von denen, die erstmalig Sonnencremes benutzt hatten, taten es 51 % direkt nach der Operation und Beratung, und 11 % folgten innerhalb des Untersuchungsjahres. Diese Befunde geben Anlaß zu der Überlegung, kostspielige Interventionen vor allem bei solchen Leuten einzusetzen, die sich in einer „sensiblen Phase" der gedanklichen Einstellung auf ein neues Verhalten befinden.

Die erste psychologische Interventionsstudie wurde von Keesling und Friedman (im Druck) durchgeführt. Aufbauend auf ihre frühere Arbeit (Keesling & Friedman, 1987) haben sie Strandgäste aufgesucht und auf unterschiedliche Weise beeinflußt. Dabei ging es um die Frage, inwieweit Sachinformation einerseits und Angstappelle andererseits eine Veränderung von Einstellungen oder Verhalten bewirken können. An zehn Stränden in

Südkalifornien, wo die Hautkrebsinzidenzrate sehr hoch ist, wurden 82 Frauen und 54 Männer im Alter von 18 bis 61 Jahren experimentell nach einem 2 x 2-Plan untersucht. Es gab zwei Stufen des Faktors *Information*, auf der einen wurde eine Hautkrebsbroschüre der American Cancer Society dargeboten („Fry now, pay later"), auf der anderen wurde ein Text mit nur oberflächlicher Beschreibung von Hautkrebs gegeben; es gab zwei Stufen des Faktors *Angstappell*, indem die eine Hälfte der Stichprobe Fotos von Menschen am Strand zu betrachten hatte, die andere Hälfte dagegen Farbfotos von Hautgeschwulsten aus dermatologischen Fachzeitschriften. Daß die letztgenannten Bilder tatsächlich Angstappelle enthielten, ließ sich daran erkennen, daß die Empfänger höhere Zustandsangst angaben („manipulation check"). Abhängige Variablen waren Wissen über Hautkrebs, Einstellungen und Intentionen im Hinblick auf Sonnenbaden, Sonnenschutzmittel, schützende Kleidung usw. Daneben wurden einige Verhaltensdaten erhoben, indem die Versuchspersonen gebeten wurden, ihre Telefonnummer für Nachfolgeuntersuchungen zu hinterlassen, und indem registriert wurde, wieviele von ihnen eine Postkarte mit Informationswünschen einsandten oder wieviele die Forschungsgruppe später telefonisch kontaktierten.

Der experimentelle Faktor Sachinformation führte erwartungsgemäß zu einem besseren Wissen über Hautkrebs und zu einer vermehrten Nachfrage nach weiteren Informationen, aber es zeigten sich keine Wirkungen auf Einstellungen oder Intentionen. Der Faktor Angstappell hatte keinen Einfluß auf Wissen, Einstellungen, Intentionen oder Verhalten. Die einzige Wechselwirkung der beiden Faktoren bezog sich auf die Suche nach weiterer Information. Diejenigen, die abschreckende Bilder gesehen hatten, ohne eine Aufklärungsbroschüre zu erhalten, drückten das stärkste Bedürfnis aus, mehr über Hautkrebsrisiken zu erfahren.

Insgesamt erscheint die Befundlage dieser Studie eher enttäuschend, was sicher auch damit zusammenhängt, daß relativ alte Modellvorstellungen zugrundegelegt worden sind (vgl. Kapitel „Theoretische Konzepte zum Gesundheitsverhalten"). Angstappelle allein, wie sie z. B. in Anlehnung an das Health Belief-Modell entworfen worden sind, haben sich auch bei Rauchen und Alkoholkonsum als wenig wirksam erwiesen. Die Variablen Einstellung und Intention, die in der Theorie der Handlungsveranlassung (Theory of Reasoned Action) propagiert wurden, reichen ebenfalls nicht aus, um eine dauerhafte Verhaltensänderung einzuleiten. Statt dessen wäre es vorteilhafter, die subjektive Kontrollierbarkeit sowie spezifische Erwartungen zu beeinflussen. Es ist aber auch zu bedenken, daß es sich in dieser Studie um eine Stichprobe von Leuten handelte, die sich im Durchschnitt 11,5 Stunden pro Woche in kosmetischer Absicht den ultra-violetten Strahlen ausgesetzt hatte, also um „hartgesottene Sonnenanbeter“. Die vorliegende Arbeit zeigt interessanterweise, daß das Informationssuchverhalten durch eine schwach dosierte Eingangsinformation stimuliert werden kann, wobei auch ein gewisses Maß an Abschreckung unterstützend hinzutreten kann. Dies sollte im Zusammenhang mit Stadien der Veränderung gesehen werden (vgl. Rossi, 1989). Überzeugte „Sonnenanbeter“ könnte man in kleinen Schritten mit wohldosierter Information versorgen, ohne Abwehrtendenzen zu wecken, und erst bei Erreichen eines höheren Problembewußtseins wären dann weitere Maßnahmen angebracht, die mehr Einwilligung voraussetzen, wie z. B. Verhaltensbuchführung („monitoring“), Verhaltenstraining, Rollenspiel, Gruppendiskussion usw.

Aufgrund der genannten Befundlage kann man davon ausgehen, daß Interventionen wirksamer ausfallen, wenn sie auf die äußere Erscheinung zielen als auf die Krebsverhütung. Das haben zuletzt Jones und Leary (1994) bestätigt, die gefunden haben, daß Studenten dann eher Sonnenschutzintentionen entwickeln, wenn sie Aufsätze lesen, in denen die negativen Effekte von Strahlung auf das Aussehen der Haut beschrieben wurden. Dieser Befund hing allerdings auch davon ab, wie motiviert die Studenten waren, attraktiv auszusehen.

Ernährung und Gewichtskontrolle

In diesem Kapitel geht es um zwei miteinander verwandte Dinge: um die Menge der Nahrungszufuhr (Energieaufnahme) sowie um die gesundheitsgerechte Ernährung, also die Wahl gesunder Lebensmittel und die Vermeidung von einseitiger oder ungesunder Kost. Die Regulation des Körpergewichts kann als ein Gesundheitsverhalten angesehen werden, während die passive Hinnahme von Übergewicht als ein Risikoverhalten zu betrachten ist; eine ausgewogene Ernährung sowie eine gezielte Ausklammerung krankheitsbegünstigender Nahrungselemente ist ein Gesundheitsverhalten, während die gedankenlose Hingabe an die gerade verfügbare Nahrung oder die Bevorzugung ausschließlich wohlschmeckender Köstlichkeiten ein Risikoverhalten darstellt. Wie man sieht, unterscheiden sich also Gewichtskontrolle und Ernährung in der Systematik von anderen Gesundheitsverhaltensweisen (wie z. B. körperlicher Aktivität) oder Risikoverhaltensweisen (wie z. B. Rauchen) durch ihre Doppeldeutigkeit, indem sie sowohl gesunde als auch riskante Elemente enthalten. Wir alle müssen uns ernähren, die Frage ist nur, wie wir mit dem Überangebot an Eßbarem umgehen, ohne uns zu schaden. Die Erörterung dieser Frage beschränkt sich hier auf die Gesellschaften in zivilisierten wohlhabenden Ländern, denn in der Dritten Welt (oder auch in manchen benachteiligten Gruppen unserer Gesellschaft) stellen sich ganz andere Ernährungsprobleme. Übergewicht ist in der Dritten Welt eher ein Phänomen einer privilegierten Schicht; Dickleibigkeit kann dort sogar ein begehrtes Statussymbol sein, zeigt es doch, wie wohlhabend man ist. Umgekehrt ist in der Wohlstandsgesellschaft Übergewicht mehr in unteren als in höheren Sozialschichten zu finden.

Einige Fragestellungen werden hier nicht näher behandelt, um den Rahmen des Kapitels nicht zu sprengen. Eßstörungen z. B. werden nur kurz erwähnt. Ihre ausführliche Behandlung gehört mehr in die klinische als in die Gesundheitspsychologie. Die Belastung unserer Lebensmittel durch toxische Substanzen wie z. B. Konservierungsstoffe, Rückstände von Pestiziden, radioaktive Strahlung oder organische Schadstoffe ist ein Thema für sich, das an anderer Stelle einer gründlichen Behandlung bedarf. Der gesundheitsbewußte Mensch wird nicht nur sein Gewicht durch begrenzte Kalorienaufnahme regulieren und z. B. Salz, Fett und Zucker möglichst meiden, sondern seine Nahrung auch mit Bedacht auswählen, wenn es um die Belastung durch toxische Substanzen geht.

Schließlich ist Gewichtskontrolle nicht allein eine Angelegenheit des Essens, sondern hat mit dem Lebensstil überhaupt zu tun. Körperliche Aktivität spielt dabei eine Rolle, aber da dies bereits in einem separaten Kapitel behandelt worden ist, soll das Thema an dieser Stelle bewußt vernachlässigt werden.

Ernährungsgewohnheiten

Zur gesundheitlichen Bedeutung von Nährstoffen

Die Gesundheitspsychologie befaßt sich unter anderem damit, warum Menschen sich falsch ernähren, welches Wissen und welche Überzeugungen sie über Nährstoffe gebildet haben, wie sie motiviert werden können, geeignete Nahrung auszuwählen und welche Schwierigkeiten auftreten, wenn es um die Einhaltung selbstgesetzter Ernährungsregeln geht. Zunächst soll kurz geklärt werden, was man heute unter gesunder Ernährung versteht.

Dauerhafte Fehlernährung kann unzählige Gesundheitskonsequenzen nach sich ziehen, deren Erörterung an dieser Stelle zu weit führen würde. Es sei lediglich an einige Fakten erinnert: Salz kann Bluthochdruck fördern und somit das koronare Risiko erhöhen, zu viel Fett und Cholesterin können zu Atherosklerose und Herz-Kreislauf-Erkrankungen, aber auch zu Tumoren führen, raffinierter Zucker schadet nicht nur den Zähnen, sondern trägt zur Unausgewogenheit der Nahrung und zur Unterversorgung mit Vitaminen bei, Mangel an Vitaminen und Ballaststoffen kann die Tumorgenese begünstigen; Alkohol schwächt das Immunsystem, und Koffein stimuliert die kardiovaskuläre Reaktivität. Schließlich ist auch zu bedenken, daß Ernährung nicht nur unsere körperliche, sondern auch die psychische Gesundheit mitbestimmt, indem einzelne Nährstoffe eine Veränderung von Stimmungslage und Wohlbefinden herbeiführen können (vgl. Diebschlag, 1991). Wenn es um die Verhütung von Krankheiten durch gezielte Zufuhr bestimmter Nährstoffe geht, spricht man auch von *präventiver Ernährung*.

Fehlernährung stellt ein Risikoverhalten dar, das für sich genommen langfristig Gesundheitsschäden nach sich zieht, vor allem aber in Kombination mit anderen Risikoverhaltensweisen von Bedeutung ist. Rauchen, Alkoholkonsum, Bewegungsmangel und fehlangepaßte Streßbewältigung können mit dauerhafter Fehlernährung interagieren und Menschen pathogenen Prozessen aussetzen, insbesondere wenn auch noch eine genetische Prädisposition hinzutritt. Über solche Synergismen ist noch relativ wenig bekannt. Was z. B. geschieht im Organismus einer Typ A-Person, die sich ständig ärgert, die raucht, Kaffee trinkt, sich fettreich ernährt und keinen Sport treibt (vgl. Rosenman, 1993)?

Die Empfehlungen für eine gesunde Ernährung haben sich im Laufe der Zeit geändert. Seit über drei Jahrzehnten werden in den USA vier Nahrungskategorien propagiert, a) die Milchgruppe (Käse, Butter, Milch, Joghurt usw.), b) die Fleischgruppe (Fleisch, Fisch, Eier usw.), c) die Obst- und Gemüsegruppe, und d) die Brot- und Getreidegruppe. Die bisher gültige Ernährungsregel besagt, täglich Speisen aus diesen vier Gruppen zu verzehren, wobei die beiden letzten doppelt so häufig gewählt werden sollten wie die ersten beiden. Inzwischen haben sich die Akzente verschoben, nachdem wissenschaftliche Erkenntnisse über die positiven gesundheitlichen Wirkungen von komplexen Kohlehydraten sowie Ballaststoffen und über die negativen Folgen von Fett und Zucker dokumentiert worden sind. Die Bemühungen gehen nun dahin, die vier Nahrungsgruppen durch eine *Nahrungspyramide* zu ersetzen, an deren Basis die Lebensmittel mit komplexen Kohlehydraten angesiedelt sind, insbesondere Vollkornbrot, Vollkornreis, Vollkornnudeln und Müsli. Auf der zweiten, schmaleren Ebene folgen Gemüse und Obst, auf der dritten Milch- und Fleischprodukte, und auf der Spitze der Pyramide finden sich Fett und Süßigkeiten, die nur ein Minimum der Ernährung ausmachen sollten.

Es wird heute allgemein empfohlen, von den drei Energieträgern unserer Nahrung, nämlich Kohlehydraten, Protein und Fett, vor allem ersteres zu verzehren und dagegen weniger als 30 % der Kalorien über *Fett* aufzunehmen. Das klingt einfach und sollte leicht zu befolgen sein, wenn jemand erst einmal motiviert ist, seine Ernährung bewußt zu verbessern. Doch liegt eine Schwierigkeit darin, daß die Gewichtsanteile nicht mit den Kalorienanteilen übereinstimmen, so daß der Kunde nachrechnen muß, um die richtigen Kalorienwerte zu ermitteln. Wenn z. B. eine Ware mit der Aufschrift versehen ist, sie enthalte 10 g Kohlehydrate, 10 g Protein und 10 g Fett, dann ist dies irreführend, weil diese drei Bestandteile nicht die gleichen Mengen von Energie enthalten. Kohlehydrate und Protein enthalten etwa 4 Kalorien pro Gramm, Fett dagegen 9 Kalorien. In dem genannten Beispiel enthält das Lebensmittel also 170 Kalorien, 40 von Kohlehydraten, 40 von Protein und 90 von Fett, also 23,5 %, 23,5 % und 53 %. Solange die Warenetiketten nicht diese Information liefern, bleibt es ein Anliegen der Gesundheitserziehung, die Bevölkerung über diese Asymmetrie aufzuklären. Eine weitere Barriere liegt darin, daß sich aufgrund des Geschmacks allein kaum abschätzen läßt, wie fett eine Speise wirklich ist (Drewnowski & Schwartz, 1990). Während sich der Zuckergehalt durch Schmecken leicht feststellen läßt, gilt dies weniger für Fett. Insbesondere bei Süßspeisen, die zugleich fett sind, verhindert die Süße die Wahrnehmung des Fettgehalts. Diese Maskierung von Fett durch süßen Geschmack erklärt, warum viele Nachspeisen fälschlicherweise als kohlehydratreich angesehen werden, obwohl ihre meisten Kalorien auf Fett beruhen.

Der Verzehr von zu viel Fett ist generell bedenklich, aber man muß hier einige Unterscheidungen treffen. So gibt es (mehrfach) gesättigte Fettsäuren, z. B. in Butter und Fleisch, und (mehrfach) ungesättigte Fettsäuren, z. B. in Olivenöl. Welche davon in welchem Maße und unter welchen Umständen wie gesundheitsschädlich sind, ist noch nicht ausdiskutiert, was sich unter anderem in dem jahrzehntealten Butter-Margarine-Streit dokumentiert. Kaltgepreßtes Olivenöl z. B. und das Fett vieler Fische (Omega-III-Fettsäure) haben sich in einigen Untersuchungen als protektiv gegenüber Herz-Kreislauf-Krankheiten erwiesen (Dusheck, 1985). Die herrschende Expertenmeinung geht dahin, auf tierische Fette soweit wie nur möglich zu verzichten und pflanzliche Fette nur in geringer Dosierung zu verzehren.

Als Hauptübeltäter gilt das *Cholesterin*, eine zwar notwendige körpereigene Substanz, die aber in großen Mengen gesundheitsschädlich ist. Tierische Fette enthalten Cholesterin, und deren Verzehr bleibt nicht ohne Wirkung auf den Lipidhaushalt. Zu viel Cholesterin im Blut (Hyperlipidämie) erhöht das koronare Risiko, insbesondere in Verbindung mit hohem Blutdruck

(Hypertonie). Dabei ist es eine bestimmte Untergruppe von Cholesterin, das LDL (low-density lipoprotein), das zur Plaquebildung in den Arterien führt, während das HDL (high-density lipoprotein) eine eher protektive Wirkung ausübt. Mißt man lediglich den Gesamt-Cholesterinspiegel, bleibt dieser Unterschied verdeckt; doch hat sich gezeigt, daß bei den meisten Menschen mit hohem Cholesterinspiegel gerade das LDL erhöht ist. Deswegen hat sich die diagnostische Praxis durchgesetzt, bei großen Bevölkerungsgruppen erst einmal das Gesamt-Cholesterin zu messen (ein preiswertes Screening) und nur dann eine genaue und aufwendigere Blutanalyse daran anzuschließen, wenn dies aufgrund eines zu hohen Gesamt-Cholesterinspiegels angezeigt ist.

An dieser Stelle empfiehlt sich eine grundsätzliche Anmerkung zur öffentlichen Cholesterindebatte. Wissenschaft zeichnet sich dadurch aus, daß begründete Kontroversen ausgefochten werden, weil alle empirischen Befunde den Charakter der Vorläufigkeit tragen und weil deswegen immer wieder Skepsis an ihrer Gültigkeit angebracht ist. Wenn heute fast alle Mediziner auf der soliden Grundlage unzähliger Forschungsbefunde von der schädlichen Wirkung einer hohen Cholesterinmenge im Blut überzeugt sind, dann schließt dies die Tatsache ein, daß es auch eine Minderheit gibt, die dieser Auffassung widerspricht. Eine Befundlage gilt solange als akzeptabel, wie ein breiter Konsens darüber in der Gemeinschaft der Wissenschaftler gegeben ist. Genau dies ist bei der Cholesterinfrage der Fall. Widersprüchliche Expertenmeinungen und Forschungsbefunde beleben zwar die Fachdiskussion auf fruchtbare Weise, aber deren Popularisierung in den Massenmedien erweist der Bevölkerung einen Bärendienst. Wenn ein deutsches Nachrichtenmagazin lautstark eine „Entwarnung" der Cholesteringefahr propagiert, dann läuft dies den jahrelangen, intensiven Bemühungen von Gesundheitspsychologen und -erziehern diametral entgegen, sabotiert kostspielige Gesundheitsaufklärungsaktionen und schadet all denen, die durch eine cholesterinarme Diät ihr Leben retten könnten und nun durch journalistischen Eifer und Verantwortungslosigkeit die Motivation dazu verlieren, ihre Ernährung umzustellen. Es gibt einige seriöse und kompetente Wissenschaftler, deren Expertenmeinung von der der Mehrheit abweicht, aber die Ausbeutung solcher Minderheitenpositionen für das journalistische Tagesgeschäft kann großen Schaden anrichten. Welche Auffassung eines Tages als die gültige anzusehen ist, sollte dem Urteil sachverständiger Fachorganisationen vorbehalten bleiben. Deren gelegentliche Zerstrittenheit einem unkundigen Publikum vorzuführen, hat keinerlei konstruktive Funktion und fördert eher die Wissenschaftsfeindlichkeit und einen gesundheitlichen Fatalismus.

Der statistische Zusammenhang zwischen Cholesterin und Herz-Kreislauf-Erkrankungen ist eng genug, um daraus Interventionen und Präventionsmaßnahmen abzuleiten (Carmody, Matarazzo & Istvan, 1987). Wann ein Cholesterinspiegel als bedrohlich hoch zu gelten hat, läßt sich nicht ganz genau bestimmen, was übrigens auch daran deutlich wird, daß in verschiedenen Ländern unterschiedliche Grenzwerte angegeben werden. In Deutschland legt man einen Grenzwert von 250 mg Cholesterin in einem Deziliter Blutserum zugrunde. In den USA spricht man von einem hohen Cholesterinspiegel, wenn er 240 mg übersteigt, und von einem nahezu hohen (borderline high), wenn er zwischen 200 und 239 mg liegt. Der Durchschnittswert der 20- bis 74jährigen weißen Männer liegt bei 211 mg, der der Frauen bei 214 mg (National Center for Health Statistics, 1990). Die Gesundheitsdienste, die Screenings durchführen, veranlassen normalerweise dann LDL- und HDL-Bestimmungen, wenn ein Gesamt-Cholesterinwert von 200 mg/dl überschritten wird.

Im Rahmen von Nationalen Gesundheitssurveys in den alten Bundesländern ließ sich für den Zeitraum von 1984/85 bis 1990/91 ein leichter Aufwärtstrend in der Prävalenz von Hypercholesterinämie feststellen, nämlich ein Anstieg von 25 auf 39 Prozent (Laaser, Lemke-Goliasch, Schumann, Kaftan & Hellmeier, 1993).

Das durch fettreiche Ernährung zugeführte Cholesterin beeinflußt den tatsächlichen Cholesterinspiegel zwar nur in relativ geringem Maße, doch reicht dieser Einfluß aus, um auf diesem Wege das koronare Risiko zu erhöhen bzw. es durch eine gezielte Diät zu senken. Abbildung 41 zeigt die durchschnittliche tägliche Aufnahme von Cholesterin durch die Nahrung bei Frauen und Männern in verschiedenen Altersgruppen. Männer nehmen mehr Cholesterin zu sich als Frauen, und im höheren Alter ist dies weniger der Fall als in jungen Jahren. Cholesterin ist in gesättigten Fettsäuren enthalten, und Männer verzehren mehr davon als Frauen, wie sie überhaupt mehr Fett zu sich nehmen. Abbildung 42 zeigt die Alters- und Geschlechtsverteilung im täglichen Verzehr von Fett insgesamt sowie von gesättigten Fettsäuren.

Da Fett ein reicher Energieträger ist, verwundert es nicht, daß die tägliche Kalorienaufnahme bei Männern viel höher ist als bei Frauen. Die Alters- und Geschlechtsverteilung der Energieaufnahme verläuft analog zum Fettverzehr (s. unten). Dagegen wird heute empfohlen, weniger als 30 % aller Kalorien durch Fettkonsum zuzuführen; höchstens ein Drittel davon sollte auf gesättigten Fettsäuren beruhen (Block et al., 1988).

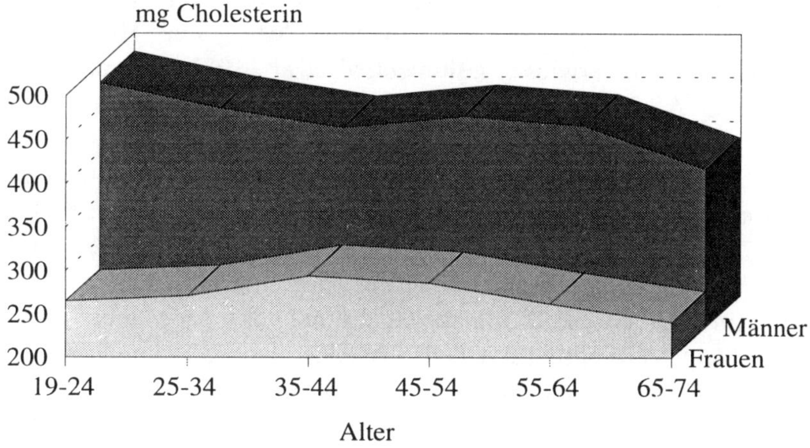

Abbildung 41. *Durchschnittliche tägliche Aufnahme von Cholesterin durch die Nahrung bei weißen Frauen und Männern in verschiedenen Altersgruppen (Block, Rosenberger & Patterson, 1988, S. 1151).*

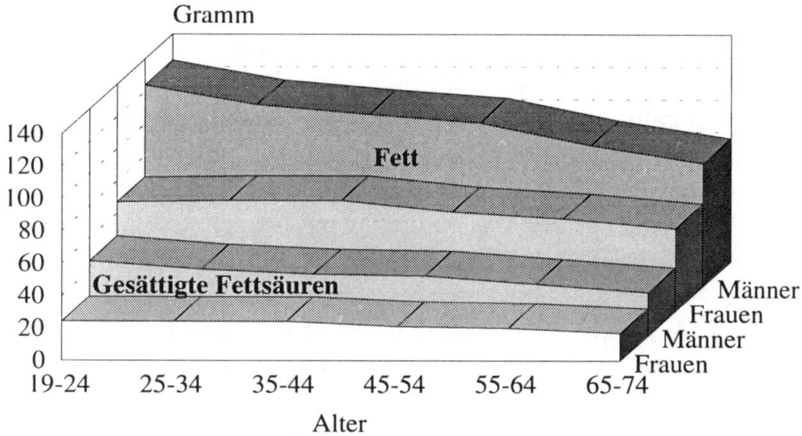

Abbildung 42. *Durchschnittlicher täglicher Verzehr von Fett insgesamt sowie von gesättigten Fettsäuren bei weißen Frauen und Männern in verschiedenen Altersgruppen (Block et al., 1988, S. 1151).*

Der Cholesterinspiegel im Blut wird nur teilweise über die Nahrung beeinflußt und kann auch durch körperliches Training verändert werden; Sporttreiben hat sich als wirksam zur Erhöhung des „guten" HDL und zur Verminderung des LDL erwiesen (Blumenthal et al., 1989; vgl. das Kapitel über körperliche Aktivität). Darüber hinaus ist in experimentellen Untersuchungen gezeigt worden, daß Streß sich in einer Erhöhung des Cholesterinspiegels niederschlagen kann (McCann, Warnick & Knopp, 1990; Lundberg et al., 1989; Stoney, Owens, Matthews, Davis & Caggiula, 1990). Umgekehrt ist es gelungen, durch wirksame Streßbewältigungstechniken (z. B. Entspannung) den Cholesterinspiegel zu senken (Bennett & Carroll, 1990). Ein bestimmter Streßbewältigungsstil und Persönlichkeitsmerkmal, das sogenannte Typ A-Verhalten, steht in Verbindung mit dem Cholesterinspiegel (Lundberg et al., 1989; Perkins, 1989; Rosenman, 1993; Weiss, 1990).

Frauen und Männer essen nicht nur unterschiedlich viel, sondern wählen von vornherein ganz andere Speisen. Schon in der Jugend essen Jungen mehr Fett, Salz und Zucker, während Mädchen mehr Gemüse essen; bei erwachsenen Männern hat man einen höheren Verzehr von Fleisch, Milchprodukten, Brot und Süßigkeiten gefunden, bei Frauen mehr Obst, Joghurt, Kaffee, Tee und Diät-Softdrinks (Rolls, Fedoroff & Guthrie, 1991). Dies hängt offensichtlich mit dem kulturell vermittelten Bedürfnis nach Schlankheit zusammen (s. unten).

Der hier skizzierte Diskussionsstand zur gesunden Ernährung läßt außer acht, daß es zur Verhütung von spezifischen Krankheiten eine ganze Reihe von besonderen Diätempfehlungen gibt, die auch von gesundheitspsychologischer Bedeutung sind. So haben z. B. viele Menschen, die zu Bluthochdruck neigen, Schwierigkeiten, auf Salz zu verzichten, und bedürfen dazu einer Anleitung. Diabetiker bedürfen fachkundiger Hilfestellung, um ihren Glukosehaushalt durch gezielte Ernährung zu regulieren. Frauen benötigen größere Mengen von Kalzium, um der Osteoporose vorzubeugen, usw. Der Schwerpunkt unserer Betrachtung lag hier deswegen auf Fett und Cholesterin, weil dies ein Musterbeispiel für einen wohlbekannten und vermeidbaren Risikofaktor in der Gesamtbevölkerung darstellt. Nicht nur das Herzinfarkt-Risiko wird dadurch erhöht, sondern auch das Risiko für Brust-, Gebärmutter-, Nieren- und Darmkrebs.

Zur Verhütung von Krebs auch durch die Ernährung gibt es einige vorläufige Empfehlungen. Generell gilt, daß man möglichst wenig tierische Fette zu sich nehmen sollte, dafür aber um so mehr Ballaststoffe. Vollkornprodukte, frisches Obst und Gemüse (z. B. Brokkoli) sollten auf keinem Speisezettel fehlen. Es gibt auch einige Gründe, die für eine reichhaltige Versorgung mit

Antioxidantien wie Vitamin C, E und A (bzw. Beta-Karotin) sowie dem Mineral Selen sprechen, auch wenn die Befundlage zugunsten dieser Annahmen bisher nur spärlich ausfällt (Newberne & Suphakarn, 1983). Die Antioxidantien wirken den sogenannten freien Radikalen entgegen. Vitamin C verhindert außerdem die Umwandlung von Nitriten in die krebserzeugenden Nitrosamine (Pauling, 1980). Bei Menschen, die überdurchschnittlich viel Vitamin A oder Beta-Karotin zu sich nehmen (z. B. durch Karotten), war die Krebsinzidenzrate unterdurchschnittlich, wobei das relative Risiko, an Krebs zu erkranken, nur halb so groß war; dies stützt die These, daß Vitamin A bzw. Beta-Karotin protektive Substanzen darstellen, zumindest im Hinblick auf Lungen- und Magenkrebs bei Männern (Hinds, Kolonel, Hankin & Lee, 1984; Stehr et al., 1985). Bei Selen handelt es sich um ein Mineral, das vom Boden über Getreide oder Gemüse in die Nahrung gelangt. In großen Mengen ist es giftig, aber in schwacher Dosierung scheint es das Krebsrisiko etwas zu mindern (Newberne & Suphakarn, 1983).

Die Änderung des Ernährungsverhaltens: Präventive Ernährung

Viele Menschen sind dazu motiviert, ihre Ernährungsgewohnheiten zu ändern. Die Ursache dafür liegt teils in der Erkenntnis, daß bestimmte Nährstoffe oder Umweltschadstoffe Gesundheitsschäden nach sich ziehen können, teils in dem Verlangen, schlank und fit zu sein. Das dominante Motiv liegt darin, besser auszusehen und dies unter anderem durch Regulation des Körpergewichts zu erzielen. Darauf wird weiter unten näher eingegangen.

Das Wissen über Nahrung und über gesundheitliche Implikationen stellt eine Voraussetzung für die gesundheitsbewußte Ernährung dar. Bei einer Repräsentativbefragung der amerikanischen Food and Drug Administration (FDA) im Jahre 1988, die an Personen im Alter von mehr als 11 Jahren durchgeführt wurde, zeigten sich mehr als 70 % informiert über den Zusammenhang zwischen Fett und koronaren Herzkrankheiten sowie Cholesterin und koronaren Herzkrankheiten, etwa 60 % wußten über Salz und Bluthochdruck Bescheid, aber nur ein Viertel war sich der Beziehung zwischen Ballaststoffen und Krebs bewußt. Um eine begründete Entscheidung beim Einkaufen treffen zu können, ist es erforderlich zu wissen, welche Nahrungsmittel Quellen von Fett, Cholesterin, Kalzium, Sodium, Ballaststoffen sowie Energie (Kalorien) darstellen. Weniger als die Hälfte der Befragten konnte Nahrungsmittel nennen, die viel Ballaststoffe enthielten. Dagegen konnten 62 % Fleisch- und Milchprodukte als Träger gesättigter Fettsäuren und 55 % Gemüse und

Pflanzenöl als Träger ungesättigter Fettsäuren identifizieren (National Center for Health Statistics, 1990).

In einer Studie in neunten Gymnasialklassen fanden Wambach und Galland (1994), daß zwei Drittel der Schüler etwas über einen Zusammenhang von Cholesterin und Herzinfarkt wußten. Allerdings konnten nur 6,6 Prozent den Normalbereich des Cholesterinspiegels korrekt angeben.

Der Änderung der Ernährungsgewohnheiten stellen sich viele Barrieren in den Weg. Es ist nicht damit getan, für ein paar Tage oder Wochen auf Fette und Zucker weitgehend zu verzichten, sondern gesunde Ernährung bedarf einer langfristigen, auf das ganze Leben bezogenen Modifikation. Das gelingt den wenigsten Menschen, selbst dann, wenn sie über ein persönliches Gesundheitsrisiko verfügen und bereits in ärztlicher Behandlung sind. Die anfängliche Motivation dazu schwindet schon nach kurzer Zeit. Ungesunde Ernährung ist vergleichbar mit einem Risikoverhalten, das abhängig macht wie Rauchen oder Alkoholkonsum. Wer es gewohnt ist, sich mit Salzcrackern, Steaks oder Süßigkeiten zu belohnen, wird das Absetzen der geliebten „Junk food-Diät" als eine schmerzhafte Deprivation empfinden und ein unwiderstehliches Verlangen danach entwickeln. Dies hat nicht nur psychische, sondern auch physiologische Gründe. Der Genuß von Süßigkeiten z. B. führt zu einem schnellen Anstieg des Blutglukosespiegels, der nach ein paar Stunden weit absinkt, so daß der Insulinspiegel dafür hoch ansteigt, was in einem Verlangen (craving) nach mehr Süßigkeiten resultiert. Wenn es aber für ein paar Tage gelingt, dem Süßhunger zu widerstehen und auf den Verzehr raffinierten Zuckers ganz zu verzichten, läßt auch dieses Verlangen nach. In ausgeprägter Form findet man dieses Phänomen bei der Hypoglykämie, einem pathologischen Wechsel zwischen Unter- und Überzuckerung.

Wie bei anderen Gesundheits- und Risikoverhaltensweisen läßt sich auch beim Ernährungsverhalten ein motivationaler und volitionaler Prozeß beschreiben. Ob jemand eine *Intention* entwickelt, sich gesünder ernähren zu wollen, hängt von einer Reihe von psychologischen Determinanten ab. Zunächst muß ein gewisser Grad an *Bedrohung* gegeben sein, oder - alternativ dazu - ein Anreiz zur Optimierung der Fitneß, wie man ihn bei Sportlern findet, die sich nicht deswegen gut ernähren, weil sie späteren Krankheiten vorbeugen wollen, sondern weil sie schon kurzfristig ihre Leistung steigern wollen. Die Person muß wissen, daß Nahrung einen Unterschied macht, bestimmte Nährstoffe also das Auftreten von Krankheiten begünstigen und andere die Fitneß verbessern können; zum anderen muß die Person dieses Wissen auf sich selbst beziehen, also subjektive Vulnerabilität empfinden oder ein persönliches Leistungspotential. Eine weitere Determinante liegt in den

Ergebniserwartungen, indem die Person kognizìert, welche Konsequenzen sich aus ihrem Verhalten ergeben würden. Dies können negative Erwartungen sein wie „Wenn ich weiterhin Süßigkeiten esse, kriege ich Karies" oder positive wie „Wenn ich auf eine cholesterinarme Diät gehe, vermindere ich mein Herzinfarktrisiko". Schließlich muß sich die Person in der Lage sehen, die Handlungsalternativen auch tatsächlich ausführen zu können. Dies spiegelt sich z. B. in der *Selbstwirksamkeitserwartung* bei einem Hypertoniker: „Ich bin ganz sicher, daß ich die Kraft habe, eine salzarme Diät durchzuhalten und allen Versuchungen, Salz zu essen, erfolgreich widerstehen kann". Ist die Intention gebildet, geht es darum, sie in konkretes Handeln zu übersetzen. Dazu gehören *Handlungspläne*, wie man richtig einkauft, wie sichtbar man welche Nahrungsmittel aufbewahrt, zu welchen Tageszeiten man wo ißt und welche Situationen man besser meidet, um nicht in Versuchung geführt zu werden. Wer sich ohne eine solche Detailplanung auf eine Modifikation der Eßgewohnheiten einläßt, dürfte nur eine geringe Chance haben, auf Dauer erfolgreich zu sein. Die Ausführung des Ernährungsverhaltens bedarf einer ständigen *Überwachung*, um nicht außer Kontrolle zu geraten. Fehlschläge müssen konstruktiv bewertet werden, sie dürfen nicht internal-stabil attribuiert werden, sondern external-variabel, indem die Stärke der Risikosituation, nicht dagegen die eigene Willensschwäche als Ursache des Versagens aufgefaßt wird. Darüber hinaus erscheint es von Vorteil, *soziale Unterstützung* zu mobilisieren, damit man mit seinen neuen Eßgewohnheiten nicht allein dasteht, sondern entweder positive Verstärkung erfährt oder das Gefühl der Gemeinsamkeit erlebt, wenn andere sich an derselben Diät beteiligen. Die genannten Elemente sind Bestandteile unserer Prozeßtheorie gesundheitlichen Handelns (vgl. das Kapitel über Gesundheitsverhaltenstheorien).

Die bisher bekannten Interventionen haben nur wenige Aspekte davon realisiert. Üblich sind breite Aufklärungskampagnen, die auf der Vorstellung beruhen, daß Wissen und Einsicht zur Verhaltensänderung führen (information appeal). Dies wird ergänzt durch Versuche, die Gefahren des Risikoverhaltens auszumalen und ein Gefühl der Bedrohung zu erzeugen (fear appeal). So wichtig Wissen und Bedrohung (in geringer Dosis) auch sind, sie stellen nur Eingangsvoraussetzungen für eine dauerhafte Verhaltensänderung dar. Foreyt, Scott, Mitchell und Gotto (1979) haben in Texas vier Interventionen vergleichend erprobt: a) eine Ernährungsbroschüre über Salz und Cholesterin, b) Unterweisung in gesunder Ernährung, c) Verhaltensmodifikation mit Gruppendiskussion und d) eine Kombination dieser drei Ansätze. Alle vier Interventionsmethoden waren zunächst erfolgreich, indem die Cholesterinaufnahme verringert wurde, aber nach einiger Zeit fielen alle Teilnehmer wieder in ihr gewohntes Ernährungsmuster zurück. In einer anderen Studie in Australien wurden drei Vorgehensweisen miteinander verglichen, nachdem ein Cholesterintest durchgeführt worden war: a) eine kurze Beratung, b) Beratung sowie vier Wochen später ein Erinnerungsschreiben, das weitere Informationen offerierte, und c) darüber hinaus noch ein Lotterielos; vier Monate später wurde allen 12.000 Teilnehmern ein Wiederholungstest angeboten; der Rücklauf auf dieses Angebot war jedoch für alle drei Interventionsmethoden der gleiche (Owen, James, Henrikson & Van Beurden, 1990). Eine Forschergruppe startete eine Aufklärungskampagne in Supermärkten, aber im Vergleich zur Kontrollgruppe von Supermärkten ohne diese Kampagne traten keine Unterschiede im Ernährungswissen und im Verkauf bestimmter Produkte auf (Jeffery, Pirie, Rosenthal, Gerber & Murray, 1982).

Es wird hier nicht die Position vertreten, solche Projekte seien nutzlos, sondern sie bedürfen der Ergänzung durch individualisierte Ansprache und durch kognitive Verhaltensmodifikation. Dazu gehören Elemente wie systematische Selbstbeobachtung, Reizkontrolle und Selbstverstärkung (vgl. Nell & Westmeyer, 1990). Die Klienten lernen dabei, über ihre Ernährung Buch zu führen, nur unter bestimmten Rahmenbedingungen zu essen und sich für die Einhaltung ihrer Diät zu belohnen. Dies läßt sich gut mit Prinzipien der Rückfallverhütung verbinden, um einen dauerhaften Erfolg zu sichern (Marlatt & Gordon, 1985; Sternberg, 1985). Das Prinzip der sozialen Unterstützung kommt in Projekten zum Ausdruck, die die ganze Familie in die Verhaltensmodifikation miteinbeziehen (vgl. Carmody, Istvan, Matarazzo, Connor & Connor, 1986). Einwohner von Oregon, deren Gesundheitsrisiko als hoch diagnostiziert worden war, wurden gemeinsam mit ihren Partnern und Kindern beraten und über Jahre hinweg von Psychologen betreut. Die Familien bildeten untereinander Selbsthilfegruppen, die sich regelmäßig trafen, um Kochrezepte und Einkaufstips auszutauschen und über die Bewältigung ihrer Rückfallkrisen zu sprechen. Neben diesem Familienansatz gibt es eine Reihe von beachtlichen Interventionen am Arbeitsplatz, um die Betriebsangehörigen zu einer gesünderen Ernährung zu motivieren (vgl. Jeffery, Forster & Schmid, 1989; Liepmann, 1990; Murza & Laaser, 1990).

Es ist also möglich, die Ernährungsgewohnheiten und damit auch die Gesundheitsrisiken fortdauernd zu beeinflussen, aber es bedarf noch großer Anstrengungen von Gesundheitspsychologen, die hierfür geeigneten Strategien weiter zu verbessern und allgemein zugänglich zu machen.

Übergewicht und gestörtes Eßverhalten

Übergewicht als Gesundheitsrisiko

Lebewesen verfügen über komplexe Mechanismen der Nahrungsaufnahme und Gewichtsregulation. Den Geschmacksnerven z. B. kommt die Funktion zu, Eßbares von Ungenießbarem zu unterscheiden. Das Sättigungsgefühl sagt uns, wann wir genug haben. Das „periphere Sättigungssystem“ steuert die Eßlust mit Hilfe von Hormonen der Bauchspeicheldrüse und des Magen-Darm-Traktes, während die Nahrung ihren Weg durch den Organismus nimmt. Der „zentrale Nahrungsaufnahmemechanismus“ dagegen steuert das Eßverhalten durch Neuropeptide und andere Neurotransmitter. Auch wenn die Natur dies alles sehr gut eingerichtet hat, funktioniert es leider nicht immer so, wie es sollte. Menschen essen nicht immer gemäß biologischer Naturgesetze, sondern kulturelle Einflüsse, Erziehung, Streß oder spezifische Intentionen verursachen Besonderheiten im Eßverhalten, die sich auf die Gesundheit auswirken können. Übergewicht ist eine der Konsequenzen.

Zunächst soll kurz erläutert werden, was man unter Übergewicht versteht und warum es ein gesundheitliches Risiko darstellt. Das Körpergewicht ist dann erhöht, wenn mehr Körperfett angesetzt ist, als aufgrund von Statur, Größe und Geschlecht zu erwarten ist. Fett sollte bei Frauen ungefähr 20 bis 27 % ihres Körpergewebes ausmachen, bei Männern etwa 15 % bis 22 %. Die Zahl und Größe der Fettzellen beeinflussen das Körpergewicht in entscheidender Weise. Muskelgewebe wiegt mehr als Fettgewebe, und daher ist es möglich, schwerer und zugleich dünner als normal zu sein, wie man es manchmal bei Sportlern findet. Die korrekte Erfassung von Übergewicht erfolgt durch Unterwassermessung, indem man die Person in ein mit Wasser gefülltes Becken eintaucht, woraus sich ein Maß für den Anteil des Körperfetts ableiten läßt. Da dies jedoch sehr unpraktisch ist, verläßt man sich im allgemeinen auf tabellierte Normwerte. Ausgehend von einer bestimmten Körpergröße und -form läßt sich festlegen, wie hoch das Normal- und das Idealgewicht für Männer und Frauen sein sollten. Für die Normierung des Körpergewichts sind unterschiedliche Maße vorgeschlagen worden. International üblich sind vor allem zwei Maße: a) der Body Mass Index (BMI), ein Quotient von Körpergewicht (in kg) und dem Quadrat der Körpergröße (in m); wer also 50 kg wiegt und 1,70 m groß ist, hat einen BMI von 17.3; als Übergewicht gilt ein BMI von 27.8 bei Männern und 27.3 bei Frauen (National Center for Health Statistics, 1990), aber dieser Grenzwert schwankt von Studie zu Studie; und b) das BROCA-Normgewicht, das sich als Differenz zwischen Körpergröße in Zentimetern minus 100 ergibt. Wer z. B. 170 cm groß ist, sollte dann 70 kg schwer sein. Diese Faustregel führt zu relativ hohen Gewichten, so daß man von dem Ergebnis noch einmal 10 % bei Männern und 15 % bei Frauen abzieht, um das „Idealgewicht" zu erhalten. Der oben genannte Wert korrigiert sich dann zu 63 kg bei Männern und 59,5 kg bei Frauen. „Ideal" ist dieses Gewicht ursprünglich nicht wegen der Ästhetik, sondern wegen der damit verbundenen Lebenserwartung. Versicherungsstatistiker haben errechnet, bei welchem Körpergewicht - im Verhältnis zur Körpergröße - die höchste Lebenserwartung erzielt wird. Es versteht sich von selbst, daß solche Statistiken nur sehr begrenzten Wert für die persönliche Gewichtskontrolle haben können.

Das Körpergewicht der meisten Menschen liegt in der Nähe des BROCA-Normgewichts, also oberhalb des Idealgewichts. Abbildung 43 zeigt die Verteilung nach Gewichtsgruppen für Männer und Frauen.

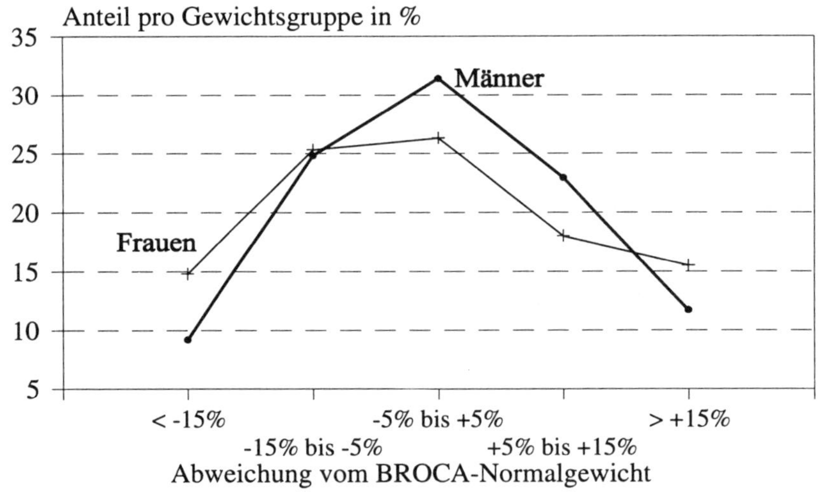

Abbildung 43. *Prozentsatz von Männern und Frauen in unterschiedlichen Gewichtsklassen auf der Grundlage des BROCA-Normgewichts (nach Pudel & Maus, 1990, S. 165).*

Einunddreißig Prozent der Männer und 26 % der Frauen liegen im Intervall von –5 % bis +5 % ihres Normgewichts. Betrachtet man die leichteste Gruppe (BROCA minus 15 %) und die schwerste (BROCA plus 15 %), so fällt auf, daß in beiden die Frauen zahlreicher vertreten sind als die Männer. Es gibt offenbar mehr dünne Frauen als Männer, aber auch mehr dicke Frauen.

Derartige Statistiken sind jedoch problematisch, wenn sie nicht auch die Körperform und das Alter berücksichtigen.

Wenn das persönliche Körpergewicht bis zu 20 % oberhalb des Idealgewichts (nach BROCA) liegt, spricht man von Übergewicht; geht es darüber hinaus, spricht man auch von Dickleibigkeit oder *Fettleibigkeit* (auch Fettsucht oder Adipositas). Die Grenze ist jedoch unscharf, und manche Autoren legen sie auf 40 % oberhalb des Idealgewichts (Feist & Brannon, 1988). Der Begriff Übergewicht wird aber auch in einem weiteren Sinne verwendet und schließt dann Dickleibigkeit mit ein. In diesem Sinne soll er hier gebraucht werden.

Übergewicht stellt einen *Risikofaktor* für viele Krankheiten dar, und zwar schon für sich allein sowie indirekt dadurch, daß er andere Risikofaktoren beeinflußt oder verstärkt wie z. B. Bluthochdruck und einen zu hohen Cholesterinspiegel. Es gibt Zusammenhänge zwischen Übergewicht und Arthritis, Atherosklerose, Diabetes, einigen Krebsarten, Gallenblasen- und Nierenleiden und Bluthochdruck. Daneben gibt es ein erhöhtes Risiko bei manchen chirurgischen Eingriffen, bei der Narkose und bei Geburten. Die Risiken spiegeln sich nicht nur in Morbiditäts-, sondern auch in Mortalitätsraten wider. Frauen, die zu 30 % übergewichtig waren, erwiesen sich als dreimal so stark gefährdet, an Herzkrankheiten zu erkranken, im Vergleich zu Frauen, die normalgewichtig waren; das Risiko war fünfmal so hoch, wenn die Frauen außerdem noch Raucherinnen waren (Manson et al., 1990). In welchem Maße Übergewicht riskant ist, hängt von dem Grad des Übergewichts ab. Bei 20 % Übergewicht ist das relative Mortalitätsrisiko kaum erhöht, bei 40 % Übergewicht dagegen sehr. Es sind jedoch Zweifel daran aufgekommen, allein das Gewicht zum Kriterium zu wählen. Die Verteilung von Fett über den Körper kann ebenfalls eine Rolle spielen, also ob mehr der Bauch oder eher die Schenkel und Hüften dick sind. Frauen neigen mehr zu dicken Hüften und Oberschenkeln, Männer mehr zu Bäuchen. Bei Frauen, deren Fett sich am Bauch sammelte, ist eine höhere Prävalenz von Diabetes, Bluthochdruck und Gallenblasenerkrankungen gefunden worden. Bei Personen mit dickem Bauch erwies sich das Risiko für Herzinfarkt als höher. Es könnte sein, daß die bisher nur schwachen empirischen Zusammenhänge zwischen Übergewicht und Krankheiten anders ausfallen würden, wenn man die Verteilung von Fett über den Körper systematisch berücksichtigen würde (Feist & Brannon, 1988). Eine andere Position nehmen Polivy und Herman (1983) ein. Sie vermuten, daß die negativen Gesundheitsfolgen nicht auf das *Fettsein* zurückzuführen sind, sondern auf das übermäßige *Essen*. Insbesondere wenn das Eßverhalten zu Schwankungen im Körpergewicht führt, sind Gefahren für Bluthochdruck, Diabetes, Herz-Kreislauf-Krankheiten und Gallenblasenleiden gegeben. Gewichts*veränderungen*, erzeugt durch Schlankheitskuren und Rückgewinn von Gewicht, wären nach dieser Hypothese eine Mitursache von koronaren Risiken. Es könnte sein, daß das Körpergewicht nicht als Risikofaktor, sondern lediglich als Risikoindikator anzusehen ist, der anzeigt, daß die Person zu viel und falsch ißt und zu wenig Bewegung ausübt, wobei letztere die eigentlichen Risikofaktoren darstellen würden.

Übergewicht ist Ausdruck der Zahl und der Größe von Fettzellen. Bei mäßig Übergewichtigen sind die Fettzellen groß, ohne daß es übermäßig viele sein müssen. Bei Dickleibigen dagegen treffen beide Faktoren zu: sie haben sowohl viele als auch große Fettzellen. Wodurch diese beiden Faktoren bestimmt werden, ist zwar noch nicht hinreichend erforscht, aber die meisten Befunde deuten auf familiäre Ursachen hin. Übergewichtige Eltern haben eher übergewichtige Kinder als normalgewichtige Eltern. Dies kann entweder genetisch bedingt oder ernährungsbedingt sein oder beides. Genetische Ursachen lassen sich durch die Zwillingsforschung aufdecken. So ist z. B. gefunden worden, daß Zwillinge zu Übergewicht neigen, wenn sie von übergewichtigen Eltern stammen, und zwar auch dann, wenn sie getrennt in sehr unterschiedlichen familiären Umwelten aufgewachsen sind (Stunkard, 1988). Frühkindliche Ernährungsgewohnheiten können eine vorhandene erbliche Prädisposition zu Übergewicht verstärken. In einer Studie an Kindern von der Geburt bis zum Alter von zwei Jahren ließen sich Ernährungsbesonderheiten bei denen beobachten, die später dickleibig wurden: sie saugten schneller, intensiver und länger, was mit einer höheren Kalorienaufnahme verbunden war (Agras, Kraemer, Berkowitz, Korner & Hammer, 1987). Die Tatsache, daß derartige Verhaltensmuster schon so frühzeitig auftraten, spricht dafür, daß es sich hier um ein genetisch bedingtes Verhalten handelt, das als Vermittler zwischen der genetischen Ausstattung und dem Übergewicht wirkt.

Die *familiäre Sozialisation* trägt dazu bei, wieviel und was man ißt. Dies ist sogar in ihrer Wirkung auf Haustiere untersucht worden. Mason (1970) fand, daß 44 % der Hunde von übergewichtigen Hundehaltern zu schwer waren, während nur 25 % der Hunde von Normalgewichtigen ein Übergewicht aufwiesen. Die meisten Kinder, die zu viel essen und zu wenig Bewegung haben, werden als Erwachsene übergewichtig. Das hängt damit zusammen, daß die Zahl der Fettzellen vor allem in den ersten Lebensjahren festgelegt wird, wobei genetische und Umwelteinflüsse zusammenwirken. Eine hohe Zahl von Fettzellen begünstigt die Speicherung von Fett und somit die Entstehung von Übergewicht bei Erwachsenen. Wird später, im Jugendalter, zu viel gegessen, dann schlägt sich dies mehr auf die Größe der Fettzellen nieder, weniger auf deren Anzahl.

Der sozio-ökonomische Status ist negativ mit dem Körpergewicht korreliert, d. h. in den unteren sozialen Schichten ist das Durchschnittsgewicht höher, aber dieser Zusammenhang beruht allein auf den Frauen, denn bei Männern und Kindern treten solche Sozialschichtunterschiede offenbar nicht auf (Sobal & Stunkard, 1989). Mittelschichtfrauen haben in stärkerem Maße das Idealbild von Schlankheit verinnerlicht und investieren größere Mühe, diesem Ideal zu entsprechen, indem sie ihre Kalorienaufnahme verringern und Sport treiben.

Geschlechtsunterschiede spielen hier überhaupt eine große Rolle. Bei Frauen ist die Fett-Muskel-Relation höher, was mit einem geringeren Grundumsatz verbunden ist, weil Fettgewebe metabolisch weniger aktiv ist als Muskelgewebe. Da sie außerdem im Durchschnitt kleiner sind als Männer, benötigen sie weniger Energie. Empirisch hat sich gezeigt, daß Frauen etwa 900 Kalorien weniger zu sich nehmen als Männer (Rolls et al., 1991). Abbildung 44 zeigt die durchschnittliche tägliche Energieaufnahme von weißen Frauen und Männern in verschiedenen Altersgruppen (Block et al., 1988).

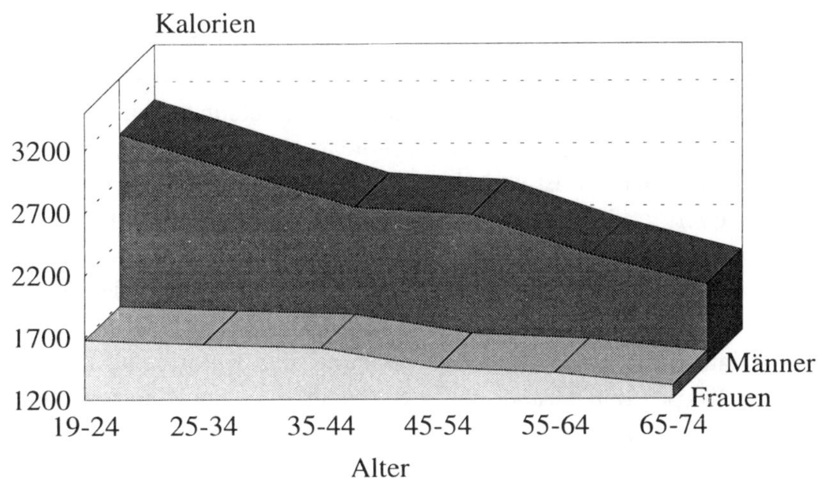

Abbildung 44. *Durchschnittliche tägliche Energieaufnahme von weißen Frauen und Männern in verschiedenen Altersgruppen (Block et al., 1988).*

Dies sind natürlich nur Durchschnittswerte, die keine Konsequenzen für individuelles Verhalten haben. Im Lebenslauf von Frauen gibt es drei Stadien, in denen es leicht zu einer Vergrößerung des Fettanteils im Körper kommen kann, nämlich die Pubertät, die Schwangerschaft und die Menopause, während es bei Männern keine fetterzeugenden Lebenslaufveränderungen gibt. Bei beiden Geschlechtern kommt es im Laufe der normalen Entwicklung zu einem Fettansatz, der mit einer altersbedingten Verringerung des Grundumsatzes einhergeht, aber dieser Prozeß ist bei Frauen stärker als bei Männern. Die Tatsache, daß sich bei Frauen das Fett mehr an Hüften und Oberschenkeln sammelt, hängt mit Veränderungen des Geschlechtshormonhaushalts während des Monatszyklus, der Schwangerschaft und der Laktation zusammen. Dieser Fettansatz ist aber gesundheitlich nicht so bedenklich wie der am Bauch; er stellt mehr ein ästhetisches Problem dar, aber nicht nur, denn auch bei Frauen gibt es Hinweise auf einen Zusammenhang zwischen Übergewicht und koronarem Risiko (Manson et al., 1990). Der gesellschaftliche und psychische Druck, schlank zu bleiben oder zu werden, ist für Frauen besonders stark, und deshalb sind ihre Bemühungen um Gewichtsabnahme besonders intensiv.

Für beide Geschlechter gilt aber, daß ihre Diäten wenig erfolgreich sind (Brownell, 1993). Bei einer Langzeitstudie von über vier Jahren im Anschluß an ein 15-wöchiges Gewichtsabnahmeprogramm ergab sich für beide Gruppen der generelle Trend, das verlorene Gewicht im Laufe der Zeit wiederzugewinnen; nur drei Prozent der Teilnehmer hatten ihr reduziertes Gewicht halten können (Kramer, Jeffery, Forster & Snell, 1989). Aber es gibt auch Hinweise darauf, daß Frauen ihr Gewicht besser halten können als Männer (Forster & Jeffery, 1986), was ein Ergebnis wiederholter Diätversuche darstellen mag. Diese Frauen hatten in der Tat öfter versucht abzunehmen, sie glaubten, weniger Kontrolle über ihr Eßverhalten ausüben zu können, und hatten ein geringes Selbstwertgefühl. Sie aßen mehr, wenn sie deprimiert, ärgerlich, ängstlich oder einsam waren, während Männer eher dann zu viel aßen, wenn sie sich in sozialen Risikosituationen befanden (z. B. Konflikte oder Geselligkeit).

Extreme Diäten mit einer radikalen Senkung der Kalorienzufuhr führen dazu, daß der Körper den Grundumsatz verändert und die Nahrungsverwertung intensiviert, so daß der Körper mit weniger Kalorien auskommt. Wenn jemand nach einer Schlankheitskur wieder normal ißt, dann kann es vorkommen, daß die erhöhte Verwertungsrate beibehalten wird und daß damit auch bei einer normalen Nahrungsmittelzufuhr das Gewicht ansteigt (Brownell, 1988, 1993). Das heißt, wenn der Grundumsatz niedrig bleibt, ergibt sich eine Gewichtszunahme auch dann, wenn man im Durchschnitt weniger ißt als gewohnt. Dieser Effekt tritt um so eher auf, je häufiger ein solcher Wechsel zwischen Hungern und Gewichtszunahme auftritt. Diäten können somit langfristig den paradoxen Effekt haben, das Übergewicht zu erhöhen.

Offenbar ist das Körpergewicht nicht beliebig beeinflußbar, sondern es gibt eine biologisch bestimmte Ausgangslage, zu der der Körper immer wieder zurückfindet, nachdem er auf unnatürliche Weise ernährt oder depriviert worden ist. Dies ist Gegenstand der *Set point*-Theorie, nach der sich das Körpergewicht in einer Weise reguliert wie z. B. auch die Temperatur oder andere Selbstregulationssysteme. Der „Set point" ist so etwas wie ein Meßfühler im kybernetischen Regelkreis: ist er unterschritten, essen wir mehr, ist er überschritten, essen wir weniger. Diejenigen, die von vornherein über einen höheren „Set point" verfügen, neigen demnach zu Übergewicht. Es gibt experimentelle Untersuchungen, bei denen Menschen systematisch ausgehungert, und andere, bei denen Menschen systematisch überfüttert wurden (vgl. Feist & Brannon, 1988). Die Abnahme sowie die Zunahme von Körpergewicht erreichte in beiden Fällen schon bald ein Plateau, von dem aus kaum noch Änderungen auftraten. Die Tatsache, daß alle Abweichungen von dem individuellen Normalgewicht nur durch Anstrengung und Leidensprozesse erzielt werden, ist im Sinne des Set points erklärt worden (Bennett & Gurin, 1982). Die Set point-Theorie besagt, daß physiologische und psychologische Mechanismen aktiviert werden, wenn das Fettniveau über oder unter ein bestimmtes Maß geht. Wenn jemand über längere Zeit gezwungen wird, sehr viel mehr zu essen als nötig, dann verringert sich der Grundumsatz, und ein Gefühl von Ekel gegenüber Nahrung macht sich breit. Wird jemand gezwungen, sehr viel weniger zu essen als erforderlich, dann erhöht sich der Grundumsatz sowie der Hunger, bis hin zu einer Besessenheit über Nahrung als dem zentralen Lebensinhalt. Der Körper wehrt sich auf diese Weise gegen Abweichungen von der individuellen Norm.

Der Set point ist ein theoretisches Konstrukt, dessen genaue Lokalisierung im Körper noch nicht gelungen ist. Nisbett (1972) nimmt an, daß es Fettrezeptoren im Hypothalamus gibt, die für die Steuerung verantwortlich sind. Bei Ratten hat man chirurgische Manipulationen am Hypothalamus vorgenommen und dabei erfolgreich diese Mechanismen außer Kraft gesetzt, so daß die Ratten je nach Operationstyp entweder fett wurden oder abmagerten. Bei Menschen hat man einen Zusammenhang zwischen Fettsucht und Gehirntumor in einer Autopsie festgestellt, was ebenfalls für die Annahme einer Steuerungsinstanz im Hypothalamus spricht.

Es gibt inter- und intraindividuelle Unterschiede im Set point. Frauen haben einen höheren Anteil an Körperfett als Männer und somit auch einen höheren Set point. Der individuelle Set point kann sich auch über die Zeit hinweg verändern, aber darüber ist nur wenig bekannt. Vererbung und Umwelt können die Entwicklung des Set points beeinflussen. Bei adoptierten Kindern z. B.

fand man eine engere Beziehung ihres Körpergewichts zu dem ihrer biologischen Eltern als zu dem ihrer Adoptiveltern. Übermäßiges Essen in der Kindheit führt zur Bildung einer größeren Zahl von Fettzellen und somit zu einem höheren Set point, der das Körpergewicht später reguliert. Die Vertreter der Set point-Theorie (Bennett & Gurin, 1982; Nisbett, 1972; Polivy & Herman, 1983, 1987) sind jedoch nicht der extremen Auffassung, daß das Körpergewicht ausschließlich davon bestimmt wird. Vielmehr gestehen sie zu, daß man auf Dauer ein Gewicht unterhalb des Set points durch gezügeltes Essen und oberhalb des Set points durch übermäßiges Essen halten kann.

Was man ißt und wieviel man ißt, hängt mit einer Vielzahl von situativen und personalen Faktoren zusammen, unter anderem auch damit, was man gerade zuvor gegessen hat. Der Verzehr bestimmter Nährstoffe kann einen Einfluß darauf haben, wieviele Kalorien man sich später einverleibt. In einem Experiment erhielten drei Gruppen von Versuchspersonen entweder Glukose, Fruktose oder Wasser und, nachdem zwei Stunden verstrichen waren, durften sie sich an einem reichhaltigen Buffett sattessen (Spitzer & Rodin, 1987). Diejenigen, die zuvor Glukose eingenommen hatten, nahmen energiereichere Nahrung zu sich als die anderen. Am wenigsten aßen diejenigen, die Fruktose erhalten hatten. Eine Weile nach dem Genuß von Glukose steigt der Insulinspiegel im Blut schnell wieder an und macht hungrig; diese Insulinreaktion ist gerade bei Übergewichtigen besonders ausgeprägt (Rodin, Reed & Jamner, 1988). Wer also zu Süßhunger neigt und somit viel Glukose zu sich nimmt, läuft Gefahr, insgesamt mehr zu essen als ihm guttut. Die Gewichtszunahme läßt sich demnach nicht nur auf den Verzehr der kalorienreichen Süßigkeiten selbst, sondern auch auf dessen Folgen, nämlich den erhöhten generellen Konsum hinterher, attribuieren.

Übergewicht ist auch auf *Persönlichkeitsmerkmale* zurückgeführt worden. Dabei wurde angenommen, daß Depressionen, Angst, mangelnde Impulskontrolle, Abhängigkeit usw. das übermäßige Essen hervorrufen. Diese Auffassung von der Persönlichkeitsbedingtheit des Übergewichts gilt inzwischen als überholt (Herman, 1987; Rodin, Schank & Striegel-Moore, 1989). Die genannten Faktoren könnten ebenso Konsequenzen von Übergewicht darstellen.

Die Suche nach individuellen Unterschieden, die eine Neigung zu Übergewicht begünstigen, geht jedoch weiter. Es könnte z. B. sein, daß Menschen von vornherein unterschiedlich auf Nahrungsreize reagieren, manche also stärker durch solche Reize erregt werden und daraufhin mehr essen. Dieser Gedanke stimmt mit einer älteren Theorie überein, nach der das Eßverhalten von Übergewichtigen durch ganz andere Umweltgegebenheiten gesteuert wird als dasjenige von Normalgewichtigen. Diese *Externalitätshypothese* besagt, daß es äußere Reize sind, die die Nahrungsaufnahme Übergewichtiger beeinflussen wie z. B. die Uhrzeit, die leichte Verfügbarkeit von Lebensmitteln oder das Vorhandensein von viel Nahrung (Schachter, 1968, 1971). Normalgewichtige richten sich dagegen nach internen Reizen, und sie essen, solange das Hungergefühl stärker ist als das Sättigungsgefühl. Externale essen, bis der Teller leer ist; Internale essen, bis sie satt sind, und lassen den Rest auf dem Teller liegen. Die Theorie hat sich als nur auf das Eßverhalten begrenzt gültig erwiesen (Rodin, 1981). Externe Reize bestimmen in der Tat einen wesentlichen Teil unseres Eßverhaltens, aber man kann nicht verallgemeinern, daß Übergewichtige generell externaler im Leben gesteuert sind als Normalgewichtige. Nisbett (1972), wie Rodin und Herman ebenfalls ein Schüler von Schachter, hatte die Externalitätshypothese neu formuliert und die Frage aufgeworfen, ob Übergewichtige ständig hungrig sind. Die Besonderheiten im Eßverhalten, die Schachter gefunden hatte, könnten ein Ergebnis ständiger Nahrungsdeprivation darstellen. Polivy und Herman (1983, 1987) haben diesen Gedanken aufgegriffen und ihre Studien erweitert, indem sie sich nicht nur auf Übergewichtige beschränkten, sondern den größeren Kreis derer einbezogen, die eine Diät durchführten. Mit Hilfe einer psychometrischen Skala gelang es ihnen, eine Unterscheidung von gezügelten Essern („restraint eaters") und ungezügelten Essern vorzunehmen. Nachdem dieser Schritt vollzogen war, übertrugen sie die Externalitätshypothese auf die gezügelten Esser und fanden sie bei ihnen bestätigt. Wer gezügelt ißt, z. B. im Rahmen einer Diät, tendiert dazu, sich mehr von Geschmack und Uhrzeit leiten zu lassen als von Hunger und Sättigung. Personen, die sich bemühen, schlank zu werden, benötigen mehr externale Informationen, weil sie nicht einfach warten können, bis sich das Sättigungsgefühl einstellt. Übergewichtige, die essen bis sie satt sind, erhalten oder erhöhen ihr Körpergewicht. Jede Diät verlangt nach externaler Bestimmung der Kalorienzufuhr, und da wohl die meisten Übergewichtigen in irgendeiner Weise um Gewichtskontrolle bemüht sind, setzen sie sich äußere Signale, um weniger zu essen. In diesem Sinne wäre Externalität eher ein Ergebnis von Übergewicht, nicht aber dessen Ursache (Herman, 1987). Externalität ließe sich also auch als eine bewußte Strategie auffassen.

Wieviel man ißt, hängt aber auch von dem augenblicklichen *emotionalen Zustand* ab. Streß und Angst bewirken bei der einen Hälfte der Menschen mehr Appetit, bei der anderen Hälfte das Gegenteil (Willenbring, Levine & Morley, 1986). In solchen Phasen kann gerade bei denen die Regulation gestört werden, die sich um Gewichtsverringerung bemühen. Unter Streß werden andere Bewältigungsanforderungen dominant, die die Gewichtskontrolle als ein sekundäres Anliegen erscheinen lassen, und somit bricht der Damm und erlaubt die Hingabe an unkontrolliertes Essen. Es gibt Studien, die gezeigt haben, daß allein der Anblick und Geruch von appetitlichen Speisen ausreichen, um alle guten Vorsätze über Bord zu werfen und das vormals gezügelte Essen aufzugeben (Rogers & Hill, 1989). Nicht nur die Menge von Nahrung wird durch Streß beeinflußt, sondern auch die Auswahl von Nährstoffen. Im Zuge der emotionalen Streßbewältigung greift der „Streßesser" mehr zu salziger, kalorienarmer und wasserreicher Kost, während er im Zustand der Entspannung mehr zu kalorienreicher Nahrung neigt (Willenbring et al., 1986).

Da viele Übergewichtige im Zustand von Depression zu viel essen, liegt der Gedanke nahe, primär die Depression zu behandeln und nicht das Eßverhalten. Genau dies haben Guerdan, Flannick und McKenna (1989) getan, indem sie ihren 24 Klienten ein antidepressives Medikament (Protryptilin) verabreichten, ohne eine Diät zu verschreiben. Es zeigte sich in der Tat eine signifikante Gewichtsabnahme von durchschnittlich 13 Pounds in etwa vier Monaten. In einer anderen Studie wurde die Angst vor dem Hungern behandelt, indem eine systematische Dekonditionierung der Angst vorgenommen wurde (Nagler & Androff, 1990). Über ein Jahr hinweg verloren 25 schwergewichtige Klienten durch Kalorienreduktion etwa 7,5 % ihres Körpergewichts, während die 10 Kontrollpersonen 6,5 % zunahmen. Der Erfolg wurde damit erklärt, daß die Klienten gegenüber dem Hungern emotional stabilisiert wurden und dadurch ihr Durchhaltevermögen verbessert wurde.

Depression, Angst und Einsamkeit können mit Phasen der Völlerei zusammenhängen (vgl. Tuschen, Florin & Baucke, 1993). Menschen, die dazu neigen zu essen, bis ihnen schlecht wird, zeigen gleichzeitig stärkere Schwankungen in ihren Emotionen, sind also weniger ausgeglichen. Soziale Situationen aller Art, vom Alleinsein bis zur Geselligkeit, können ebenfalls Risikosituationen darstellen, die den Bemühungen um Gewichtskontrolle zuwiderlaufen. Ob die ausschweifenden Phasen des Essens unter Streß jedoch ausreichen, um Übergewicht zu erzeugen, ist eine andere Frage. Es wäre möglich, daß der zugrundeliegende „Set point" entscheidend bleibt und die Eßreaktionen unter Streß nur Ausdruck von Schwachstellen der Kontrolle sind und den Weg zurück zum „Set point" markieren. Es gibt auch Bestätigungen für die Annahme, daß depressive Verstimmtheit zu Süßhunger führt, sich also aufgrund dieser Emotion eine Kohlenhydratpräferenz ausbildet. Kräuchi, Graw und Wirz-Justice (1993) haben dies bei solchen Menschen gefunden, die in den dunklen Jahreszeiten unter Seasonal Affective Disorder (SAD) leiden.

Lichttherapie erwies sich in diesem Fall als geeignet, den Konsum von Kohlehydraten zu reduzieren.

Eßstörungen

Übermäßiges Essen ist nicht die einzige verbreitete Eßstörung. Daneben gibt es zwei klinisch bedeutsame Eßstörungen, nämlich Anorexia nervosa (Magersucht) und Bulimia nervosa (Bulimie). Nimmt man es wörtlich, dann bedeutet Anorexia nervosa einen psychisch bedingten Mangel an Appetit, während Bulimie einen psychisch bedingten, krankhaften Hunger darstellt. Aber dies trifft nicht den Kern der Sache. Anorexia-Patientinnen haben nicht ihren Appetit verloren, im Gegenteil, sie sind von dem Gedanken an Nahrung besessen und hungern, weil sie dünner werden wollen. Bei der Bulimie handelt es sich um einen ständigen Wechsel von Völlerei und Entleerung (binging and purging). Die Patientinnen nehmen große Mengen an energiereicher Nahrung zu sich und kompensieren dies anschließend durch Erbrechen; das Fasten und die Verwendung von Abführmitteln sind weitere typische Verhaltensweisen im Rahmen dieser Eßstörung (Vanin & Saylor, 1989). Die beiden Störungen haben einiges gemeinsam, werden aber meist als getrennte Phänomene erforscht. Man kann sie entweder als psychische Erkrankungen auffassen, wobei dies Gegenstand der Klinischen Psychologie und der Psychiatrie wäre, oder als ungesunde Eßgewohnheiten, die der gesundheitspsychologischen Analyse und Behandlung bedürfen (Feist & Brannon, 1988; Rolls et al., 1991). Etwa 5 % bis 20 % der Betroffenen sterben daran, und weitere 25 % erleiden chronische Krankheiten als Konsequenz dieses Verhaltens. Im folgenden soll nur kurz auf diese beiden Eßstörungen eingegangen werden.

Anorexia. Anorexia ist charakterisiert durch absichtliches Hungern, um dünn zu werden, wobei es zu enormen Gewichtsverlusten unterhalb des Idealgewichts kommt. In etwa 90 % aller Fälle sind es Mädchen, die sich systematisch aushungern, während dieses Phänomen bei Jungen nahezu unbekannt ist. Bei etwa 1 Prozent aller weiblichen Jugendlichen in den USA und England tritt diese Eßstörung heute auf, aber die Schätzungen sind nur grob und weichen je nach Autor stark voneinander ab (Yates, 1989). Das Phänomen ist seit dem 17. Jahrhundert beschrieben. Im vorigen Jahrhundert hat Sir William Gull in London mehrere Fälle beobachtet und den Begriff „Anorexia nervosa" dafür geprägt. Ob heute wirklich mehr Fälle als früher auftreten, gilt als umstritten (vgl. Feist & Brannon, 1988; Rolls et al., 1991). Die Mädchen verlieren etwa ein Viertel bis die Hälfte ihres Körpergewichts, haben keine Menstruationsblutungen mehr, leben in ständiger Furcht vor Dickleibigkeit und halten sich fälschlicherweise für zu dick und zu schwer. Sie sind meist ehrgeizig und perfektionistisch und erbringen gute Schulleistungen. Sie sind besessen von Gewichtsabnahme und treiben zu diesem Zweck viel Sport, bis sie eines Tages zu schwach dafür werden. Sie sind stolz auf ihre Willenskraft, sich zum Hungern und Sporttreiben überwinden zu können, und sie sehen oft verächtlich auf andere hinab, die übergewichtig sind oder sich nicht disziplinieren können. Dabei handelt es sich häufig um junge Mädchen, deren Eltern hohe Anforderungen stellen und Kontrolle ausüben, so daß ihr Problemverhalten als ein Ausweg angesehen werden kann, um in einem sehr persönlichen Bereich ihre Autonomie zu beweisen. Das Mutter-Tochter-Verhältnis ist dabei von Feindseligkeit geprägt, aber es ist ungeklärt, ob dieses Klima schon vor der Anorexia bestanden hat oder ob es vielmehr ein Ergebnis davon darstellt. Man kann sich ausmalen, wie eine Mutter darauf reagiert, wenn sich ihre Tochter zu Tode hungert, und daß alle besorgten Bemühungen seitens der Mutter bei der Tochter nur feindselige Reaktionen hervorrufen, weil sie als eine Einschränkung von Autonomie interpretiert werden. Bruch (1978) meint, daß anorektische Mädchen Freude daran finden zu hungern und jede Nahrung im Magen als schädlich und schmutzig ansehen. Eine Behandlung durch Zwangsernährung hat sich als wenig nützlich erwiesen. Das zugrundeliegende Problem ist psychischer Natur, und zunächst müssen das Selbstwertgefühl verbessert und die familiären Beziehungen normalisiert werden. Kognitive Verhaltensmodifikation scheint die besten Erfolgsaussichten zu haben.

Bulimie. Bulimie ist ein Verhaltenssyndrom von Völlerei und anschließender Entleerung, das heute häufiger als früher aufzutreten scheint und von dem vor allem Frauen betroffen sind, meist Mädchen im Alter von 12 bis 20 Jahren (Gordon, 1989; Hsu, 1989). Nur etwa 10 % der Bulimiker sind Männer (Rolls et al., 1991). Die Ursachen sind denen ähnlich, die für Anorexia gefunden worden sind, und tatsächlich gibt es eine starke Überlappung zwischen beiden Gruppen. Die verinnerlichte kulturelle Norm des Dünnseins veranlaßt diese Frauen, entweder ihr Essen zu erbrechen oder durch Fasten und Abführen an Gewicht zu verlieren. Viele bulimische Frauen sind übergewichtig und haben eine Reihe von mißlungenen Diätversuchen hinter sich. Die Völlerei kann auch als eine Folge von Schlankheitskuren angesehen werden (Kirkley & Burge, 1989; Polivy & Herman, 1983, 1987). Bei englischen Schulmädchen der 4. und 5. Klasse waren diejenigen, die schon Diäterfahrungen hatten, um ein achtfaches gefährdeter, eine Eßstörung zu entwickeln, als diejenigen, die sich nicht um die Regulierung ihres Körpergewichts kümmerten (Patton, Johnson, Wood, Mann & Wakeling, 1990).

Durch gezügeltes Essen über lange Zeit hinweg geht das natürliche Eßverhalten, ausgelöst durch physiologische Reize, verloren; wenn es dann zu einer Streßsituation kommt, gerät die Person außer Kontrolle und gibt das gezügelte Essen zugunsten von Völlerei auf. Dabei empfindet sie Schuldgefühle und Selbstverachtung. Durch die anschließende Entleerung des Körpers soll der selbst angerichtete Schaden behoben und die Kontrolle wiederhergestellt werden. Laessle, Tuschl, Waadt und Pirke (1989) haben gezügelte Esser und Bulimiker miteinander verglichen und festgestellt, daß beide Gruppen sich ähneln und in ihrem Eßverhalten offenbar auf einem Kontinuum liegen; beide lassen sich in dieser Hinsicht von normalen Essern unterscheiden, aber im Hinblick auf einige Persönlichkeitsmerkmale ragten nur die Bulimiker heraus, so daß sich die Autoren veranlaßt sahen, ein Zweikomponentenmodell der Psychopathologie von Bulimie vorzuschlagen. Ähnliche Ergebnisse erzielten Rossiter, Wilson und Goldstein (1989). Darüber hinaus haben Duchmann, Williamson und Stricker (1989) zwischen „echten" Bulimikern unterschieden, die sich entleeren, und solchen, die sich nur auf Völlerei beschränken (binge eater). Die Bulimiker zeichneten sich durch eine starke Bindung ihrer Gedanken an Inhalte aus, die mit Essen, Gewicht und Figur zusammenhängen (vgl. auch Van Strien, 1989). Abnorme Versuche, das Gewicht zu vermindern, sind sogar schon bei Grundschülern beobachtet worden (Stein & Reichert, 1990).

Viele Bulimiker leiden unter Depressionen, die teilweise auch in Selbstmordversuchen zum Ausdruck kommen. Man schätzt, daß mindestens 3 % aller Amerikanerinnen bulimisch sind (Feist & Brannon, 1988), aber die Dunkelziffer ist deswegen hoch, weil die Frauen ihr Verhalten als ein Geheimnis hüten. Sie glauben, nur sie seien davon betroffen, nicht ihre Freundin oder Nachbarin. Die meisten glauben sogar, sie hätten diese Methode der Gewichtskontrolle selbst „erfunden", obwohl diese ja schon bei den alten Römern wohlbekannt war und öffentlich praktiziert wurde.

Bulimie ist ein Problemverhalten, das Ausdruck einer gestörten Persönlichkeit sein kann, die durch mangelnde Impulskontrolle und unangepaßtes Coping gekennzeichnet ist, während Kontrollüberzeugung (weight locus of control) hier keinen so großen Einfluß auszuüben scheint (vgl. Groth-Marnat & Schumaker, 1989; Stotland & Zuroff, 1990). Alkoholkonsum spielt bei vielen dieser Frauen eine wichtige Rolle, und die Völlerei tritt vor allem dann auf, wenn sie allein sind, dabei in einen negativen Affektzustand geraten und Alkohol trinken; dadurch gehen ihre Hemmungen verloren, und sie können ihren Appetit nicht mehr länger zügeln. Bei vielen hat man auch kleptomanische Tendenzen gefunden. Es wurden nicht nur Lebensmittel und

Abführmittel gestohlen, um das fragliche Problemverhalten ausführen zu können, sondern auch andere Güter, die damit nicht unmittelbar in Zusammenhang standen, so daß der Gedanke naheliegt, weniger den durch Bulimie chronischen Geldmangel, als vielmehr echt kleptomanische Tendenzen dafür verantwortlich zu machen (Feist & Brannon, 1988; Rolls et al., 1991). Alkoholismus und Eßstörungen finden sich häufig auch im Elternhaus von Bulimikerinnen, so daß soziale Lernprozesse diese Problemverhaltensweisen hervorgerufen oder verstärkt haben könnten.

Während Anorexia in manchen Fällen tödlich verlaufen kann, sind die Gesundheitskonsequenzen von Bulimie weniger dramatisch. Der Genuß großer Mengen von Süßigkeiten kann zur Hypoglykämie führen, einem Blutzuckermangel, der aus der heftigen Insulinreaktion nach Überzuckerung resultiert. Zu viel Zucker ruft also nach ein paar Stunden das Gegenteil hervor, eine Unterzuckerung, die einen starken Drang (craving) nach Süßigkeiten verspüren läßt (Süßhunger). Dies führt zu immer mehr Verzehr von Nahrung, die raffinierten Zucker enthält. Zum anderen leiden die Bulimikerinnen unter einer nichtausgewogenen Nahrung, da sie wertvolle und unersetzliche Nährstoffe erbrechen. Außerdem sind diese Frauen ständig von dem Gedanken an Nahrung besessen, können also im Alltag nicht optimal funktionieren; sie verlieren nicht nur ihr Interesse an sozialen und sexuellen Aktivitäten, sondern haben auch Probleme am Arbeitsplatz, und sie können mit dem Gesetz in Konflikt geraten, wenn sie ihr teures Problemverhalten nicht mehr legal finanzieren können. Darüber hinaus kommt es zu Zahnbelagschäden durch die erbrochenen Speisen, die mit Hydrochlorsäure durchsetzt sind (Feist & Brannon, 1988).

Die Behandlung von Bulimie sollte ebenfalls mit kognitiver Verhaltensmodifikation erfolgen, insbesondere in Verbindung mit einer Rückfallprävention (Marlatt & Gordon, 1985; Sternberg, 1985). Gleichzeitig sind Interventionen gegenüber Depression und Alkoholismus erforderlich, falls diese diagnostiziert worden sind.

Systematische Regulation bzw. Reduzierung des Körpergewichts

Ob man übergewichtig ist oder nicht: unsere Ernährung bedarf in jedem Fall einer bewußten Steuerung durch uns selbst. Wir können uns weder auf Hunger- und Sättigungsgefühle noch auf die „natürliche" Ausgewogenheit und Unverderbtheit unserer Nahrung verlassen. Wir stehen einem Überangebot an Lebensmitteln gegenüber und sind unzähligen Versuchungen ausgesetzt, denen sich hinzugeben einen gesundheitlichen Preis fordert. Die meisten Menschen essen zu viel, zu fett, zu salzig und zu süß und verleiben sich mehr Chemikalien ein als nötig. Weder Kalorienzählerei noch Schadstoffphobie sind erstrebenswert, sondern eine informierte Entscheidung zwischen Alternativen und eine kompetente Regulation von Bedürfnissen.

Motivation

Eine Änderung des Ernährungsverhaltens kann auf unterschiedliche Weise motiviert sein. Es ist möglich, daß jemand aufgrund einer Symptomatik die eigene Gesundheitsbedrohung hautnah erlebt; diese Risikowahrnehmung in Verbindung mit dem Wissen über gesunde Nahrung mag dann zur Intention führen, sich in Zukunft anders zu ernähren. Über die psychologischen Entscheidungsprozesse, die zu einer gesunden Ernährung führen, ist bisher nur wenig bekannt. Dagegen ist der Wunsch nach Gewichtsverringerung besser geklärt. Man muß unterscheiden zwischen der primär gesundheitlichen Motivation und der auf Ästhetik gerichteten Motivation. Die meisten Menschen wollen eine gute Figur besitzen, was wiederum eine Mehrzahl von Gründen haben kann. Selbstbewußt einen Bikini tragen zu können oder für eine Partnerin attraktiv aussehen zu wollen, stellen subjektiv wichtige Beweggründe dafür dar, die Eßlust zu zügeln. Die resultierende Diät kann jedoch entweder gesund oder ungesund sein. Der Hintergrund für die Motivationslage liegt in der gesellschaftlichen Norm, dem heute gültigen Schlankheitsideal. Noch zu Beginn dieses Jahrhunderts galt es als unattraktiv, dünn zu sein. Das kann damit zusammenhängen, daß viele Krankheiten bei Untergewichtigen auftraten oder daß Dünnsein mit Armut assoziiert wurde. Inzwischen hat sich die Norm, schlank zu sein, zunehmend durchgesetzt. Das spiegelt sich unter anderem auch in der Bevorzugung weiblicher, (extrem) schlanker Modelle in Zeitschriften. So hat man z. B. gefunden, daß die Modelle im Männermagazin Playboy sowie die Kandidatinnen für die Miss America von 1959 bis 1978 immer dünner wurden; in derselben Untersuchung wurde gezeigt, daß die Zahl der Beiträge über Diäten in Frauenmagazinen in diesem Zeitraum gestiegen ist (Garner, Garfinkel, Schwartz & Thompson, 1980; zit. nach Feist & Brannon, 1988, S. 313).

Der sozialen Norm, schlank zu sein, kann man sich nur schwer entziehen. Überall werden Diäten angeboten, die den Eindruck erwecken, als sei das Abnehmen eine leichte Sache und erfordere lediglich eine klare Entscheidung und ein bißchen Durchhaltevermögen. Wer angesichts dieses Angebots trotzdem übergewichtig bleibt, läuft Gefahr, sozial diskriminiert zu werden;

Dicke werden oft stereotyp als träge und willensschwach angesehen. Das Schlankheitsideal ist ein Instrument der Werbung und eine unerschöpfliche Verdienstquelle für Massenmedien und Diätproduzenten. Daß Diäten nur kurzfristig wirken und oft mehr Schaden als Nutzen anrichten, wird dabei verschwiegen. Ernährungswissenschaftler treten daher manchmal dafür ein, jedem sein persönliches Körpergewicht zuzugestehen und auf einen Wandel des öffentlichen Schönheitsideals zu hoffen (vgl. Pudel & Maus, 1990). Es gibt auch empirische Hinweise darauf, daß gezügeltes Essen zu mehr Streß führt. Rosen, Tacy und Howell (1990) haben 143 junge Frauen im Längsschnitt untersucht und herausgefunden, daß ihr Diätverhalten das Streßerleben in den nachfolgenden vier Monaten vorherzusagen in der Lage war.

In der Einstellung zu ihrem Körpergewicht und ihrer Körperform lassen sich die beiden Geschlechter unterscheiden. Frauen sind mit sich unzufriedener und halten sich öfter für übergewichtig, während Männer sich öfter für untergewichtig halten und deswegen zunehmen wollen. Frauen wollen sogar dünner sein, als Männer es von ihnen wünschen. Das weibliche Streben nach Schlankheit ist in höheren Sozialschichten mehr ausgeprägt. Das Hauptmotiv für Abmagerungsversuche liegt dementsprechend nicht in einer Verringerung von Gesundheitsrisiken, sondern in der Verbesserung der körperlichen Attraktivität (Rolls et al., 1991).

Aus gesundheitspsychologischer Sicht kann man der gesellschaftlichen Schlankheitsnorm auch gute Seiten abgewinnen. Wir wissen, daß die meisten Menschen ihre Lebensweise nicht nach dem Prinzip der Gesundheitsförderung ausrichten. Das Verhalten wird vielmehr von anderen Prioritäten gesteuert, insbesondere bei jüngeren Menschen. Soziale Anerkennung, Streßbewältigung und unmittelbares Wohlbefinden erscheinen weitaus wichtiger als die spätere Gesundheit. Um zum Gesundheitsverhalten zu motivieren, kann man sich daher nicht auf die Einsicht in Lebensrisiken und Gesundheitsgefahren verlassen. Appelle an die Vernunft sind zum Scheitern verurteilt. Statt dessen hilft es mehr, auf indirektem Weg zum Ziel zu gelangen und Menschen zu verdeutlichen, daß man durch „Gesundheitsverhalten" ganz andere Zwecke mitverwirklichen kann. Dazu gehört z. B. die körperliche Attraktivität. Solange Schlankheit als schön gilt, kann man Menschen dazu veranlassen, Sport zu treiben und sich gesund zu ernähren. Schlankheit mag dann das primäre Ziel der Betroffenen sein, aber für den Gesundheitspsychologen dient Schlankheit lediglich als ein möglicher Indikator für körperliche Fitneß (wohl wissend, daß der Dünne nicht zwangsläufig fit sein muß).

Aus diesem Grund ist die Gesundheitspsychologie durchaus daran interessiert, daß der Übergewichtige ein negatives Image behält und der

Schlanke ein positives. Man müßte dies eigentlich erweitern auf den „schlanken nichtrauchenden Sportler", denn wer sein Körpergewicht durch Unterernährung und Rauchen niedrig hält, sollte nicht von dem positiven Image profitieren. Es geht hier nicht um ein isoliertes Phänomen wie z. B. Übergewicht, sondern um die Realisierung eines gesunden Lebensstils überhaupt. Es ist allerdings schwierig, das positive Image des Schlanken zu fördern, ohne gleichzeitig ein soziales Stigma des Dicken in Kauf zu nehmen. Welche Einstellungen gegenüber Dickleibigen vorherrschen und welche Bedingungen dabei eine Rolle spielen, haben wir in zwei gleichartigen Experimenten in Berlin und Los Angeles untersucht (Schwarzer & Weiner, 1990, 1991). Wir haben studentische Versuchspersonen mit bestimmten Szenarios konfrontiert, in denen dickleibige Personen beschrieben waren, die in einigen Merkmalen verschieden waren. In einem Fall war die Körperfülle durch eine genetische Erkrankung verursacht worden, in einem anderen Fall durch exzessives Essen. Damit sollte der Grad an Kontrollierbarkeit des sozialen Stigmas variiert werden. Zielpersonen, deren Problem als kontrollierbar beschrieben war, die also durch vieles Essen dickleibig geworden waren, erwiesen sich bei unseren Versuchspersonen tendenziell als weniger beliebt und erzeugten eher Ärger als Mitleid oder Hilfsbereitschaft. Der zweite experimentelle Faktor lag in der Problembewältigung. Einige Zielpersonen wurden dadurch charakterisiert, daß sie sich ihrer Dickleibigkeit passiv hingaben, während andere dargestellt wurden als aktive Personen, die sich große Mühe gaben, viel Sport zu treiben und sich gesund zu ernähren. Die Coping-Anstrengung der fingierten Zielperson erzeugte bei den Versuchspersonen Sympathie und positive Erwartungen und Emotionen, passive Zielpersonen jedoch erzeugten die gegenteiligen Reaktionen. Dieses Experiment relativiert die landläufige Ansicht, daß Übergewichtige schlechthin sozial diskriminiert werden. Vielmehr hängt dies von den perzipierten Bedingungen, also den Kontextinformationen, ab: nur solche Dicke, die als verantwortlich für ihren Zustand angesehen werden, weil sie nichts dagegen tun, werden tendenziell geächtet.

Interventionen

Nachdem die Frage der bewußten Steuerung des Ernährungsverhaltens vor dem Hintergrund gesellschaftlicher Normen angeschnitten worden ist, soll nun konkret auf Interventionsmöglichkeiten eingegangen werden. Übergewichtige sind sich über ihr Abweichen von der Norm im klaren und leiden meistens unter ihrem sozialen Stigma, so daß sie hochmotiviert sind, etwas zu ändern.

Ob man sein Gewicht kontrolliert, um das Herzinfarktrisiko zu senken oder um einfach besser auszusehen, führt zu demselben Ergebnis: man zügelt sein Eßverhalten und geht auf Diät. Welche Möglichkeiten stehen zur Verfügung?

Fasten und eine Diät durchführen sind die üblichen Methoden der Gewichtskontrolle, von denen es unzählige Varianten gibt. Beim *Fasten* verzichtet die Person für ein paar Tage auf normales Essen und beschränkt sich auf extrem kleine Mengen, z. B. Eiweißprodukte und Getränke in Verbindung mit Vitamin- und Mineralzugaben. Dies sollte unter ärztlicher Aufsicht geschehen. Das Körpergewicht nimmt schnell ab, aber nach Wiederaufnahme normaler Eßgewohnheiten kehrt es zurück.

Bei einer *Diät* wird zum einen die Menge der Nahrung reduziert, und zum anderen werden bestimmte Nährstoffe eliminiert und andere bevorzugt. Der einfachste Weg liegt darin, lediglich die Kalorienaufnahme zu reduzieren (FDH-Methode = „Friß die Hälfte"). Die Betroffenen müssen dabei lernen, wie energiereich bestimmte Nahrungsmittel sind und dementsprechend weniger essen. Diese Blickverengung auf Kalorien ist weder ernährungswissenschaftlich noch psychologisch die ideale Lösung. Wenn jemand sich unausgewogen ernährt, z. B. mit viel Fett und einfachen Kohlehydraten, macht die Halbierung allein keinen Sinn. Vielmehr muß sich die Person gründlich umorientieren. Es gibt eine Vielzahl von raffinierten Diätvorschlägen, die die Kalorienreduktion mit Ausgewogenheit der Nährstoffe verbinden. Generell ist jedoch die Wirkung von Diäten begrenzt und von kurzer Dauer. Anstatt für ein paar Wochen eine Diät durchzuführen, ist es sinnvoller, die Ernährungs- und Lebensweise langfristig zu ändern, um nicht in einen Zyklus von Gewichtsabnahme und -zunahme zu geraten.

Zigarettenrauchen ist häufig durch das Bedürfnis nach Gewichtskontrolle motiviert (Ogden, 1994), aber die Gewichtszunahme nach der Entwöhnung des Rauchens ist nur geringfügig, und die gesundheitsschädlichen Auswirkungen des Rauchens sind bedrohlicher als die des Übergewichts, so daß diese Methode keineswegs zu empfehlen ist (Audrain, Klesges & Klesges, 1995; Gritz, Klesges & Meyers, 1989; Klesges, Meyers, Klesges & LaVasque, 1989; Klesges, Meyers, Winders & French, 1989).

Die Verwendung von *Appetitzüglern* (wie Fenfluramin oder Phenylpropylalamin) in Verbindung mit Diäten ist eine weitere Option. Diese Medikamente können zwar vorübergehend helfen, die Kalorienaufnahme zu verringern. Aber sie werfen unter anderem ein psychologisches Problem auf: der Gewichtsverlust wird dann mehr oder weniger auf die Pille attribuiert statt auf die Selbstregulationsfähigkeit. Das Absetzen der Intervention führt dann wieder zu einer Gewichtszunahme. Besser wäre es, die eigene Kompetenzerwartung hinsichtlich der Nahrungsregulation zu stärken und die Gewichtskontrolle darauf zu begründen.

Dies kann Bestandteil eines Programms zur Verhaltensmodifikation sein. Bei der Verhaltensmodifikation geht es unter anderem um das *Kontingenzmanagement* zum Abbau von Problemverhaltensweisen und Aufbau von kompetentem Verhalten (vgl. Nell & Westmeyer, 1990). Wegweisend dazu war die Arbeit von Stuart (1967), der seine übergewichtigen Klienten dazu veranlaßte, diejenigen Reize in ihrer Umwelt zu verändern, die das unerwünschte Eßverhalten auslösten. Sie lernten, nur zu bestimmten Zeiten und an bestimmten Orten zu essen und auf ungesunde Nährstoffe zu verzichten, indem sie alles wegwarfen, was nicht gut für sie war, und indem sie von vornherein anders einkauften und keine kalorienreichen Nahrungsmittel horteten. Sie wurden auch dazu angehalten, nicht mehr während des Fernsehens oder anderer Freizeitaktivitäten zu essen. Die Erfolge dieses Kontingenztrainings waren größer als die der üblichen Diäten. Im Laufe der folgenden Jahre wurde dieser Ansatz weiter erprobt, verbessert und mit anderen Diätpraktiken kombiniert (Stunkard, 1979). Ein solches Verhaltensmodifikationsprogramm beginnt typischerweise mit einer Verhaltensanalyse. Die Übergewichtigen lernen, sich sorgfältig zu beobachten und über ihr Eßverhalten systematisch Buch zu führen, indem sie notieren, was, wann, wo und wieviel sie essen. Dadurch erfahren sie bewußt und oft zum ersten Mal, welche Eßgewohnheiten sie haben. In einem zweiten Schritt geht es um die Ermittlung von Kontingenzen, also den Zusammenhängen zwischen spezifischen Auslösebedingungen und dem Verhalten. Wenn man weiß, unter welchen Umweltbedingungen unkontrolliertes Essen stattfindet, kann man sich die Umwelt so einrichten, daß diese Reize nicht mehr auftreten, oder man kann versuchen, ihnen auszuweichen. Dazu gehört, daß Lebensmittel nicht sichtbar herumliegen, sondern verdeckt sind, und daß bestimmte ungesunde Eßwaren nicht leicht erreichbar sind. Schließlich wird das Eßverhalten konditioniert, indem man nur noch in Anwesenheit von diskriminativen Reizen ißt wie z. B. zu festgelegten Uhrzeiten an einem bestimmten Tisch. Ein weiterer Aspekt liegt in der Beherrschung des Eßvorgangs selbst. Um hastiges Essen zu vermeiden, lernen die Klienten, die Bissen zu zählen und das Besteck nach ein paar Bissen hinzulegen, um erst einmal in Ruhe zu Ende zu kauen. Solche Verzögerungen, die eine Verringerung der Nahrungsaufnahme bewirken, werden zunächst in der zweiten Hälfte der Mahlzeit eingeführt und allmählich an den Beginn verschoben, um den Hungrigen nicht sofort mit schwierigen Kontrollaufgaben zu belasten. Diese Maßnahmen klingen, als ob das Essen zu einem antrainierten Fütterungsakt verkommt, aber genau das Gegenteil ist der

Fall: die Klienten lernen dabei, bewußter zu genießen, indem sie langsamer essen und der Nahrung ihre Aufmerksamkeit widmen. Daneben werden sie angehalten, sich selbst positiv zu verstärken, wenn es ihnen gelungen ist, ihr Eßverhalten kompetent zu regulieren. Sie können das tun, indem sie z. B. ins Kino gehen oder sich etwas Schönes kaufen, nicht aber indem sie sich durch Essen zu belohnen versuchen.

Die wesentlichen Bestandteile eines solchen Verhaltensmodifikationsprogramms liegen also in der Verhaltensanalyse, in der Stimuluskontrolle und in der Selbstverstärkung. Aber es hat sich darüber hinaus als vorteilhaft erwiesen, ein derartiges Trainingsprogramm für Übergewichtige durch weitere Elemente zu verbessern (Brownell & Kramer, 1989). Eines davon ist *körperliche Aktivität*. Wer Sport treibt, kann dadurch auch sein Gewicht regulieren. Es sei jedoch daran erinnert, daß dies keine lineare Beziehung ist, indem man einfach die Kalorien abarbeitet, die man sich gerade einverleibt hat. Unter diesem Gesichtspunkt ist körperliche Aktivität weniger geeignet, eine Gewichtsabnahme zu bewirken. Vielmehr beeinflußt das Sporttreiben die metabolischen Vorgänge im Körper und kann somit indirekt im Rahmen einer Verhaltensmodifikation dazu beitragen, das Körpergewicht zu verringern. Ein anderes Element liegt in der *sozialen Unterstützung*. Wer nicht auf sich allein gestellt ist, kann eine Verhaltensänderung leichter bewerkstelligen und länger durchhalten. Das gilt insbesondere, wenn die anderen Personen ebenfalls das gleiche Problem haben und sich gemeinsam bemühen, es unter Kontrolle zu bekommen. So sind z. B. Schlankheitskuren für Partner eingerichtet worden, und es hat sich gezeigt, daß beide Partner von einem solchen Programm mehr profitieren als Alleinstehende, auch wenn die spezifische Art der sozialen Unterstützung bei verschiedenen Paaren sehr unterschiedlich ausfiel (vgl. die Meta-Analyse von Black, Gleser & Kooyers, 1990). Andererseits zeigt eine Studie, daß zwar Partnerunterstützung hilfreich ist, aber daß Klienten mit einem normalgewichtigen Partner mehr davon profitieren als Klienten mit einem übergewichtigen Partner (Black & Threlfall, 1989). Dies kann mit der Modellwirkung zusammenhängen: Klienten nehmen soziale Aufwärtsvergleiche vor und streben nach Ähnlichkeit mit ihrem Verhaltensmodell. Auch die Qualität der Partnerbeziehung hat sich auf den Erfolg bei der Gewichtskontrolle ausgewirkt (Black, 1989). Umgekehrt kann eine gute soziale Integration aber auch gerade verhindern, daß das Training erfolgreich ausgeht, wenn das soziale Miteinander eine Versuchungssituation darstellt und somit der hedonistische „Hier und jetzt-Genuß" die Selbstkontrolle unterminiert (vgl. Schwarzer et al., 1990). Für die Verhaltensmodifikation bedeutet dies, dem Klienten zu vermitteln, wie man die richtige soziale Unterstützung in seinem Freundeskreis und in der Familie mobilisiert (vgl. Lewis, Rook & Schwarzer, 1994; Schwarzer & Leppin, 1989a, 1989b, 1990, 1991a, 1991b). Ein drittes Element, das sich dem klassischen Verhaltensmodifikationsprogramm mit Gewinn hinzufügen läßt, ist das *kognitive Umstrukturieren*. Dabei geht es um die Veränderung dysfunktionaler Selbstgespräche wie z. B. „Ich werde immer dick bleiben, weil alle meine Diätversuche gescheitert sind". Interne Dialoge dieser Art wirken demotivierend und müssen durch konstruktive Aussagen ersetzt werden, nämlich der positiven Ergebniserwartung („Wenn ich mein Eßverhalten ändere, dann nehme ich ab") und der Selbstwirksamkeitserwartung („Ich bin ganz sicher, daß ich ein Verhaltensmodifikationsprogramm über längere Zeit eisern durchhalten kann"). Die Selbstwirksamkeitserwartung, sein Eßverhalten auf kompetente Weise regulieren zu können, hat sich inzwischen in vielen Studien als eine zentrale Kognition herausgestellt, die den Trainingserfolg gut vorhersagt (Bernier & Avard, 1986; Blair, Booth, Lewis & Wainwright, 1989; Chambliss & Murray, 1979; Glynn & Ruderman, 1986; Slater, 1989; Weinberg et al., 1984). Pierce und Stoltenberg (1990) haben ein vierstündiges Motivationsverbesserungsprogramm entwickelt und bei 147 Klienten erprobt, das auf Prinzipien kognitiver Selbstüberzeugung beruht und das sich empirisch bewährt hat. In diesen Zusammenhang gehört auch die Attribution von Fehlschlägen während einer Schlankheitskur. Im Rahmen eines dreijährigen Modifikationsprogramms haben Jeffery, French und Schmid (1990) gefunden, daß die Teilnehmer ihr Versagen bei der Gewichtskontrolle vornehmlich sich selbst, also ihren Persönlichkeitsdefiziten, zuschrieben, nicht dagegen objektiven Schwierigkeiten bzw. überwältigenden Risikosituationen.

Mit diesen drei Ergänzungen - Bewegung, soziale Unterstützung und kognitiver Umstrukturierung - wird die Verhaltensmodifikation zu einem umfassenden multimodalen Programm, das höhere Erfolgsaussichten mit sich bringt als alle herkömmlichen Diätansätze. Dies gilt jedoch nur dann, wenn systematische Bemühungen unternommen werden, es über einen längeren Zeitraum aufrecht zu erhalten und Rückfälle zu vermeiden. Als theoretische Grundlage dafür dient das Rückfallverhütungsmodell von Marlatt (vgl. Marlatt & Gordon, 1985; Sternberg, 1985). Andere Autoren kommen zu ähnlichen Einschätzungen. So propagieren Kalodner und DeLucia (1990) ein Programm zur Gewichtsregulation, das aus vier Komponenten besteht: Verhaltensmodifikation, kognitive Therapie, soziale Unterstützung und Ernährungsberatung. Andere Projekte haben raffinierte Techniken entwickelt, um bestimmte Prinzipien der Verhaltensmodifikation technisch zu realisieren. Dazu gehören vor allem die Bemühungen, den Therapeuten durch einen kleinen Computer zu ersetzen, den die Klienten ständig mit sich führen und mit dem sie ihre Verhaltensweisen registrieren (Agras, Taylor, Feldman, Losch et al., 1990).

Als Beispiel für ein umfassendes Trainingsprogramm zur Gewichtsregulation mag das von Brownell (1990) dienen. Darin werden 86 Techniken verwendet, die im folgenden aufgelistet werden (frei übersetzt).

Lebensstil-Techniken

1. Führe ein Eßtagebuch.
2. Iß bewußter.
3. Untersuche Muster in deinem Eßverhalten.
4. Verhindere automatisiertes Essen.
5. Finde die Auslöser für Eßverhalten.
6. Wiege dich regelmäßig.
7. Bestimme eine Gewichtskurve.
8. Untersuche, was vor, während und nach dem Essen geschieht.
9. Verändere die Auslösebedingungen für das Essen.
10. Tu während des Essens nicht gleichzeitig etwas anderes.
11. Halte dich an die Essenszeiten.
12. Nimm dein Mahl immer an demselben Platz ein.
13. Iß nicht den ganzen Teller leer.
14. Leg die Gabel zwischen den Bissen hin.
15. Mach beim Essen Pausen.
16. Geh mit vollem Magen einkaufen.
17. Verwende eine Einkaufsliste anstatt zu improvisieren.
18. Kaufe Lebensmittel, die einer Vorbereitung bedürfen.
19. Halte solche Nahrungsmittel außer Sichtweite, die eine Versuchung darstellen.
20. Laß gesunde Nahrungsmittel gut sichtbar liegen.
21. Entferne Geschirr vom Tisch.
22. Steh nach dem Essen vom Tisch auf.
23. Serviere und iß eine Portion zur Zeit.
24. Wenn du hungrig bist, warte 5 Minuten bis zum Essen.
25. Sei kein Resteverwerter, der alles aufessen muß.
26. Tu andere Dinge anstelle von essen.
27. Verwende bestimmte Techniken, um außerhalb des Hauses zu essen.
28. Bereite dich rechtzeitig auf besondere Anlässe vor.
29. Bereite dich rechtzeitig auf Risikosituationen vor.
30. Finde heraus, welche Verhaltensketten für dich typisch sind.
31. Unterbrich deine Verhaltensketten.

Techniken für körperliche Aktivität

32. Führe ein Aktivitätstagebuch.
33. Denke über die Vorteile von Aktivität nach.
34. Gehe mehr zu Fuß.
35. Finde mehr Vergnügen beim Spazierengehen.
36. Bringe mehr Aktivität in deine Lebensweise.
37. Steige Treppen, wo immer das möglich ist.
38. Informiere Dich über den Energieverbrauch in kcal beim Sport.
39. Prüfe deinen Puls als Mittel zur Fitneßrückmeldung.
40. Wähle eine planmäßige, regelmäßige Aktivität und führe sie aus.
41. Berücksichtige eine Aufwärm- und eine Abkühlphase.
42. Probiere Jogging.
43. Probiere Radfahren.
44. Probiere Aerobics.
45. Denk daran, daß jede Art von Aktivität hilfreich ist.

Einstellungstechniken

46. Wäge die Vor- und Nachteile einer Diät ab.
47. Mach dir die vielfältigen komplexen Ursachen von Übergewicht klar.
48. Unterscheide Hunger von Verlangen.
49. Setze dich mit dem Verlangen entweder auseinander oder ignoriere es.
50. Setze dir realistische Ziele.
51. Verwende das Konzept der Verhaltensformung zur Änderung von Gewohnheiten.
52. Steuere Phantasien über Nahrung und Gewicht entgegen.
53. Verbanne perfektionistische Einstellungen.
54. Vorsicht vor Einstellungsfallen.
55. Denke nicht in Schwarz-Weiß-Manier.
56. Steuere unrealistischen Träumereien entgegen.
57. Richte deine Aufmerksamkeit mehr auf Verhalten statt auf Gewicht.
58. Verbanne Aufforderungssätze aus deinem Vokabular.
59. Sei dir der Risikosituationen bewußt.
60. Unterscheide einen Ausrutscher von einem Rückfall.
61. Halte ohne Nahrung durch, bis der Drang zu essen nachläßt.
62. Geh konstruktiv mit Ausrutschern um.
63. Ergreife Maßnahmen, um Kontrolle zu gewinnen, wenn ein Ausrutscher passiert.
64. Sei wie ein souveräner Steuermann in einem Meer von Verlangen und Ausrutschern.

Beziehungstechniken

65. Finde den richtigen Partner.
66. Sage deinem Partner, wie er dir helfen soll.
67. Verlange spezifische Handlungen von deinem Partner.
68. Belohne deinen Partner.
69. Geh mit deinem Partner einkaufen.
70. Laß deinen Partner für dich einkaufen.
71. Laß deinen Partner und deine Familie diesen Text lesen.
72. Treibe Sport mit deinem Partner.
73. Widerstehe sozialen Einflüssen, etwas zu essen.
74. Führe erfreuliche Partneraktivitäten aus.

Ernährungstechniken

75. Iß weniger als 1.200 Kalorien pro Tag.
76. Informiere dich über den Energiewert in kcal von Lebensmitteln.
77. Kenne die vier Nahrungsmittelgruppen.
78. Iß ein ausgewogenes Mahl.
79. Sorge dafür, daß du genug Protein bekommst.
80. Sorge dafür, daß du genug Kohlehydrate bekommst.
81. Erhöhe den Anteil komplexer Kohlehydrate.
82. Begrenze den Fettanteil auf 30 % aller Kalorien.
83. Bereite energiearme Nahrung appetitlich zu.
84. Verzehre eine hinreichende Menge von Vitaminen.
85. Nimm nicht mehr Vitamin als empfohlen.
86. Erhöhe den Anteil an Ballaststoffen in deiner Nahrung.

Die Evaluation von Verhaltensmodifikationsprogrammen zur Gewichtskontrolle hat sehr gute Resultate erbracht; als „sehr gut" läßt sich auf diesem Gebiet ein Resultat bezeichnen, wenn über 20 Wochen hinweg 1 kg pro Woche verloren wird und dieser Zustand auch nach ein bis zwei Jahren noch stabil bleibt (Brownell & Kramer, 1989). Zufrieden ist man aber auch, wenn etwa 9 kg während des Trainings verloren und davon weniger als 30 % nach einem Jahr zurückgewonnen werden (vgl. Sternberg, 1985). Nicht alle Teilnehmer profitieren jedoch gleichermaßen. Diejenigen, die zur Völlerei neigen, und diejenigen mit sehr starkem Übergewicht sind am wenigsten erfolgreich. Auch wenn der Verhaltensmodifikationsansatz nach den oben genannten Kriterien anderen Methoden nicht immer überlegen ist, so wird er trotzdem bevorzugt, weil er mit einem nur geringen Teilnehmerschwund verbunden ist und weil er insgesamt die psychische Befindlichkeit verbessert, ohne unerwünschte Nebenwirkungen zu zeigen.

Viele der Prinzipien, die hier angesprochen worden sind, sind inzwischen popularisiert worden und finden sich auch in Frauenzeitschriften und kommerziellen Einrichtungen zur Verhaltensänderung. Die Nachfrage nach Erkenntnissen auf diesem Gebiet ist enorm, was den Leidensdruck der Übergewichtigen widerspiegelt. Die meisten Menschen experimentieren mit Diäten und eigengesteuerter Verhaltensmodifikation ohne professionelle Hilfe, vielmehr auf der Basis von Empfehlungen im Freundeskreis, Frauenmagazinen und ärztlichen Ratschlägen, und viele sind dabei erfolgreich. Schachter (1982) vertritt die Auffassung, daß Diäten und Verhaltensprogramme in der Tat sehr wirksam sind, obwohl die veröffentlichten Studien eher zu Skepsis neigen. Er meint, daß die meisten Betroffenen ihren Weg finden, durch gezügeltes Eßverhalten und körperliche Bewegung ihr Gewicht irgendwie zu regulieren, wenn auch nicht immer so weit wie erwünscht. Diejenigen dagegen, die sich in klinische Experimentalstudien begeben, stellen eine ausgelesene Population von Versagern dar, denen es nicht allein gelungen ist, ihr Gewicht zu regulieren. Bei ihnen sind die psychischen Barrieren oft so stark, daß auch professionelle Hilfen auf Dauer keine überzeugende Wirkung hervorrufen können. Dies ist eine optimistische Position, besagt sie doch, daß gezügeltes Essen einen Unterschied macht und daß nur eine therapieresistente Minderheit erfolglos bleibt.

Unabhängig davon besteht die Auffassung, daß gezügeltes Essen mehr schaden als nützen kann (vgl. French & Jeffery, 1994; Polivy & Herman, 1983; Pudel & Maus, 1990). Für den Körper gibt es keinen Unterschied zwischen gezügeltem Essen und Hungern. Menschen auf einer Diät sind immer hungrig, gereizt, ablenkbar und oft von Gedanken über Nahrung besessen. Nahrung, die nach einer Phase des Aushungerns zugeführt wird, tendiert dazu, als Fettpolster abgespeichert zu werden. Hungern veranlaßt den Körper dazu, den Grundumsatz zu verringern, also die Nahrung besser zu verwerten, was sich dann in den zurückgewonnenen Pfunden niederschlägt. Vertreter dieser Position empfehlen daher, den Hunger zu befriedigen und sich mit dem persönlichen Set point-Gewicht zu arrangieren, auch wenn es nicht dem gesellschaftlich gerade gültigen Schönheitsideal entspricht. Dies mag Vorteile haben, aber verkennt, daß Übergewicht gesundheitlich bedenklich ist und daß die Wahrnehmung körperlicher Attraktivität von hoher motivationaler Bedeutung für eine Verhaltensänderung ist. Das Streben nach körperlicher Fitneß, psychischem Wohlbefinden und sozialer Akzeptanz erfordert eine bewußte und kontrollierte Nahrungszufuhr, wobei dies letzten Endes eine

Frage der Dosierung darstellt. Eine kognitiv orientierte Verhaltensmodifikation in Verbindung mit einer ausgewogenen Diät gilt heute als das Mittel der Wahl, um das genannte Ziel zu verwirklichen.

Rückfälligkeit

Wenn man im Zusammenhang mit Gewichtsregulation von Rückfälligkeit spricht, ergeben sich einige definitorische Probleme. Während man beim Rauchen und Trinken über ein Abstinenzkriterium verfügt, gilt dies nicht beim Essen, denn der Klient will sich ja nicht das Essen abgewöhnen. Vielmehr soll er lernen, sein Eßverhalten gezielt unter willentliche Kontrolle zu bringen um abzunehmen. Gewichtsabnahme ist kein Verhalten, sondern ein Ergebnis, das nur als ein Indikator für reguliertes Eßverhalten dienen kann. Die tatsächliche Variation im Körpergewicht hängt jedoch von vielen Faktoren ab, und das Eßverhalten gilt nur als eine dieser Determinanten. Rückfälligkeit kann man über eine spätere Gewichtszunahme definieren, z. B. einen Rückgewinn von verlorenen Pfunden nach einem Jahr nach der Trainingsphase. Dies wäre eine indirekte Definition, bei der angenommen wird, daß die Person die Regeln für ihr Eßverhalten verletzt und deswegen an Gewicht zugenommen hat. Neben diesem globalen und diffusen Rückfallkriterium läßt sich dasselbe Problem auch auf der Mikroebene identifizieren, z. B. wenn es nicht gelingt, die tägliche Kalorienbegrenzung einzuhalten oder wenn sich die Person in einer Versuchungssituation der Völlerei hingibt (Sternberg, 1985).

Der Prozeß des Rückfalls läßt sich nach der Theorie von Marlatt (Marlatt & Gordon, 1985) psychologisch erklären. Wenn jemand die gesetzten Regeln für eine gesunde Ernährung einhält, erfährt er etwas über seine Regulationskompetenz und entwickelt eine spezifische Selbstwirksamkeitserwartung (Bandura 1977, 1991). Dies gilt bis zum Eintreffen einer Risikosituation. Damit ist eine Situation gemeint, die Versuchungen enthält und somit erhebliche Anforderungen an die Widerstandskraft stellt, die als Bedrohung erlebt werden. Solche Situationen treten z. B. dann auf, wenn man sich in einer bestimmten emotionalen Verfassung befindet, also wenn man deprimiert, müde, einsam oder gelangweilt ist, aber auch wenn man in einer fröhlichen, geselligen Runde etwas zu feiern hat. Marcoux, Trenkner und Rosenstock (1990) haben 26 Personen im Alter von 24 bis 61 Jahren nach einer Schlankheitskur im Rahmen eines anschließenden Rückfallverhütungsprogramms sechs Wochen weiter untersucht und nach drei Monaten einen Nachtest durchgeführt. Es zeigte sich hier, daß soziale Unterstützung, insbesondere die Einschätzungsunterstützung (appraisal support), sehr eng mit der erfolgreichen

Gewichtsabnahme in Verbindung stand. Die Rolle der Familie erwies sich als zweischneidig, denn nicht nur die positiven, sondern auch die negativen sozialen Interaktionen fanden gleichermaßen mit diesen Netzwerkmitgliedern statt. Grilo, Shiffman und Wing (1989) haben den Versuchungscharakter von verschiedenen Risikosituationen bei 57 Übergewichtigen untersucht und dabei gefunden, daß es vor allem die Mahlzeiten, die Phasen mit sehr geringer Erregung (Langeweile) und die mit sehr hoher Erregung (Streß) waren, die übermäßiges Essen hervorriefen. Essenbezogene Hinweisreize erhöhten das Rückfallrisiko, und sowohl kognitive als auch behaviorale Copinganstrengungen waren gleichermaßen erfolgreich, um solchen Situationen Widerstand zu leisten.

Angesichts einer Risikosituation kann sich die Person hilflos oder machtlos vorkommen und sich daraufhin einem unkontrollierten Eßverhalten hingeben. Das kann daran liegen, daß ihr nicht die erforderliche Bewältigungskompetenz gegeben ist oder daß sie z. B. zu ängstlich ist, ihre sozialen Fertigkeiten wirklich anzuwenden und sich gegenüber anderen durchzusetzen. Kommt es zu einem „Ausrutscher", dann besteht die Gefahr, daß die Selbstwirksamkeitserwartung abgeschwächt wird, was einen „Circulus-vitiosus" einleiten kann. Dies ist jedoch nicht wahrscheinlich, wenn die rückfällige Person eine ich-schützende Kausalattribution des Versagens vornimmt. Sie sollte nicht sich selbst dafür verantwortlich machen, sondern die Risikosituation als Ursache ansehen und den Vorfall als eine wertvolle Lerngelegenheit betrachten, um ihr in Zukunft aus dem Weg zu gehen oder um in solchen Situationen Widerstand zu leisten.

Die Versuchung in Risikosituationen kann auch durch positive Erwartungen gegenüber Essen oder bestimmten Nährstoffen verstärkt werden. Man erinnert sich z. B. an den Duft von Kaffee oder den Geschmack von Kuchen und wie beides geholfen hat, eine Durststrecke von Müdigkeit und Konzentrationsschwierigkeiten zu überwinden; oder man erinnert sich an das behagliche Gefühl der Sättigung nach einem schweren Mahl und die damit verbundene Entspannung und Zufriedenheit. Solche Erwartungen sind selektiv, indem sie die negativen Begleiterscheinungen unterdrücken wie z. B. die Nervosität nach Kaffee oder Übelkeit und Völlegefühl nach einer zu reichhaltigen Mahlzeit. Wer in der Vergangenheit auf Einsamkeit und Depression mit Essen reagiert hat, wird das Essen als eine habituelle Bewältigungsreaktion auffassen und ihm gegenüber positive Erwartungen hegen. Generell läßt sich annehmen, daß solche Erwartungen in gleichartigen Stimmungslagen erinnert werden, in denen sie ursprünglich gebildet worden sind („mood dependent retrieval").

Sternberg (1985) berichtet über eine eigene Studie, in der 28 Frauen untersucht wurden, die ein Gewichtskontrolltraining abgeschlossen hatten. Die Frage war, ob sie ihr Eßverhalten und ihr Gewicht über zwei Monate hinweg aufrechterhalten konnten. Ein „Ausrutscher“ (slip) war definiert als eine Verletzung der gesetzten Verhaltensregeln, also deren Nichtbeachtung für 24 Stunden, während Rückfälligkeit definiert war als eine Gewichtszunahme von ca. 2,3 kg (5 pounds) nach Ablauf der 60 Tage. Allen Frauen unterlief mindestens ein Ausrutscher, und zwei Drittel der Frauen wurden rückfällig. Bei einer näheren Betrachtung der Umstände zeigte sich, daß die Ausrutscher etwa zur Hälfte in sozialen Situationen und zur Hälfte dann passierten, wenn die Personen allein waren. Wenn sie allein waren, lösten vor allem negative Gefühlszustände das unkontrollierte Essen aus wie z. B. Depressionen, Angst oder Einsamkeit. In Begleitung dagegen waren es gerade die positiven Emotionen, die den Ausschlag gaben, z. B. wenn es etwas zu feiern gab. Die meisten Ausrutscher passierten abends. Diejenigen, die nicht rückfällig wurden, gaben an, sich streng an die Aufzeichnungen ihres Eßverhaltens und an das Kalorienzählen zu halten.

Die Autorin schlägt vor, mehr kognitive Elemente in Programme zur Gewichtskontrolle zu integrieren wie z. B. Aufbau von Selbstwirksamkeitserwartung, externale Attribution von Ausrutschern oder kognitive Bewältigung von Rückfallkrisen. Beim empirischen Vergleich eines derart modifizierten Trainings gegenüber einem Standardprogramm zeigte sich, daß beide Gruppen zwar eingangs gleich viel Gewicht verloren, aber in der Erhaltungsphase waren diejenigen Personen standhafter, die gelernt hatten, mit Risikosituationen und Rückfallkrisen richtig umzugehen, indem sie stützende interne Dialoge führten und eine vorteilhafte Interpretation ihrer Krisen vornahmen. Bei einer Durchsicht der Literatur, die Variablen der Rückfallverhütung untersucht, kamen Westover und Lanyon (1990) zu dem Schluß, daß es vor allem die erworbenen Verhaltensfertigkeiten, die fortdauernde Selbstbeobachtung und emotionale Faktoren sind, die sich auf die Aufrechterhaltung über längere Zeit hinweg auswirken.

Der Prozeß der Gewichtsabnahme ist offenbar psychologisch verschieden von dem Prozeß der Aufrechterhaltung des reduzierten Körpergewichts. Der Erforschung von Rückfälligkeit dürfte daher nun die Priorität zukommen (vgl. das Kapitel über Rückfälligkeit).

Rauchen

Die gesundheitlichen Auswirkungen des Rauchens

Zigarettenrauchen gilt als die größte indirekte und vermeidbare Todesursache. Dieses Risikoverhalten ist in den USA verantwortlich für etwa 155.000 Krebstodesfälle und 115.000 der an koronaren Herzkrankheiten Gestorbenen; die Gesamtschätzung für vorzeitige *Mortalität* aufgrund von Zigarettenrauchen liegt bei 390.000 pro Jahr (Shopland, Pechacek & Cullen, 1990). Je nach Quelle variieren diese Schätzungen etwas (vgl. DiMatteo, 1991; Taylor, 1994). Fast ein Drittel der Krebstodesfälle geht auf das Konto des Rauchens. Zu den 155.000 „überschüssigen" Krebstodesfällen kommen noch ca. 5.000 hinzu, die durch „passives Rauchen" verursacht werden, also durch jahrelanges Einatmen der Raucherluft von Familienangehörigen und Arbeitskollegen. Tabakrauch enthält Dutzende von karzinogenen Stoffen und greift insbesondere die Atemwege an. Abbildung 45 zeigt die Krebssterblichkeitsraten für Raucher in den USA. Danach ist z. B. die Lungenkrebssterblichkeit bei männlichen Rauchern etwa 22mal so hoch wie bei männlichen Nichtrauchern bzw. bei weiblichen Rauchern 12mal so hoch wie bei weiblichen Nichtrauchern.

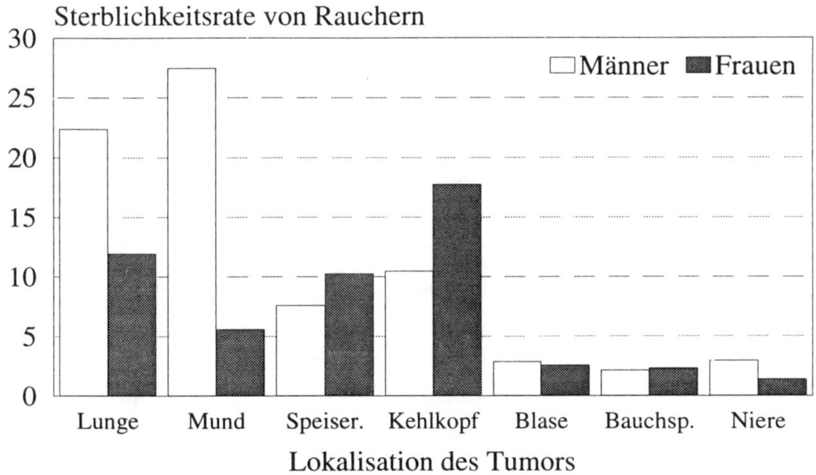

Abbildung 45. *Sterblichkeitsraten von Rauchern (im Alter von mehr als 34 Jahren) im Vergleich zu Nichtrauchern (nach Shopland et al., 1990, S. 403).*

Das Risiko für Raucher, an Krebs zu sterben, ist höher als dasjenige, an koronaren Herzkrankheiten zu sterben, d. h. der Zusammenhang zwischen Zigarettenrauchen und Krebs ist enger, aber insgesamt sind die koronaren Herzkrankheiten die verbreitetere Todesursache, so daß auch der Anteil der durch Rauchen bedingten Herztodesfälle sehr hoch ausfällt.

Lungenkrebs war übrigens im ersten Drittel dieses Jahrhunderts eine extrem seltene Krankheit, die in den Lehrbüchern meist nicht erwähnt wurde. Nachdem 1913 die Zigarettenmanufaktur begann (mit der Marke Camel), entstand eine neue Mode des Rauchens, und ungefähr 20 Jahre später stieg die Inzidenz von Lungenkrebs deutlich an. Die Fälle von Lungenkrebs folgen über die Zeit der zunehmenden Verbreitung des Zigarettenrauchens mit der für die Tumorgenese entsprechenden Verzögerung.

Die Todesfälle allein sprechen eine deutliche Sprache, doch muß auch die *Morbidität* berücksichtigt werden. Raucher sind generell weniger gesund; sie leiden unter einer Vielzahl von Krankheiten, darunter vor allem chronischer Bronchitis, Lungenentzündung, Magengeschwüren und Infektionskrankheiten; Kinder von Raucherinnen haben im Durchschnitt ein geringeres Geburtsgewicht als Kinder von Nichtraucherinnen; und schließlich ist auch an Unfälle und Verletzungen durch Feuer zu denken. Genaue Schätzungen der gesundheitlichen Auswirkungen des Rauchens sind schwierig, unter anderem deswegen, weil viele Raucher generell weniger gesundheitsbewußt leben und z. B. Alkohol und Kaffee trinken und weniger Sport treiben, so daß man Rauchen nicht als die alleinige Ursache isolieren kann.

Rauchen übt im statistischen Sinne eine Hauptwirkung auf die Gesundheit aus, aber daneben interagiert es auch mit anderen Risikofaktoren (Pomerleau, Collins, Shiffman & Pomerleau, 1993; Pomerleau & Pomerleau, 1988, 1989a). Ein solcher *Synergismus* liegt vor, wenn sich beide Risikofaktoren nicht nur in ihrer gesundheitlichen Wirkung addieren, sondern wenn sie multiplikativ miteinander wirken, indem sie sich „aufschaukeln". Im Kapitel „Verhalten und Krankheitsrisiko" wurde dargestellt, wie Rauchen und *Alkoholkonsum* miteinander wirken können: wenn man viel raucht und zugleich viel trinkt, steigert sich das Risiko, an Mundhöhlenkrebs zu erkranken, um ein Mehrfaches. Auch andere Synergismen sind gefunden worden. Perkins (1985) fand eine Interaktion zwischen Rauchen und *Cholesterin*, so daß die Kombination beider Faktoren das Herzinfarktrisiko erheblich vergrößerte. Das könnte dadurch geschehen, daß die Synthese von HDL-Cholesterin (dem „guten" Cholesterin) vermindert würde und daß das Blut von Rauchern schneller gerinnt als das von Nichtrauchern. Unklar ist, ob ein Synergismus von Rauchen und *Streß* besteht. Beide Faktoren erhöhen die Herzfrequenz und den Blutdruck, und es scheint in vielen Fällen einen mehr als additiven Effekt zu geben, wenn in Streßsituationen geraucht wird. Dies ist deswegen eine wichtige Überlegung, weil Raucher häufig gerade im Streß rauchen, um sich zu entspannen. Ob dies nun mit einer lindernden oder einer aufputschenden Wirkung verbunden ist, mag auch an der Dosierung liegen sowie an kognitiven Faktoren, z. B. was jemand in einer spezifischen Situation vom Rauchen erwartet (Ashton & Golding, 1989). Daneben ist gefunden worden, daß *Typ A-Personen*, die bekanntlich sehr heftig auf herausfordernden Streß reagieren, andere Rauchgewohnheiten haben als Typ B-Personen, indem sie länger inhalieren und somit mehr Kohlenmonoxide in die Lungenbläschen bekommen (Lombardo & Carreno, 1987). Dies wäre ein Synergismus von zwei Risikoverhaltensweisen.

Die gesundheitlichen Auswirkungen des Rauchens sind teilweise schon im Kapitel „Verhalten und Krankheitsrisiko“ im Zusammenhang mit Krebs und Herzinfarkt beschrieben worden und sollen daher an dieser Stelle nicht vertieft werden. Nach ungefähr 40 Jahren Forschung gilt heute in der Gesundheitswissenschaft als unumstritten, daß das Rauchen die wohl stärkste vermeidbare Einzelursache von zahlreichen schweren Erkrankungen darstellt.

Die Verbreitung des Rauchens

Trotz umfassender Aufklärung der Bevölkerung gibt es immer noch sehr viele Raucher; erst seit wenigen Jahren zeigt sich - zumindest in den amerikanischen Prävalenzdaten - ein Abwärtstrend, nachdem die Menschen gesundheitsbewußter geworden sind. In der Bundesrepublik Deutschland lag unter den Männern Anfang der 80er Jahre die Zahl der Raucher bei 47 %, die der Ex-Raucher bei 20 % und die der Nie-Raucher bei 33 %; unter den Frauen waren es 29 % Raucher, 10 % Ex-Raucher und 61 % Nie-Raucher (Mittag & Onnen, 1991; Tölle & Buchkremer, 1989). In Deutschland rauchten 1992 etwa 27,6 % der über 10 Jahre alten Personen (Statistisches Bundesamt, 1992). Abbildung 46, S. 260, veranschaulicht den Abwärtstrend. Nach Hoffmeister et al. (1993) sank im Zeitraum von 1984 bis 1992 die Zahl der Raucher innerhalb der Gruppe der 25- bis 69jährigen um 8 %.

In den USA lag die Quote bei insgesamt ca. 29 %, und zwar 31 % bei den Männern und 27 % bei den Frauen (National Center for Health Statistics, 1990). Eine nach Alter und Geschlecht differenzierte Übersicht liefert Abbildung 46. Unter den erwachsenen Männern liegt der Anteil der Raucher immer noch höher als bei den erwachsenen Frauen, aber ein epochaler Trend führt zu einer Angleichung beider Geschlechter.

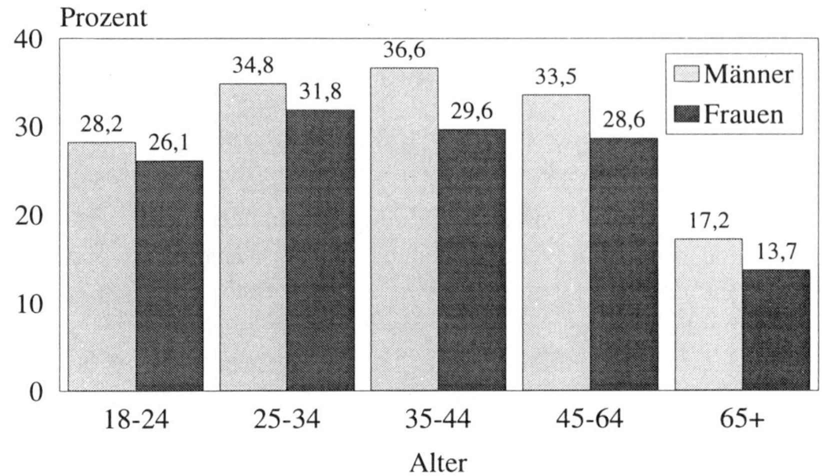

Abbildung 46. *Veränderung der Prävalenz des Rauchens (Statistisches Bundesamt, 1994).*

Auch in Deutschland gibt es mehr rauchende Männer als Frauen unter den Älteren, aber mehr rauchende Frauen als Männer unter den Jüngeren. In der Gruppe der 30- bis 39jährigen rauchen ca. 50 % der Männer (und weniger Frauen), während in der Gruppe der 25- bis 29jährigen ca. 42 % der Frauen rauchen (und weniger Männer) (Hoffmeister et al., 1988). In den Altersgruppen über 39 Jahren sinkt die Zahl der Raucher.

Das wird auch deutlich, wenn man sich die Quoten der Ex-Raucher ansieht. Viele Raucher geben ihr Laster auf, wenn sie in den mittleren Jahren sind. Der Anteil der Ex-Raucher steigt von 7 % bei den unter 20jährigen auf 9 % bei den 20- bis 29jährigen, 13 % bei den 30- bis 39jährigen und 17 % bei den 40- bis 49jährigen (Mittag & Onnen, 1991).

Rauchen ist in der *sozialen Unterschicht* stärker verbreitet als in höheren Sozialschichten. So zeigten Daten aus der Deutschen Herz-Kreislauf-Präventionsstudie (DHP), daß Männer mit Abitur nur halb so häufig rauchen wie Männer mit Hauptschulbildung (Hoffmeister et al., 1988). Beim Vergleich von 125 Berufen konnte Borgers (1988) diesen Zusammenhang bestätigen. Allerdings betonen Sterling und Weinkam (1990), daß Berufsausübung und Rauchen konfundierte Variablen darstellen, die einer sehr viel differenzierteren Erforschung bedürfen, als bisher geschehen ist. Schon bei Jugendlichen gibt es diesen Sozialschichtunterschied. In der Berlin-Bremen-Studie (Semmer et al., 1991), in der Schüler aus beiden Städten über zwei Jahre hinweg im Längsschnitt untersucht wurden, betrug die Prävalenz des regelmäßigen Rauchens bei Siebt- und Achtklässlern im Gymnasium 7 %, in der Hauptschule war der Anteil fünfmal höher und lag bei 35 %. Dieses Verhältnis zwischen beiden Schultypen verringerte sich mit zunehmendem Alter nicht wesentlich: als die Schüler zwei Jahre später die neunte und zehnte Klassenstufe erreicht hatten, waren 15 % der Gymnasiasten und 55 % der Hauptschüler regelmäßige Raucher.

Betrachtet man den Bildungsstand und den epochalen Trend des Rauchens gemeinsam, so läßt sich feststellen, daß sich nicht alle Menschen gleichermaßen vom Rauchen abwenden, sondern vor allem die höher Gebildeten. Abbildung 47 verdeutlicht den Rückgang in diesem Risikoverhalten vor allem bei Personen mit einer College-Bildung. Diejenigen, die einen College-Abschluß haben, waren schon immer weniger geneigt zu rauchen als diejenigen mit weniger hoher Bildung; bei beiden College-Gruppen, denen mit und denen ohne Abschluß, ist ein bedeutsamer epochaler Trend zu verzeichnen, während in der Gruppe derer, die die High School ohne Abschluß besucht haben, keine Verhaltensänderung über die Zeit erkennbar ist.

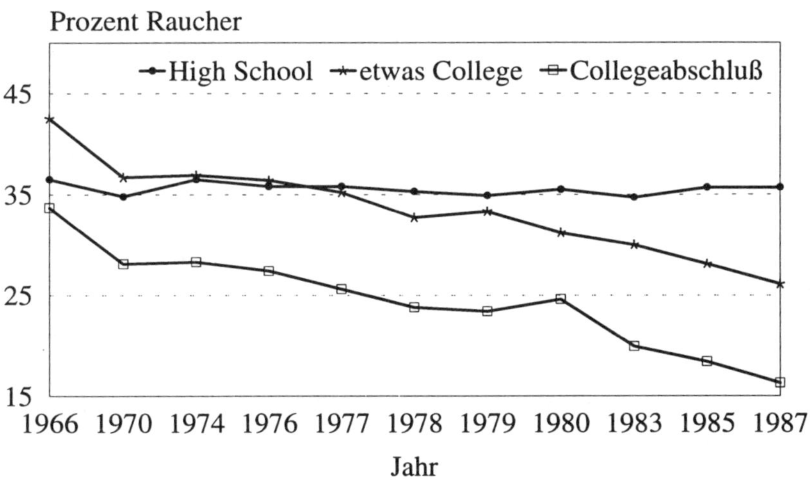

Abbildung 47. *Veränderung in der Prävalenz des Rauchens bei unterschiedlich Gebildeten (nach Shopland et al., 1990).*

In der Gruppe mit der höchsten Bildung gibt es demnach nur noch 16 % Raucher; bei Ärzten und Zahnärzten liegt die Quote inzwischen bei nur 10 % (Shopland et al., 1990). Während sich der Unterschied im Rauchen zwischen den Geschlechtern zunehmend nivelliert, vergrößert sich die Differenz zwischen den Sozialschichten, und somit wird vorhergesagt, daß sich das Rauchen zu einem Problemverhalten der Unterschichtsubkultur entwickeln wird (Botvin, Baker, Goldberg, Dusenbury et al., 1992; Pierce, Giovino, Hatziandreu & Shopland, 1989; Pierce, Fiore, Novotny, Hatziandreu & Davis, 1989).

Die Verhaltensepidemiologie liefert uns solche Angaben differenziert nach Sozialschicht, Alter und Geschlecht, doch sollte man derartige Klassifikationsmerkmale nicht mit Kausalfaktoren verwechseln. Jemand raucht nicht deswegen, weil er männlich, jung und weniger gebildet ist. Vielmehr handelt es sich bei solchen Merkmalen um Korrelate des Verhaltens, die man in einem Kausalmodell als Hintergrundvariablen spezifizieren könnte und denen allenfalls eine indirekte Wirkung zugeschrieben würde. Die Ursache für ein individuelles Verhalten wie Rauchen ist in einer Reihe von situativen und personalen Einflußgrößen zu suchen, die näher am Geschehen liegen als diese Hintergrundfaktoren. Wer gebildeter und gereifter ist, hat in seinem Leben wahrscheinlich mehr Erfahrungen über Risiken machen können, weiß die Bedeutung der eigenen Gesundheit mehr zu schätzen und mag aus diesen und anderen Motiven eher zu der Entscheidung gelangen, nicht zu rauchen. Die soziodemographischen Merkmale sind statistisch mit anderen Bedingungen des Rauchens verbunden, wobei die wichtigsten Determinanten des Rauchens psychosozialer Natur sind. Darauf wird im nächsten Abschnitt eingegangen.

Die Motivation zum Rauchen: Warum rauchen Menschen überhaupt?

Ob jemand raucht, nicht raucht oder nicht mehr länger raucht, wird durch unterschiedliche Prozesse motiviert, die auf verschiedenen Stufen der Auseinandersetzung mit dieser Frage angesiedelt werden können (Shiffman, 1993a). Für einen Jugendlichen, der zu seiner ersten Zigarette greift, gibt es andere Motive als für den Erwachsenen, der schon seit Jahrzehnten raucht. Flay, d'Avernas, Best, Kersell und Ryan (1983) unterscheiden drei Stadien, eine Eingangsphase (preparation and initiation), ein Experimentierstadium (learning and discovery) sowie eine Gewöhnungsphase (habituation). In der Eingangsphase stellt man sich auf die Möglichkeit zu rauchen ein und macht seine allerersten Erfahrungen, von denen es abhängt, ob ein Übergang ins Experimentierstadium erfolgt. Während dieses Stadiums wird jemand zum Raucher durch wiederholtes Ausprobieren, bis schließlich in vielen Fällen eine Gewöhnung und damit eine psychische und körperliche Abhängigkeit eintritt.

Der Übergang von der ersten zur zweiten Stufe dürfte vor allem mit sozialen Erwartungen zu tun haben, indem nämlich Konformitätsdruck angesichts einer sozialen Bezugsgruppe erlebt wird, während der Übergang von der zweiten zur dritten Stufe stärker mit Erwartungen an die unmittelbar wohltuende Wirkung des Rauchens verknüpft ist, also vor allem der Erwartung, dadurch die eigenen Emotionen regulieren zu können (vgl. Lopez & Fuchs, 1990).

Eingangsphase und Experimentierstadium bei Jugendlichen

Zunächst soll näher darauf eingegangen werden, warum Jugendliche überhaupt mit dem Rauchen beginnen, und anschließend wird erörtert, welche Faktoren für die langfristige Gewohnheit des Rauchens verantwortlich gemacht werden (vgl. Friedman, Lichtenstein & Biglan, 1985; Hover & Gaffney, 1988; Stacy, Sussman, Dent, Burton & Flay, 1992). Schon das experimentelle Rauchen von drei bis vier Zigaretten soll angeblich über 90 % der jungen Menschen in eine „Nikotinabhängigkeitsfalle" locken, in der sie im Durchschnitt 30 bis 40 Jahre gefangen bleiben (Russell, 1990).

Sind sich die Jugendlichen auf differenzierte Weise darüber im klaren, welche Vorteile, aber auch welche Nachteile das Rauchen mit sich bringt? Bevor wir auf die emotionalen Aspekte und den sozialen Kontext eingehen, soll ein kurzer Blick auf die *Kognitionen* gegenüber dem Rauchen geworfen werden. Dabei hilft die Theorie von Fishbein und Ajzen (1975), die zu Beginn dieses Buches beschrieben worden ist. Demnach bedarf es zunächst einer *Verhaltensintention* („Ich beabsichtige, im nächsten Monat mit dem Rauchen zu beginnen"), die angeblich mit größter Wahrscheinlichkeit das tatsächliche Rauchen vorherzusagen erlaubt. Sie wird beeinflußt von der *Einstellung* („Daß ich demnächst rauche, finde ich gut/schlecht") und der *subjektiven Norm* („Die meisten Leute, die mir wichtig sind, meinen, ich solle (nicht) rauchen"). Diese subjektive Norm ergibt sich aus dem Produkt von *normativer Überzeugung* („Meine Eltern finden, ich sollte (nicht) rauchen") und der *Einwilligungsbereitschaft* („In welchem Maße möchte ich das tun, was meine Eltern gern hätten?"). Die Einstellung resultiert aus dem Produkt von *Verhaltensüberzeugungen* („Rauchen würde mich entspannen") und subjektiven *Ergebnisbewertungen* („Entspannung wäre gut/schlecht für mich"). Sutton (1989) referiert zehn Studien, die dieses Modell auf das Rauchen angewandt haben, und kommt zu dem Schluß, daß alle Befunde zwar mit der Theorie im Einklang stehen, sie aber nur sehr schwach bestätigen. Der Mangel liegt unter anderem darin, daß es sich um korrelative Querschnittstudien handelt. Fishbein (1982) selbst hat eine solche empirische Arbeit durchgeführt, an der vor allem die Kognitionsunterschiede zwischen denen, die zu rauchen beabsichtigen, und denen, die es nicht tun, interessant sind. Er hat zu diesem Zweck 16 Ergebnisse des Rauchens formuliert und dafür die Verhaltensüberzeugungen und subjektiven Ergebnisbewertungen geprüft. Die für diese Studie ausgewählten Konsequenzen waren zur Hälfte positiv und zur Hälfte negativ:

Positive Konsequenzen des Rauchens:	*Negative Konsequenzen des Rauchens:*
* löst Verspanntheit	* schadet der Gesundheit
* entspannt	* erhöhtes Krebsrisiko
* unterstützt Konzentrationsleistung	* Atembeschwerden
* erleichtert soziale Interaktionen	* Zumutung für andere Menschen
* führt zur Anerkennung durch andere	* Mundgeruch
* gibt den Händen etwas zu tun	* Geruch in den Kleidungsstücken
* reguliert das Körpergewicht	* macht abhängig
* angenehme Geschmackserfahrung	* ist teuer

Diese Kognitionen hat er dann 186 Collegestudentinnen vorgegeben, von denen 36 die Verhaltensintention gebildet hatten, demnächst zu rauchen. Verglichen wurde also eine Gruppe mit der Intention zu rauchen mit einer anderen, die diese Intention nicht hatte. Erwartungsgemäß wurden alle negativen Konsequenzen von beiden Gruppen als negativ eingestuft und alle positiven als positiv; es zeigte sich jedoch ein signifikanter Unterschied im Grad der negativen oder positiven Einschätzung zwischen den beiden Frauengruppen. Wer die Absicht zu rauchen hegte, schätzte die negativen Konsequenzen als weniger negativ und die positiven als mehr positiv ein.

Einige Studien, die diesem Ansatz folgten, berechneten multiple Korrelationen zwischen der Einstellung und der subjektiven Norm im Hinblick auf die Intention als dem Kriteriumsmaß. Die Koeffizienten lagen zwischen $R = .43$ und $R = .83$, wobei daran zu erinnern ist, daß alle drei Variablen innerhalb desselben Fragebogens zu demselben Zeitpunkt vorgegeben waren (Sutton, 1989). Daran gemessen fallen die Zusammenhänge nicht so hoch aus, wie es auf den ersten Blick scheinen mag. Auch die Korrelationen zwischen der

Intention und dem späteren tatsächlichen Verhalten fallen inkonsistent aus (Fishbein, 1982). Das mag daran liegen, daß die Theorie einige wichtige Verhaltensdeterminanten nicht einschließt wie z. B. das frühere Verhalten, die Widerstandsfähigkeit gegenüber Versuchungen bzw. die damit verwandte Kompetenzerwartung sowie situative Einflußgrößen. Auch die weiterführende Theorie des geplanten Verhaltens von Ajzen (1988) erfüllt diese Forderung nicht genügend (vgl. das Kapitel über Gesundheitsverhaltenstheorien).

Die meisten Psychologen, die sich mit den Motiven für die Aufnahme des Rauchens befaßt haben, haben ihren Blick auf entwicklungsspezifische, soziale und emotionale Beweggründe gerichtet (Stacy et al., 1992; Stacy, Bentler & Flay, 1994). Darauf wird nun etwas näher eingegangen. Fast alle Jugendlichen glauben zu recht, daß Rauchen ungesund ist, und trotzdem lassen sich sehr viele darauf ein, damit zu beginnen. Zu diesem Zeitpunkt liegt ja noch keine Nikotinabhängigkeit vor; also müssen es andere Beweggründe sein, die sie zu diesem Verhalten anregen. Diese Beweggründe sind offenbar stark, denn die ersten Zigaretten schmecken nicht. Im Gegenteil, oft verursachen sie Husten, Benommenheit und Übelkeit. Trotzdem geben sich viele Jugendliche Mühe, das Rauchen „zu erlernen", und nur ein Teil läßt sich von den negativen ersten Erfahrungen auf Dauer abschrecken. Das Rauchen ist in manchen Kreisen mit einem ausgesprochen positiven Image versehen, das dazu verleitet, den unangenehmen Geschmack, den finanziellen Aufwand und die drohenden Gesundheitsgefahren in Kauf zu nehmen. Das attraktive soziale Image wird genährt durch Verhaltensmodelle und suggestive Zigarettenwerbung. Wenn ein Kind ständig erlebt, daß die eigenen Eltern fortfahren, genußvoll zu rauchen, obwohl sie um dessen Schädlichkeit wissen, dann muß das Rauchen irgendwie erstrebenswert sein. Die Erwartung der Eltern, sich durch Rauchen entspannen oder belohnen zu können, wird durch Modell-Lernen weitervermittelt (Hansell & Mechanic, 1990; Kniskern, Biglan, Lichtenstein, Ary & Bavry, 1983). In jungen Jahren stellen die Eltern die wichtigsten Verhaltensmodelle dar, während sie um die Pubertät herum in dieser Rolle durch die Gruppe der Gleichaltrigen oder etwas älteren Mitschüler abgelöst werden (Krosnick & Judd, 1982). Diese „Peers" werden als Leitbilder für einen generationsspezifischen Lebensstil anerkannt. Die nachrückende Generation tut es der vorhergehenden gleich und übernimmt Verhaltensweisen, die den Weg zur Erwachsenenrolle markieren, einschließlich Rauchen und Alkoholkonsum (Hurrelmann & Lösel, 1990; Silbereisen, 1990). Der Jugendliche fühlt sich dadurch erwachsen und akzeptiert; Modelle werden nachgeahmt in dem Wunsch, so zu werden wie sie (Krohn, Massey, Skinner & Lauer, 1983). Dieses Imitationsverhalten kann mehr oder weniger freiwillig erfolgen. Explizite soziale Erwartungen können übermittelt werden, indem die Mitglieder einer Bezugsgruppe zum Ausdruck geben, daß Rauchen zur Gruppennorm gehört. Es gibt übrigens auch „imaginäre Bezugsgruppen", die sich jemand nur vorstellt und die ihn bei vielen Gedanken und Handlungen begleiten (vgl. Schwarzer & Jerusalem, 1981, 1982, 1983). Die bloße Anzahl von Rauchern in einer Bezugsgruppe bedeutet nicht zwangsläufig einen Gradmesser des tatsächlich herrschenden Konformitätsdrucks. Man muß unterscheiden zwischen den objektiv übermittelten Erwartungen und dem subjektiven Bedürfnis nach Konformität, um anerkannt zu werden. Daneben gibt es für einen Jugendlichen, der sozialen Druck verspürt, auch Kompensationsmöglichkeiten. Er kann z. B. besonders gute sportliche Leistungen erbringen, mehr Alkohol als andere trinken oder mit seinen sexuellen Abenteuern prahlen, so daß er auf das Rauchen als Symbolhandlung von Gruppenmitgliedschaft nicht angewiesen ist. Von anderen akzeptiert zu werden, ist gerade während der Adoleszenz eine wesentliche Quelle für das Selbstwertgefühl, und wer das Pech hat, Mitglied einer Gruppe zu sein, in der „ungesunde Normen" herrschen, wird Mühe haben, dem erfolgreich Widerstand zu leisten, ohne dabei soziale Isolierung oder gar Ächtung in Kauf zu nehmen (Holler & Hurrelmann, 1990; Kaplan, 1980; Kaplan, Martin & Robbins, 1984). Schüler mit geringem Selbstwertgefühl, Tendenzen zu sozialer Abhängigkeit und mit geringer sozialer Kompetenzerwartung sind zwangsläufig stärker gefährdet, dem impliziten oder expliziten Gruppendruck nachzugeben (Bandura, 1995a).

Die Aufnahme von Risikoverhaltensweisen wie z. B. Rauchen enthält also mehrere Facetten, von denen das attraktive soziale Image des Zigarettenrauchens, das Bedürfnis nach Autonomie sowie das Nachgeben gegenüber sozialen Erwartungen die hervorstechendsten sind (Covington & Omelich, 1988, 1992). Die raffinierte Zigarettenwerbung und die Existenz von rauchenden Bezugsgruppen liefern Umweltreize, die gerade die labilen Jugendlichen zu Handlungen verleiten, die ihrem besseren Wissen widersprechen. Daneben ist aber auch zu bedenken, daß diese Entwicklungsstufe mit der Exploration von neuen Gelegenheiten verbunden ist und daß es in der Natur des heranwachsenden Menschen liegt, möglichst viel Neues auszuprobieren, um Erfahrungen zu sammeln und die Welt besser verstehen und beurteilen zu können. In diesem Sinne ist der überängstliche Jugendliche, der rigide jedes Experimentieren ablehnt und sich damit den alterstypischen Lebenserfahrungen verschließt, eher als abnorm zu bezeichnen. Das entwicklungspsychologische Idealbild wäre ein vorurteilsfreier Jugendlicher, der in gelassener Neugierhaltung über eine kurze Zeit hinweg unter anderem das

Rauchen von Zigaretten, Zigarren und Pfeifen ausprobiert, um dann zu dem Schluß zu gelangen, daß es keinen Sinn macht, für einen schlechten Geschmack im Mund Geld zu bezahlen und die Gesundheit zu schädigen. Seine Schwierigkeit mag dann darin liegen, die so gewonnene Einstellung anderen „zu verkaufen", d. h. die Erwartungen rauchender Freunde zu enttäuschen und dem Gruppendruck selbstbewußt und mit treffenden Argumenten zu begegnen. Gleichzeitig gilt es, den Verlockungen der Werbung zu widerstehen und zu erkennen, daß nicht der „Geschmack von Freiheit und Abenteuer" auf der Zunge brennt, sondern karzinogene Stoffe, die abhängig machen und somit die Handlungsfreiheit einschränken.

Die Auseinandersetzung mit Risikoverhaltensweisen bildet einen Bestandteil der Sozialisation im Jugendalter. Unter erschwerten Entwicklungsbedingungen muß mit einer erhöhten Inzidenzrate auch des Rauchens gerechnet werden. Zu solchen Bedingungen gehören ein eingeschränktes soziales Milieu, kritische Lebensereignisse, Alltagsstreß, schlechte Schulleistungen und überhaupt eine mangelhafte subjektive Befindlichkeit (Semmer et al., 1987; Silbereisen & Noack, 1986). In einer Längsschnittstudie über acht Jahre hinweg haben Newcomb, McCarthy und Bentler (1989) die Bedingungen für das Rauchen junger Menschen erforscht und dabei unter anderem gefunden, daß der „akademische Lebensstil", also die primäre Orientierung an Schulleistungen, eine besonders gute Vorhersage zukünftigen Nichtrauchens erlaubt. Schüler, die sich sehr anstrengen, viel Zeit für Schulaufgaben verwenden und dabei Erfolg haben, sind demnach weniger geneigt, mit dem Rauchen zu beginnen als solche, die mehr Zeit für Unterhaltung aufwenden oder außerhalb der Schule einem Job nachgehen.

Jugendliche in streßreichen Lebenslagen erwarten Erleichterung vom Rauchen wie ihre erwachsenen Vorbilder und versuchen, ihre Belastungen durch den Griff zur Zigarette zu bewältigen. In der Terminologie von Lazarus (1991, 1993a, 1993b, 1995) handelt es sich dabei um „emotionales Coping" im Gegensatz zum „instrumentellen Coping", bei dem die anstehenden Schwierigkeiten direkt und konstruktiv angegangen werden. Die Kausalkette dürfte etwa so aussehen, daß Streß bzw. erschwerte Entwicklungsbedingungen auf die Wahrscheinlichkeit einwirken, dem Gruppendruck zu erliegen; sozialer Konformitätsdruck stellt demnach einen Mediator zwischen dem Streß und dem Rauchen als einer Bewältigungsreaktion dar (Castro, Maddahian, Newcomb & Bentler, 1987). Im Zustand der Belastung wird der Jugendliche empfänglicher gegenüber sozialen Einflüssen, d. h. er bringt weniger Widerstand gegenüber Konformitätsdruck auf und gibt sich schneller dem Sog von Erwartungen hin.

Soziale Bezugsgruppen sind - auch wenn sie Normen hervorbringen, die unerwünschte gesundheitliche Konsequenzen haben können - keineswegs nur ein Übel. Sie stellen vielmehr eine notwendige Sozialisationsbedingung dar und sind eine Quelle von Informationen und Werthaltungen, die auch positive Wirkungen ausüben können. Ein und dieselbe Bezugsgruppe stimuliert unter Umständen gleichzeitig Verhaltensweisen, die aus der Sicht des Gesundheitspsychologen sowohl vorteilhaft als auch schädlich sein können. So haben wir z. B. in einer Längsschnittstudie an 97 Berliner Berufsschülern herausgefunden, daß gute soziale Integration zwar mit mehr Rauchen und Alkoholkonsum einherging, aber zugleich auch mit mehr sportlicher Aktivität (Schwarzer et al., 1990). Die Einsamen dagegen waren den Risikoverhaltensweisen weniger verfallen, trieben andererseits aber weniger Sport. Die soziale Einbettung kann demnach ein zweischneidiges Schwert darstellen.

Wie immer, so ist auch bei diesem Thema die psychologische Situation sehr komplex, wenn man die Wahrscheinlichkeit der Aufnahme des Rauchens bei Individuen oder bestimmten Gruppen vorhersagen will. Welchen Unterschied macht es, wenn ein Elternteil raucht, der andere aber nicht? Womit ist zu rechnen, wenn der beste Freund raucht, sonst aber niemand? Welcher Art sind die sozialen Fertigkeiten, die jemand gegenüber Konformitätsdruck ins Spiel bringen muß, und welcher psychische Aufwand ist dafür erforderlich? Mit solchen und anderen Fragen muß man sich beim Entwurf von Präventionsstrategien auseinandersetzen. Auf die Interventionsmethoden zur Verhütung des Rauchens, besonders bei Jugendlichen, wird weiter unten eingegangen.

Gewöhnungsphase und Abhängigkeit

Die Beweggründe des Rauchens ändern sich in der Gewöhnungsphase. Die früheren Motive wie z. B. das attraktive soziale Image und der Konformitätsdruck verlieren etwas an Bedeutung zugunsten anderer Faktoren, in erster Linie der körperlichen und der psychischen Abhängigkeit (Mangan & Golding, 1984). Es gibt eine Reihe unterschiedlicher Vorstellungen darüber, warum Menschen nicht aufhören können zu rauchen. So hat man unter anderem *Persönlichkeitsmerkmale* dafür verantwortlich gemacht (Lipkus, Barefoot, Williams & Siegler, 1994). Hans Eysenck (1973, 1980, 1987, 1991) behauptet, daß Extravertierte ein größeres Bedürfnis nach externaler Stimulation aufweisen, um ihr optimales Erregungsniveau zu erhalten. Zu diesem Zweck suchen sie stimulierende Situationen auf und gehen anregenden Tätigkeiten nach, wozu auch das Rauchen gehört. Introvertierte dagegen seien in der Lage, ohne externe Stimulation auszukommen, da sie ohnehin schon über ein höheres Erregungsniveau verfügen und empfindlicher gegenüber sensorischen Reizen sind. Diese Unterschiede seien nicht erworben, sondern vererbt. Demnach ließe sich das Gewohnheitsrauchen auf genetische Unterschiede zurückführen. Eysenck räumt ein, daß der Beginn des Rauchens vor allem durch die anderen, oben erörterten Faktoren motiviert ist, glaubt aber, daß sich das überdauernde Rauchverhalten besser durch Extraversion erklären ließe, d. h. durch die Persönlichkeit, die ihrerseits weitgehend von genetischen Prädispositionen bestimmt sei. Man könnte dies als einen biologisch-dispositionellen Ansatz bezeichnen. (Wie Eysenck den Zusammenhang zwischen Rauchen und Krankheit versteht, wurde bereits im Kapitel „Verhalten und Krankheitsrisiko" beschrieben). Es gibt eine Reihe von Studien, die positive Korrelationen zwischen Extraversion und Rauchen gefunden haben, doch verbietet sich aufgrund solcher Daten eine Kausalaussage. Die Theorie von Eysenck gilt als spekulativ und hat kaum Anhänger gefunden. Neben Extraversion stehen auch andere Persönlichkeitsmerkmale in schwachem Zusammenhang mit dem Rauchen wie z. B. Neurotizismus und antisoziale Tendenzen, aber generell findet der Persönlichkeitsansatz wenig Unterstützung in der Wissenschaft, da andere Modelle eine tragfähigere Grundlage zur Erklärung des Rauchens liefern (vgl. Lipkus et al., 1994; Smith, 1970; Wetterer & Troschke, 1986).

Ein biopsychologischer Ansatz sieht die Ursache für fortgesetztes Rauchen in der Nikotinabhängigkeit. Nach dieser *Nikotinregulationstheorie* geht es dem Betroffenen darum, seinen Nikotinspiegel aufrecht zu erhalten und Entzugssymptome zu vermeiden (vgl. Jarvik, 1973). In einem Experiment wurden Gewohnheitsraucher über mehrere Wochen hinweg mit Zigaretten versorgt, die entweder stark oder schwach nikotinhaltig waren, ohne daß dies für die Probanden erkennbar war (Schachter, 1980). Sie wußten also nicht, ob sie leichte oder starke Zigaretten rauchten, und trotzdem reagierten sie unabsichtlich in ihrem Verhalten auf diesen versteckten Unterschied. Von den leichten Zigaretten rauchten sie im Durchschnitt 25 % mehr als von den starken. Derselbe Autor zählte in einem anderen Experiment die Zahl der Züge, die die Raucher von beiden Arten von Zigaretten nahmen, und stellte fest, daß mehr Züge geraucht wurden, wenn die Zigaretten arm an Nikotin waren. In einem weiteren Experiment wurde der pH-Wert des Urins in Beziehung zum Rauchen gesetzt, nachdem beobachtet wurde, daß Nikotin im Urin ausgeschieden wird (Schachter, Kozlowski & Silverstein, 1977). Wenn der pH-Wert unter einen bestimmten Wert fällt, also der Säuregehalt hoch ist und viel Nikotin ausgeschieden wird, müßte eigentlich mehr geraucht werden, um diesen Verlust wieder wettzumachen. Die Probanden erhielten im Blindversuch Vitamin C-Tabletten, weil diese den pH-Wert verringern und somit den gewünschten säurereichen Zustand herzustellen in der Lage sind. Tatsächlich intensivierten diejenigen, die Vitamin C erhalten hatten, ihren Tabakkonsum gegenüber denjenigen, die nur ein Placebo erhalten hatten. Offenbar reagierten die Probanden auf ein körperliches Bedürfnis nach mehr oder weniger Nikotin, d. h. sie „brauchten" ihre gewohnte Menge. Die Experimente zeigen, daß Rauchen dazu dient, den Nikotinspiegel zu regulieren. Kritikern, die vorbrachten, Rauchen sei auch eine Reaktion auf Streß, Angst oder ähnliche emotionale Zustände, entgegnete Schachter, daß auch unter Streß der pH-Wert im Urin abfalle, so daß Streß nur die indirekte Ursache, körperliche Nikotinregulation dagegen die unmittelbare Ursache für vermehrtes Rauchen darstelle (vgl. Taylor, 1994).

Obwohl diese Versuche sehr eindrucksvoll sind, können sie das tatsächliche Rauchverhalten nicht umfassend erklären. Ginge es lediglich um die Nikotinaufnahme, dann müßte es doch gleichgültig sein, in welcher Form das Nikotin in den Körper gelangt. Nikotinkaugummi oder transdermale Nikotinsubstitution (ein Pflaster auf der Haut, das kontinuierlich Nikotin abgibt) müßten dann ausreichen, um Raucher von der Zigarette zu entwöhnen. Das allein ist aber in den wenigsten Fällen erfolgreich.

Darüber hinaus ist das aktuelle Rauchverhalten so unmittelbar von Situationsschwankungen abhängig, daß sich der pH-Wert noch gar nicht verändert haben kann; im Streß z. B. greift der Raucher schneller zur Zigarette als das biologische Bedürfnis sich überhaupt artikulieren kann. Schließlich läßt sich Rückfälligkeit nicht mit dem Nikotinregulationsmodell erklären, wenn Ex-Raucher erst nach Wochen oder gar Monaten rückfällig werden, nachdem der Nikotinspiegel schon seit sehr langer Zeit auf Null war. Biopsychologische Ansätze können also nur teilweise vorhersagen, unter welchen Umständen und wieviel jemand raucht (vgl. auch Nil & Bättig, 1989). Daneben bleibt Rauchen vor allem ein psychologisch motiviertes Problem.

In Weiterführung dieses Ansatzes haben Leventhal und Cleary (1980) ein *multiples Regulationsmodell* entwickelt. Sie sehen die Hauptursache des Rauchens in Gefühlszuständen und glauben, daß Nikotin durch Konditionierung damit verbunden ist. In der Anfangsphase mag Rauchen z. B. durch das Bedürfnis nach Selbstwerterhöhung und sozialer Anerkennung motiviert sein. Rauchen führt in solchen Situationen zur Verringerung von sozialer Angst. Nach einer Weile steigt die Angst aber wieder an, und gleichzeitig sinkt der Nikotinspiegel ab. Die häufige Kopplung zwischen Angstanstieg und Nikotinspiegelabfall ruft eine konditionierte Reaktion hervor. Immer wenn im Zusammenhang mit dem Absinken emotionales Unbehagen auftritt, wird der

Drang zur Zigarette übermächtig. Diese Erweiterung des Nikotinregulationsmodells um einen emotionalen Aspekt ist jedoch nicht hinreichend, um die oben genannten Kritikpunkte aus dem Weg zu räumen.

Es besteht kein Zweifel daran, daß die Nikotinabhängigkeit eine wesentliche Rolle für die Beibehaltung des Rauchens spielt, auch wenn psychologische Faktoren gleichzeitig wirken. Ein Beleg dafür liegt in der Existenz von *Entzugserscheinungen.* Davon spricht man, wenn jemand täglich über mindestens mehrere Wochen geraucht hat, dann plötzlich aufhört und sich innerhalb eines Tages mindestens vier der folgenden Symptome einstellen: 1) Drang (craving) nach Nikotin, 2) Reizbarkeit, Frustrationserleben oder Ärger, 3) Angst, 4) Konzentrationsschwierigkeiten, 5) Unruhe, 6) verminderte Herzfrequenz und 7) vermehrter Appetit oder Gewichtszunahme (laut DSM-IIIR, zit. nach Jarvik & Hatsukami, 1989, S. 61). Einige dieser Symptome lassen sich durch Nikotinkaugummi beseitigen, aber der Drang zu rauchen bleibt auch dann noch bestehen, was wiederum auf die psychogene Motivation verweist. Alle bekannten Modelle, die zur Vorhersage des Rauchens entwickelt worden sind, enthalten wohl ein Körnchen Wahrheit, aber keines ist in der Lage, eine umfassende Erklärung des Phänomens auf allen Stufen des Abhängigkeitsprozesses und in allen Situationen zu liefern; verschiedene Motive wirken bei demselben Raucher und zu verschiedenen Zeitpunkten miteinander (Ashton & Golding, 1989).

Ein heute im Mittelpunkt der Diskussion stehender Ansatz ist die *Neuroregulationstheorie* von Pomerleau und Pomerleau (1989b; vgl. Pomerleau et al., 1993). Sie geht davon aus, daß Nikotin die Verfügbarkeit von verhaltensrelevanten Neuroregulatoren verändert, so daß das Rauchen als eine *pharmakologische Bewältigungsreaktion* verstanden werden kann, die zu einer Erhöhung der Leistung und zu einer Verbesserung der Affektlage führt. Solche Neuroregulatoren sind z. B. Acetylcholine, Norepinephrin, Dopamine und endogene Opioide. Sie führen zu positiven Verstärkungen (z. B. Steigerung des Genusses, Unterstützung der Erledigung von Aufgaben, Verbesserung des Gedächtnisses) und zu negativen Verstärkungen (z. B. Verringerung von Angst und Anspannung, Erleichterung nach Nikotinentzug, Vermeidung von Gewichtszunahme). Nach dieser Theorie treten Veränderungen in neuroregulatorischer Aktivität in verschiedenen Phasen auf: vor dem Hintergrund von Personmerkmalen und Grad an bestehender Nikotinabhängigkeit können Umweltreize diese Aktivität in Gang setzen mit dem Ergebnis, daß es zu physiologischen, emotionalen und kognitiven Beeinträchtigungen kommt. Als Reaktion auf diesen Bedingungskomplex wird in bestimmter Menge und Intensität geraucht, was verstärkende Konsequenzen nach sich zieht, nämlich die Wiederherstellung physiologischer Funktionen, der Leistungsfähigkeit, der Affektbalance sowie der Erleichterung nach dem Nikotinentzug (Pomerleau & Pomerleau, 1989b, S. 78f). Gewohnheitsraucher sind demnach durch ihr Verhalten in der Lage, eine Vielzahl von neurophysiologischen Prozessen zu regulieren, indem sie das Rauchen als eine pharmakologische Bewältigungshandlung einsetzen. Dieser elaborierte Ansatz mag besser als alle anderen die Abhängigkeit und die Entzugsproblematik beleuchten, doch kommt auch hier die psychologische Komponente zu kurz. Der Beginn des Rauchens ist damit nicht vorhersagbar. Es bleibt anzumerken, daß die häufig erwähnten Leistungsverbesserungen als relativ zu beurteilen sind. Nach dem Rauchen können die Probanden meistens Lärm leichter ertragen, sich besser konzentrieren, Vigilanzaufgaben aufmerksamer lösen und sich besser erinnern, aber dieser Unterschied ist *intraindividuell*, d. h. sie können all dies besser als wenn sie nicht geraucht hätten. Keinesfalls darf man diese Ergebnisse aus Laborstudien so mißverstehen, als ob Raucher mehr leisten würden als Nichtraucher (vgl. Ney, Gale & Morris, 1989).

Aus einer rein psychologischen, insbesondere streßtheoretischen Perspektive läßt sich Rauchen als eine *gelernte Bewältigungshandlung* verstehen (vgl. z. B. Wills, 1985a, 1985b). Rauchen ist demnach eine zielgerichtete, intentionale Tätigkeit, mit der bestimmte Funktionen erfüllt werden sollen. Man kann daher auch von einer funktionalen Perspektive sprechen (Lopez & Fuchs, 1990; Semmer et al., 1987). Dies kann sich sowohl auf den Griff zu einer einzelnen Zigarette als auch allgemeiner auf die Entscheidung zu dem Lebensstil eines Rauchers beziehen, je nachdem auf welcher Ebene man die Analyse ansiedeln will. Die Funktion des Rauchens mag darin liegen, sich aufzuputschen oder sich zu entspannen, man kann damit sein Selbstbild steuern, soziale Angst abbauen und sozialen Anschluß erleichtern, den Genuß von Kaffee oder Alkohol erhöhen, Zäsuren in den Tageslauf einfügen usw. Multiple Funktionen werden erfüllt, wobei die zugrundeliegenden Situationen oft streßreich sind oder sich ohne Tabakkonsum streßreich entwickeln würden. Eine Vielzahl von Risikosituationen verlangt nach Bewältigungshandlungen, und Rauchen stellt eine der Optionen dar (vgl. Jerusalem, 1990a; Lazarus, 1991). Der Charakter der Streßbewältigung ist allerdings oft nicht auf den ersten Blick erkennbar, und das Rauchen hat sich weitgehend verselbständigt und auf eine größere Situationsbreite generalisiert. Man kann aber sehr gut bei rückfälligen Ex-Rauchern studieren, welches für sie die kritischen Risikosituationen sind, z. B. soziale Konflikte, Langeweile, Frustrationen, schwierige Anforderungen, aber auch erfreuliche soziale Begegnungen und Höhepunkte, in denen der Verzicht auf die Zigarette „den Spaß verderben" würde. Streß im weiteren Sinne enthält auch positive Herausforderungen und Ereignisse, die die Routine des Alltags in mehr oder weniger dramatischer Weise unterbrechen und nach individuellen Anpassungsprozessen verlangen (vgl. auch Bättig & Nil, 1987).

Rauchen erfüllt bei Jugendlichen, die damit gerade beginnen, zum Teil andere Funktionen als bei älteren Gewohnheitsrauchern. Während anfangs die sozialen Funktionen überwiegen, sind es später die emotionalen, aber in beiden Fällen läßt sich der Gedanke der Bewältigung von bestimmten Umweltansprüchen oder psychischem Streß aufrechterhalten. Dabei kann das Rauchen eingebettet sein in eine Reihe von Verhaltensweisen, zu denen auch Essen, Alkohol- und Drogenkonsum, Sport und Entspannung gehören, also alle möglichen Regulationstechniken. Problemverhalten kann adaptiv sein in dem Sinne, daß damit für die Betroffenen eine bestimmte Funktion erfüllt wird, die durchaus langfristig positive Nebenwirkungen auf die Entwicklung haben kann (vgl. Jessor, Donovan & Costa, 1990; Kaplan, 1980; Kastner & Silbereisen, 1987; Mittag & Schröder, 1994; Rooney & Wright, 1982).

Für die Entwicklung im Jugendalter ragen vor allem drei Funktionen des Rauchens heraus, nämlich 1) einen alterstypischen Lebensstil zu demonstrieren, um an den Aktivitäten bestimmter Gruppen teilhaben zu dürfen, 2) eine Entwicklungsaufgabe zu bewältigen, also zu unterstreichen, wie erwachsen man schon ist, und 3) um entwicklungsbedingte Streßsituationen im Sinne einer Notfallreaktion besser bewältigen zu können (Semmer et al., 1987). Was von Außenstehenden als ein unerwünschtes Risikoverhalten angesehen wird, erscheint aus der Perspektive des Handelnden als ein Bewältigungsverhalten.

Die Tatsache, daß das Rauchen unterschiedlichen Zwecken dienen kann, ist schon viel früher zur Diskussion gestellt worden. So hat Tomkins (1966, 1968) vorgeschlagen, vier Arten des Rauchens zu unterscheiden, und zwar 1) gewohnheitsmäßiges, 2) emotional positiv getöntes, 3) emotional negativ getöntes und 4) abhängiges. Als *Gewohnheitsraucher* bezeichnet er solche Menschen, die kein ausdrückliches Vergnügen daraus gewinnen; sie haben vielleicht früher aus emotionalen Gründen angefangen zu rauchen, aber inzwischen tun sie es aus einer Routine heraus und merken oft gar nicht, daß sie sich eine Zigarette angezündet haben. *Positiv-Affekt-Raucher* sind nach Tomkins solche, die sich positive Verstärkungen davon versprechen, also Genuß, Entspannung, Stimulation; sie rauchen typischerweise in Gesellschaft und nach den Mahlzeiten. *Negativ-Affekt-Rauchern* geht es um die negative Verstärkung, also darum, Gefühle von Nervosität, Angst, Unruhe, Schuld oder Anspannung zu vermindern; sie tun dies vor allem in Streßsituationen (vgl. Spielberger, 1986). *Abhängige Raucher* schließlich erleben bewußt die Zeitspanne, in der sie nicht rauchen; sie sind so fixiert auf ihre Nikotinregulation, daß sie immer wissen, wann sie ihre letzte Zigarette geraucht haben, und sie sorgen immer für genug Vorrat, um nie in eine Mangelsituation zu geraten. Diese Theorie ließ sich teilweise bestätigen. Leventhal und Avis (1976) führten ein Experiment durch, in dem sie Zigaretten in Essig tränkten und wieder trocknen ließen, so daß die Geschmacksqualität stark gelitten haben muß. Sie testeten Positiv-Affekt-Raucher und abhängige Raucher. Die beiden Gruppen reagierten wie erwartet verschieden auf die essigsauren Zigaretten: die affektorientierten Raucher verzichteten lieber, während die abhängigen Raucher die Geschmacksbeeinträchtigung in Kauf nahmen, um ihr übliches Quantum zu konsumieren.

Aus solchen Ansätzen wurden andere weiterentwickelt, die auf die Situationen zielen, in denen das Rauchen eine bestimmte Funktion erfüllt. Best und Hakstian (1978) haben eine Vielzahl von Situationen vorgegeben, in denen der Drang zu rauchen aufkommt, und haben dann die zugrundeliegenden Dimensionen mit Hilfe einer Faktorenanalyse berechnet. Sie fanden 11 Faktoren für Frauen und 12 ähnliche Faktoren für Männer. Die bei den Frauen ermittelten Situationsdimensionen waren folgende:

1) Nervöse Anspannung („Wenn man aufgeregt ist“),
2) Selbstbild („Wenn man sich attraktiver fühlen möchte“),
3) Frustration („Wenn man frustriert ist“),
4) Entspannung („Wenn man sich ausruht“),
5) Routine („Wenn man sich mit einer Zigarette im Mund findet, ohne sich zu erinnern, sie angezündet zu haben“),
6) Geselligkeit („Wenn jemand eine Zigarette anbietet“),
7) Unbehagen („Wenn man ungeduldig ist“),
8) Langeweile („Wenn man irgendetwas mit den Händen anfangen möchte“),
9) Nahrungsvermeidung („Wenn man schlank bleiben möchte“),
10) Gewohnheit („Nach einer Mahlzeit“) und
11) Anregung („Wenn man mehr Energie braucht“).

Im Zusammenhang mit der Raucherentwöhnung und der Rückfallprävention wird von derartigen Überlegungen ausgegangen. Da Rauchen in bestimmten Situationen bestimmte Funktionen erfüllt, gilt es, den Betroffenen diese Situationen vor Augen zu führen und jedesmal, wenn sie sich eine Zigarette anzünden, diese Kontingenzen zu registrieren (Shiffman, Read, Maltese, Rapkin & Jarvik, 1985; Velicer et al., 1990). Darauf wird weiter unten eingegangen.

Der Bewältigungsansatz fügt sich gut in die sozial-kognitive Theorie ein (Bandura, 1995a; McCarthy & Newcomb, 1992; Schwarzer, 1992). Wenn Rauchen in kritischen Situationen eine Funktion erfüllt, dann liegt dem eine entsprechende *Erwartung* zugrunde. Die Person hat im Laufe der Zeit gelernt, daß sie durch Rauchen etwas regulieren kann. Sie hegt Handlungs-Ergebnis-Erwartungen vom Typ „Wenn ich jetzt rauche, dann kann ich mich besser konzentrieren". Diese Erwartungen müssen nicht unbedingt durch eigene Erfahrungen erworben werden; vielmehr kann man sie auch durch stellvertretende Erfahrung lernen, indem man Eltern und Freunde beobachtet und schlußfolgert, daß die dort auftretende Wirkung auch für die eigene Person gilt. Daher ist es durchaus normal, wenn Jugendliche sich schon von der ersten Zigarette einen Bewältigungsvorteil erhoffen, weil sie die entsprechenden Ergebniserwartungen durch Modelle übernommen haben. Wenn die anfänglichen Versuche scheitern, so wird dies in Analogie zu anderen Lernprozessen gesehen, bei denen man auch erst einmal üben muß, bevor das ersehnte Ziel erreicht werden kann. Gesundheitsbezogene Erwartungen vom Typ „Wenn ich rauche, bekomme ich in vierzig Jahren vielleicht Lungenkrebs" stehen zwar damit in Konflikt, doch haben sie kaum eine Chance, den Handlungspfad maßgeblich zu beeinflussen.

Die Beziehung zwischen Rauchen und *Streß* könnte bidirektional sein, indem mehr Streß zu mehr Rauchen führt, aber auch mehr Rauchen zu mehr Streß. Genau dies haben Cohen und Lichtenstein (1990a) gefunden, als sie 211 Klienten untersuchten, die sich das Rauchen abgewöhnen wollten. Es zeigte sich, daß diejenigen, denen es nicht gelang, für mindestens 24 Stunden von der Zigarette loszukommen, in den nachfolgenden sechs Monaten über ein relativ höheres Streßniveau verfügten, im Vergleich zu denen, die über längere Zeit abstinent blieben und deren Streßniveau absank.

Rauchen als eine mögliche Option zur Bewältigung von streßreichen Alltagssituationen ist eine Vorstellung, die nicht auf die individuelle Ebene begrenzt bleiben muß. Vielmehr läßt sich diese Überlegung auch auf ganze Populationen anwenden, die kollektiv Streß erleben und daher eine höhere Prävalenz des Rauchens aufweisen, sofern der kulturelle Kontext dies nahelegt. Menschengruppen, die sich in schwierigen Übergangssituationen befinden, führen eine Reihe von Bewältigungshandlungen aus, zu denen auch Emotionsregulation einschließlich Rauchen gehört. In einer Längsschnittstudie haben wir mehr als 1.000 DDR-Übersiedler befragt, die 1989 meist noch illegal nach West-Berlin gekommen sind, und haben in dieser psychisch belasteten Gruppe extrem hohe Raucherquoten gefunden, nämlich 79 % bei den Männern und 70 % bei den Frauen, was etwa doppelt so hoch ist wie im

Westen Deutschlands und auch höher liegt als in der ehemaligen DDR (Mittag & Schröder, 1994). Dies wird kein Zufall sein; es handelt sich hier um eine „gestreßte“ Population, die unter wirtschaftlich und politisch deprivierten Verhältnissen lebte und zum Teil seit Jahren versuchte, dem zu entrinnen. Man kann diesen Gedanken fortspinnen und fragen, ob die hohen Raucherquoten in deprivierten Gesellschaften (z. B. Osteuropa) als emotionales Coping aufgefaßt werden könnten. Darüber soll hier jedoch nicht weiter spekuliert werden (vgl. Schröder, 1994).

Die zunehmende Nivellierung des *Geschlechtsunterschieds* im Rauchen (vgl. Pierce, Giovino et al., 1989; Pierce, Fiore et al., 1989) wirft die Frage auf, warum Rauchen in letzter Zeit für Frauen attraktiv geblieben ist und für Männer nicht mehr. Es wird angenommen, daß Verhaltensmodelle für Frauen eine wichtigere Rolle spielen als für Männer, sie also empfänglicher sind für eine Zigarettenwerbung, die einen bestimmten Frauentyp vermarktet, nämlich den der attraktiven, schlanken, lebensfrohen und erfolgreichen Frau; dies ist auch im Zusammenhang mit der Gewichtsregulation zu sehen, denn Rauchen erzielt oft den Nebeneffekt, das Körpergewicht niedrig zu halten, auch wenn es im Durchschnitt nur ungefähr drei Kilogramm sind (vgl. Camp, Klesges & Relyea, 1993; Grunberg, Winders & Wewers, 1991; Nides et al., 1994; Perkins, 1993). Frauen haben nicht so viele Negativmodelle wie Männer, denn es gibt noch nicht so viele Raucherinnen, die an Lungenkrebs oder Herzinfarkt gestorben sind wie männliche Raucher. Wer in seinem Freundes- oder Bekanntenkreis miterlebt hat, wie jemand an den Folgen des Rauchens erkrankt oder gestorben ist, sieht sein eigenes Risikoverhalten mit anderen Augen. Eine weitere Überlegung geht dahin, Streß verantwortlich zu machen, denn die Frauen von heute sind häufiger als früher nicht nur den klassischen familiären Belastungen, sondern auch dem Berufsstreß ausgesetzt (vgl. Mohr, 1990) und neigen mehr dazu, in negativen Affektlagen zu rauchen als Männer. Daneben gibt es eine Reihe von biologischen Einflußgrößen, die dazu beitragen mögen, das Rauchen der Frauen zu begünstigen (vgl. Grunberg et al., 1991).

Wenn man Raucher fragt, warum sie rauchen, dann erhält man Aufschluß über eine Reihe von Wahrnehmungsverzerrungen und *Rechtfertigungskognitionen*. Darunter fallen z. B. eine unrealistisch niedrige Einschätzung des persönlichen Risikos sowie geringe Erwartungen an die Erfolgsaussichten einer Entwöhnung. Raucher wissen, daß sie ein Risikoverhalten ausführen, und können meist auch einige der Krankheiten aufzählen, für die sie eher verwundbar sind. Viele von ihnen können eine angemessene Einschätzung des generellen Morbiditäts- oder Mortalitätsrisikos von Rauchern abgeben, aber sie unterschätzen systematisch ihre eigene Gefährdung. Dieses bekannte Phänomen läßt sich als optimistischer Fehlschluß (Weinstein, 1987; Weinstein & Klein, 1995), defensiver Optimismus (Schwarzer, 1993a) oder als positive Illusion bezeichnen (Taylor, 1989). Lebovits und Strain (1990) haben 129 Asbestarbeiter befragt, warum sie entweder rauchen oder nicht rauchen. Die Befragten waren sich darüber im klaren, daß sie doppelt gefährdet sind, wenn sie sich zusätzlich zur Arbeitsplatzbelastung auch noch dem Tabakkonsum hingeben. Aber die Raucher unter diesen Männern ließen erkennen, daß sie Gesundheit und Krankheit auf Zufall attribuierten, sich also nicht persönlich verantwortlich für ihre Gesundheit fühlten und eine fatalistische Einstellung dazu hatten. Sie wehrten die Risiken des Rauchens kognitiv ab und waren wider besseren Wissens auch nicht bereit, ihre persönliche Verletzlichkeit anzuerkennen und daraus Konsequenzen zu ziehen. Ebenfalls brachten sie die Einstellung zum Ausdruck, daß eine Entwöhnung nicht viel nützen würde. Es ist bisher wenig erforscht, inwieweit sich bei langer Gewöhnung an das Zigarettenrauchen zunehmend Rechtfertigungskognitionen aufbauen, die die Motivation zur Verhaltensänderung unterminieren.

Sekundäre Prävention: Entwöhnung und Abstinenz

Viele Raucher stimmen mit ihrem eigenen Verhalten nicht überein, sie möchten aufhören, weil sie sich der Gesundheitsrisiken bewußt sind, weil ihnen die Kosten zu hoch erscheinen oder weil sie sich sozial geächtet fühlen. Es ist übrigens paradox, daß im Zuge eines epochalen Trends der soziale Einfluß, der im Jugendalter für den Beginn des Rauchens mitverantwortlich ist, später umschlägt und mehr und mehr dazu führt, daß Raucher sich als eine unerwünschte Minderheit fühlen. Der Trend geht dahin, daß das Image der Raucher in Zukunft in die Nähe desjenigen von Drogenabhängigen gerückt wird und daß der soziale Druck aufzuhören sehr stark zunehmen wird (Coambs, Kozlowski & Ferrence, 1989). Was auch immer die Motive im Einzelfall sein mögen, fest steht, daß unzählige Raucher sich von ihrem Risikoverhalten lösen wollen und dabei auf massive persönliche Schwierigkeiten stoßen. In diesem Abschnitt wird auf Motive und Methoden der Entwöhnung näher eingegangen. Dabei werden auch oben behandelte Themen wie Rückfälligkeit, Kompetenzerwartung und soziale Unterstützung wieder aufgenommen. Es empfiehlt sich, in diesem Zusammenhang zwischen der Entwöhnung im engeren Sinne (quitting, cessation) und der Aufrechterhaltung der Abstinenz (maintenance) zu unterscheiden. Von Entwöhnung spricht man bereits, wenn jemand in den ersten Tagen oder Wochen nach einer Behandlung nicht mehr raucht. Da aber die meisten Ex-Raucher irgendwann wieder rückfällig werden, ist es erforderlich, auch die Abstinenz nach z. B. drei, sechs und zwölf Monaten zu überprüfen und die Bedingungen dafür zu erforschen. Kurzfristige und langfristige Behandlungserfolge beruhen auf spezifischen Bedingungen und sind unterschiedlich zu beurteilen.

Motive für die Entwöhnung

Über die Motive zum Rauchen gibt es unzählige Studien, aber über die Motive, das Rauchen aufzugeben, liegen relativ wenige Arbeiten vor (vgl. Bergler, 1987). Manchmal wird zwischen intrinsischer und extrinsischer Motivation unterschieden, wobei im ersten Fall die mehr selbstbezogenen, inneren Beweggründe angesprochen sind, während im zweiten Fall die Veranlassung von anderen Personen oder äußeren Umständen erfolgt. Auf die Nützlichkeit einer solchen Unterscheidung soll hier nicht näher eingegangen werden (vgl. dazu Heckhausen, 1989). In der Raucherentwöhnungsforschung scheint dies eine brauchbare Heuristik zu sein, und Curry, Wagner und Grothaus (1990) greifen das Konzept auf, um eine Meßmethode zur Motivanalyse zu entwickeln. Bei der intrinsischen Motivation lassen sie sich von drei Ausgangspunkten leiten, a) dem Bedürfnis nach Selbstbestimmung, b) der psychischen Inkongruenz (etwa i.S. der Dissonanztheorie) und c) der Sorge um mögliche Gesundheitskonsequenzen. Für die extrinsische Motivation fanden sie in der Literatur ebenfalls drei Bereiche, nämlich a) positive Verstärkung (z. B. finanzielle Anreize), b) Bestrafung (z. B. Verhaltensverträge mit Strafpunkten) und c) negative Verstärkung (z. B. dem ständigen Nörgeln des Ehepartners ein Ende bereiten). Die Autoren haben für jede hypothetische Dimension sechs Items entwickelt und den so gewonnenen Fragebogen zwei Stichproben von 1.217 bzw. 151 hochmotivierten Personen vorgegeben, die sich gemeldet hatten, um Hilfen für ihre Entwöhnung zu erhalten. Die statistische Analyse dieser Daten führte zu einer Modifikation des Instruments, bei der im letzten Schritt noch 20 Items übrig blieben, die sich vier Dimensionen zuordnen ließen, zwei intrinsischen und zwei extrinsischen Faktoren.

Der erste intrinsische Faktor wurde *Gesundheitsbesorgnis* genannt. Personen, die hier eine hohe Ausprägung aufwiesen, hatten schon bedenkliche Symptome bei sich gefunden, stellten sich die Gesundheitskonsequenzen bildlich vor, kannten andere, die aufgrund ihres Tabakkonsums vorzeitig verstorben waren, und zeigten sich besorgt über Erkrankungen und eine kürzere Lebenserwartung. Der zweite Faktor wurde als *Selbstkontrolle* bezeichnet. Darin kam zum Ausdruck, jemand wollte sich beweisen, daß er aufhören kann, wollte sein Leben in den Griff bekommen, sich selbst lieber mögen und beweisen, daß er nicht abhängig ist und daß er selbständig etwas vollbringen kann. Die übrigen beiden Faktoren stellten extrinsische Motivdimensionen dar. Die *unmittelbare Verstärkung* beinhaltete Aussagen wie Geld sparen, indem keine Zigaretten mehr gekauft und weniger Kleidungsstücke in die Reinigung gegeben werden müßten, und schlossen die Überlegung ein, daß man keinen unangenehmen Geruch mehr an sich hätte, keine Brandlöcher hinterlassen würde und weniger saubermachen müßte. Der letzte Faktor repräsentierte den *sozialen Einfluß*. In diese Kategorie fielen Geschenke und finanzielle Belohnungen, der Wunsch, andere würden aufhören zu nörgeln, die Konfrontation mit dem Ultimatum aufzuhören und die Wahrnehmung, daß Mitmenschen sich über einen selbst aufgeregt und erbost hatten. Diese vier Dimensionen waren empirisch ziemlich unabhängig voneinander; die Korrelationen zwischen den Skalen reichten von .12 bis .48. Mit Hilfe der extrinsischen Faktoren - sowie der Differenz zwischen intrinsischen und extrinsischen - ließ sich relativ gut vorhersagen, wer drei Monate später zu den Ex-Rauchern gehörte und wer nicht. Diejenigen mit höherer intrinsischer als extrinsischer Motivation waren erfolgreicher, ihr Abstinenzziel zu erreichen.

Der gewählte Ansatz erscheint interessant und brauchbar, und das verwendete Skalenmaterial eignet sich als Ausgangspunkt für weitere Studien, die theoretisch über diese hinausgehen. Das Konzept der intrinsischen versus extrinsischen Motivation ist wohl nicht mehr zeitgemäß (vgl. Heckhausen, 1989). Wollte man die hier formulierten Items in das theoretische Geflecht modernerer Gesundheitsverhaltenstheorien einbetten, so ließen sie sich als Handlungs-Ergebnis-Erwartungen etikettieren. Bei der Gesundheitsbesorgnis-Dimension geht es meist um negative Erwartungen vom Typ „Wenn ich weiterrauche, dann passiert Schlimmes“; bei den drei anderen Dimensionen geht es meist um positive Erwartungen vom Typ „Wenn ich aufhöre, dann bringt das den Vorteil, daß ...“. Man kann also dieses Material als eine wertvolle Bereicherung für die Untergliederung der Konsequenzerwartungen in Subdimensionen verwenden. Für sich allein genommen, erscheint der vorliegende Ansatz als weniger zielführend. Statt von Motiven sollte man hier vielleicht lieber von handlungsrelevanten Kognitionen sprechen, die im Gesamtgefüge des Motivationsprozesses einen beachtlichen Stellenwert einnehmen können.

Die Motivation, das Rauchen aufgeben zu wollen, muß als ein Kontinuum angesehen werden, auf dem es unterschiedliche Ausprägungsgrade gibt. Der spätere Erfolg muß aber nicht notwendigerweise primär davon abhängen. Es ist durchaus denkbar, daß jemand mit einer nur geringen Änderungsmotivation einen sehr guten Abstinenzerfolg erzielt. Es gibt eben eine Reihe von Bedingungen und Barrieren, die am Zustandekommen des Erfolgs beteiligt sind. Auch die Entwöhnungsmethode spielt eine Rolle. So haben z. B. Wilson, Wallston und King (1990) Verhaltensverträge mit den Klienten geschlossen, wobei sie diese Verträge im Hinblick auf die in Aussicht gestellten Gewinne und Verluste variierten. Diejenigen Klienten mit einer nur geringen Änderungsmotivation zeigten dann bessere Behandlungsergebnisse, wenn sie sowohl Gewinne als auch Verluste in Rechnung stellen mußten.

Eine Barriere: Gewichtszunahme nach dem Aufhören

Es gibt eine Reihe von Gründen dafür, warum es so schwierig ist, mit dem Rauchen aufzuhören (s. u.). Einer liegt in der Möglichkeit, an Gewicht zuzunehmen (vgl. Gritz, Klesges & Meyers, 1989; Grunberg et al., 1991; Nides et al., 1994; Ogden, 1994; Perkins, 1993; Streater, Sargent & Ward, 1989). Viele Ex-Raucher erleben an sich eine unerwünschte Veränderung des Körpergewichts schon bald nach Erreichen des Nichtraucherstatus. Dies kann zum entscheidenden Motiv werden, wieder mit dem Rauchen zu beginnen. Besonders für Frauen, denen es wichtig ist, den Schlankheitsnormen unserer Gesellschaft zu entsprechen, stellt dies ein schwerwiegendes Dilemma dar. Sie befinden sich in dem Konflikt, entweder das eine oder das andere Risikoverhalten ausüben zu müssen. Wenn sie rauchen, gehen sie die bekannten Gesundheitsrisiken ein, und wenn sie damit aufhören, werden sie vielleicht übergewichtig, was dann nicht nur ein ästhetisches Problem darstellt und das Selbstwertgefühl beeinträchtigen kann, sondern auch ein gesundheitliches Problem werden kann. Angesichts dieses Dilemmas werfen viele Raucher voreilig „die Flinte ins Korn“ und entscheiden bewußt, entweder gar nicht erst mit dem Rauchen aufzuhören oder es schnell wieder zu beginnen, wenn der Zeiger der Waage nach oben geht.

Wie kommt es eigentlich zu dieser Gewichtszunahme? Dazu gibt es eine Reihe von Erklärungsversuchen (vgl. Klesges, 1989; Klesges, Eck, Clark, Meyers & Hanson, 1990; Klesges, Meyers, Winders & French, 1989). So wird z. B. angenommen, daß einfach mehr gegessen wird, wenn man mit dem Rauchen aufhört, z. B. häufige Snacks, die als Ersatz für das Rauchen in Risikosituationen dienen. Insbesondere zeigt sich ein verändertes Muster in der Ernährung, indem die Ex-Raucher verstärkt nach Süßigkeiten verlangen. Diese Vorliebe für süße Kohlenhydrate ergibt sich daraus, daß sie den unter Entzug leidenden Klienten das Leben „versüßen", d. h. die gedrückte Stimmung läßt sich durch Süßes wieder anheben, was die „Schokoladensüchtigen" unter uns gut nachempfinden können. Eine andere Überlegung ist, daß sich die Art und Weise, wie Energie genutzt wird, verändert. Nikotin erhöht den Energieverbrauch, und der Wegfall von Nikotin führt demgemäß zu einem geringeren Energiebedarf, so daß man eigentlich weniger essen müßte als zuvor. Wer mit dem Rauchen aufhört und gleichzeitig sein Bewegungsprogramm vernachlässigt, ist besonders gefährdet, an Gewicht zuzunehmen.

Perkins, Epstein und Pastor (1990) haben Raucherinnen über drei Wochen hinweg experimentell untersucht und ihre Kalorienaufnahme, Grundumsatz, körperliches Training und Vorliebe für Süßes registriert. Die Probandinnen haben in der ersten Woche in gewohnter Weise geraucht, in der zweiten durften sie nicht rauchen, und in der dritten setzten sie ihr gewohntes Rauchverhalten fort. Während der Entzugsphase haben diese Frauen mehr Kalorien zu sich genommen, allerdings nicht über die Nahrung, sondern durch erhöhten Alkoholkonsum. Der Grundumsatz verringerte sich während dieser Zeit, stieg aber sofort wieder an, als die Frauen in der dritten Woche wieder rauchten. Gleichzeitig verringerte sich die Kalorienaufnahme, d. h. sie konsumierten weniger Alkohol. In der körperlichen Aktivität und in der Vorliebe für Süßes gab es in dieser Stichprobe keine Veränderungen. Der wichtigste Befund dieser Studie liegt in der Demonstration einer Veränderung der Energiebalance, die sich als abhängig vom Rauchen erwies.

Eine ähnliche Studie wurde von Klesges et al. (1990) durchgeführt, die auch Geschlechtsunterschiede in ihre Fragestellung einbezogen. Sie untersuchten 47 Raucher und 21 Nichtraucher beiderlei Geschlechts über drei Wochen hinweg. Von den Rauchern hörten 17 für eine Woche auf, nachdem ihnen dafür ein Geldbetrag in Aussicht gestellt wurde. Diese 17 Frauen und Männer zeigten Gewichtsveränderungen gegenüber den Nichtrauchern und gegenüber denen, die nicht bereit waren, von ihrer Gewohnheit zu lassen. Nur die Frauen, nicht aber die Männer, haben in dieser kritischen Woche mehr Fett verzehrt und auf diese Weise ihre Kalorienzufuhr erhöht.

Die genannten Schwierigkeiten verlangen nach einer Beratung von Entwöhnungsmotivierten speziell im Hinblick auf die mögliche Gewichtszunahme. Ein besonderer Diätplan sollte aufgestellt und ein körperliches Training sollte damit verbunden werden. Selbsthilfeanleitungen wie z. B. die der American Lung Association (1991) geben dafür explizite Empfehlungen (s. unten).

Die Rolle von Massenmedien

In Fernsehen, Radio und Zeitschriften finden sich oft aufklärende Hinweise auf die Gefahren von Nikotin, Teer, Kohlenmonoxid und anderen Stoffen, die beim Rauchen eingeatmet werden. Jahrzehntelange Gesundheitsaufklärung auf breiter Ebene scheint jedoch die Bevölkerung nicht sehr zu beeindrucken, wenn man bedenkt, daß die Prävalenzraten immer noch sehr hoch sind. Es ist in der Tat unwahrscheinlich, daß jemand, der zum hundertsten Mal eine Anti-Tabak-Anzeige sieht, daraufhin plötzlich das Rauchen aufgibt. Generell gilt, daß Aufklärung durch Massenmedien keine unmittelbaren Handlungskonsequenzen nach sich zieht (Flay, 1987; Leventhal & Cleary, 1980; Taylor, 1994). Bedeutet dies, daß das viele Geld dafür aus dem Fenster geworfen wird? Keineswegs, denn Massenaufklärung erfüllt wichtige Funktionen und kann sogar ausgesprochen effizient ausfallen, d. h. sie kann Botschaften zu minimalen Kosten pro Adressat vermitteln. Mit Massenmedien erreicht man auch Leute, die keine Bücher lesen, die nicht zur Schule gehen, die sich nicht für Gesundheit interessieren, die nicht in ärztlicher Behandlung sind usw. Die Botschaften reichen zwar nicht aus, um Verhalten direkt zu beeinflussen, aber sie schaffen die Voraussetzungen dafür, indem sie Kenntnisse vermitteln und ein Klima der Akzeptanz erzeugen. Wenn man in geeigneter Dosierung die Risiken des Rauchens sowie dessen unangenehme Begleiterscheinungen (wie gelbe Zähne und Hände, Mundgeruch, soziale Belästigung, Kosten) kommuniziert, dann übt dies eine Wirkung auf die öffentliche Meinung aus. Das Rauchen wird zu einer fragwürdigen Gewohnheit, und der Raucher sieht sich zunehmend einer skeptischen oder ablehnenden Mehrheit gegenüber, verliert also das unterstützende und akzeptierende soziale Umfeld. Neben diesem sozialen Aspekt gibt es auch eine Wirkung auf individuelle Einstellungen. Wenn Raucher deutlich auf die Risiken hingewiesen werden, steigt die Wahrscheinlichkeit dafür, daß sie dieses Risiko zunächst tatsächlich wahrnehmen (wenn auch verzerrt durch den optimistischen Fehlschluß; vgl. Weinstein, 1988, 1989), sich für ihr Verhalten mehr verantwortlich fühlen, ihre Einstellung ändern und dann vielleicht sogar die Intention entwickeln, mit dem Rauchen aufzuhören. Aufklärung durch Medien liefert somit eine Initialzündung für eine Serie von kognitiven Prozessen, die unter Umständen zu einer Verhaltensänderung führen können. Je nach Inhalt können die Botschaften bestimmte psychologische Prinzipien verfolgen, die in elaborierten Interventionsansätzen erprobt worden sind, wie 1) Information (z. B. Fakten über Lungenkrebsrisiko), 2) Bedrohung (z. B. Bilder vom Raucherbein) oder 3) soziales Image (z. B. Belästigung von Mitmenschen durch Qualm). Nach der

Theorie von Fishbein und Ajzen (1975) führen solche Botschaften, wenn sie denn als persönliche Überzeugungen übernommen werden, zu einer Einstellungsänderung, die eine Verhaltensintention nach sich zieht, nämlich die Absicht, sich das Rauchen abzugewöhnen (Fishbein, 1982; Sutton, 1989). Wie wir aber schon gesehen haben (im Kapitel über Gesundheitsverhaltenstheorien), ist dies nicht so einfach und hängt von einer ganzen Reihe von Bedingungen ab.

Selbst wenn die erforderliche Intention gebildet ist, bedürfen die meisten Raucher gezielter Hilfen, um dauerhaft aufhören zu können. Dies müssen keine professionellen Therapien sein, im Gegenteil, die meisten Ex-Raucher haben irgendwann einmal von allein aufgehört, oft nach einer Karriere von Fehlschlägen und Frustrationen. Die Integration in ein nicht rauchendes soziales Netz oder die ausdrückliche Unterstützung durch eine nahestehende Person sind gute Bedingungen, und die Kombination von Medienaufklärung mit gemeindeorientierter Intervention erscheint ebenfalls vielversprechend (Flay, 1985, 1987; Wheeler, 1988). Darauf wird später zurückgekommen.

Therapien zur Raucherentwöhnung

Die meisten Ex-Raucher haben sich aus eigener Kraft von ihrem Problem befreit. Andere haben sich der Therapieangebote bedient, von denen es eine ganze Reihe gibt. Typischerweise werden dabei Gruppen gebildet, die sich in bestimmten Zeitabständen (mehrmals pro Woche) zu Trainingssitzungen unter Leitung eines Psychologen verabreden. Für ein solches klinisches Vorgehen haben sich unterschiedliche Methoden bewährt, die auf bestimmten psychologischen Prinzipien, z. B. der Lerntheorie, beruhen (vgl. Owen, 1989).

Der Nachteil, den diese ansonsten oft raffinierten Methoden gemeinsam haben, liegt darin, daß die Raucher in eine Patientenrolle versetzt werden, sie also auf eine Stufe mit Kranken gestellt werden, die sich nicht selbst helfen können (vgl. Brickman et al., 1982). Dem liegt ein „medizinisches Modell" zugrunde, das heute zunehmend kritisch gesehen wird gegenüber moderneren Modellen, die die Selbstkontrolle in den Vordergrund stellen. Dies wurde weiter oben im Kapitel über Rückfälligkeit beschrieben (vgl. Marlatt, 1985).

Ein therapeutischer Gedanke liegt darin, die Nikotinabhängigkeit und das Rauchverhalten getrennt zu betrachten und zunächst einmal das kritische Verhalten abzubauen, ohne auf die Nikotinzufuhr zu verzichten. Zu diesem Zweck wird ein Ersatz für Zigaretten gewählt, z. B. *Nikotingummi* oder *transdermale Nikotinsubstitution* (durch ein Pflaster, welches dem Körper kontinuierlich Nikotin durch die Haut zuführt; vgl. Buchkremer, Bents, Minneker &

Opitz, 1988; Cepeda-Benito, 1993; Henningfield & Keenan, 1993; Hughes, 1993). Dies ist eigentlich eine faszinierende Idee, doch die Begeisterung dafür ist inzwischen etwas abgeebbt. Die Erfolge damit waren nicht so sehr überzeugend, vor allem wohl deswegen, weil das Nikotin bei diesen Methoden nur langsam in den Körper gelangt, während gerade der willentlich herbeigeführte, schnelle Nikotinspiegelanstieg die Attraktivität des Rauchens mitbestimmt. Zum anderen ist zu bedenken, daß diese Ersatzmethoden die körperliche Abhängigkeit aufrechterhalten und sogar auf Dauer weiter verstärken können, wenn keine geeignete Schwundtechnik (fading) zum Ziel führt. Besser wäre es also, Methoden zu wählen, die ohne Nikotin auskommen können.

Ein schon länger praktiziertes Verfahren, das dieser Forderung genügt, ist die *Aversionstherapie*. Ihr liegt das Prinzip der Konditionierung zugrunde. Man kann das Rauchen mit unangenehmen Reizen wie z. B. leichten Elektroschocks koppeln oder - etwas humaner - mit aversiven Vorstellungen. Das wird beim „fokussierten Rauchen" getan. Der Klient ist dabei gehalten, zu bestimmten Zeitabständen einen Zug aus seiner Zigarette zu nehmen und sich gleichzeitig alle negativen Elemente dieses Vorgangs bildlich vorzustellen: den beißenden Rauch, das Brennen in der Kehle, den Geruch, den Teer, das Kohlenmonoxid usw. Wenn das gleichzeitige Erleben von Rauchen und aversiven Bildern über längere Zeit wiederholt wird, dann wird eine Zigarette allmählich eine unangenehme emotionale Reaktion hervorrufen, und der Drang danach kommt zum Erliegen. Solche erlernten Kontingenzen können aber auch wieder verlernt werden, d. h. es kommt zur Extinktion und damit zum Rückfall. Andererseits gilt die Geschmacksaversion, wenn sie erst einmal gebildet ist, als eine relativ zeitstabile Emotion.

Ein anderer lerntheoretischer Ansatz zielt darauf, den *Umweltreizen*, die normalerweise das Rauchen stimulieren, ihren Auslöserwert zu nehmen. Dazu gehören z. B. die Arbeitspause, die Tasse Kaffee, das Bier, die Begegnung mit einem Freund oder eine Wartesituation. Der Klient lernt statt dessen, auf Kommando zu rauchen, indem er immer dann zur Zigarette greift, wenn ein programmiertes Zeichen ertönt. Somit lernt er, dann und nur dann sein Problemverhalten auszuführen, wenn dieses spezifische Signal auftritt. Die Intervalle zwischen den Zeichen werden allmählich vergrößert, bis eines Tages kein Kommando zum Rauchen mehr gegeben und das kritische Verhalten somit gelöscht wird. Ein weiteres Prinzip der Konditionierung liegt darin, Klienten systematisch dafür zu belohnen, daß sie nicht rauchen, oder zu bestrafen, daß sie es tun. Dies kann z. B. mit Hilfe von Geld, sozialer Zuwendung oder symbolischen Werten im Rahmen eines Verhaltensvertrages verwirklicht werden.

Beim *„schnellen Rauchen"* inhalieren die Klienten im Abstand von etwa sechs Sekunden, bis ihnen schlecht wird. Diese Methode hat den Vorteil, daß keine Entzugssymptome auftreten, die ansonsten einen der Hauptgründe für Rückfälligkeit ausmachen. Wie beim „fokussierten Rauchen" werden auch hier aversive Gefühle konditioniert wie Übelkeit, Brennen in Mund und Kehle, Schwindel und Herzjagen. Je mehr dies geschieht, um so größer ist später das Unbehagen beim Probieren einer Zigarette und um so höher liegt die Abstinenzwahrscheinlichkeit. Darüber hinaus führt die besonders heftige körperliche Reaktion auf das permanente Inhalieren, daß die Klienten die Gesundheitsrisiken des Rauchens am eigenen Leibe verspüren und sich dadurch ihrer persönlichen Verwundbarkeit bewußt werden. Es ist daher nicht verwunderlich, daß mit Hilfe dieser Methode fast alle Klienten, die das Programm wirklich absolvieren, das Therapieziel erreichen (Leventhal, Baker, Brandon & Fleming, 1989).

Ist die Entwöhnung erst einmal erfolgt, sei es mit dieser oder einer anderen Therapie, gilt es, das gewonnene Gesundheitsverhalten, die Abstinenz, über lange Zeit aufrechtzuerhalten. Die meisten Nikotinentzugssymptome entstehen in den ersten rauchfreien Tagen und klingen innerhalb von zehn Tagen ab. Gelingt es, diese kritische Phase zu überwinden, so entsteht bei vielen Ex-Rauchern ein Bewußtsein von Selbstkontrolle oder Kompetenzerwartung, und die so aufgebauten Kognitionen erscheinen geeignet, längerfristige Abstinenz zu beeinflussen (Condiotte & Lichtenstein, 1981; DiClemente, 1986; Godding & Glasgow, 1985; West, Hajek & Belcher, 1989a, 1989b).

Unmittelbare Vorteile des Verzichts auf Rauchen, nämlich saubere und geruchsfreie Kleidung, Geldersparnis, bessere körperliche Fitneß und feinsinnigere Geschmacksnerven können als positive Bekräftigungen des Nichtrauchens dienen, sofern sie geschätzte Werte darstellen und sich die Betroffenen dieser Gewinne deutlich genug bewußt sind. Das Verschwinden des Raucherhustens kann als negative Verstärkung wirken. Die Aufnahme einer sportlichen Aktivität und der oft damit verbundene Aufbau neuer sozialer Kontakte können umfassendere Änderungen des Lebensstils einleiten, was der weiteren Stabilisierung des Nichtrauchens dient (Emmons, Hammond & Abrams, 1994; Hultquist et al., 1995). Die genannten Aspekte sind unabhängig von der Art der Therapie, die die ursprüngliche Entwöhnung verursacht hat; die Klienten bedürfen der Beratung, um behutsam durch die kritische Phase nach dem Aufhören geführt zu werden, denn die Rückfallwahrscheinlichkeit ist bekanntlich sehr hoch (vgl. Lando, 1989).

Das Training von Bewältigungsfertigkeiten und Selbstregulation

Sich das Rauchen für immer abzugewöhnen, erfordert einen Prozeß, der mindestens zwei Phasen enthält: die eigentliche Entwöhnungsphase und die der Aufrechterhaltung der Abstinenz über einen längeren Zeitraum. Wir haben gesehen, daß es eine Reihe von Therapien gibt, die zwar zunächst große Erfolge erzielen, aber nur selten eine wirklich dauerhafte Wirkung auszuüben in der Lage sind. Darum hat sich die Aufmerksamkeit der Forschung im letzten Jahrzehnt vor allem auf die zweite Phase verschoben mit der Frage, wie sich Rückfälle verhüten lassen (Carmody, 1990; Marlatt, Baer & Quigley, 1995; Shiffman & Wills, 1985). Shiffman et al. (1985) vertreten die Auffassung, daß die kurzfristige Entwöhnung inzwischen eine triviale klinische Leistung darstellt und daß der Schlüssel zur Abstinenz in der Rückfallverhütung liegt, einem Forschungsgebiet, das jedoch noch in den Kinderschuhen steckt.

Der Ansatz dieser Autoren richtet sich auf a) das Erkennen von Risikosituationen und b) auf den Erwerb von adaptiven Bewältigungsfertigkeiten. Ein Rückfall geschieht beim Zusammentreffen von einer schwierigen Risikosituation mit dem Fehlen einer geeigneten oder hinreichend starken Bewältigungsreaktion. Dem liegt eine streßtheoretische Perspektive zugrunde: eine Rückfallkrise ergibt sich aus einer Konfrontation mit einer Risikosituation, für die die Copingressourcen des Ex-Rauchers nicht ausreichen (vgl. Hobfoll, 1988; Lazarus, 1991). Die Krisen werden durch eine ganze Reihe von Ereignissen hervorgerufen, die früher einmal den Griff zur Zigarette ausgelöst haben, wie z. B. eine gesellige Runde, eine Arbeitspause oder Alltagsstreß. Marlatt (Marlatt & Gordon, 1985) referiert Untersuchungen aus seinem Labor, nach denen in etwa 37 % der Situationen negative Emotionen vorherrschen, bei einem Drittel sozialer Druck und bei 15 % soziale Konflikte (zur Typologie vgl. auch Best & Hakstian, 1978; Velicer et al., 1990). Shiffman et al. (1985) haben fünf Gruppen von Auslösesituationen gefunden, drei mit positiven und zwei mit negativen Emotionen: a) eine Party gemeinsam mit Rauchern, auf der der Ex-Raucher Alkohol trinkt, b) Entspannung am Abend zu Hause, vor allem nach dem Essen, c) am Arbeitsplatz, insbesondere beim Auftreten von Entzugssymptomen, d) bei Streß und Angst am Arbeitsplatz und e) zu Hause im Zustand von Langeweile oder Niedergeschlagenheit. Borland (1990) hat 149 Männer und 229 Frauen, die sich an eine Raucherentwöhnungs-Hotline gewandt hatten, im Hinblick auf „Ausrutscher" untersucht. Er analysierte 215 solcher Episoden, von denen 172 zu einem Rückfall führten. Situationen mit vorwiegend positiver Stimmung, in denen man in geselliger Runde ißt und trinkt, erwiesen sich als weniger gefährlich, denn viele, die hier ihrem Drang zu rauchen nachgaben, haben sich hinterher wieder gefangen. Männer neigten mehr dazu, am Arbeitsplatz (also vermutlich unter Streß) rückfällig zu werden, während es bei Frauen eine größere Breite von Risikosituationen gab.

Wie eine solche Krise, in der der Drang, wieder zu rauchen, übermächtig wird, gelöst wird, hängt davon ab, ob der Ex-Raucher überhaupt versucht, sie zu überwinden, und wenn ja, mit welchen Mitteln und mit wieviel Anstrengung dies geschieht. Nach Shiffman et al. (1985) bemüht sich fast jeder Fünfte gar nicht ernsthaft, eine schwierige Risikosituation in den Griff zu bekommen und wird daher schnell rückfällig. Wie erfolgreich eine Versuchungssituation überwunden wird, hängt angeblich weniger von den Besonderheiten der Situation selbst ab als vielmehr davon, was der Ex-Raucher ihr aktiv entgegenzusetzen hat, mit welchen Fertigkeiten er also regulativ gegensteuert. Um überhaupt konstruktiv eingreifen zu können, muß er das Rückfallrisiko erst einmal zutreffend erkannt haben; er muß zu der Diagnose gelangt sein „Hier droht Gefahr; wenn ich jetzt passiv bleibe und keine präventiven Maßnahmen zum Einsatz bringe, dürfte sich die Situation derart entwickeln, daß ich über kurz oder lang zur Zigarette greife". Das Erkennen der Situation ist eine notwendige, nicht aber eine hinreichende Bedingung für das Handeln. Wenn die Person zu ängstlich ist, um assertiv widerstehen zu können, oder wenn sie unter Alkoholeinfluß steht, oder wenn ihre Kompetenzerwartung zu schwach ist, dann kommt es zu keiner Aktion. Sind jedoch alle Voraussetzungen gegeben, dann stellt sich die Frage nach der optimalen Bewältigungshandlung für die spezifische Risikosituation. Die Person muß die Lage richtig einschätzen und daraufhin die geeignete Option aus ihrem Copingrepertoire auswählen. Dann schließlich kommt es zur Bewältigungshandlung, ohne daß damit jedoch schon der Erfolg garantiert ist. Nach den Daten von Shiffman et al. (1985) erweist sich ungefähr ein Drittel der Bemühungen als fruchtlos, weil nicht die richtige Option gewählt wurde oder weil nicht genug Anstrengung investiert wurde, so daß es in diesen Fällen zum Nachgeben kommt. Dies kann zum „Abstinenzverletzungseffekt" führen (vgl. das Kapitel über Rückfälligkeit). Wenn Schuldgefühle, Selbstwertverlust und internal-stabile Attribution mit dem „Ausrutscher" einhergehen, erscheint die Prognose für eine längerfristige Abstinenz ungünstig. Wenn dagegen der Ex-Raucher aus dieser Erfahrung zu lernen gewillt ist und die erworbenen Kenntnisse und Kompetenzen auf nachfolgende Krisen konstruktiv anwendet, ist eine dauerhafte Verhaltensänderung eher zu erwarten.

Nicht alle Copingfertigkeiten sind gleichermaßen hilfreich. Eine Bewältigung kann sich im Verhalten oder durch Kognitionen ausdrücken. Man kann z. B. eine kritische Situation vermeiden oder verlassen, oder man kann auf Ersatzhandlungen ausweichen wie z. B. Essen, Kaugummikauen, Laufen oder Musizieren; beim kognitiven Coping stellt sich die Person z. B. die negativen Konsequenzen des Rauchens vor (indem sie sich ausmalt, wie die Karzinogene in die Lunge eindringen) oder sie macht sich klar, wie erfolgreich sie bisher gewesen ist und daß sie diesen Erfolg nicht durch einen unnötigen Rückfall aufs Spiel setzen möchte. Es ist vorteilhaft, möglichst viele solcher Fertigkeiten auf Abruf bereitzuhalten, um für alle möglichen Risikosituationen gewappnet zu sein. Man sollte sich daran erinnern, welche Strategien bei der vorigen Krise geholfen haben. Insgesamt haben sich offenbar kognitive Techniken etwas besser bewährt als die verhaltensbezogenen (Shiffman et al., 1985; Wojcik, 1988).

Das Verhältnis von Risikosituationen zu situationsspezifischen Kompetenzerwartungen wird zunehmend erforscht (vgl. Baer & Lichtenstein, 1988a, 1988b; Condiotte & Lichtenstein, 1981; DiClemente, 1986; Garcia, Schmitz & Doerfler, 1990; Godding & Glasgow, 1985; Kok, DeVries, Mudde & Strecher, 1991; Kok et al., 1992; Wilson et al., 1990). Um eine angemessene Bewältigungshandlung zur Ausführung zu bringen, bedarf es der subjektiven Überzeugung, diese Handlung auch tatsächlich im eigenen Copingrepertoire zur Verfügung zu haben (Bandura, 1995a; Schwarzer & Fuchs, 1995). Die empirischen Korrelationen zwischen Kompetenzerwartung und Rückfälligkeit liegen etwa zwischen $r = -.34$ und $r = -.69$, d. h. bei denen mit schwacher Kompetenzerwartung kommt es eher zu Rückfällen (Colletti et al., 1985; DiClemente et al., 1985). In der Rückfallforschung wird daher versucht, eine Taxonomie von Risikosituationen, die den Ex-Raucher in Versuchung führen, in Analogie zu einer Taxonomie von spezifischen Kompetenzerwartungen zu bringen. In zwei solcher Studien haben Velicer et al. (1990) ihren 960 bzw. 421 Probanden 31 Risikosituationen schriftlich vorgegeben und sie den Grad ihrer Versuchung einschätzen lassen sowie den Grad des Selbstvertrauens, der jeweiligen Situation widerstehen zu können (was als „Selbstwirksamkeitserwartung“ interpretiert werden kann). Mit Hilfe mehrerer konfirmativer Faktorenanalysen gelang es ihnen, die 31 Auslösesituationen auf 17 zu reduzieren, die über verschiedene Stichproben hinweg stabil blieben und die sich drei grundlegenden Situationsdimensionen zuordnen ließen:

Dimension I : „Positive soziale Situationen“

* mit Freunden auf einer Party sein
* sich bei Kaffee unterhalten und entspannen
* mit Freundin oder Gefährtin zusammensein, die raucht
* in einer Bar einen Drink nehmen
* wenn ich feiere und fröhlich bin
* wenn ich sehe, wie jemand seine Zigarette genießt

Dimension II : „Negative Gefühlslage“

* wenn ich eine Krise erlebe wie Unfall oder Tod in der Familie
* wenn ich in extremer Weise ängstlich und gestreßt bin
* wenn ich sehr ärgerlich über irgend etwas oder irgend jemanden bin
* wenn alles nicht so läuft wie ich will und ich frustriert bin
* wenn es Streit und Konflikte mit meiner Familie gibt
* wenn ich in extremer Weise deprimiert bin

Dimension III : „Abhängigkeit und Macht der Gewohnheit“

* gleich morgens nach dem Aufstehen
* wenn ich etwas brauche, das mich „hochzieht“
* wenn meine guten Vorsätze, mich gesund zu erhalten, zum Erliegen kommen
* und ich körperlich passiv bin
* wenn ich merke, daß ich schon lange nicht mehr geraucht habe
* wenn mir klar wird, daß es extrem schwierig für mich ist, das Rauchen aufzugeben

Am Anfang einer Therapie ist es nach diesem theoretischen Konzept sinnvoll, zunächst die *Einstellungen* der Klienten zu korrigieren, denn viele hegen unrealistisch hohe Erwartungen gegenüber dem Aufhören und werden dann schnell enttäuscht, wenn der Drang zum Rauchen wieder aufkommt und sie sich ihm nicht gewachsen fühlen. Die Klienten müssen sich darüber klar werden, daß sie nach der unmittelbaren Entwöhnung eine weitere schwierige Phase vor sich haben, in der sie vielen Versuchungen ausgesetzt sein werden. Dabei müssen sie ihr eigenes Verhalten beobachten und Bewältigungsfertigkeiten gezielt zum Einsatz bringen. Sie sollten auch vorher darüber informiert werden, daß garantiert Krisen auftreten werden und daß diese als normal zu beurteilen sind; sie sollen also wissen, daß es sich hier um eine universelle Erfahrung bei Ex-Rauchern handelt, damit sie später nicht ihre Probleme voreilig auf persönliches Versagen zurückführen und daraufhin verzagt „die Flinte ins Korn werfen". Erst wenn solche Fehleinschätzungen korrigiert sind, empfiehlt es sich, mit der eigentlichen Behandlung zu beginnen (Shiffman et al., 1985).

Eine andere Voraussetzung des Trainings von Bewältigungsfertigkeiten liegt in der *Verhaltensdiagnose*. Die Klienten beobachten und zählen die Häufigkeit ihres Rauchens, ihres Drangs zu rauchen sowie ihrer Bewältigungsversuche. Dadurch lernen sie, unter welchen Umständen sie das Problemverhalten ausüben, wann sie den Drang verspüren, wie verwundbar sie gegenüber bestimmten Risikosituationen sind und was sie dem entgegenzusetzen haben. Auf der Grundlage einer solchen Diagnose läßt sich das spätere Training ökonomischer gestalten; man muß nicht für die gesamte Breite aller möglichen Risikosituationen Fertigkeiten üben, sondern kann sich auf diejenigen beschränken, die für eine bestimmte Person zentral sind. Wer z. B. nur auf Parties mit Alkoholkonsum der Versuchung zu rauchen erliegt, bedarf anderer Techniken als jemand, der nur im Zustand von Depression oder Langeweile dem Drang zu rauchen nachgibt. Die Verhaltensdiagnose läßt sich anhand einer Matrix vornehmen, die eine Vielzahl kritischer Situationen sowie die Stunden eines Tages enthält, so daß die Klienten differenziert eintragen können, wann und wo sie welche Reaktion zeigten. Bewältigungsfertigkeiten können z. B. die folgenden sein (Shiffman et al., 1985, S. 492).

1. *Kognitive Copingreaktionen*

* an die Vorteile des Nichtrauchens denken (Gesundheit, Stolz)
* an die Nachteile des Rauchens denken (Kosten, schlechter Geschmack)
* sich Befehle geben („Tu das nicht!" „Halt!")
* sich ermuntern („Komm schon, das schaffst du")
* sich daran erinnern, wie schwer die erste Phase der Entwöhnung war
* sich sagen, „Ich will wirklich nicht rauchen"
* sich etwas Entspannendes vorstellen, z. B. das Meer oder die Berge
* sich die negative Wirkung des Rauchens bildlich vorstellen (schwarze Lunge, usw.)
* sich selbst als einen erfolgreichen Ex-Raucher vorstellen
* sich ablenken, indem man an etwas anderes denkt
* sich noch einmal die Gründe für das Aufhören vergegenwärtigen

* sich sagen, „Ich muß einfach die nächsten paar Tage durchhalten“
* sich klarmachen, daß Entzug nun einmal etwas Schwieriges ist
* sich die Reaktionen von Freunden und Familie vor Augen führen, wenn man rauchen würde

2. *Verhaltensbezogene Copingreaktionen*

* etwas essen oder trinken
* sich betrinken oder berauschen (Alkohol, Marihuana)
* sportlich-körperliches Training
* zur Entspannung langsam tief einatmen
* sich ablenken, indem man etwas anderes tut wie spazierengehen oder mit etwas hantieren
* Risikosituationen vermeiden (z. B. Raucher, Parties)
* aufschieben, das Rauchen hinauszögern
* Unterstützung bei anderen suchen
* sich mit Lieblingsbeschäftigungen belohnen

Es gibt eine Reihe von sehr allgemeinen Bewältigungsstrategien. Dazu gehören die *Vermeidung* von Risikosituationen von vornherein, das *Verlassen* solcher Situationen, wenn man schon in sie hineingeraten ist, die *Ablenkung*, indem man sich auf etwas anderes konzentriert, und die *Verzögerung*, indem man abwartet, bis „der Anfall vorbei ist“. Wenn diese allgemeinen Strategien versagen oder der Lage nicht angemessen erscheinen, empfiehlt sich die Wahl von differenzierteren Vorgehensweisen, wobei man zwischen kognitiven und verhaltensbezogenen Fertigkeiten unterscheiden kann. Kognitive Fertigkeiten umfassen die *Imagination* (imagery), das kognitive Umstrukturieren sowie andere interne Dialoge. Sich vorzustellen, wie die Rauchgifte die Lunge zerfressen (aversive imagery) oder wie die Familie überglücklich und dankbar zum Aufhören gratuliert (positive imagery), kann - vor allem in Verbindung mit induzierter Entspannung - gerade in Streßsituationen eine wirksame Technik sein. Das *kognitive Umstrukturieren* kann sich z. B. darauf richten, eine Risikosituation abzuwerten („Ist gar nicht so schlecht, könnte viel schlimmer kommen“) oder als Herausforderung zu interpretieren („Was kann ich daraus lernen?“). Andere *interne Dialoge* können alles mögliche enthalten, was vom Rauchen abbringt, wie z. B. die Wiederholung der Verhaltensintention („Ich will wirklich aufhören“) oder die Auflistung all der Vorteile, die das Nichtrauchen mit sich bringt. *Verhaltensbezogene* Bewältigungstechniken umfassen z. B. die bekannten Entspannungstechniken, sportlich-körperliches Training, Essen, Fernsehen und verbales Durchsetzungsvermögen (z. B. gegenüber Leuten, die einem eine Zigarette anbieten).

Kommt es trotz intensiven Übens und Anwendens solcher Techniken einmal zu einem „Ausrutscher", was normal ist, dann hat es sich bewährt, ein „Rückfallaufklärungsgespräch" (relapse crisis debriefing) zu führen, bei dem die genauen Umstände des Verhaltens, also die Merkmale der Risikosituation und die Bewältigungsversuche, erörtert werden, um daraus zu lernen und weitere Copingqualifikationen zu erwerben (Shiffman et al., 1985). Oft zeigt sich dabei, daß die Ex-Raucher bestimmte Bedürfnisse oder Probleme haben, die sie früher einigermaßen mit Hilfe der Zigarette überspielen oder maskieren konnten. Rauchen ist ja Teil einer Lebensweise und erfüllt innerhalb dieser eine Reihe von Funktionen. Fehlt die „Krücke", dann ist es besser, einen anderen Lebensweg zu beschreiten, als auf dem alten zu stolpern. Es empfiehlt sich daher, im Zuge der Entwöhnung gleich den Lebensstil zu ändern und nach alternativen Verstärkungen zu suchen; dazu mag die Aufnahme einer Sportart, die Anknüpfung sozialer Kontakte, Streßbewältigung durch Entspannung und eine gesunde Ernährung gehören. Dagegen wäre es fast aussichtslos, mit dem Rauchen aufhören zu wollen, gleichzeitig aber einen starken Alkoholkonsum fortzusetzen. Die Widerstandsfähigkeit in Risikosituationen sinkt mit dem Grad der „Intoxikation", sei es durch Alkohol oder andere Drogen. Generell gilt, daß Trinker wenig Erfolg mit der Raucherentwöhnung haben. Zimmerman, Warheit und Ulbrich (1990) haben 2.115 Erwachsene untersucht, von denen die Hälfte Raucher war oder ist. Starke Trinker in dieser Stichprobe haben seltener versucht, das Rauchen aufzugeben, wenn sie es aber taten, war der Versuch seltener von Erfolg gekrönt. Insbesondere diejenigen, die dazu neigten, unter Streß zu rauchen, machten weniger Entwöhnungsversuche. Nicht analysiert wurde dagegen die Bereitschaft, den Lebensstil insgesamt zu ändern, sowie das Ergebnis solcher Bemühungen.

Der hier dargestellte Ansatz des Trainings von Bewältigungsfertigkeiten und Selbstregulation entspricht dem Zeitgeist und wird heute von vielen Autoren und Praktikern unterstützt. Das Schwergewicht liegt auf der Erhaltungsphase, während die Anwendung als ausschließliche Methode der Entwöhnung weniger vielversprechend ist. Am besten erscheint eine Verbindung von einer traditionellen Entwöhnungsstrategie (z. B. das „schnelle Rauchen") mit der Bewältigungsmethode zur dauerhaften Absicherung des Therapieeffekts (Leventhal et al., 1989). Da es sich bei dem Bewältigungstraining nicht um eine einzige Schmalspurmethode, sondern um die Kombination mehrerer kognitiver und verhaltensbezogener Elemente handelt, ist es schwierig, die spezifischen Ursachen zu isolieren, die dieses Training so erfolgreich machen. Hanewinkel, Ferstl und Burow (1994) führten ein experimentelles, verhaltenstherapeutisches Raucherentwöhnungsprogramm in deutschen Schulen durch und konnten ein halbes Jahr später eine bedeutsame Reduktion der Raucherquoten von Lehrern und Schülern beobachten. In welchem Maße kognitive (d. h. selbstregulative), verhaltensbezogene und soziale Trainingskomponenten verantwortlich sind, läßt sich nicht so genau beurteilen. Es ist zu bedenken, daß das Training üblicherweise in Gruppen durchgeführt wird und somit der sozialen Integration und der *sozialen Unterstützung* eine wichtige Rolle zufällt (vgl. Schwarzer & Leppin, 1990). Soziale Unterstützung kann den Streß abpuffern, der sich beim Entzug zwangsläufig einstellt oder der aus anderen Gründen, aber zeitgleich auftritt. Es kann sich dabei sowohl um emotionale als auch instrumentelle Unterstützung handeln (vgl. das Kapitel „Streßbewältigung und soziale Unterstützung") oder einfach um eine Konsensinformation, indem jemand die Entscheidung des Klienten mitträgt oder darüber hinaus immer wieder versichert, daß der eingeschlagene Weg der richtige ist. Gleichzeitig ist es hilfreich, jemanden zu haben, der sich an der Lebensstiländerung beteiligt und schrittweise vorbildhaft das praktiziert, was auf der nächsten Stufe des erstrebten Handlungspfades zu tun ist. Ebenso wichtig ist die Einbettung in ein soziales Netz von Nichtrauchern; wer dagegen in eine Gruppe von Rauchern integriert ist, befindet sich permanent in einer sozialen Risikosituation, die nur schwer zu bewältigen ist.

Bei der Analyse des sozialen Rückhalts im Entwöhnungsprozeß erscheint es sinnvoll, nicht nur die positive soziale Unterstützung zu untersuchen, sondern auch die negativen Verhaltensweisen von Partnern, um eine Abschätzung der sozialen Interaktionen insgesamt, die das Rauchen betreffen, zu erhalten. Cohen und Lichtenstein (1990b) haben bei 221 Rauchern und Raucherinnen eine solche Analyse vorgenommen. Aus einem längeren Fragebogen extrahierten sie jeweils zehn positive und zehn negative Verhaltensweisen und gaben diese ihrer Stichprobe vor. Es handelte sich um Personen, die einen Partner oder eine Partnerin hatten. Folgende soziale Interaktionen wurden untersucht:

Positive Verhaltensweisen von Partnern:

1. Komplimente für das Unterlassen des Rauchens aussprechen.
2. Zur Entscheidung, das Rauchen aufzugeben, gratulieren.
3. Dabei helfen, nach Ersatz für das Rauchen zu suchen.
4. Den Tag des Aufhörens gemeinsam feiern.

5. Zur Beruhigung beitragen, wenn man gestreßt oder gereizt ist.
6. Einem sagen, man solle durchhalten.
7. Vertrauen in die Fähigkeit, abstinent zu bleiben, ausdrücken.
8. Dabei helfen, Ersatz für Zigaretten zu verwenden.
9. Freude darüber zum Ausdruck bringen, daß man sich bemüht.
10. An Aktivitäten teilnehmen, die vom Rauchen ablenken.

Negative Verhaltensweisen von Partnern:

1. Darum bitten, mit dem Rauchen aufzuhören.
2. Bemerken, daß Rauchen ein Laster ist.
3. Einem das Rauchen auszureden versuchen.
4. Sich über einen Mangel an Willenskraft äußern.
5. Sich darüber auslassen, daß das Haus nach Rauch riecht.
6. Einem das Rauchen zu Hause verbieten.
7. Erwähnen, daß man sich durch Rauch belästigt fühlt.
8. Das Rauchen kritisieren.
9. Zweifel an der Fähigkeit äußern, abstinent bleiben zu können.
10. Sich weigern, die Aschenbecher zu säubern.

In dieser Studie hat sich das Verhältnis von positiven zu negativen Verhaltensweisen als bester Prädiktor der Abstinenz erwiesen. Die positiven Verhaltensweisen allein waren nur für die kurzfristige Vorhersage vonnutzen, während die negativen allein sich gar nicht als Determinanten herausstellten. Es erscheint nach dieser Studie sinnvoll, daß Paare explizit im Hinblick auf das Rauchen interagieren, und zwar nicht nur „positiv" im Sinne der oben genannten Operationalisierung, sondern auch „negativ", wobei allerdings die positiven Verhaltensweisen deutlich überwiegen müssen.

Cohen et al. (1988) unterscheiden vier Stufen der Änderung des Rauchverhaltens: die Entscheidung aufzuhören, den Entzug, die frühe Abstinenz und die spätere Abstinenz. Sie vermuten, daß auf unterschiedlichen Stufen dieses Prozesses unterschiedliche Arten von sozialem Einfluß hilfreich sind. Anfangs bedürfe es aktiver Unterstützung, um die Entscheidung herbeizuführen, während es später am besten sei, wenn der Ex-Raucher in eine Umwelt von Nichtrauchern integriert ist. In den beiden mittleren Stadien seien beide Arten von sozialem Einfluß gleichermaßen bedeutsam. Generell haben sich soziale

Unterstützungsinterventionen im Zusammenhang mit klinischen Entzugsprogrammen als enttäuschend erwiesen (Lichtenstein et al., 1986; Mermelstein et al., 1986). In Feldstudien dagegen hat sich wiederholt gezeigt, daß *soziale Integration* eine wichtige Rolle spielt (vgl. Chassin et al., 1984; Eiser & van der Pligt, 1984; West et al., 1977). Das gilt auch für die subjektive *Wahrnehmung sozialer Unterstützung* (Coppotelli & Orleans, 1985; Wills & Vaughan, 1989) sowie für *erhaltene Unterstützung* (Lichtenstein et al., 1986; West et al., 1977). Bei 500 Männern in Malmö, die im Jahre 1914 geboren wurden, haben Hanson, Isacsson, Janzon und Lindell (1990) gefunden, daß *emotionale Unterstützung* dazu beiträgt, das Rauchen für immer aufzugeben. Cohen et al. (1988) diskutieren die möglichen Ursachen für inkonsistente Befunde und weisen auch darauf hin, daß die erklärten Varianzanteile nur gering ausfallen. Social Support macht offenbar nur einen Faktor unter anderen aus. Die oben genannten Komponenten wie das Erkennen von Risikosituationen und die gezielte Anwendung von Bewältigungsfertigkeiten stellen übergeordnete Elemente dar, innerhalb derer die Regulation von Sozialbeziehungen und der Erhalt von Unterstützung anzusiedeln sind. Dazu gehören auch der Umgang mit sozialen Konflikten sowie das Ertragen von Einsamkeit. Bezugsgruppen können schließlich zusätzlichen Druck ausüben, der dabei hilft, nicht rückfällig zu werden.

Aufhören aus eigener Kraft

Die meisten Ex-Raucher haben sich das Rauchen „von allein" abgewöhnt, wobei diese Formulierung mißverständlich sein mag. Die Motivation zur Entwöhnung sowie das Durchhalten während der kritischen Zeit unterliegen sozialen Einflüssen, sei es in der Familie, am Arbeitsplatz oder durch die Massenmedien. Den Anlaß zur Entwöhnung kann ein Besuch beim Arzt liefern, wenn man ihn wegen irgendwelcher Beschwerden oder wegen Schwangerschaft aufsucht. In solchen Augenblicken der erhöhten Verwundbarkeit kann der Rat des Arztes, der sonst oft in den Wind geschlagen wird, Wunder wirken. Die therapeutische Wirksamkeit von Ärzten und Psychologen scheint jedoch ungefähr gleich zu sein (Leventhal & Cleary, 1980). Ein Anlaß zur Entwöhnung kann auch darin liegen, daß ein Freund oder Angehöriger sich gerade zu dieser Entscheidung durchgerungen hat und nun als Modell für andere dient. Zunehmend gibt es auch systematische Entwöhnungsprogramme am Arbeitsplatz, denn Arbeitgeber werden sich immer mehr der Bedeutung von gesundheitlicher Prävention bewußt, weil sie durch kranke Mitarbeiter kostspielige Arbeitsausfälle in Kauf nehmen müssen, so daß sich Investitionen in aufwendige präventive Maßnahmen offenbar auf Dauer bezahlt machen (vgl. Liepmann, 1990; Taylor & Holmes, 1990; Windsor, Lowe & Bartlett, 1988).

Zwischen 1964 und 1982 haben etwa 30 Millionen Amerikaner das Rauchen aufgegeben, drei Viertel davon ohne die Inanspruchnahme professioneller Hilfen; es gibt anscheinend keine Unterschiede im Erfolg zwischen denen, die aus eigener Kraft aufgehört haben, und denen, die sich einschlägigen Kursen oder Kliniken anvertraut haben (Carey, Snel, Carey & Richards, 1989; Cohen et al., 1989; Garvey, Heinold & Rosner, 1989; Gritz, Carr & Marcus, 1988; Shiffman, 1993b). Ex-Raucher wird man im allgemeinen nicht durch einen einzigen Kraftakt, sondern erst nach vielen erfolglosen Versuchen. Mit jedem Versuch steigt die Wahrscheinlichkeit, daß es der letzte gewesen ist und zum Erfolg führt (vgl. Marlatt & Gordon, 1985). Insbesondere wenn die Rückfälle günstig attribuiert werden, der Raucher aus seinen Erfahrungen lernt und sich beim nächsten Versuch geschickter seiner internen und sozialen Ressourcen bedient, wird das Ziel irgendwann erreicht. Insgesamt scheinen diejenigen, die nicht auf klinische Programme zurückgreifen und es statt dessen selber schaffen, etwas bessere Ausprägungen in den Motivations- und Volitionsvariablen zu haben.

Für den, der sich nicht einer Gruppentherapie anschließen und sich auch nicht nur auf den Rat seiner Freunde verlassen möchte, gibt es *schriftliche Anleitungen*, nach denen man mit der Gewißheit verfahren kann, daß dieser Weg schon vielen anderen geholfen hat. Ein Beispiel dafür ist eine Broschüre der American Lung Association (1991), die in folgender Weise aufgebaut ist. Sie enthält für jeden von sieben Tagen eine Seite mit Informationen, die auf das jeweilige Stadium zugeschnitten sind, in dem sich der Leser, ein Entwöhnungsmotivierter, befindet. Der erste Tag dient der Vorbereitung auf das kritische Ereignis. Der Text beginnt mit Glückwünschen zur Entscheidung, nicht mehr zu rauchen, sowie mit einer kurzen Wiederholung der Gründe dafür, warum dies eine so gute Entscheidung ist. Der Leser kann seine ganz persönlichen Gründe zur Ergänzung in ein paar Leerzeilen eintragen. Der zweite Tag ist den Barrieren gewidmet, indem die Argumente zusammengetragen werden, die den Prozeß erschweren wie z. B. Gewichtszunahme, Streß, fehlende Willenskraft und Entzugssymptome. Maßnahmen, solche Barrieren aus dem Weg zu räumen, werden vorgeschlagen; dazu gehören die richtige Einstellung, körperliche Aktivität und gezielte Entspannungsübungen. Besondere Rücksicht wird auf das Problem der Nikotinabhängigkeit genommen, und der Leser erhält nützliche Informationen darüber, wie er sich entweder kurzfristig auf nikotinarme Zigaretten umstellt („fading“) oder wie er sich Nikotingummi auf Rezept besorgt und wie damit umzugehen ist. Der dritte Tag gehört ebenfalls noch zu den Vorbereitungen in der Überzeugung, daß man nicht einfach von einem Tag zum anderen aufhört, sondern sich über längere Zeit mit allen Aspekten und widrigen Konsequenzen der Entwöhnung vorausdenkend beschäftigen sollte; daher beziehen sich die „Tage" in der Anleitungsbroschüre nicht auf aufeinanderfolgende Wochentage, sondern auf Schritte, die sich über mehrere Wochen erstrecken können. Der Leser setzt sich einen festen Termin für das geplante Ende seiner Gewohnheit und streicht diesen im Kalender an; dies gilt als einer der bedeutendsten Tage im Leben, und viele Ex-Raucher können sich gut an das genaue Datum erinnern. Zu den weiteren Vorbereitungen gehört das Registrieren des Tabakkonsums in Beziehung zur subjektiven Verfassung, so daß sich der Raucher darüber klar wird, ob es mehr die positiv-sozialen oder mehr die negativ-emotionalen Augenblicke im Tageslauf sind, die ihn zum Griff zur Zigarette verleiten. Ein Musterbrief an eine nahestehende Person ist abgedruckt, in dem zum Ausdruck gebracht wird, wie man am besten helfen kann und was die Angehörigen des eigenen sozialen Netzes möglichst vermeiden sollten (z. B. eine Zigarette anbieten oder in Gegenwart des mit sich Kämpfenden zu rauchen). Der vierte Tag (etwa eine Woche nach Beginn der Vorbereitungen) bringt die Wende in der Lebensweise: alle Zigaretten, Aschenbecher und Streichhölzer werden aus der Wohnung und vom Arbeitsplatz entfernt, und bei Bedarf wird mit dem Kauen von Nikotingummi begonnen, um das Auftreten von Entzugserscheinungen zu vermeiden. Der Leser notiert sich eine Reihe von Belohnungen für seinen Schritt und feiert diesen Tag mit einem besonderen Essen oder anderen Aktivitäten. Der fünfte Schritt bezieht sich auf die ersten ein bis zwei Wochen nach dem Aufhören und enthält Empfehlungen zur Ernährung, körperlichen Fitneß, assertiven Formulierungen, um widrigen sozialen Einflüssen widerstehen zu können, sowie zum Umgang mit Risikosituationen. Der sechste Tag behandelt Maßnahmen zur Bewältigung eines „Ausrutschers" und richtet sich vor allem auf interne Dialoge und soziale Unterstützung. Der letzte Tag liefert eine Übersicht über die erreichten Vorteile durch das Nichtrauchen und stellt unter anderem auch die finanziellen Gewinne heraus, die sich daraus ergeben. Ein Diplom ist abgedruckt, in das der Erfolgreiche Datum und Namen einträgt und das von einem Zeugen gegengezeichnet wird. Schließlich enthält die Anleitungsbroschüre auf der letzten Seite einen Gutschein, den man ausschneiden und einsenden kann, um eine weitere Broschüre kostenlos zu erhalten, die dabei helfen soll, auch in Zukunft ein Nichtraucher zu bleiben („A Lifetime of Freedom from Smoking").

Dieser Ansatz wurde etwas ausführlicher beschrieben, weil es sich hier um ein Musterbeispiel für ein psychologisch hervorragend gestaltetes Programm handelt, das diejenigen unterstützt, die aus eigener Kraft von ihrer Gewohnheit loskommen wollen. Es verwirklicht viele der Prinzipien, die in diesem Kapitel erörtert worden sind.

Primäre Prävention des Rauchens

Angesichts der vielen Schwierigkeiten bei der sekundären Prävention, also der Entwöhnung von mehr oder weniger abhängig gewordenen Rauchern, liegt es nahe, das Schwergewicht der gesundheitspsychologischen Bemühungen auf die primäre Prävention zu legen, also der Verhütung des Rauchens von vornherein bei Jugendlichen. Im Laufe der letzten Jahrzehnte sind in den USA zu diesem Zweck über 200 Programme meist in Schulen zum Einsatz gebracht worden, weil sich Schulen dafür besonders gut eignen wegen der leichten Zugänglichkeit zu altershomogenen Gruppen (Hanewinkel et al., 1994; Lohaus, 1993; Seiffge-Krenke, 1994). Die neueren Studien sind als Längsschnitte angelegt und werden gründlich evaluiert, wobei nicht nur die subjektiven Angaben der Schüler über ihr Rauchverhalten ausgewertet werden, sondern auch Tests ihrer Atemluft und ihres Speichels, um etwas objektivere Daten zu gewinnen. Allerdings sind diese Prüftechniken nicht absolut zuverlässig und valide; ihr Wert dürfte wohl vor allem darin liegen, bei den Schülern den Eindruck zu vermitteln, es gäbe objektive Maße für ihren tatsächlichen Tabakkonsum, und sie könnten es sich daher nicht leisten, unzutreffende Angaben zu machen (Leventhal et al., 1989; Taylor, 1991). Die beiden berühmtesten Präventionsansätze sollen hier kurz beschrieben werden, und zwar derjenige zum sozialen Einfluß und derjenige zur generellen Kompetenzentwicklung (vgl. dazu Lopez & Fuchs, 1990). Eine ausführliche Übersicht über Raucherpräventionsprogramme in Schulen findet sich bei Cleary, Hitchcock, Semmer, Flinchbaugh und Pinney (1988).

Ansatz zum sozialen Einfluß

In den frühen 70er Jahren hat die Arbeitsgruppe um Evans (1976, 1983) in Texas eine Serie von Interventionen entwickelt, die eine Abkehr von den älteren Aufklärungskampagnen und Angstappellen signalisierten. Zwei Elemente standen bei diesen Bemühungen im Vordergrund: a) die Entwicklung spezifischer sozialer Fertigkeiten und konkreter Handlungsanweisungen, um dem Gruppendruck zu widerstehen; dies geschah aus der Einsicht heraus, daß der Beginn des Rauchens vor allem aufgrund der Einflüsse und Normen von Bezugsgruppen zustandekommt und daß es nichts nützt, die Jugendlichen nur über spätere Gesundheitsrisiken aufzuklären; b) die „Verhaltensimpfung", womit die Aktivierung von Gegenargumenten gemeint ist, wenn man mit schwach dosierten Überredungsversuchen konfrontiert wird; dies stellt eine Analogie zur Impfung gegen Krankheiten dar, bei der man Keimen in so schwacher Dosierung ausgesetzt wird, daß sie zwar nicht krank machen, aber das Immunsystem dazu veranlassen, Antikörper zu bilden. Der Schüler erhält bei diesem Verfahren eine Reihe von Argumenten für das Rauchen und findet es dann nicht schwer, die dafür passenden Gegenargumente zu kreieren, mit denen er sich dann identifiziert, weil er sie ja als „seine eigenen Ideen" selbst hervorgebracht hat.

Bei dem Präventionsprogramm werden zunächst Informationen über die negativen Folgen des Rauchens vermittelt, und zwar so sorgfältig „verpackt", daß sie entwicklungsgemäß und subkulturgerecht sind und die Jugendlichen daher gut ansprechen. Da Schüler ihr Handeln normalerweise nicht auf einen Zeitraum von zwei bis drei Jahrzehnten ausrichten (wenn die Gesundheitsschäden offen zutage treten), sondern mehr für den Augenblick leben, werden die unmittelbaren Nachteile des Rauchens betont, also z. B. der schlechte Geschmack, die Kosten, der Hustenreiz, die mangelnde Fitneß oder die Ablehnung durch manche Freunde.

Zum anderen zielt die Strategie auf ein positives Image des Nichtrauchers. Die Jugendlichen sollen durchschauen, wie die Zigarettenwerbung mit kostspieligem Aufwand um des Profits willen ein positives Image von Rauchern erzeugt. Dem wird dann gegengesteuert, indem der Raucher als jemand entlarvt wird, der auf die Tricks der Werbung hereinfällt. Demgegenüber wird der Nichtraucher als ein kompetentes, autonomes Subjekt hingestellt, das aufgrund der Kenntnis der Faktenlage souverän seine eigenen Entscheidungen fällt.

Besonderes Gewicht erhält in diesem Ansatz die Bezugsgruppe. Evans hat Filme herstellen lassen, in denen Gleichaltrige, die über einen hohen Sozialstatus verfügten, die Rolle des überzeugenden Nichtrauchers spielten. Diese Verhaltensmodelle führten im Rollenspiel vor, wie man den Versuchungen zu rauchen widersteht und was man am besten sagt und tut, wenn andere jemandem eine Zigarette aufdrängen wollen oder jemanden hänseln, der nicht mitrauchen möchte. Nach solchen Filmdarbietungen gibt es Gelegenheit für Kleingruppensitzungen, in denen die Szenen diskutiert und nachgespielt werden. Schüler geben ihre Entscheidung, nicht rauchen zu wollen, öffentlich in der Klasse bekannt und gehen somit eine Selbstverpflichtung ein. Sie können es sichhinterher nicht mehr leisten, davon abzugehen, ohne ihr Gesicht zu verlieren.

Telch, Miller, Killen und Cooke (1990) haben den Ansatz zum sozialen Einfluß bei 540 Schülern der 7. Klasse experimentell untersucht, indem sie drei Gruppen bildeten: a) eine, die nur Videobänder sah, in denen Szenen gefilmt waren, die zeigten, wie man sozialen Einflüssen widerstehen kann, b) eine, die darüber hinaus auf Gruppenleiter (peer leaders) zurückgriff, die genauso alt waren wie die Schüler, und c) eine, die nur an der Befragung teilnahm. Überprüfungen der Inzidenz des Rauchens wurden zu Beginn und Ende des Schuljahres vorgenommen. Dabei zeigte sich, daß aus den beiden Experimentalgruppen weniger Raucher hervorgingen als aus der Kontrollgruppe. Dies galt sowohl für das Probieren von Zigaretten als auch für die Aufnahme regelmäßigen Zigarettenkonsums. Die „Peer leader“-Gruppe war am erfolgreichsten. Diese Studie kann als ein weiterer Beleg dafür dienen, daß man durch psychologisch wohlbegründete Videofilme in Schulen eine wirksame Prävention des Rauchens betreiben kann und daß dabei Modelle aus der Altersgruppe eine wichtige Rolle spielen können.

Beim Vergleich einer Versuchs- mit einer Kontrollgruppe konnten Katz, Robisch und Telch (1989) demonstrieren, daß Schüler mit Hilfe von Videoaufzeichnungen lernen konnten, wie man „Nein“ sagt, sich also den Versuchungen zu rauchen wirksam widersetzt. Auch wenn dies nur eine kleinere Studie war, so trägt sie doch dazu bei, die Brauchbarkeit des Ansatzes zu unterstreichen.

Wie lange solche Interventionen wirken, ist noch nicht endgültig geklärt. Murray, Pirie, Luepker und Pallonen (1989) haben 6.616 Jugendliche wieder aufgesucht, die 1985 und 1986 solchen Programmen ausgesetzt waren, als sie die 7. Klasse besuchten. Danach erwies sich ein Programm des sozialen Einflusses als nicht wirksamer als andere Interventionen. Die Autoren plädieren dafür, sich nicht auf eine einzige Präventionsphase zu beschränken, sondern nachfolgend die Kenntnisse und Einstellungen mehrmals „aufzufrischen“ (booster sessions).

Der Ansatz zur generellen Kompetenzentwicklung

Eine andere einflußreiche Präventionsmethode liegt in dem „Life Skills Training-Ansatz“ von Botvin und Mitarbeitern (Botvin & Eng, 1980, 1982; Botvin & Wills, 1986; Dusenbury & Botvin, 1990). Sie geht auf frühere Überlegungen von Jessor und Jessor (1977) zum Problemverhalten bei

Jugendlichen sowie auf die soziale Lerntheorie (Bandura, 1977) zurück und zielt auf die Entwicklung ganz allgemeiner Fähigkeiten und Fertigkeiten zur Alltagsbewältigung. Rauchen, Drogen- und Alkoholkonsum gelten dabei nur als Beispiele für entwicklungsbedingte Problemverhaltensweisen, in denen zum Ausdruck kommt, daß die Jugendlichen nicht über die optimalen Copingstrategien verfügen, um die teils chaotischen Umwälzungen während der Adoleszenz in den Griff zu bekommen, ohne gesundheitliche Risiken einzugehen (vgl. Covington & Omelich, 1992; Silbereisen, 1990).

Durch eine Reihe von Techniken wie Gruppendiskussionen, Informationsdarbietungen und Rollenspiel sollen schwierige Situationen erkannt und verarbeitet werden, wobei der Erwerb sozial erwünschter Konfliktlösestrategien durch gezielte Bekräftigungen unterstützt wird. Dabei soll das Selbstwertgefühl verbessert, die Entscheidungsfähigkeit ausgeprägt und die Kompetenzen entwickelt werden, soziale Angst zu überwinden, soziale Kontakte zu regulieren und auf effektive Weise kommunizieren zu können. Der Verzicht auf das Rauchen ergibt sich bei diesem Ansatz dann als eine erwünschte Nebenwirkung der allgemeinen Persönlichkeitsförderung.

Die meisten Studien zu diesem Ansatz sind bei weißen Mittelschichtpopulationen durchgeführt worden, aber inzwischen liegt auch eine Arbeit vor, die eine Verallgemeinerung auf andere Gruppen nahelegt. Botvin, Dusenbury, Baker, James-Ortiz und Kerner (1989) haben ihr Präventionsprogramm, das sich über 15 Termine verteilt, bei 345 Schülern der 7. Klassen in 8 städtischen Schulen erprobt, wobei es sich überwiegend um Mexiko-Amerikaner handelte. Das Programm wurde im Vergleich zum regulären Gesundheitsunterricht evaluiert und erwies sich dabei in mehreren Punkten als überlegen.

In Deutschland wurden vergleichbare Programme nach dem Life-Skills-Ansatz durchgeführt. In einer Studie von Hanewinkel, Petermann, Burow, Dunkel und Ferstl (1994) wurden 38 Schüler aus fünften und sechsten Klassen von Lehrern primärpräventiv beeinflußt, indem ihnen (a) allgemeine Lebensbewältigungsfertigkeiten und (b) das kompetente Ablehnen von Zigaretten auf verhaltensorientierte Weise vermittelt wurden. Verglichen mit 83 Schülern der Kontrollgruppe zeigten die behandelten Schüler mehr Kompetenzen, was in sprachlichen und körperlichen Verhaltensweisen zum Ausdruck kam.

Bewertung und weiterführende Überlegungen

Beide Präventionsmodelle haben sich als wirksam erwiesen, wenn auch die Evaluationsstudien viele Fragen offenlassen (Flay, 1985). Es gelingt offenbar, einen hohen Anteil der Jugendlichen davon abzubringen, mit dem Rauchen zu beginnen. Kritisch läßt sich dazu anmerken, daß dies vielleicht gerade diejenigen sind, die ohnehin nur kurze Zeit mit Zigaretten experimentiert und dann von allein wieder aufgehört hätten (Ershler, Leventhal, Fleming & Glynn, 1989). Es wurde auch der Verdacht geäußert, daß die geringeren Inzidenzraten in den ersten ein bis vier Jahren nach solchen Programmen lediglich eine Verschiebung zum Ausdruck bringen, also nur eine zeitliche Verzögerung des Einsetzens des Rauchens um ein paar Jahre, nicht aber eine zuverlässig dauerhafte Lebensstilentscheidung bewirken (vgl. Murray, Davis-Hearn, Goldman, Pirie & Luepker, 1988; Taylor, 1994). Die genannten Ansätze könnte man aber als die „modernen Klassiker" bezeichnen; sie setzen die Maßstäbe für alle kommenden Projekte, die sich an ihrem theoretischen Niveau sowie an ihrem empirischen Erfolg messen lassen müssen. Weitere Großprojekte sind den Leitgedanken insbesondere von Evans gefolgt und haben ebenfalls gute Ergebnisse hervorgebracht, z. B. das Harvard-Stanford-Projekt (McAlister, Perry & Maccoby, 1979), das Minnesota-Projekt (Murray, Richards, Luepker & Johnson, 1987), das Waterloo-Projekt (Best et al., 1984; Flay et al., 1985) und das SMART-Projekt (Hansen, Johnson, Flay, Graham & Soebel, 1988). Glynn und Cullen (1989) vertreten die Auffassung, daß alle bekannten Interventionsansätze von hoher Qualität sind und daher viel intensiver und auf breiterer Basis zum Einsatz kommen sollten, solange man sich gleichzeitig bemüht, diese Maßnahmen auch sorgfältig zu evaluieren.

Doch es gibt auch Zweifel daran, daß diese Methoden „der Weisheit letzten Schluß" darstellen. Leventhal et al. (1989) charakterisieren den ersten der beiden oben beschriebenen Ansätze als „reaktionsorientiert", weil hier die Schüler vor allem mit geeigneten Handlungsanweisungen ausgestattet werden, und den zweiten als „lebenstechnikorientiert", weil er auf die allgemeine Entwicklungsförderung zielt. Sie bewerten diese Methoden als „prozedural", indem Vorgehensweisen betont werden, und sie kritisieren, daß bis heute ein überzeugender Weg fehlt, um den Schülern eine gute Vorstellung davon zu vermitteln, zu welchem Zweck sie sich so verhalten sollen. Es mangele an subjektiv bedeutsamen Repräsentationen von Risiken des Rauchens in altersgemäßer Weise. Es bleibe daher im dunkeln, was in den Köpfen der Schüler vorgehe und worauf die gemessenen Erfolge tatsächlich psychologisch zurückzuführen sind.

Neben einer genauen Analyse der Wirkungskomponenten solcher Präventionsprogramme fehlt es an einer zeitgemäßen Theorie, in der die Kognitionen der Jugendlichen eine vornehmliche Rolle spielen müßten, insbesondere auch ihre Einschätzung eigener Verwundbarkeit. Als Beispiel nennen Leventhal et al. folgende Fehleinschätzung. Wenn Schüler für einige Zeit rauchen und dabei erfreut feststellen, daß allmählich der Reizhusten verschwindet und die Zigaretten nicht mehr so unangenehm schmecken, gelangen sie zu der irrigen Annahme, sie würden zunehmend unverwundbar gegenüber den toxischen Wirkungen des Tabakkonsums; statt dessen benötigen sie die kognitive Repräsentation, daß der Rauch bereits das Warnsystem ihres Körpers zerstört hat und sie deswegen nicht mehr registrieren, welchen Schaden sie sich zufügen.

Die genannten Ansätze weisen einen „Breitbandcharakter" auf, d. h. sie wurden bei Tausenden von Schülern eingesetzt in der Annahme, alle würden davon irgendwie profitieren. Der zeitliche Aufwand dafür lag teils bei 20 Schulstunden, was eine kostspielige Curriculumentwicklung impliziert. Gelänge es dagegen herauszufinden, welche Programmelemente bei welchen Schülern unter welchen Bedingungen zum besten Erfolg führen, dann ließe sich ökonomischer, wirksamer und gezielter intervenieren. Hirschman und Leventhal (1989) haben ein Präventionsprojekt im Umfang von nur drei Stunden durchgeführt, und zwar bei Schülern, die bereits die Stufe von regulären Rauchern erreicht hatten. Im Vergleich zu einer Kontrollgruppe erzielte diese Kurzzeitintervention einen nachhaltigen Effekt, der sogar noch nach 18 Monaten nachweisbar war.

Die Forderung für die Zukunft liegt also darin, differentielle und psychologisch elaborierte Kurzinterventionen zu entwickeln, die nicht nach Schrotschußmanier, sondern spezifisch für bestimmte Risikopopulationen und Risikosituationen zum Einsatz gelangen. Es ist auch die Frage, inwieweit bestimmte Interventionen geeignet erscheinen, die bereits etablierten Kognitionen und Intentionen außer Kraft zu setzen; dies hängt natürlich mit der Qualität und Dauer der Behandlung sowie mit der Wahl eines entwicklungsgemäßen Zeitpunkts zusammen. Norman und Tedeschi (1989) haben einen einmaligen Lichtbildervortrag über Gesundheitsschäden und soziales Image des Rauchens bei 420 Schülern der Klassen 5 bis 8 eingesetzt und anschließend geprüft, welche Variablen die Intention zu rauchen am besten vorhersagen. Die Kurzintervention erwies sich als weniger geeignet, dies zu tun, im Vergleich zu den Merkmalen der Theory of Reasoned Action (vgl. Fishbein, 1982), die sich als bedeutsamer herausstellten.

Zunehmend mehr Studien bemühen sich, den optimalen Zeitpunkt für eine Intervention zu ermitteln, indem sie das Stufenmodell von Prochaska (1994) oder jenes von Weinstein und Sandman (1992) zugrundelegen.

Danach muß erst ein gewissser Entwicklungsstand des Motivationsprozesses gegeben sein (Precontemplation → Contemplation → Preparation-Action → Maintenance), um wirksam eingreifen zu können (Lichtenstein, Lando & Nothwehr, 1994; Prochaska, 1994). Noch anspruchsvoller ließen sich Studien gestalten, die über den Prozeßaspekt hinaus komplexere Kausalmodelle zugrundelegen, wie sie weiter oben in diesem Band dargestellt worden sind.

Schlußbemerkung: Rauchen und öffentliche Gesundheitsfürsorge

Die Gesundheitspsychologie hat große Erfolge darin erzielt, Motive für Rauchen und Entwöhnung zu erforschen, klinische Verhaltensänderungsprogramme zu evaluieren und Rückfallprozesse zu analysieren. Seit langer Zeit schon wissen wir genug, um wirksame individuelle Handlungsanweisungen sowie Empfehlungen zur Eindämmung des Rauchens im Dienste der öffentlichen Gesundheit auszusprechen. Aufklärung und Verhaltensmodifikation können in absehbarer Zeit nur relativ wenig zur Volksgesundheit beitragen, gemessen an dem, was sozialtechnologische bzw. gesetzliche Maßnahmen leisten können (zur Public Health vgl. Badura, 1990a, 1990b). In manchen Kulturen ist der Bewußtseinsstand inzwischen auf einer Ebene angelangt, wo sich das Rauchen durch derartige Maßnahmen einschränken läßt, ohne daß noch länger mit einem Sturm der Entrüstung seitens der Raucherminderheit gerechnet werden müßte. So gibt es z. B. auf Flügen innerhalb der USA keine Raucherplätze mehr, und viele örtliche Gesetze veranlassen Restaurants dazu, mindestens zwei Drittel ihrer Tische für Nichtraucher zu reservieren. Ausbildungsstätten, Betriebe und militärische Einrichtungen verfolgen demonstrativ das Ziel, die Zahl der Raucher durch Entzug von Gelegenheiten einzuschränken. Früher war dies schwieriger, unter anderem deswegen, weil der Anspruch auf Selbstverwirklichung der Raucher als beschnitten gesehen wurde und es an zugkräftigen Argumenten fehlte, ihnen die persönliche Freiheit zu nehmen, überall und beliebig oft rauchen zu können. Doch das Bild hat sich geändert durch die zunehmende Erkenntnis, daß das Rauchen nicht nur ein hinzunehmendes Ärgernis für die Mitmenschen darstellt, sondern darüber hinaus zu nachweisbaren Gesundheitsschäden bei ihnen führen kann.

Das ungewollte Einatmen der durch Rauchen belasteten Luft wird auch als *„Passives Rauchen“* bezeichnet und hat in letzter Zeit verstärkte Aufmerksamkeit seitens der Gesundheitswissenschaften und der Öffentlichkeit erhalten. Obwohl die Forschung auf diesem Gebiet noch viele Fragen offen läßt, gibt es keinen Zweifel mehr daran, daß dieses „Mitrauchen“ gesundheitsschädliche Konsequenzen mit sich bringt, nachdem seit ungefähr zehn Jahren empirische Befunde dazu vorliegen. In welchem Maße diese Schädigung auftritt und welche Dosierung über welchen Zeitraum dem zugrundeliegen muß, ist

Gegenstand von Kontroversen (vgl. Shepard, 1989). Vor allem die Augen und Atemwege werden unmittelbar bei kurzzeitiger Exposition betroffen, abgesehen von der psychischen Beeinträchtigung, die sich z. B. daraus ergibt, daß jemand einem den Rauch ins Gesicht bläst. Daneben kommt es zu Leistungsminderungen, z. B. wenn man dem Rauch am Arbeitsplatz ausgesetzt ist. Bei längerer Exposition steigt das Risiko von Infektionen der Atemwege sowie von Lungenkrebs. Dies wurde z. B. in Studien gezeigt, in denen Ehegatten von Lebenszeitrauchern untersucht wurden. Die Krebsinzidenzrate dieser chronischen Passivraucher lag in mehreren Studien signifikant höher als in der normalen Population, teils um das zwei- bis dreifache. Eine besondere Form des Passivrauchens geschieht dadurch, daß das Ungeborene im Mutterleib von den Schadstoffen in Mitleidenschaft gezogen wird, was ein geringeres Geburtsgewicht sowie Entwicklungsverzögerungen, in manchen Fällen sogar den perinatalen Tod zur Folge hat. Nur wenige der regelmäßig rauchenden Frauen geben ihr Verhalten während der Schwangerschaft ganz auf, teils aufgrund mangelnder Beratung. Es gibt immer noch eine Minderheit von Ärzten, die entweder selbst nicht über die Folgen des Passivrauchens im Mutterleib informiert sind oder es versäumen, die werdenden Mütter eindringlich darüber aufzuklären (alle Angaben in diesem Abschnitt nach Shepard, 1989).

Die gesundheitspsychologische Forschung sollte sich zunehmend mit den Einstellungsveränderungen im Zusammenhang mit Passivrauchen befassen, um dem öffentlichen Gesundheitswesen die nötigen Daten auch für legislative Maßnahmen zu liefern. Sogar viele Raucher sprechen sich dafür aus, mehr rauchfreie Luft atmen zu können; dies gilt insbesondere für diejenigen, die sich mit dem Gedanken tragen, aufhören zu wollen, und als Voraussetzung dafür eine ständige Risikosituation (z. B. am Arbeitsplatz) aus der Welt schaffen möchten. Die Einstellungen beider Gruppen, Raucher und Nichtraucher, bedeuten eine wichtige Einflußgröße für das Vermeiden oder Aushandeln von sozialen Konflikten und für die gesundheitliche Sozialisation der nachfolgenden Generation.

Wie läßt sich die *Zukunft des Rauchens* vor dem Hintergrund der in diesem Kapitel gegebenen Informationen einschätzen? Heute findet sich das Stereotyp des amerikanischen Rauchers entweder in der dünnen, jungen Mittelschichtfrau oder im Arbeiter (vgl. Fiore et al., 1989; Grunberg et al., 1991). In den USA geht der Trend dahin, daß voraussichtlich im Jahr 2000 nur noch 22 % der Erwachsenen Raucher sein werden, und zwar 20 % der Männer und 23 % der Frauen (Pierce, Giovino et al., 1989). Nicht der Geschlechtsunterschied in diesem Verhalten wird dann noch Gegenstand der Debatte sein, sondern der Sozialschichtunterschied. Sowohl die geringere Aufnahme des

Rauchens als auch die höheren Entwöhnungsraten bei Personen mit überdurchschnittlicher Schulbildung geben den Ausschlag für die Kluft zwischen den relativ wenigen verbleibenden Mittelschichtrauchern und den relativ vielen verbleibenden Unterschichtrauchern. Damit verschiebt sich auch die Forschung auf die Analyse der besonderen Bedingungen dieser Risikopopulation. Das ursprünglich attraktive soziale Image des Rauchens wird dem Gegenteil weichen. Rauchen kann in Zukunft als ein spezifisches Problemverhalten der Unterschicht angesehen und mit dem Konsum anderer Drogen gleichgestellt werden (Coambs et al., 1989). Das soziale Image des Rauchens bleibt dann für eine Minderheit attraktiv, indem Rauchen zu einem Symbol der Zugehörigkeit zu „den Benachteiligten“ werden könnte. Damit kommen andere psychologische Konstrukte ins Spiel wie z. B. das „Self-handicapping“, die bisher in diesem Zusammenhang kaum erforscht wurden.

Abschließende Überlegungen zur Gesundheitspsychologie und Gesundheitsförderung

In mehreren Kapiteln dieses Buches wurden spezielle Gesundheitsverhaltensweisen erörtert. Dies ließe sich fortsetzen, indem der Stand unseres Wissens z.B. über Zahnhygiene, Alkohol- und Drogenkonsum, Unfallverhütung, Brustselbstuntersuchung oder Bluthochdruck-Kontrolle referiert werden könnte. Es war jedoch nicht beabsichtigt, einen vollständigen Überblick über alle diese Verhaltensweisen zu liefern. Vielmehr dienten die Ausführungen als Beispiele für einige aktuelle Forschungsgegenstände der Gesundheitspsychologie, in denen sich neue Perspektiven wiederfinden. Darin drückt sich der Bedarf nach einer umfassenden Gesundheitsverhaltenstheorie aus. Im ersten Drittel dieses Buches wurden entsprechende Überlegungen zur Diskussion gestellt.

In diesem abschließenden Kapitel sollen einige Fragen aufgeworfen werden, die in der gesundheitspsychologischen Debatte noch ungeklärt sind.

Sollen wir nach immer mehr Risikofaktoren suchen?

Medizin und Gesundheitspsychologie sind ständig bemüht, gesundheitliche Risikofaktoren zu identifizieren. Die Gesundheitsförderung zielt dann darauf, das Verhalten so zu beeinflussen, daß diese Risikofaktoren ausgeschaltet oder minimiert werden. In den zivilisierten Ländern werden die Menschen zunehmend mit Informationen bombardiert, wie sie gesünder leben könnten und welche Anstrengungen von ihnen erwartet werden, um der sozialen Norm einer verantwortlichen und gesunden Lebensführung zu entsprechen. Dies gilt für die USA stärker als für Deutschland. In manchen gesellschaftlichen Kreisen gilt es als verwerflich, zu rauchen, zu trinken, Fleisch zu essen oder Übergewicht zu haben. Durch eine ständige Informationsflut wird die gesunde Lebensweise zu einem zentralen Thema, dem man kaum entrinnen kann. Zeit und Geld müssen investiert werden, um auf dem laufenden zu bleiben und um die richtigen Entscheidungen z. B. beim Einkaufen oder bei der Freizeitgestaltung zu treffen. Prävention entwickelt sich zu einem Lebensprinzip, das Ressourcen verschlingt.

Wären die Botschaften unwidersprüchlich, ließe sich das noch ertragen. Aber leider ist dies nicht der Fall. Der wissenschaftliche Streit um Butter und Margarine, um Cholesterin, um die noch tolerierbare Menge von Alkohol, um die optimale Dosierung von körperlicher Aktivität usw. hält an und wird von den Medien oft auf unverantwortliche Weise popularisiert. Wenn jemand in der Zeitung liest, daß Kaffee die Herzinfarkt-Gefahr erhöht, kann er an demselben Tag aus dem Fernsehen erfahren, daß ein Forscher gerade das Gegenteil herausgefunden hat. Je relevanter das Thema Gesundheit in einer Gesellschaft ist, desto stärker wird das Interesse an einer Vermarktung von Forschungsbefunden und originellen, also abweichenden, Expertenmeinungen. Wie reagiert der Verbraucher, der mit guten Vorsätzen darangeht, ein gesundes Leben zu führen? Er ist enttäuscht, verwirrt und zunehmend skeptisch und schlägt vielleicht bald seriöse Warnungen in den Wind, weil er sie nicht von den unseriösen unterscheiden kann.

Die Versuche, Menschen nachdenklich zu machen und sie für alle möglichen Risikofaktoren zu interessieren, werden nicht nur durch die Menge und Widersprüchlichkeit der Botschaften sabotiert, sondern auch durch die Aufnahme- und Verarbeitungskapazität des Individuums begrenzt. Man kann sich nicht gleichzeitig um alles kümmern, sondern man setzt Prioritäten, um den gerade dringendsten Anforderungen gerechtwerden zu können. Die Bereitschaft, mehr für die Gesundheit zu tun, weicht der Notwendigkeit, Geld zu beschaffen, das Auto zu reparieren, eine Reise zu buchen, dem Kind bei den Schulaufgaben zu helfen, eine Krankheit auszukurieren usw. Alltagsstreß läßt nicht viel Zeit, Vorsorgemaßnahmen zu planen und auszuführen.

Unter dem Gesichtspunkt der Verhaltensökonomie (vgl. Hobfoll, 1988; Schönpflug, 1990) ist Prävention ein Luxus, den man sich erst dann leistet, wenn man sich den Rücken freihalten kann von anderen Dingen. Prioritätensetzung ist allerdings nicht nur eine Frage der Kapazität, sondern auch eine Frage der Motivation. Menschen gehen vorübergehend eine Zielbindung ein („commitment") und lassen sie dann wieder fallen, wenn andere Dinge des Lebens attraktiver erscheinen. Das augenblickliche Interesse („current concerns") mag darauf gerichtet sein, das Rauchen aufzugeben, aber im nächsten Motivationszyklus kann es einem anderen Thema zum Opfer fallen, z. B. der Absicht, den Heimcomputer aufzurüsten (vgl. Klinger, 1977). Je stärker man in einem anderen Lebensbereich engagiert ist, desto eher „vergißt" man seine guten Vorsätze, die auf Gesundheit gerichtet sind. Was folgt daraus für die Gesundheitsförderung, die immer mehr Risikoverhaltensweisen modifizieren will? Es ist offenbar unrealistisch, den rundum gesundheitsbewußten Menschen erziehen zu wollen, der auf jede wissenschaftliche Erkenntnis mit den gewünschten Verhaltenskonsequenzen reagiert. Die Überschwemmung mit Anforderungen an die optimale Lebensweise, insbesondere zum falschen Zeitpunkt, kann zu Hoffnungslosigkeit oder Disengagement führen, wobei man seine Passivität durch Hinweis auf die Inkonsistenz der Forschungslage rechtfertigen kann. Außerdem empfindet der Mensch ein Bedürfnis nach persönlicher Freiheit und möchte selbst entscheiden, welche Vorsorgemaßnahmen er wählt. Das führt dann zu einer Auswahl von Gesundheitsverhaltensweisen, die mit den anderen Prioritäten vereinbar erscheinen. Jemand gestattet sich z. B. den Alkoholkonsum unter Verweis auf seine sportliche Aktivität, oder jemand raucht weiterhin unter dem Verweis auf das erreichte Idealgewicht. Je mehr Risikofaktoren bekannt sind, desto mehr „Alibi-Gesundheitsverhaltensweisen" bieten sich an, die der Selbstdarstellung dienen und dem Individuum im sozialen Vergleich die Einschätzung erlauben, andere lebten viel ungesünder. Lohnt sich demnach überhaupt der enorme Aufwand, der mit der Gesundheitsförderung verbunden ist? Die Frage soll hier mit einem anderen Akzent verbunden werden:

Soll jeder alle Gesundheitsverhaltensweisen ausführen?

Wenn die Informationsflut und die Breitspektrumkampagnen nicht auf fruchtbaren Boden fallen und sogar unerwünschte Nebenwirkungen zeigen, welches sind dann die Alternativen? Offenbar sind nicht alle Gesundheitsverhaltensweisen von gleicher Bedeutung für alle Menschen. Der Verzehr von Salz z. B. ist oft als ein generelles Risikoverhalten angeklagt worden, doch gibt es keine überzeugenden Forschungsbefunde dafür, daß Salz bei anderen Menschen als Hypertonikern schädlich ist. Die Brustselbstuntersuchung als eine Globalmaßnahme für alle Frauen z. B. ist umstritten, weil sie oft zu unnötiger Besorgnis Anlaß gibt. Es scheint zu genügen, diese Maßnahme nur solchen Frauen zu empfehlen, die sich einer Krebsrisikogruppe zuordnen lassen.

Es ist nicht nur für die Gesellschaft ökonomischer, Präventionsprogramme an Risikopopulationen zu adressieren als an die Gesamtheit, sondern es ist auch ein Gebot der individuellen Verhaltensökonomie, die eigenen Änderungsbemühungen auf die besonders kritischen Problemverhaltensweisen zu konzentrieren. Damit läßt sich die Gesundheitsförderung personalisieren. Es wird persönliche Betroffenheit erzeugt, wenn eine Vorsorgemaßnahme einem selbst verschrieben wird, nicht aber dem Nachbarn, der einer anderen Risikogruppe angehört. Es wird hier also nach einem Prinzip der Passung gefragt. Um dies zu erleichtern, ist weitere Forschung zur Bestimmung des individuellen Risikostatus erforderlich. Einschränkend bleibt anzumerken, daß die Identifizierung von Risikopopulationen nicht ohne psychosoziale Probleme vonstatten geht. Menschen können in Angst und Schrecken versetzt werden, wenn sie erfahren, daß sie besonders krebsgefährdet sind. Dies ist der Preis für die Prävention. Ohne Besorgnis läßt sich kaum die nötige Motivation für Vorsorgemaßnahmen erzeugen.

Risikogruppenspezifische Prävention muß verbessert werden, aber der entgegengesetzte Ansatz, die gemeindeorientierte Prävention, ist keineswegs überholt. Obwohl es sich bei letzterer um eine Art „Schrotschußverfahren" handelt, bei dem alle Gemeindemitglieder unabhängig von ihrem Risikostatus in Vorsorgemaßnahmen involviert werden, kann diese Strategie ökonomisch und effektiv sein. Ihr Vorteil liegt in der Nutzung von Medien wie Zeitungen, Rundfunk, Supermärkten und in der „sozialen Ansteckung", der Übertragung von Wissen und Normen in einem sozialen Gebilde wie z. B. einer Stadt oder einem Landkreis.

Die gesundheitspsychologische Forschung schließt auch die Evaluation von Mehrebenen-Präventionsstrategien ein, die Wirkungsprüfung von individuellen, risikogruppenspezifischen und gemeindeorientierten Maßnahmen.

Sollen wir das Verhalten ändern oder die Persönlichkeit?

Gesundheitsverhalten ist der sichtbare Ausdruck von Einstellungen oder Kognitionen. Es ist das offenkundige Ergebnis von Modifikationsprozessen, die nicht ohne kognitive Veränderungen ablaufen, wozu die Wahrnehmung von Risiken, die Erwartung von positiven Konsequenzen und eigener Handlungskompetenz sowie die Bildung von Intentionen gehören. Dies kann in hohem Maße spezifisch für ein besonderes Problemverhalten wie z. B. Rauchen geschehen. Es kann aber auch generalisiert und auf eine Mehrzahl von präventiven Handlungen gerichtet sein. Wenn die wachsende Vielzahl der gesundheitlichen Risiken unüberschaubar wird, wäre es da nicht angezeigt, die Präventionsprogramme von den Einzelrisiken abzuheben und statt dessen die „präventionsorientierte Persönlichkeit" zu sozialisieren? Dieser Gedanke gewinnt Bedeutung vor dem Hintergrund der Gesamtheit der Lebensrisiken, zu denen auch Unfallgefahren, Kriminalität und Umweltbedrohungen gehören. Die Blickbeschränkung auf Gesundheit und Krankheit läßt vergessen, daß dieselben psychologischen Prinzipien ebenso für eine Reihe ganz anderer Risiken gelten. Weinstein (1987a, 1987b) spricht in diesem Zusammenhang von „multihazard prevention" und vertritt die Auffassung, daß Menschen generell zu wenig daran interessiert sind, sich vor allen möglichen Gefahren zu schützen, selbst dann, wenn sie schon einmal Opfer von Unfällen, Naturkatastrophen oder Gewalt geworden sind. Gegen die Annahme, daß die Persönlichkeit das Risikoverhalten bestimmt, spricht die niedrige Korrelation zwischen den einzelnen Verhaltensweisen. Wer raucht, kann sich trotzdem gesund ernähren und Sport treiben. Wer sich gegen Feuer und Diebstahl versichert, kann trotzdem auf das Anlegen von Sicherheitsgurten verzichten.

Die Tatsache der geringen Interkorrelation von präventiven Gewohnheiten hindert uns jedoch nicht daran, dies zu ändern und überdauernde Kognitionen zu erzeugen, die eine Generalisierung selbstschützender Handlungen bewirken. Dabei käme es darauf an, solche Selbstschemata zu fördern, die mit allseitig protektiven Handlungen kongruent sind (vgl. Schwarzer & Wicklund, 1991). Die Menschen müßten sich einerseits als „vorsichtig", „vernünftig", „vorausschauend" und „moderat" wahrnehmen, andererseits als „kompetent" und fähig, ihr Leben aktiv unter Kontrolle zu bewahren (vgl. Schwarzer, 1992a). Die allgemeine Risikotoleranzschwelle müßte sinken, ohne daß die Betroffenen überängstlich werden. Auf der anderen Seite ist ein ereignisreiches und erfülltes Leben typischerweise eines mit vielen Risiken. Es kommt offenbar darauf an, die nötigen von den unnötigen Risiken zu unterscheiden und sich auf wohldosierte Weise den Lebensgefahren auszusetzen.

Soll die Gesellschaft ihren Mitgliedern die Verantwortung für die Prävention abnehmen?

Wenn man bedenkt, wieviel Zeit, Geld und Mühe darauf verwendet worden sind, das Gesundheitsverhalten der Bevölkerung zu fördern, und wie bescheiden dagegen die Ergebnisse bisher ausgefallen sind, kann man leicht verzagen und die Versuche der freiwilligen individuellen Verhaltensänderung infrage stellen. Anstatt die Raucher psychologisch zum Nichtrauchen zu motivieren, ließe sich einfach per Gesetz das Rauchen z. B. in öffentlichen Verkehrsmitteln, in Restaurants oder in Universitäten unterbinden. Anstatt die Verbraucher auf aufwendige Weise zu weniger Fett- und Cholesterinkonsum zu motivieren, ließen sich Beschränkungen bei den zum Verkauf zugelassenen Produkten vornehmen. Die Gesellschaft übernähme dann mehr Verantwortung für das Gesundheitsverhalten ihrer Mitglieder zu deren Wohl. Dies ist weniger Gegenstand der Gesundheitspsychologie als mehr der Public Health (vgl. Badura, 1990; Ewart, 1991).

Die *Public Health* („Gesundheitswissenschaft") ist eine wissenschaftliche Disziplin, die in Deutschland noch unterentwickelt ist. Sie befaßt sich mit der Verhütung und Eindämmung von Krankheiten auf kollektiver Ebene und erarbeitet aufgrund ihrer Forschungsbefunde Empfehlungen für gesundheitspolitische und sozialtechnologische Maßnahmen. Zu dieser Disziplin tragen vor allem Mediziner, Epidemiologen, Soziologen, Psychologen und Pädagogen bei. Die Überwindung der großen Infektionskrankheiten (wie z. B. Tuberkulose oder Keuchhusten) in diesem Jahrhundert ist vor allem den öffentlichen Gesundheitsmaßnahmen zu verdanken. Dazu gehören Lebensmittel- und Trinkwasserhygiene, Gesundheitsaufklärung, Impfaktionen, sanitäre Anlagen usw. Die heute vorherrschenden Zivilisationskrankheiten sind jedoch weniger durch Bakterien oder Viren verursacht als vielmehr durch einen ungesunden Lebensstil, der durch Rauchen, Alkohol- und Medikamentenkonsum, unausgewogene Ernährung, Bewegungsmangel und fehlangepaßte Streßbewältigung charakterisiert ist. Damit liegen die primären Aufgaben der Public Health in der sozialtechnologischen Beeinflussung von Risikoverhaltensweisen. Zu diesem Typ von Maßnahmen gehören die Zugabe von Fluor zum Trinkwasser (zur Kariesprophylaxe), die Einführung cholesterinarmer Massenverpflegung (z. B. in Kantinen oder Mensen), die Vorschreibung von Sicherheitsgurten und Helmen, die Abschaffung von Zigarettenautomaten in der Öffentlichkeit oder das Aufstellen von Kondomautomaten in Diskotheken. Der entscheidende Unterschied zwischen Public Health und Gesundheitspsychologie liegt also in der Zielebene: Public Health zielt auf externe Verhaltensregulation einer Population, Gesundheitspsychologie zielt auf interne Verhaltensregulation (Motivation) von Individuen oder spezifischen Risikopopulationen. Gesundheitspsychologie wirkt an der Public Health mit oder geht ihr voraus (Winett, King & Altman, 1989). Wenn z. B. psychologische Versuche gescheitert sind, die Bevölkerung zum Anlegen von Sicherheitsgurten zu motivieren, dann erscheint die obligatorische Einführung dieses Gesundheitsverhaltens geboten.

Sozialtechnologische Maßnahmen sollten vor allem dann zum Zuge kommen, wenn die pädagogischen und psychologischen Mittel ausgereizt sind. Folgt man dem Menschenbild eines selbstverantwortlichen und autonomen Subjekts, dann muß man zunächst ein Maximum an persönlicher Freiheit zugestehen, auch wenn diese sich selbstschädigend auswirken kann. Das Ziel der Gesundheitsförderung liegt dabei in der Entwicklung von Kompetenzen, die richtigen Entscheidungen zu treffen und Verhaltensänderungen selbstregulativ vorzunehmen. Die Ermächtigung („empowerment") zu einer gesunden Lebensführung hat Vorrang vor kollektiven Verhaltensrestriktionen.

Dies schließt ein: die Fähigkeit, Ansprüche zu realisieren, die Möglichkeit, Bedürfnisse zu befriedigen, und die Fähigkeit, kritische Umweltanforderungen erfolgreich zu bewältigen. Gesundheitsförderung soll Menschen in die Lage versetzen, Kontrolle über ihre Gesundheit auszuüben, sie zu verbessern und das Gesundheitsbewußtsein zu stärken.

Die Beteiligung der Gesundheitspsychologie ist vor allem geboten, wenn die Gesundheitsförderung folgende Ziele zu erreichen sucht: a) Erzeugung von sozialer Kompetenz und Selbstwirksamkeitserwartung (self-efficacy), b) Unterstützung kognitiver Problemlösungsfähigkeiten, c) Erwerb von Techniken der Streßbewältigung und eigengesteuerten Verhaltensmodifikation und d) Aufbau und Erhaltung eines hilfreichen sozialen Netzwerkes.

Trends

Die neunziger Jahre haben einen Boom in der Gesundheitspsychologie erkennen lassen. Kein anderes Teilgebiet der Psychologie konnte ein derartiges Wachstum verzeichnen. Dies spiegelt sich unter anderem in der zunehmenden Zahl der Mitglieder in Fachorganisationen wie der *Health Psychology Division* in der *American Psychological Association* (APA), der *European Health Psychology Society* (EHPS) oder auch der *Fachgruppe Gesundheitspsychologie* in der Deutschen Gesellschaft für Psychologie, die 1992 gegründet wurde. Derselbe Trend zeigt sich weiterhin in der wachsenden Zahl von wissenschaftlichen Konferenzen und ihrer Teilnehmer sowie in der Neugründung von Fachzeitschriften wie etwa dem *British Journal of Health Psychology* (1996 ff.), *Journal of Health Psychology* (1996 ff.) oder *Journal of Occupational Health* (1996 ff.). Die schon früher etablierte *Psychology and Health* verdoppelt ab 1996 ihren Umfang. Allein das marktführende Organ *Health Psychology* hat inzwischen ungefähr 10.000 Leser. Diese Daten dokumentieren das wachsende öffentliche Interesse und den gestiegenen Bedarf an wissenschaftlichen Erkenntnissen in diesem Bereich. Damit einher geht in Deutschland eine breitere Public Health-Bewegung, was man auch als ein Nachholen der entsprechenden angloamerikanischen Entwicklung ansehen kann.

In der gesundheitspsychologischen Forschung lassen sich Trends erkennen, welche Themen und Methoden bevorzugt werden. Ein in den achtziger Jahren dominierendes Thema war das koronare Risikoverhalten und dabei insbesondere das Typ A-Verhalten. Daneben wurde der sozialen Unterstützung große Aufmerksamkeit gewidmet. In den neunziger Jahren verschob sich der Akzent zugunsten der psychosozialen HIV- und AIDS-Forschung, was mit der Ausbreitung der Epidemie und der Verfügung über reiche Forschungsressourcen zu tun hat. Es ist damit zu rechnen, daß in den nächsten Jahren viele Forschungsergebnisse publiziert werden, die aus solchen Projekten stammen, die inzwischen ausgelaufen sind und deren Autoren sich nun anderen Schwerpunkten widmen. Die Erforschung der Bedingungen für Kondombenutzung ist ein Paradefall für herausfordernde Präventionsforschung aufgrund der damit verbundenen hohen Komplexität. Das fragliche Verhalten ist schwer direkt beobachtbar, und es ist auf multiple Weise determiniert. Die individuellen und sozialen Einflußgrößen ändern sich schnell in wechselnden Situationen, wobei die Situationsstärke alle guten Intentionen zunichte machen kann. Generell wendet sich die neuere Präventionsforschung mehr den Ressourcen zu, wobei zwischen den sozialen Ressourcen („social support") und den personalen Ressourcen zu unterscheiden ist. Zu letzteren gehört die Kompetenzerwartung („perceived self-efficacy"), die sich zur wichtigsten Einzelvariable in der Erforschung und Veränderung des Gesundheitsverhaltens erwiesen hat. Aber ebenso wichtig ist, daß man inzwischen die Bedeutung komplexer Prozeßmodelle für die Beschreibung, Erklärung und Vorhersage des Verhaltens erkannt hat. Nicht die Suche nach der einen Wundervariable („magic bullet"), die alles erklärt, wird die nächsten Jahre charakterisieren, sondern vielmehr die Spezifikation komplexer Kausalmodelle, in denen verschiedene Einflußgrößen zu verschiedenen Stadien im persönlichen Veränderungsprozeß unterschiedliche operative Wirkungen zeigen.

Literatur

Abbott, R. D., Yin, Y., Reed, D. M. & Yano, K. (1986). Risk of stroke in male cigarette smokers. *New England Journal of Medicine, 315*, 717-720.

Abele, A. & Brehm, W. (1990). Sportliche Aktivität als gesundheitsbezogenes Handeln. In R. Schwarzer (Hg.), *Gesundheitspsychologie* (S. 131-150). Göttingen: Hogrefe.

Abraham, C. & Sheeran, P. (1994). Modelling and modifying young heterosexuals´ HIV-preventive behaviour: A review of theories, findings and educational implications. *Patient Education and Counseling, 23* (3), 173-186.

Abraham, C., Sheeran, P., Spears, R. & Abrams, D. (1992). Health beliefs and promotion of HIV-preventive intentions among teenagers: A Scottish perspective. *Health Psychology, 11*, 363-370.

Abramson, L. Y., Seligman, M. E. P. & Teasdale, J. (1978). Learned helplessness in humans: Critique and reformulation. *Journal of Abnormal Psychology, 87*, 49-74.

Adelman, M. B., Parks, M. R. & Albrecht, T. L. (1987). Supporting friends in need. In T. L. Albrecht & M. B. Adelman (Eds.), *Communicating social support* (pp. 105-125). Newbury Park, CA: Sage.

Ader, R., Felten, D. L. & Cohen, N. (1991). *Psychoneuroimmunology.* San Diego, CA: Academic Press.

Agras, W. S., Kraemer, H. C., Berkowitz, R. I., Korner, A. F. & Hammer, L. D. (1987). Does a vigorous feeding style influence early development? *Journal of Pediatrics, 110*, 799-804.

Agras, W. S., Taylor, C. B., Feldman, D. E., Losch, M. et al (1990). Developing computer-assisted therapy for the treatment of obesity. *Behavior Therapy, 21*, 99-109.

AIDS-Zentrum (1994). *Aktuelle Trends: AIDS bei Heterosexuellen - USA 1993.* (Bd. 9). Berlin: Robert-Koch-Institut.

AIDS-Zentrum (1995a). *116. Bericht des AIDS-Zentrums im Robert-Koch-Institut über aktuelle epidemiologische Daten.* (Bd. 10). Berlin: Robert-Koch-Institut.

AIDS-Zentrum (1995b). *WHO-Report No. 43: AIDS Surveillance in Europe.* Berlin: Robert-Koch-Institut.

Ajzen, I. (1985). From intentions to actions: A theory of planned behavior. In J. Kuhl & J. Beckmann (Eds.), *Action control: From cognition to behavior* (pp. 11-39). Seattle: Hogrefe & Huber.

Ajzen, I. (1988). *Attitudes, personality, and behavior.* Milton Keynes, CA: Open University Press.

Ajzen, I. (1991). The theory of planned behavior. *Organizational Behavior and Human Decision Processes, 50*, 179-211.

Ajzen, I. & Fishbein, M. (1980). *Understanding attitudes and predicting social behavior.* Englewood Cliffs, NJ: Prentice-Hall.

Ajzen, I. & Madden, J. T. (1986). Prediction of goal-directed behavior: Attitudes, intentions, and perceived behavioral control. *Journal of Experimental Social Psychology, 22*, 453-474.

Ajzen, I. & Timko, C. (1986). Correspondence between health attitudes and behavior. *Basic and Applied Social Psychology, 7*, 259-276.

Albrecht, G. L., Walker, V. G. & Levy, J. A. (1982). Social distance from the stigmatized. A test of two theories. *Social Science of Medicine, 16*, 1319-1327.

Albrecht, T. L. & Adelman, M. B. (1987). Communicating social support: A theoretical perspective. In T. L. Albrecht, & M. B. Adelman (Eds.), *Communicating social support* (pp. 18-39). Newbury Park, CA: Sage.

Alfermann, D., Lampert, T., Stoll, O. & Wagner, S. P. (1993). Auswirkungen des Sporttreibens auf Selbstkonzept und Wohlbefinden. *Sportpsychologie*, *7*, 21-27.

Allmer, H. (1990). Gesundheitsverhalten als intentionales und volitives Geschehen. In R. Schwarzer (Hg.), *Gesundheitspsychologie* (S. 117-130). Göttingen: Hogrefe.

Amaro, H. (1995). Love, sex, and power: Considering women's realities in HIV prevention. *American Psychologist*, *50*, 437-447.

American Cancer Society (1982). *Cancer facts and figures.* New York: American Cancer Society.

American Cancer Society (1987). *Cancer facts and figures, 1987.* New York: American Cancer Society.

American Cancer Society (1989). Cancer Statistics, 1989. *Cancer*, *39*, 3-20.

American Lung Association (1991). *Freedom from smoking for you and your family.* (Brochure). Los Angeles, CA: ALA.

Amirkhan, J. H. (1990). A factor analytically derived measure of coping: The Coping Strategy Indicator. *Journal of Personality and Social Psychology*, *59*, 1066-1074.

Andersen, B. L. (1989). Health psychology's contribution to addressing the cancer problem: Update on accomplishments. *Health Psychology*, *8* (6), 683-703.

Antonovsky, A. (1987). *Unraveling the mystery of health.* San Francisco, CA: Jossey-Bass.

Antonovsky, A. (1990). Personality and health: Testing the sense of coherence model. In H. S. Friedman (Ed.), *Personality and disease* (pp. 155-177). New York: Wiley.

Antonucci, T. C. & Jackson, J. S. (1990). The role of reciprocity in social support. In B. R. Sarason, I. G. Sarason, & G. R. Pierce (Eds.), *Social support: An interactional view* (pp. 173-198). New York: Wiley.

Armor, D. J., Polich, J. M. & Stambul, H. B. (1978). *Alcoholism and treatment.* New York: Wiley.

Ashton, H. & Golding, J. F. (1989). Smoking: motivation and models. In T. Ney & A. Gale (Eds.), *Smoking and human behavior* (pp. 21-56). Chichester: Wiley.

Aspinwall, L. G., Kemeny, M. E., Taylor, S. E., Schneider, S. G. & Dudley, J. P. (1991). Psychosocial predictors of gay men's AIDS risk-reduction behavior. *Health Psychology*, *10*, 432-444.

Audrain, J. E., Klesges, R. C. & Klesges, L. M. (1995). Relationship between obesity status and the metabolic effects of smoking in women. *Health Psychology*, *14* (2), 116-123.

Auhagen, A. E. (1991). *Freundschaft im Alltag. Eine Untersuchung mit dem Dopppeltagebuch.* Bern: Huber.

Auhagen, A. E. & Schwarzer, R. (1994). Das unsichtbare Netz: Neue Freundschaften. In R. Schwarzer & M. Jerusalem (Hg.), *Gesellschaftlicher Umbruch als kritisches Lebensereignis: Psychosoziale Krisenbewältigung von Übersiedlern und Ostdeutschen* (S. 105-121). Weinheim/München: Juventa.

Aymanns, P. (1992). *Krebserkrankung und Familie. Zur Rolle familialer Unterstützung im Prozeß der Krankheitsbewältigung.* Bern: Huber.

Aymanns, P., Filipp, S.-H. & Klauer, T. (1995). Family support and coping with cancer. Some determinants and adaptive correlates. *British Journal of Social Psychology*, *34*, 107-124.

Badura, B. (1990). Gesundheitswissenschaften und öffentliche Gesundheitsförderung (Public Health). In R. Schwarzer (Hg.), *Gesundheitspsychologie* (S. 51-61). Göttingen: Hogrefe.

Baer, J. S. & Lichtenstein, E. (1988). Classification and prediction of smoking relapse episodes: An exploration of individual differences. *Journal of Consulting and Clinical Psychology*, *56*, 104-110.

Bättig, K. & Nil, R. (1987). Rauchen und Stress. In J. C. Brengelmann (Hg.), *Determinanten des Rauchverhaltens* (S. 114-132). Frankfurt: Lang.

Bagozzi, R. P. & Warshaw, P. R. (1990). Trying to consume. *Journal of Consumer Research, 17*, 127-140.

Bahnson, C. B. (1981). Stress and cancer: The state of the art. *Psychosomatics, 22*, 207-220.

Baker, L. J., Dearborn, M., Hastings, J. E. & Hamberger, K. (1984). Type A behavior in women: A review. *Health Psychology, 3*, 477-497.

Baltrusch, H., Stangel, W. & Waltz, M. (1988). Cancer from the behavioral perspective: The Type C pattern. *Activitas Nervosa Superior, 30*, 18-20.

Bandura, A. (1977). Self-efficacy: Toward a unifying theory of behavioral change. *Psychological Review, 84*, 191-215.

Bandura, A. (1986). *Social foundations of thought and action: A social cognitive theory.* Englewood Cliffs, NJ: Prentice-Hall.

Bandura, A. (1988). Self efficacy conception of anxiety. *Anxiety Research. An International Journal, 1*, 77-98.

Bandura, A. (1990). Perceived self-efficacy in the exercise of control over AIDS infection. *Medienpsychologie, 2*, 23-43.

Bandura, A. (1991). Self-efficacy conception of anxiety. In R. Schwarzer & R. A. Wicklund (Eds.), *Anxiety and self-focused attention* (pp. 89-110). New York: Harwood.

Bandura, A. (1992a). Exercise of personal agency through the self-efficacy mechanism. In R. Schwarzer (Ed.), *Self-efficacy: Thought control of action* (pp. 3-38). Washington, DC: Hemisphere.

Bandura, A. (1992b). Self-efficacy mechanism in psychobiologic functioning. In R. Schwarzer (Ed.), *Self-efficacy: Thought control of action* (pp. 355-394). Washington, DC: Hemisphere.

Bandura, A. (1995). *Self-efficacy: The exercise of control.* New York: Freeman.

Bandura, A. & Schunk, D. H. (1981). Cultivating competence, self-efficacy, and intrinsic interest through proximal self-motivation. *Journal of Personality and Social Psychology, 41*, 586-598.

Barbee, A. P. (1990). Interactive coping: The cheering-up process in close relationships. In S. Duck & R. Silver (Eds.), *Social support and personal relationships* (pp. 46-65). London: Sage.

Barefoot, J. C., Dahlstrom, W. G. & Williams, R. B. (1983). Hostility, CHD incidence, and total mortality: A 25-year follow-up of 255 physicians. *Psychosomatic Medicine, 45*, 59-63.

Barefoot, J. C., Dodge, K. A., Peterson, B. L., Dahlstrom, W. G. & Williams, R. B. (1989). The Cook-Medley Hostility Scale: Item content and ability to predict survival. *Psychosomatic Medicine, 51*, 46-57.

Barry, J., Selwyn, A. P., Nabel, E. G., Rocco, M. B., Mead, K., Campbell, S. & Rebecca, G. (1988). Frequency of ST-depression produced by mental stress in stable angina pectoris from coronary artery disease. *American Journal of Cardiology, 61*, 989-993.

Batson, C. D. (1990). How social an animal? *American Psychologist, 45*, 336-346.

Baumann, U. & Veiel, H. (Eds.) (1992). *The meaning and measurement of social support.* Washington, DC: Hemisphere.

Bausell, B. R. (1986). Health seeking behaviors: Private vs. public health perspectives. *Psychological Reports, 58*, 187-190.

Beck, K. H. & Lund, A. K. (1981). The effects of health threat seriousness and personal efficacy upon intentions and behavior. *Journal of Applied Social Psychology, 11*, 401-415.

Becker, H. (1986). *Psychoonkologie.* Heidelberg: Springer.

Becker, M. A. & Joseph, J. G. (1988). AIDS and behavioral change to reduce risk: A review. *American Journal of Public Health, 78*, 394-410.

Becker, M. H. (Ed.) (1974). *The health belief model and personal health behavior.* Thorofare, NJ: Slack.

Becker, M. H. & Rosenstock, I. M. (1987). Comparing social learning theory and the health belief model. In W. B. Ward (Ed.), *Advances in health education and promotion* (Vol. 2, pp. 245-249). Greenwich, CT: JAI.

Becker, P. (1990). Prävention. In R. Schwarzer (Hg.), *Gesundheitspsychologie* (S. 429-438). Göttingen: Hogrefe.

Becker, P. (1995). *Seelische Gesundheit und Verhaltenskontrolle.* Göttingen: Hogrefe.

Becker, P., Bös, K. & Woll, A. (1994). Ein Anforderungs-Ressourcen-Modell der körperlichen Gesundheit: Pfadanalytische Überprüfungen mit latenten Variablen. *Zeitschrift für Gesundheitspsychologie, 2*, 25-48.

Bengel, J. (1993). *Gesundheit, Risikowahrnehmung und Vorsorgeverhalten.* Berlin: Hogrefe.

Bennett, P. & Carroll, D. (1990). Stress management approaches to the prevention of coronary heart disease. *British Journal of Clinical Psychology, 29*, 1-12.

Bennett, W. & Gurin, J. (1982). *The dieter's dilemma: Eating less and weighing more.* New York: Basic Books.

Berger, M. & Kemmer, F. W. (1990). Discussion: Exercise, fitness, and diabetes. In C. Bouchard, R. J. Shephard, T. Stephens, J. R. Sutton, & B. D. McPherson (Eds.), *Exercise, fitness, and health* (pp. 491-496). Champaign, IL: Human Kinetics Books.

Bergler, R. (1987). Rauchmotivation und Rauchentwöhnung. In J. C. Brengelmann (Hg.), *Determinanten des Rauchverhaltens* (S. 74-89). Frankfurt: Lang.

Berkman, L. F. & Breslow, L. (1983). *Health and ways of living: The Alameda County Study.* London: Oxford University Press.

Berlin, J. A. & Colditz, G. A. (1990). A meta-analysis of physical activity in the prevention of coronary heart disease. *American Journal of Epidemiology, 132* (4), 612-628.

Bernier, M. & Avard, J. (1986). Self-efficacy, outcome and attrition in a weight reduction program. *Cognitive Therapy and Research, 10*, 319-338.

Best, J. A. & Hakstian, A. R. (1978). A situation-specific model for smoking behavior. *Addictive Behaviors, 3*, 79-92.

Betancourt, H. (1990). An attribution-empathy model of helping behavior: Behavioral intentions and judgments of help-giving. *Personality and Social Psychology Bulletin, 16*, 573-591.

Billings, A. G. & Moos, R. H. (1984). Coping, stress, and resources among adults with unipolar depression. *Journal of Personality and Social Psychology, 46*, 877-891.

Björntorp, P. (1990). Adipose tissue adaptation to exercise. In C. Bouchard, R. J. Shephard, T. Stephens, J. R. Sutton, & B. D. McPherson (Eds.), *Exercise, fitness, and health* (pp. 315-324). Champaign, IL: Human Kinetics Books.

Black, D. R. (1989). Identifying predictor variables of weight loss outcome: Implications for a stepped program and weight management. *Psychology and Health, 3*, 207-216.

Black, D. R., Gleser, L. J. & Kooyers, K. J. (1990). A meta-analytic evaluation of couples weight-loss programs. *Health Psychology, 9*, 330-347.

Black, D. R. & Threlfall, W. E. (1989). Partner weight status and subject weight loss: Implications for cost-effective programs and public health. *Addictive Behaviors, 14*, 279-289.

Blair, J., Booth, D. A., Lewis, V. J. & Wainwright, C. J. (1989). The relative success of official and informal weight reduction techniques: Retrospective correlational evidence. *Psychology and Health, 3*, 195-206.

Blazer, D. G. (1982). Social support and mortality in an elderly community population. *American Journal of Epidemiology, 115*, 684-694.

Block, G., Rosenberger, W. F. & Patterson, B. H. (1988). Calories, fat and cholesterol: Intake patterns in the US population by race, sex and age. *American Journal of Public Health, 78*, 1150-1155.

Blumenthal, J. A., Emery, C. F., Madden, D. J., George, L. K., Coleman, R. E., Riddle, M. W., McKee, D. C., Reasoner, J. & Williams, R. S. (1989). Cardiovascular and behavioral effects of aerobic exercise training in healthy older men and women. *Journals of Gerontology, 44*, M147-M157.

BMJFFG - Der Bundesminister für Jugend, Familie, Frauen und Gesundheit (1989). *Daten des Gesundheitswesens.* (Schriftenreihe, Bd. 159). Stuttgart: Kohlhammer.

Booth-Kewley, S. & Friedman, H. S. (1987). Psychological predictors of heart disease: A quantitative review. *Psychological Bulletin, 101*, 343-362.

Borgers, D. (1988). Rauchen und Berufe. Rauchverhalten bei 125 ausgewählten Berufen. *Prävention, 11*, 12-15.

Borland, R. (1990). Slip-ups and relapse in attempts to quit smoking. *Addictive Behaviors, 15*, 235-245.

Borysenko, J. Z. (1982). Behavioral-physiological factors in the development and management of cancer. *General Hospital Psychiatry, 4*, 69-74.

Botvin, G. J., Baker, E., Goldberg, C. J., Dusenbury, L. et-al (1992). Correlates and predictors of smoking among Black adolescents. *Addictive Behaviors, 17*, 97-103.

Botvin, G. J., Dusenbury, L., Baker, E., James-Ortiz, S. & Kerner, J. (1989). A skills training approach to smoking prevention among Hispanic youth. *Journal of Behavioral Medicine, 12*, 279-296.

Botvin, G. J. & Eng, A. (1980). A comprehensive school-based smoking prevention program. *Journal of School Health, 11*, 209-213.

Botvin, G. J. & Eng, A. (1982). The efficacy of a multicomponent approach to the prevention of cigarette smoking. *Preventive Medicine, 11*, 199-211.

Botvin, G. J. & Wills, T. A. (1986). Personal and social skills training: Cognitive-behavioral approaches to substance abuse prevention. In C. Bell & R. Battjes (Eds.), *Prevention Research: Deterring drug abuse among children and adolescents. NIDA Research Monograph No. 63* (pp. 8-49). Washington, DC: US Government Printing Office.

Bouchard, C., Shephard, R. J., Stephens, T., Sutton, J. R. & McPherson, B. D. (1990). Exercise, fitness, and health: The consensus statement. In C. Bouchard, R. J. Shephard, T. Stephens, J. R. Sutton, & B. D. McPherson (Eds.), *Exercise, fitness, and health* (pp. 3-28). Champaign, IL: Human Kinetics Books.

Bowie, C. & Ford, N. (1989). Sexual behaviour of young people and the risk of HIV infection. *Journal of Epidemiology and Community Health, 43*, 61-65.

Brafford, L. J. & Beck, K. H. (1991). Development and validation of a condom self-efficacy scale for college students. *Journal of American College Health, 39*, 219-225.

Brandtstädter, J. (1992). Personal control over development: Implications of self-efficacy. In R. Schwarzer (Ed.), *Self efficacy: Thought control of action* (pp. 127-145). Washington, DC: Hemisphere.

Bray, G. A. (1990). Exercise and obesity. In C. Bouchard, R. J. Shephard, T. Stephens, J. R. Sutton, & B. D. McPherson (Eds.), *Exercise, fitness, and health* (pp. 497-510). Champaign, IL: Human Kinetics Books.

Brickman, P., Rabinowitz, P. C., Karuza, J. Jr., Coates, D., Cohn, E. & Kidder, L. (1982). Models of helping and coping. *American Psychologist, 37* (4), 368-384.

Brown, D. R. (1990). Exercise, fitness, and mental health. In C. Bouchard, R. J. Shephard, T. Stephens, J. R. Sutton, & B. D. McPherson (Eds.), *Exercise, fitness, and health* (pp. 607-626). Champaign, IL: Human Kinetics Books.

Brownell, K. D. (1988). Yo-yo dieting. *Psychology Today*, 20-23.

Brownell, K. D. (1990). *The Learn Program for Weight Control.* Dallas, TX: Brownell & Hager.

Brownell, K. D. (1993). Whether obesity should be treated. *Health Psychology*, *12*, 339-341.

Brownell, K. D. & Kramer, F. M. (1989). Behavioral management of obesity. *Medical Clinics of North America*, *73*, 185-201.

Bruch, M. A. (1978). Type of cognitive modelling, imitation of modelled tactics and modification of test anxiety. *Cognitive Therapy and Research*, *2*, 147-164.

Brüderl, L. (Hg.) (1988). *Theorien und Methoden der Bewältigungsforschung.* München: Juventa.

Buchkremer, G., Bents, H., Minneker, E. & Opitz, K. (1988). Langfristige Effekte einer Kombination von transdermaler Nikotinzufuhr mit Verhaltenstherapie zur Raucherentwöhnung. Long-term effects of smoking-cessation therapy combining behavior therapy and transdermal nicotine substitution. *Nervenarzt*, *59*, 488-490.

Burleson, B. R. (1990). Comforting as social support: Relational consequences of supportive behaviors. In S. Duck & R. Silver (Eds.), *Social support and personal relationships* (pp. 66-82). London: Sage.

Burling, T. A., Singelton, E. G., Bigelow, G. E., Baile, W. F. & Gottlieb, S. H. (1984). Smoking following myocardial infarction: A critical review of the literature. *Health Psychology*, *3*, 83-96.

Buske-Kirschbaum, A., Kirschbaum, C. & Hellhammer, D. (1990). Psychoneuroimmunologie. In R. Schwarzer (Hg.), *Gesundheitspsychologie* (S. 35-43). Göttingen: Hogrefe.

Calabrese, L. H. (1990). Exercise, immunity, cancer, and infection. In C. Bouchard, R. J. Shephard, T. Stephens, J. R. Sutton, & B. D. McPherson (Eds.), *Exercise, fitness, and health* (pp. 567-580). Champaign, IL: Human Kinetics Books.

Camp, D. E., Klesges, R. C. & Relyea, G. (1993). The relationship between body weight concerns and adolescent smoking. *Health Psychology*, *12* (1), 24-32.

Carey, M. P., Snel, D. L., Carey, K. B. & Richards, C. S. (1989). Self-initiated smoking cessation: A review of the empirical literature from a stress and coping perspective. *Cognitive Therapy and Research*, *13*, 323-341.

Carlson, M. & Miller, N. (1987). Explanation of the relation between negative mood and helping. *Psychological Bulletin*, *102*, 72-90.

Carmody, T. P. (1990). Preventing relapse in the treatment of nicotine addiction: Current issues and future directions. *Journal of Psychoactive Drugs*, *22*, 211-238.

Carmody, T. P., Istvan, J., Matarazzo, J. D., Connor, S. L. & Connor, W. E. (1986). Applications of social learning theory in the promotion of heart-healthy diets: The Family Heart Study dietary intervention model. *Health Education Research*, *1*, 13-27.

Carmody, T. P., Matarazzo, J. D. & Istvan, J. A. (1987). Promoting adherence to heart-healthy diets: A review of the literature. *Journal of Compliance in Health Care*, *2*, 105-124.

Carver, C. S., Pozo, C., Harris, S. D., Noriega, V., Scheier, M. F., Robinson, D. S., Ketcham, A. S., Moffat, F. L. & Clark, K. C. (1993). How coping mediates the effect of optimism on distress: A study of women with early stage breast cancer. *Journal of Personality and Social Psychology*, *65*, 375-390.

Carver, C. S. & Scheier, M. F. (1981). *Attention and self-regulation: A control-theory approach to human behavior.* New York: Springer.

Carver, C. S. & Scheier, M. F. (1981). *Attention and self-regulation: A control-theory approach to human behavior.* New York: Springer.

Carver, C. S. & Scheier, M. F. (1988). A control-process perspective on anxiety. *Anxiety Research. An International Journal, 1*, 17-22.

Carver, C. S. & Scheier, M. F. (1989). Expectancies and coping: From test anxiety to pessimism. In R. Schwarzer, H. M. van der Ploeg, & C. D. Spielberger (Eds.), *Advances in test anxiety research* (Vol. 6, pp. 3-12). Lisse, The Netherlands: Swets & Zeitlinger.

Carver, C. S. & Scheier, M. F. (1991). A control-process perspective on anxiety. In R. Schwarzer & R. A. Wicklund (Eds.), *Anxiety and self-focused attention* (pp. 3-8). New York: Harwood.

Carver, C. S. & Scheier, M. F. (1993). Vigilant and avoidant coping in two patient samples. In H. W. Krohne (Ed.), *Attention and avoidance: Strategies in coping with aversiveness* (pp. 295-320). Seattle: Hogrefe & Huber.

Carver, C. S. & Scheier, M. F. (1994). Situational coping and coping dispositions in a stressful transaction. *Journal of Personality and Social Psychology, 66*, 184-195.

Carver, C. S., Scheier, M. F. & Weintraub, J. K. (1989). Assessing coping strategies: A theoretically based approach. *Journal of Personality and Social Psychology, 56* (2), 267-283.

Case, R. B., Heller, S. S., Case, M. B. & Moss, A. J. (1985). Type A behavior and survival after acute myocardial infarction. *New England Journal of Medicine, 312*, 737-741.

Castro, F. G., Maddahian, E., Newcomb, M. D. & Bentler, P. M. (1987). A multivariate model of the determinants of cigarette smoking among adolescents. *Journal of Health and Social Behavior, 28*, 273-289.

Catania, J. A., Kegeles, S. M. & Coates, T. J. (1990). Towards an understanding of risk behavior: An AIDS risk reduction model (ARRM). *Health Education Quarterly, 17*, 53-72.

Centers for Disease Control (1990). *Morbidity and mortality weekly report on HIV/AIDS* (Vol. 39, June). Atlanta, GA: CDC.

Cepeda-Benito, A. (1993). Meta-analytic review of the efficacy of nicotine chewing gum in smoking treatment programs. *Journal of Consulting and Clinical Psychology, 61*, 822-830.

Chambliss, C. A. & Murray, E. J. (1979). Efficacy attribution, locus of control, and weight loss. *Cognitive Therapy and Research, 3*, 349-353.

Chassin, L., Presson, C. C. & Sherman, S. J. (1984). Cognitive and social influence factors in adolescent smoking cessation. *Addictive Behaviors, 9*, 383-390.

Chesney, M. A., Hecker, M. H. L. & Black, G. W. (1988). Coronary-prone components of Type A behavior in the WCGS: A new methodology. In B. K. Houston & C. R. Snyder (Eds.), *Type A behavior pattern: Research, theory and intervention* (pp. 168-188). New York: Wiley.

Christiansen, H. (1991). *AIDS im öffentlichen Bewußtsein der BRD und den Neuen Bundesländern.* (Vortrag am 19.3.1991 bei der Bundeszentrale für gesundheitliche Aufklärung). Köln: BZgA.

Cialdini, R. B., Schaller, M., Houlihan, D., Arps, K., Fultz, J. & Beaman, A. (1987). Empathy-based helping: Is it selflessly or selfishly motivated? *Journal of Personality and Social Psychology, 52*, 749-758.

Clark, L. C., Cantor, K. P. & Allaway, W. H. (1991). Selenium in forage crops and cancer mortality in U.S. counties. *Archives of Environmental Health, 46*, 37-42.

Clark, M. M., Abrams, D. B., Niaura, R. S., Eaton, C. A. & Rossi, J. S. (1991). Self-efficacy in weight management. *Journal of Consulting and Clinical Psychology, 59*, 739-744.

Cleary, P. D., Hitchcock, J. L., Semmer, N., Flinchbaugh, L. J. & Pinney, J. M. (1988). Adolescent smoking: Research and health policy. *The Milbank Quarterly*, *66*, 137-171.

Coambs, R. B., Kozlowski, L. T. & Ferrence, R. G. (1989). The future of tobacco use and smoking research. In T. Ney & A. Gale (Eds.), *Smoking and human behavior* (pp. 337-348). Chichester: Wiley.

Coates, T. J. (1990). Strategies for modifying sexual behavior for primary and secondary prevention of HIV disease. *Journal of Consulting and Clinical Psychology*, *58*, 57-69.

Cochran, S. D. & Mays, V. M. (1990). AIDS-related sexual behavior and disclosure: Is it safe if you ask? *New England Journal of Medicine*, *322*, 774-775.

Cohen, S. (1988). Psychosocial models of the role of social support in the etiology of physical disease. *Health Psychology*, *7* (3), 269-297.

Cohen, S. et al. (1989). Debunking myths about self-quitting: Evidence from 10 prospective studies of persons who attempt to quit smoking by themselves. *American Psychologist*, *44* (11), 1355-1365.

Cohen, S., Kamarck, T. & Mermelstein, R. (1983). A global measure of perceived stress. *Journal of Health and Social Behavior*, *24*, 385-396.

Cohen, S. & Lichtenstein, E. (1990a). Partner behaviors that support quitting smoking. *Journal of Consulting and Clinical Psychology*, *58*, 304-309.

Cohen, S. & Lichtenstein, E. (1990b). Perceived stress, quitting smoking, and smoking relapse. *Health Psychology*, *9*, 466-478.

Cohen, S., Lichtenstein, E., Mermelstein, R., Kingsolver, K., Baer, J. S. & Kamarck, T. W. (1988). Social support interventions for smoking cessation. In B. H. Gottlieb (Ed.), *Marshaling social support. Formats, processes, and effects* (pp. 211-240). Beverly Hills, CA: Sage.

Cohen, S. & Syme, S. L. (1985). *Social support and health.* New York: Academic Press.

Cohen, S. & Williamson, G. M. (1991). Stress and infectious disease in humans. *Psychological Bulletin*, *109*, 5-24.

Colletti, G., Supnick, J. A. & Payne, T. J. (1985). The smoking self-efficacy questionnaire (SSEQ): Preliminary scale development and validation. *Behavioral Assessment*, *7*, 249-260.

Condiotte, M. M. & Lichtenstein, E. (1981). Self-efficacy and relapse in smoking cessation programs. *Journal of Consulting and Clinical Psychology*, *49*, 648-658.

Cooper, K. H. (1982). *The aerobics program for total well-being.* New York: Evans.

Cooper, K. H. (1985). *Running without fear: How to reduce the risk of heart attack and sudden death during aerobic exercise.* New York: Evans.

Cooper, M. L., Peirce, R. S. & Farmer Huselid, R. (1994). Substance use and sexual risk taking among black adolescents and white adolescents. *Health Psychology*, *13* (3), 251-262.

Coppotelli, H. C. & Orleans, C. T. (1985). Partner support and other determinants of smoking cessation maintenance among women. *Journal of Consulting and Clinical Psychology*, *53*, 455-460.

Covington, M. V. & Omelich, C. L. (1988). I can resist anything but temptation: Adolescent expectations for smoking cigarettes. *Journal of Applied Social Psychology*, *18* (3), 203-227.

Covington, M. V. & Omelich, C. (1992). The influence of expectancies and problem-solving strategies on smoking intentions. In R. Schwarzer (Ed.), *Self-efficacy: Thought control of action* (pp. 263-286). Washington, DC: Hemiphere.

Coyne, J. C. & Bolger, N. (1990). Doing without social support as an explanatory concept. Special Issue: Social support in social and clinical psychology. *Journal of Social and Clinical Psychology*, *9*, 148-158.

Coyne, J. C., Ellard, J. H. & Smith, D. A. F. (1990). Social support, interdependence, and the dilemmas of helping. In B. R. Sarason, I. G. Sarason, & G. R. Pierce (Eds.), *Social support: An interactional view* (pp. 129-149). New York: Wiley.

Crawford, I. (1990). Attitudes of undergraduate college students toward AIDS. *Psychological Reports*, *66*, 11-16.

Crews, D. J. & Landers, D. M. (1987). A meta-analytic review of aerobic fitness and reactivity to psychosocial stressors. *Medical Science of Sports Exercise*, *19 (Suppl.)*, 114-120.

Croyle, R. T. (1992). Appraisal of health threats: Cognition, motivation, and social comparison. *Cognitive Therapy and Research*, *16*, 165-182.

Croyle, R. T. & Jemmott, J. B. III (1991). Psychological reactions to risk factor testing. In J. A. Skelton & R. T. Croyle (Eds.), *Mental representations in health and illness* (pp. 85-107). New York: Springer.

Curry, S., Wagner, E. H. & Grothaus, L. C. (1990). Intrinsic and extrinsic motivation for smoking cessation. *Journal of Consulting and Clinical Psychology*, *58*, 310-316.

Cutrona, C. E. & Russell, D. (1990). Type of social support and specific stress: Toward a theory of optimal matching. In I. G. Sarason, B. R. Sarason & G. R. Pierce (Eds.), *Social support: An interactional view* (pp. 319-366). New York: Wiley.

Cutrona, C. E., Suhr, J. A. & MacFarlane, R. (1990). Interpersonal transactions and the psychological sense of support. In S. Duck with R. Silver (Ed.), *Social support and personal relationships* (pp. 30-45). London: Sage.

Damm, S. & Frey, D. (1990). Psychosoziale Faktoren in der Genese und Rehabilitation des Herzinfarkts. In R. Schwarzer (Hg.), *Gesundheitspsychologie* (S. 383-394). Göttingen: Hogrefe.

Dattore, P. G., Shontz, F. C. & Coyne, L. (1980). Premorbid personality differentiation of cancer and non-cancer groups: A test of the hypothesis of cancer-proneness. *Journal of Consulting and Clinical Psychology*, *48*, 388-394.

Dawber, T. R. (1980). *The Framingham study: The epidemiology of atherosclerotic disease.* Cambridge, MA: Harvard University Press.

DeJong, W. (1980). The stigma of obesity: The consequences of naive assumptions concerning the causes of physical deviance. *Journal of Health and Social Behavior*, *21*, 75-87.

DeLongis, A., Folkman, S. & Lazarus, R. S. (1988). The impact of daily stress on health and mood: Psychological and social resources as mediators. *Journal of Personality and Social Psychology*, *54*, 486-495.

Dembroski, T. M. (1978). *Coronary-prone behavior.* New York: Springer.

Dembroski, T. M. & Costa, P. T. (1988). Assessment of coronary-prone behavior: A current overview. *Annals of Behavioral Medicine*, *10*, 60-63.

Dembroski, T. M., MacDougall, J. M., Costa, P. T. & Grandits, G. A. (1989). Components of hostility as predictors of sudden death and myocardial infarction in the Multiple Risk Factor Intervention Trial. *Psychosomatic Medicine*, *51* (5), 514-522.

Deutsche Krebshilfe (1989). *Hautkrebs: Ein Ratgeber zur Früherkennung, Behandlung und Nachsorge.* Bonn: Deutsche Krebshilfe.

Deutsche Krebshilfe (1995). *Hautkrebs: Ein Ratgeber zur Früherkennung, Behandlung und Nachsorge.* Bonn: Deutsche Krebshilfe.

Devins, G. M. & Edwards, P. J. (1988). Self-efficacy and smoking reduction in chronic obstructive pulmonary disease. *Behaviour Research and Therapy*, *26*, 127-135.

DeVries, H., Dijkstra, M. & Kok, G. J. (1989). *Self-efficacy as a determinant of the onset of smoking and interventions to prevent smoking in adolescents*. Paper pres. First European Congress of Psychology, Amsterdam.

DeVries, H., Dijkstra, M. & Kuhlman, P. (1988). Self-efficacy: The third factor besides attitude and subjective norm as a predictor of behavioural intentions. *Health Education Research, 3* (3), 273-282.

DeVries, H. & Kok, G. J. (1986). From determinants of smoking behavior to the implications for a prevention programme. *Health Education Research, 1*, 85-94.

DiClemente, C. C. (1986). Self-efficacy and the addictive behaviors. *Journal of Social and Clinical Health, 4*, 302-315.

DiClemente, C. C. & Fava, J. (1988). Measuring processes of change: Applications to the cessation of smoking. *Journal of Consulting and Clinical Psychology, 56* (4), 520-528.

DiClemente, C. C., Prochaska, J. O., Fairhurst, S. K., Velicer, W. F., Velasquez, M. M. & Rossi, J. S. (1991). The process of smoking cessation: An analysis of precontemplation, contemplation, and preparation stages of change. *Journal of Consulting and Clinical Psychology, 59*, 295-304.

DiClemente, C. D., Prochaska, J. O. & Gibertini, M. (1985). Self-efficacy and the stages of self-change of smoking. *Cognitive Therapy and Research, 9*, 181-200.

Diebschlag, U. (1991). Ernährung und Wohlbefinden. In A. Abele & P. Becker (Hg.), *Wohlbefinden* (S. 267-277). Weinheim: Juventa.

DiLorenzo, T. M., Bargman, E. P., Stucky-Ropp, R. C., LaFontaine, T., Frensch, P., Lawrence, C. & McDonald, D. (1990). *The long term relapse curve for individuals with a prior history of exercise adherence*. Boston, MA: Paper pres. Annual Meeting of the American Psychological Association, Boston, MA.

DiMatteo, M. R. (1991). *The psychology of health, illness, and medical care*. Pacific Grove, CA: Brooks/Cole.

Dise-Lewis, J. E. (1988). The Life Events and Coping Inventory: an assessment of stress in children. *Psychosomatic Medicine, 50*, 484-499.

Dishman, R. K. (1990). Determinants of participation in physical activity. In C. Bouchard, R. J. Shephard, T. Stephens, J. R. Sutton, & B. D. McPherson (Eds.), *Exercise, fitness, and health* (pp. 75-102). Champaign, IL: Human Kinetics Books.

Dlugosch, G. E. & Schmidt, L. R. (1992). Gesundheitspsychologie. In R. Bastine (Hg.), *Klinische Psychologie* (Bd. 2, S. 123-178). Stuttgart: Kohlhammer.

Dolcini, M. M., Coates, T. J., Catania, J. A., Kegeles, S. M. & Hauck, W. W. (1995). Multiple sexual partners and their psychosocial correlates: The population-based AIDS in multiethnic neighborhoods (AMEN) study. *Health Psychology, 14* (1), 22-31.

Doll, R. & Hill, A. B. (1950). Smoking and carcinoma of the lung. *British Medical Journal*, 739-748.

Doll, R. & Peto, R. (1981). *The causes of cancer*. New York: Oxford University Press.

Drewnowski, A. & Schwartz, M. (1990). Invisible fats: Sensory assessment of sugar/fat mixtures. *Appetite, 14*, 203-217.

Duchmann, E. G., Williamson, D. A. & Stricker, P. M. (1989). Bulimia, dietary restraint, and concern for dieting. *Journal of Psychopathology and Behavioral Assessment, 11*, 1-13.

Duck, S. (Ed.) (1990). *Personal relationships and social support*. London: Sage.

Dunkel-Schetter, C. & Bennett, T. L. (1990). Differentiating the cognitive and behavioral aspects of social support. In I. G. Sarason, B. R. Sarason, & G. R. Pierce (Eds.), *Social support: An interactional view* (pp. 267-296). New York: Wiley.

Dunkel-Schetter, C., Blasband, D. E., Feinstein, L. G. & Bennett, T. L. (1991). Elements of supportive social interactions: When are support attempts effective? In S. Spacapan & S. Oskamp (Eds.), *Helping and being helped in the real world* (pp. 67-93). Newbury Park, CA: Sage.

Dunkel-Schetter, C. & Skokan, L. A. (1990). Determinants of social support provision in personal relationships. *Journal of Social and Personal Relationships, 7*, 437-450.

Dusenbury, L. & Botvin, G. (1990). Competence enhancement and the prevention of adolescent problem behavior. In K. Hurrelmann & F. Lösel (Eds.), *Health hazards in adolescence* (pp. 459-478). Berlin: de Gruyter.

Dusheck, J. (1985). Fish, fatty acid and physiology. *Science News, 128*, 252-254.

Dzewaltowski, D. A. (1989). Toward a model of exercise motivation. *Journal of Sport and Exercise Psychology, 11*, 251-269.

Dzewaltowski, D. A., Noble, J. M. & Shaw, J. M. (1990). Prediction of physical activity participation: A comparison of social cognitive theory and the theories of reasoned action and planned behavior. *Journal of Sport and Exercise Psychology*, 12, 388-405.

Eaker, E. D. & Castelli, W. P. (1988). Type A behavior and mortality from coronary disease in the Framingham study. *New England Journal of Medicine, 319*, 1480-1481.

Eastman, C. & Marzilier, J. S. (1984). Theoretical and methodological difficulties in Bandura's self-efficacy theory. *Cognitive Therapy and Research, 8*, 213-229.

Edgar, T., Freimuth, U. S. & Hammond, S. L. (1988). Communicating the AIDS risk to college students: The problem of motivating change. *Health Education Research, 3*, 59-65.

Eggert, L. L. (1987). Support in family ties: Stress, coping, and adaptation. In T. L. Albrecht & M. B. Adelman (Eds.), *Communicating social support* (pp. 80-104). Newbury Park, CA: Sage.

Eiser, J. R. & van der Pligt, J. (1984). Attitudinal and social factors in adolescent smoking: In search of peer group influence. *Journal of Applied Social Psychology, 14*, 348-363.

Eiser, J. R. & van der Pligt, J. (1986). Smoking cessation and smokers' perceptions of their addiction. *Journal of Social and Clinical Psychology, 37*, 261-272.

Ekstrand, M. & Coates, T. J. (1990). Maintenance of safer sexual behaviors and predictors of risky sex: The San Francisco Men's Health Study. *American Journal of Public Health, 80*, 973-977.

Emmons, C. A., Joseph, J. G., Kessler, R. C., Wortman, C. B. et al. (1986). Psychosocial predictors of reported behavior change in homosexual men at risk for AIDS. *Health Education Quarterly, 13*, 331-345.

Emmons, K. M., Hammond, S. K. & Abrams, D. B. (1994). Smoking at home: The impact of smoking cessation on nonsmokers' exposure to environmental tobacco smoke. *Health Psychology, 13* (6), 516-520.

Endler, N. S., Kantor, L. & Parker, J. D. A. (1994). State-trait coping, state-trait anxiety and academic performance. *Personality and Individual Differences, 16*, 663-699.

Endler, N. S. & Parker, J. D. A. (1990). *Coping Inventory for Stressful Situations (CISS): Manual.* Toronto: Multi Health Systems.

Epstein, S. (1992a). Constructive thinking and mental and physical well-being. In L. Montada, S.-H. Filipp & M. J. Lerner (Eds.), *Life crises and experiences of loss in adulthood* (pp. 385-409). Hillsdale, NJ: Erlbaum.

Epstein, S. (1992b). Coping ability, negative self-evaluation, and overgeneralization: Experiment and theory. *Journal of Personality and Social Psychology, 62*, 826-836.

Epstein, S. & Katz, L. (1992). Coping ability, stress, productive load, and symptoms. *Journal of Personality and Social Psychology, 62*, 813-825.

Epstein, S. & Meier, P. (1989). Constructive thinking: A broad coping variable with specific components. *Journal of Personality and Social Psychology*, *57*, 332-350.

Ershler, J., Leventhal, H., Fleming, R. & Glynn, K. (1989). The quitting experience for smokers in sixth through twelfth grades. *Addictive Behaviors*, *14*, 365-378.

Evans, R. I. (1976). Smoking in children: Developing a social psychology strategy of deterrence. *Journal of Preventive Medicine*, *5*, 122-127.

Evans, R. I. (1983). Deterring smoking in adolescents: Evolution of a research program in applied social psychology. *International Review of Applied Psychology*, *32*, 71-83.

Ewart, C. K. (1991). Social action theory for a public health psychology. *American Psychologist, 46* (9), 931-946.

Ewart, C. K. (1992). Role of physical self-efficacy in recovery from heart attack. In R. Schwarzer (Ed.), *Self-efficacy: Thought control of action* (pp. 287-304). Washington, DC: Hemisphere.

Ewart, C. K., Gillian, R. E., Kelemen, M. H., Manley, S. A. & Kelemen, M. D. (1986). Usefulness of self-efficacy in predicting overexertion during programmed exercise in coronary artery disease. *American Journal of Cardiology*, *57*, 557-561.

Eysenck, H. J. (1973). Personality and maintenance of the smoking habit. In W. L. Dunn (Ed.), *Smoking behavior: Motives and incentives* (pp. 113-146). Washington, DC: Winston.

Eysenck, H. J. (1980). *The causes and effects of smoking*. London: Maurice Temple Smith.

Eysenck, H. J. (1985). Incubation theory of fear/anxiety. In S. Reiss & R. R. Bootzin (Eds.), *Theoretical issues in behavior therapy* (pp. 83-105). Orlando, FL: Academic Press.

Eysenck, H. J. (1987). Rauchen, Persönlichkeit und Motivation. In J. C. Brengelmann (Ed.), *Determinanten des Rauchverhaltens* (pp. 178-214). Frankfurt/M.: Lang.

Eysenck, H. J. (1990). Type A behavior and coronary heart disease. The third stage. *Journal of Social Behavior and Personality*, *5*, 25-44.

Eysenck, H. J. (1991a). Personality, stress and disease: An interactionist perspective. *Psychological Inquiry*, *2*, 221-232.

Eysenck, H. J. (1991b). *Smoking, personality, and stress.* New York: Springer.

Eysenck, H. J. (1993). Personality, stress and disease - The Grossarth-Maticek contribution. *Zeitschrift für Gesundheitspsychologie*, *1*, 183-190.

Falger, P. R. J. (1984). Behavioral factors, stressful life changes and depression in heart patients: Some results from the South-Limburg life history and myocardial infarction study. In R. Schwarzer (Ed.), *The self in anxiety, stress and depression* (pp. 283-295). Amsterdam: North-Holland.

Feifel, H. & Strack, S. (1989). Coping with conflict situations: Middle-aged and elderly men. *Psychology and Aging*, *4* (1), 26-33.

Feist, J. & Brannon, L. (1988). *Health psychology. An introduction to behavior and health.* Belmont: Wadsworth.

Feltz, D. L. & Riessinger, C. A. (1990). Effects of in vivo emotive imagery and performance feedback on self-efficacy and muscular endurance. *Journal of Sport and Exercise Psychology*, *12*, 132-143.

Ferring, D. & Filipp, S.-H. (1989a). Bewältigung kritischer Lebensereignisse: Erste Erfahrungen mit einer deutschsprachigen Version der "Ways of Coping Checklist". *Zeitschrift für Differentielle und Diagnostische Psychologie*, *10*, 189-199.

Ferring, D. & Filipp, S.-H. (1989b). Der Fragebogen zur Erfassung gesundheitsbezogener Kontrollüberzeugungen (FEGK). *Zeitschrift für Klinische Psychologie*, *18* (3), 285-289.

Fielding, J. E. (1985). Smoking: Health effects and control. *New England Journal of Medicine*, *313*, 491-498, 555-561.

Filipp, S.-H. (1981). Ein allgemeines Modell für die Analyse kritischer Lebensereignisse. In Filipp, S.-H. (Hg.), *Kritische Lebensereignisse* (S. 3-52). München: Urban & Schwarzenberg.

Fincham, F. D. & Bradbury, T. N. (1990). Social support in marriage: The role of social cognition. *Journal of Social and Clinical Psychology, 9*, 31-42.

Fiore, M. C., Novotny, T. E., Pierce, J. P., Hatziandreu, E. J., Patel, K. M. & Davis, R. M. (1989). Trends in cigarette smoking in the United States: The changing influence of gender and race. *Journal of the American Medical Association, 261*, 49-55.

Fishbein, M. (1982). Social psychological analysis of smoking behavior. In J. R. Eiser (Ed.), *Social psychology and behavioral medicine* (pp. 179-197). Chichester: Wiley & Sons.

Fishbein, M. & Ajzen, I. (1975). *Belief, attitude, intention, and behavior: An introduction to theory and research.* Reading, MA: Addison-Wesley.

Fisher, J. D. & Fisher, W. A. (1992). Changing AIDS-risk behavior. *Psychological Bulletin, 111*, 455-474.

Fisher, J. D., Fisher, W. A., Williams, S. S. & Malloy, T. E. (1994). Empirical tests of an information-motivation-behavioral skills model of AIDS-preventive behavior with gay men and heterosexual university students. *Health Psychology, 13* (3), 238-250.

Flammer, A. (1990). *Erfahrung der eigenen Wirksamkeit.* Bern: Huber.

Flanders, W. D. & Rothman, K. J. (1982). Interaction of alcohol and tobacco in laryngeal cancer. *American Journal of Epidemiology, 115*, 371-379.

Flay, B. R. (1985). Psychosocial approaches to smoking prevention: A review of findings. *Health Psychology, 4*, 449-488.

Flay, B. R. (1987a). Mass-media and smoking cessation: A critical review. *American Journal of Public Health, 77*, 153-160.

Flay, B. R. (1987b). Social psychological approaches to smoking prevention: Review and recommendations. In W. B. Ward (Ed.), *Advances in health education and promotion* (Vol. 2, pp. 121-180). Greenwich, CT: JAI Press.

Flay, B. R., d'Avernas, J. R., Best, J. A., Kersell, M. W. & Ryan, K. B. (1983). Cigarette smoking: Why young people do it and ways of preventing it. In P. Firestone & P. McGrath (Eds.), *Pediatric and adolescent behavioral medicine* (pp. 132-183). New York: Springer.

Fleishman, J. A. & Fogel, B. (1994). Coping and depressive symptoms among people with AIDS. *Health Psychology, 13* (2), 156-169.

Fleiss, J. L. (1973). *Statistical methods for rates and proportions.* New York: Wiley.

Folkman, S. & Lazarus, R. S. (1988). *Manual for the Ways of Coping Questionnaire.* Palo Alto, CA: Consulting Psychologists Press.

Folsom, A. R., Caspersen, C. J., Taylor, H. L., Jacobs, D. R., Luepker, R. V., Gomez-Marin, O., Gillum, R. F. & Blackburn, H. (1985). Leisure time physical activity and its relationship to coronary risk factors in a population-based sample. *American Journal of Epidemiology, 121*, 570-579.

Fontana, A. F., Kerns, R. D., Rosenberg, R. L. & Colonese, K. L. (1989). Support, stress, and recovery from coronary heart disease: A longitudinal model. *Health Psychology, 8*, 175-193.

Foreyt, J. P., Scott, L. W., Mitchell, R. E. & Gotto, A. M. (1979). Plasma lipid changes in the normal population following behavioral treatment. *Journal of Consulting and Clinical Psychology, 47*, 440-452.

Forster, J. L. & Jeffery, R. W. (1986). Gender differences related to weight history, eating patterns, efficacy expectations, self-esteem, and weight loss among participants in a weight reduction program. *Addictive Behaviors, 11*, 141-147.

Fox, B. H. (1978). Premorbid psychological factors as related to cancer incidence. *Journal of Behavioral Medicine, 1*, 45-134.

Fox, B. H. & Temoshok, L. (1988). Mind-body and behavior in cancer incidence. *Advances, Institute for the Advancement of Health, 5*, 41-56.

Freiberg, P. (1991). Hispanics lack knowledge about AIDS. *The APA Monitor, 22*, 31.

French, S. A. & Jeffery, R. W. (1994). Consequences of dieting to lose weight: Effects on physical and mental health. *Health Psychology, 13* (3), 195-212.

Freund, M., Leonard, T. L. & Lee, N. (1989). Sexual behavior of resident street prostitutes with their clients in Camden, New Jersey. *Journal of Sex Research, 26*, 460-478.

Friedman, H. (Ed.) (1990). *Personality and disease.* New York: Wiley.

Friedman, H. S. & Booth-Kewley, S. (1987a). Personality, Type A behavior, and coronary heart disease: The role of emotional expression. *Journal of Personality and Social Psychology, 53* (4), 783-792.

Friedman, H. S. & Booth-Kewley, S. (1987b). The "disease-prone personality": A meta-analytic view of the construct. *American Psychologist, 42*, 539-555.

Friedman, L. S., Lichtenstein, E. & Biglan, A. (1985). Smoking onset among teens: An empirical analysis of initial situations. *Addictive Behaviors, 10*, 1-13.

Friedman, M. & Rosenman, R. H. (1974). *Type A behavior and your heart.* New York: Knopf.

Friedman, M. & Rosenman, R. H. (1985). *Rette dein Herz. Wie Streßgeplagte umlernen und das Infarktrisiko verringern können.* Reinbek: Rowohlt.

Froelicher, V. F. (1990). Exercise, fitness, and coronary heart disease. In C. Bouchard, R. J. Shephard, T. Stephens, J. R. Sutton, & B. D. McPherson (Eds.), *Exercise, fitness, and health* (pp. 429-450). Champaign, IL: Human Kinetics Books.

Fuchs, R. (1990). *Sportliche Aktivität bei Jugendlichen: Entwicklungsverlauf und sozial-kognitive Determinanten.* Köln: bps-Verlag.

Fuchs, R. (1994). Änderungsdruck als motivationales Konstrukt: Überprüfung verschiedener Modelle zur Vorhersage gesundheitspräventiver Handlungen. *Zeitschrift für Sozialpsychologie*, 95-107.

Fuchs, R. & Appel, E. (1994). Belastungsregulation durch Sport. In R. Schwarzer & M. Jerusalem (Hg.), *Gesellschaftlicher Umbruch als kritisches Lebensereignis. Psychosoziale Krisenbewältigung von Übersiedlern und Ostdeutschen* (S. 227-240). Weinheim/München: Juventa.

Fuchs, R. & Hahn, A. (1992). Physical exercise and anxiety as moderators of the stress-illness relationship. *Anxiety, Stress and Coping Research, 5*, 139-149.

Fuchs, R., Hahn, A. & Schwarzer, R. (1994). Effekte sportlicher Aktivität auf Selbstwirksamkeits-Erwartung und Gesundheit in einer streßreichen Lebenssituation. *Sportwissenschaft, 24*, 67-81.

Fuchs, R. & Hoffmeister, H. (1988). Die Entwicklung der körperlichen Aktivität im Jugendalter - Aktivitätsniveau und Einflußfaktoren. In W.-D. Brettschneider, J. Baur & M. Bräutigam (Hg.), *Bewegungswelt von Kindern und Jugendlichen* (S. 206-217). Schorndorf: Hofmann.

Fuchs, R. & Kleine, D. (1995). Vulnerabilität als Bedingungsfaktor des Sporttreibens: Schlußfolgerungen für Sport- und Gesundheitsförderung. In W. Schlicht & P. Schwenkmezger (Hg.), *Gesundheitsverhalten und Bewegung* (S. 79-94). Schorndorf: Hoffmann.

Fuchs, R., Leppin, A. & Schwarzer, R. (1992). Sportliche Aktivität, sozialer Rückhalt und Lebensstreß als Determinanten der psychischen Gesundheit. *Sportpsychologie, 6*, (2) 13-19.

Fuchs, R., Leppin, A. & Schwarzer, R. (1993). Selbstwirksamkeit gegenüber gesunder Ernährung. In R. Schwarzer (Hg.), *Measurement of perceived self-efficacy. Psychometric scales for cross-cultural research* (S. 25). Berlin: Freie Universität Berlin.

Fuchs, R., Powell, K. E., Semmer, N. K., Dwyer, J. H., Lippert, P. & Hoffmeister, H. (1988). Patterns of physical activity among German adolescents: The Berlin-Bremen Study. *Preventive Medicine*, *17*, 746-763.

Fuchs, R. & Schwarzer, R. (1994). Gesundheitserziehung und Gesundheitsförderung. In K. Schneewind (Hg.), *Psychologie der Erziehung und Sozialisation* (Reihe Enzyklopädie der Psychologie) (S. 403-432). Göttingen: Hogrefe.

Fuchs, R. & Schwarzer, R. (1994). Selbstwirksamkeit zur sportlichen Aktivität: Reliabilität und Validität eines neuen Meßinstruments. *Zeitschrift für Differentielle und Diagnostische Psychologie*, *15*, 141-154.

Fuchs, R., Semmer, N., Lang, H.-P. & Okonek, K. (1987). Körperliche Aktivität von Jugendlichen. Validität der Messung, Prävalenz und Determinanten: Die Berlin-Bremen Studie. In U. Laaser, G. Sassen, G. Murza & P. Sabo (Hg.), *Prävention und Gesundheitserziehung* (S. 245-256). Berlin: Springer.

Fullilove, M. T., Fullilove, R. E., Haynes, K. & Gross, S. (1990). Black women and AIDS prevention: A view towards understanding the gender rules. *Journal of Sex Research*, *27*, 47-64.

Fumento, M. (1990). *The myth of heterosexual AIDS*. New York: Basic Books.

Gallois, C., Terry, D., Timmins, P., Kashima, Y. & McCamish, M. (1994). Safe sexual intentions and behavior among heterosexuals and homosexual men: Testing the theory of reasoned action. *Psychology and Health*, *10*, 1-16.

Garcia, M. E., Schmitz, J. M. & Doerfler, L. A. (1990). A fine-grained analysis of the role of self-efficacy in self-initiated attempts to quit smoking. *Journal of Consulting and Clinical Psychology*, *58*, 317-322.

Garcia-Palmieri, M. R., Costas, R., Cruz-Vidal, M., Sorlie, P. D. & Havlik, R. J. (1982). Increased physical activity: A protective factor against heart attacks in Puerto Rico. *The American Journal of Cardiology*, *50*, 749-755.

Garland, C., Barrett-Connor, E., Suarez, L., Criqui, M. H. & Wingard, D. L. (1985). Effects of passive smoking on ischemic heart disease mortality of nonsmokers: A prospective study. *American Journal of Epidemiology*, *121*, 645-650.

Garner, D. M., Garfinkel, P. E., Schwartz, D. & Thompson, M. (1980). Cultural expectations of thinness in women. *Psychological Reports*, *47*, 483-491.

Garvey, A. J., Heinold, J. W. & Rosner, B. (1989). Self-help approaches to smoking cessation: A report from the Normative Aging Study. *Addictive Behaviors*, *14*, 23-33.

Gattuso, S. M., Litt, M. D. & Fitzgerald, T. E. (1992). Coping with gastrointestinal endoscopy: Self-efficacy enhancement and coping style. *Journal of Consulting and Clinical Psychology*, *60* (1), 133-139.

Gerrard, M., Breda, C. & Gibbons, F. X. (1990). Gender effects in couples' sexual decision making and contraceptive use. *Journal of Applied Social Psychology*, *20*, 449-464.

Gerrard, M., Kurylo, M. & Reis, T. (1991). Self-esteem, erotophobia, and retention of contraceptive and AIDS information in the classroom. *Journal of Applied Social Psychology*, *21*, 368-379.

Gilchrist, L. D. & Schinke, S. P. (1983). Coping with contraception: Cognitive and behavioral methods with adolescents. *Cognitive Therapy and Research*, *7*, 379-388.

Glasner, P. D. & Kaslow, R. A. (1990). The epidemiology of human immunodificiency virus infection. *Journal of Consulting and Clinical Psychology*, *58*, 13-21.

Glass, D. C. (1977). *Behavior patterns, stress, and coronary disease*. Hillsdale, NJ: Erlbaum.

Glass, D. C. & Carver, C. S. (1980). Helplessness and the coronary-prone personality. In J. Garber & M. E. P. Seligman (Eds.), *Human helplessness: Theory and applications* (pp. 223-243). New York: Academic Press.

Glynn, S. M. & Ruderman, A. J. (1986). The development and validation of an eating self-efficacy scale. *Cognitive Therapy and Research, 10*, 403-420.

Glynn, T. J. & Cullen, J. W. (1989). Health promotion through smoking prevention and cessation: The need for a selective research agenda. Special Issue: Smoking. *Health Education Research, 4*, 5-11.

Godding, P. R. & Glasgow, R. E. (1985). Self-efficacy and outcome expectations as predictors of controlled smoking status. *Cognitive Therapy and Research, 9*, 583-590.

Godin, G., Colantonio, A., Davis, G. M., Shephard, R. J. & Simand, C. (1986). Prediction of leisure time exercise behavior among a group of lower-limb disabled adults. *Journal of Clinical Psychology, 42*, 272-279.

Godin, G., Desharnais, R., Jobin J., & Cook, C. (1987). The impact of physical fitness and health-age appraisal upon exercise intentions and behavior. *Journal of Behavioral Medicine, 10*, 241-250.

Godin, G., Shephard, R. J. & Colantonio, A. (1986). The cognitive profile of those who intend to exercise but do not. *Public Health Report, 101*, 521-526.

Godin, G., Valois, P. & Lepage, L. (1993). The pattern of influence of perceived behavioral control upon exercising behavior: An application of Ajzen's Theory of Planned Behavior. *Journal of Behavioral Medicine, 16*, 81-102.

Godin, G., Valois, P., Shephard, R. J. & Desharnais, R. (1987). Prediction of leisure-time exercise behavior: A path analysis (LISREL V) model. *Journal of Behavioral Medicine, 10*, 145-158.

Gollwitzer, P. M. (1993). Goal achievement: The role of intentions. In M. Hewstone & W. Stroebe (Eds.), *European Review of Social Psychology* (Vol. 4, pp. 141-185). Chichester: Wiley.

Golombok, S., Sketchley, J. & Rust, J. (1989). Condom use among homosexual men. *AIDS-Care, 1*, 27-33.

Golz, N., Erkelens, M. & Sack, H.-G. (1990). Ein erlebnisorientiertes Sportprogramm zur Behandlung von Depressionen. Theoretische Grundlagen und empirische Ergebnisse. *Report Psychologie, 44*, 12-19.

Gordon, R. A. (1989). Bulimia: A sociocultural interpretation. Special Issue: The bulimic college student: Evaluation, treatment, and prevention. *Journal of College Student Psychotherapy, 3*, 41-55.

Gottlieb, B. H. (1985). Social support and community mental health. In S. Cohen & S. L. Syme (Eds.), *Social support and health* (pp. 303-326). New York: Academic Press.

Gottlieb, B. H. (1988). *Marshaling social support. Formats, processes, and effects.* Beverly Hills, CA: Sage.

Gottlieb, N. H. & Chen, M.-S. (1985). Sociocultural correlates of childhood sporting activities: Their implications of heart health. *Social Science and Medicine, 21*, 533-539.

Gray, L. A. & Saracino, M. (1989). AIDS on campus: A preliminary study of college students' knowledge and behaviors. *Journal of Counseling and Development, 68*, 199-202.

Greenglass, E. R. (1985). An interactional perspective on job-related stress in managerial women. *The Southern Psychologist, 2*, 42-48.

Greer, S. & Morris, T. (1975). Psychological attributes of women who develop breast cancer: A controlled study. *Journal of Psychosomatic Research, 19*, 147-153.

Greer, S. & Morris, T. (1978). The study of psychological factors in breast cancer: Problems of method. *Social Science and Medicine, 12*, 129-134.

Greist, J. H. (1987). Exercise intervention with depressed outpatients. In W. P. Morgan & S. E. Goldston (Eds.), *Exercise and mental health* (pp. 117-121). Washington, DC: Hemisphere.

Grilo, C. M., Shiffman, S. & Wing, R. R. (1989). Relapse crises and coping among dieters. *Journal of Consulting and Clinical Psychology, 57*, 488-495.

Gritz, E. R., Carr, C. R. & Marcus, A. C. (1988). Unaided smoking cessation: Great American Smokeout and New Year's Day quitters. Special Issue: Clinical research issues in psychosocial oncology. *Journal of Psychosocial Oncology, 6*, 217-234.

Gritz, E. R., Klesges, R. C. & Meyers, A. W. (1989). The smoking and body weight relationship: Implications for intervention and postcessation weight control. *Annals of Behavioral Medicine, 11*, 144-153.

Grossarth-Maticek, R. & Eysenck, H. J. (1990). Personality, stress and disease: Description and validation of a new inventory. *Psychological Reports, 66*, 355-373.

Grossarth-Maticek, R., Eysenck, H. J. & Vetter, H. (1988). Personality type, smoking habit and their interaction on predictors of cancer and coronary heart disease. *Personality and Individual Differences, 9*, 479-495.

Groth-Marnat, G. & Schumaker, J. F. (1989). Locus of control as a predictor of severity of weight-control strategies in bulimics. *Psychology and Human Development, 2*, 61-66.

Grunberg, N. E., Winders, S. E. & Wewers, M. E. (1991). Gender differences in tobacco use. *Health Psychology, 10*, 143-153.

Guerdan, B. R., Flannick, J. & McKenna, J. (1989). A preliminary investigation of the use of protriptyline in the treatment of obesity. *Journal of Obesity and Weight Regulation, 8*, 23-30.

Gurtman, M. B. (1986). Depression and the response of others: Re-evaluating the evaluation. *Journal of Abnormal Psychology, 95*, 99-101.

Haaga, D. A. F. & Stewart, B. L. (1992). Self-efficacy for recovery from a lapse after smoking cessation. *Journal of Consulting and Clinical Psychology, 60* (1), 24-28.

Haan, N. (1977). *Coping and defending. Processes of self-environment organization.* New York: Academic Press.

Hagberg, J. M. (1990). Exercise, fitness, and hypertension. In C. Bouchard, R. J. Shephard, T. Stephens, J. R. Sutton & B. D. McPherson (Eds.), *Exercise, fitness, and health* (pp. 455-466). Champaign, IL: Human Kinetics Books.

Hanewinkel, R., Ferstl, R., & Burow, F. (1994). Konzeption und Evalutaion einer verhaltensorientierten Nichtraucherförderung an Schulen. *Verhaltenstherapie, 4* (2), 104-110.

Hanewinkel, R., Petermann, U., Burow, F., Dunkel, A., & Ferstl, R. (1994). Förderung der Lebenskompetenzen von Kindern und Jugendlichen im Rahmen der Kampagne "Rauchfreie Schule". *Kindheit und Entwicklung, 3* (8), 112-116.

Hansell, S. & Mechanic, D. (1990). Parent and peer effects on adolescent health behavior. In K. Hurrelmann & F. Lösel (Eds.), *Health hazards in adolescence* (pp. 43-66). Berlin: de Gruyter.

Hansen, W. B., Johnson, C. A., Flay, B. R., Graham, J. W. & Soebel, J. (1988). Affective and social influences approaches to the prevention of multiple substance abuse among seventh grade students: Results from project SMART. *Preventive Medicine, 17*, 135-154.

Hanson, B. S., Isacsson, S. O., Janzon, L. & Lindell, S. E. (1990). Social support and quitting smoking for good: Is there an association? Results from the population study "Men born in 1914", Malmö, Sweden. *Addictive Behaviors, 15*, 211-233.

Haynes, S. G., Feinleib, M. & Kannel, W. B. (1980). The relationship of psychosocial factors of coronary heart disease in the Framingham Study, III: Eight-year incidence of coronary heart disease. *American Journal of Epidemiology, 111*, 37-58.

Haynes, S. G., Levine, S., Scotch, N., Feinleib, M. & Kannel, W. B. (1978). The relationship of psychosocial factors to coronary heart disease in the Framingham Study. I: Methods and risk factors. *American Journal of Epidemiology, 107*, 362-383.

Hearn, M. D., Murray, D. M. & Luepker, R. V. (1989). Hostility, coronary heart disease, and total mortality: A 33-year follow-up study of university students. *Journal of Behavioral Medicine, 12*, 105-121.

Heckhausen, H. (1977). Motivation: Kognitionspsychologische Aufspaltung eines summarischen Konstrukts. *Psychologische Rundschau, 28*, 175-189.

Heckhausen, H. (1980). *Motivation und Handeln.* Heidelberg: Springer.

Heckhausen, H. (1987a). Intentionsgeleitetes Handeln und seine Fehler. In H. Heckhausen, P. M. Gollwitzer & F. E. Weinert (Hg.), *Jenseits des Rubikon: Der Wille in den Humanwissenschaften* (S. 143-175). Berlin: Springer.

Heckhausen, H. (1987b). Perspektiven einer Psychologie des Wollens. In H. Heckhausen, P. M. Gollwitzer & F. E. Weinert (Hg.), *Jenseits des Rubikon: Der Wille in den Humanwissenschaften* (S. 121-142). Berlin: Springer.

Heckhausen, H. (1987c). Vorsatz, Wille und Bedürfnis: Lewins frühes Vermächtnis und ein zugeschütteter Rubikon. In H. Heckhausen, P. M. Gollwitzer & F. E. Weinert (Hg.), *Jenseits des Rubikon: Der Wille in den Humanwissenschaften* (S. 86-96). Berlin: Springer.

Heckhausen, H. (1989). *Motivation und Handeln (2. Aufl.).* Berlin: Springer.

Heckhausen, H. & Kuhl, J. (1985). From wishes to actions: The dead ends and short cuts on the long way to action. In M. Frese & J. Sabini (Eds.), *Goal-directed behavior: The concept of action in psychology* (pp. 134-159). Hillsdale, NJ: Erlbaum.

Heckhausen, J. (1992). Adults expectancies about development and its controllability: Enhancing self-efficacy by social comparison. In R. Schwarzer (Ed.), *Self efficacy: Thought control of action* (pp. 107-126). Washington, DC: Hemisphere.

Helweg-Larsen, M. & Collins, B. E. (1994). The UCLA multidimensional condom attitudes scale: Documenting the complex determinants of condom use in college students. *Health Psychology, 13* (3), 224-237.

Henningfield, J. E. & Keenan, R. M. (1993). Nicotine delivery kinetics and abuse liability. *Journal of Consulting and Clinical Psychology, 61*, 743-750.

Herity, B., Moriarty, M., Daly, L., Dunn, J. & Bourke, G. J. (1982). The role of tobacco and alcohol in the aetiology of lung and larynx cancer. *British Journal of Cancer, 46*, 961-964.

Herman, C. P. (1987). Social and psychological factors in obesity: What we don't know. In H. Weiner & A. Baum (Eds.), *Perspectives in behavioral medicine: Eating regulation and discontrol* (pp. 175-187). Hillsdale, NJ: Erlbaum.

Heuch, I., Kvale, G., Jacobsen, B. K. & Bjelke, E. (1983). Use of alcohol, tobacco and coffee, and risk of pancreatic cancer. *British Journal of Cancer, 48*, 637-643.

Hill, C. A. (1991). Seeking emotional support: The influence of affiliative need and partner warmth. *Journal of Personality and Social Psychology, 60*, 112-121.

Hill, D., Rassaby, J. & Gardner, G. (1984). Determinants of intentions to take precautions against skin cancer. *Community Health Studies, 8*, 33-44.

Hinds, M. W., Kolonel, L. N., Hankin, J. H. & Lee, J. (1984). Dietary vitamin A, carotene, vitamin C and risk of lung cancer in Hawaii. *American Journal of Epidemiology, 119*, 227-237.

Hirschman, R. S. & Leventhal, H. (1989). Preventing smoking behavior in school children: An initial test of a cognitive-developmental program. *Journal of Applied Social Psychology, 19*, 559-583.

Hobfoll, S. E. (1988). *The ecology of stress.* Washington, DC: Hemisphere.

Hobfoll, S. E. (1989). Conservation of resources: A new attempt at conceptualizing stress. *American Psychologist, 44* (3), 513-524.

Hobfoll, S. E. & Freedy, J. R. (1990). The availability and effective use of social support. *Journal of Social and Clinical Psychology, 9* (1), 91-103.

Hobfoll, S. E., Jackson, A. P., Lavin, J., Britton, P. J. & Shepherd, J. B. (1994). Reducing inner-city women's AIDS risk activities: A study of single, pregnant women. *Health Psychology, 13* (5), 397-403.

Hoffmeister, H., Mensik, G., Stolzenberg, H., Laaser, U., Lemke-Goliasch, P., & Winkler, J. (1993). Erfolgreiche Senkung kardiovaskulärer Risikofaktoren in der Deutschen Herz-Kreislauf-Präventionsstudie (DHP) zwischen 1984/85 und 1991/92. *Zeitschrift für Gesundheitswissenschaften, 1* (2), 137-152.

Hoffmeister, H., Stolzenberg, H., Schön, D., Thefeld, W., Hoelz, J. & Schröder, E. (1988). *Nationaler Untersuchungssurvey und regionale Untersuchungssurveys der Deutschen Herz-Kreislauf-Präventionsstudie. Band II: Ergebnisse einer Grundauswertung von Gesamtcholesterin, HDL-Cholesterin, Blutdruck, Rauchgewohnheiten, Thiocyanat.* Berlin: DHP-Forum.

Holler, B. & Hurrelmann, K. (1990). The role of parent and peer contacts for adolescents state of health. In K. Hurrelmann & F. Lösel (Eds.), *Health hazards in adolescence* (pp. 409-432). Berlin: de Gruyter.

Holman, H. R. & Lorig, K. (1992). Perceived self-efficacy in self-management of chronic disease. In R. Schwarzer (Ed.), *Self-efficacy: Thought control af action* (pp. 305-323). Washington, DC: Hemisphere.

Holmes, T. H. & Rahe, R. H. (1967). The Social Readjustment Rating Scale. *Journal of Psychosomatic Research, 11*, 213-218.

Horne, R. L. & Picard, R. S. (1979). Psychosocial risk factors for lung cancer. *Psychosomatic Medicine, 41*, 503-514.

House, J. S., Umberson, D. & Landis, K. R. (1988). Structures and processes of social support. *Annual Review of Sociology,14*, 293-318.

Hover, S. J. & Gaffney L. R. (1988). Factors associated with smoking behavior in adolescent girls. *Addictive Behaviors, 13*, 139-145.

Hsu, L. G. (1989). The gender gap in eating disorders: Why are the eating disorders more common among women? *Clinical Psychology Review, 9*, 393-407.

Hughes, J. R. (1993). Pharmacotherapy for smoking cessation: Unvalidated assumptions, anomalies, and suggestions for future research. *Journal of Consulting and Clinical Psychology, 61*, 751-760.

Hull, J. G. (1981). A self-awareness model of the causes and effects of alcohol consumption. *Journal of Abnormal Psychology, 90*, 586-600.

Hull, J. G., Reilly, N. P. & Ennis, L. C. (1991). Self-consciousness, role-discrepancy, and depressive affects. In R. Schwarzer & R. A. Wicklund (Eds.), *Anxiety and self-focused attention* (pp. 27-40). New York: Harwood.

Hull, J. G. & Young, R. D. (1983). Self-consciousness, self-esteem, and succuss-failure as determinants of alcohol consumption in male social drinkers. *Journal of Personality and Social Psychology, 44*, 1097-1109.

Hull, J. G., Young, R. D. & Jouriles, E. (1986). Applications of self-awareness model of alcohol consumption: Predicting patterns of use and abuse. *Journal of Personality and Social Psychology, 51*, 790-796.

Hultquist, C. M., Meyers, A. W., Whelan, J. P., Klesges, R. C., Peacher-Ryan, H. & DeBon, M. W. (1995). The effect of smoking and light activity on metabolism in men. *Health Psychology, 14* (2), 124-131.

Hunt, W. A., Barnett, L. W. & Branch, L. G. (1971). Relapse rates in addiction programs. *Journal of Clinical Psychology, 27*, 455-456.

Hurrelmann, K. (1990). Sozialisation und Gesundheit. In R. Schwarzer (Hg.), *Gesundheitspsychologie* (S. 93-101). Göttingen: Hogrefe.

Hurrelmann, K. & Lösel, F. (1990). Basic issues and problems of health in adolescence. In K. Hurrelmann & F. Lösel (Eds.), *Health hazards in adolescence* (pp. 1-24). Berlin: de Gruyter.

Jacobsen, P. B., Perry, S. W. & Hirsch, D. A. (1990). Behavioral and psychological responses to HIV antibody testing. *Journal of Consulting and Clinical Psychology, 58*, 31-37.

Janisse, M. P. & Dyck, D. G. (1988). The type A behavior pattern and coronary heart disease: Physiological and psychological dimensions. In M. P. Janisse (Ed.), *Individual differences, stress, and health psychology* (pp. 57-71). New York: Springer.

Janke, W., Erdmann, G. & Kallus, W. (1985). *Streßverarbeitungsfragebogen (SVF).* Göttingen: Hogrefe.

Janoff-Bulman, R. (1979). Characterological versus behavioral self-blame: Inquiries into depression and rape. *Journal of Personality and Social Psychology, 37*, 1798-1809.

Janoff-Bulman, R. (1992). *Shattered assumptions: Towards a new psychology of trauma.* New York: The Free Press.

Janz, N. K. & Becker, M. H. (1984). The health belief model: A decade later. *Health Education Quarterly, 11*, 1-47.

Jarvik, M. E. (1973). Further observations on nicotine as the reinforcing agent in smoking. In W. L. Dunn (Ed.), *Smoking behavior: Motives and incentives* (pp. 33-50). Washington, DC: Winston.

Jarvik, M. E. & Hatsukami, D. K. (1989). Tobacco dependence. In T. Ney & A. Gale (Eds.), *Smoking and human behavior* (pp. 57-68). Chichester: Wiley.

Jeffery, R. W., Forster, J L. & Schmid, T. L. (1989). Worksite health promotion: Feasibility testing of repeated weight control and smoking cessation classes. *American Journal of Health Promotion, 3*, 11-16.

Jeffery, R. W., French, S. A. & Schmid, T. L. (1990). Attributions for dietary failures: Problems reported by participants in the Hypertension Prevention Trial. *Health Psychology, 9*, 315-329.

Jeffery, R. W., Pirie, P. L., Rosenthal, B. S., Gerber, W. M. & Murray, D. M. (1982). Nutritional education in supermarkets: An unsuccessful attempt to influence knowledge and produce sales. *Journal of Behavioral Medicine, 5*, 189-200.

Jellinek, E. M. (1960). *The disease concept in alcoholism.* New Brunswick, NJ: Hill House.

Jenkins, C. D., Rosenman, R. & Zyzanski, S. J. (1974). Prediction of clinical coronary heart disease by test for the coronary-prone behavior pattern. *New England Journal of Medicine, 23*, 1271-1275.

Jenkins, C. D., Zyzanski, S. J. & Rosenman, R. H. (1979). *Jenkins Activity Survey.* New York: Psychological Corporation.

Jerusalem, M. (1990a). *Persönliche Ressourcen, Vulnerabilität und Streßerleben.* Göttingen: Hogrefe.

Jerusalem, M. (1990b). Temporal patterns of stress appraisals for high- and low-anxious individuals. *Anxiety Research. An International Journal, 3*, 113-129.

Jerusalem, M. & Schwarzer, R. (1986a). Selbstaufmerksamkeit (SAM). In R. Schwarzer (Hg.), *Skalen zur Befindlichkeit und Persönlichkeit* (S. 3-14). Berlin: Institut für Psychologie, Freie Universität Berlin.

Jerusalem, M. & Schwarzer, R. (1986b). Hilflosigkeit. In R. Schwarzer (Hg.), *Skalen zur Befindlichkeit und Persönlichkeit* (S. 29-42). Berlin: Freie Universität, Institut für Psychologie.

Jerusalem, M. & Schwarzer, R. (1989). Selbstkonzept und Ängstlichkeit als Einflußgrößen für Streßerleben und Bewältigungstendenzen. *Zeitschrift für Entwicklungspsychologie und Pädagogische Psychologie*, *21*, 4, 307-324.

Jerusalem, M. & Schwarzer, R. (1992). Self-efficacy as a resource factor in stress appraisal processes. In R. Schwarzer (Ed.), *Self-efficacy: Thought control of action* (pp. 195-213). New York: Hemisphere.

Jessor, R., Donovan, J. E. & Costa, F. (1990). Personality, perceived life chances, and adolescent health behavior. In K. Hurrelmann & F. Lösel (Eds.), *Health hazards in adolescence* (pp. 25-42). Berlin: de Gruyter.

Jessor, R. & Jessor, S. L. (1977). *Problem behavior and psychosocial development: A longitudinal study of youth.* New York: Academic Press.

Johnson, E. Y. & Lookingbill, D. P. (1984). Sunscreen use and sun exposure. *Archives of Dermatology*, *120*, 727-731.

Jones, J. L. & Leary, M. R. (1994). Effects of appearance-based admonitions against sun exposure on tanning intentions in young adults. *Health Psychology*, *13* (1), 86-90.

Jones, N. L. & Killian, K. J. (1990). Exercise in chronic airway obstruction. In C. Bouchard, R. J. Shephard, T. Stephens, J. R. Sutton, & B. D. McPherson (Eds.), *Exercise, fitness, and health* (pp. 547-560). Champaign, IL: Human Kinetics Books.

Joseph, J. G., Montgomery, S. B., Emmons, C. A., Kessler, R. C. et al. (1987). Magnitude and determinants of behavioral risk reduction: Longitudinal analysis of a cohort at risk for AIDS. *Psychology and Health*, *1*, 73-95.

Kahn, H. A. (1963). The relationship of reported coronary heart disease mortality to physical activity of work. *American Journal of Public Health*, *53*, 1058-1067.

Kalodner, C. R. & DeLucia, J. L. (1990). Components of effective weight loss program: Theory, research, and practice. *Journal of Counseling and Development*, *68*, 427-433.

Kaplan, H. B. (1980). *Deviant behavior in defense of self.* New York: Academic Press.

Kaplan, H. B., Martin, S. S. & Robbins, C. (1984). Pathways to adolescent drug use: Self-derogation. Peer influence, weakening of social controls, and early substance use. *Journal of Health and Social Behavior*, *25*, 270-289.

Kaplan, R. M., Atkins, C. & Reinsch, S. (1984). Specific efficacy expectations mediate exercise compliance in patients with COPD. *Health Psychology*, *3*, 223-242.

Kastner, P. & Silbereisen, R. K. (1987). Die Funktion von Drogen in der Entwicklung Jugendlicher. In N. Bartsch & H. Knigge-Illner (Hg.), *Sucht und Erziehung* (Bd. 2, S. 23-31). Weinheim: Beltz.

Katschnig, H. (Hrsg.) (1980). *Sozialer Streß und psychische Erkrankung.* München: Urban & Schwarzenberg.

Katz, R. C., Robisch, C. M. & Telch, M. J. (1989). Acquisition of smoking refusal skills in junior high school students. *Addictive Behaviors*, *14*, 201-204.

Kavanagh, D. (1992). Self-efficacy and depression. In R. Schwarzer (Ed.), *Self-efficacy: Thought control af action* (pp. 177-193). Washington, DC: Hemisphere.

Keesling, B. & Friedman, H. S. (1987). Psychological factors in sunbathing and sunscreen use. *Health Psychology*, *6*, 477-493.

Keesling, B. & Friedman, H. S. (in press). Interventions to prevent skin cancer: Experimental evaluations of informational and fear appeals. *Psychology and Health.*

Kelley, H. H. (1967). Attribution theory in social psychology. In D. Levine (Ed.), *Nebraska Symposium on Motivation* (Vol. 15). Lincoln, NB: University of Nebraska Press.

Kelley, H. H., Berscheid, E., Christensen, A., Harvey, J. H., Huston, T. L., Levinger, G., McClintock, E., Peplau, L. A. & Peterson, D. R. (1983). *Close relationships.* New York: Freeman.

Kelly, J. A., Murphy, D. A., Bahr, G. R., Koob, J. J. et al. (1993). Factors associated with severity of depression and high-risk sexual behavior among persons diagnosed with human immunodeficiency virus (HIV) infection. *Health Psychology, 12,* 215-219.

Kelly, J. A., Murphy, D. A., Sikkema, K. J. & Kalichman, S. C. (1993). Psychological interventions to prevent HIV infection are urgently needed: New priorities for behavioral research in the second decade of AIDS. *American Psychologist, 48,* 1023-1034.

Kelly, J. A., St. Lawrence, J. S., Brasfield, T. L., Lemke, A. et al. (1990). Psychological factors that predict AIDS high-risk versus AIDS precautionary behavior. *Journal of Consulting and Clinical Psychology, 58,* 117-120.

Kelly, J. A., St. Lawrence, J. S., Hood, H. V. & Brasfield, T. L. (1989). Behavioral interventions to reduce AIDS risk activities. *Journal of Consulting and Clinical Psychology, 57,* 60-67.

Kelly, J. A., St. Lawrence, J. S. & Brasfield, T. L. (1991). Predictors of vulnerability to AIDS risk behavior relapse. *Journal of Consulting and Clinical Psychology, 59,* 163-166.

Kemeny, M. E., Weiner, H., Taylor, S. E., Schneider, S., Visscher, B. & Fahey, J. L. (1994). Repeated bereavement, depressed mood and immune parameters in HIV seropositive and seronegative gay men. *Health Psychology, 13,* 14-24.

Kiecolt-Glaser, J. K. & Glaser, R. (1992). Psychoneuroimmunology: Can psychological interventions modulate immunity? Special Issue: Behavioral medicine: An update for the 1990s. *Journal of Consulting and Clinical Psychology, 60,* 569-575.

King, K. B., Reis, H. T., Porter, L. A. & Norsen, L. H. (1993). Social support and long-term recovery from coronary artery surgery: Effects on patients and spouses. *Health Psychology, 12,* 56-63.

Kirkley, B. G. & Burge, J. C. (1989). Dietary restriction in young women: Issues and concerns. *Annals of Behavioral Medicine, 11,* 66-72.

Kirsch, I. (1985a). Early research on self-efficacy: What we already know without knowing we knew. *Journal of Social and Clinical Psychology, 4,* 339-358.

Kirsch, I. (1985b). Self-efficacy and expectancy: Old wine with new labels. *Journal of Personality and Social Psychology, 49,* 824-830.

Klauer, T. & Filipp, S.-H. (1990). Formen der Krankheitsbewältigung bei Krebspatienten. In R. Schwarzer (Hg.), *Gesundheitspsychologie* (S. 333-363). Göttingen: Hogrefe.

Klauer, T. & Filipp, S.-H. (1993). *Trierer Skalen zur Krankheitsbewältigung.* Göttingen: Hogrefe.

Klee, H., Faugier, J., Hayes, C., Boulton, T. & Morris, J. (1990). Sexual partners of injecting drug users: The risk of HIV infection. *British Journal of Addiction, 85,* 413-418.

Kleiber, D. (1990). Erfordernisse der AIDS-Prävention bei i. v. Drogenabhängigen. *Prävention, 13,* 90-93.

Kleiber, D., Beerlage, I., Beckmann, H. & Bouchoucha, G. (1993). Bewältigungs- und Betreuungsverläufe HIV-Infizierter i.v. Drogenabhängiger. In C. Lange (Hg.), *Aids - Eine Forschungsbilanz* (Bd. 10, S. 175-196). Berlin: edition sigma.

Burnout in HIV/AIDS Health Care and Support (pp. 23-40). Amsterdam: Amsterdam University Press.

Kleiber, D. & Pant, A. (1995). *HIV - Needle-Sharing - Sex. Eine sozialepidemiologische Studie zur Analyse der HIV-Prävalenz und riskanten Verhaltensweisen bei i.v. Drogenkonsumenten. Datendokumentation.* Baden-Baden: Nomos.

Kleiber, D. & Pforr, P. (1995). Peer involvement: Ein Ansatz zur Prävention und Gesundheitsförderung von Jugendlichen für Jugendliche. In BZgA (Hg.), *Dokumentation zur 1. europäischen Fachtagung und Projektmesse "Learn to love - Sexualaufklärung für Jugendliche".*

Kleiber, D. & Velten, D. (1993). *Prostitutionskunden - Eine Untersuchung über soziale und psychologische Charakteristika von Besuchern weiblicher Prostituierter in Zeiten von AIDS.* (Bd. 30). Baden-Baden: Nomos.

Kleiber, D., Velten, D. & Wilke, M. (1993). Kunden weiblicher Prostituierter und AIDS. *Zeitschrift für Sexualforschung, 3,* 218-227.

Kleiber, D. & Wilke, M. (1993). Sextourismus. In H. Hahn & H. J. Kagelmann (Hg.), *Tourismuspsychologie und Tourismussoziologie* (S. 315-321). München: Quintessenz.

Kleiber, D. & Wilke, M. (1994). AIDS-bezogenes Risikoverhalten von (Sex-) Touristen in Thailand. In W. Heckmann & M. A. Koch (Hg.), *Sexualverhalten in Zeiten von Aids* (S. 377-398). Berlin: edition sigma.

Kleiber, D. & Wilke, M. (1995). *Aids, Sex und Tourismus. Ergebnisse einer Befragung von Urlaubern und Sextouristen.* (Bd. 33). Baden-Baden: Nomos.

Klesges, R. C. (Ed.) (1989). (whole volume). *Annals of Behavioral Medicine, 11.*

Klesges, R. C., Eck, L. H., Clark, E. M., Meyers, A. W. & Hanson, C. L. (1990). The effects of smoking cessation and gender on dietary intake, physical activity, and weight gain. *International Journal of Eating Disorders, 9,* 435-445.

Klesges, R. C., Meyers, A. W., Klesges, L. M. & LaVasque, M. E. (1989). Smoking, body weight, and their effects on smoking behavior: A comprehensive review of the literature. *Psychological Bulletin, 106,* 204-230.

Klesges, R. C., Meyers, A. W., Winders, S. E. & French, S. N. (1989). Determining the reasons for weight gain following smoking cessation: Current findings, methodological issues, and future directions for research. *Annals of Behavioral Medicine, 11,* 134-143.

Klinger, E. (1977). *Meaning and void.* Minneapolis, MN: University of Minnesota Press.

Kniskern, J., Biglan, A., Lichtenstein, E., Ary, D. & Bavry, J. (1983). Peer modeling effects in the smoking behavior of teenagers. *Addictive Behaviors, 8,* 129-132.

Kobasa, S. C. (1982). The hardy personality: Toward a social psychology of stress and health. In J. S. Sanders & J. Suls (Eds.), *Social psychology of health and illness* (pp. 3-32). Hillsdale, NJ: Erlbaum.

Kok, G., Den Boer, D., De Vries, H., Gerards, F., Hospers, H. J. & Mudde, A. N. (1992). Self-efficacy and attribution theory in health education. In R. Schwarzer (Ed.), *Self-efficacy: Thought control of action* (pp. 245-262). Washington, DC: Hemisphere.

Kok, G., DeVries, H., Mudde, A. N. & Strecher, V. J. (1991). Planned health education and the role of self-efficacy: Dutch research. Special Issue: Theory. *Health Education Research, 6,* 231-238.

Kolip, P. (1993). *Freundschaften im Jugendalter. Der Beitrag sozialer Netzwerke zur Problembewältigung.* Weinheim: Juventa.

Koskenvuo, M., Kaprio, J., Rose, R. J., Kesaniemi, A., Sarna, S., Heikkila, K. & Langinvainio, H. (1988). Hostility as a risk factor for mortality and ischemic heart disease in men. *Psychosomatic Medicine, 50,* 330-340.

Kräuchi, K., Graw, P. & Wirz-Justice, A. (1993). Kohlenhydrataufnahme und SAD. Süßigkeiten gegen Depression? *TW Neurologie Psychiatrie, 7* (9), 492-501.

Kramer, F. M., Jeffery, R. W., Forster, J. L. & Snell, M. K. (1989). Long-term follow-up of behavioral treatment for obesity: Patterns of weight regain among men and women. *International Journal of Obesity, 13*, 123-126.

Krampen, G. (1987). *Handlungstheoretische Persönlichkeitspsychologie.* Göttingen: Hogrefe.

Krantz, D. S. & Raisen, S. E. (1988). Environmental stress, reactivity and ischaemic heart disease. *British Journal of Medical Psychology, 61*, 3-16.

Krohn, M. D., Massey, J. L., Skinner, W. F. & Lauer, R. M. (1983). Social bonding theory and adolescent smoking: A longitudinal analysis. *Journal of Health and Social Behavior, 24*, 337-349.

Krohne, H. W. (1990). Streß und Streßbewältigung. In R. Schwarzer (Hg.), *Gesundheitspsychologie* (S. 263-277). Göttingen: Hogrefe.

Krohne, H. W. (1993). Vigilance and cognitive avoidance as concepts in coping research. In H. W. Krohne (Ed.), *Attention and avoidance: Strategies in coping with aversiveness* (pp. 19-50). Seattle: Hogrefe & Huber.

Krohne, H. W., Rösch, W. & Kürsten, F. (1989). Die Erfassung von Angstbewältigung in physisch bedrohlichen Situationen. *Zeitschrift für Klinische Psychologie, 18*, 230-242.

Krohne, H. W., Schumacher, A. & Egloff, B. (1992). *Das Angstbewältigungs-Inventar (ABI).* (Mainzer Berichte zur Persönlichkeitsforschung). Mainz: Johannes-Gutenberg-Universität, Psychologisches Institut.

Krosnick, J. A. & Judd, C. M. (1982). Transitions in social influence at adolescence: Who induces cigarette smoking? *Developmental Psychology, 18*, 359-368.

Kuhl, J. (1983). *Motivation, Konflikt und Handlungskontrolle.* Berlin: Springer.

Kuhl, J. (1985). Volitional mediators of cognition-behavior consistency: Self-regulatory processes and action versus state orientation. In J. Kuhl & J. Beckmann (Eds.), *Action control: From cognition to behavior* (pp. 101-128). New York: Springer.

Kuhl, J. (1994). A theory of action and state orientation. In J. Kuhl & J. Beckmann (Eds.), *Volition and personality: Action versus state orientation* (pp. 9-46). Seattle: Hogrefe & Huber.

Kuhl, J. & Beckmann, J. (Eds.) (1994). Action control. From cognition to behavior. New York: Springer.

Kulik, J. A. & Mahler, H. I. M. (1989). Social support and recovery from surgery. *Health Psychology, 8*, 221-238.

Kulik, J. A. & Mahler, H. I. M. (1993). Emotional support as a moderator of adjustment and compliance after coronary bypass surgery: A longitudinal study. *Journal of Behavioral Medicine, 16*, 45-63.

Laaser, U., Lemke-Goliasch, P., Schumann, V., Kaftan, S. & Hellmeier, W. (1993). Behandlung und Kontrolle primärer kardiovaskulärer Risikofaktoren in den alten Bundesländern. Ergebnisse des bevölkerungsmedizinischen Monitoring des Nationalen Gesundheitssurveys der DHP 1984/85-1988-1990/91. *Zeitschrift für Gesundheitswissenschaften, 1* (1), 35-46.

Laessle, R. G., Tuschl, R. J., Waadt, S. & Pirke, K. M. (1989). The specific psychopathology of bulimia nervosa: A comparison with restrained and unrestrained (normal) eaters. *Journal of Consulting and Clinical Psychology, 57*, 772-775.

Lando, H. A. (1989). Treatment outcome evaluation methodology in smoking cessation: Strengths and key issues. Special Issue: Treatment outcome methodology in adult clinical disorders. *Advances in Behaviour Research and Therapy, 11*, 201-214.

Lange, C. (1993). Jugendsexualität: Veränderungen in den letzten 20 Jahren, Unterschiede zwischen West- und Ostdeutschland und der Einfluß von Aids. *Aids - eine Forschungsbilanz*, 241-252.

LaPorte, R. E., Adams, L. L., Savage, D. D., Brenes, G., Dearwater, S. & Cook, T. (1984). The spectrum of physical activity, cardiovascular disease and health: An epidemiologic perspective. *American Journal of Epidemiology*, *120*, 507-517.

Laux, L. (1983). Psychologische Streßkonzeptionen. In M. Thomae (Hg.), *Theorien und Formen der Motivation* (S. 453-535). Göttingen: Hogrefe.

Laux, L. & Weber, H. (1991). Presentation of self in coping with anger and anxiety: An intentional approach. *Anxiety Research. An International Journal*, *3* (4), 233-255.

Laux, L. & Weber, H. (1993). *Emotionsbewältigung und Selbstdarstellung*. Stuttgart: Kohlhammer.

Lazarus, R. S. (1990). Theory-based stress measurement. *Psychological Inquiry*, *1*, 3-13.

Lazarus, R. S. (1991). *Emotion and adaptation*. London: Oxford University Press.

Lazarus, R. S. (1993a). Coping theory and research: Past, present, and future. *Psychosomatik Medicine*, *55*, 234-247.

Lazarus, R. S. (1993b). From psychological stress to the emotions: A history of a changing outlook. *Annual Review of Psychology*, *44*, 1-21.

Lazarus, R. S. (1995). Psychological stress in the workplace. In R. Crandall & P. L. Perrewé (Eds.), *Occupational stress* (pp. 3-14). Washington, DC: Taylor & Francis.

Lazarus, R. S. & Folkman, S. (1984). *Stress, appraisal, and coping*. New York: Springer.

Lazarus, R. S. & Folkman, S. (1987). Transactional theory and research on emotions and coping. *European Journal of Personality*, *1*, 141-170.

Lazarus, R. S. & Folkman, S. (1989). *Hassles and Uplifts Scales*. Palo Alto, CA: Consulting Psychologists Press.

Lebovits, A. H. & Strain, J. J. (1990). The asbestos worker who smokes: Adding insult to injury. *Health Psychology*, *9*, 405-417.

Lee, C. (1993). Attitudes, knowledge, and stages of change: A survey of exercise patterns in older Australian women. *Health Psychology*, *12*, 476-480.

Lee, G., Massa, M. C., Welykyj, S., Choo, J. & Greaney, V. (1991). Yield from total skin examination and effectiveness of skin cancer awareness program. *Cancer*, *67*, 202-205.

Lennon, M. C., Martin, J. L. & Dean, L. (1990). The influence of social support on AIDS-related grief reaction among gay men. *Social Science and Medicine*, *31*, 477-484.

Leppin, A. (1994). *Bedingungen des Gesundheitsverhaltens. Risikowahrnehmung und persönliche Ressourcen*. Weinheim: Juventa.

Leppin, A. & Schwarzer, R. (1989). Causal attributions of Type A individuals under stress and self-awareness conditions. In P. Lovibond & P. Wilson (Eds.), *Clinical and Abnormal Psychology* (pp. 377-386). Amsterdam: North-Holland.

Levenkron, J. C. & Moore, L. G. (1988). The type A behavior pattern: Issues for intervention research. *Annals of Behavioral Medicine*, *10*, 78-83.

Leventhal, H. & Avis, N. (1976). Pleasure, addiction, and habit: Factors in verbal report or factors in smoking behavior? *Journal of Abnormal Psychology*, *85*, 478-488.

Leventhal, H., Baker, T., Brandon, T. & Fleming, R. (1989). Intervening and preventing cigarette smoking. In T. Ney & A. Gale (Eds.), *Smoking and human behavior* (pp. 313-336). Chichester: Wiley.

Leventhal, H. & Cleary, P. D. (1980). The smoking problem: A review of the research and theory in behavioral risk modification. *Psychological Bulletin*, *88*, 370-405.

Levy, S. M. (1985). *Behavior and cancer: Life-style and psychosocial factors in the initiation and progression of cancer*. San Francisco, CA: Jossey-Bass.

Lewin, K. (1926). Vorsatz, Wille und Bedürfnis. *Psychologische Forschung*, *7*, 330-385.

Lewis, M. A., Rook, K. S. & Schwarzer, R. (1994). Social support, social control and health among the elderly. In G. Penny, P. Bennett, & M. Herbert (Eds.), *Health psychology: A life-span perspective* (pp. 191-211). London: Harwood.

Lichtenstein, E. & Glasgow, R. E. (1992). Smoking cessation: What have we learned over the past decade? *Journal of Consulting and Clinical Psychology, 60*, 518-527.

Lichtenstein, E., Glasgow, R. E. & Abrams, D. B. (1986). Social support in smoking cessation: In search of effective interventions. *Behavior Therapy, 17*, 607-619.

Lichtenstein, E., Lando, H. A. & Nothwehr, F. (1994). Readiness to quit as a predictor of smoking changes in the Minnesota heart health program. *Health Psychology, 13* (5), 393-396.

Liepmann, D. (1990). Entwicklung von Gesundheitsprogrammen in Organisationen. In R. Schwarzer (Hg.), *Gesundheitspsychologie* (S. 447-460). Göttingen: Hogrefe.

Lipkus, I. M., Barefoot, J. C., Williams, R. B. & Siegler, I. C. (1994). Personality measures as predictors of smoking initiation and cessation in the UNC alumni heart study. *Health Psychology, 13* (2), 149-155.

Litt, M. D. (1988). Self-efficacy and perceived control: Cognitive mediators of pain tolerance. *Journal of Personality and Social Psychology, 54*, 149-160.

Litt, M. D., Tennen, H., Affleck, G. & Klock, S. (1992). Coping and cognitive factors in adaptation to in vitro fertilization failure. *Journal of Behavioral Medicine, 15*, 171-188.

Lockemann, U. & Pueschel, K. (1994). Entwicklung der HIV-1-Prävalenz bei Rauschgifttodesfällen in der Bundesrepublik Deutschland sowie im internationalen Vergleich (Stand 31.12.1992). *AIDS-Forschung, 9*, 185-188.

Lohaus, A. (1993). *Gesundheitsförderung und Krankheitsprävention im Kindes- und Jugendalter.* Göttingen: Hogrefe.

Lohaus, A. & Schmitt, G. M. (1989). *Fragebogen zur Erhebung von Kontrollüberzeugungen zu Krankheit und Gesundheit (KKG).* Göttingen: Hogrefe.

Lombardo, T. & Carreno, L. (1987). Relationship of Type A behavior pattern in smokers to carbon monoxide exposure and smoking topography. *Health Psychology, 6*, 445-452.

Long, B. C. (1985). Stress-management interventions: A 15-month follow-up of aerobic conditioning and stress inoculation training. *Cognitive Therapy and Research, 9*, 471-478.

Loos, C. & Bowd, A. D. (1989). AIDS-related behaviour change, knowledge and opinions among first year university students. *Canadian Journal of Counseling, 23*, 288-295.

Lopez, H. & Fuchs, R. (1990). Rauchen. In R. Schwarzer (Hg.), *Gesundheitspsychologie* (S. 185-197). Göttingen: Hogrefe.

Lubin, J. H., Blot, W. J., Berrino, F., Flamant, R., Gillis, C. R., Kunzer, M., Schmahl, D. & Visco, H. (1984). Patterns of lung cancer according to type of cigarette smokers. *International Journal of Cancer, 33*, 569-576.

Lubin, J. H., Richter, B. S. & Blot, W. J. (1984). Lung cancer risk with cigar and pipe use. *Journal of the National Cancer Institute, 73*, 377-381.

Lundberg, U., Fredrikson, M., Wallin, L., Melin, B. et al. (1989). Blood lipids as related to cardiovascular and neuroendocrine functions under different conditions in healthy males and females. *Pharmacology, Biochemistry and Behavior, 33*, 381-386.

Lundberg, U., Hedman, M., Melin, B. & Frankenhaeuser, M. (1989). Type A behavior in healthy males and females as related to physiological reactivity and blood lipids. *Psychosomatic Medicine, 51*, 113-122.

Lutgendorf, S., Antoni, M. H., Schneiderman, N. & Fletcher M. A. (1994). Psychosocial counseling to improve quality of life in HIV infection. *Patient Education and Counseling, 24* (3), 217-235.

Macdonald, G. & Smith, C. (1990). Complacency, risk perception and the problem of HIV education. *AIDS Care, 2*, 63-68.

MacDonald, N. E., Wells, G. A., Fisher, W. A., Warren, W. K., King, M. A., Doherty, J. A. & Bowie, W. R. (1990). High risk STD/HIV behavior among college students. *Journal of the American Medical Association, 23*, 3155-3159.

Maddi, S. R. (1990). Issues and interventions in stress mastery. In H. S. Friedman (Ed.), *Personality and disease* (pp. 121-154). New York: Wiley.

Maddux, J. E., Norton, L. W. & Stoltenberg, C. D. (1986). Self-efficacy expectancy, outcome expectancy, and outcome value: Relative effects on behavioral intentions. *Journal of Personality and Social Psychology, 51*, 783-789.

Maddux, J. E. & Rogers, R. W. (1983). Protection motivation and self-efficacy: A revised theory of fear appeals and attitude change. *Journal of Experimental Social Psychology, 19*, 469-479.

Mahboubi, E. (1977). The epidemiology of oral cavity, pharyngeal and oesophageal cancer outside of North America and Western Europe. *Cancer, 40*, 1879-1886.

Malavaud, S., Dumay, F. & Malavaud, B. (1990). HIV infection: Assessment of sexual risk, knowledge, and attitudes towards prevention in 1,586 high school students in the Toulouse Education Area. *American Journal of Health Promotion, 4*, 260-265.

Mangan, G. L. & Golding, J. F. (1984). *The psychopharmacology of smoking.* Cambridge: Cambridge University Press.

Mann, G. V., Garrett, H. L., Farhi, A., Murray, H., Billings, F. T., Shute, E. & Schwarten, S. E. (1969). Exercise to prevent coronary heart disease. *American Journal of Medicine, 46*, 12-27.

Manne, S. L. & Zautra, A. J. (1989). Spouse criticism and support: Their association with coping and psychological adjustment among women with rheumatoid arthritis. *Journal of Personality & Social Psychology, 56*, 608-617.

Manning, M. M. & Wright, T. L. (1983). Self-efficacy expectancies, outcome expectancies, and the persistence of pain control in childbirth. *Journal of Personality and Social Psychology, 45*, 421-431.

Manson, J. E., Colditz, G. A., Stampfer, M. J., Willett, W. C., Rosner, B., Monson, R. R., Speizer, F. E. & Hennekens, C. H. (1990). A prospective study of obesity and risk of coronary heart disease in women. *New England Journal of Medicine, 322*, 882-888.

Marcoux, B. C., Trenkner, L. L. & Rosenstock, I. M. (1990). Social networks and social support in weight loss. *Patient Education and Counseling, 15*, 229-238.

Marcus, B. H. & Owen, N. (1992). Motivational readiness, self-efficacy and decision-making for exercise. *Journal of Applied Social Psychology, 22*, 3-16.

Marlatt, G. A. (1983). The controlled-drinking controversy. *American Psychologist, 57*, 1097-1110.

Marlatt, G. A. (1985a). Cognitive factors in the relapse process. In G. A. Marlatt & J. R. Gordon (Eds.), *Relapse prevention* (pp. 128-200). New York: Guilford.

Marlatt, G. A. (1985b). Relapse prevention: Theoretical rationale and overview of the model. In G. A. Marlatt & J. R. Gordon (Eds.), *Relapse prevention* (pp. 3-70). New York: Guilford.

Marlatt, G. A. (1985c). Situational determinants of relapse and skill-training interventions. In G. A. Marlatt & J. R. Gordon (Eds.), *Relapse prevention* (pp. 71-127). New York: Guilford.

Marlatt, G. A., Baer, J. S. & Quigley, L. A. (1995). Self-efficacy and addictive behavior. In A. Bandura (Ed.), *Self-efficacy in changing societies* (pp. 289-316). Cambridge, MA: Cambridge University Press.

Marlatt, G. A. & Gordon, J. R. (Eds.) (1985). *Relapse prevention.* New York: Guilford.

Marshall, G. N., Wortman, C. B., Kusulas, J. W., Hervig, L. K. & Vickers, R. R. (1992). Distinguishing optimism from pessimism: Relations to fundamental dimensions of mood and personality. *Journal of Personality and Social Psychology, 62*, 1067-1074.

Martin, J. L. & Dean, L. (1989). Risk factors for AIDS-related bereavement in a cohort of homosexual men in New York City. In B. Cooper & T. Helgason (Eds.), *Epidemiology and the Prevention of Mental Disorders* (pp. 17-32). London: Routledge.

Mason, E. (1970). Obesity in pet dogs. *Veterinary Record, 86*, 612-616.

Mason, H. R. C., Marks, G., Simoni, J. M., Ruiz, M. S. & Richardson, J. L. (1995). Culturally sanctioned secrets? Latino men`s nondisclosure of HIV infection to family, friends, and lovers. *Health Psychology, 14* (1), 6-12.

Matteson, M. T., Ivancevich, J. M. & O'Gamble, G. (1987). A test of the cognitive social learning model of Type A behavior. *Journal of Human Stress, 13*, 23-31.

Matthews, K. A. (1982). Psychological perspectives on the Type A behavior pattern. *Psychological Bulletin, 91*, 293-323.

Matthews, K. A. (1988). Coronary heart disease and Type A behavior: Update on and alternative to the Booth-Kewley and Friedman (1987) quantitative review. *Psychological Bulletin, 104*, 373-380.

Matthews, K. A., Glass, D. C., Rosenman, R. H. & Bortner, R. W. (1977). Competitive drive, pattern A, and coronary heart disease: A further analysis of some data from the Western Collaborative Group Study. *Journal of Chronic Disease, 30*, 489-498.

Matthews, K. A. & Haynes, S. G. (1986). Type A behavior pattern and coronary disease risk. *American Journal of Epidemiology, 123*, 923-960.

McAlister, A., Perry, C. & Maccoby, N. (1979). Adolescent smoking: Onset and prevention. *Pediatrics, 63*, 650-658.

McAuley, E. (1992). The role of efficacy cognitions in the prediction of exercise behavior in middle-aged adults. *Journal of Behavioral Medicine, 15* (1), 65-88.

McCann, B. S., Warnick, G. R. & Knopp, R. H. (1990). Changes in plasma lipids and dietary intake accompanying shifts in perceived workload and stress. *Psychosomatic Medicine, 52*, 97-108.

McCarthy, W. J., & Newcomb, M. D. (1992). Two dimensions of perceived self-efficacy: Perceived cognitive control and behavioral coping ability. In R. Schwarzer (Ed.), *Self-efficacy: Thought control of action* (pp. 39-64). Washington, DC: Hemisphere.

McCrae, R. R. (1984). Situational determinants of coping responses: Loss, threat, and challenge. *Journal of Personality and Social Psychology, 46*, 919-928.

McCutchan, J. A. (1990). Virology, immunology, and clinical course of HIV infection. *Journal of Consulting and Clinical Psychology, 58*, 5-12.

McKirnan, D. J. & Peterson, P. L. (1989). AIDS-risk behavior among homosexual males: The role of attitudes and substance abuse. *Psychology and Health, 3*, 161-171.

McKusick, L., Coates, T. J., Morin, S. F., Pollack, L. & Hoff, N. (1990). Longitudinal predictors of reductions in unprotected anal intercourse among gay men in San Francisco - The AIDS Behavioral Research Project. *American Journal of Public Health, 80*, 978-983.

McMurray, R. G., Sheps, D. S. & Guinan, D. M. (1984). Effects of naloxone on maximal stress testing in females. *Journal of Applied Physiology, 56*, 436-440.

Melamed, B. G. & Brenner, G. F. (1990). Social support and chronic medical stress: An interaction-based approach. *Journal of Social and Clinical Psychology, 9*, 104-117.

Melchert, T. & Burnett, K. F. (1990). Attitudes, knowledge, and sexual behavior of high-risk adolescents: Implications for counseling and sexuality education. *Journal of Counseling and Development, 68*, 293-298.

Mermelstein, R. J., Cohen, S., Lichtenstein, E., Baer, J. S. & Kamarck, T. (1986). Social support and smoking cessation and maintenance. *Journal of Consulting and Clinical Psychology, 54* (4), 447-453.
Miller, A. G., Ashton, W. A., McHoskey, J. W. & Gimbel, J. (1990). What price attractiveness? Stereotype and risk factors in suntanning behavior. *Journal of Applied Social Psychology, 20*, 1272-1300.
Miller, H. G., Turner, C. F. & Moses, L. E. (Eds.) (1990). *AIDS. The second decade.* Washington, DC: National Academy Press.
Miller, S. M. (1987). Monitoring and blunting: Validation of a questionnaire to assess styles of information seeking under threat. *Journal of Personality and Social Psychology, 52* (2), 345-353.
Miller, S. M., Combs, C. & Kruus, L. (1993). Tuning in and tuning out: Confronting the effects of confrontation. In H. W. Krohne (Ed.), *Attention and avoidance: Strategies in coping with aversiveness* (pp. 51-70). Seattle: Hogrefe & Huber.
Mischel, H. N. & Mischel, W. (1983). The development of children's knowledge of self-control strategies. *Child Development, 54*, 603-619.
Mischel, W. (1966). Theory and research on the antecedents of self-imposed delay of reward. In B. A. Maher (Ed.), *Progress in experimental personality research* (Vol. 3). New York: Academic Press.
Mischel, W. (1973). Toward a cognitive social learning reconceptualization of personality. *Psychological Review, 80*, 252-283.
Mittag, W., Liebig, H., Freund, A. & Schwarzer, R. (1991). Selbstaufmerksamkeit und belastende Lebensereignisse: Eine Längsschnittstudie zur Rückfälligkeit von Alkoholikern. *Zeitschrift für Klinische Psychologie, 20* (2), 154-165.
Mittag, W. & Onnen, A. (1991). Rauchen, Alkohol- und Medikamentenkonsum. Zur Prävalenz von gesundheitlichem Risikoverhalten. *psychomed, 3* (2), 118-123.
Mittag, W. & Schröder, K. (1994). Gesundheitsliches Risikoverhalten: Der Konsum von Tabak, Alkohol und Medikamenten. In R. Schwarzer & M. Jerusalem (Hg.), *Gesellschaftlicher Umbruch als kritisches Lebensereignis. Psychosoziale Krisenbewältigung bei Übersiedlern und Ostdeutschen* (S. 199-225). Weinheim: Juventa.
Mohr, G. (1990). Arbeit und Gesundheit. In R. Schwarzer (Hg.), *Gesundheitspsychologie* (S. 229-244). Göttingen: Hogrefe.
Montada, L., Filipp, S.-H. & Lerner, M. J. (Eds.) (1992). *Life crises and experiences of loss in adulthood.* Hillsdale, NJ: Erlbaum.
Morgan, W. P. (1979). Anxiety reduction following acute physical activity. *Psychiatric Annals, 9* (3), 36-45.
Morgan, W. P. (1987). Reduction of state anxiety following acute physical activity. In W. P. Morgan & S. E. Goldston (Eds.), *Exercise and mental health* (pp. 105-109). Washington, DC: Hemisphere.
Morris, J. N., Heady, J. A., Raffle, P. A. B., Roberts, C. G. & Parks, J. W. (1953). Coronary heart-disease and physical activity of work. *Lancet, ii*, 1053-1057, 111-1120.
Mudde, A., Kok, G. & Strecher, V. (1989). *Self-efficacy and success expectancy as predictors of the cessation of smoking.* Paper pres. First European Congress of Psychology, Amsterdam.
Mulder, C. L. (1994). Psychosocial correlates and the effects of behavioral interventions on the course of human immuno-deficiency virus infection in homosexual men. *Patient Education and Counseling, 24* (3), 237-247.
Mullen, P. D., Hersey, J. C. & Iverson, D. C. (1987). Health behavior models compared. *Social Science and Medicine, 24*, 973-983.

Murray, D. M., Davis-Hearn, M., Goldman, A. I., Pirie, P. & Luepker, R. V. (1988). Four- and five-year follow-up results from four seventh-grade smoking prevention strategies. *Journal of Behavioral Medicine, 11*, 395-405.

Murray, D. M., Pirie, P., Luepker, R. V. & Pallonen, U. (1989). Five- and six-year follow-up results from four seventh-grade smoking prevention strategies. *Journal of Behavioral Medicine, 12*, 207-218.

Murray, D. M., Richards, P. S., Luepker, R. V. & Johnson, C. A. (1987). The prevention of cigarette smoking in children: Two- and three-year follow-up comparisons of four prevention strategies. *Journal of Behavioral Medicine, 10*, 595-611.

Murza, G. & Laaser, U. (Eds.) (1990). *Gesundheitsförderung - "Hab ein Herz für Dein Herz". Der Betrieb als Interventionsort für Prävention und gesundheitsfördernde Maßnahmen.* Bielefeld: Institut für Dokumentation und Information, Sozialmedizin und öffentliches Gesundheitswesen (IDIS).

Myrtek, M. (1995). Type A behavior pattern, personality factors, disease, and physiological reactivity: A meta-analytic update. *Personality and Individual Differences, 18* (4), 491-502.

Nachemson, A. L. (1990). Exercise, fitness, and back pain. In C. Bouchard, R. J. Shephard, T. Stephens, J. R. Sutton, & B. D. McPherson (Eds.), *Exercise, fitness, and health* (pp. 533-540). Champaign, IL: Human Kinetics Books.

Nagler, W. & Androff, A. (1990). Investigating the impact of deconditioning anxiety on weight loss. *Psychological Reports, 66*, 595-600.

National Center for Health Statistics (1990). *Health, United States, 1989.* Hyattsville: Public Health Service.

Nell, V. & Westmeyer, H. (1990). Verhaltensmodifikation. In R. Schwarzer (Hg.), *Gesundheitspsychologie* (S. 439-445). Göttingen: Hogrefe.

Newberne, P. M. & Suphakarn, V. (1983). Nutrition and cancer: A review, with emphasis on the role of vitamins C and E and selenium. *Nutrition and Cancer, 5*, 107-119.

Newcomb, M. D. (1990). What structural equation modeling can tell us about social support. In B. R. Sarason, I. G. Sarason & G. R. Pierce (Eds.), *Social support: An interactional view* (pp. 26-63). New York: Wiley.

Newcomb, M. D. & Bentler, P. M. (1988). *Consequence of adolescent drug use: Impact on the lives of young adults.* Beverly Hills, CA: Sage.

Newcomb, M. D. & Chou, C. (1989). Social support among young adults: Latent-variable models of quantity and satisfaction within six life areas. *Multivariate Behavioral Research, 24*, 233-256.

Newcomb, M. D., McCarthy, W. J. & Bentler, P. M. (1989). Cigarette smoking, academic lifestyle, and social impact efficacy: An eight-year study from early adolescence to young adulthood. *Journal of Applied Social Psychology, 19*, 251-281.

Newsholme, E. A. (1990). Effects of exercise on aspects of carbohydrate, fat, and amino acid metabolism. In C. Bouchard, R. J. Shephard, T. Stephens, J. R. Sutton, & B. D. McPherson (Eds.), *Exercise, fitness, and health* (pp. 293-308). Champaign, IL: Human Kinetics Books.

Ney, T., Gale, A. & Morris, H. (1989). A critical evaluation of laboratory studies of the effects of smoking on learning and memory. In T. Ney & A. Gale (Eds.), *Smoking and human behavior* (pp. 239-262). Chichester: Wiley.

Nides, M., Rand, C., Dolce, J., Murray, R., O'Hara, P., Voelker, H. & Connett, J. (1994). Weight gain as a function of smoking cessation and 2-mg nicotine gum use among middle-aged smokers with mild lung impairment in the first 2 years of the lung health study. *Health Psychology, 13* (4), 354-361.

Nil, R. & Bättig, K. (1989). Smoking behavior: A multivariate process. In T. Ney & A. Gale (Eds.), *Smoking and human behavior* (pp. 199-221). Chichester: Wiley.

Nisbett, R. E. (1972). Hunger, obesity, and the ventromedial hypothalamus. *Psychological Review, 79*, 433-453.

Nöldner, W. (1990). Gesundheitsverhalten in Freizeit und Urlaub. In R. Schwarzer (Hg.), *Gesundheitspsychologie* (S. 215-228). Göttingen: Hogrefe.

Norman, N. M. & Tedeschi, J. T. (1989). Self-presentation, reasoned action, and adolescents' decision to smoke cigarettes. *Journal of Applied Social Psychology, 19*, 543-558.

Notarius, C. I. & Herrick, L. R. (1988). Listener response strategies to a distressed other. *Journal of Social and Personal Relationships, 5*, 97-108.

Nowack, K. M. (1989). Coping style, cognitive hardiness, and health status. *Journal of Behavioral Medicine, 12*, 145-158.

O'Leary, A. (1985). Self-efficacy and health. *Behavioral Research Therapy, 23*, 437-451.

O'Leary, A. (1992). Self-efficacy and health: Behavioral and stress-physiological mediation. *Cognitive Therapy and Research, 16*, 229-245.

Ogden, J. (1994). Effects of smoking cessation, restrained eating, and motivational states on food intake in the laboratory. *Health Psychology, 13* (2), 114-121.

Orbuch, T. L. (1992). *Close relationship loss: Theoretical approaches.* New York: Springer.

Otto, J. (1990). The effects of physical exercise on psychophysiological reactions under stress. *Cognition and Emotion, 4* (4), 341-357.

Otto, J. & Stemmann, O. (1991). Befindlichkeitsveränderungen durch abgestufte, moderate körperliche Aktivierung. *Zeitschrift für experimentelle und angewandte Psychologie, 38* (2), 264-278.

Owen, N. (1989). Behavioral intervention studies and behavioral epidemiology research to improve smoking-cessation strategies. Special Issue: Smoking. *Health Education Research, 4*, 145-153.

Owen, N., James, R., Henrikson, D. & Van Beurden, E. (1990). Community cholesterol screenings: The impact of follow-up letters and incentives on retest rates and biometric changes in follow-up screenings. *American Journal of Health Promotion, 5*, 58-61.

Paffenbarger, R. S. Jr., Hyde, R. T. & Wing, A. L. (1990). Physical activity and physical fitness as determinants of health and longevity. In C. Bouchard, R. J. Shephard, T. Stephens, J. R. Sutton, & B. D. McPherson (Eds.), *Exercise, fitness, and health* (pp. 33-48). Champaign, IL: Human Kinetics Books.

Paffenbarger, R. S., Wing, A. L. & Hyde, R. T. (1978). Physical activity as an index of heart attack risk in college alumni. *American Journal of Epidemiology, 108*, 161-175.

Pant, A. & Kleiber, D. (1993). Heterosexuelles Risikoverhalten und HIV-1 Prävalenz bei intravenös applizierenden Drogenkonsumenten. *Zeitschrift für Gesundheitspsychologie, 1*, 49-64.

Parker, J. D. A. & Endler, N. S. (1992). Coping with coping assessment: A critical review. *European Journal of Personality, 6* (5), 321-344.

Patrias, K. & Moshell, A. N. (1989). *Sunlight, ultraviolet radiation, and the skin. Current bibliographies in medicine.* Bethesda, MD: National Institutes of Health.

Patterson, J. M. & McCubbin, H. I. (1987). Adolescent coping style and behaviors: conceptualization and measurement. *Journal of Adolescence, 10*, 163-186.

Patton, G. C., Johnson S. E., Wood, K., Mann, A. H. & Wakeling, A. (1990). Abnormal eating attitudes in London schoolgirls: A prospective epidemiological study: Outcome at twelve month follow-up. *Psychological Medicine, 20*, 383-394.

Pauling, L. (1980). Vitamin C therapy of advanced cancer. *New England Journal of Medicine*, *302*, 694-698.
Perkins, J. & Dick, T. B. S. (1985). Smoking and myocardial infarction: Secondary prevention. *Postgraduate Medical Journal*, *67*, 295-300.
Perkins, K. A. (1985). The synergistic effect of smoking and serum cholesterol on coronary heart disease. *Health Psychology*, *4*, 337-360.
Perkins, K. A. (1989). Interactions among coronary heart disease risk factors. *Annals of Behavioral Medicine*, *11*, 3-11.
Perkins, K. A. (1993). Weight gain following smoking cessation. *Journal of Consulting and Clinical Psychology*, *61*, 768-777.
Perkins, K. A., Epstein, L. H. & Pastor, S. (1990). Changes in energy balance following cessation and resumption of smoking in women. *Journal of Consulting and Clinical Psychology*, *58*, 121-125.
Perrez, M. & Reicherts, M. (1992). *Stress, coping, and health.* Seattle/Toronto: Hogrefe & Huber.
Pershagen, G., Hrubec, Z. & Svensson, C. (1987). Passive smoking and lung cancer in Swedish women. *American Journal of Epidemiology*, *125*, 17-24.
Petermann, F. (1990). Bewältigung der Krebserkrankung im Kindes- und Jugendalter. In R. Schwarzer (Hg.), *Gesundheitspsychologie* (S. 365-381). Göttingen: Hogrefe.
Pettingale, K. W., Morris, T., Greer, S. & Haybittle, J. L. (1985). Mental attitudes to cancer: An additional prognostic factor. *Lancet*, *i*, 750.
Pierce, J., Giovino, G., Hatziandreu, E. & Shopland, D. (1989). National age and sex differences in quitting smoking. *Journal of Psychoactive Drugs*, *21*, 293-298.
Pierce, J. P., Fiore, M. C., Novotny, T. E., Hatziandreu, E. J. & Davis, R. M. (1989). Trends in cigarette smoking in the United States: Educational differences are increasing. *Journal of the American Medical Association*, *261*, 56-60.
Pierce, R. A. & Stoltenberg, C. D. (1990). Increasing program persistence in professional weight loss programs involving cognitive self-persuasion. *Professional Psychology Research and Practice*, *21*, 210-215.
Ploeg, H. M. van der, Kleijn, W. C., Mook, J., Donge, M. van, Pieters, A. M. J. & Leer, J.-W. H. (1989). Rationality and antiemotionality as a risk factor for cancer: Concept differentiation. *Journal of Psychosomatic Research*, *33* (2), 217-225.
Polivy, J. & Herman, C. P. (1983). *Breaking the diet habit: The natural weight alternative.* New York: Basic Books.
Polivy, J. & Herman, C. P. (1987). Diagnosis and treatment of normal eating. *Journal of Consulting and Clinical Psychology*, *55*, 635-644.
Pomerleau, O. F., Collins, A. C., Shiffman, S. & Pomerleau, C. S. (1993). Why some people smoke and others do not: New perspectives. *Journal of Consulting and Clinical Psychology*, *61*, 723-731.
Pomerleau, O. F. & Pomerleau, C. S. (Eds.) (1988). *Nicotine replacement: A critical evaluation.* New York: Liss.
Pomerleau, O. F. & Pomerleau, C. S. (1989a). A biobehavioral perspective on smoking. In T. Ney & A. Gale (Eds.), *Smoking and human behavior* (pp. 69-92). Chichester: Wiley.
Pomerleau, O. F. & Pomerleau, C. S. (1989b). Stress, smoking, and the cardiovascular system. *Journal of Substance Abuse*, *1*, 331-343.
Powell, K. E., Thompson, P. D., Caspersen, C. J. & Kendrick, J. S. (1987). Physical activity and the incidence of coronary heart disease. *Annual Review of Public Health*, *8*, 253-287.
Price, V. A. (1982). *Type A behavior pattern. A model for research and practice.* New York: Academic Press.

Prochaska, J. O. (1994). Strong and weak principles for progressing from precontemplation to action on the basis of twelve problem behaviors. *Health Psychology, 13* (1), 47-51.
Prochaska, J. O. & DiClemente, C. C. (1983). Stages and processes of self-change of smoking: Toward an integrative model of change. *Journal of Consulting and Clinical Psychology, 51*, 390-395.
Pudel, V. & Maus, N. (1990). Ernährung. In R. Schwarzer (Hg.), *Gesundheitspsychologie* (S. 151-167). Göttingen: Hogrefe.

Radford, E. P. & Renard, K. G. S. C. (1984). Lung cancer in Swedish iron miners exposed to low doses of radon daughters. *New England Journal of Medicine, 310*, 1485-1494.
Ragland, D. R. & Brand, R. J. (1988). Type A behavior and mortality from coronary heart disease. *New English Journal of Medicine, 318*, 65-69.
Ratliff-Crain, J. & Baum, A. (1990). Individual differences and health: Gender, coping, and stress. In H. S. Friedman (Ed.), *Personality and disease* (pp. 226-253). New York: Wiley.
Reddy, D. M. & Alagna, S. W. (1986). Psychological aspects of cancer prevention and early detection among women. In B. L. Andersen (Ed.), *Women with cancer: Psychological perspectives* (pp. 93-137). New York: Springer.
Reicherts, M. & Perrez, M. (1986). *UBV. Fragebogen zum Umgang mit belastenden Situationen im Verlauf.* Freiburg/Schweiz:Universität Freiburg, Psychologisches Institut.
Reisenzein, R. (1986). A structural equation analysis of Weiner's attribution-affect model of helping behavior. *Journal of Personality and Social Psychology, 50*, 1123-1133.
Rejeski, W. J., Thompson, A., Brubaker, P. H. & Miller, H. S. (1992). Acute exercise: Buffering psychosocial stress responses in women. *Health Psychology, 11*, 355-362.
Rhodewalt, F. (1984). Self-involvement, self-attribution, and the Type A coronary-prone behavior pattern. *Journal of Personality and Social Psychology, 47*, 662-670.
Rippetoe, P. A., & Rogers, R. W. (1987). Effects on components of protection motivation theory on adaptive and maladaptive coping with a health threat. *Journal of Personality and Social Psychology, 52*, 596-604.
Robertson, J. A. & Plant, M. A. (1988). Alcohol, sex and risks of HIV infection. *Drug and Alcohol Dependence, 22*, 75-78.
Robinson, J. K. (1990). Behavior modification obtained by sun protection education coupled with removal of a skin cancer. *Archives of Dermatology, 126*, 477-481.
Rodin, J. (1981). Current status of the internal-external hypothesis for obesity: What went wrong? *American Psychologist, 36*, 361-372.
Rodin, J., Reed, D. & Jamner, L. (1988). Metabolic effects of fructose and glucose: Implications for food intake. *American Journal of Clinical Nursing, 47*, 683-689.
Rodin, J., Schank, D. & Striegel-Moore, R. (1989). Psychological features of obesity. *Medical Clinics of North America, 73*, 247-346.
Rogers, P. J. & Hill, A. J. (1989). Breakdown of dietary restraint following more exposure to food stimuli: Interrelationships between restraint, hunger, salivation, and food intake. *Addictive Behaviors, 14*, 387-397.
Rogers, R. W. (1975). A protection motivation theory of fear appeals and attitude change. *Journal of Psychology, 91*, 93-114.
Rogers, R. W. (1983). Cognitive and physiological processes in fear appeals and attitude change: A revised theory of protection motivation.. In J. R. Cacioppo & R. E. Petty (Eds.), *Social Psychology: A sourcebook* (pp. 153-176). New York: Guilford.
Rogers, R. W. (1985). Attitude change and information integration in fear appeals. *Psychological Reports, 56*, 179-182.
Rolls, B. J., Fedoroff, I. C. & Guthrie, J. F. (1991). Gender differences in eating behavior and body weight regulation. *Health Psychology, 10*, 133-142.

Ronis, D. L. & Kaiser, M. K. (1989). Correlates of breast self-examination in a sample of college women: Analyses of linear structural relations. *Journal of Applied Social Psychology, 19*, 1068-1084.

Rook, K. S. (1984). Promoting social bonding. *American Psychologist, 39*, 1389-1407.

Rook, K. S. (1984). The negative side of social interaction. *Journal of Personality and Social Psychology, 46*, 1097-1108.

Rook, K. S. (1990). Social relationships as a source of companionship: Implications for older adults' psychological well-being. In B. R. Sarason, I. G. Sarason, & G. R. Pierce (Eds.), *Social support: An interactional view* (pp. 219-250). New York: Wiley.

Rooney, J. F. & Wright, T. L. (1982). An extension of Jessor and Jessor's problem behavior theory from marihuana to cigarette use. *International Journal of the Addictions, 17*, 1273-1287.

Rosch-Inglehart, M. (1988). *Kritische Lebensereignisse - Eine sozialpsychologische Analyse.* Stuttgart: Kohlhammer.

Rosen, J. C., Tacy, B. & Howell, D. (1990). Life stress, psychological symptoms and weight reducing behavior in adolescent girls: A prospective analysis. *International Journal of Eating Disorders, 9*, 17-26.

Rosenman, R. H. (1978). The interview method of assessment of the coronary-prone behavior pattern. In T. M. Dembroski, S. M. Weiss, J. L. Shields, S. G. Haynes, & M. Feinleib (Eds.), *Coronary-prone behavior* (pp. 55-70). New York: Springer.

Rosenman, R. H. & Chesney, M. A. (1985). Type A behavior and coronary heart disease: Review of theory and findings. In C. D. Spielberger, I. G. Sarason, & P. B. Defares (Eds.), *Stress and anxiety* (Vol. 9, pp. 207-229). Washington, DC: Hemisphere.

Rosenman, R.-H. (1993). Einige Zusammenhänge zwischen Ausmaßen der Feindseligkeit, des Ärgers und kardiovaskulären Krankheiten. In M. M. Müller (Hg.), *Psychophysiologische Risikofaktoren bei Herz-Kreislauferkrankungen. Grundlagen und Therapie* (S. 203-242). Göttingen: Hogrefe.

Rosenstock, I. M. (1966). Why people use health services. *Milbank Memorial Fund Quarterly, 44*, 94.

Rossi, J. S. (1989). Exploring behavioral approaches to UV risk reduction. In A. Moshell & L. W. Blankenbaker (Eds.), *Sunlight, ultraviolet radiation, and the skin* (pp. 91-93). Bethesda, MD: National Institute of Health.

Rossiter, E. M., Wilson, G. T. & Goldstein, L. (1989). Bulimia nervosa and dietary restraint. *Behaviour Research and Therapy, 27*, 465-468.

Rothbaum, F., Weisz, J. R. & Snyder, S. (1982). Changing the world and changing the self: A two-process model of perceived control. *Journal of Personality and Social Psychology, 42*, 5-37.

Rotter, J. B. (1954). *Social learning and clinical psychology.* Englewood Cliffs, NY: Prentice Hall.

Russell, M. A. (1990). The nicotine addiction trap: A 40-year sentence for four cigarettes. *British Journal of Addiction, 85*, 293-300.

Sahlin, K. (1990). Discussion: Effects of exercise on aspects of carbohydrate, fat, and amino acid metabolism. In C. Bouchard, R. J. Shephard, T. Stephens, J. R. Sutton, & B. D. McPherson (Eds.), *Exercise, fitness, and health* (pp. 309-314). Champaign, IL: Human Kinetics Books.

Sallis, J. F., Nader, P. R., Broyles, S., Berry, C. C., Elder, J. P., McKenzie, T. L. & Nelson, J. A. (1993). Correlates of physical activity at home in Mexican-American and Anglo-American preschool children. *Health Psychology, 12*, 390-398.

Sallis, J. F., Pinski, R. B., Grossman, R. M., Patterson, T. L. & Nader, P. R. (1988). The development of self-efficacy scales for health-related diet and exercise behaviors. *Health Education Research, 3*, 283-292.

Saltin, B. (1990). Cardiovascular and pulmonary adaptation to physical activity. In C. Bouchard, R. J. Shephard, T. Stephens, J. R. Sutton, & B. D. McPherson (Eds.), *Exercise, fitness, and health* (pp. 187-204). Champaign, IL: Human Kinetics Books.

Sandler, D. P., Everson, R. P. & Wilcox, A. J. (1985). Passive smoking in adulthood and cancer risk. *American Journal of Epidemiology, 121*, 37-48.

Sarason, B. R., Pierce, G. R. & Sarason, I. G. (1990). Social support: The sense of acceptance and the role of relationships. In B. R. Sarason, I. G. Sarason, & G. R. Pierce (Eds.), *Social support: An interactional view* (pp. 97-128). New York: Wiley.

Sarason, B. R., Sarason, I. G., & Pierce, G. R. (Eds.). (1990). *Social support: An interactional view.* New York: Wiley.

Sarason, I. G. (1988). Anxiety, self-preoccupation and attention. *Anxiety Research. An International Journal, 1* (1), 3-8.

Sarason, I. G., Johnson, J. H. & Siegel, J. M. (1978). Assessing the impact of life changes: Development of the life experiences survey. *Journal of Consulting and Clinical Psychology, 46*, 932-946.

Sarason, I. G., Pierce, G. R. & Sarason, B. R. (1990). Social support and interactional processes: A triadic hypothesis. Special Issue: Predicting, activating and facilitating social support. *Journal of Social and Personal Relationships, 7*, 495-506.

Schachter, S. (1968). Obesity and eating. *Science, 161*, 751-756.

Schachter, S. (1971). Some extraordinary facts about obese humans and rats. *American Psychologist, 26*, 129-144.

Schachter, S. (1980). Urinary pH and the psychology of nicotine addiction. In P. O. Davidson & S. M. Davidson (Eds.), *Behavioral medicine: Changing health lifestyles* (pp. 70-93). New York: Bruner/Mazel.

Schachter, S. (1982). Recidivism and self-care of smoking and obesity. *American Psychologist, 37*, 436-444.

Schachter, S., Kozlowski, L. T. & Silverstein, B. (1977). Effects of urinary pH on cigarette smoking. *Journal of Experimental Psychology, 106*, 13-19.

Scheier, M. F. & Carver, C. S. (1985). Optimism, coping, and health: Assessment and implications of generalized outcome expectancies. *Health Psychology, 4*, 219-247.

Scheier, M. F. & Carver, C. S. (1987). Dispositional optimism and physical well-being: The influence of generalized outcome expectancies on health. *Journal of Personality, 55*, 169-210.

Scheier, M. F. & Carver, C. S. (1992). Effects of optimism on psychological and physical well-being: Theoretical overview and empirical update. *Cognitive Therapy and Research, 16*, 201-228.

Scheier, M. F., Matthews, K. A., Owens, J., Magovern, G. J. Sr., Lefebre, R. C., Abbott, R. A. & Carver, C. S. (1989). Dispositional optimism and recovery from coronary artery bypass surgery: The beneficial effects on physical and psychological well-being. *Journal of Personality and Social Psychology, 57*, 1024-1040.

Scheier, M. F., Weintraub, J. K. & Carver, C. S. (1986). Coping with stress: Divergent strategies of optimists and pessimists. *Journal of Personality and Social Psychology, 51*, 1257-1264.

Scherg, H. & Blohmke, M. (1988). Associations between selected life events and cancer. *Behavioral Medicine, 14*, 119-124.

Schifter, D. E. & Ajzen, I. (1985). Intention, perceived control, and weight loss: An application of the Theory of Planned Behavior. *Journal of Personality and Social Psychology*, *49*, 843-851.

Schlicht, W. (1993). Psychische Gesundheit durch Sport - Realität oder Wunsch: Eine Meta-Analyse. *Zeitschrift für Gesundheitspsychologie, 1* (1), 65-81.

Schlicht, W. (1994). *Sport und Primärprävention.* Göttingen: Hogrefe.

Schlicht, W. & Schwenkmezger, P. (1995). *Gesundheitsverhalten und Bewegung.* Schorndorf: Hofmann.

Schmidt, G. & Weiner, B. (1988). An attribution-affect-action theory of motivated behavior: Replications examining judgments of help-giving. *Personality and Social Psychology Bulletin*, *14*, 610-621.

Schneiderman, N., Chesney, M. A. & Krantz, D. S. (1989). Biobehavioral aspects of cardiovascular disease: Progress and prospects. *Health Psychology*, *8*, 649-676.

Schönpflug, W. (1990). Ökonomie im Gesundheitsverhalten. In R. Schwarzer (Hg.), *Gesundheitspsychologie* (S. 71-78). Göttingen: Hogrefe.

Schottenfeld, D. (1979). Alcohol as a co-factor in the etiology of cancer. *Cancer*, *43*, 1962-1966.

Schröder, K. (1994). Alkoholkonsum in einer Phase streßreicher Lebensveränderungen: Zum Einfluß von Partnerschaft und Ärgerneigung. *Zeitschrift für Gesundheitspsychologie*, *2*, 83-105.

Schulze, C., Flörchinger, E., Rees, U. M. & Jäger, R. S. (1987). *CEUS - Coping-Fragebogen.* Weinheim: Beltz.

Schwarzer, R. (Ed.) (1984). *The self in anxiety, stress and depression.* Amsterdam: North-Holland.

Schwarzer, R. (1987). *Streß, Angst und Hilflosigkeit* (2. Aufl.). Stuttgart: Kohlhammer.

Schwarzer, R. (1992a). *Psychologie des Gesundheitsverhaltens.* Göttingen: Hogrefe.

Schwarzer, R. (1992b). *Self-efficacy: Thought control of action.* Washington, DC: Hemisphere.

Schwarzer, R. (1993a). Defensiver und funktionaler Optimismus als Bedingungen für Gesundheitsverhalten. *Zeitschrift für Gesundheitspsychologie*, *1*, 7-31.

Schwarzer, R. (1993b). *Streß, Angst und Handlungsregulation.* (3. Aufl.). Stuttgart: Kohlhammer.

Schwarzer, R. (1993c). *Measurement of perceived self-efficacy: Psychometric scales for cross-cultural research.* Berlin: Freie Universität Berlin, Institut für Psychologie.

Schwarzer, R. (1994a). Optimism, vulnerability, and self-beliefs as health-related cognitions: A systematic overview. *Psychology and Health*, *9*, 161-180.

Schwarzer, R. (1994b). Optimistische Kompetenzerwartung: Zur Erfassung einer personellen Bewältigungsressource. *Diagnostica*, *40*, 105-123.

Schwarzer, R. (1994c). Volitionstheorie der Gesundheitserziehung. *Zeitschrift für Pädagogik*, *40* (6), 908-922.

Schwarzer, R., Dunkel-Schetter, C. & Kemeny, M. (1994). The multidimensional nature of received social support in gay men at risk of HIV infection and AIDS. *American Journal of Community Psychology*, *22* (3), 319-339.

Schwarzer, R., Dunkel-Schetter, C., Weiner, B. & Woo, G. (1992). Expectancies as mediators of the relationship between recipient characteristics and the intent to provide social support. In R. Schwarzer (Ed.), *Self-efficacy: Thought control of action* (pp. 65-87). Washington, DC: Hemisphere.

Schwarzer, R. & Fuchs, R. (1995). Changing risk behaviors and adopting health behaviors: The role of self-efficacy beliefs. In A. Bandura (Ed.), *Self-efficacy in changing societies* (pp. 259-288). New York: Cambridge University Press.

Schwarzer, R. & Hahn, A. (1994). Gesundheitsbeschwerden: Wie Streß und Ressourcen die Symptombelastung verändern. In R. Schwarzer & M. Jerusalem (Hg.), *Gesellschaftlicher Umbruch als kritisches Lebensereignis. Psychosoziale Krisenbewältigung von Übersiedlern und Ostdeutschen* (S. 183-197). Weinheim: Juventa.

Schwarzer, R., Hahn, A. & Schröder, H. (1994). Social integration and social support in a life crisis: Effects of macrosocial change in East Germany. *American Journal of Community Psychology, 22*, 685-706.

Schwarzer, R. & Jerusalem, M. (1981). Selbstwertgefühl in schulischen Bezugsgruppen. In W. Michaelis (Hg.), *Bericht über den 32. Kongreß der Deutschen Gesellschaft für Psychologie in Zürich 1980* (Bd. 2).

Schwarzer, R. & Jerusalem, M. (1982). Selbstwertdienliche Attributionen nach Leistungsrückmeldungen. *Zeitschrift für Entwicklungspsychologie und Pädagogische Psychologie, 14*, 47-57.

Schwarzer, R. & Jerusalem, M. (1983). Selbstkonzeptentwicklung in schulischen Bezugsgruppen - eine dynamische Mehrebenenanalyse. *Zeitschrift für personenzentrierte Psychologie und Psychotherapie, 2*, 79-87.

Schwarzer, R. & Jerusalem, M. (1989). Erfassung leistungsbezogener und allgemeiner Kontroll- und Kompetenzerwartungen. In G. Krampen (Hg.), *Diagnostik von Attributionen und Kontrollüberzeugungen* (S. 127-133). Göttingen: Hogrefe.

Schwarzer, R. & Jerusalem, M. (Hg.) (1994). *Gesellschaftlicher Umbruch als kritisches Lebensereignis: Psychosoziale Krisenbewältigung von Übersiedlern und Ostdeutschen.* Weinheim/München: Juventa.

Schwarzer, R., Jerusalem, M. & Hahn, A. (1994). Unemployment, social support and health complaints: A longitudinal study of stress in East German refugees. *Journal of Community and Applied Social Psychology, 4*, 31-45.

Schwarzer, R., Jerusalem, M. & Kleine, D. (1990). Predicting adolescent health complaints by personality and behaviors. *Psychology and Health: An International Journal, 4*, 233-244.

Schwarzer, R. & Leppin, A. (1989a). Social support and health: A meta-analysis. *Psychology and Health: An International Journal, 3*, 1-15.

Schwarzer, R. & Leppin, A. (1989b). *Sozialer Rückhalt und Gesundheit.* Göttingen: Hogrefe.

Schwarzer, R. & Leppin, A. (1990a). Social support, health, and health behavior. In K. Hurrelmann & F. Lösel (Eds.), *Health hazards in adolescence* (pp. 363-384). Berlin: de Gruyter.

Schwarzer, R. & Leppin, A. (1990b). Sozialer Rückhalt, Krankheit und Gesundheitsverhalten. In R. Schwarzer (Hg.), *Gesundheitspsychologie* (S. 395-414). Göttingen: Hogrefe.

Schwarzer, R. & Leppin, A. (1991a). Social support and health: A theoretical and empirical overview. *Journal of Social and Personal Relationships, 8*, 99-127.

Schwarzer, R. & Leppin, A. (1991b). Soziale Unterstützung und Wohlbefinden. In A. Abele & P. Becker (Hg.), *Wohlbefinden. Theorie - Empirie - Diagnostik* (S. 175-189). Weinheim: Juventa.

Schwarzer, R. & Leppin, A. (1992). Social support and mental health: A conceptual and empirical overview. In S.-H. Filipp, L. Montada & M. J. Lerner (Eds.), *Life crises and experiences of loss in adulthood* (pp. 435-458). Hillsdale, N.J.: Lawrence Earlbaum.

Schwarzer, R., Ploeg, H. M. van der & Spielberger, C. D. (1982). Test anxiety: An overview of theory and research. In R. Schwarzer, H. M. van der Ploeg, & C. D. Spielberger (Eds.), *Advances in test anxiety research* (Vol. 1, pp. 3-9). Lisse, The Netherlands/Hillsdale, NJ: Swets & Zeitlinger/Erlbaum.

Schwarzer, R., Ploeg, H. M. van der & Spielberger, C. D. (Eds.) (1987). *Advances in test anxiety research.* (Vol. 5). Lisse, The Netherlands: Swets & Zeitlinger.

Schwarzer, R., Ploeg, H. M. van der & Spielberger, C. D. (Eds.) (1989). *Advances in test anxiety research.* (Vol. 6). Lisse, The Netherlands: Swets & Zeitlinger.

Schwarzer, R. & Schwarzer, C. (1996). The assessment of coping. In M. Zeidner & N. Endler (Eds.), *Handbook of coping* (pp. 107-132). New York: Wiley.

Schwarzer, R. & Weiner, B. (1990). Die Wirkung von Kontrollierbarkeit und Bewältigungsverhalten auf Emotionen und soziale Unterstützung. *Zeitschrift für Sozialpsychologie*, 113-117.

Schwarzer, R. & Weiner, B. (1991). Stigma controllability and coping as predictors of emotions and social support. *Journal of Social and Personal Relationships*, *8*, 133-140.

Schwarzer, R. & Wicklund, R. A. (Eds.) (1991). *Anxiety and self-focused attention.* London: Harwood.

Schwenkmezger, P. (1990). Ärger, Ärgerausdruck und Gesundheit. In R. Schwarzer (Hg.), *Gesundheitspsychologie* (S. 295-310). Göttingen: Hogrefe.

Scott, R. R. & Lamparski, D. (1985). Variables related to long-term smoking status following cardiac events. *Addictive Behaviors*, *10*, 257-264.

Seiffge-Krenke, I. (1994). *Gesundheitspsychologie des Jugendalters.* Göttingen: Hogrefe.

Seligman, M. E. P. (1975). *Helplessness: On depression, development and death.* San Francisco, CA: Freedman.

Seligman, M. E. P. (1979). *Erlernte Hilflosigkeit.* München: Urban & Schwarzenberg.

Seligman, M. E. P. (1991). *Learned optimism.* New York: Knopf.

Selye, H. (1950). *The physiology and pathology of exposure to stress.* Montreal: Acta.

Semmer, N. K., Cleary, P. D., Dwyer, J. H., Fuchs, R. & Lippert, P. (1987). Psychosocial predictors of adolescent smoking in two German cities: The Berlin-Bremen Study. *Morbidity and Mortality Weekly Report (MMWR)*, *36* (4), 3s-10s.

Semmer, N. K., Dwyer, J., Lippert, P., Fuchs, R., Cleary, P. & Schindler, A. (1987). Adolescent smoking from a functional perspective: The Berlin-Bremen Study. *European Journal of Psychology of Education*, *2*, 387-402.

Semmer, N., Lippert, P., Fuchs, R., Rieger-Ndakorerwa, G., Dwyer, J. & Knoke, E.-A. (1989). *Gesundheitsverhalten im Kindes- und Jugendalter: Ausgewählte Ergebnisse der Berlin-Bremen-Studie.* Bremen/Berlin: Senator für Gesundheit und Sport der Freien Hansestadt Bremen, Institut für Sozialmedizin und Epidemiologie des Bundesgesundheitsamtes.

Seydel, E., Taal, E. & Wiegman, O. (1990). Risk-appraisal, outcome and self-efficacy expectancies: Cognitive factors in preventive behavior related to cancer. *Psychology and Health*, *4*, 99-109.

Sheeran, P. & Abraham, C. (1994). Measurement of condom use in 72 studies of HIV-preventive behaviour: A critical review. *Patient Education and Counseling*, *24* (3), 199-216.

Shekelle, R. B., Gale, M. & Norusis, M. (1985). Type A score (Jenkins Activity Survey) and risk of current coronary heart disease in the Aspirin Myocardial Infarction Study. *American Journal of Cardiology*, *56*, 221-225.

Shepard, R. J. (1989). Passive smoking: Attitudes, health and performance. In T. Ney & A. Gale (Eds.), *Smoking and human behavior* (pp. 263-288). Chichester: Wiley.

Sherer, M. & Maddux, J. E. (1982). The Self-Efficacy Scale: Construction and validation. *Psychological Reports*, *51*, 663-671.

Shiffman, S. (1993). Assessing smoking patterns and motives. *Journal of Consulting and Clinical Psychology*, *61*, 732-742.

Shiffman, S., Read, L., Maltese, J., Rapkin, D. & Jarvik, M. E. (1985). Preventing relapse in ex-smokers: A self-management approach. In G. A. Marlatt & J. E. Gordon (Eds.), *Relapse prevention* (pp. 472-520). New York: Guilford.

Shiffman, S. & Wills, T. A. (Eds.) (1985). *Coping and substance use.* Orlando, FL: Academic Press.

Shilts, R. (1987). *And the band played on: Politics, people, and the AIDS epidemic.* New York: St. Martin's Press.

Shopland, D. R., Pechacek, T. F. & Cullen, J. W. (1990). Toward a tobacco-free society. *Seminars in Oncology, 17,* 402-412.

Shumaker, S. A. & Brownell, A. (1984). Toward a theory of social support: Closing conceptual gaps. *Journal of Social Issues, 40,* 11-36.

Siegel, K., Bauman, L. J., Christ, G. H. & Krown, S. (1988). Patterns of change in sexual behavior among gay men in New York City. *Archives of Sexual Behavior, 17,* 481-497.

Siegel, K. & Gibson, W. C. (1988). Barriers to the modification of sexual behavior among heterosexuals at risk for acquired immunodeficiency syndrome. *New York State Journal of Medicine, 88,* 66-70.

Siegel, K. & Glassman, M. (1989). Individual and aggregate level change in sexual behavior among gay men at risk for AIDS. *Archives of Sexual Behavior, 18,* 335-348.

Siegel, K., Mesagno, F. P., Chen, J. & Christ, G. (1989). Factors distinguishing homosexual males practicing risky and safer sex. *Social Science and Medicine, 28,* 561-569.

Siegrist, J. (1985). Koronargefährdendes Verhalten. In H.-D. Basler & I. Florin (Hg.), *Klinische Psychologie und körperliche Krankheit* (S. 79-89). Stuttgart: Kohlhammer.

Silbereisen, R. K. (1990). Konsum von Alkohol und Drogen über die Lebensspanne. In R. Schwarzer (Hg.), *Gesundheitspsychologie* (S. 169-184). Göttingen: Hogrefe.

Silbereisen, R. K. & Noack, P. (1986). *On the constructive role of problem behavior in adolescence.* (Berichte der Arbeitsgruppe TUdrop Jugendforschung Nr. 72). Berlin: Technische Universität Berlin.

Silver, R. C., Wortman, C. B. & Crofton, C. (1990). The role of coping in support provision: The self-presentational dilemma of victims of life crises. In I. G. Sarason, B. R. Sarason, & G. R. Pierce (Eds.), *Social support: An interactional view* (pp. 397-426). New York: Wiley.

Sime, W. E. (1987). Exercise in the prevention and treatment of depression. In W. P. Morgan & S. E. Goldston (Eds.), *Exercise and mental health* (pp. 145-152). Washington, DC: Hemisphere.

Sime, W. E. (1990). Discussion: Exercise, fitness, and mental health. In C. Bouchard, R. J. Shephard, T. Stephens, J. R. Sutton, & B. D. McPherson (Eds.), *Exercise, fitness, and health* (pp. 627-634). Champaign, IL: Human Kinetics Books.

Simkin, L R. & Gross, A. M. (1994). Assessment of coping with high-risk situations for exercise relapse among healthy women. *Health Psychology, 13* (3), 274-277.

Simon, H. B. (1990). Discussion: Exercise, immunity, cancer, and infection. In C. Bouchard, R. J. Shephard, T. Stephens, J. R. Sutton, & B. D. McPherson (Eds.), *Exercise, fitness, and health* (pp. 581-588). Champaign, IL: Human Kinetics Books.

Skinner, E. A. (1992). Perceived control: Motivation, coping, and development. In R. Schwarzer (Ed.), *Self-efficacy: Thought control of action* (pp. 91-106). Washington, DC: Hemisphere.

Skinner, E. A., Chapman, M. & Baltes, P. (1988). Control, means-ends, and agency beliefs: A new conceptualization and its measurement during childhood. *Journal of Personality and Social Psychology, 54,* 117-133.

Skogan, W. G. (1987). The impact of victimization on fear. *Crime and Delinqency, 33,* 135-154.

Skokan, L. A. (1990). *Motivational determinants of social support provision.* (Unpubl. dissertation). Los Angeles, CA: University of California.

Slangen, K., Kleemann, P. P. & Krohne, H. W. (1993). Coping with surgical stress. In H. W. Krohne (Ed.), *Attention and avoidance: Strategies in coping with aversiveness* (pp. 321-348). Seattle: Hogrefe & Huber.

Slater, M. D. (1989). Social influences and cognitive control as predictors of self-efficacy and eating behavior. *Cognitive Therapy and Research, 13*, 231-245.

Smith, C. A., Dobbins, C. J. & Wallston, K. A. (1991). The mediational role of perceived competence in psychological adjustment to rheumatoid arthritis. *Journal of Applied Social Psychology, 21*, 1218-1247.

Smith, C. A. & Wallston, K. A. (1992). Adaptation in patients with chronic rheumatoid arthritis: Application of a general model. *Health Psychology, 11*, 151-162.

Smith, E. L., Smith, K. A. & Gilligan, C. (1990). Exercise, fitness, osteoarthritis, and osteoporosis. In C. Bouchard, R. J. Shephard, T. Stephens, J. R. Sutton, & B. D. McPherson (Eds.), *Exercise, fitness, and health* (pp. 517-528). Champaign, IL: Human Kinetics Books.

Smith, G. M. (1970). Personality and smoking: A review of the empirical literature. In W. A. Hunt (Ed.), *Learning mechanisms in smoking* (pp. 42-61). Chicago: Aldine.

Smith, T. W., Pope, K., Rhodewalt, F. & Poulton, J. L. (1989). Optimism, neuroticism, coping, and symptom reports: An alternative interpretation of the Life Orientation Test. *Journal of Personality and Social Psychology, 56*, 640-648.

Snyder, C. R. & Forsyth, D. R. (Eds.) (1991). *Handbook of social and clinical psychology: The health perspective.* Elmsford, NY: Pergamon Press.

Snyder, C. R., Harris, C., Anderson, J. R., Holleran, S. A., Irving, L. M., Sigmon, S. T., Yoshinobu, L., Gibb, J., Langelle, C. & Harney, P. (1991). The will and the ways: Development and validation of an individual-differences measure of hope. *Journal of Personality and Social Psychology, 60*, 570-585.

Sobal, J. & Stunkard, A. J. (1989). Socioeconomic status and obesity: A review of the literature. *Psychological Bulletin, 105*, 260-275.

Sonstroem, R. J. (1984). Exercise and self-esteem. *Exercise and Sport Sciences Reviews, 12*, 123-155.

Spiegel, D., Bloom, J. R., Kraemer, H. C. & Gottheil, E. (1989). Effect of psychosocial treatment on survival of patients with metastatic breast cancer. *Lancet, ii*, 888-891.

Spielberger, C. D. (1986). Psychological determinants of smoking behavior. In R. D. Tollison (Ed.), *Smoking and society: Toward a more balanced assessment* (pp. 89-134). Lexington, MA: Heath.

Spielberger, C. D., Krasner, S. S. & Solomon, E. P. (1988). The experience, expression, and control of anger. In M. P. Janisse (Ed.), *Individual differences, stress and health psychology* (pp. 89-108). New York: Springer.

Spitzer, L. & Rodin, J. (1987). Effects of fructose and glucose preloads on subsequent food intake. *Appetite, 8*, 135-145.

Stacy, A. W., Bentler, P. M. & Flay, B. R. (1994). Attitudes and health behavior in diverse populations: Drunk driving, alcohol use, binge eating, marijuana use, and cigarette use. *Health Psychology, 13*, 73-85.

Stacy, A. W., Newcomb, M. D., & Bentler, P. M. (1992). Interactive and higher-order effects of social influences on drug use. *Journal of Health and Social Behavior, 33*, 226-241.

Stacy, A. W., Sussman, S., Dent, C. W., Burton, D. & Flay, B. R. (1992). Moderators of peer social influence in adolescent smoking. *Personality and Social Psychology Bulletin, 18*, 163-172.

Stall, R. D., Coates, T. J. & Hoff, C. (1988). Behavioral risk reduction for HIV infection among gay and bisexual men: A comparison of published results from the United States. *American Psychologist*, *43*, 859-864.

Stall, R. & Ostrow, D. G. (1989). Intravenous drug use, the combination of drugs and sexual activity and HIV infection among gay and bisexual men: The San Francisco Men's Health Study. *Journal of Drug Issues*, *19*, 57-73.

Stamler, J. (1985). The marked decline in coronary heart disease mortality rates in the United States, 1968-1981: Summary of findings and possible explanations. *Cardiology*, *72*, 11-22.

Stamler, J., Wentworth, D. & Neaton, J. D. (1986). Is relationship between serum cholesterol and risk of premature death from coronary heart disease continuous and graded? *Journal of the American Medical Association*, *256*, 2823-2828.

Stehr, P. A., Glonginger, M. F., Kuller, L. H., Marsh, G. M., Radford, E. P. & Weinberg, G. B. (1985). Dietary vitamin A deficiencies and stomach cancer. *American Journal of Epidemiology*, *121*, 65-70.

Stein, D. M. & Reichert, P. (1990). Extreme dieting behaviors in early adolescence. *Journal of Early Adolescence*, *10*, 108-121.

Stephens, M. A. P. & Hobfoll, S. E. (1990). Ecological perspectives on stress and coping in later-life families. In M. A. P. Stephens, J. H. Crowther, S. E. Hobfoll & D. L. Tennenbaum (Eds.), *Stress and coping in later-life families* (pp. 287-304). New York: Hemisphere.

Stephens, T. (1987). Secular trends in adult physical activity: Exercise boom or bust? *Research Quarterly for Exercise and Sport*, *58*, 94-105.

Sterling, T. & Weinkam, J. (1990). The confounding of occupation and smoking and its consequences. *Social Science and Medicine*, *30*, 457-467.

Stern, R. S., Weinstein, M. C. & Baker, S. G. (1986). Risk reduction for nonmelanoma skin cancer with childhood sunscreen use. *Archives of Dermatology*, *122*, 537-545.

Sternberg, B. (1985). Relapse in weight control: Definitions, processes, and prevention strategies. In G. A. Marlatt & J. R. Gordon (Eds.), *Relapse prevention* (pp. 521-545). New York: Guilford.

Stimson, G. V., Donoghoe, M., Alldritt, L. & Dolan, K. (1988). HIV transmission risk behaviour of clients attending syringe-exchange schemes in England and Scotland. *British Journal of Addiction*, *83*, 1449-1455.

Stone, A. A. & Neale, J. M. (1984). New measure of daily coping: Development and preliminary results. *Journal of Personality and Social Psychology*, *46*, 892-906.

Stoney, C. M., Owens, J. F., Matthews, K. A., Davis, M. C. & Caggiula, A. (1990). Influences of the normal menstrual cycle on physiologic functioning during behavioral stress. *Psychophysiology*, *27*, 125-135.

Stotland, S. & Zuroff, D. C. (1990). A new measure of weight locus of control: The Dieting Beliefs Scale. *Journal of Personality Assessment*, *54*, 191-203.

Stotland, S., Zuroff, D. C. & Roy, M. (1991). Situational dieting self-efficacy and short-term regulation of eating. *Appetite*, *17*, 81-90.

Streater, J. A., Sargent, R. G. & Ward, D. S. (1989). A study of factors associated with weight change in women who attempt smoking cessation. *Addictive Behaviors*, *14*, 523-530.

Strecher, V. J., DeVellis, B. M., Becker, M. H. & Rosenstock, I. M. (1986). The role of self-efficacy in achieving health behavior change. *Health Education Quarterly*, *13*, 73-91.

Strube, M. J. (1985). Attributional style and the Type A coronary-prone behavior pattern. *Journal of Personality and Social Psychology*, *49*, 500-509.

Stuart, R. B. (1967). Behavioral control of overeating. *Behavioral Research and Therapy, 5,* 357-365.

Stunkard, A. J. (1979). Behavioral medicine and beyond: The example of obesity. In O. F. Pomerleau & J. P. Brady (Eds.), *Behavioral medicine: Theory and practice* (pp. 279-298). Baltimore, MD: Williams & Wilkins.

Stunkard, A. J. (1988). Some perspectives on human obesity: Its causes. *Bulletin of the New York Academy of Medicine, 64,* 902-923.

Suls, J. & Fletcher, B. (1985). The relative efficacy of avoidant and nonavoidant coping strategies: A meta-analysis. *Health Psychology, 4,* 249-288.

Suls, J., Wan, C. K. & Blanchard, E. B. (1994). A multilevel data-analytic approach for evaluation of relationships between daily life stressors and symptomatology: patients with irritable bowel syndrome. *Health Psychology, 13* (2), 103-113.

Sutton, J. R., Farrell, P. A. & Harber, V. J. (1990). Hormonal adaptation to physical activity. In C. Bouchard, R. J. Shephard, T. Stephens, J. R. Sutton, & B. D. McPherson (Eds.), *Exercise, fitness, and health* (pp. 217-258). Champaign, IL: Human Kinetics Books.

Sutton, S. (1989). Smoking attitudes and behavior: Applications of Fishbein and Ajzen's Theory of Reasoned Action to predicting and understanding smoking decisions. In T. Ney & A. Gale (Eds.), *Smoking and human behavior* (pp. 289-312). Chichester: Wiley.

Sweeney, P. D., Anderson, K. & Bailey, S. (1986). Attributional style in depression: A meta-analytic review. *Journal of Personality and Social Psychology, 50,* 974-991.

Tanner, W. M. & Pollack, R. H. (1988). The effect of condom use and erotic instructions on attitudes towards condoms. *Journal of Sex Research, 25,* 537-541.

Taylor, G. S. & Holmes, H. (1990). So you want your employees to quit smoking? *Journal of Employment Counseling, 27,* 84-92.

Taylor, S. E. (1983). Adjustment to threatening events. A theory of cognitive adaptation. *American Psychologist, 38,* 1163-1171.

Taylor, S. E. (1989). *Positive illusions: Creative self-deception and the healthy mind.* New York: Basic Books.

Taylor, S. E. (1990). Health psychology: The science and the field. *American Psychologist, 45* (1), 40-50.

Taylor, S. E. (1991). *Health psychology.* New York: McGraw-Hill.

Taylor, S. E. (1994). *Health psychology.* (3rd ed). New York: McGraw-Hill.

Telch, M. J., Miller, L. M., Killen, J. D. & Cooke, S. (1990). Social influences approach to smoking prevention: The effects of videotape delivery with and without same-age peer leader participation. *Addictive Behaviors, 15,* 21-28.

Temoshok, L. (1987). Personality, coping style, emotion and cancer: Towards an integrative model. *Cancer Survey, 3,* 546-567.

Temoshok, L. (1990). On attempting to articulate the biopsychosocial model: Psychological-psychophysiological homeostasis. In H. S. Friedman (Ed.), *Personality and disease* (pp. 203-225). New York: Wiley.

Temoshok, L. & Dreher, H. (1992). *The Type C connection.* New York: Random House.

Terry, D. J. (1992). Stress, coping and coping resources as correlates of adaptation in myocardial infarction patients. *British Journal of Clinical Psychology, 31,* 215-225.

Terry, D. J., Galligan, R. F. & Conway, V. J. (1993). The prediction of safer sex behaviour: The role of intentions, attitudes, norms and control beliefs. *Psychology and Health, 8,* 355-368.

Tölle, R. & Buchkremer, B. (1989). *Zigarettenrauchen: Epidemiologie, Psychologie, Pharmakologie und Therapie.* (2. Aufl.). Berlin: Springer.

Tomkins, S. (1966). Psychological model for smoking behavior. *American Journal of Public Health, 56*, 17-20.

Tomkins, S. (1968). A modified model of smoking behavior. In E. F. Borgatta & R. J. Evans (Eds.), *Smoking, health, and behavior* (pp. 165-186). Chicago, IL: Aldine.

Toner, I. J. (1984). Self-imposed delay of gratification in children: The development of self-regulatory behavior in stressful situations. In R. Schwarzer (Ed.), *The self in anxiety, stress and depression* (pp. 17-30). Amsterdam: North-Holland.

Toshima, M. T., Kaplan, R. M. & Ries, A. L. (1992). Self-efficacy expectancies in chronic obstructive pulmonary disease rehabilitation. In R. Schwarzer (Ed.), *Self-efficacy: Thought control af action* (pp. 325-354). Washington, DC: Hemisphere.

Troschke, J. von (1990). Sozialwissenschaftliche AIDS-Forschung in der Bundesrepublik Deutschland. *Prävention, 13*, 79-81.

Turk, D. C., Meichenbaum, D. & Genest, M. (1983). *Pain and behavioral medicine: A cognitive-behavioral perspective.* New York: Guilford.

Turner, C. F., Miller, H. G. & Moses, L. E. (Eds.) (1989). *AIDS. Sexual behavior and intravenous drug use.* Washington, DC: National Academy Press.

Tuschen, B., Florin, I. & Baucke, R. (1993). Beeinflußt die Stimmung den Appetit? *Zeitschrift für Klinische Psychologie, 22*, 315-321.

Ulich, D. (1987). *Krise und Entwicklung. Zur Psychologie der seelischen Gesundheit.* München: Psychologie Verlags Union.

Umberson, D. (1987). Family status and health behaviors: Social control as a dimension of social integration. *Journal of Health and Social Behavior, 28* (3), 306-319.

Van der Pligt, J. & Richard, R. (1994). Changing adolescents' sexual behaviour: Perceived risk, self-efficacy and anticipated regret. *Patient Education and Counseling, 23* (3), 187-196.

Van der Velde, F. W., van der Pligt, J. & Hooykaas, C. (1992). Risk perception and behavior: pessimism, realism, and optimism about AIDS related health behavior. *Psychology and Health, 6*, 23-38.

Van der Velde, F. W., van der Pligt, J. & Hooykaas, C. (1994). Perceiving AIDS-related risk: Accuracy as a function of differences in actual risk. *Health Psychology, 13*, 25-33.

Van Strien, T. (1989). Dieting, dissatisfaction with figure, and sex role orientation in women. *International Journal of Eating Disorders, 8*, 455-462.

Vanin, J. R. & Saylor, K. E. (1989). Laxative abuse: A hazardous habit for weight control. *Journal of American College Health, 37*, 227-230.

Vaux, A. (1988). *Social support: Theory, research, and intervention.* New York: Praeger.

Velicer, W. F., DiClemente, C. C., Prochaska, J. O. & Brandenburg, N. (1985). Decisional balance measure for assessing and predicting smoking status. *Journal of Personality and Social Psychology, 48* (5), 1279-1289.

Velicer, W. F., DiClemente, C. C., Rossi, J. S. & Prochaska, J. O. (1990). Relapse situations and self-efficacy: An integrative model. *Addictive Behaviors, 15*, 271-283.

Velicer, W. F., Prochaska, J. O., Rossi, J. S. & Snow, M. G. (1992). Assessing outcome in smoking cessation studies. *Psychological Bulletin, 111*, 23-41.

Vranic, M. & Wasserman, D. (1990). Exercise, fitness, and diabetes. In C. Bouchard, R. J. Shephard, T. Stephens, J. R. Sutton, & B. D. McPherson (Eds.), *Exercise, fitness, and health* (pp. 467-490). Champaign, IL: Human Kinetics Books.

Wallston, B. S. & Wallston, K. A. (1978). Locus of control and health: A review of the literature. *Health Education Monographs, 6*, 107-117.

Wallston, B. S., Wallston, K. A., Kaplan, G. D. & Maides, S. A. (1976). Development and validation of the health locus of control scale. *Journal of Consulting and Clinical Psychology, 44*, 580-585.

Wallston, B. S. & Wallston, L. A. (1978). Locus of control and health: A review of the literature. *Health Education Monographs, 6*, 107-117.

Wallston, K. A. (1989). Assessment of control in health-care settings. In A. Steptoe & A. Appels (Eds.), *Stress, personal control, and health* (pp. 85-105). Chicester: Wiley.

Wallston, K. A. (1992). Hocus-pocus, the focus isn't strictly on locus: Rotter's social learning theory modified for health. *Cognitive Therapy and Research, 16*, 183-199.

Wallston, K. A. (1994). Theoretically based strategies for health behavior change. In M. P. O'Donnell & J. S. Harris (Eds.), *Health promotion in the workplace* (2nd ed., pp. 185-203). Albany, NY: Delmar.

Wambach, G. & Galland, B. (1994). Kenntnisse über kardiovaskuläre Risikofaktoren bei Schülern der neunten Klasse des Gymnasiums Herten. *Zeitschrift für Präventivmedizin und Gesundheitsförderung, 6* (1), 22-28.

Weber, H. (1990). Emotionsbewältigung. In R. Schwarzer (Hg.), *Gesundheitspsychologie* (S. 279-294). Göttingen: Hogrefe.

Weber, H. (1994). *Ärger. Psychologie einer alltäglichen Emotion.* Weinheim: Juventa.

Weidner, G. (1980). Self-handicapping following learned helplessness treatment and the Type A coronary-prone behavior pattern. *Journal of Psychosomatic Medicine, 24*, 319-325.

Weidner, G. (1995). Personality and coronary heart disease in women: Past research and future directions. *Zeitschrift für Gesundheitspsychologie, 3*, 4-23.

Weinberg, R. S., Hughes, H. H., Critelli, J. W., England, R. & Jackson, A. (1984). Effects of preexisting and manipulated self-efficacy on weight loss in a self-control program. *Journal of Research in Personality, 18*, 352-358.

Weiner, B. (1980). A cognitive (attribution)-emotion-action model of motivated behavior: An analysis of judgements of help-giving. *Journal of Personality and Social Psychology, 39*, 186-200.

Weiner, B. (1985). An attributional theory of achievement motivation and emotion. *Psychological Review, 92*, 548-573.

Weiner, B. (1986). *An attributional theory of motivation and emotion.* Berlin: Springer.

Weiner, B. (1988). *Motivationspsychologie.* (2. Aufl.). München: Psychologie Verlags Union.

Weiner, B., Perry, R. P. & Magnusson, J. (1988). An attributional analysis of reactions to stigmas. *Journal of Personality and Social Psychology, 55* (5) 738-748.

Weinstein, N. D. (1982). Unrealistic optimism about susceptibility to health problems. *Journal of Behavioral Medicine, 5*, 441-460.

Weinstein, N. D. (Ed.) (1987a). *Taking care: Understanding and encouraging self-protective behavior.* New York: Cambridge University Press.

Weinstein, N. D. (1987b). Unrealistic optimism about susceptibility to health problems: Conclusions from a community-wide sample. *Journal of Behavioral Medicine, 10*, 481-500.

Weinstein, N. D. (1988). The precaution adoption process. *Health Psychology, 7*, 355-386.

Weinstein, N. D. (1989). Effects of personal experience on self-protective behavior. *Psychological Bulletin, 105*, 31-50.

Weinstein, N. D. (1993). Testing four competing theories of health-protective behavior. *Health Psychology, 12*, 324-333.

Weinstein, N. D. & Klein, W. M. (1995). Resistance of personal risk perceptions to debiasing interventions. *Health Psychology, 14* (2), 132-140.

Weinstein, N. D. & Sandman, P. M. (1992). A model of the precaution adoption process: Evidence from home radon testing. *Health Psychology, 11*, 170-180.

Weiss, M. (1990). Components of the Type-A behavior pattern and their relevance for CHD-risk factors: Results from the GDR-Monica project. *Activitas Nervosa Superior, 32*, 38-40.

Weiss, M. R., Wiese, D. M. & Klint, K. A. (1989). Head over heels with success: The relationship between self-efficacy and performance in competitive youth gymnastics. *Journal of Sport and Exercise Psychology, 11*, 444-451.

Weiss, R. & Hardy, L. M. (1990). HIV infection and health policy. *Journal of Consulting and Clinical Psychology, 58*, 70-76.

West, D. W., Graham, S., Swanson, M. & Wilkinson, G. (1977). Five-year follow-up of a smoking withdrawal clinic population. *American Journal of Public Health, 67*, 536-544.

West, R. J., Hajek, P. & Belcher, M. (1989a). Severity of withdrawal symptoms as a predictor of outcome of an attempt to quit smoking. *Psychological Medicine, 19*, 981-985.

West, R. J., Hajek, P. & Belcher, M. (1989b). Time course of cigarette withdrawal symptoms while using nicotine gum. *Psychopharmacology, 99*, 143-145.

Westover, S. A. & Lanyon, R. I. (1990). The maintenance of weight loss after behavioral treatment: A review. *Behavior Modification, 14*, 123-137.

Wetterer, A. & Troschke, J. von (1986). *Smoker motivation.* Berlin: Springer.

Wheeler, R. J. (1988). Effects of a community-wide smoking cessation program. *Social Science and Medicine, 27*, 1387-1392.

Whelan, E. (1978). *Preventing cancer.* New York: Norton.

Whitehead, W. E. (1994). Assessing the effects of stress and physical symptoms. *Health Psychology, 13* (2), 99-102.

Wichstrøm, L. (1994). Predictors of Norwegian adolescents' sunbathing and use of sunscreen. *Health Psychology, 13* (5), 412-420.

Wieland-Eckelmann, R. & Carver, C. S. (1990). Dispositionelle Bewältigungsstile, Optimismus und Bewältigung: Ein interkultureller Vergleich. *Zeitschrift für Differentielle und Diagnostische Psychologie, 2*, 163-184.

Wiesenfeld, A. R. & Weis, H. M. (1979). Hairdressers and helping: Influencing the behavior of informal caregivers. *Professional Psychology, 10*, 786-792.

Willenbring, M. L., Levine, A. S. & Morley, J. E. (1986). Stress induced eating and food preference in humans: A pilot study. *International Journal of Eating Disorders, 5*, 855-864.

Williams, D. G. (1992). Dispositional optimism, neuroticism, and extraversion. *Personality and Individual Differences, 13*, 475-477.

Williams, S. L. (1992). Perceived self efficacy and phobic disability. In R. Schwarzer (Ed.), *Self-efficacy: Thought control af action* (pp. 149-176). Washington, DC: Hemisphere.

Wills, T. A. (1985). Stress, coping, and tobacco and alcohol use in early adolescence. In S. Shiffman & T. A. Wills (Eds.), *Coping and substance use* (pp. 67-93). New York: Academic Press.

Wills, T. A. & Vaughan, R. (1985). *Relationship of peer and adult social support to smoking and alcohol use in middle adolescence.* (Unpubl. manuscript). New York: Department of Health Psychology, Einstein Medical School.

Wills, T. A. & Vaughan, R. (1989). Social support and substance use in early adolscence. *Journal of Behavioral Medicine, 12*, 321-339.

Wilson, D. K., Wallston, K. A. & King, J. E. (1990). Effects of contract framing, motivation to quit, and self-efficacy on smoking reduction. *Journal of Applied Social Psychology, 20*, 531-547.

Windsor, R. A., Lowe, J. B. & Bartlett, E. E. (1988). The effectiveness of a worksite self-help smoking cessation program: A randomized trail. 114th Annual Meeting of the American Public Health Association Convention (1986, Las Vegas, Nevada). *Journal of Behavioral Medicine, 11*, 407-421.

Winett, R. A., King, A. C. & Altman, D. G. (1989). *Health psychology and public health. An integrative approach.* New York: Pergamon.

Winter, L. & Goldy, A. S. (1993). Effects of prebehavioral cognitive work on adolescents' acceptance of condoms. *Health Psychology, 12*, 308-312.

Wojcik, J. V. (1988). Social learning predictors of the avoidance of smoking relapse. *Addictive Behaviors, 13*, 177-180.

Wood, P. D. & Stefanick, M. L. (1990). Exercise, fitness, and atherosclerosis. In C. Bouchard, R. J. Shephard, T. Stephens, J. R. Sutton, & B. D. McPherson (Eds.), *Exercise, fitness, and health* (pp. 409-424). Champaign, IL: Human Kinetics Books.

Wortman, C. B. & Dunkel-Schetter, C. (1987). Conceptual and methodological issues in the study of social support. In A. Baum & J. E. Singer (Eds.), *Handbook of psychology and health. Vol. 5: Stress* (pp. 63-108). Hillsdale, NJ: Erlbaum.

Wulfert, E. & Wan, C. K. (1993). Condom use: A self-efficacy model. *Health Psychology, 12*, 346-353.

Wurtele, S. K. & Maddux, J. E. (1987). Relative contributions of protection motivation theory components in predicting exercise intentions and behavior. *Health Psychology, 6*, 453-466.

Wynder, E. L. & Graham, E. A. (1950). Tobacco smoking as a possible etiologic factor in bronchiogenic carcinoma. *Journal of the American Medical Association, 143*, 329-336.

Yates, A. (1989). Current perspectives on the eating disorders: History, psychological and biological aspects. *Journal of the American Academy of Child and Adolescent Psychiatry, 28*, 813-828.

Yates, A., Leehey, K. & Shisslak, C. M. (1983). Running - an analogue of anorexia? *New England Journal of Medicine, 308*, 251-255.

Zeidner, M. (1994). Personal and contextual determinants of coping and anxiety in an evaluative situation: A prospective study. *Personality and Individual Differences, 16*, 899-918.

Zeidner, M. & Endler, N. (Eds.) (1996). *Handbook of coping.* New York: Wiley.

Ziegler, R. (1987). Netzwerkanalyse: Metapher, Methode oder strukturales Forschungsprogramm für die Sozialwissenschaften? *Zeitschrift für Klinische Psychologie, 16*, 339-352.

Zimmerman, R. S., Warheit, G. J. & Ulbrich, P. M. (1990). The relationship between alcohol use and attempts and success at smoking cessation. *Addictive Behaviors, 15*, 197-207.

Zonderman, A. B., Costa, P. T., & McCrae, R. R. (1989). Depression as a risk factor for cancer morbidity and mortality in a nationally representative sample. *Journal of American Medical Association, 262*, 1191-1195.

Autorenverzeichnis

—J—

—K—

—L—

Sachverzeichnis

—H—

—I—

—L—

—T—

Weitere Veröffentlichungen aus der Reihe GESUNDHEITSPSYCHOLOGIE

Band 1
Psychologie des Gesundheitsverhaltens
von RALF SCHWARZER

Band 2
Gesundheitsförderung und Krankheitsprävention im Kindes- und Jugendalter
von ARNOLD LOHAUS

Band 3
Gesundheit, Risikowahrnehmung und Vorsorgeverhalten
von JÜRGEN BENGEL

Band 4
Sport und Primärprävention
von WOLFGANG SCHLICHT

Band 5
Soziale Krisen und Gesundheit
von JOHANNES SIEGRIST

Band 6
Gesundheitspsychologie des Jugendalters
von INGE SEIFFGE-KRENKE